事業再生大全

西村あさひ法律事務所 ［編］

商事法務

はしがき

　おかげさまで大変好評を博している私達の事務所の「大全」シリーズの第1号は、2001年に上梓された「M&A法大全」である。そこから約18年の時を経て、今般、「大全」シリーズのラインアップに、「事業再生大全」を加えることとなった。

　M&A法大全を上梓した当時の事務所（西村総合法律事務所）は、弁護士総数で100名を超えるか超えないかという所帯であったが、18年の時を経て、現在の私達の事務所は、国内外に15拠点（提携事務所含む）を有し、600名以上の弁護士を抱える組織へと成長を遂げた。もっとも、現在の姿は、もちろん完成形ではなく、今後もより良いリーガルサービスを提供し、私達の事務所が掲げる「法の支配を礎とし、豊かで公正な社会を実現する」という基本理念を具体的に実行できる事務所であり続けるために、日々発展を遂げるべく、努力を重ねていく必要があろう。

　この間、事業再生・倒産プラクティスも大きく変貌を遂げ、会社更生や民事再生、破産などの法的整理のみならず、産業再生機構の設立、私的整理ガイドラインの制定を契機に整備された、いわゆる制度化された私的整理、そして、法的整理や制度化された私的整理といった制度的枠組みを利用しない平場でのリストラクチャリング（私達はこれを時にアーリーステージリストラクチャリングと呼んでいる）など、多様な事業再生手法が成熟するに至り、世界銀行が毎年発表するdoing business rankingにおいては、日本の総合順位は、残念ながら下位に甘んじているものの、Resolving Insolvencyについては常にトップクラスに位置づけられているほどの発展を遂げている。

　私達の事務所には50人近い弁護士と15名のパラリーガルおよびこれらのプロフェッショナルを支えるスタッフによって構成される事業再生グループと呼ばれるチームが存在し、私もその一員である。事業再生手法が多様化する中、私達のチームメンバーには、伝統的ないわゆる倒産弁護士としての途を歩んでいる者、ファイナンスロイヤーとしての知見と経験を背景として事業再生に取り組む者、M&Aロイヤーとしての経験と高い能力を有している者、

i

はしがき

労働系に強い者、紛争に強い者、国際的な事業再生や取引に強い者、数字に強い者など、それぞれ特徴を持った人材が参集している。また、プラクティスに関しても、私のように国内の大型上場企業のリストラクチャリングを中心としている者から、国内中堅企業や地方の大企業のリストラクチャリングを司っている者、グローバルな対応が必要な案件を中心としている者、多数の消費者などを巻き込んだリストラクチャリングを得意とする者など、それぞれの得意分野や特徴を踏まえたそれぞれのマーケットで、趣の異なる事業再生実務を敢行し活躍している。また、特に平場でのリストラクチャリングは、倒産法を使う場面はなく、企業法全般を駆使して、資金調達を行ったり、M&Aを実行することが多いため、私達事業再生チームのメンバーだけではなく、事務所の各種専門家が具体的な案件に参加し、それぞれの持ち場で力を発揮し、リストラクチャリングの実現に寄与することが多い。

今回上梓するに至った「事業再生大全」は「倒産法大全」ではない。私達、事業再生実務家は、もちろん倒産法に精通していることが必要ではあるが、倒産法の専門家ではなく、「事業再生」の専門家である。法の専門家ではあるが、私達が実務で行っているのは、当該企業の事業再生ないしリストラクチャリングなのであって、単なる倒産法のアドバイスではない。したがって、本書は、これまで数多く発刊されている倒産法の実務書とは大きく趣を異にしている。実際の案件同様、本書の執筆には、事業再生チームのメンバーだけではなく、キャピタルマーケッツロイヤーなどチーム外にいながらリストラクチャリング案件に携わることの多い弁護士も加わり、それぞれの切り口と観点から、法に軸足を置きながらも時にはその枠を越えて比較的自由にしたためている論稿が多い。このような取組みが、世の中のニーズにフィットしているかどうかは、最終的には読者の皆様の評価を待つほかないが、類書がほぼない中、事業再生に取り組まんとする実務家の皆様に少しでも役立つことがあるとすれば、編集を司った者の1人として、望外の幸せである。もっとも、個々の論稿には、正直、わかりづらい文章や言葉足らずの表現に止まっているものなどもあり、この点は恥じ入るほかないが、漸次改めていく所存であり、何卒お許しいただきたい。

最後に、このようなわがままなコンセプトの書の刊行をお許しいただき、

また、刊行までの間、多大なるご迷惑をお掛けしたにもかかわらず、常に応援してくださった㈱商事法務の岩佐智樹様および吉野祥子様（特に、吉野様には個人的には他の機会でもいつもご迷惑を掛けっぱなしで本当にありがたく思っています）に改めて心より御礼申し上げたい。また、執筆者はもとより、事務所の数多くの弁護士やスタッフなど、本書刊行までに数多くのご協力をいただいた全ての方々に、感謝の意を捧げたい。ありがとうございました。

　2019年11月

弁護士　南　　賢一

●凡 例●

1 法令名の略記

意匠	→	意匠法
医療	→	医療法
医療則	→	医療法施行規則
一般法人	→	一般社団法人及び一般財団法人に関する法律
会更	→	会社更生法
会更則	→	会社更生規則
開示府令	→	企業内容等の開示に関する内閣府令
会社	→	会社法
会社則	→	会社法施行規則
監査証明	→	財務諸表等の監査証明に関する内閣府令
銀行	→	銀行法
金商	→	金融商品取引法
金商令	→	金融商品取引法施行令
金融更生特	→	金融機関等の更生手続の特例等に関する法律
健保	→	健康保険法
厚年	→	厚生年金保険法
雇均	→	雇用の分野における男女の均等な機会及び待遇の確保等に関する法律
国健保	→	国民健康保険法
産業競争力	→	産業競争力強化法
刑	→	刑法
商	→	商法
自治	→	地方自治法
消税	→	消費税法
所税	→	所得税法
商標	→	商標法
新案	→	実用新案法
信託	→	信託法
税通	→	国税通則法
租特	→	租税特別措置法
地税	→	地方税法
著作	→	著作権法
賃確	→	賃金の支払の確保等に関する法律
特定調停	→	特定債務等の調整の促進のための特定調停に関する法律
特許	→	特許法

独禁	→	私的独占の禁止及び公正取引の確保に関する法律
破	→	破産法
破規	→	破産規則
非訟	→	非訟事件手続法
不登	→	不動産登記法
法税	→	法人税法
法税則	→	法人税法施行規則
法税令	→	法人税法施行令
法適用	→	法の適用に関する通則法
保険業	→	保険業法
民	→	民法
民再	→	民事再生法
民再則	→	民事再生規則
民執	→	民事執行法
民訴	→	民事訴訟法
民訴則	→	民事訴訟規則
民調	→	民事調停法
預金保険	→	預金保険法
労基	→	労働基準法
労契	→	労働契約法
労組	→	労働組合法
労働承継	→	会社分割に伴う労働契約の承継等に関する法律
労保徴	→	労働保険の保険料の徴収等に関する法律

2　判例の表示

最判平成11・11・9民集53巻8号1403頁

→最高裁判所平成11年11月9日判決、最高裁判所民事判例集53巻8号1403頁

3　判例集略語表

民録	→	大審院民事判決録
民集	→	最高裁判所（大審院）民事判例集
刑集	→	最高裁判所（大審院）刑事判例集
集民	→	最高裁判所裁判集民事
下民集	→	下級裁判所民事判例集
下刑集	→	下級裁判所刑事判例集
高民集	→	高等裁判所民事判例集
新聞	→	法律新聞
労経速	→	労働経済判例速報

凡　　例

4　定期刊行物略語表

金判　　　→　金融・商事判例
金法　　　→　金融法務事情
銀法　　　→　銀行法務21
自正　　　→　自由と正義
ジュリ　　→　ジュリスト
訟月　　　→　訟務月報
商事　　　→　旬刊商事法務
曹時　　　→　法曹時報
判時　　　→　判例時報
判タ　　　→　判例タイムズ
法教　　　→　法学教室
法時　　　→　法律時報
法セミ　　→　法学セミナー
民商　　　→　民商法雑誌
民訴　　　→　民事訴訟雑誌
労判　　　→　労働判例

●目　次●

はしがき……*i*／凡例……*iv*

第1章　はじめに

第1節　事業再生と地域経済・地域金融機関との関係

はじめに　*2*

1　地域経済活性化の現状　*3*

(1) 少子高齢化、大都会への若者流出および工場・営業拠点等の海外移転による人口減少　*3*

(2) 人手不足と事業承継困難等による自主廃業の増加　*4*

(3) 金融円滑化法の事実上の長期化による経営者のモラルハザードによる地域経済の沈滞　*5*

2　地域金融機関の現状　*6*

(1) 地域金融機関は農耕民族、メガバンク等は狩猟民族　*6*

(2) 地域経済の活性化と健全性は、地域金融機関にとって不可欠の経営基盤　*7*

(3) 地域金融機関の大変革の必然性　*8*

3　事業再生と倒産弁護士業務への影響　*9*

(1) 地域経済縮小・地域金融機関大変革の倒産弁護士業務への影響　*9*

(2) AI、IT、キャッシュレス化、ペーパーレス化、仮想通貨等の進化と倒産弁護士業務への影響　*10*

第2節　事業再生における裁判所の手続の利用

1　事業再生のために裁判所に申し立てる手続の概要　*15*

(1) 倒産基本4法に基づく手続と特定調停手続　*15*

vii

目　次

- (2) 再生手続　*15*
- (3) 更生手続　*16*
- (4) 破産手続　*16*
- (5) 特別清算手続　*16*
- (6) 特定調停手続　*17*

2　事業再生における法的手続の選択
——法律の形式的枠組みにとらわれない利用の必要　*17*

- (1) 再生手続と更生手続の選択基準　*17*
- (2) 事業譲渡における再生と破産の選択　*18*
- (3) 日米比較から見た再生と破産の選択　*19*
- (4) 純粋清算と再生手続　*20*
- (5) 法的整理手続と裁判所の裁量権との関係　*20*
- (6) 特定調停手続の選択基準　*22*

3　事業再生における裁判所の選択
——裁判所の特色を把握した柔軟な選択の必要　*23*

4　手続上の留意点　*25*

- (1) 予納金額の決定　*25*
- (2) 保全処分の発令　*25*
- (3) 進行スケジュールの決定　*26*
- (4) 記録の閲覧その他の情報開示　*27*
- (5) IT化の程度　*27*

第2章　債務者の再生手法

第1節　はじめに（事業再生の鳥瞰図）

1　「再生」とは　*30*
2　典型的な窮境原因　*32*

- (1) 事業が不調な場合　*32*
- (2) 事故・災害により損失を被る場合　*33*

目　次

(3) 不祥事などに起因して問題が生じる場合　*34*

3 「再生」に向けた取組み　*34*

(1) 適切な再生手法の選択　*35*

(2) 再生手法を実現するまでの時間の確保　*36*

(3) 再生手法を実現するための実施主体　*37*

第2節　資本・資金の調達

1 資金対策　*38*

(1) 総論　*38*

(2) 各論　*40*

2 資本の手当て　*58*

(1) 資本の手当ての意味　*58*

(2) 資本の手当てに際しての考慮要素　*60*

(3) 主な選択肢とその特徴　*65*

(4) 各手法に共通するリストラクチャリング局面での留意点　*82*

第3節　事業・会社の譲渡を伴う再生

1 はじめに　*85*

2 「事業」の譲渡・移転　*85*

(1) 事業の譲渡に関する総論的事項　*86*

(2) 事業の譲渡に際して移転する事業の性質と法的な制約要因　*94*

(3) 「事業」の譲渡に係る意思決定手続　*101*

(4) 既存株主を保護するための措置　*103*

(5) 債権者との関係で問題となる制度・論点　*107*

(6) 手法選択に当たってのその他の留意事項　*116*

(7) 法的倒産手続を利用した事業の移転　*121*

3 「会社」の譲渡・移転　*127*

(1) 総論　*127*

(2) 第三者割当てによる支配権の異動　*130*

(3) 公開買付けによる支配株主移動　*140*

ix

目　次

第4節　事業再生を目的とする既存権利関係の調整

1　はじめに——既存権利関係の調整の意義・手段　*145*

2　暫定処理としての支出の停止——「一時停止」等　*147*

3　既存権利関係の調整の具体論　*148*

(1) 対象債権者の範囲の視点　*148*

(2) 対象債権の範囲の視点　*156*

(3) 処理方法の選択の視点　*166*

(4) 担保付債務の取扱い　*182*

(5) 公募社債　*210*

(6) 金融デリバティブ取引　*228*

4　弁済計画　*230*

(1) 総論　*230*

(2) 将来キャッシュ・フローを原資とする弁済（分割弁済）　*231*

(3) 一時的な資金を原資とする弁済（一括弁済）　*235*

(4) 各債権者に対する弁済原資の配分方法　*237*

5　保証債務の処理の視点　*240*

(1) 保証債務の主体、処理の必要性　*240*

(2) 保証債務の処理方針　*241*

(3) 保証債務に係る弁済計画　*245*

第5節　リストラクチャリングの局面における既存株式の処理

1　総論　*247*

2　保有資産・事業の売却と既存株式の処理　*248*

(1) 保有資産・事業の売却と既存株式との関係　*248*

(2) 法的整理手続の特則　*249*

3　株式発行と既存株式の処理　*249*

(1) 株式発行と既存株式との関係　*249*

(2) 法的整理手続の特則　*251*

（3） その他の法的整理手続における株主関係の実務的論点　*252*

4　デットリストラクチャリングと既存株式の処理（いわゆる株主責任論）　*254*

（1） デットリストラクチャリング時に株主責任が求められる根拠　*254*

（2） 法的整理の場合の株主責任の内容（既存株式の処理）　*256*

（3） 私的整理の場合の株主責任の内容（既存株式の処理）　*257*

第6節　スポンサー選定

1　スポンサー選定手続概観　*261*

（1） 選定手続の概要　*261*

（2） スケジュール立案の視点　*267*

2　スポンサーの正当化に関する議論　*271*

（1） スポンサー選定基準に関する実体的要件　*271*

（2） スポンサー選定に関する手続的留意点　*279*

3　スポンサー契約　*282*

（1） スポンサー契約の留意点（総論）　*283*

（2） スポンサー契約の留意点（各論）　*285*

第7節　商取引関連

1　総論　*288*

（1） 商取引関係の維持の重要性と法的整理での対応の必要性　*288*

（2） 商取引関係を見直す機会としての法的整理　*288*

（3） 商取引と金融取引の異同　*289*

2　法的整理における商取引契約・商取引債権　*290*

（1） 商取引関係を維持するための方策　*290*

（2） 商取引関係を見直すための方策──「双方未履行双務契約」　*295*

（3） いわゆる「倒産解除特約」の有効性と対応　*296*

（4） 取引先からの支払条件変更の要請への対応　*297*

目　次

- (5) その他商取引契約の相手方の主張への対応の視点
  ——動産売買先取特権、商事留置権を題材に　*298*
- (6) 法的整理手続における知的財産権の処理　*300*

第8節　複数の企業体から構成される企業グループの再生

1　総論　*308*

- (1) 企業グループの構成　*308*
- (2) 複数の企業体が存在する企業グループにおいて追加的に生じる事情　*310*

2　私的整理手続を通じた企業グループの再生　*319*

- (1) グループ内の商取引　*319*
- (2) グループ内の資金融通的取引　*319*
- (3) 外部からの与信・資金調達　*324*
- (4) グループ内の信用補完取引の取扱い　*327*
- (5) 複数の企業体から構成される企業グループにおける金融支援のあり方　*330*

3　法的倒産手続の申立てに伴うグループ間取引への影響　*339*

- (1) 総論　*339*
- (2) 申立主体の選択　*339*
- (3) グループ内取引への影響と対応策、各種グループ内取引の倒産法上の位置付け　*340*
- (4) 内部債権の取扱い　*345*
- (5) パーレート条項　*347*

第9節　上場会社の事業再生

1　総論　*350*

2　上場市場に関するルール　*351*

- (1) 上場の維持、指定替えの回避　*351*

⑵　上場廃止事由　*352*

⑶　指定替え事由　*356*

3　継続企業の前提に関する注記　*357*

4　エクイティの調達に関する論点　*358*

⑴　上場会社特有の考慮事項　*358*

⑵　有価証券届出書の提出に関する論点　*358*

⑶　非公開重要情報の取扱い　*360*

⑷　証券取引所関係　*361*

5　情報の管理および開示に関する論点　*363*

⑴　インサイダー取引規制　*363*

⑵　適時開示事由　*364*

⑶　フェア・ディスクロージャー・ルール　*365*

6　監査問題　*366*

⑴　上場会社と監査　*366*

⑵　上場廃止事由と監査　*366*

⑶　有価証券報告書等の提出期間の延長申請　*367*

⑷　監査意見の内容と上場廃止事由　*368*

第10節　危機管理と事業再生

1　はじめに　*370*

2　コンプライアンス違反の原因と原因解明方法　*372*

⑴　コンプライアンス違反の増加原因　*372*

⑵　原因究明調査の留意点　*373*

⑶　海外調査の留意点　*375*

3　再建手法の選択　*376*

⑴　選択する上での考慮要素　*376*

⑵　法的倒産手続における考慮要素　*378*

4　コンプライアンス違反に基づき発生する債権の取扱い

382

⑴　補助金返還請求権に対する対応　*382*

xiii

(2) 課徴金等に対する対応　*384*

5　役員に対する民事責任追及　*387*

(1) 日本の役員に対する責任追及　*387*

(2) 子会社たる海外企業の役員に対する責任追及　*389*

(3) 経営者の海外資産からの回収　*389*

6　代表訴訟・役員賠償保険との関係　*390*

7　事業再生と刑事手続　*392*

第3章　債権者から見た事業再生

第1節　総論

1　はじめに　*396*

2　窮境企業における規律とその問題　*396*

(1) 原則論――経済合理性とそれを支える原則　*396*

(2) 窮境に陥る前後の債務者企業における債権者の役割　*398*

(3) 法的倒産手続に入る直前段階での問題――引揚げ競争　*399*

3　債権者の判断枠組みと判断プロセス　*401*

(1) 債権者の方針類型　*401*

(2) 方針判断のための検討事項　*401*

4　債権者の類型・属性による違い　*403*

(1) 金融債権者と商取引債権者の違い　*403*

(2) 債権の二次的取得者の場合　*406*

第2節　アーリー・ステージ（事業再生手続前）における事業再生と債権者の役割

1　規律のない中での事業再生の特徴　*407*

(1) アーリー・ステージにおける事業再生の利点　*407*

(2) クレジット・ランのリスク　*408*

2　アーリー・ステージの事業再生における金融機関の役割およびその判断基準　*409*

　(1)　主力金融機関の果たす役割　*409*

　(2)　金融機関の判断基準　*410*

　(3)　金融機関が融資に関し判断を迫られる場面およびその際の判断基準　*412*

第3節　私的整理手続における債権者の関与

1　総論　*417*

　(1)　私的整理の優位性　*417*

　(2)　私的整理手続における企業価値の維持　*418*

　(3)　商取引債権の処遇　*419*

　(4)　手続選択の視点　*419*

　(5)　制度化された私的整理と純粋私的整理　*420*

2　事業再生ADR手続における債権者の判断枠組み　*422*

　(1)　経済合理性　*422*

　(2)　債権者自身への影響の程度　*422*

3　事業再生ADR手続において債権者がとり得るアクション　*423*

　(1)　はじめに　*423*

　(2)　正式受理前の段階　*424*

　(3)　一時停止通知段階　*426*

　(4)　一時停止通知後から事業再生計画案決議までの段階　*427*

第4節　法的倒産手続における債権者の関与

1　はじめに──再建型法的倒産手続における債権者の位置付け　*436*

2　申立前の段階──債権者による申立て　*438*

　(1)　債権者による申立てが検討される場面　*438*

　(2)　手続選択に関して　*440*

xv

目　次

(3) 申立てに当たっての留意点（主として更生手続）　*443*

3　申立直後（倒産手続開始直後）の段階　*446*

(1) 再建型倒産手続開始直後の債権者の対抗手段　*446*

(2) 再生手続申立てに対抗した更生手続開始申立て　*449*

(3) 再生手続における管理命令申立て　*451*

4　債権者の権利行使と情報収集　*453*

(1) 再建型法的倒産手続における債権者による手続関与と手続監視の状況　*453*

(2) 手続関与・手続監視のための債権者による情報収集　*455*

(3) 再建型法的倒産手続における債権者の関与　*461*

(4) 債権者の手続関与の強化
　　──債権者委員会・更生担保権者委員会の活用　*463*

5　計画外事業譲渡に対する債権者の関与　*466*

(1) 計画外での事業譲渡の制度　*466*

(2) 債権者の対抗手段　*467*

(3) 意見聴取期日のタイミング　*468*

(4) 債権者への事前の情報提供　*468*

(5) 計画外事業譲渡の許可の要件・考慮要素　*469*

(6) 事業譲渡の相当性の確認　*470*

6　債務者による計画案提出段階以降　*472*

(1) 計画案の作成義務・権限　*472*

(2) 計画案の内容について不満を有する債権者の対応　*472*

(3) 債権者による計画案提出　*477*

第4章　クロスボーダー事案および海外法制

第1節　総論

1　事業のクロスボーダー化と事業再生への影響　*482*

xvi

2 クロスボーダーな事業再生の手法とその選択に際して
482

3 手法選択の組合せ　*485*

4 諸外国の法制度の概要　*487*

第2節　クロスボーダー事業再生における論点

1 はじめに　*490*

2 日本に親会社があり、外国に子会社がある場合の留意点
490

(1) 日本の親会社が法的倒産手続をとる場合　*491*

(2) 日本の親会社が私的整理手続をとる場合の海外子会社に関する実務
上の留意点　*504*

3 子会社が日本法人の場合の留意点　*509*

(1) 総論──手続選択の基準　*509*

(2) 子会社としてなすべき対応　*510*

4 日本における法的倒産手続の効力・効果の海外への波及
512

(1) 総論　*512*

(2) UNCITRALモデル法に準拠する承認手続が存在する国である場合
512

(3) UNCITRALモデル法に準拠する承認手続が存しない国である場合
514

(4) 配当に際しての調整（ホッチポッドルール）　*516*

(5) 在外資産を有する企業の計画案の外国における承認　*517*

5 クロスボーダー企業の再生計画策定に際しての留意点
518

(1) 総論　*518*

(2) グローバルに機能する事業計画　*519*

(3) 債権の調整規定　*521*

(4) 倒産手続間の情報共有プロトコルとその限界　*525*

xvii

目　次

第3節　各国制度

1　米国（Chapter 11手続）　*527*

(1) 申立てに向けての留意事項等　*527*

(2) オートマティック・ステイ（Automatic Stay）と適用の拡大　*534*

(3) 商取引債権保護　*535*

(4) Equityの概念により変容を受ける（親会社の）権利と、手続のコントロール　*537*

(5) 担保権・相殺権の扱い　*539*

(6) 計画案の策定と、債権の確定・組分け等　*540*

(7) Chapter 15手続　*544*

2　英国　*544*

(1) 制度の全体像　*544*

(2) 親会社によるコントロール　*546*

(3) 手続遂行主体　*549*

(4) モラトリアム　*551*

(5) 手続開始原因　*553*

(6) スケジュール　*554*

(7) 再建計画の内容　*555*

(8) 債権者の関与の程度　*558*

(9) 承認援助制度　*561*

(10) 欧州子会社によるSOA利用可能性　*561*

3　中国　*562*

(1) はじめに　*562*

(2) 再建型法的倒産手続　*564*

(3) 私的整理手続　*576*

(4) 国際倒産手続　*579*

4　韓国　*580*

(1) 法的倒産処理手続　*580*

xviii

(2) 準則化された私的整理手続としてのワークアウト手続 *587*

5 シンガポール *589*

(1) シンガポールにおける再建型の法的倒産手続 *589*

(2) 再建型・DIP型倒産手続としてのSOA *590*

(3) 準則化された私的整理手続としてのワークアウト手続 *597*

(4) シンガポールに所在する資産の保全 *598*

6 インド（Insolvency and Bankruptcy Code, 2016）
598

(1) 手続の選択 *599*

(2) 申立要件 *600*

(3) 手続の開始 *600*

(4) 債権者委員会の権限 *600*

(5) 担保権実行 *601*

(6) 法定期限 *601*

(7) 再建計画案の策定 *602*

第5章 特殊な業態の事業再生

第1節 金融機関の破綻処理

1 はじめに *606*
2 預金取扱金融機関の破綻処理 *607*
(1) 預金保険制度 *607*

(2) 金融危機対応措置 *613*

3 生命保険会社・損害保険会社の破綻処理 *615*
(1) 保険契約者保護制度 *616*

(2) 保険業法手続 *617*

(3) 更生手続 *621*

4 証券会社の破綻処理 *624*
(1) 分別管理制度 *624*

目　次

- (2)　投資者保護基金制度　*625*
- **5　金融機関の秩序ある処理の枠組み**　*626*
- (1)　立法経緯等　*626*
- (2)　金融機関の秩序ある処理の枠組みの概要　*629*
- (3)　G-SIBs等の処理戦略　*634*

第2節　病院の事業再生

- **1　はじめに**　*639*
- **2　医療法人の経営状況**　*639*
- (1)　医療法人を取り巻く外部環境　*639*
- (2)　診療報酬制度による影響　*642*
- (3)　医療法人経営における個別課題　*643*
- **3　経営に問題が生じた医療法人の事業再生への取組み**　*644*
- (1)　医療法人の法人形態の特殊性　*645*
- (2)　私的整理による医療法人の事業再生　*648*
- (3)　事業承継の手法　*649*
- (4)　出資持分譲渡に関する問題　*652*
- (5)　株式会社による医療法人への関与　*653*
- **4　医療法人の民事再生における論点**　*659*
- (1)　再生手続における診療報酬債権の取扱い　*659*
- (2)　診療報酬の不正請求・不当請求　*660*
- (3)　補助金の取扱い　*663*
- (4)　スポンサーに関する留意点　*665*
- **5　医療法人の破産における論点**　*668*
- (1)　入院患者の転院　*669*
- (2)　事業の継続　*669*
- (3)　カルテの保管　*671*

第3節　仮想通貨と事業再生

- **1　はじめに**　*673*

2 仮想通貨および仮想通貨の取引所 *674*

(1) 仮想通貨 *674*

(2) 仮想通貨交換業者 *675*

3 取引所の倒産をめぐる法的問題点 *676*

(1) 仮想通貨の返還請求権の法的性質 *676*

(2) 破産債権の金銭化・固定化の問題 *679*

(3) 再生手続への移行に関する問題点 *680*

(4) 再生手続の開始後の再度の債権届出の要否 *681*

(5) 派生コインの取扱い・換価の方法 *681*

(6) ビットコイン配当・取引所を介した配当の可否 *682*

第6章　労働法／労働者と事業再生

1 はじめに──事業再生における労働者と労働法 *684*

2 私的整理と労働法 *685*

(1) 実体法的規律との関係 *685*

(2) 人員削減 *686*

(3) 労働条件の切下げ *693*

(4) リテンション *695*

(5) 退職金・年金の減額 *696*

3 法的整理と労働法 *698*

(1) 法的倒産による変容 *698*

(2) 労働債権の扱い *698*

(3) 年金・年金掛金の扱い *701*

(4) 労働条件の変更 *704*

(5) 労働者健康安全機構による立替払 *704*

(6) 倒産手続における解雇 *705*

4 企業再建・再編や倒産と労働組合 *708*

(1) 企業再建・再編と労働組合 *708*

(2) 労働者・労働組合の手続関与等 *709*

xxi

(3) 団体交渉における留意点　711

第7章　紛争解決手続と事業再生

1　事業再生と紛争解決（総論）　714
(1) 序説　714
(2) 事業再生における紛争の局面と類型　714

2　私的整理場面における処理　715
(1) 事業の再建をめぐる当事者との紛争　715
(2) 株主、第三者等との紛争　718
(3) （旧）経営陣の経営責任をめぐる紛争　718
(4) 準拠法と管轄　719

3　法的倒産手続における処理　719
(1) 概要　719
(2) 否認権行使　720
(3) 役員責任査定　727
(4) 債権査定手続・更生担保権の担保目的物の価額決定手続　728
(5) 担保権消滅許可請求に伴う担保目的物の価額決定手続　737

4　私的整理から法的整理への移行における否認権行使の問題
738

第8章　地方中小・中堅企業と事業再生

1　地方中小企業の再生における留意点　742
(1) 自力再生が困難な地方中小・中堅企業の特徴と対処　742
(2) 中小企業金融に関連する論点　744
(3) 経営責任論　751
(4) スポンサー選定に関する留意点　752
(5) 不適切な会計処理（粉飾決算）　753

2　地方中小企業の再生フォーラム　756

（1） 中小企業再生支援協議会　*756*

（2） REVIC特定支援（特定債権買取り）　*757*

（3） 特定調停　*757*

（4） 代替手段　*759*

3　経営者保証ガイドラインと利用上の留意点　*765*

（1） 経営者保証ガイドライン　*765*

（2） ガイドライン利用方法──準則型債務整理手続　*766*

（3） ガイドライン利用の要件──経済合理性、その他　*767*

（4） インセンティブ資産の考え方　*768*

（5） 経営者保証人に保証債務以外のプロパー債務がある場合　*768*

（6） ガイドラインの利用が困難なケース　*769*

4　廃業支援　*771*

（1） 廃業支援の必要性　*771*

（2） 廃業支援における留意点とプロセス　*772*

（3） 廃業を支援する制度　*774*

（4） 単独型　*775*

（5） 廃業前に事業譲渡が行われた場合──ガイドラインの適用　*776*

第9章　事業承継と事業再生

1　事業承継と事業再生　*780*

（1） 少子高齢化の進展と事業承継の必要性　*780*

（2） 事業承継の手法　*781*

（3） 相続手続との一体的解決の必要性　*783*

2　事業承継に関連する相続手続　*784*

（1） 基本構造　*784*

（2） 法定相続による事業承継　*787*

（3） 遺言による事業承継　*790*

（4） 信託による事業承継　*795*

（5） 家族憲章　*798*

目　次

　　(6)　財産の承継と税負担への対応　　*800*

　3　**株式譲渡による事業承継**　　*803*

　　(1)　基本構造　　*803*

　　(2)　事業再生との関連　　*804*

　4　**その他M&A等の手法による事業承継**　　*804*

　　(1)　M&A等の手法による事業承継　　*804*

　　(2)　事業再生との関連　　*805*

　5　**事業承継後の会社のウォッチ**　　*806*

　　(1)　債務・保証・担保の承継　　*806*

　　(2)　債権者による経営のウォッチ　　*807*

●執筆者紹介………*808*

●事項索引………*818*

はじめに

第1章　はじめに

第1節　事業再生と地域経済・地域金融機関との関係

はじめに

　本節は東京、大阪、名古屋その他の大都市における企業の事業再生を念頭に置いたものではない。日本の47都道府県の大半が含まれる、いわゆる地方都市における中堅・中小企業の事業再生を対象として考察するものである。

　日本の人口は2008年をピークに人口減少に転じ、以降毎年、わずかずつではあるが確実に減少している。国全体の人口の減少が、その減少率において大都市も地方都市もバランスよく減少し、しかも減少年齢が子供、少年、若者、中年、老人の区分において、社会・経済上、バランスよく減少していれば、現時点ではさほど問題がないのかもしれない。

　しかし、地方都市における人口減少の実態は、少子高齢化、若者の都会への流出により、社会的にも経済的にも重大な危機に直面しているのである。増田寛也編著『地方消滅』（中公新書、2014）1－2頁によれば、現状が続くと2010年に1億2806万人であった日本の総人口は、2050年に9708万人、2100年には4959万人になると推計されている。2018年1月1日現在、日本人は1億2520万人であり、人口が増加したのは6都県（東京、埼玉、千葉、神奈川、愛知、沖縄）のみであり、残り41道府県はすべて減少している[注1]。

　地方都市は少子高齢化にもかかわらず、若者が大都会へ流出しているのである。この事実が、少なくとも2008年以降毎年続いていると推測されるのであり、地方の衰退は明白である。限界集落という言葉は昔の話であり、消滅の可能性のある市町村そのものが896もあるとされている[注2]。事業再生との

注1)　日本経済新聞、朝日新聞2018年7月12日朝刊。
注2)　前掲『地方消滅』29-31頁、「消滅する市町村523全リスト」中央公論2014年6月号32-43頁。

第1節　事業再生と地域経済・地域金融機関との関係

関係でいえば、この事実が地域経済を基盤とする地域金融機関（第一地銀、第二地銀、信用金庫、信用組合）の経営に多大の影響を与えていることもまた明白である。2016年2月からの日銀の低金利政策により、金融機関事業の収益事業である融資業務の利益率が低下し、2018年3月決算は上場地銀80行・グループの6割が減益となった。2019年3月期は7割減益の見通しとのことである[注3]。

　上述した地域経済と地域金融機関の現状および将来は、倒産法に関与する者が取り扱う事業再生業務にかなりの変化を来すのではないかと思われる。この変化とはどのようなものかを考えるのが本節の目的である。

1　地域経済活性化の現状

(1)　少子高齢化、大都会への若者流出および工場・営業拠点等の海外移転による人口減少

(i)　少子高齢化

　少子高齢化は全国的な現象であって、地方に特有な現象ではない。日本の合計特殊出生率（1人の女性が一生に産む子供の平均数）は戦後の4.32がピークであり、2013年は1.43である。一方、人口数を維持するのに必要な出生率は2012年現在で2.07とのことである[注4]。これでは人口が減少するのは当然である。しかも、仮に出生率が人口減少を維持できる率まで回復するまでは、人口は減少し続けるのであり、回復後産まれた子供達がさらに子供を産むのは早くとも20〜30年後であろう。漫然と現状を続ければおそらく今後数十年は人口は増えないどころか、減少し続けることになりかねない。

　少子高齢化というけれど、前掲増田寛也氏によれば、すでに全国794市区町村で高齢者も減少しつつあると試算できるとのことである。

(ii)　若者の大都会への流出

　大都会の大学に進学した学生の多くは、大都会に本社を置く企業に就職し、

注3)　日本経済新聞2018年5月18日朝刊。
注4)　前掲『地方消滅』2頁。

第1章　はじめに

出身地方は以後「故郷」となる。高校卒業後就職する者も、企業数も多く活力のある都会に流出する。地方で働いていた者も、何らかの事情で転職せざるを得なくなれば、地元には適当な就職先が少ないのでやむを得ず職を求めて都会を目指すこととなる

(iii)　工場・営業拠点等の海外移転

かつては、地方には大企業の工場も多く、企業城下町といわれる多くの都市もあったが、経済のグローバル化の波に乗り、低コストの中国や東南アジア等への工場移転、営業拠点の開設等が続出した。反面、地方は空洞化に見舞われ、若者のみならず中年の者まで地方から流出したのである。

2018年1月1日現在、総務省の調査によれば、2017年は全国47都道府県のうちわずか6都県のみ人口が増加し、他はすべて減少していることは冒頭述べた通りである。この傾向は2017年に限られるものではなく、ここ10年くらいは基本的に同じである。日本の生産年齢人口の減少も甚だしいが、外国人249万人の労働力をもっても人手不足を補うことはできない。

(2)　人手不足と事業承継困難等による自主廃業の増加

(i)　人手不足

人手不足は地方のみならず大都市においても同様である。特に2020年開催予定の東京オリンピック関連の労働力需要は大きく、人手不足は深刻である。最近、筆者はある地方の建設現場を視察したことがある。真夏の猛暑の昼過ぎであったが、建設会社の役員の説明によれば「黙々と働いている若い者達はヴェトナム人である。よろよろ歩いている老人達は日本人である」。建設業でいえば、人手不足のため、受注は限界に達し、仕事があってもこれ以上の受注はできないとのことである。

(ii)　事業承継困難等による自主廃業の増加

最近の出版物やセミナーの広告等には「事業承継」をテーマにしたものがあふれている。2017年に自主廃業等した中小企業等は約3万社であり、一方、法的倒産件数は8376社である[注5]。

注5)　帝国データバンク「全国企業倒産集計2017年報」。

第1節　事業再生と地域経済・地域金融機関との関係

　自主廃業が他社へ「事業譲渡」した後の廃業であれば、雇傭と事業は従前通りでないにせよ、一部は承継されるので地域経済を大きく縮小させるものではないかもしれない。しかし、多くの中小企業経営者には、自分の子供や親族以外への承継など考えない者が多い。大都市に生活基盤を築いた子供達の多くは地方の企業経営者にはなりたがらない。理由はいろいろあるが、これが現実である。経営者の意識の問題でもあるが、東北のある県のデータでは、60歳以上の高齢経営者の48.8％が後継者が未定とのことである[注6]。

　このように人手不足と事業承継困難な状況が続けば、自主廃業および破産は多くなる一方である。

(3)　金融円滑化法の事実上の長期化による経営者のモラルハザードによる地域経済の沈滞

　2008年9月のリーマンショックを受けて成立した金融円滑化法は、2009年12月施行、2011年3月終了の時限立法であった。同法は期限到来直前、3月11日発生の東日本大震災のため、2012年3月まで延長された。さらにはなお必要だとして2013年3月まで1年延長された。同法対象の中小企業は30万〜40万社といわれており、同法適用中に抜本的再生計画を作成することとなっていた。

　しかし、抜本的な再生計画を作成したのは一部の中小企業にすぎず、大半は低利率の金利のみ支払い、元本は棚上げであった。地域金融機関にとっても、元本支払を強要すれば倒産する危険性もあり、低利率といえども金利収入は利益となる。政府の指導に従っていれば棚上債権は不良債権として公示する必要もない。この再延長には、企業の新陳代謝率は米国の半分であるとか、経営者のモラルハザードがどうだとか批判もあった。2013年3月末日をもって同法は確定的に終了することとなった。同法終了後はかなりの倒産が発生するのではないかと倒産専門弁護士は色めき立ったのである。ところが、地域金融機関は政府の指導により、今後3年間は事実上の延長を要請されたのである。すなわち、「暫定リスケ」といわれるものである。ただし、対象

注6)　　岩手日報2018年10月21日朝刊。

第1章　はじめに

企業はこの間に必ず抜本的再生計画を作成すること、作成できなければ適切な処理を行うことも要請されている。同法の再延長からすでに5年以上経過しているが、2017年の法的倒産件数は、1万件を下廻り8376件、休廃業・解散企業数は2万8142件である。今になって人手不足、事業承継、地方衰退対策が大問題となっているが、経営者のモラルハザードは論じるまでもない。また、政府と地域金融機関としても他に講ずる方法はなかったものかと思われる。

2　地域金融機関の現状

(1)　地域金融機関は農耕民族、メガバンク等は狩猟民族

地域金融機関（第一地銀64行、第二地銀40行〔ともに2018年5月1日現在〕、信用金庫261〔同年1月22日現在〕、信用組合148〔同年2月19日現在〕）は、文字通り一定の地域を経営基盤とする金融機関である。法律上の規制は別として、その経営基盤は銀行は本店所在地の都道府県およびその隣接都道府県、信用金庫および信用組合は本店所在地の都道府県内が中心といえる。もちろん、例外的な巨大または極小の金融機関も存在するが、本節では巨大な地域金融機関は対象としない。地域金融機関は自己の経営基盤である一定の地域から離れることはできない。例えば、経営基盤であるその地域の有力企業の倒産により、多額の不良債権が発生したとしても、その地域から離れることはできないのである。

あたかも農家が土地と縁を切ることができないのと同じであり、筆者が地域金融機関を農耕民族と称するゆえんである。

一方、メガバンク等は獲物がいる地域で狩りをし、獲物が少なくなくなればいち早く他の地域へ移動する。このことを指して筆者は狩猟民族といっている。地方で再生案件を取り扱った弁護士なら、上述の農耕民族性、狩猟民族性を何度も実感したことと思われる。地方の縮小と地域経済の沈滞は、地域金融機関にとっては最大の難問である。

6

(2) 地域経済の活性化と健全性は、地域金融機関にとって不可欠の経営基盤

1でわかったように、このまま地域経済が縮小を続ければ、地域金融機関がその数、規模、業務内容において現状のままであることは不可能である。

2016年2月からの日銀の低金利政策によって、地域金融機関は融資業務を中心とした本業での利益が極端に減少しており、中には赤字のところも出る始末である。まさに危機的状況といわねばならない。ここ数年来、やっと地域経済の活性化と健全性は、地域金融機関の継続性にとって不可欠であることを前提に具体策を講じている。しかし、スルガ銀行や西武信用金庫の異常な利益の実態に見られる通り、妙案はないのである。

筆者は20年も前から再生計画の賛否に関する地域金融機関にとっての経済合理性について、当時の金融機関の考え方に異論を唱えてきた。元利金の減免を含む再生計画について、経済合理性の有無を検討する場合、ほとんどの金融機関がこの企業を破産させることが、将来、地域経済にどのような影響を与えるのかという観点には無関心であったからである。地域経済の悪化は、地域金融機関自身の首を締めるものであるから、コンプライアンスとか経済合理性を判断する際は、弁済率の妥当性、再生計画の遂行可能性に加えて、金融機関の経営基盤である地域経済への影響も考慮すべきであるとの主張である。今なら少し理解されるかもしれないが、当時は単に「聞きおく」というだけであった。そこで筆者は「カラスが啼かない日はあっても、金融機関が『コーポレートガバナンス、コンプライアンス、経済合理性』等を言わない日はない」と揶揄したものである。

地方創生のために政府により、各種の政策が立案施行されている。しかし、人口の減少は止まらず、若者の大都市への流出は続いている。

その中で「コンパクトシティ」構想が何となく地方に光を与えているかに見える。

本構想は将来の地方の人口減少、少子高齢化、自治体の行政コスト削減等を目的として公共施設、商業施設、居住地域を都市中心部にコンパクトに集約しようというものである（都市再生特別措置法〔2002年法律第22号〕）。「立地

第1章　はじめに

適正化計画」を作成して公表した自治体が112、作成途中が245である（2017年7月末日現在）。ある県庁所在都市の「立地適正化計画」を一読したが、計画書上は、完璧に見えるが、その実現については50年間でも完全な実現は困難で、一部の実現にとどまるのではないかと思われる。これまでに同計画を作成した自治体ですら、市の中心部への集約と反対に、郊外での開発計画を黙認している現実も指摘されている[注7]。

　都市中心部への居住や商業施設の移転についても、補助金、税金、建築規制上の優遇策のみで現在地から移転するとは考えられない。金をかけてシャッター通り化した中心市街地に移転するほどの具体的メリットがあるだろうか。

(3)　地域金融機関の大変革の必然性

　2018年は、①第四北越FG、②三十三FG、③関西みらいFGが発足し、④ついに2018年8月、公正取引委員会もふくおかFGと十八銀行の統合を認めた。

　(1)と(2)で述べた事情からして、地域金融機関は、再編統合のみならず、すでに効率化のための人員縮小、営業店舗の統廃合、設備投資等に着手した。本節は地域金融機関の将来を予測するものではない。それは単なる一弁護士の能力を越えるものである。ただ、経営の大変革は不可避であることは間違いなかろう。その結果、倒産・再生弁護士が過去・現在、実行してきた実務にも少なからず影響を及ぼし、弁護士の業務も変革を迫られるのではないかと推測しているのである。

注7)　　日本経済新聞2018年4月21日朝刊。

3 事業再生と倒産弁護士業務への影響

(1) 地域経済縮小・地域金融機関大変革の倒産弁護士業務への影響

(i) 地域経済縮小対策

地域金融機関は自己の経営基盤である地域経済の縮小を止めて活性化へ転換させなければならない。保証協会の保証、不動産担保、信用ある保証人がなければ融資はできないなどといっている状況ではない（日本型金融排除）。金融庁の指摘するように、担保や保証に頼らず、取引先企業の事業性評価をして事業性ありと評価されれば、リスクをとっても融資すべきである。そしてコンサルタント機能を十分に発揮して、当該企業の成長を支援すべきなのである。地域金融機関のこれまでのビジネスモデルはもはや通用しない。持続可能なビジネスモデルの構築は急務を要するが、地域経済の活性化と断絶したビジネスモデルなどあり得ないのではないか。スルガ銀行、西武信用金庫の一部の不動産融資業務はそもそも持続可能性もなければコンプライアンス上も許されない。

(ii) 効率化の必要性

店舗配置、従業員の減少、配置転換等は地域金融機関のみならず、メガバンク他の大手金融機関にも共通する問題である。倒産事件について、倒産弁護士が金融機関の支店と交渉することがいつまで継続できるのかも疑問である。

(iii) 地域金融機関の再編・統合の必要性

2(3)で述べたように、地域金融機関の再編・統合は日常茶飯事となった。ふくおかフィナンシャルグループと長崎県の第一地銀十八銀行との統合については、統合後は県内融資シェアが70％となることから私的独占の禁止及び公正取引の確保に関する法律（独占禁止法）上の問題が発生した。この間、公正取引委員会と2年半も厳しい協議が続いたが、一部債権譲渡により、シェアを若干下げる対策をとることで決着した。背後にこのままで地域金融機関は存続可能かという問題があったと思われる。

第1章　はじめに

⒤　倒産弁護士業務への影響

　地域金融機関のみならず、当然のことながらメガバンク他の大手金融機関
も(2)で述べるように大変革が行われつつあり、今後はますます大変革に拍車
がかかるだろう。

　これらの結果、金融機関は現状に比較して以下の状況となるのではないか
と推測される。

① 　店舗が統廃合されてその数が減少する。

② 　技術革新が進み従業員が減少する。

③ 　キャッシュレス化、ペーパーレス化が進み、営業店舗へ行く必要がな
　　くなる。

④ 　組織の再編成が適時実施され、倒産事件対応部門および人員が減少す
　　る。利益獲得部門および新設部門に経営資源が集中される可能性がある
　　からである。

⑤ 　私的手続か法的手続かの検討および同意・不同意、再生計画の検討お
　　よび同意・不同意など、これまで金融機関の融資部門や審査部門の対応
　　が、形式化または一定のシステムの判断が基準となる可能性がある。

　「私はあの銀行の○○部長を知っているので、本再生計画に同意するよう
交渉してみる」と言うのは、現在でも効果がないが、将来はなおさら効果が
ないだろう。つまり、再生計画の内容次第なのである。

　最近の地銀の再編は、同一県内の金融機関同士で行われる場合のみでなく、
広域統合なども多くなってきた。そうなれば、各種の基準は統一的になる可
能性もあり、○○フィナンシャルグループ傘下の各銀行の個別事情が反映さ
れにくくなることも考えられる。

⑵　AI、IT、キャッシュレス化、ペーパーレス化、仮想通貨等の進化と倒産弁護士業務への影響

（ⅰ）　産業界の改革は、当然、司法界にも及ぶ

　グローバル経済の中で競争するには、技術革新と効率化は常に避けられな
い。人手不足が深刻な日本においてはなおさらである。司法界も企業問題を
取り扱う限り、産業界の改革が司法業務に及ぶのは当然のことである。

倒産業務の優劣は、その国、経済の競争力とも無縁ではない。日本、中国、韓国の倒産法関係者で組織する「東アジア倒産再建協会」の第2回（2010年）か第5回（2013年）かのシンポジウムで中国弁護士が次のようにスピーチした。中国は社会主義下での市場経済制度に移行していたが、共産党の一党独裁に変わりはないので、筆者は中国の企業再生手続きも大したことはないのではないかと思っていたのである。彼曰く「倒産手続は企業を再生するだけではなく、その効率性も必要である」と。経済にも倒産業務にも「効率性」が必要だと中国の弁護士がスピーチしたわけである。日本の裁判所や倒産弁護士の認識は、そこまで至っていないのではないかと思い、少なからず驚いたのである。

倒産事件は大型化、国際化、複雑化している。これらの事件を効率よく処理していくためには、債権者、裁判所その他の役所、法律事務所等の三位一体となった協力が不可欠である。突き詰めれば、これからの債権者、特に金融機関の大変革は、裁判所や弁護士業務への影響が避けられないのである。

(ii) 裁判所におけるIT利用等の現状

2018年10月27日、28日、韓国ソウルにて、第10回「東アジア倒産再建協会」主催のシンポジウムが開催された。テーマの1つとして日本、中国、韓国の裁判手続のIT化が取り上げられた。簡単にいえば、韓国が一番進んでおり、その次に中国が意欲的であり、日本は慎重を期すあまり、もっとも実施が遅れているとの印象を受けた。

韓国におけるIT化の経緯は以下の通りである（スピーカー：ソウル回生裁判所權昶煥裁判官）。

① 2010年4月26日　特許電子訴訟導入
② 2011年5月2日　民事電子訴訟導入
③ 2013年1月21日　家事および行政電子訴訟導入
④ 2013年9月16日　申請電子訴訟導入
⑤ 2014年4月28日　倒産電子訴訟導入

シンポジウムでの発言によれば、倒産分野にIT化が導入されることについて、弁護士から反対の意見もあったようであるが、裁判所が押し切ったようである（倒産電子訴訟とあるが、倒産手続一般を指しているようである）。

第1章　はじめに

　中国におけるIT化の経緯は以下の通りである（スピーカー：池偉宏弁護士
元深圳中級人民法院裁判長）。

①　2016年1月21日　広東省深圳市中級人民法院に「倒産情報プラット
　　フォーム」創設

②　2016年8月1日　中国最高人民法院に「全国企業倒産更生事件情報
　　ウェブサイト」創設

2018年2月末までに「倒産情報ウェブサイト」にアクセスした人は1億
3300万人とのことである。他のアクセスは、省略するが、驚くほどの人々
が各種のアクセス、登録をしているようである。

　日本における裁判手続・倒産手続のIT化（スピーカー：杉本純子日本大学法
学部准教授）。

①　内閣官房日本経済再生総合事務局に「裁判手続等のIT化検討会」発
　　足。

②　2018年3月30日「裁判手続等のIT化に向けた取りまとめ──「3つ
　　のe」の実現に向けて」を公表。

③　これまで1996年に訴訟の一部にTV会議、電話会議が導入され、2006
　　年に督促手続オンラインシステムが稼働（2010年に全国展開）した。

④　しかし、倒産手続におけるIT化については、一般的には導入されて
　　おらず、2010年の株式会社武富士の更生手続において債権届出・債権調
　　査・弁済につきシステムを利用し、2014年の株式会社MTGOX破産・再
　　生手続において債権届出用システムを利用した程度である。

⑤　冒頭記載の検討会の取りまとめも2018年3月に公表されており、また、
　　2014年には日本弁護士連合会のIT化に対する提言がなされており、迅
　　速な実施が待たれている。

⑥　2018年11月5日、「倒産手続きのIT化研究会」（座長　杉本純子　日本大
　　学教授）が設立された。

　これまで、1、2で述べた通り、地域経済の縮小、少子高齢化、人手不足、
地域金融機関の経営の窮境等から産業界はAI、IT等を駆使した経営改革に
すでに取り組んでいる。裁判所や弁護士会は産業界の大改革とは別だといっ
てのんびりしている状況ではないと思われる。

12

(iii)　倒産弁護士業務への影響

(a)　裁判所との関係

　倒産事件の申請、保全命令、手続開始決定、債権届出、調査、弁済表、再生計画、認可、弁済および終結までの一連の手続が電子化されることは時間の問題であろう。ペーパーレス化は産業界では常識になりつつある。問題は弁護士側でその対応がいち早く可能かということである。若い弁護士なら電子化についていけるだろうが、アナログになれた年配の弁護士達に不便が生じるかもしれない。また、電子化にはそれなりの物的、人的投資が必要かもしれない。

　韓国の倒産事件の電子化について、一部の弁護士から反対があったようだが、日本でも同様だろう。

　裁判所にしても、大都会の裁判所と地方の裁判所では、弁護士のみならず裁判所自体も電子化の条件が十分整っていないと思われる。全国一斉に電子化を同じ内容で実施することが困難ならば、一定の裁判所から順次実施すべきであろう。

(b)　債権者、特に金融機関との関係

　倒産事件について、債権者である金融機関は利害関係人の中でも重要な存在である。倒産弁護士では、まずメイン銀行の協力を取り付け、次にメイン銀行以外の各金融機関の協力を得るため、幾度となく支店や本部に通わなければならない。支店長で埒があかなければ、本部へ乗り込むこともある。しかし、本部では窓口は〇〇支店ですからそちらと協議して下さいと門前払いが多い。

　2018年初め頃、筆者はＡメガバンクと政府系金融機関のバンカーと「キャッシュレス化」の話をした。Ａメガバンク曰く、「当行は徹底的にキャッシュレス化をやります」と。筆者曰く「それでは顧客は営業店舗に行く必要はなくなり、銀行の支店は不要になりませんか」メガバンク答えて曰く「そうなりますね」と。

　もう10年以上も前の話だが、政府のある委員会の席上で、知り合いのＢメガバンクの法務部長に決済の基準について質問したことがある。

　法務部長の曰く「いくら松嶋先生がそのように主張されても、当行は一定

第1章　はじめに

の基準がありまして、それ以外の取扱いは不可能なのです」と。

　AI、IT、キャッシュレス化、ペーパーレス化、仮想通貨等はメガバンクのみならず、地域金融機関にも段階的に及ぶことになる。そうなれば、倒産業務も変化せざるを得ないものと思われる。

　つまり、

①　支店が減少し、倒産事件は本部または特定のところへ集約される可能性がある。

②　倒産業務も順次電子化されていくことを前提に、倒産弁護士も対応策を準備しなければならない。

③　再生計画等に関する判断基準も、地域金融機関の再編、広域化、人員減少、効率化等により、形式化、画一化が進むのではないか。電子化された判断基準には、ベテラン弁護士のウエットな交渉力も通じないのではないか。

④　各弁護士会には、倒産法研究会があり、理論や実務の勉強が盛んである。しかし、「AIやITその他の進化に対してどのように対応していくのか」を真正面から取り組んでいるのは少ないのではないかと思われる。なお、第10回「東アジア倒産再建協会」主催のシンポジウムでAIやIT化問題が取り上げられたのを受けて、設立された「倒産手続きのIT化研究会」のまとめによれば、2020年にも大企業の倒産手続きについては債権届出をインターネットを通じて行うことができるとのことである[注8]。

注8)　　日本経済新聞2019年8月4日朝刊。

第2節　事業再生における裁判所の手続の利用

1　事業再生のために裁判所に申し立てる手続の概要

(1)　倒産基本4法に基づく手続と特定調停手続

　事業再生に関して裁判所に申し立てる手続としては、5類型がある。再生手続、更生手続、破産手続、特別清算手続、特定調停手続である。そのうち、前4者は「法的整理手続」と呼ばれており、倒産基本4法といわれる民事再生法（1999年法律第225号）、会社更生法（2002年法律第154号）、破産法（2004年法律第75号）および会社法（2005年法律第86号）第2編第9章特別清算に基づく手続である。これらの手続は、債権者の多数決による同意により、または債権者の同意を得ないで、強制的な権利変更が可能なものであって、この点が任意整理手続と根本的に異なる点である。

　一方、裁判所の手続であっても、特定調停手続は、債権者の同意がない限り効果が発生しないという点で、倒産基本4法の手続とは異なって、任意整理に軸足を置いた手続である。特定債務等の調整の促進のための特定調停に関する法律（1999年法律第158号）に基づく手続である。

　以上の裁判所における5つの手続は、いずれも法律に基づく手続であるという共通性があるので、これらの5つの手続をすべてを含むものとして「法的手続」の用語が用いられる。以下、各手続の概要を掲げる。

(2)　再生手続

　再生手続は、法人・個人のすべてを対象とし、債権者の多数決による同意に基づき権利変更をすることが可能で、柔軟かつ迅速な手続が期待できることから、再建型法的整理の中の基本手続となっている。この中には、DIPとしての債務者が手続を進行するものと、管財人を選任するものとがある。

第1章　はじめに

DIP型が基本手続であり、DIP型に関する限り、全国的に手続が標準化しているが、管財人選任型は、非定型的手続であり、事件ごとに手続進行の状況が異なっている。DIP型事件と管財人型事件との振分け基準については、裁判所間に若干の違いがある。再生手続と更生手続の選択基準については後述する［→ **2(1)**］。

(3)　**更生手続**

更生手続は、株式会社を対象とし、担保権および優先権も手続内に取り込む強力な手続であり、債権者の多数決による同意に基づき権利変更をすることが可能で、かつ、民事再生法施行後は、これと遜色のない迅速性も備えたことから、再建型法的整理の中で、特に大型案件や債権者申立事件において重要な役割を果たしている。更生手続は管財人を選任するものであるが、その中には、第三者たる管財人を選任する手続とDIPとしての債務者関係者を管財人に選任するものがある。

(4)　**破産手続**

破産手続は、法人・個人のすべてを対象とし、再建型法的手続のように債権者の同意により手続進行を図ることは予定されていないことから、強力かつ迅速な手続であり、法的整理の中で中心的役割を果たしている。この手続は、第三者である管財人を選任して行われる。

(5)　**特別清算手続**

特別清算手続は、株式会社を対象とし、債権者の多数決による同意に基づき権利変更をする手続である。債権確定手続や財産評定、否認権行使などが予定されていないことなどから、全債権者に異議がないのが原則である。従来、本来の会社清算の手続として利用するほか、対税型と呼ばれる簡易迅速な税務処理目的の清算手続として利用されていたが、近時、その手続の簡易さ、迅速さが注目され、これらに加えて、会社分割ないし事業譲渡後、存続の必要がなくなった会社を特別清算を用いて清算し、円滑な税務処理を図ることにより、事業再生の一環として多用されることとなり、事業再生の通常

の手続の仲間入りをすることとなっている。

(6) 特定調停手続

特定調停手続は、法人・個人のすべてを対象とした間口の広い手続であり、事業再生に利用される場合と、事業に関係なく多重債務者の債務整理に利用される場合がある。

この手続を事業者再生に利用する場合、債権者の権利行使を制限しつつ協議をすることが可能であり、また、仮に合意が成立しない場合であっても、裁判所が相当と認める内容の決定（調停に代わる決定。17条決定ともいわれる）をして当事者に送達し、この決定に異議がなければ調停が成立したものとみなされるものとされている（民調17条・18条5項）。しかも、当事者以外には手続の存在が知られないことから、任意整理を強力に援助する手続といえる。しかし、債権者の同意がない限り、効果が発生しないという点で、倒産基本4法の手続とは異なって、任意整理に軸足を置いた手続である。特定調停手続の選択基準については後述する［→ 2(6)］。

2 事業再生における法的手続の選択——法律の形式的枠組みにとらわれない利用の必要

(1) 再生手続と更生手続の選択基準

事業再生の過程で法的整理手続のいずれを選択するかが、法的手続選択の第1の検討点であり、特に、再生手続と更生手続のいずれを選択するかの判断は重要である。両者の最大の違いは、再生手続が、あらかじめ定めた標準的手続に基づき、申立代理人と監督委員により手続を進行させ、個別事件特有の問題が生じた場合にのみ、裁判所が申立代理人と監督委員の意見を聴いて方針を定めるいわば自動運転を原則とする手続なのに対し、更生手続は、1件1件の事件の個性に応じて手続を練り上げる個別注文手続であるという点である。これは法律に規定しているわけではないが、両者の手続の相違に着目して裁判実務として形成された相違点である[注9]。

一般的には、再生手続は株主や担保権者に対する支配可能性が低い手続で、

第1章　はじめに

中小企業の再生手続で、大企業の再建には更生手続が適しているといわれているが、大企業の再建に再建手続が利用されることもしばしばである。株主関係や担保権の扱いに問題がない、または問題が少ない場合は、大企業であっても、再生手続が柔軟かつ迅速で、しかも、債務者主導で手続が進むからである。

　一方、債権者申立てとなり、かつ、債務者が債権者申立ての再生手続に協力的ではないときは、中小企業であっても更生手続を選択することとなる。再生手続は、債務者が非協力な場合には資本関係への切込みが困難となるなどの問題点をはらみ、債務者会社側の自発的協力が得られる可能性が低い場合には、更生手続を選択するのが合理的であることが少なくない。それがゆえに、実際にも更生手続における債権者申立事件の割合が高くなっている実情にある。

　更生手続は、対象が株式会社であれば申し立てることができるから、どのような小規模の株式会社も申立適格を有するものの、1件1件手作りの手続であるため、予納金が高額で、申立前の事前相談で手続の見通しまで詳細な詰めを要する。東京地裁で更生手続開始決定をした事件で、これまで手続廃止により牽連破産となった会社がないことも、手続審査の厳格さを物語る。

　なお、更生事件は、株式会社以外の会社では使えないので、医療法人、学校法人などでは、再生手続しか選択肢がなく、担保権に問題があるような場合には、困難な事態となり、倒産手続に熟達した弁護士等による専門的知見と創意工夫が重要となる。

(2)　事業譲渡における再生と破産の選択

　事業の清算の場合のうち、事業譲渡により事業自体は存続させたい場合は、再生手続が利用されるが、その場合に、破産申立てをしても取引債権者との間に問題が少なく、かつ、優先債権者の同意を取り付けるのに困難があるような場合は、破産申立てをし、破産開始の前または破産開始後に事業譲渡をすることも有用である。しかし、破産申立てをしたのでは、取引債権者との

注9)　　舘内比佐志ほか編『民事再生の運用指針』（金融財政事情研究会、2018）25頁。

第2節　事業再生における裁判所の手続の利用

取引の継続が難しいのが一般的であり、その場合には、再生手続の申立てを
し、再生に向けての努力をしつつ、開始決定前または開始決定後に事業譲渡
を達成させ、その後の事情により、やむなく再生手続の廃止決定を得て破産
手続に移行し、債務者会社は破産清算するということもあり得る。租税債権
者や優先債権者の事業再生への同意が得られないものの、事業は事業譲渡に
より存続させることができる一方、破産申立てをしたのでは取引債権者が離
れるおそれがあるような場合には、後者の方法を選択せざるを得ないことも
あり、この方法で再生計画が認可された先例も複数存在する。

(3)　日米比較から見た再生と破産の選択

　法的整理申立てにおいて、再建型手続を選ぶか、清算型手続を選ぶかにつ
いて、2018年の日米の件数の比較をしたのが下記の統計表である。人口比か
ら見て、日本における事業者の清算型手続の申立ては、ほぼアメリカに匹敵
するといえるが、事業者の再生型手続については、日本の申立件数は、アメ
リカの申立件数と比較して、著しく少ない。アメリカでは、クライスラー、
ゼネラルモータースなどの自動車会社や数多くの航空会社などがアメリカ連
邦倒産法11章「更生」の手続を選択しており、大会社の迅速な再建に用いら
れていることが注目されているが、その一方、零細な会社や事業者でない債
務者も、数多くが11章更生の手続で債務調整を達成している（次頁の統計表
参照）。日本においては、事業再生ADRから再生手続へのスムーズな移
行注10)や私的整理から法的整理への切れ目のない移行注11)が提唱されている
が、それは、アメリカとの比較において、再生手続の選択に柔軟さが望まれ
ていることの1つの表れであるといえる。

注10)　富永浩明「産業競争力強化法改正（商取引債権に関する考慮規定）と運用」
　　　　NBL1139号（2019）11頁。
注11)　伊藤眞「法的整理と私的整理の連続と不連続（Concordance et Disconcordance）
　　　　──債権者平等原則の栄光と変貌（Gloire et Transfiguration）」NBL1139号
　　　　（2019）4頁。

第1章　はじめに

【統計表】　事業者倒産における手続選択の日米比較（2018年）

	清算型件数	再生型件数
日　　本	7,056	118
	【内訳】　法人破産　6,744 　　　　　特別清算　　312	【内訳】　民事再生　　　114 　　　　　会社更生　　　　4
アメリカ	13,678	6,078
	【内訳】7章破産475,575のうち、事業者破産13,678	【内訳】11章更生7,095のうち、事業者更生6,078

（注）　日本の件数は司法統計年報等、アメリカの件数はAnnual Report of the Directof the adminis-trateve office of the U.S.Courtsによる。

(4)　純粋清算と再生手続

　事業が終了し、すでに事業の実体がない場合は、破産手続を選択するのが通例である。しかし、この場合にも、債務者に破産を避けたい意向があり、過半数以上の再生債権者も清算計画に同意をしてくれる状況にある場合は、再生手続による清算をすることも許される。旧和議法下においては、純粋な清算のための和議が許容されており[注12]、民事再生法の下でも、特別清算に代わる再生として許容する見解が有力であった[注13]が、近時東京地裁においていくつかの実務例ができて、純粋清算型再生手続と呼ばれるようになっている[注14]。純粋清算型再生手続も、再生手続を柔軟に採用しようとする努力の表れといえる。

(5)　法的整理手続と裁判所の裁量権との関係

　法的整理事件は非訟事件であり、非訟事件については、伝統的に、職権で裁判所が進行させ、職権で判断するという発想一色に染まっていた。しかし、倒産事件の国際性を反映して、世界に絶大な影響力をもつアメリカの連邦倒

注12)　東京地裁破産・和議実務研究会編『破産・和議の実務（下）』（民事法情報センター、1998）267頁［澤野芳夫］。

注13)　須藤英章編著『民事再生の実務』（新日本法規出版、2005）514頁［宮川勝之］。

注14)　上谷清ほか編『新倒産法の実務』（第一法規、2001）第2巻205の24頁。

産法の情報が豊富に入るようになってから、この考えにも修正が加えられつつある。その中で特に注目されたのが、マラソン事件と呼ばれている事件に関するアメリカ連邦最高裁の判断である。1982年、アメリカ連邦裁判所は、任期に14年という限定のある連邦倒産裁判所裁判官が倒産事件について広汎な判断権をもっている存在は憲法違反であるという判断を示した。この判決を受けてアメリカ連邦倒産法の改正がされ、連邦倒産裁判所裁判官の裁判権に一定の制限が加えられ、この問題に終止符が打たれた[注15]。

　アメリカでは、こうして連邦倒産裁判所裁判官に公正中立性に関して国を挙げて議論がされることとなったが、そもそもそれ以前から、アメリカでは、連邦倒産裁判所の関与する裁判一般について、論点ごとに実質的な対立当事者に弁論をさせ、裁判官がそれを聴いて独立した判断を示すという判断構造が採られており、職権で裁判所が一方的に判断を下すわが国とは違った制度設計が採られていた。上記の一連の動きは、それにさらに裁判権の制限という制約を加えたものといえる。

　翻ってわが国を見ると、2000年以降、東京地裁における新しい試みとして、全再生手続の中に、申立代理人と監督委員という観点の異なる二者を設けて、論点を明瞭にさせて裁判所の判断の公正性を補助することが試みられた。この試みは全国に広がり、全国でほぼすべての事件に申立代理人と監督委員をいう二者が議論する仕組みを設けて、これに基づいて裁判所が公正な裁判をすることを試みている。しかし、このような仕組みがとられても、ともすると従来の非訟事件的職権主義の理解の下に、裁判所が選任した機関である監督委員の意見を「官側意見」として尊重し、申立代理人の意見に白紙の状態で耳を貸すことをしない運用があると指摘する声がある。このような問題点を最小とするべく、申立代理人も監督委員との意見交換を密にする必要があり、同時に裁判所においても、申立代理人と監督委員の意見が食い違った場合に、両者の意見に虚心に耳を傾ける姿勢を意識して保持する必要があろう。

注15)　高木新二郎『アメリカ連邦倒産法』（商事法務研究会、1996）271頁、福岡真之介『アメリカ連邦倒産法概説〔第2版〕』（商事法務、2017）5頁。

第1章　はじめに

(6)　特定調停手続の選択基準

　事業再生において特定調停手続を使う場合もある。特定調停を成功させるには、債権者の同意を必要とするが、そうであるならば、特定調停は任意整理と比べてどんな利点があるために利用されているのであろうか。

　債権者が任意整理に反対しているが、それが裁判所の調停手続に持ち込まれ、裁判所から調停に代わる決定（17条決定）が出るのであれば、公正で公的な機関による決定であるから異議を述べないという蓋然性が高い場合は、この決定の確定により調停成立とみなされることから、特定調停を利用する価値がある。わが国の金融債権者には、自己の利益追求の前に、公正さを重んじる伝統があり、当該任意整理に反対意見を有する場合であっても、裁判所の公正な意見や他の金融債権者の動向に耳を傾けて、調停に代わる決定という形で裁判所の意見が具体的に示されれば、これに従う姿勢を有することが少なくない。そのため、特定調停が任意整理を完結させ重要な役割を果たすこととなる。ただし、仮に公正な公的機関が決定しようとも当該債権者に異議を述べる意思が固いときは、特定調停手続はふさわしくない。その場合には、再生手続等の法的整理手続に進まざるを得ない。

　管轄が柔軟であることも特定調停手続の特徴である。金融機関を相手方とする特定調停の申立ては，相手方の営業所または事務所を管轄する裁判所に申し立てることができる（民調3条1項）。したがって、管轄区域内に本店がなくても、支店があれば申立てが受理される。もっとも、実務上は、負債が当該支店の業務に係るものである場合に限るとする解釈が優勢であるが、この解釈は民事調停法3条1項の明文の規定に沿わない。支店があれば申立てが受理されるのが相当で、それによる不都合は、幅広く認められている裁量移送（民事調停法4条3項）により回避すべきものである。また、1件の申立てが受理されれば、関連する他の債権者に対する申立ても当該裁判所において受理され（特定調停4条）、先の事件に併合して処理される（同法6条）。

　なお、特定調停事件の管轄裁判所が支部所在地簡裁の場合、人的体制上、本庁所在地簡裁を事件取扱裁判所とする事務分配とされるのが通例である。

　手続が非公開で進められることも特定調停の特徴である。もっとも、特定

22

調停の申立てがあったことは、申立てを受けた債権者から信用情報機関に報告され、新規融資が制限されるが、その場合にも、特定調停があった旨の信用情報による信用毀損度は他の法的整理申立てに比べて小さい。

特定調停については、予納金についても他の法的手続とは違った特徴がある。東京地裁の特定調停は、再生事件の監督委員に代わる委員を調査委員等として選任することから、その報酬を賄うため、1200万円前後の金額の予納金が必要となる一方、公正な専門家が委員として意見を述べることから、そこで相当な計画と評されると、その後債権者の同意・擬制同意に向けての作業の強力な支援となる。しかし、他の地方裁判所や簡易裁判所の特定調停については、裁判所の事務費用の予納のほかには予納金が不要であり、何万円単位の予納で足りる。もっとも、東京地裁では、通常の調停を上回る予納金の納付を求めない運用の検討も開始していると聞く。その場合、東京地裁への特定調停申立ても選択肢に加わることとなる。その検討に注目したい。ただし、この場合、専門的知見を有する調査委員の調査は期待できないから、申立代理人自らが説得的計画を作成し、これに基づいて債権者を説得する必要があり、申立代理人が倒産手続に習熟していることが必須となる[注16]。

3　事業再生における裁判所の選択──裁判所の特色を把握した柔軟な選択の必要

事業再生関連事件を受理する裁判所の内部体制は、裁判所ごとに大きく異なっている。

東京地裁では、再生事件と破産事件は民事20部（破産再生部）が担当し、更生事件は民事8部（商事部）が担当している。特定調停事件は民事8部が担当しており、簡易裁判所の特定調停事件は東京簡易裁判所（墨田庁舎）が担当している。

大阪地裁では、倒産事件のすべてを民事6部（倒産部）が担当しており、簡易裁判所の特定調停事件は大阪簡易裁判所が担当している。

注16)　日本弁護士連合会「事業者の廃業・清算を支援する手法としての特定調停スキーム利用の手引き」（2017年1月27日策定、2018年5月18日改訂）の趣旨参照。

第1章　はじめに

　東京・大阪以外の高裁所在地地裁では、倒産事件は、執行・保全・倒産専門部が処理するのが原則であるが、高松地裁では、民事部が2か部しか置かれておらず、倒産事件も下記の各地の地方裁判所と同様の事務分配がされている。高裁所在地以外の地方裁判所では、民事部の数が複数の庁においてはいずれかの部が処理するのが通例である。

　本庁と支部の事務分配も裁判所ごとに異なっており、東京では、支部所在地の事件であっても本庁が担当しているが、支部事件は支部の事務分配とする裁判所が多い。

　裁判所内部の事件処理体制は、事件処理方針にも影響するので、裁判所ごとの情報を踏まえた対処が必要である。

　最大の裁判所である東京地裁では、全国のどの地の事件が係属しても処理が可能な体制を整備しており、したがって、管轄裁判所についての取扱いも緩やかである。事業再生については、迅速かつ果敢な判断を必要とすることが多いので、事業再生に習熟した裁判所である東京地裁が管轄について緩やかな扱いをすることは、必要なことであり、かつ、望ましいことである。一方、裁判所の規模が小さな裁判所では、当該裁判所の事務処理能力が限られていることから、受理基準が厳格であることもある。また、例えば東京地裁では、再生手続において管財人を選任するのは、DIPに手続を遂行させるのがふさわしくない特別な事情がある場合に厳格に限定されているが、管財人選任の基準がやや広い庁もある。このような運用の相違も、裁判所の選択に影響してくる。

　監督委員がDIPの手続進行にどのくらい理解が深いと推測されるかも、裁判所選択の1要素である。時々刻々の情勢の変化に適切に対処しなければならない再生手続において、正確で厳格な事務処理を目指す破産事件の管財人経験しかない単純厳格型の監督委員が選任されるのは問題があるが、当該裁判所管内でそのような蓋然性（監督委員リスクと称されることもあるやに聞く）が高いのかどうかも、裁判所選択の一基準となる。もっとも、破産管財人経験のみで再生事件の経験が乏しいという場合であっても、債務者代理人フレンドリーな運用が一般的な中小規模庁の管内である場合には、手続進行に支障が出ない。裁判所を適切に選択するには、幅広い情報収集が必要である。

第2節　事業再生における裁判所の手続の利用

　このように裁判所ごとに事務処理体制が大きく異なるので、申立裁判所について、事前にできる限り正確で幅広い情報を得ておく必要がある。

4　手続上の留意点

(1)　予納金額の決定

　かつて、再建型事件の予納金額は公表されていなかったが、民事再生法の施行を機に、再生手続申立ての際の予納金額が東京地裁から公表され、全国に及んでいった。これは1つの好ましい動きであるが、事業再生における法的手続の円滑な利用のためには、予納金額がその当時の状況に応じて柔軟に見直され、適切で、かつ、予見可能性の高いものとなっていく必要がある。その意味で、事業再生に法的手続を利用しようとする場合、予納金に関する裁判所の最新の情報について、その運用の実際も含めて把握しておく必要がある。

　一般的には、再生手続の予納金は、予測可能性が高く、更生手続の予納金は予測可能性が低く、かつ、高額である。これは両手続の相違による。前者は申立代理人が監督委員の理解を得ながらいわば自動運転をすることを前提とした手続であり、後者は1件1件の事件の特質に応じて手続を組み立てていく特注手続であるからである。しかし、再生手続においても、純粋清算型手続については、破産事件に準じた低廉な予納金とすることを今後検討していく必要がある。特定調停の予納金については前述した［→ **2(6)**］。

(2)　保全処分の発令

　保全処分の発令の運用についても、裁判所ごとに大きな違いがある。保全処分は、申立直後の待ったなしの状況での申立てであるため、これに関する裁判所の姿勢、迅速さ、柔軟さの程度に関する情報を得ておく必要がある。事業再生に関していうと、次のような点が問題となる。

　保全処分が定型的なもので足りる場合は、裁判所との間で、発令の時期を打ち合わせるのみで足り、特に問題はない。問題は、定型的保全処分では足りない場合である。この場合には、原則として、保全処分の内容について、

25

第1章　はじめに

事件申立前に事前相談を申し入れることにより、裁判所と協議しておくことが必要となる。

例えば、10万円を超える金額について少額債権として弁済することを希望する場合、商取引債権の全部または一定の種類もしくは一定の上限額までの弁済を希望する場合、その他の事業継続に必要な一定の範囲内の債権を弁済することを希望する場合などにおいては、事前相談において裁判所と協議をしておく必要がある。商取引債権の全部または一定の種類または一定額を限度とする場合において、従来の取引と同一条件の取引を申し込む者に限り弁済を希望するのか、そのような限定を付さないのかも、協議の対象となる。裁判所において、このような申入れを認めるかどうかの当該裁判所の情報をあらかじめ得ておいて、正確な見込みを立てておくことも、円滑な倒産申立てのために必要なことである。

保全処分は、原則として申立てと同時に発令されることが必要であるため、事前の情報収集その他の準備が特に必要である。

(3)　進行スケジュールの決定

再生手続であれば、各裁判所に標準スケジュールが備え置かれていることも少なくない。その場合に、標準スケジュール以外の進行を希望するときは、申立ての直後に裁判所に希望を述べて協議することが必要である。標準スケジュールより速い進行を希望する場合は、その旨を裁判所に伝えておく必要がある。標準スケジュールに掲げられているもののうち、いくつかは官報公告事項となっており、官報公告までには2週間程度の期間が必要であるため、途中での修正が困難であるからである。

進行スケジュールを早める希望をする場合には、例えば財産評定がスケジュールの範囲内で可能かどうか等についての検討が必要であり、また、不用意に進行を急いだために認可決定に即時抗告がされるようなことになると、手続が大きく遅延して、迅速進行の趣旨に反する結果になるので、債権者の理解を得るために必要な説明期間も考慮に入れる必要がある。

26

(4) 記録の閲覧その他の情報開示

　法的整理手続の情報開示に関するシンポジウムなどにおいては、「日本の裁判所は情報公開に消極」とか「債権者への情報公開を心がけるべき」というようなステレオタイプの意見が出る。しかし、手続進行の過程では、不用意に情報が公開されたために円滑な進行に支障が生じることも少なくない。私的整理や特定調停が法的整理に比べて優れた点として、手続が非公開で、取引関係者に知られることがないということが、最大の利点とされ、現にその通りであることも見逃せない。法的整理手続における情報公開は、特にわが国では微妙な問題を含む。倒産事件の記録の閲覧謄写の対象について、法律・規則で備え置くことを定めている記録に限定する解釈が通説であるのも、その事情を物語る。

　法的整理の情報開示との関係で、申立人の側で、許可申請の際などに不用意に裁判所に資料を提出し、それが開示されて苦い思いをするということがあり得る。許可を得たい一心に、許可申請に際して多数の内部資料を提出することもあり得ないではないが、その際に、資料を記録として提出するのか、判断の参考資料として記録外として提出するのかは、冷静になって検討する必要がある。適切な情報開示は、債務者と債権者の信頼関係を構築する上で重要な役割を果たすが、不用意に個別事情に属する情報を開示したために、かえって手続の進行に風波を起こすこともあり得るので、細心の注意が必要である。同様に、債権者の住所等を一覧表として提出する場合も、閲覧によって多数の利害関係人に当該すべての情報を知られてよいのかどうかを検討しておく必要があり、慎重を期する必要がある情報については、裁判所の意見を聴きつつ、適切な措置を講じる必要が生じ得る。要するに、書面提出前に暫時立ち止まり、適宜の工夫ないし配慮をすることが必要である。

(5) IT化の程度

　最近、裁判手続のIT化が話題に上ることが多くなった。特に多数の債権者が関与する倒産手続では、その関心が高い。倒産手続の中で、裁判所のIT化が進行しているのは、裁判所内の事件管理システムの構築と債権者一

第1章　はじめに

覧表の作成と議決票の集計のIT化である。倒産事件処理における裁判所内の事件管理システムは、東京地裁民事第20部が独自に開発した事件管理システムを基礎として全国版に改めたものであるため、実務の要望に沿っている。債権届出情報をエクセルデータとして提出してもらい、議決票のバーコード作成に利用するなど、申立代理人との連携によるIT化も行われている。

　一方、IT化にマイナスに働く要因としては、わが国固有の多くの事情がある。まず、記録の閲覧謄写が利害関係人にのみ許されており、広く公開する仕組みではないことである。倒産事件の情報が広く債権者に知れると債務者の取引への影響が大きいなどの倒産事件特有の事情がある。また、倒産手続には、うっかりすると事件屋、整理屋等の勢力が介入しがちであるから、例えば債権者集会場への入場や議決に際し、どの程度本人確認や代理人確認をするかの検討を疎かにできない。東京地裁で議決票の偽造変造を排除するため、事件ごとに違った微妙な色つき用紙を用い、その原本を持参した者のみに限って本人特定手続を簡略化し、当該原本のバーコードで議決票を読み取っているのも、その工夫例である。電子データのやりとりの場合も、本人確認をどうするかは重要である。外国債権者について、なりすましにより配当金を詐取されかかるという事態を目にすると、直接金銭が動く倒産手続では本人確認は怠れない。倒産手続に固有の、このような限度も考慮した上でのIT化への期待でなければならない[注17]。

注17)　園尾隆司「外国債権についての債権届と債権調査」岡伸浩ほか編著『破産管財人の債権調査・配当』（商事法務、2017）598頁。

第2章

債務者の再生手法

第2章　債務者の再生手法

第1節　はじめに（事業再生の鳥瞰図）

この章では、経済的に窮境に陥ったまたは陥りそうな企業がとる具体的な再生に向けた手法・手段について、詳述する。

1　「再生」とは

ここで、「再生」とは何かが問題となる。事業の再生、企業再生、民事再生等々いわゆる「再生」という用語が用いられる場面は種々あるが、その具体的な内容は、一義的でもなく、明確でもない。

一般的には、「再生」という場合には、民事再生や会社更生といった、いわゆる法的倒産手続が想定される場合が多いが、こうした法的倒産手続は、文字通り「手続」であり、端的にいえば、①裁判所（または裁判所の命令）の保護下で、②過去の債務の弁済を一時的に停止し、③再生に向けた取組みを実施し、④債権者の多数決によって既存債務の免除等を含む再生計画を策定して、再生の実現を図っていくというものであり、①裁判所の関与、②過去の債務の弁済の一時的な停止、④多数決による再建計画の策定といった点が特徴的に異なっている。

しかしながら、「再生」の本質は、上記法的倒産手続固有の特徴部分ではなく、「③再生に向けた取組みを実施し」という点にあることはいうまでもない。

すなわち、何らかの事情で、その事業運営に支障が生じている、または生じるおそれがある場合において、これを改善する「再生に向けた取組み」が何らかの方法で実施可能であれば、必ずしも裁判所の力を借りること、過去の債務の弁済を停止すること、多数決による計画承認をすること等は、再生過程においては必要ではない。

このため、この章では、再生手法を紹介・解説するに当たり、例えば、事

30

業再生ADRや民事再生や会社更生といった再生局面において用いられる手段としての手続に着目して解説するものではなく、そういった明文化された手続を利用するか否かにかかわらず、加えて、そうした手続が必要とされるような局面に陥る以前の状況も含めて、資金調達、資本調達、事業の譲渡等、既存権利関係の調整といった再生に向けた取組みまたは当該取組みに向けて必要となる再生のための「手法」について、その目的や効果、再生局面での制約事項・留意事項等といった観点から整理し、必要に応じ法的倒産手続がどのように機能し得るのかといった点について紹介・解説していくこととしたい。

　ところで、企業が「再生」できない、またはできなかった場合の典型例としては、破産という状況を想定することができるが、破産とは、破産法1条によれば、「支払不能又は債務超過にある債務者の財産等の清算」ということになる[注1]。そして、「事業の再生」自体の内容を積極的に定めることは困難であるとしても、その消極的な定義付けとしては、「支払不能」[注2]や「債務超過」[注3]という事態に陥り、清算以外の選択肢しかないような状況に至らないようにするということができるであろう。

　すなわち、「支払不能」、事業を継続するため（明日を生きるため）に必要

注1)　財産等の清算であり、当該債務者が営んでいた事業は原則として終了し、残存する資産を換価して、債権者に弁済するのみである（清算の方法として、事業を継続して、第三者に譲渡することにより、残存資産の一括換価をするといった方法は一応ある）。

注2)　「支払不能」とは、破産法2条11項によれば「債務者が、支払能力を欠くために、その債務のうち弁済期にあるものにつき、一般的かつ継続的に弁済することができない状態」と定義されている。なお、「一般的かつ継続的に」の意義を含む「支払不能」やこれを推定させる「支払の停止」の意義については種々の議論があり、特に、否認権の行使や相殺権の行使の可否の判断においても、これらが要件となっていることから、破産手続のみならず、再生手続や更生手続、場合によっては私的な債務整理手続においても、債務者や債権者が置かれた具体的な事実関係も含めて争いになることが多く、判例や学術的な研究も積み重ねられている。しかしながら、上記の通り、本書においては、再生手法の紹介の便宜のために、避けるべき、または解消すべき事実としての典型例として「支払不能」に触れることが主眼となるため、上記のような論点には、後述する再生手法との関連で言及する必要がある部分を除き、これ固有の論点として深入りすることはしない。

な資金が確保できないという状態にある、またはそのおそれがあるというような事態であり、会社が資金的な問題を抱えているまたは抱えるおそれがある状況や、「債務超過」、資産より負債が多い状態にある、いわゆる資本が毀損している、またはそのおそれがある事態であり、事業再生の局面における、いわゆる「資本の問題」を抱えているまたは抱えるおそれがある状況を解消することを通じて、事業の維持継続を図ることが、「事業の再生」の最低限の条件ということになるといえるであろう。

2 典型的な窮境原因

では、どうして支払不能（資金不足）や債務超過（資本不足）といった事態に陥るのであろうか。いわゆる窮境原因とは、どのようなものが考えられるだろうか。

なお、実際の企業活動においては、さまざまな要因・過程を経て、財務状況が悪化していくため、窮境原因を紋切型で特定することは現実には困難であるが、以下では、典型的に想定される窮境原因について簡単にまとめる。

(1) 事業が不調な場合

最も単純な場合は、事業そのものが赤字である場合である。

営業収支ベースで赤字であるような場合、例えば、売上高が低迷したり、人件費その他の販管費が高止まりしたりすることによって、営業収支が赤字であれば、事業を継続しているだけで、資金は流出し、赤字によって資本も減少していく。

このようなケースでは、事業そのものを黒字に転換することができる見込

注3) 「債務超過」とは、一般的な用語使いとしては、貸借対照表上資産より負債が多く、純資産が負の状態であり、破産法16条1項によれば「債務者が、その債務につき、その財産をもって完済することができない状態」をいう。「債務超過」という用語も多義的であり、貸借対照表上債務超過であることが破産法でいうところの債務超過に当たるかどうか、そもそもここでいう貸借対照表とは何か等々種々議論があり得るが、前述した「支払不能」と同様、固有の論点として深入りすることはしない。

みがなければ、いくら資金や資本を調達しても再生は叶わない。

　次に、事業自体は黒字であるが、当初予定していた計画よりも下ブレしてしまったようなケースもある。例えば、金融機関からの借入れで大規模な投資（設備投資であったり、M＆Aによる他の会社の取得であったり）を行ったものの、当該投資によって得られることを期待していたリターンが十分ではないようなケースである。

　このようなケースでは、投資により取得した設備、株式、のれん等資産の減損という形で資本に悪影響を及ぼす事象が生じるとともに、当初計画を前提としていた金融機関からの借入れに係る返済のために十分な資金が確保できないという形で資金に悪影響を及ぼす事象を生じさせる。

(2)　事故・災害により損失を被る場合

　事故や災害によって、店舗、事業所、工場等が被害を受けたことが原因で、商品が製造できなくなった、物品やサービスを顧客に提供できなくなった等の事象が生じたような場合である。

　こうした場合も、店舗等の固定資産の減損の問題に加え、売上高の減少や修繕費用その他の経費支出による黒字減少または赤字化といったことによる資本への影響や、修繕や再投資のための資金需要といった問題が生じてくる。特に、一部の事業が継続不能な状態になった場合には、新たな事業ポートフォリオの構築といった改善が必要となり、そのために必要となる資本や資金の調達といった問題も出てくるであろう。

　なお、災害により被害を受けた事業者の再生を支援するという観点からは、東日本大震災による被害により、過大な債務を負っている事業者であって、被災地域で事業の再生を図ろうとする企業（大企業や第三セクターを除く）に対して、その再生を支援することを目的として、東日本大震災事業者支援機構が設立され、2018年8月末までに737件の支援決定がなされている。

　また、事故や災害とは少し性質が異なるが、過去に製造した製品やサービスに不具合が発見され、または指摘され、結果的に多額のリコール費用、賠償金、補償金等を負担することとなった場合にも、同様の事態に陥る可能性はある。

第2章　債務者の再生手法

(3)　不祥事などに起因して問題が生じる場合

企業の不祥事の典型例としては、不適切会計・不正会計（またはこれを企図した特殊な取引手法等）であるが、窮境原因という観点からは、こうした不正会計等を行うに至った動機のほうが問題となる。すなわち、不正会計等は、赤字の隠ぺいや利益の過大計上といったことを目的として行われることが多いが、上記(1)の事業が不調な場合（場合により(2)のような場合もあるであろう）に該当する事態が生じている会社がこれを財務諸表上糊塗する目的で行っているような場合には、窮境原因としては事業の不調として捉えて、再生手法を検討することとなろう。

他方、単に経営陣の見栄えの追及や、会社とその経営者やオーナー等特殊な関係者との間で行われている不当な取引を隠ぺいしていた場合などは、仮に事業自体は顕著であっても、会社の違法・不当行為を起因とした与信の縮小（金融機関による融資の継続の可否や取引先・顧客からの信頼の低下）といった事情を通じて、資金面・資本面に悪影響が及んでいくこともあり得るであろう。

3　「再生」に向けた取組み

「支払不能」・「債務超過」といった避けるべき、または解消すべき事態に対する極めて単純な対処方法としては、支払不能になった、またはなりそうだということであれば、例えば資金の借入れをすればよく、債務超過になった、またはなりそうだということであれば、新株を発行すればよいということになりそうである。

しかしながら、現実の再生局面では、こうした単純な対処が解決策として成立するケースは、皆無といってよい。

なぜならば、「支払不能」（資金が足りない）や「債務超過」（資本が足りない）は、当該企業にとって資金的または資本的に何らかの悪影響を及ぼす原因または事象が生じていた結果、厳しい状態に陥っているという「結果」であるにすぎないためである。

（1） 適切な再生手法の選択

　すなわち、「再生」手法とは、資金や資本が不足して窮境状態に陥っている、または陥るおそれがある企業や事業が、生き返るまたは再び生きていくという状態にもっていく手法であるから、窮境原因等を可能な限り特定した上で、資本や資金にさらなる悪影響が生じない、またはこれを改善するような施策や、端的に生き返るため、換言すれば企業や事業が成長・発展していくために必要な施策を講じることが必要となる。

　例えば、**2**（1）で触れたように事業自体が赤字である場合には、そもそも当該事業を黒字化させるような措置をとらなければならないことは前述の通りである。黒字化を図るための典型的な手法としては、人員のリストラ（再生局面における人員のリストラを含む労務に関する論点に関しては、**第6章**で詳述する）や、事業の効率化、利益率の高い商品等への絞り込み、または一部不調事業からの撤退等（海外における子会社の清算や合理化等に関する留意点は、**第4章**で紹介する）の諸施策を講じる必要があるであろう。

　また、再生手法を講じるためには、再生が実現するまでの期間の赤字資金の補てんが必要であったり、リストラ実施時の割増退職金等施策実行のために資金が必要であったりするほか、今後の成長に向けた追加投資の実施等に資金が必要となるであろう。ただし、資金が不足している、または不足するおそれがあるという状況における資金調達は、通常の場合の資金調達よりも、考慮すべき事情や制約事項が多いことも事実である（再生局面における資金調達に関する論点は、**第2節**で紹介する）。

　さらには、資本不足という状況を改善する必要があるのも再生局面での重要な課題である。上場企業のように債務超過という現象自体が上場廃止を伴う再生に向けた大きな足かせになる場合がある（上場廃止に関する問題を含む再生局面における上場企業特有の論点は、**第9節**で紹介する）ほか、一般的にも過小資本（債務超過を含む）は当該企業の信用力を減退させる要因の1つである。逆に、資金拠出者側の事情としても、将来再生が実現した際の投下資本の回収の極大化という観点から、再生局面の企業に対して資本性の資金を提供することを選択するような場合もあるであろう（再生局面における資本

第2章　債務者の再生手法

の調達〔資本性の資金調達〕に関する論点は、**第2節**で紹介する）。

　上記のほか、収益改善を図るために赤字事業を売却したり、資金や資本を調達する目的で事業や子会社を売却したり、または、当該会社自身を売却したりという形で当該会社または当該会社の事業の全部または一部の再生を図っていく場合もある（事業や会社の売却による再生についての論点は、**第3節**で紹介する）。

　最後に、上述のような新規の資金や資本の調達ではなく、既存債務に関する調整、弁済スケジュールや弁済額そのものの圧縮を通じて外部流出する資金を圧縮することや、既存の債権者から債権（企業にとっては負債）の放棄や株式化を承諾してもらうことによる資本の増強といったことも、支払不能（資金不足）または債務超過（資本不足）の解消には効果的といえる（主として既存の金融機関を対象とした調整を通じた再生手法に関しては、**第4節**で詳述する）。

　いずれにせよ、窮境原因を踏まえて、再生に向けて必要な手法を選択することが重要となる。

⑵　再生手法を実現するまでの時間の確保

　「再生」局面においては、採用すべき再生手法に加えて、ほかにも大事な要素がある。

　その1つは、時間である。窮境原因が残存し、または窮境状況に至らしめる事象が継続している限り、その企業や事業は時の経過によって破綻してしまう。すなわち、再生できなくなってしまう。

　他方、上述した各種再生手法に向けた施策を講じる場合には、その再生手法自体の実行までに一定の時間を要する場合や、当該再生手法の効果が発現するまでに時間を要するような場合がある。

　このため、各種の再生手法をどのようなスケジュールでいつまでに講じるのかという点は極めて重要な要素であり、ある種の再生手法を実行するために必要な時間が再生可能な時点よりも前に完了しないということであれば、当該再生手法は適切な再生手法ではないということになる。

　後述する再生手法の中には、再生を図るために必要な諸施策を講じるため

の時間を確保するという効果を有するものもある。典型的には、再生手続や更生手続が開始した場合に、開始前の原因によって生じた債権（再生債権や更生債権）の弁済を禁止する（これにより、過去の債務の弁済によって資金が減少していくことを食い止め、再生計画や更生計画といった再生手法の策定とその実行までの時間を稼ぐ）ことや、私的整理の手続において金融機関等に対して「一時停止」をかける（弁済禁止と同様の効果がある）、または金融機関と調整の上従前の弁済スケジュールを緩やかにして（リスケジュール）、再生手法を実行するための時間を稼ぐといった例が挙げられる（主として既存の金融機関を対象とした調整を通じた再生手法に関しては、**第4節**で詳述する）。

(3) 再生手法を実現するための実施主体

もう1つは、再生手法の実施主体である。当然、再生自体は、経済的に窮境状態に陥った企業が行うものであるから、実施主体は当該企業となりそうであるが、そもそも窮境原因を抱え、または窮境状況にある企業自らが、自らの力だけで再生手法を実行することが期待できる場合はほとんどないといっていいであろう。後述する再生手法の中でも、再生に必要な資金や資本を提供してくれる者（積極的に新規の資金・資本を提供してくれる者や消極的に既存の資金・資本の減少原因の除去に協力してくれる者）の存在が必須である。

また、当該企業に十分な実行力がなく再生が期待できない場合、またはガバナンスに問題があり再生プロセスを託すことができない場合や、上記の資金拠出者の拠出方法によって企業や事業の支配権に異動が生じる場合などは、当該企業以外の適切な第三者（いわゆる「スポンサー」）の下で、事業なり、企業なりの再生を実行していくということもあり得る。そして、ある企業や事業を再生していく上で、スポンサーの要否の見極め、必要となる場合のスポンサー選定作業も、再生プロセスにおける重要な要素である（スポンサーに関連する論点に関しては、**第6節**で詳述する）。

以上の通り、窮境状態にある企業が再生を果たすためには、窮境原因の特定、窮境原因を解消し、再生していくため、およびその時間を確保するための有効な対応策（各種再生手法）の検討・採用、加えてこれら再生手法の実施主体の明確化ということを行わなければ、再生は叶わないということになる。

第2章　債務者の再生手法

第2節　資本・資金の調達

1　資金対策

(1)　総論

(i)　資金対策の必要性

　窮境状態にある企業が直面する重要かつ喫緊の課題は、多くの場合、資金対策であろう。企業が事業活動を行う上で資金は必須のものであり、企業が十分な信用力を有している状態では、金融機関からのコーポレート・ローン、株式の公募発行・第三者割当増資など多様な手段を駆使して必要資金を調達している。しかし、企業が業績不振や不祥事などに起因してひとたび信用力が低下すると、コーポレート・ローン等の通常の信用力を背景とした通常の資金調達手段を講じることが困難になるとともに、取引相手との決済条件の悪化、取引量の低下を招来し、さらなる信用状態の悪化を招くという悪循環に陥ることが多い。もちろん、企業としては、信用の回復を目指して、収益力改善に向けた抜本的な経営改善策を講じることになるが、この経営改善策が効果を顕すまでには相当の時間を要するのが通常であり、数年もの期間が必要になることも多い。また、リストラ費用のように経営改善策の実施自体にも多額の資金を要することが一般的である。万一再建の途上で資金が枯渇してしまえば、本来であれば事業再生の可能性が十分にあると思われるケース（例えば、窮境が一時的な外的要因によるものであり企業本来の収益力自体は認められるケースや、高コスト構造の見直し等の事業の抜本的改善による収益力回復が見込まれるケースなど）であっても、事業継続は不可能となるから、窮境にある企業にとって、資金繰りの維持は再建のための必須の前提条件であり、資金不足は最優先で対応すべき問題といえる。

38

(ii)　資金策の類型

　窮境状態にある企業が検討すべき資金策としてはさまざまなものが考えられるが、性質によって大別すれば、①資産・事業の売却などの当該企業の自助努力による資金策、②出資・借入れ等による第三者からの調達による資金策、③負債のリストラクチャリング（デット・リストラクチャリング）による資金策に分類される。①自助努力による資金策は第三者の協力を前提としないものであるのに対し、②第三者からの調達による資金策においては第三者が当該資金策の条件に同意することが前提となるし、さらに③デット・リストラクチャリングは基本的には法的整理または私的整理の手続を経ることを要することになるから、窮境企業は、資金対策の観点からは、原則として、まず①自助努力による資金策を追及し、それで不足する場合には②第三者からの調達による資金策、なお不足する場合には③デット・リストラクチャリングによる資金策を講じることを検討することが通常であろう。もっとも、当該企業の信用毀損の程度や財産状況に応じて現実的には採り得ない資金策もあるし、資金対策のみならず資本対策を並行して行う必要がある場合（この場合にはエクイティ性の第三者からの資金調達や債権放棄・DES等によるデット・リストラクチャリングが必須となる）や、当該企業の将来性の観点から特定の事業の売却よりも第三者からの資金調達を優先して追求すべき場合などもある。したがって、必要とされる資金量や各資金策の実現見込みによっては、①自助努力による資金策、②第三者からの調達による資金策、③デット・リストラクチャリングによる資金策の実施の優先順序が変わったり、あるいはそれらの資金策のうちの複数（場合によってはすべて）を並行して実施することが必要となるケースもあろう。

　以下、(2)においては、自助努力による資金策に関する代表的なもの[注4]として、(i)グループ内資金の有効利用、(ii)保有資産の売却および(iii)事業の一部

注4)　これらのほか、窮境企業がオーナー企業である場合には、自助努力による資金策として、オーナー自身やその親戚・知人・友人などからの借入れや出資受入れによる新規資金（ニューマネー）の調達を検討することになろう。もっとも、オーナーとしては、企業が窮境状態に陥る前の段階ですでに私財を投入し尽くしており、また、利用できる人的関係も使い尽くしていることが多いと思われる。

第2章　債務者の再生手法

または子会社等の売却について、第三者からの資金調達による資金策の代表的なものとして(iv)第三者からの借入れ、(v)公募社債の発行、(vi)流動化、証券化取引、アセット・ファイナンスによる資金調達および(vii)増資等による資金調達について述べ、さらに(viii)デット・リストラクチャリングについて述べる。

　なお、上記の各資金策を、調達資金の返済・償還のための猶予期間の長短において分類すれば、長期的なもの（半永久的ないし数年以上の猶予を得られるもの）、短期的なもの（数か月の猶予を得られるにすぎないもの）、その中間に位置する中期的なものに分類され得る。(i)グループ内資金の有効利用による資金調達や(iv)ないし(vi)の負債性の資金調達は基本的には短期的な資金策であり、(ii)および(iii)の資産・事業等の売却による資金調達や(vii)のエクイティ性の資金調達（スポンサーによる資金支援を含む）は長期的なものに該当する。(viii)のデット・リストラクチャリングについては、リストラクチャリングの内容に応じ、債務免除、デット・エクイティ・スワップ（DES）、デット・デット・スワップ（DDS）などは長期的な資金策に該当するが、リスケジュールにとどまる場合には中期的な資金策となる場合が多いであろう。短期的な資金策については早期に別の資金策が必要となるため、可能であれば当初から長期的な資金策を採ることが望ましいが、実際には、短期的な資金策によって資金繰りをつなぐことによって時間的猶予を作るかたわら、その時間的猶予を利用して中長期の資金対策を行うようなケースが多い。

(2)　各論

(i)　グループ内資金の有効利用

　一般に相応の規模を有する企業グループにおいては、グループ内の資金の有効活用のためにCMSなどのグループ金融を通じて資金の一元管理が行われている。窮境に陥った親会社としては、資金対策の一環として、このようなグループ金融を利用して、資金に余裕がある子会社・関連会社から資金を吸い上げることが考えられる。この点、通常のグループ金融の運用においては、各グループ会社の必要運転資金に相応のバッファをとった金額の資金を各社に残し、その余剰のみをグループ金融で親会社に預けていることが一般的であろう。しかし、本社の資金が逼迫した場合には、それを超えて、グ

第2節　資本・資金の調達

ループ会社各社の必要運転資金ギリギリまで吸い上げることを検討する必要が生じることになる[注5]。

このようなグループ金融の活用は窮境企業グループ内の意思決定のみで迅速に行うことができるという点ではメリットがあるが、調達できる資金額は大きなものにはならず、資金対策としては不十分なことも多い。加えて、グループ会社からみて、親会社に対して資金支援を行うことが役員の善管注意義務違反を構成するリスクがある点にも注意が必要である。親会社に資金支援を行うグループ会社が完全子会社ではない場合（特に上場子会社であるような場合）にはこのリスクは小さいものではなく、グループ会社が窮境にある親会社への資金支援を行うに当たっては、当該グループ会社の他の株主や債権者との関係において後になって問題とならないように、支援を実施することの合理性や融資条件の合理性について慎重に検討する必要がある。

なお、上記の善管注意義務違反のリスクゆえに、親会社の信用状況が悪化した状況においては、グループ金融が資金対策として機能せず、むしろ親会社の資金状況を悪化させる方向に働くケースもあることにも留意が必要である。すなわち、親会社が窮境にある場合の親会社に対する融資は、回収リスクが大きくなるものであるから、善管注意義務の観点から、親会社への追加の資金支援どころか、既存の融資の引上げに走り、かえって親会社の資金状況が悪化する事態も生じ得る。

(ii) 保有資産の売却

窮境企業が非事業用資産（遊休不動産・投資資産など）を保有している場合[注6]には、これを売却し、その売却代金を資金繰りに用いることも自助努力による資金策の1つとなる。

これに対して、事業用資産（本社不動産、在庫、売掛金等）については、当

注5)　場合によっては、本社の資金的な谷間を埋めるために、一時的に各グループ会社のオペレーションに支障が生じない範囲で、必要運転資金を割り込む形で資金の吸上げを行うことが必要になるケースもあろう。

注6)　窮境企業本体ではなく、そのグループ企業が資産を保有しているような場合であっても、その売却代金を窮境企業本体の資金繰りに利用することができる。もっとも、資産を保有するグループ企業から窮境企業へのグループ金融について、グループ企業の役員の善管注意義務違反の問題となり得る［→(i)］。

41

第2章　債務者の再生手法

該企業において継続して使用するものであるため、基本的には売却には馴染みにくい注7)。もっとも、事業の再建に伴い事業規模を縮小する場合には、それによって必要がなくなった事業用資産（例えば生産規模の縮小に当たって生じた余剰の工場用不動産や生産設備、販売ルートの合理化に伴い閉鎖された事業所の不動産など）の売却も当然検討されることになろう。

なお、資金調達のためにこれらの資産を利用する方法としては、売却による方法のほか、(iv)の第三者からの借入れによる資金調達に当たって、担保として差し入れる形で利用する方法も考えられる。売却を選択した場合には、売却代金の手取金を即時に入手できる一方、資産を担保差入れによる資金調達に用いる場合には、貸付人からみて担保物の価値下落のリスクを見込む必要があるため、その時点で売却する場合よりも調達できる資金額は小さくなる。しかし、例えば売却をしようとした場合において、買い手との価格目線が合わず、売り手である窮境企業の想定するような価格で売却できないようなケースでは、必ずしも即時に売却を行うことは得策ではなく、担保差入れによる資金調達が有力な選択肢になろう。もちろん、担保差入れによる資金調達の前提として、そのような融資に応じる貸し手が存在し、かつ、その融資条件が借り手企業にとって受け入れられるものであることが前提にはなるが、当該企業がその後担保資産の価値が上昇すると見込んでいる場合の価格上昇によるアップサイドをとることができるというメリットもある。したがって、売却をするか、借入れの担保として用いるかについては、資金の逼迫度、売却する場合の価格（その時点の市場価格）、売り手側の希望する販売価格、その後の価格上昇の見込み、借入れを行う場合の条件等を勘案して、いずれの方法が適しているかを判断する必要がある。

注7)　事業の継続に必要な事業用資産であっても、例えば本社不動産については売却後リースバックを受ける前提で売却をすることは考えられるし（セールアンドリースバック）、売掛債権についても（譲渡禁止特約がない場合や、譲渡禁止特約が付されていても販売先が解除に応じてくれる場合には）ファクタリングの形で売却を行い、資金化することも考える余地はあるが、これらはファイナンス的な色彩が強いものであるから、第三者からの資金調達の一環として(vi)において述べる。

第 2 節　資本・資金の調達

(iii)　事業の一部または子会社等の売却

　グループ内において、ポートフォリオ上重要性が高くない事業部門や子会社・関連会社がある場合には、当該事業または子会社・関連会社の売却による資金調達も自助努力による資金策として有力な選択肢となる。場合によっては、事業や子会社等についてポートフォリオ上の重要性が認められる場合であっても、資金対策上やむにやまれず売却をするケースもあろう。いずれにせよ、ノンコアの事業であっても、将来的な収益の柱として成長し得る事業は軽々に売却すべきではない場合もあるであろうし、コア事業であっても将来性を踏まえて売却に踏み切る場合もあり得るところであり、事業の一部または子会社等の売却は、長期的なグループの成長戦略と直近の資金逼迫度などを総合的に勘案しつつ、慎重に判断する必要がある。

　これらの事業部門や子会社等の売却のためのスキームとしては、さまざまなものが考えられる。事業部門の売却の場合には、吸収分割、会社分割をした上での株式譲渡、事業譲渡などが考えられるし、子会社等の売却の場合も、株式譲渡、合併、会社分割、事業譲渡等が考えられる。また、完全売却だけではなく、ジョイントベンチャー化による一部売却なども考えられよう。どのようなスキームを採用するかは、M&Aに関する多様な書籍において詳説されているので詳細はそれらに譲るが、基本的には、売り手となる窮境企業のグループ戦略や必要資金額に加え、買い手側の税務・法務リスク上の要請などによって決定されることになる。

(iv)　第三者からの借入れ

(a)　窮境企業による借入れの一般的特徴

　窮境にある企業において、第三者からの調達による資金策として代表的なものは借入れである。もっとも、窮境にある企業は信用状況が悪化しているため、通常のコーポレート・ローンによる借入れは困難となっていることが多い。そのような場合において、当該企業が価値ある資産を保有している場合には、資産流動化・証券化取引やアセット・ファイナンスなどの資産保有者（オリジネーター）の信用力には基本的に依存せずに、当該資産の生み出すキャッシュ・フローを返済原資とする形態のファイナンスによって資金調達を行うことも選択肢の１つとなり得る（このようなファイナンス手法による

43

資金調達については(vi)参照)。しかし、そのような資産を保有していない場合や、仮に何らかの資産を保有していたとしてもキャッシュ・フローが安定していない等、流動化・証券化取引等に適していないような場合には、借入れの形態をとらざるを得ない。このような信用力低下が進んだ企業の借入れについては、資金計画・事業計画の下振れや想定外の事故等により破綻に進む可能性は否定できないから、貸し手からみれば融資がデフォルトするリスクは低いものではなく、したがって、このような状況下で行われる融資は、実際には、メインバンクその他の主力取引金融機関や公的な金融機関からの救済的な性質のものか、ミドルリスク・ミドルリターンの投資を求めるファンドや新規の金融機関等からの比較的高金利のものとなることが多い。

このような信用力低下が進んだ状況での借入れがそもそも可能であるかどうか、可能であるとしてどのような条件で借り入れることができるかは、借り手企業の信用力低下の程度・回復の見込み、返済原資の確保の確実性、担保提供可能な資産の有無および内容、当該企業の破綻時の影響、取引金融機関における当該企業の位置付けなど、諸々の要因による。借入れを行う企業からすれば、もちろん金利等の経済条件が有利であり、将来を考えてなけなしの資産を担保提供することを避けるべく無担保での借入れが望ましく、また、貸付人承諾事項等の経営に対する制限も少ないことが望ましいことはいうまでもない。しかしながら、かなり信用毀損が進み、資金繰り破綻が予見されるような状態における借入れとなれば、そもそも資金を確保すること自体が最優先事項であり、借入れを行う企業側に条件交渉を行う余地が皆無である場合も多い。その結果、窮境企業の借入れに係る契約においては、窮境にある企業への融資において借り手の倒産リスクが著しく高いことに起因して、レンダーの利益保護のために、レンダー側が借り手企業の経営をモニタリングするとともに、借り手企業が行う重要な行為をコントロールするための措置［→(c)］が設けられることが通常であるし、借り手企業が担保提供可能な資産を保有する限りそれを担保提供するように求められること［→(d)］が通常である。

(b) 窮境企業による借入れと再建手続の選択

窮境企業の借入れについては、借入れを行う企業にどのような再建手続が

第2節　資本・資金の調達

係属しているかによって、①私的整理・法的倒産手続のいずれも係属していない企業による場合、②法的倒産手続中の企業による場合（DIPファイナンス）および③私的整理中の企業による場合（プレDIPファイナンス）の3類型に大別される。借入れを行う窮境企業にどのような再建手続が係属している場合（あるいはいずれも係属していない場合）であっても、借入れの実行後、経営改善策が効果を生ずるまでないしは抜本的な資金策がとられるまでの間に運転資金が枯渇してしまえば、法的倒産（場合によっては破産）を余儀なくされることになる。もっとも、そのような法的倒産手続が開始された場合の貸付債権の取扱いは、以下で述べる通り、借り手企業が借入れを行った際の再建手続のステータスがどのようなものであったかによって異なり、それゆえ、窮境企業が借入れを行うに当たって特定の倒産手続の申立てが条件とされることすらある。

　まず、①私的整理・法的倒産手続のいずれも係属していない企業が借入れを行った場合において、当該企業についてその後何らかの法的倒産手続が開始された場合は、これに係る貸付債権のうち担保によって保護されない部分については、原則として、破産債権・再生債権・更生債権として取り扱われ、手続に沿って免責や債権カット等の権利変更の対象となる。

　これに対して、②再生手続や更生手続が係属中に借入れがなされた場合はどうであろうか。再生手続や更生手続などの再建型法的倒産手続の申立後に、再生会社・更生会社が当面の運転資金確保を目的として新規借入れを行うこともあるが、このような借入れは、米国の連邦倒産法第11章に基づく倒産手続（いわゆるChapter 11）におけるDIP（Debtor in possession：占有を継続する債務者の意）による借入れの呼称にちなんで、「DIPファイナンス」[注8]と呼ばれている。このようなDIPファイナンスに係る貸付債権については、再生・

注8)　　なお、DIPファイナンスは、再生・更生手続の初期段階における運転資金確保、信用不安払拭を目的としたもの（アーリーステージのDIPファイナンス）のほかにも、再生・更生計画が認可された後に計画に従った弁済資金確保や計画期間の終期における再生・更生債権の一括早期弁済のための弁済資金確保の目的で手続のより後の段階においてなされるもの（レイターステージのDIPファイナンス）もある。

第 2 章　債務者の再生手法

更生手続開始決定後に融資が実行される場合は当然に共益債権[注9]とされ（民再119条 5 号、会更127条 5 号）、再生・更生手続の申立後開始決定前に融資が実行されるのであれば、民事再生の場合には監督委員の承認を条件に（民再120条 1 項・ 2 項）、会社更生の場合において保全管理人が借入れを行うときは当然に（会更128条 1 項）、それぞれ共益債権とされる。なお、民事再生・会社更生における共益債権は、その後に破産手続（牽連破産）に移行したとしても財団債権として扱われ（民再252条 6 項、会更254条 6 項）、優先性は確保される。

　では、③私的整理手続中の企業による借入れ（プレDIPファイナンス[注10]）について、その後借り手企業について法的倒産手続が開始された場合にはどのように扱われるであろうか。この場合も、①私的整理・法的倒産手続のいずれも係属していない企業による借入れの場合と同様に、基本的には、その貸付債権は破産債権・再生債権・更生債権として取り扱われることになる。もっとも、プレDIPファイナンスの実施に当たり、私的整理の参加金融機関とプレDIPファイナンスの貸し手との間で、債務者について将来法的倒産手続が開始した場合も含めて私的整理の対象債権がプレDIPファイナンスに係る貸付債権に劣後する旨の合意が成立した場合には、後の法的倒産手続においても、その範囲内において、プレDIPファイナンスに係る貸付債権が対象債権に対して相対的に優先する取扱いがなされることとなる。また、事業再生ADRやREVIC（地域経済活性化支援機構）による私的整理が行われている場合において、プレDIPファイナンスについて一定の要件[注11]が充足されたときは、後に債務者について再生・更生手続が開始された場合において、裁判所は、プレDIPファイナンスに係る債権を他の同種の債権よりも優先して

注9)　共益債権とは、再生債権・更生債権・更生担保権といった倒産債権に優先して、再生・更生手続によらないで随時弁済を受けることができる債権をいい（民再121条、会更132条）、再生・更生手続中であっても担保の実行や再生・更生会社の資産に対する強制執行や仮差押えを行うことができる。

注10)　このような私的整理中のブリッジ・ファイナンスは、法的倒産手続中の企業に対するファイナンスがDIPファイナンスと呼ばれることから、法的倒産手続の前の段階にある企業に対する融資という意味で「プレDIPファイナンス」と呼ばれることが多い。

第2節　資本・資金の調達

取り扱う旨の再生・更生計画案が債権者間の衡平を害しないといえるかどうかの判断に当たり、プレDIPファイナンスについて上記要件が充足されていることを踏まえなければならないとされており（いわゆる衡平考慮条項注12）。産業競争力59条・60条、株式会社地域経済活性化支援機構法〔以下、「機構法」という〕36条・37条）、プレDIPファイナンスのレンダーに一定の保護を与えている。

　以上の通り、窮境会社に対して新規の融資を行う場合、法的倒産手続の申立後に行われる場合にはその貸付債権は共益債権として他の倒産債権に対する優先性が認められる一方、融資が法的倒産手続の申立前に行われる場合にはその貸付債権は破産債権・再生債権・更生債権として取り扱われることになり、ただ、事業再生ADR等の準則型私的整理の中で行われる場合には一定の範囲内で優先性が確保されることになる。したがって、無担保融資の形式で融資が行われる場合や、当該融資に係る担保が必ずしも十分な保全策ではないと考えられる場合には、貸し手の立場からみれば、他の債権との優劣関係という観点からは、当該融資を法的倒産手続の申立ての前に行うことは、

注11）　事業再生実務家協会ないしREVICによって、プレDIPファイナンスが以下の①および②を充足することが確認されていることが要件となる（産業競争力58条、株式会社地域経済活性化支援機構法35条）。
　　　　①　債務者の事業の継続に欠くことができないものとして法令等により定められる基準に適合するものであること
　　　　②　当該資金の借入れに係る債権の弁済を、私的整理手続の対象債権者が私的整理中の会社に対して当該資金の借入れの時点において有している他の債権の弁済よりも優先的に取り扱うことについて、当該対象債権者全員の同意を得ていること
注12）　難解な規定内容であるが、要は、再生・更生手続に入った場合に、債権者間の形式的平等にとらわれることなく、プレDIPファイナンスの貸付債権と他の債権との間で権利変更の内容に差を設けること（例えば通常の債権の弁済率を10％としながらも、プレDIPファイナンスの貸付債権の弁済率を100％とする等）を可能とする規定であると解されている。もっとも、上記規定の表現が婉曲的かつ極めて曖昧であり、誰と誰との関係において、どの程度の差を設けることが可能なのか予測が難しく、少なくとも貸付金融機関の立場からは、せいぜい債権カット率に多少色をつけてもらえる程度の優先性しか期待できないのではないかという指摘もある。

47

第2章　債務者の再生手法

法的倒産手続の申立後に行うよりもリスクが大きく、プレDIPファイナンスで行う場合のリスクはそれらの中間に位置するということができる。そのため、レンダー側が窮境企業への融資に応じる場合であっても、レンダー側がDIPファイナンスまたはプレDIPファイナンスの形で実行することに強くこだわり、結果として窮境企業が法的倒産手続または準則型私的整理の申立てを行わざるを得なくなる場合もある。

　他方で、窮境企業の事業や信用力への悪影響の点では、一般論でいえば、法的倒産手続が最も大きく、次いで私的整理が大きいのであるから、借り手となる窮境企業にとってはもちろん、レンダーにとっても融資の返済原資となる資金の確保・維持の観点から法的倒産手続の採用は好ましくないはずである。また、DIPファイナンスの場合には、他の場合よりもレンダーによる担保の価値評価が厳格になるはずであり、借り手企業からすれば法的倒産手続の申立てにより借入可能額を押し下げることにもなりかねない。したがって、窮境企業が新規借入れを行う場合においてどのような再建手続を採択するかについては、レンダー側が大きな影響力をもち得るものの、法的倒産手続の申立てに伴う資金状況への影響なども踏まえて綿密な検討を行うべきであろう。

　(c)　**レンダーによる借り手企業の経営のモニタリング・コントロールに係る措置**

　上述の通り、窮境企業への融資は、貸し手の立場からみてリスクが大きいものである。当該融資による借入金を考慮したとしてもなお借り手企業は資金面で万全とはいいがたい場合が多く、収益の下振れ、市場環境の悪化などの事情により、再建途上で資金が底を尽く可能性も否定できない。このように窮境企業に対する融資が通常の融資に比べて借り手の倒産リスクが著しく高い点は、一義的には金利等の経済条件に反映されることになるが、レンダーの立場をさらに保護するために、関連契約において、レンダーが借り手が想定通りの再建の途を歩んでいるかどうかをモニターするための措置や、想定に反して業績が悪化している場合には対応策を講じるための措置を設けるように求められることが一般的である。借り手企業としても、これらの措置は借入れを達成するためにやむを得ないものとして受け入れざるを得ない

ことが通常であろう。

　レンダーによる借り手企業のモニタリングのための措置としては、まず、借り手企業ないしその主要なグループ会社が事業譲渡・会社分割・資本減少等の重要な行為や一定規模以上の資産譲渡・投融資・借入れ・担保提供等を行うに際して、事前にレンダーの承諾ないしレンダーとの協議を要求する旨の措置が挙げられる。融資実行後に、借り手企業が過大なリスクを負担する取引や財務状況に重大な影響を及ぼし得る取引を行うことを、レンダーが未然にコントロールすることを目的とするものである。もっとも、借り手企業からすると経営判断の自由に対する制限であり、かかる条項のために迅速な意思決定が阻害される可能性もあり得るものであるし、レンダーにとっても逐一承諾の可否を判断したり協議をしたりすることは煩雑であるから、必要以上に広範な事項について承諾事項・協議事項とすることは避けるべきであろう。

　また、借り手企業が想定通りの再建の途を歩んでいるかどうかをレンダーが定期的に確認するための措置として、融資契約において、借り手企業に対して、借り手の事業・財務状況等について通常の融資契約以上に広範な書類提出義務・報告義務が課されることも多い。広範な書類提出義務・報告義務はレンダーへの情報提供として重要ではあるものの、やはり過度に広範な場合には借り手企業にとって事務手続が大きな負担となるため、適切な範囲に限定することが望ましい。

　さらに、借り手企業が想定に反して業績が悪化した場合においてさらなる企業価値の毀損が進む前に担保実行その他の債権回収策を講じることを可能とすべく、融資契約中に財務制限条項を設けることをレンダーが求めることも一般的である。借り手企業の収益が計画値より大幅に落ち込んだ場合や事業の継続が困難な程度まで資金水準が落ち込んだ場合などに、レンダーが借り手企業の期限の利益を喪失させることができるようにするための規定である。財務制限条項の内容については、レンダーと借り手企業の交渉で決定される事項であり、ケースバイケースであるが、利益指標（営業利益・経常利益・純利益水準等）、純資産指標、キャッシュ指標（現預金水準、レバレッジレシオ等）などが併用されることが多い。なお、借り手企業の立場からは、期

第 2 章　債務者の再生手法

ずれなどの理由により不用意に財務制限条項の違反が生じないように十分な
バッファをもって財務制限条項の数値を設定する必要がある。また、場合に
よっては、各財務指標について合理的なカーブアウト項目を設定したり、判
定の対象となる財務指標の対象期間を長めに設定したりすることも検討する
必要があろう。

(d)　担保提供

　窮境企業が借入れを行うに際して、レンダーに対して担保提供を行わずに
すむのであればそれに越したことはない。しかしながら、レンダーとしては、
借り手企業の破綻リスクが相応に認められる中で破綻した場合の債権回収の
最大化を図るべく、何らかの担保提供を借り手企業に求めてくることは当然
であり、担保提供が借入れの条件とされるようなケースも多い。もっとも、
窮境企業の信用力低下が進んでいる場合には、借り手企業の不動産・上場有
価証券などの有力な財産はもちろん、手形、在庫、売掛金などもいわゆる
ABL（流動資産担保融資。Asset Based Lending）によって、すでに集合債権
譲渡担保や集合動産譲渡担保の形で既存の貸付債権等の担保に供されていた
り、手形割引やファクタリングに利用されていることも多い。そのような場
合、借り手企業としては、ファイナンスを得るために何らかの保全措置を提
供することができないかを真摯に検討する必要が生じる。以下、実務上考え
られるいくつかの例を挙げる。

　なお、仮に差し入れる担保がある場合であっても、担保設定行為自体が危
機時期に行われるときは、否認のリスクがある点に留意が必要である。この
点、現行倒産法上、財務状態が悪化した企業であっても、その有する資産を
担保に提供して新規に借入れを行う行為（同時交換的行為）については、偏
頗行為否認の対象とはならないものとされているため（破162条1項、民再
127条の3第1項、会更86条の3第1項）、否認リスクは相当程度低下している
といえるが、融資実行と担保設定が同時交換的行為といえるほど時間的に接
着しているか、相当価格処分行為（破161条1項、民再127条の2第1項、会更
86条の2第1項）として否認される余地がないか等、なお否認リスクには配
慮が必要である。

50

第2節　資本・資金の調達

(ア)　不動産の後順位抵当権

　不動産については事業用のものであれ非事業用のものであれ、既存借入れの担保として差し入れられていたり、流動化・証券化の対象とされている場合も多い。しかしながら、場合によってはそういった既存担保の対象不動産の担保価値に余剰が生じているケースがあり、そのような場合には可能な限り当該担保価値を利用することを考えるべきである。なお、不動産に対する既存担保については共同抵当（民392条）や共同根抵当（同法398条の16）とされている場合が多いが、その対象について主債務者所有の不動産と物上保証人所有の不動産が混在しているときは、担保価値の余剰を考えるに当たっては留意が必要である[注13]。

(イ)　集合債権譲渡担保・集合動産譲渡担保

　上述の通り、在庫や売掛金などの営業用資産については、すでに集合債権譲渡担保・集合動産譲渡担保が設定されていることが多い。もっとも、法的倒産手続を申し立てた場合にそれらの既存の集合債権譲渡担保・集合動産譲渡担保がどのように扱われるのかについては議論がある。すなわち担保の対象がその時点で存在する債権・動産に限定され、その後に発生する売掛金・動産に対しては効力が及ばないのであれば、借り手企業としては法的倒産手続を申し立てた上で、将来の売掛金・動産を新規借入れの担保として提供することが可能となる。この点についての議論の詳細については**第4節3(4)(iv)**

注13)　共同抵当・共同根抵当の担保実行については、すべての担保対象物について同時に実行を行う場合（同時配当）と特定の担保対象物についてのみ担保実行を行う場合（異時配当）がある。同時配当の場合には各担保対象物の価額に応じて担保権者の債権に充当され（民392条1項）、それぞれの担保対象物について残額がそれぞれの後順位担保権者に配分される。これに対して、異時配当の場合には特定の担保対象物の換価金がすべて共同抵当権者に配分されることになるが、実行された担保対象物の後順位担保権者を保護するために、当該後順位担保権者は、共同抵当権者が同時配当の場合に他の担保対象物から回収可能であった額の範囲内で共同抵当権者に代位できることとされる（同条2項）。もっとも、異時配当において実行された担保目的物が主債務者所有不動産であった場合には、当該不動産の後順位担保権者は、物上保証人所有不動産に対して代位することはできないと考えられている（最判昭和44・7・3民集23巻8号1297頁参照）。このように物上保証人が存在する場合の共同抵当・共同根抵当は権利関係が複雑である。

(a)を参照されたい。

(ウ) 譲渡禁止特約付債権

上述の通り、売掛債権は既存借入れの担保等にすでに利用されていることが多いが、売掛債権には譲渡禁止特約（第三債務者の承諾なく譲渡・質入れ等の処分を行うことを禁じまたは制限する特約）が付されていることも多く、第三債務者が特約の解除に容易に応じないような場合には、そのような債権を新規の借入れの担保として利用する余地がある。もっとも、第三債務者の個別同意をとることが困難な状況にあるからこそ、そのまま担保提供されずに残っているものであるから、通常はそれらの譲渡禁止特約付債権を新規の借入れのための担保として用いることのハードルは低くはない。

解決策としては、例えば自己信託を利用した資金調達スキームが考えられる。自己信託とは、2006年の信託法の抜本的改正の際に認められた制度で、特定の者が一定の目的に従い自己の有する一定の財産の管理または処分およびその他の当該目的の達成のために必要な行為を自らすべき旨の意思表示を公正証書等で記載する方法によって行う信託（信託3条3号）をいう。信託法改正前は、信託の設定の際には委託者が受託者に信託財産を信託目的で譲渡されることが必須であったが、自己信託は自己が保有する財産を自ら今後受益者のために管理することを宣言するにとどまり、譲渡を伴わないため、譲渡禁止特約付債権であっても第三債務者の承諾を得ることなく設定が可能と解釈する余地が生ずる。自己信託は信託会社を信託受託者とする場合と異なり信託組成コストを抑えることができるというメリットもある。そして、自己信託であっても他人信託の場合と同様に、分別管理が適切になされる限り信託財産は信託受託者の固有財産からは隔離され、信託受託者が倒産した場合であっても信託財産は破産財団、再生債務者財産、更生会社財産を構成しない（信託財産の独立。信託25条）。

自己信託を利用した資金調達の具体的方法としては、窮境企業が対象資産（例えば譲渡禁止特約付債権）について自己信託を設定した後に、受益権の一部を第三者に売却して売却代金の形で調達するスキームや、自己信託設定後に信託勘定において借入れを行い、その借入金をもって受益権の一部を償還することで調達するスキームも考えられるが、信託法163条2号が「受託者

が受益権の全部を固有財産で有する状態が1年間継続したとき」を信託の終了事由としていることとの関係で、信託期間が1年を超えることが想定される場合には受益権の譲渡を伴わないスキームは採りがたい。そこで、上記信託終了事由の観点からは、自己信託を設定した上で、その受益権全部をレンダーの譲渡担保に供することにより、借入金の形で資金調達を行うスキームのほうが安定するとの解釈もあり得る。かかるスキームをとる場合、信託受託者たる窮境会社の倒産の際には、レンダーは担保実行により信託受益権を確定的に取得した上で、信託財産から優先的な回収を図ることができることになる[注14]。もっとも、信託財産の独立は、固有財産と信託財産との分別管理が適切になされていることが前提であり、これが徹底されておらず固有財産と信託財産のコミングルが生じている場合には信託財産の独立が認められない可能性がある。自己信託の場合には資産保有者自らが信託受託者として分別管理を行うことになり、分別が徹底されないリスクは残ることから、レンダーとしては、資産保有者が分別管理を徹底するオペレーションを行うように注意を払う必要があろう。なお、自己信託による資金調達スキームにおいては、委託者兼信託受託者である借り手企業の信用が悪化した場合には信託受託者を第三者（バックアップトラスティ）に変更する仕組みが採用されることも多いが、信託財産が譲渡禁止特約付債権の場合には、第三債務者の協力が得られない限り、信託受託者変更に伴う信託財産に属する債権の新受託者への譲渡ができない点にも留意すべきである。

　譲渡禁止特約付債権について、特約解除の承諾を第三債務者から取得することが難しく、また自己信託を利用した資金調達スキームも実現が難しい場合には、レンダーに開設した口座への振込指定による保全を図ることも考えられる。振込指定は担保ではないが、日本の倒産法制のもとでは、一旦指定口座に入金がなされれば、借り手企業が自らの支払のために出金するまでの間はレンダーにとって相殺対象と認められるため、不完全ながらも一定の保全策として認められる可能性は十分に考えられる。

注14）　借り手企業について更生手続が開始された場合には、貸付債権は担保付債権として更生担保権として扱われ、担保権の実行は行うことができず、計画に従って弁済を受けることになる（会更47条1項）。

第 2 章　債務者の再生手法

　なお、2020年 4 月 1 日施行予定の民法改正において譲渡禁止特約について
改正がなされている。現行民法においては、譲渡禁止特約がなされている場
合において第三債務者の承諾がなく債権譲渡が行われたときは、原則として
無効であり、ただ債権の譲受人が特約について善意無重過失の場合には譲受
人を保護するために第三債務者は譲渡無効を主張できないものとされている
（民466条 2 項）。しかしながら、かかる法制の下で譲渡禁止特約が債権譲渡を
利用した資金調達を阻害しているという問題意識を踏まえ、改正民法におい
ては、譲渡禁止特約がなされている場合において第三債務者の承諾がなく債
権譲渡が行われたときも、債権譲渡は原則として有効であり注15)、ただ債権
譲受人が特約の存在について悪意または重過失があったときには、第三債務
者は譲受人に対して債務の履行を拒むことができ、また、譲渡人に対する弁
済その他の債務消滅事由をもって譲受人に対抗できることとされた（改正民
466条 3 項）。また、この場合、第三債務者が供託をすることが認められたほ
か（同法466条の 2 ）、債権の譲渡人について破産手続開始決定がなされたと
きは譲受人が第三債務者に対して供託を請求することができるとされた（同
法466条の 3 ）。この改正により、譲渡禁止特約の譲受人が譲渡禁止特約につ
き悪意または重過失があるときであっても、第三債務者が任意に譲受人に弁
済を行う限りはその弁済を受領することができるし、譲渡人が破産した場合
には譲受人から第三債務者に対して供託を請求することにより譲渡禁止特約
付債権からの優先回収が図られることとされている。このような民法改正は
譲渡禁止特約付債権を利用した資金調達を容易にするものではあるが、譲渡
人について法的倒産手続が開始された場合などに第三債務者が譲渡人に弁済
を行わずに、譲受人への弁済または供託を選択するかは現時点では確実とは
いえないし、そもそも譲渡禁止特約違反の債権譲渡自体が譲渡人の第三債務
者に対する契約違反となることは明らかであるので、譲渡禁止特約付債権を
利用した資金調達が発展するかについては今後の実務の動向を注目する必要
があろう。

注15)　　もっとも、預貯金債権に関しては、現行民法と同様に譲渡禁止特約について悪意
　　　　または重過失ある債権譲受人に対しては第三債務者は無効主張ができることとさ
　　　　れている（改正民466条の 5 ）。

第2節　資本・資金の調達

(v)　公募債の発行

　窮境企業の第三者からの資金調達手段としては、公募債の発行も考えられる。公募債では多数の社債権者に発行体企業の信用リスクを分散させることが可能となる点では、リスクを特定の貸付人に集中させる借入れよりも優れているともいえる。もっとも、担保付きの社債の発行に当たっては、法令上、担保資産を信託会社に信託することが求められており（担信2条1項）、規制の厳格性ゆえに実務上担保付社債がほとんど発行されていない実情に照らすと、公募社債を発行する場合には、基本的に無担保で発行せざるを得ない。それゆえ、法的倒産手続中に公募債を発行することは、有力なスポンサーによる資本注入が確実となっているなどの特殊な事情がない限り難しい場合が多く、私的整理中の企業による公募債の発行についても、適時開示・金融商品取引法上の発行開示において私的整理の内容を開示する必要が生じるなどの問題もあり、実務上のハードルの高さは否めない。また、株式などと異なり、社債は利息制限法や出資法のもとでリターンの上限が存在することに照らすと、私的整理にも係属していないアーリーステージの企業についても基本的には無担保社債の発行のハードルは高いが、財務状態悪化の程度や回復の見込み、発行する社債の条件（金利等）次第では、公募債発行が可能であるケースもあり得よう。

(vi)　流動化・証券化取引およびその他のアセット・ファイナンス[注16]

　信用状況が悪化した企業が価値ある資産を保有している場合、これを売却することにより資金化する方法［→(ii)］やこれを担保に差し入れることにより借入れの形で資金調達する方法［→(iv)］が考えられるが、そのほかに資産流動化・証券化取引やアセット・ファイナンスによる資金調達に利用することも考えられる[注17]。これらのファイナンス取引は、対象となる資産の生み出すキャッシュ・フローをリターンの原資とするものであることから、通常

注16)　アセット・ファイナンスの用語は多義的であるが、本項においては、資産の信用力に基づき、当該資産から生じるキャッシュ・フローを返済原資として行う資金調達取引全般を指すものとして用いる。

注17)　資産流動化・証券化取引やアセット・ファイナンスの詳細な説明については、これを専門に扱った他の書籍に譲る。

第2章　債務者の再生手法

のコーポレート・ローンとは異なり、対象資産を保有する企業（オリジネーター）の信用力には基本的に依存していない。そのため、通常のコーポレート・ローンが利用できないような信用状況であってもこれらのファイナンス形態は利用できる場合があるほか、通常のコーポレート・ローンよりも融資額・金利等の条件面において有利な内容で資金調達ができる可能性（対象資産を担保とする既存の借入れがある場合には、より有利な条件でリファイナンスをすることができる可能性）がある。

　もっとも、その前提としては、資金供与者の立場からは、対象資産について、オリジネーターの倒産からの隔離が十分に図られていることが重要となる。すなわち、資産流動化・証券化取引やアセット・ファイナンスによる資金調達の一般的なスキームにおいては、対象資産を特別目的事業体（SPV）に譲渡し、SPVにおいて資金調達を行った上で、調達資金をもって対象資産の譲渡対価をオリジネーターに対して支払う形態がとられているが、オリジネーターがその後倒産した場合には、このオリジネーターからSPVへの対象資産の譲渡が、担保目的ではなく真に譲渡を目的としたものであるかどうか（いわゆる真正売買性注18)）が問題となることになる。真正売買性が否定され、担保目的での譲渡であるとされた場合には、オリジネーターについて更生手続が開始された場合には更生担保権として更生計画に従った弁済に服することになるため、真正売買性の確保は、資産流動化・証券化取引やアセット・ファイナンスにおける資金供与者にとって不可欠である場合が多い。したがって、オリジネーターとしても、これらの手法による資金調達を可能とすべく、真正売買性の確保に最大限協力する必要があろう。

(vii)　増資等

　上記の負債性の資金調達のほか、市場において当該企業の将来の成長への期待が残っている状況であれば、株式の公募増資や第三者割当増資、新株予約権の発行などにより第三者からエクイティ性の資金調達を行うことが可能な場合もある。エクイティ性の資金調達については、資本対策も兼ねること

注18)　真正売買性の判断基準についてもさまざまな見解が存在しているが、ここではその詳細は割愛する。

第2節　資本・資金の調達

から、**2**において説明する。

　また、資金力のあるスポンサーがつき、当該スポンサーから増資資金ないし借入金を調達できた場合も、資金面での問題は一挙に解決する場合があるが、これについては**第6節**において述べる。

(viii)　負債のリストラクチャリング（デット・リストラクチャリング）による資金策

　窮境企業の資金繰りが圧迫される要因としては、多額の借入れについての元本や利息の返済が大きな負担となっているケースが多い。そのようなケースでは、借入れについてリスケジュールや債権カットなどの負債のリストラチャリングを行うことが資金繰り対策となる。

　どのようなデット・リストラクチャリングが必要になるかについては、元本返済や利息支払の金額やタイミングにもよる。元本返済が負担となっている場合には、基本的には元本返済を一定期間猶予することを内容とするリスケジュールが必要となるが、数年経過後も従前通りの元本返済を再開することが難しい場合には、債務の劣後化（デット・デット・スワップ）による長期返済猶予や、債権放棄やデット・エクイティ・スワップなどの負債圧縮による元本返済の負担の軽減を図る必要が生じる。一方、利息の支払については、元本返済に比較すると資金繰りへの影響は大きくはないが、その支払も難しいような場合には、金利の低減や負債圧縮による利息支払額の削減、法的整理手続を通じた負債の無利息化[注19]などを検討する必要がある。

　デット・リストラクチャリングの実施方法については、個別の金融機関との交渉、準則型私的整理、法的整理（再生手続・更生手続）などいくつかの手法があり、これらのいずれを採用すべきか、またどのようなデット・リストラクチャリングを行うべきかに関しては**第5節**において詳説する。

注19)　再生手続や更生手続の開始決定後に発生する利息や遅延損害金は再生債権・更生債権ではあるが、従前は劣後的再生債権・劣後的更生債権として扱われていた経緯を踏まえ、実務上は計画において他の再生債権・更生債権に劣後する扱いが取り決められ、全額が債権カットの対象となるのが通常である。したがって、法的整理手続の開始後は無担保負債は実質的に無利息となる。

57

第 2 章　債務者の再生手法

2　資本の手当て

(1)　資本の手当ての意味

　リストラクチャリング局面においては、流動性の問題としての資金の手当てだけではなく、財務の健全性や取引上の信用の問題としての資本の手当てが必要となる場合も多い。資本の毀損が会社の窮境そのものであったり、収益改善に向けた構造改革施策の実施に伴って費用や特別損失が発生し、これにより資本が毀損することが見込まれるといった場合である。

　資本が過小ということは、事業上のリスクが顕在化した場合のバッファーが少ない状態ということであり、そのことは、会社の健全性・事業の継続性に対する疑義を生じさせ、さまざまな形で会社の事業がその実力に照らして十分なパフォーマンスを発揮することを妨げることになる。例えば、会社の顧客サイドでは、一定期間継続して生産するつもりの製品の部品を調達する場合や、一定期間継続して使用する設備を調達する場合で適切なメンテナンスが受けられることが前提となる場合などには、商品やサービスの継続的な供給に対する懸念から買い控えに動く、会社の仕入先サイドでは、投資回収に一定期間を要するような商品やサービスを提供する場合などには、取引の継続を懸念して投資そのものを控える、労務面では、会社の将来性や安定性を懸念して優秀な人材の確保が難しくなる、財務面では、信用リスクが加味されて資金調達コストが上昇する、といったことである。

　また、上場会社においては、四半期ごとの財務諸表の継続開示義務があり、過小資本に陥っていることが比較的早期に世に知れ渡ることになり、過小資本よりさらに状況が悪化し債務超過に陥った場合には、監査意見に継続企業の前提に関する注記（いわゆるGC注記）が付されやすく、その場合には「事業の継続性に疑義があり、その対応策に重大な不確実性がある」旨の意見を受けたことを公表することになる。さらに、2期連続で債務超過となれば原則として上場廃止、一部上場の会社は1期目の債務超過でも原則として指定替えとなる[注20]（資本の問題に限らず、事業再生局面における上場廃止・指定替え事由全般については、**第9節**でまとめて論じる）。さらに、過小資本は信用格

58

第2節　資本・資金の調達

付けの低下につながり、取引条件の悪化や借入契約における財務コベナンツ
への抵触が問題になり得る。こうしたイベントは、社会の耳目も集めやすく、
会社の風評を大きく損なうため、適切な対応がとられなければ、上記で例示
したような影響が、より劇的に、かつ、連鎖的・加速度的に生じることにも
なりかねない。

　こうした状況では、会社の事業に力があっても、健全性や信用の問題によ
り、その力が十分に発揮できない（事業がもつ潜在的な価値を実現できない）
ことになるため、資本の手当てを行うことにより、正常に力を発揮できる状
態を回復する必要が出てくる。適正な水準の資本を実現する手法としては、
エクイティ性の証券発行により資金を調達するとともに資本を増加させる方
法と、過剰となった負債をカットまたは資本化するデットリストラクチャリ
ングの方法がある。窮境というほどではないものの負債水準が相対的に高い
会社が、将来的な資金調達等の戦略を考慮して公募増資を行い、既存借入れ
の返済により財務体質の健全化を図るといった取組みは、リストラクチャリ
ング局面にない会社の平時の取引としても行われている一方で、過大となっ
た負債規模を事業価値に合わせるためにDESを行うような場合でも、債権の
現物出資としてではなく金銭出資と返済の組合せとして行う擬似DESのよう
なケースもあり、これらの境界は曖昧な部分もある。ここでは、事業がもつ
潜在的な価値はおおむね既存の負債規模と釣り合っているかこれを上回って
いて、資本水準の適正化がそうした事業価値の維持・向上の手段として用い
られる（少なくとも既存の負債規模に見合うだけの事業価値が実現できるチャン
スがある）場合と、信用不安等の影響が除かれ事業がもつ潜在的な価値が十
分に実現できたとしても、既存の負債の規模が過大であり事業が生み出す資
金・収益では完済のしようがない（事業規模と負債規模がマッチしておらず、
過大となった債務の負担を軽減する以外に正常化の見込みはない）という場合に
分けて、前者の場合を想定した資本の手当てに焦点を当てる（後者の場合に

注20)　再建型の法的倒産手続や準則型私的整理が行われていて、上場廃止については2
　　　　期目の債務超過から、指定替えについては1期目の債務超過から、それぞれ1年
　　　　以内に債務超過の解消を計画している場合、東京証券取引所が適当と認めれば1
　　　　年の猶予が与えられる。

59

第2章　債務者の再生手法

については、**第5節**を参照）。

(2)　資本の手当てに際しての考慮要素

(i)　総論

　資本性の証券発行によって、会社は、資金の調達と資本の増強を行うことができ、投資家は、将来的なリターンのチャンスと会社に対する一定のコントロールを得る（資本提携的な文脈では、双方の事業面の強化につながることが期待される場合もある）が、その半面で既存の株主は将来的なリターンや会社に対するコントロールが割合的に減少する（希釈化の影響を受ける）。その意思決定の前提として、投資家の属性や発行方式に応じた適切な情報開示と、証券発行に必要な会社法上の手続が実施されるべきことになる。資本性の証券発行には、発行する証券（普通株式か種類株式か、種類株式の場合にはその条件、株式そのものの発行か潜在株式の発行か）や、発行の方式（公募〔一般募集〕、第三者割当て、株主割当て）についてさまざまな選択肢があるが、これらの選択を通じて、上記のような会社・投資家が得るものや既存株主が失うもののバランスと、発行に当たっての手続的な負担を調整していくことになる[注21]。

　こうした調整をするに当たって、一般的に、資金調達手段を検討する際には、調達する資金の額とその使途、資金調達に要するコストが重要な考慮要素となり、財務的に特段の問題がない状況であれば、資金使途と調達手段の適合性や、発行会社の株価傾向や市場環境を踏まえた時期選択が主な関心事となる。一方、リストラクチャリング局面にある会社において資本の手当てを必要とする場合には、窮境の原因や状態に応じて、投資家が求めるリターンやリスクヘッジのために求められる条件が異なり、引受けに適した投資家

注21)　なお、投資家が得るコントロールについては、程度の問題ではあるものの、自主再建的な要素の強いもの（既存の経営陣やオーナーが再建計画を主導していく前提で、投資家は支配権を取得せず、役員を派遣するとしても経営リソースの補助やモニタリングといった目的が強い場合）と、スポンサー支援的な要素の強いもの（投資家が支配権を取得し、再建計画について主導的な役割を果たすことが期待される場合）に大きく分けられ、ここでは、前者の場合を想定した資本の手当てに焦点を当てる（後者の場合については、**第3節**を参照）。

第2節　資本・資金の調達

の範囲・属性も変わり得るため、こうした投資家とのバランスから、資金調達のためにとり得る選択肢が限定されることがあり得る。また、リストラクチャリング局面における発行会社はさまざまなリスクを抱えた状況にあることが多いため、証券の設計やプライシングの交渉はよりシビアなものとなり、また、平時における証券発行の場合と比較すると、情報開示や会社法上必要な機関決定が、調達手段の選択に当たって重大な制約となることもある。

(ii)　投資家等とのバランス

　窮境の原因や状態との関係では、過小資本が窮境そのものであり、資本の増強さえ達成できれば問題が解決するというような場合や、窮境が一過性のものにすぎず、前向きな資金使途もあるなど、資本の増強により再度成長軌道に乗るようなエクイティ・ストーリーがあるような場合には、不特定多数の一般投資家でも十分に引受けが可能であり、ストレートな普通株式の時価発行でもワークし得る（ただし、リストラクチャリング局面では、株価が低迷傾向にあり資本性の証券発行による希釈化の程度は大きくなりがちであることから、株式発行に伴う需給関係の変動による株価下落リスクを懸念して、発行決議時の時価に対して相当程度のディスカウントを求められ、有利発行との関係に配慮する必要が出てくることもある）。

　一方、過小資本が窮境原因の1つあるいは他の事業上の窮境の結果にすぎず、本質的な構造改革のために相当程度の工数を要するような場合には、投資家は、そうした構造改革の実現可能性その他の不確実性を伴うリスクマネーを入れることになる。そのため、適切なリスク評価と発行条件への反映が必要とされ、これを引き受けられる投資家も限られるといった状況になりがちである。こうした場合には、ストレートな普通株式の時価発行というわけにはいかず、投資家が、引き受けるリスクに見合ったリターンを得られるよう（あるいは、一定のリスクがヘッジできるよう）、証券の設計やプライシング、引受けの条件等を調整することになる。この際、窮境にある発行会社の株式の本源的価値の算定については、さまざまな不確定要因があり、再建計画の成否によって株価算定のベースが大きく変動する（計画がうまくいかず倒産すればほぼ無価値であるものの、計画が実現できれば相応の価値が期待できる）という点で、株価のレンジは広くなりやすい。また、これに関連して、

61

第2章　債務者の再生手法

再建に成功した場合のアップサイドの分配について調整の余地は大きくなるが、投資家としては、自らがリスクマネーを投入して窮境を支えるからこそ再建が可能ということで、相応のアップサイドを求めたい一方で、会社側としては、再建計画を主導するのは自分自身であり、まずは事業そのものの力があってこそなので、既存のステークホルダーも相応のリターンを受けられるようにしたいという綱引きがある。これらに加えて、前述した希釈化の影響が読みにくいこともあり、発行会社と投資家（および市場）の目線を合わせることは必ずしも容易ではなく、これにより証券の設計やプライシングの交渉が複雑化し得ることになる。また、第三者割当てのように特定の投資家が引受人となる場合には、支配権の獲得までは至らなくとも、再建に向けた取組みの進捗を引受人が適切に管理できるよう、一定のコベナンツ（計画外の投資や資産処分等の再建計画の遂行と相反し得る行為の制限や、計画に基づく一定のKPI〔業績評価指標〕を達成できなかった場合のコンチプランの履行義務等）や、モニタリング（計画の進捗を確認する上で重要なKPIの定期的な報告や、計画遂行に重大な影響を及ぼす事象の適時の報告、一定数の役職員の派遣等）に関する事項が引受契約に定められることもある。

　なお、これらの点の調整の結果として、種類株式を発行するために定款変更が必要になったり、普通株式の発行であっても発行条件が有利発行に該当する可能性が否定できない状況となる等して、会社法上、株主総会の決議が必要となること[22]もある。上場会社等にあっては、株主総会の開催そのものに一定の期間を要することから、会社がこのような手続を行う時間的余裕があるか（例えば、上場廃止要件である債務超過の判定基準時等との関係で資本

注22）　本文記載の場合のほか、増資の結果として、増資を引き受ける者の議決権保有比率が2分の1超となる場合（当該増資を引き受ける者を特定引受人という）、一定数の株主が反対の意思を通知した場合にも株主総会が必要となる（支配権取得を伴う取引については、**第3節**で詳述する）。また、会社法上は株主総会の決議を要しなくても、金融商品取引所規則との関係で、希薄化率が25％以上となる大規模な第三者割当を行う場合には、経営者から一定程度独立した者から意見を入手するのでなければ、株主総会の決議などの株主の意思確認を行うことが求められる（金融商品取引所規則に基づく留意点については、**第9節**でまとめて論じる）。

第2節　資本・資金の調達

を必要とするタイミングに間に合うか、当該期間中にも進行し得る事業の劣化に耐えられるか）や、株主総会における票読みの問題（承認に必要となる議決権が確保できるかについての不確実性をどのように評価するかという点）が、併せて検討されることになる。

(iii)　情報開示に関する考慮

　情報開示の観点では、主に上場会社において金融商品取引法や金融商品取引所規則に基づく情報開示に留意する必要がある。すなわち、上場会社が普通株式を発行する場合や、種類株式であっても普通株式への転換の可能性が高いものを発行する場合には、原則として有価証券届出書の提出が義務付けられるほか、日本国内での勧誘がない等の理由により有価証券届出書の提出を要しない場合でも、臨時報告書の提出は必要となる[注23]。また、勧誘の有無を問わず投資判断に与える影響が類型的に大きいため、金融商品取引所の上場規程に基づく適時開示も必要となる。特に、有価証券届出書には、重要な後発事象やリスク情報の記載が求められ、虚偽の記載や重要な情報の記載漏れがあった場合には、課徴金その他の罰則が課され得る。さらに、株式の引受人との間の契約書において引受人に対する十分な情報提供を行った旨の表明保証が定められることもある。

　一方で、窮境にある会社では、事業上のさまざまなリスクがすでに顕在化しまたは顕在化しつつある状況にあることが多く、これらを詳らかに開示することが、すでに顕在化しているリスクについてより一層事態を深刻化させたり、いまだ顕在化には至っていないリスクの顕在化を加速化させまたはその顕在化のトリガーとなることも懸念される。また、構造改革や資金調達等の目的で、資産・事業等の売却といった施策が現在進行形で検討されている場合、中途半端な状況でこうした施策を開示すれば、対象事業の劣化につながって売却条件が悪化したり、さまざまなステークホルダーが反応してプロセスに悪影響を及ぼし、場合によっては案件そのものが頓挫したりすることもあり得る。なお、会社法上必要とされる機関決定との関係で株主総会が必

注23)　発行開示や事前勧誘規制の具体的内容は、発行される証券の内容や発行の方法に応じて異なるが、この点については**第9節**でまとめて論じる。

要となる場合にも、株主の理解を得るための情報開示により同様の問題が生じることがある（限られた数の株主しか存在しない閉鎖会社においては、開示した情報が公知となることがないように情報管理ができる場合もあろうが、上場会社の場合や、閉鎖会社でも会社関係者・OBや取引先等を含む比較的多くの株主が存在する会社では、こうした情報管理ができないことになる）。

　上場会社の場合や、閉鎖会社でも比較的多くの株主から出資を受けている場合には、資本市場へのアクセスを得る前提として（あるいは多くの株主から出資を受けた受託者の責任として）、適時開示や臨時報告書の提出が必要となるイベントがある場合の情報開示や、株主総会における説明義務を含め、適時かつ適切な情報開示が求められることは当然のことである。少々乱暴ながら単純化していえば、ここで重要なのは、資本性の証券発行は、投資家からの出資を得るという行為の性質上、投資家の投資判断に影響を及ぼし得る未公表の情報がある場合には[注24]、それを開示する（そのままでは開示に適さないならば開示できる段階まで物事を進めて開示する）か、白紙化する[注25]という二者択一の対応を迫られるイベントであるということである。すなわち、通常の適時開示等の場面では、開示される情報に一定の確度・熟度が求められ、単なる主観で市場や投資家をミスリードするものではない（検討や交渉を開始しただけで実現可能性が十分に高まっていない段階での願望や、一般的に何が起こるかわからないというレベルでの単なる不安の開示を求めるものではな

注24）　株価にとってポジティブな情報の場合、株式の引受人にとっては低い価格で株式を引き受けたことになり損害が生じないという面はあるが、既存株主にとっては割安の株価によって株式を発行したことになるため、株価にとってポジティブな情報であるから問題ないという結論にはならない。

注25）　法的な限界など、詳細については割愛するが、誤解をおそれずに概要を記せば、一時「中断」するだけでは、事案としては存在しており、単にその進行が止まるだけであるため、開示義務が解消されることにはならない。一旦取組みを開始した案件について、どこまでの対応をすれば「白紙化」といえるかは事実関係次第であり、特に、実際に「白紙化」した後、まったく独立した案件として再度類似の取組みが開始した場合でも、結果的にみればそれが「中断」だったのか「白紙化」だったのかの線引きは難しくなるが、少なくとも、当該取組みが正式な手続を経て撤回され、相手方等の関係者にも書面で通知がなされる等、客観的な事実の裏付けがある状況を確保する必要がある。

第2節　資本・資金の調達

い）ことが前提となるが、証券発行というイベントがあると、当該イベントがなければその時点では開示が必要とされない情報（情報の確度・熟度といった観点から本来は開示に適した状態になっていないような情報）であっても、それが実現ないし顕在化した場合のインパクトが大きい場合には、事後的に情報開示の適正性が問われることにもなりかねないため[注26]、慎重にこうした情報を整理して対応する必要が生じることになる[注27]。

　情報開示の目的は、市場が必要十分な情報を得て投資判断する機会を確保することであり、事業上センシティブな情報で開示すること自体が事業に悪影響を及ぼす情報なのに証券発行のために開示を余儀なくされたり、会社にとってメリットが大きい案件なのに証券発行のために白紙化せざるを得なくなる等して、単に投資対象の価値を下げるだけの結果となったのでは、会社・投資家の双方にとって何らメリットがなく、証券発行という選択そのものの妥当性が問われることにもなり得る。発行する証券や発行の方式によって、情報開示が求められる根拠や開示が求められる情報のレベル感は異なるため、リストラクチャリング局面においては、以上のような要素も考慮に入れた上で、適切な手続選択をしていくことが重要になる。

(3) 主な選択肢とその特徴

(i) 総論

　これまでみてきたようなリストラクチャリング局面において考慮すべき要素を踏まえ、以下では、主な資本性の資金調達手段が、リストラクチャリング局面でどのように機能するかを概説する（個別の資金調達手法の手続や証券の設計等については必要な限度で触れるにとどめ、(2)のような要素をどのように調整するかという点に主眼を置く）。

注26)　インサイダー取引規制の観点では早い段階から「決定あり」と認定されることと同様に、早い段階から非公開重要情報が存在するとみられる可能性に留意をする必要がある。

注27)　増資の際に自己株式処分の方法を選択する場合、インサイダー取引規制が適用されることになる。インサイダー取引規制の違反は刑事罰を伴うものであり、早期の段階からインサイダー情報ありと認定する裁判例が積み重なっているため、有価証券を新規に発行する場合に比べてより慎重な対応が必要とされる。

65

基本的な考え方としては、シンプルかつストレートな方法として、時価による普通株式の発行がベースにあり、投資家とのバランスの観点から、窮境の原因や状態に応じて、証券の設計や発行方式を調整して、投資家が得られるリターンの条件を精緻化したり、株価変動に応じた価格調整を行う（大量の株式を一度に発行するのではなく、一定期間にわたって分割して発行することとし、1株当たりの価格を当該期間中の株価の変動に応じて調整する）といった方法を検討する必要が生じる。また、この場合、希釈化の影響を受ける既存株主とのバランスも必要となり、既存株主の意思確認を要したり、場合によっては、発行価格が結果的に適正価格より低かった場合に既存株主が被る不利益を抑制する（既存株主に権利を付与して適正価格との差額を回収する機会を与える）方法を検討することもある。機関決定との関係では、発行可能株式数が不足する場合や種類株式を発行する場合の定款変更や、有利発行の承認が必要となる場合の株主総会の開催が手続的な制約要因となるが、これらは発行会社の意思のみで回避できるものでもないため、資本性の資金調達を完了すべきタイミングから逆算してスケジュールを調整する必要がある、ということになる。

情報開示の観点では、主に上場会社において、金融商品取引法の発行開示規制との関係が重要になり、当該規制に沿って情報開示した場合の影響に耐えられないような場合は、勧誘の対象とする投資家の属性や数、範囲等を調整して、当該規制の適用を受けない発行方式を検討することになる。

(ii) 株式の発行

(a) 総論

株式の発行は、証券が発行される時点で資本が増加するという点で、新株予約権・新株予約権付社債等の潜在株式を発行する場合と比較してわかりやすい資本増強手段である。一方で、発行する株式の数（少なくともその上限）は、発行決議の段階で特定しなければならないため、1株当たりの発行価格に応じて調達可能な金額が画されることになる（普通株式を対価とする取得請求権付きの種類株式等を用いて、潜在的に発行され得る普通株式の総数が増減するような仕組みにすることもある）。

リストラクチャリング局面の中でも、窮境の原因や程度によって、不特定

多数の投資家による投資判断に馴染む場合とそうでない場合があり、これによって勧誘の対象となる投資家の属性が変わる。すなわち、リストラクチャリング局面の比較的初期段階では、不特定多数の投資家でも判断可能なエクイティ・ストーリーが描ける場合もあり、そうした場合には、大規模な資金調達を狙って多数の投資家に勧誘をするということも有力な選択肢となる。一方で、窮境がより深刻化した状態になると、再建計画の内容もさまざまなリスク要因を伴うものになりがちであり、また、その実現可能性を評価するためには会社の秘密に属するような事業戦略等の詳細を確認・検討する必要が生じる。こうした検討は、不特定多数の投資家による判断には馴染まず、再建に伴うリスク要因を適切に評価し、判断できる特定の投資家に勧誘をすることになり、個別の交渉を通じて、発行価格や証券の設計が決定されることになる。

(b) 公募増資

証券会社を通じて不特定多数の投資家に対して時価により普通株式を発行する方法である。

不特定多数の投資家からの資金調達であるため、大規模な資金調達には有用であり、また、既存株主は希釈化の影響を受けるものの、会社の支配に影響を及ぼすような比率の株式を取得する者が現れにくいという点で、コントロールへの影響は大きくない。一方で、同様の理由から、リスク要因の多い再生計画を前提とした勧誘にはあまり向かず、資本の増強さえできれば再生・再成長といった姿が描ける状況でなければ、資金調達を成功させることは難しい。また、時価による発行という点については、発行価格は、公募増資の公表後に行われるブックビルディングにより決定されるため、情報開示による影響を受けた株価をベースに発行価格が決まることになる。そのため、特に大規模な資金調達を企図する公募増資の場合、希釈化の影響が大きいこともあり、株価の大幅な下落を招きかねないため、相当説得力のあるエクイティ・ストーリー（希釈化の影響を補うような成長戦略と、その実現に向けた合理的な資金使途）を準備する必要がある。

また、情報開示に関しては非常に重い責任が課せられており、金融商品取引法に基づく発行開示規制により有価証券届出書の提出が必要となるが、当

第2章　債務者の再生手法

該届出書においては、事業上のリスク等の投資家の投資判断に重要な影響を及ぼし得る事項についての詳細な開示が求められるとともに、引受人となる証券会社も開示に関しての責任を負うことになるため、引受審査に際しては、開示の内容について厳しいチェックを受けることになる（グローバル・オファリングの場合は、海外市場における継続開示義務を避けるため、海外においては私募の要件を満たす形で行われるのが一般的であるが、その場合でも、特に米国等では情報開示に関する責任が重いため、勧誘に際して投資家に配布する資料について、外国法弁護士による厳しい審査がなされる）。

(c)　第三者割当増資

　特定少数の投資家に対して株式を発行する方法である。株式の種類については、普通株式の場合も種類株式の場合もあり、価格についても、時価の場合も、時価より低い金額の場合もある。

　特定少数の投資家を対象とするため、再建計画の精査やデューデリジェンスの結果を踏まえた交渉により、条件はさまざまに異なり得る。すなわち、公募増資も可能なような状況（資本の増強さえできれば再生・再成長といった姿が描ける状況）であれば、時価による普通株式の発行でも十分に必要とする規模の出資を募ることができる場合もある（後述する開示の問題との関係で、第三者割当てによることにメリットがある場合がある）。一方で、リスク要因の多い再建計画を前提とする場合には、投資家からはリスクに応じたリターンが求められることになり、再建計画の実現可能性の評価やリスクヘッジの必要性の程度に応じて、さまざまな調整があり得る。

　こうした調整の1つの方法が、普通株式を前提として、発行価格を、株式の理論価値のレンジのうち低めの金額に設定する（再建計画の成否によって株価のレンジは広くなり得るが、リスクケース寄りの価格にする）ことにより、再建計画に内在するリスク要因が顕在化した場合に備えて一定のバッファーをもっておくとともに、再建計画が成功した場合のアップサイドを投資家に帰属させて期待リターンを高める方法である。この場合、発行価格が、投資家にとって著しく有利な価格とされれば、発行会社は、株主総会の特別決議を取得する必要がある。リストラクチャリング局面にある会社の株式の時価をどのように捉えるかにもよるが、上場会社においては市場価格が存在し、そ

68

れと比較して相当程度価格が低くなる場合は、理論価値の範囲内といっても有利発行に該当する懸念は残るため、念のため有利発行に必要とされる株主総会の決議を取得する場合もある。

　もう1つの方法として、発行する株式を種類株式として、その設計により投資家が得られるリターンの仕組みを定める方法がある。リスクに見合ったリターンという観点で、一定の収益率が達成されるように、優先配当や償還金額のステップアップ（PIK）を定めて金銭を対価とする取得請求権を付した優先株式とすることや、これに加えて、計画が成功した場合のさらなるアップサイドに参加できるよう、普通株式への転換（償還金額に未払配当金を加算した金額を株式の時価で除した数の普通株式を発行する等）が可能な取得請求権を付した株式とするといった方法である。種類株式の設計は、その時々の局面に応じた投資家との交渉で決まり[注28]、投資家が得られるリターンを含め、こうした個々の局面にフィットする種類株式の定めが定款に設けられていることは通常ないため、定款変更のために株主総会の特別決議が必要となる。

　情報開示に関しては、上場会社において普通株式を発行する場合には、原則として、有価証券届出書の提出が必要であり、種類株式を発行する場合にも、臨時報告書（ただし、割当予定先または発行会社の自由な裁量により、短期間に普通株式への転換が相当程度見込まれるような取得請求権・取得条項付種類株式を発行する場合は、有価証券届出書）の提出が必要となる。有価証券届出書の提出が必要となる場合、当該届出書に記載すべき事項は、理論的には公募増資の場合と同様のはずであるが、第三者割当ての場合、投資家は個別にデューデリジェンスを行うことが多く、投資判断を行うに当たり届出書の記載内容に依存しないことや、公募増資のように証券会社が媒介を行うことを前提として証券会社もその届出書の記載内容に責任を負う仕組みとなってい

注28)　会社の採用する会計基準次第であるが、社債型優先株式のような商品性の場合には資本性が認められない可能性があり（例えば、IFRSでは、強制的な償還の定がある優先株式等については、設計の実質が金融負債といえるものであれば、株式の形式をとっていても金融負債としての会計処理が求められる）、投資家との交渉と並行して監査人との協議が必要となることがある。

ないことから、事実上、公募増資の場合よりは開示の負担は重くないと受け止められることが多いように思われる（もっとも、効力発生までに待機期間があること等の都合上、有価証券届出書を提出する前提ではワークしない場合もあり得、こうした場合には、金融商品取引法の域外適用がないことを前提に、日本国内においては勧誘等の行為を一切行わずに、海外で第三者割当増資を行うといったケースもある）。加えて、種類株式を発行する場合には、ほぼ必然的に定款変更を伴うことになり、株主総会の承認を得なければならないため、かかる株主総会の招集通知の記載や総会当日の質疑応答における説明といった情報開示も必要になる。

(d) 株主割当増資

　出資を募る場合の相手先として、既存株主による追加出資も１つの選択肢となり得る。特に、負債が過大となりつつあって、エクイティの本源的価値がゼロに近い水準となっている場合には、エクイティのオプション価値が高くなっている（負債総額をオプションの行使価格として、事業価値を原資産価格として考え、何からの形で負債を支払って事業価値を得るか、負債の支払をせずに事業価値を諦めるかというオプションになり、行使価格と原資産価格が近接している状態ではその価値が高くなる）ため、既存株主には、会社の倒産を避けてオプションを維持するための負担として、追加の出資をするインセンティブがある。また、既存株主に対する希釈化の影響を考慮すると、第三者割当増資における発行価格の適正性確保は重要な課題の１つになるが、既存株主に対して持株比率に応じた募集を行うことは、その１つの解決策となり得る（持株比率に応じて均一の条件で募集がなされるため、発行価格が割安の場合でも、株式を引き受ければ不利益は受けないことになる。もっとも、状況によっては、大規模な希釈化を受け入れるのか追加資金を出資するのかという二者択一を迫ることが株主に対して強圧的となる場合もある点には留意が必要である）。もっとも、こうした資金調達をする場合、会社法の設計上、株主割当増資を行うよりも、新株予約権無償割当てのほうが柔軟性・利便性が高く、詳細はライツ・オファリング［→(iii)(b)(ウ)］で説明する。

第2節　資本・資金の調達

(ⅲ)　新株予約権・新株予約権付社債の発行

(a)　総論

　新株予約権・新株予約権付社債は、その発行の時点では目的となる株式の払込金額相当額の資本が増加するわけではなく（発行の時点で資金のニーズもある場合は、新株予約権付社債の形で払込金額相当額の払込みがなされるが、その時点では負債として認識される）、あくまでもその行使がなされた段階で資本が増加することになる。そのため、資本の手当てのためにこれらの証券を用いる場合には、新株予約権が行使されて実際に資本の払込みがなされるように設計を工夫する必要があり、株式と比較すると、その点で一手間を要することになる。

　一方で、新株予約権は、株式と比較して設計の柔軟性が高く、その点で利便性がある。すなわち、リストラクチャリング局面では、発行価格の適正な水準について発行会社と投資家（および市場）の目線を合わせることが容易ではなく、そうした場合の解決策として、株価変動に応じた調整を行うことや、発行価格が結果的に適正価格より低かった場合に既存株主が被る不利益を抑制する等の方法を検討する必要が出てくることは前述したが、これらを行う上で、新株予約権は利便性が高いということである。

(ア)　株価変動に応じた調整

　1株当たりの払込金額の算定方法を定め、機関決定後の株価の変動に応じて調整されるようにすることができるという点では、株式発行でも新株予約権でも相違はない。もっとも、株式発行の場合は、払込期間を定めて1株当たりの払込金額の算定方法を定めることはできるが、募集株式の数について算定方法を定めることは認められていない。このため、1株当たりの払込金額の算定方法を定めた場合は、払込金額の総額を固定することはできず、株価が下落した場合は、資金調達の総額が減少することになる。したがって、一度の発行手続による資金調達の総額が一定金額以上となることを確保するには、基本的には、普通株式を発行することを前提に、1株当たりの払込金額について価格下落リスクを織り込んだ相当程度のディスカウントを受け入れて、1株当たりの払込金額と払込金額の総額を固定するか、あるいは、普通株式を対価とする取得請求権または取得条項を付した種類株式を発行して、

第 2 章　債務者の再生手法

対価として交付される普通株式の数の計算に際して普通株式の下落を織り込めるようにする、といった対応をすることになる。もっとも、時価から相当程度のディスカウントを受け入れる場合は、有利発行に該当するおそれがあり、種類株式の発行については定款変更が必要となるため、株主総会の特別決議による承認が必要となる。

　一方で、新株予約権の場合は、行使価格だけでなく、行使に際して発行される株式数についても算定方法を定めることができるため、1 株当たりの行使価格が株価に応じて変動する形にした上で、新株予約権 1 個当たりの行使に際して払い込むべき金額を固定し、これを 1 株当たりの行使価格で割ることで、行使により発行される株式数が変動する設計にすれば、払込金額の総額を固定することも可能である[注29]。なお、新株予約権についても有利発行該当性は問題となり得るが、その場合、新株予約権そのものの対価と直近の株価に応じて行使価格が調整される新株予約権のオプションバリューが比較される（新株予約権付社債の場合は社債の利率その他の条件も考慮して、全体として割当先に特に有利な条件かが検討される）こととなり、発行決議の時点で価格下落リスクを保守的に織り込んで大幅なディスカウントを受け入れるような場合よりは説明がしやすいといえる。

　また、新株予約権には取得条項を付すことができ、発行後の状況の変化や行使状況に応じて発行会社が新株予約権を回収できるようにすることも可能である。この点は、株価変動への対応という文脈では、行使価格の調整が下方修正のみとされ株式の時価と比較して行使価格が相当程度低くなった場合等に、既存株主が被る不利益を回避する仕組みとして機能し得る。

注29)　発行会社として市場による再生計画の評価に自信がある場合、新株予約権の発行後に株価が上昇した場合には行使価格が上方修正される設計とすることで、既存株主に対する希釈化の影響が結果的に過大となることを避けられる。また、行使価格の調整には、価格の下限や上限を設けることもでき、これによって、株価が下落した場合の希釈化率の最大値を画すること（発行可能株式数との関係で必要となることが多い）や、リストラクチャリング局面でリスクをとって資金提供する投資家と既存株主との間での株価が上昇した場合のアップサイドの分合い方を調整することも可能である。

(イ)　既存株主への権利付与

株主割当てや無償割当てが可能である点も、株式発行でも新株予約権でも相違はない。もっとも、新株予約権は譲渡が可能であり、その行使により株式を取得せずとも、新株予約権自体を譲渡することによりその価値を実現することができる。新株発行の場合、株式の割当てを受ける権利の譲渡は認められておらず、新株の引受人としての地位を譲渡することは考え得るものの、そうした地位は流通性に乏しく、割当先の決定が会社法の定めに従い機関決定すべき事項であるため手続的にも煩雑である。このような株式の発行を受ける権利の流通性は、第三者割当ての場合には、割当先の行使の意向や資金力を確認することが多いため問題となりがたいが、株主割当てによる場合には、割当先において権利行使をしたほうが利益となる場合でも権利行使に必要な資金力がない場合もあり得るため、株式の発行を受ける権利のまま譲渡してオプションバリューを回収することを可能とする意味がある。

また、前述の通り、新株予約権には取得条項を付すことが可能であり、かつ、自己新株予約権の処分については自己株式の処分のような会社法の手続規定はないため、有利発行の手続規制を受けることなく取得した自己新株予約権を第三者に譲渡することも可能となる。これにより、株主に割り当てられた新株予約権が行使される見込みがない場合に、これを発行会社が取得して行使の意向がある第三者に譲渡する等の方法で、株主が特段の手続をとらなくとも、発行した新株予約権を有効活用できるようになる。

なお、株式の取得について一定の前提条件や制限を設けたいというニーズは、株式発行によるか新株予約権によるかという方法論によっては変わらないはずであり、第三者割当ての場合は引受契約や割当契約により相手方を拘束することになるが、流通性を付与することを前提とした場合には、譲渡により権利を取得した第三者には必ずしも契約による拘束の効力は及ばない。もっとも、新株予約権の行使条件は、差別的な行使条件でない限り、比較的柔軟な設計が可能とされており、行使条件を新株予約権の内容として定めておくことにより、流通先にもその効力を及ぼすこと（例えば、発行会社の資金・資本のニーズや、市場における需給関係の変動による株価影響を考慮して、新株予約権が行使されるタイミングやペースを調整すること）は可能である。

第2章　債務者の再生手法

　以上のように、新株予約権が資金調達スキームにもたらす柔軟性は、発行会社の具体的な資金需要やそのタイミングに応じて、機動的かつ適正なコストで資本性の資金調達を行うことを可能とするというメリットがあり、平常時に比べてリスクが大きいリストラクチャリング局面においては、リスクとリターンの配分をより細かく条件付けできるという点で、その有用性は高いといえる。その一方で、複雑な商品設計とした場合に、一般投資家にとってはその影響を正確に理解することが困難となり、あるいは他の取引との組合せによっては既存株主の利益が大きく害される結果となるといったデメリットも生じ得る。

　以下では、新株予約権を利用した主な資金調達スキームの概要とその問題に対する手当ての状況を概説し、その後、リストラクチャリング局面における利用という観点からの考慮要素を説明する。

(b)　新株予約権を利用した主な資金調達スキーム

　新株予約権を利用した資金調達スキームは、大別して、新株予約権付社債または新株予約権付ローンのように、新株予約権の発行時においては負債の形で資金を調達し、新株予約権が行使されることにより資本に振り替えられていくものと、単に新株予約権のみを発行し、その行使により資金と資本が調達されるものに分類される。前者については、一定の時間をかけて新株予約権が行使されていくことが想定されるため、新株予約権発行後の株価変動に応じて行使価格を調整する条項が設けられることが多く、MSCBがその典型例である。後者は、第三者割当てまたは新株予約権無償割当てにより既存株主に新株予約権を発行し、その割当先や譲渡により新株予約権を取得した者が新株予約権を行使する（割当先がそのコミットメントをしていたり、コミットメントがなくとも行使を促進するような設計が組み込まれている）ことにより資本と資金が調達されるものであり、エクイティ・コミットメントラインやライツ・オファリング（最終的に未行使の新株予約権を取得して行使することをコミットしている第三者が存在するか否かに応じて、コミットメント型とノンコミットメント型に分かれる）が典型例である。

　情報開示に関しては、MSCBやエクイティ・コミットメントラインについては新株発行における第三者割当てとほぼ同様だが、金融商品取引所の上場

規程に定める「MSCB等」に該当する場合には、その転換または行使の状況等に関する追加的な開示がある。ライツ・オファリングについては、企業内容等開示ガイドライン上、新株予約権の無償割当ては、新株予約権の取得勧誘であると整理されているため、その発行に際して有価証券届出書の提出が必要となる。証券会社による引受行為が生じるコミットメント型については、その過程で証券会社による引受審査が行われることになるが、上場規程の改正により、こうした引受行為がないノンコミットメント型でも、新株予約権の上場を企図するものについては、株主総会の承認を得るのでなければ、こうした引受審査に準じた審査を受けることが義務付けられ、これらの場合には開示内容の適正性についても、公募増資の場合と同様のチェックを受けることになる。

(ア) **MSCB**

MSCBとは、行使価格修正条項付新株予約権付社債（Moving Strike-price Convertible Bond）の略称である。MSCBに付された新株予約権の行使価格は、定期的に、直近の一定期間の株価（終値またはVWAP）を数％から10％程度ディスカウントした価格に修正されるのが一般的であり、譲渡制限が付されることにより、引受人は、MSCBそのものではなく、MSCBに付された新株予約権の行使により取得する株式の転売により投資の回収を行うことが想定されるが、新株予約権を行使するかどうかやそのタイミングは、あくまでも引受人の裁量による。

❶ 設計の意図　MSCBによる資金調達では、その発行時においては社債の払込金額（新株予約権の対価としての払込金額はゼロとされるのが一般的である[注30]）として負債性の資金が調達され[注31]、新株予約権の行使により資本化されていく。MSCBの引受人は、新株予約権の行使により取得する株式の転売先が固まった段階で、順次、一定の数量制限の範囲内で新株予約権を行使していくことが予定され、需給関係の急激な変動による株価下落リスクが抑えられることが期待される。MSCBの発行から新株予約権の行使までには、一定の期間が経過することになるが、行使価格が定期的に直近の一定期間（1日から1か月程度まで、参照される期間は商品によって異なる）の株価をベースに調整される（数％程度のディスカウントが鞘取りの機会を与える）た

第2章　債務者の再生手法

め、MSCBを保有する間に株価が下落しても、引受人においてMSCBに付された新株予約権を行使するインセンティブが維持され、負債の資本への振替えが促進されることが期待される。こうした行使価格の調整に関しては、いくつかのパターンがあり、希釈化の影響の上限を画する目的で、発行時の行使価格の一定割合（70％から80％程度）に相当する金額を調整後の行使価格の下限とする仕組みが設けられる場合や、（スイートナーとして相当のリターンのあるオプションを提供しなければ引受け手がいないような場合でなければ）合理性は乏しいように思われるものの、行使価格が下方修正しかされない場合もある。

❷　リスクとその対応　　MSCBの発行条件や利用方法によっては、株価が下落して希薄化が進むため、既存株主に不利益を生じさせるリスクが指摘されている。すなわち、引受人が空売りを行ったり、急速な株式への転換を行ったりすることで市場への供給が増加すると、株価が下落する可能性があるが、引受人は、空売りにより値下りした株価をベースに株式を取得でき、株価の下落分が利益となるため、発行会社やその既存株主と利益が相反する。こうした構造的な問題があることや、発行会社の株価を大幅に低下させた事

注30)　この点は、会社法上の有利発行規制との関係で問題となり得る。日本証券業協会の「第三者割当増資の取扱いに関する指針」1.(1)においては、発行決議の直前の適当な期間（最長6か月）の平均株価に0.9を乗じた額以上の額が目安とされ、裁判例でも当該指針には一応の合理性が認められていることから、行使価格修正条項におけるディスカウント率も、当該指針の目安を踏まえて定められているようである。もっとも、発行決議から効力発生までに一定期間が存在する新株発行の場合と異なり、MSCBについては価格修正後まもなく行使できることや、引受人において新株予約権を行使するか否かおよびそのタイミングをコントロールできること等、新株発行の局面とは状況に相違があり、第三者割当ての際のディスカウント率に関するルールを援用して有利発行該当性を否定するのは不合理であるとの指摘もある。

注31)　新株予約権の発行時に、発行会社側で特段の資金ニーズがない場合は、社債なしで同様の新株予約権を発行することもある（MSOと呼ばれる）。一時に大量の株式が発行されることを避けられる一方、引受人側に継続的な鞘取りの機会が確保されるという、新株予約権部分の仕組みは同様であり、これにより、引受人が転売先を確保することにより市場から資金を集め、新株予約権の行使により一定期間をかけて資本が増強されるという構造になる。

例が注目を集めやすいこともあり、MSCBについて、市場では、公募増資における引受証券会社の引受審査に耐えられない場合の最終手段というようなイメージもある（実際に、MSCBの発行を公表した直後に株価が大幅に下落し、中止に追い込まれた事例もある）ようである。

こうした点を踏まえて、日本証券業協会は、「会員におけるMSCB等の取扱いについて」を決議し、その会員である証券会社に対する自主規制を設けており、証券取引所も、日本証券業協会の要請を受け、上場規程において上場会社に対して一定の義務を課している。日本証券業協会の自主規制の主な内容としては、MSCBの発行の合理性の確認と開示（MSCBの商品性についての発行会社による十分な理解、証券会社によるMSCBを発行する理由や資金使途等の確認とこれらの開示）、行使価格修正に際しての株価参照期間における空売りおよび市場売却の制限（株価上昇局面において直近公表価格で行う空売り等を除き、直近公表価格以下の価格による空売りの禁止、参照株価が終値である場合の取引終了前15分間の市場売却の禁止、参照株価がVWAPである場合の前10営業日の平均売買数量の25％超の市場売却の禁止）、一定期間に行使する新株予約権の数量制限（発行会社において組織再編が行われる場合や行使期間満了前2か月間等を除き、1か月当たり発行会社の上場株式数の10％を超える新株予約権の行使の禁止）が挙げられる。金融商品取引所の上場規程でも、発行に当たっての開示や新株予約権の行使制限に関する措置をとることが、発行会社の義務として定められている[注32]。日本証券業協会の自主規制は、会員である証券会社が引受人でない場合は適用されず、証券取引所の義務も直接的には発行会社に課されている義務であるが、MSCBが構造的に有するリスクを抑えるための方策として検討されてきたものであり、発行会社としては、日本証券業協会の会員以外が引受先となる場合にも、同様の義務を課していくことが適切であろう。

注32)　一定の要件に該当するMSCBについては、金融商品取引所の規則において、特別なルールが定められている。この点についても、取引所のルールに基づき上場会社に課される開示等については、武井一浩ほか『資金調達ハンドブック〔第2版〕』（商事法務、2017）201頁以下を参照されたい。

77

第2章　債務者の再生手法

(イ)　エクイティ・コミットメントライン

　エクイティ・コミットメントラインとは、新株予約権の発行にあわせ、発行会社からの行使請求があった場合には、それから一定期間内に新株予約権を行使する旨の引受人の契約条項（コミットメント）があるものである。MSCBと同様に定期的に行使価格が修正されるものもあれば、行使価格が固定される一方で株価が行使価格を一定割合上回った場合にのみ発行会社の行使請求が可能とされるものもある。

　❶　設計の意図　　エクイティ・コミットメントラインの場合、新株予約権は発行会社の裁量により行使されるため、発行会社のニーズに応じて機動的な資金および資本の調達を可能とすることが期待される。その上で、行使価格が定期的に修正されるものについては、株価が下落した場合もなお新株予約権が行使されるようにすることや、株価が上昇した場合の既存株主への影響を抑えることを重視し、行使価格が固定されるものについては、既存株主への希釈化による影響を抑えることを重視するものといえる。また、行使価格が定期的に修正されるものであっても、新株予約権部分はMSCBと類似の設計となるが、新株予約権の行使が発行会社の裁量とされ、株価下落リスクが顕在化した場合は転換させないという判断もできる（引受人が、空売りにより株価を下落させた場合に、下落時の価格で権利行使できるとは限らない）ことから、希釈化への懸念を緩和する効果が期待される。

　❷　リスクと対応　　新株予約権の行使価格が固定されるエクイティ・コミットメントラインの場合、当然のことながら、株価が一定水準（行使価格を何割か上回る金額）を下回る状況が続けば、行使請求の条件を満たさずに資金調達はできないことになる。したがって、確実な資金および資本のニーズがある場合には、よほど株価が過小評価されているか、業績不振で株価が低迷しているものの再生計画の公表で浮上するはずであるといった自信がない限りは、MSCBと同様の行使価格修正を行うもののほうが適しているといえる。

　また、資金および資本の調達の確実性という点では、エクイティ・コミットメントラインの場合、引受人の信用リスクを負うことになるため、引受人にコミットメントの履行能力（財務面での信用）があるかを慎重に確認する

第2節　資本・資金の調達

必要がある。この点に不安が残る場合や、アップフロントでの資金需要が
はっきりしている場合は、新株予約権付社債として、調達すべき資金が発行
時に払い込まれる方法とするほうが適している。

　なお、新株予約権の行使価格の修正を行うものについては、前述の通り、
新株予約権が発行会社の裁量により行使される設計とすることで株価下落に
よる希釈化への懸念は一定程度緩和されている。とはいえ、実際に株価が下
落した局面では、信用不安等により発行会社による資金調達の環境は悪化し
ており、他の調達手段への切替えが事実上困難となることも懸念されるため、
MSCBにおける株価下落への対応策は、エクイティ・コミットメントライン
に関してもよく検討されるべきものと思われる。

㈡　ライツ・オファリング

　ライツ・オファリングとは、株主に対して新株予約権無償割当てを行い、
株価より相当程度低い金額を行使価格とする新株予約権を発行し、当該新株
予約権が行使されることにより資金および資本が調達される資金調達手段で
ある。新株予約権予約権無償割当てでは、既存株主に対して、その保有する
株式数に応じて平等に新株予約権が割り当てられるが、上場会社によるライ
ツ・オファリングでは、当該新株予約権自体も上場されるのが通常である。
こうして、新株予約権は、既存株主または市場で新株予約権を取得した第三
者により行使されることになるが、行使されずに残存した新株予約権がその
まま行使期間満了により消滅することが予定されるものがノンコミットメン
ト型、取得条項により会社がこれを取得して行使を約束している引受会社に
譲渡し、当該引受会社が残存する新株予約権をまとめて行使することが予定
されているものがコミットメント型である。

　❶　設計の意図　　ライツ・オファリングにより発行される新株予約権の
行使価格は、その時点の株価よりも相当程度低い金額とされ、割当てを受け
た株主は新株予約権を行使しなければ希釈化による不利益を受けることにな
る。こうして、株主に新株予約権を行使するインセンティブが生まれること
で、ライツ・オファリングは資金および資本の調達手段として機能すること
になる。一方で、資金調達の合理性（発行会社の将来性）を認めず保有株式
を処分してしまいたい株主や、資金調達の合理性自体は理解しつつも払込み

第2章　債務者の再生手法

に必要な資金が手当てできない株主等、新株予約権の行使による払込みを希望しない株主も存在し得る。こうした点に配慮して、上場会社によるライツ・オファリングで発行される新株予約権は、それ自体が上場され、流通性が付与されるのが通常である。これにより、既存株主は、新株予約権を行使することで希釈化による不利益を避けるか、自らは新株予約権を行使せず希釈化の不利益を受けるものの新株予約権を市場で売却することで経済的な損失を緩和するという選択肢を有することになる。

❷　リスクと対応　　ノンコミットメント型では、権利行使されないままで行使期間が満了して消滅する新株予約権が発生し得るところであり、こうした新株予約権については、当然のことながら払込みはなされないことになるため、行使状況によっては調達予定額の調達が達成できないリスクがある。もっとも、新株予約権自体が上場されるため、流通市場が機能していれば、裁定の機会（少なくとも新株予約権の発行時においては行使価格は時価未満のため、新株予約権の価格がその差額未満であれば、空売りと新株予約権の取得による裁定が可能となる）を狙う投資家が新株予約権を取得して行使することが期待され、これにより資金調達が成功する可能性も十分にあるといえる[注33]。もっとも、こうした構造を有することにより、引受審査を行う第三者がいないノンコミットメント型では、資金調達の目的や使途等の合理性が問われることなく資金調達が成立し得るものともいえる。これに加えて、新株予約権市場は必ずしも効率的に機能しておらず、新株予約権の売値が割安となっているといった状況も問題視され、証券取引所における新株予約権の上場制度の見直しが図られた[注34]。すなわち、ノンコミットメント型におい

注33)　2014年7月25日「我が国におけるライツ・オファリングの定着に向けて」（東京証券取引所上場制度整備懇談会）によれば、日本における従来のライツ・オファリングの実務では、ノンコミットメント型の利用が大半であり、かつ、業績不振の会社による利用例が多いようであるが、権利行使がなされる割合は高い水準にある（新株予約権の市場における売買回転率が高く、株主以外の第三者による行使が多い）といわれている。

注34)　2014年7月25日「我が国におけるライツ・オファリングの定着に向けて」（東京証券取引所上場制度整備懇談会）による制度整備の提言を受けて、同年9月3日に「新株予約権証券の上場制度の見直しについて」が公表された。

て発行される新株予約権を上場するには、証券会社による引受審査と同様の審査を受けることまたは株主総会の決議による承認を受けることに加え、2期連続経常赤字または債務超過に該当しないことが求められることとなった。後者の業績審査は形式基準のみとされ、実質審査による例外も設けられていないため、これにより、業績不振の企業によるノンコミットメント型の利用については、ハードルが高くなった[注35]。

コミットメント型については、引受会社は、未行使の新株予約権を取得しその行使により取得する株式を売りさばくことになるため、当該行為は有価証券の引受けに該当し、引受会社は有価証券届出書の記載内容について責任を負うこととなり得る（引き受ける証券と売りさばく証券が異なり、また、取得する者がない場合に残部を取得するのではなく行使する者がない場合に残部を行使することを約束するものであるため、「有価証券の引受け」の定義に該当しないとも考えられる）。このため、公募増資の場合と同様の引受審査が行われることとなり、これをクリアできるかがハードルとなり得る。なお、発行会社が取得条項により新株予約権を取得し、引受会社に譲渡する場合の価格については、事例が少ないこともあり、実務が確立しているとはいえないようであるが、取得価格が高すぎれば行使のインセンティブをそぐことになり得るし、低すぎれば（自己新株予約権の処分については有利発行規制の適用はないものの）既存株主からの価値の移転を生じさせることにもなるため、これらの点

注35) この点については、「新株予約権証券の上場制度の見直しについて」のパブリック・コメントにおいて、「優れた事業モデルを有し社会的な意義のある企業が、金融危機などの外部環境の影響を受け一時的に業績や財政状態の悪化に直面しながら、投資家の信認により資本市場を活用して復活した例もある」ことから、「市場競争力を恒久的に失い存在意義の消滅した企業は市場から退出させることが望ましく、『救うべき敗者』の適切なスクリーニングが必要ことは言うまでもない」としつつ、「今回導入された数値基準では対象企業を過剰に排除する可能性がある」として、「例えば事業再生ADRにおける特定認証紛争解決事業者のような、『復活』の可能性につき客観的な立場で合理的に検証する能力を有する当事者が認めれば上場を可能とするなど」の例外を設け、「再生させる価値のある企業には機会を与える」ことが望ましいという指摘がなされた。合理的な指摘と思われるが、パブリック・コメントへの回答は、今後の制度改正の参考にするというものにとどまった。

第2章 債務者の再生手法

を踏まえ合理的な価格を設定する必要があると思われる[注36]。

(4) 各手法に共通するリストラクチャリング局面での留意点

以上でみてきた通り、支配権の変動を前提としない資本性の資金調達（新株予約権または新株予約権付社債を利用した資金調達を含む）は、基本的には資本市場へのアクセスを前提としたエクイティ・ファイナンスであり、リストラクチャリング局面の中でも、アーリー・ステージが主な利用局面となる[注37]。このことから、合理的なエクイティ・ストーリー（再生ストーリー）が描けることや、既存株主の利益にも配慮することが重要となる。

(ⅰ) エクイティ・ストーリーの重要性

リストラクチャリング局面においては、企図したエクイティ・ファイナンスについて市場の支持や理解が得られず株価が大幅に下落してしまうようなことになると、こうした株価の下落自体が更なる信用不安を加速させることにもなりかねず、それによりさらに株価が下落するというような負のスパイラルに陥りかねない。したがって、「一時的な財務上の困難を抱えてはいるものの、合理的かつ実現可能な再生計画と資金使途があり、一時的な希釈化は生じるものの、計画の遂行によりそれを補うことができる」というような、

注36) 取得価格は新株予約権の市場価格や、株式の市場価格と行使価格の差額をベースに計算され、これを上回る価格で引受会社に譲渡される事例や、取得価格は備忘価格（0円または1円）とし、同額で引受会社に譲渡される事例もある。新株予約権の譲渡の対価が、希釈化による経済的不利益を緩和する機能を有していることにかんがみると、新株予約権の時価をベースに取得価格を決定するのは合理的と思われるが、市場における一般投資家による行使を促すという観点では備忘価格による取得とするほうが効果的ではある。

注37) なお、譲渡制限会社におけるエクイティ・ファイナンスについては、通常は株主総会の特別決議を要するが、新株予約権無償割当ては、株主総会の特別決議を得ずとも取締役会決議のみで実施できる。会社法上の制度の不整合ともいわれるが、ライツ・オファリングの利用促進のための会社法改正により、行使期間の初日ではなく末日の2週間前までに株主への通知を行えば足りることになったため、株式発行を行う場合と比較して相当迅速に増資の効力を発生させられる。こうした対応が必要かつ利用可能な場面は相当限られると思われるものの、発行可能株式数が十分に残っている場合で、至急の資本の手当てを要する場合等には、検討の価値がある。

エクイティ・ストーリー（再生ストーリー）を示せることが極めて重要であり、特にMSCBのような（風評による影響を含めて）価格下落リスクを抱える手段を用いる場合は、かなり説得力のあるストーリーが必要になると思われる。その意味では、公募増資の引受審査に耐えられない場合に利用すればよいというような安易な考え方は危険であり、むしろ、引受審査において求められるレベルのエクイティ・ストーリーも描いた上で、一度に大量の株式が発行されることによる株価への悪影響を避ける等のメリットを狙うというくらいのスタンスで取り組むことが望ましいといえる。

(ii) 既存株主への配慮

リストラクチャリング局面といっても、アーリー・ステージでは、有利発行規制等を含めた平時の会社法の規律が及ぶため、既存株主の利益への配慮が必要となる。まず、第三者割当てにおける発行条件が割当先にとって特に有利なものであれば、株主総会の特別決議が必要となり、「特に有利」かどうかの判断を誤って発行手続に瑕疵が生じれば、差止等のリスクを負うことになるため、その点は慎重に検討する必要がある[注38]。また、株主総会を開催する場合は、少なくともスケジュールに大きな影響を及ぼすし、株主の理解が得られない場合には、否決されるリスクも負うことになる。リストラクチャリング局面における株主責任の議論との関係で、有利発行を前提として大幅な希釈化を受け入れることにより株主責任が果たされるといった整理をすることがあり、否決されれば倒産に至るという局面において、割当先の選

注38）　例えば、MSCBについては、その有利発行該当性を否定するのは難しいという指摘があり、低金利が続く中では、利息部分との総合評価で特に有利ではないという説明はより難しくなり得る。デフォルトリスクが高まっている中で無担保の社債を引き受けることになるので、リスクを踏まえた理論的な適正金利は高いといえるし、前述したMSCBの設計の意図を踏まえれば、MSCBの発行に際して行使価格が直近の株価を数％ディスカウントした価格に修正される新株予約権の対価が無償とされる場合に、社債部分が低利または無利息であるだけでは足りず、それ以上の代償がなければ有利発行に該当するというのは硬直的とも思われる。もっとも、MSCBの第三者割当てにおいてはブックビルディングが行われるわけでもなく、金利水準や行使価格のディスカウント率の適正性の手続的な担保があるわけではないため、新株予約権のオプションバリューを踏まえて慎重に検討する必要があることは確かである。

定について適切なプロセスが実施され、説明責任が果たされる限りは、何らの代替案もなしに否決されるという可能性は低いと思われるが、あまりに既存株主に不利な内容であれば、それならより会社にとってよい条件で自ら出資するという大株主等が出てくる場合もあり得る。

　なお、株主責任の議論との関係では、必ずしも希釈化を受け入れるだけが責任の取り方ではなく、再生に必要な資金・資本を株主自らが手当てするというのも1つの責任の取り方であると思われ、その意味で、ライツ・オファリングの位置付けは興味深い。ノンコミットメント型については発行される新株予約権の上場のハードルが上がり、特に業績不振の会社にとっては払込みがなされる割合を高める構造の1つが利用困難となったが、新株予約権が上場できず、希釈化による経済的損失を譲渡により一部回収することが事実上困難となれば、既存株主には、新株予約権を行使して希釈化を回避するという選択肢を与えつつ、行使せずに失権すれば希釈化による不利益を受け入れることになるという点で、（大株主等による行使により必要調達額に達することが高い確率で見込まれるか、行使されないことによる不足分を別途第三者から調達できるような状況であれば）株主責任の取り方としての検討価値はあり得ると思われる。また、コミットメント型でも、取得条項により交付される対価を備忘価格とする事例があり、市場で相当の価格がつけば譲渡による回収も可能となるため本来は一般投資家による行使促進が狙いと思われるが、未行使で残ったものは備忘価格で発行会社が取得し、第三者が時価未満の行使価格でこれを行使することになるため、使い方によっては同様の目的を達するのに役立ち得ると思われる。

第3節　事業・会社の譲渡を伴う再生

1　はじめに

　第2節では、窮境に陥った会社がどのようにしてその再生に向けて必要となる資金・資本を調達するのかという手法について論じてきた。

　これらの手法は、基本的に当該会社が有する事業価値や資産価値を含むいわば企業価値の全部または一部を、どのように資金化し、または資本増強に結び付けていくかという問題になる。

　ところで、当該会社が営む事業の価値を資金化するという観点からは、上記のようないわゆる資金調達と区分される手法以外に、より直裁に当該事業そのものを第三者に売却するという方法や、当該事業を営む会社そのものを第三者に売却するという方法もある。

　そこで、以下では、会社の再生を実現していくために、当該会社の営む事業の譲渡や当該会社自身の譲渡といった手法を用いる場合の手続や留意点について解説する。

　なお、こうした手法を実現するためには、**第2節**で論じた資金や資本の調達を行う場合以上に、当該事業や会社の譲渡の相手方となる者の存在が必須であるが、再生すべき対象となる企業や事業の支配権が当該再生すべき企業以外の他の第三者（いわゆる「スポンサー」）に移転する場合に関する論点については、**第6節**で論じる。

2　「事業」の譲渡・移転

　再生に向けた何らかの対策が必要となっている会社の再生・再建を図っていく過程においては、当該会社の営む事業（ここでいう事業とは、当該会社自

85

第2章　債務者の再生手法

身が営んでいる事業はもちろんのこと、その子会社または子会社群において営まれている事業も含む概念である）の第三者への譲渡・移転が、事業の再生手法として選択されることがある。

(1)　事業の譲渡に関する総論的事項

(i)　事業の譲渡の目的・役割

まず、最初に、再生に向けた手段として事業の譲渡を行う場合におけるその目的や再生に向けた役割というものを検討する。

事業の譲渡の目的等にはさまざまなものがあるが、会社を再生するために行う事業の譲渡という観点から、その目的や効果を大別すると、以下のように分別することができる。

❶　収益状況の悪い事業や非中核事業を第三者に譲渡することによって、将来の損失要因の排除を図る、中核事業への経営資源を集中させることにより収益の改善を図る（マイナス要因の除去）

❷　事業の第三者への売却によって、売却代金という形で資金を獲得したり、売却に際して計上される売却益を通じて資本増強を図る（資金・資本の獲得）

❸　収益性や存続可能性が見込める再生可能な事業を第三者に移転し、当該第三者の下で再生を図る（第三者による事業の再生）

もっとも、上記❶から❸までの区別は、ある事業の譲渡が必ず上記のどれか1つに区分されるというものではなく、複合的に該当する場合もあるであろう。

では、上記で区分した各事業の譲渡の内容や効果およびその実行に際しての留意点に関して、もう少し具体的に検討してみる。

(a)　収益状況の悪い事業等の売却（❶の場合）

❶の場合、すなわち、収益状況の悪い事業や非中核事業の売却を行う場合であり、典型的に事業のリストラまたは「選択と集中」と呼ばれるような局面において、検討・採用される事業の譲渡である。後述する通り、ある種の事業を第三者に移転する際には、債権債務の移転、契約上の地位の移転、許認可等の問題が避けて通れない問題として生じるため、会社の再生のために

事業の譲渡という手法を選択するに当たっては、当該事業の運営になるべく影響を与えない、または当該事業の移転に係るコストを極小化する（もしくは考慮要素としての優先順位を下げる）といった要素を考慮する必要がある。

収益性の高い事業とそうではない事業がある企業の再生において、このような移転コストを考えると、結果的に、自己の会社の下で収益性や存続可能性が見込まれ、今後とも継続していくべき事業を譲渡の対象とするのではなく、上述の通り、収益状況の悪い事業や非中核事業といったものを第三者へ譲渡すべき事業として選択したほうが合理的である。

他方、こうした収益状況の悪い事業（将来損失が見込まれている場合、収益水準そのものが低い場合、成長性が見出せない場合等々）を第三者に譲渡するような際には、諸事情によっては（今後見込まれる一定の損失に対応した）持参金を付けた上での売却となったり、譲渡後も関連する負債（当該事業に関連して会社や他のグループ会社が第三者に対して提供していた保証を含む）の負担が継続したりする場合があり、こうしたことは当該会社にとって、現在または将来の「資金」的な負担を負う可能性が存することを意味する。また、当該事業の譲渡に伴い譲渡損失等（移転させる財産〔設備等〕の帳簿価額よりも譲渡代金が低い場合）の発生や、当該事業に関連する資産のうち譲渡対象外となったものの減損処理（他に転用がきかない設備等や過去に計上していた当該事業に関して発生したのれん等の減損損失）、その他の当該会社における事業終了に伴う処理費用負担等によって、「資本」的な負担が発生する場合もある。

こうしたことから、❶のような事業の譲渡は、再生に向けた事業の譲渡としては最も合理的なものであると位置付けることはできるものの、他方で、会社自身が上記のような資金的または資本的な負担に耐え得る財務状況にあるのか、会社の債権者（特に金融機関等）・株主等の利害関係者が、このような資金負担や損失を是とするのか、または、このような資金・資本の負担に対して、**第2節**で述べたような手当てを講じることができるのかが課題となり得る。

(b) 事業の譲渡を通じた資金・資本の獲得（❷の場合）

❷の場合、すなわち、当該会社にとって必ずしも不要というわけではなく、

または、収益性が悪いわけではないものの、当該会社全体の存続・再生のために必要となる資金や資本を獲得することを目的として事業の譲渡が行われる場合である。

例えば、上記(a)で説明した収益状況の悪い事業等で、当該会社の下では収益状況が必ずしも芳しくなかったものや非中核事業として位置付けた事業を売却した場合において、譲受側で何らかの収益改善策に対する確信やシナジー効果を見出すといった事情があって、相当な売却代金を獲得し、資金や資本が獲得できるケースもあるであろうし、これによって当該会社全体の再生に必要な資金や資本を獲得できるのであれば理想的ではある。しかしながら、必ずしもそうした資金・資本の獲得に十分な貢献ができる売却可能な事業が存在しないような場合には、より多額の資金が獲得できるまたは売却益が計上できるような（profitableな）事業をも対象にして、事業の売却が検討・採用される場合がある。

このように収益性が十分見込まれる事業を、再生に必要な資金・資本の調達といった観点から十分な価格で売却ができるような場合には、一見すると、当該会社の再生手段としても適切で、合理的なものとも思える。

しかしながら、こうした収益性の高い事業や場合によっては当該会社の主力事業の１つになっているような事業を譲渡してしまった場合には、当該事業の譲渡を行った後に、当該残された会社の事業計画・収支計画が成り立つかという問題がある。すなわち、このような事業は、売却前の会社においても収益源になっている場合が多いところ、（当該事業以外の）何らかの事情で窮境状態にある会社が、資金・資本を獲得できるような（優良）事業を売却した場合には、残された事業の収益性が問題となり得る。

加えて、資金・資本の時限的必要性から、性急に事業の売却を目指すような場合には、売却価格や売却条件と取引完了までに要する時間との関係がトレードオフの関係になる傾向が強く、当該会社が置かれた状況によっては、当該事業の譲渡が経済的その他の条件が必ずしも望ましいものではなかったということもあり得る。

そして、事業の譲渡によって一時的に資金・資本を獲得できたとしても、その後、将来にわたって継続的に収益が上げられるような会社になれない場

第3節　事業・会社の譲渡を伴う再生

合、すなわち、残される事業についての抜本的な収益改善策や窮境原因を除去できるとの方策がない場合、さらには当該事業の譲渡自体が必ずしも経済合理性がないのではないかという疑問が呈されるような場合には、リストラクチャリングの局面では、このような譲渡について、債権者や株主の理解が得られにくい。

(c) 第三者の下で存続可能な事業の継続を企図する場合（❸の場合）

❸の場合とは、端的にいうと、当該会社が営んでいる存続可能な事業は第三者に譲渡され、当該第三者の下で再生を目指すことになる一方、事業の譲渡後の当該会社には、存続可能な事業は存しないこととなり、会社自体の事業継続は不可能になるという場合である。

こうした形での事業の移転が検討・採用される背景としては、概していえば、当該会社が営む（特定の）事業の再生の支援は検討できるが、既存の会社に資金を投入して、当該会社（または当該会社グループ）の支配下で事業を継続していくことは難しいということがあり、具体的には、下記の場合などがある[注39]。

① ある種の事業等は収益性があるまたは再生の見込みがあるものの、他の事業等は再建の見込みがないような場合

② 資金や資本を当該会社に一定程度投下しても、その事業運営を支えるだけの信用力を確保することが（継続的な資金需要がある等の理由で）難しい場合

③ 当該企業に十分な実行力がなく再生が期待できない場合やガバナンスに問題があり再生プロセスを託すことができない場合

④ 当該会社が負担する既存の負債が大きすぎたり、潜在債務の範囲が不明確であったりすることにより、投下すべきまたは投下できる資金や資本では当該会社を再建できない（またはその可能性がある）場合

❸のケースは、収益改善が見込める、存続可能性が見込めるような事業を第三者に譲渡するケースであり、(b)のケースの極端な事例という整理も可能

注39)　また、ある種の事業についてシナジーがあると考えている者が当該会社にて事業運営を継続するよりも、事業の支配権を他に移転させるほうが、より早く（場合により、より高く）当該事業の資金化を実現できるような場合もあり得る。

89

第2章　債務者の再生手法

であるが、収益性のある事業・再生可能な事業は移転させてしまうため、残された事業や会社においては、事業の継続が不可能になるという点において、事業の譲渡後の会社がなお事業継続を行っていくことを前提としている(b)の場合とは異なる。

このため、当該会社の視点から見ると、再生させるべきと考えている「事業」自体は、譲渡先の会社においてその再生が達成され得るが、事業の譲渡後に当該会社には存続させるべきものが残らないという姿になり、結果的に、当該会社（便宜的に「旧会社」と呼ぶ場合もある）に残された債権者や株主は、旧会社の事業継続による収益から、資金等の回収・払戻しを受けることが難しくなり、当該事業の譲渡代金と会社に残された財産を換価した後に残存する現金の分配を受けるのみという立場に置かれることとなるため、債権者や株主という会社の利害関係者との調整が、❶のケースや❷のケースと比較すると、よりいっそう、具体化、かつ、先鋭化することとなる。

(ii)　事業の譲渡の技術的な手法

次に、上記のような事情により、会社または会社グループの営む事業の全部または一部について、第三者に譲渡することとなる場合、その技術的な手法（法的な手続）としては典型的に次の4つのパターン（またはこれらの組合せ）が考えられる。

①　事業譲渡：会社（または会社グループ）が営む事業に係る資産・負債・契約上の地位等を集合的に譲渡する行為。民法上は、事業の売買であるが、会社法において会社としての意思決定の方法等いくつかの事項に係る特則が設けられている。

②　吸収分割：会社（または会社グループ）がその事業に関して有する権利義務の全部または一部[注40]を、他の会社（承継会社）に承継させることを目的とする会社法に基づく行為（会社2条29号）。経済的実質は事業譲渡同様、事業の売買にすぎないが、組織再編行為の1つとして、会社

注40)　会社法においては、会社分割の対象が「事業」を構成することは必要とされておらず、特定の資産や債務のみを対象とする会社分割も可能と解されている。また、この関係で、承継対象となる事業とは関連性のない資産、負債等を併せて会社分割の対象とすることが可能である。

第3節　事業・会社の譲渡を伴う再生

法において、実体的な法律効果、手続その他必要な事項が規定されている。

③　子会社株式の譲渡：会社グループのうち、ある種の事業を営む子会社（または子会社群）の株式を第三者に譲渡する行為。民法上は、有価証券の売買であるが、一定の子会社については、事業譲渡同様、会社法において特則が設けられている。

④　新設分割後の新設会社株式の譲渡：会社（または会社グループ）が営む事業部門を新設分割（会社がその事業に関して有する権利義務の全部または一部を新たに設立する会社に承継させることを目的とする会社法に基づく行為〔会社2条30号〕）により新設会社に切り出した上で、当該新設会社の株式を譲渡する行為。

以上の各スキームは、会社または会社グループがその営む事業の全部または一部を、または当該事業から産み出す将来価値を、第三者に移転させるという点で、その経済的実質はほぼ変わらず、その結果、会社法に基づき要求される手続その他の留意点は共通しているものが多い。

そして、当該会社においてとるべき手続（通知、承認、異議申出等）は、当該事業等の譲渡後も残される会社の株主や債権者等の利害関係者の利益が譲渡前後においてどのように変更されるのかという観点から、これをどのように保護するかという点にその主たる目的が置かれている。

このため、リストラクチャリングの局面、すなわち窮境局面における事業等の譲渡に関する各手続に係る留意点を考えるに当たっては、当該事業等の譲渡によって、債権者や株主といった利害関係者の権利や利益に、どのような変化または不利益が想定され、その変化・不利益を受けることを避けるために利害関係者がどのような行動をとり得るのかといった点を想定し、そうした利害関係者との関係で、円滑に当該事業等の譲渡が実施可能なのかという点を中心に検討することになる。

なお、ここで、一点留意が必要なこととして、会社法は、原則として会社が健全に運営されるであろうという期待を前提に各種規律が設けられている。すなわち、ある会社がその事業を譲渡しようとする場合において、当該事業の譲渡に伴う対価が適正であるならば、当該会社の存続可能性には著しい影

91

響を与えないという前提の下、対価の適正性は企業価値の不当な減少の防止という観点から、譲渡対象事業の適切性も将来の企業価値の維持・向上という観点から、すなわち主としてエクイティの観点から評価されるべきものとなっており、事業の譲渡が行われる局面における会社法の規制は、基本的に旧会社に残存することとなる株主の利益を守るための手続規制が中心となっている。このようについ最近まで、残存する債権者が害される危険に関しては、会社法は（基本的には）無関心であり、詐害行為等の民法の規定が支配する領域と考えられてきた。他方、再生を図るための何らかの措置として、事業の譲渡が必要という局面においては、上記でみた通り、将来の事業継続に対する不安およびこれに起因する債権者の資金回収に対する不安というものが問題となる場合が多く、株主の利害よりも、本来優先されるべき債権者の利害をより優先して考慮すべき局面である場合が多いものの、会社法の各種規制がこうした要請や状況に必ずしも合致していないという状況が生じていることにも留意が必要である。

(iii) 再生局面における事業の譲渡に係る規制面での留意点

最後に、(2)以下の再生局面における事業の譲渡に関する留意点・論点の検討・解説の方向性について、概説する。

上記の通り、再生局面にある会社が行う事業の譲渡に課せられる法的な、または手続的な規制は、(i)で論じた目的や役割、(ii)で論じた技術的な手法によって大きく変わるところはない。

他方で、合目的的に各種の手続や規制に関する論点を検討するには、各想定する事業の譲渡によって、旧会社の債権者や株主にどのような影響を与えるのかということを具体的に想定して検討することが肝要である。これを、上記(i)で区分した目的・効果に照らして考えると次のように分類することができる。

❶の場合としては、典型的には、不採算な事業・非中核事業の除去によって、当該会社自身の、または中核事業の将来収益等によりまたは何らかの資金・資本対策を経ることによって、存続・再生可能な状況等が維持されるケースが主として想定され、❷の場合としては、事業の譲渡によって資金的または資本的な増強が可能である一方、残された事業運営による収益性の問

第3節　事業・会社の譲渡を伴う再生

題があるために、当該会社の存続・再生が可能かという点が問題となる場合が想定される。ただし、いずれの場合も、譲渡対価や譲渡の条件が適正に設定されているかどうかという通常の場合（再生局面ではない場合）の事業の譲渡においても問題となる論点（この点をめぐる役員の善管注意義務等の問題は本書では深くは立ち入らない）は存在するが、原則として事業譲渡後の会社運営に著しい悪影響が生じていないという前提があるケースといえる。

　他方で、❸の場合としては、前述の通り、当該事業の譲渡によって、残される当該会社の存続・再生が困難となるまたは想定されないケースと整理されるため、❶や❷の場合よりも、債権者や株主との利害調整の問題が、会社法が本来想定していない形で具体化、先鋭化するケースであるといえる。

　また、上記の手続的な規制に係る論点に加えて、❷や❸のケースでは、当該事業等の譲渡に関するスケジュールが、再生の実現という観点から決定的な要素となり得る場合がある。すなわち、❷の場合には当該事業等の譲渡が資金や資本面での対応策となっていることから、当該資金や資本が必要な特定の時期までに実行が完了する必要がある場合もあるであろうし、❸の場合には当該会社自身での事業継続が可能な時間に限界があるというケースもあり得る。逆に、単に、必ずしも早ければよいという状態ではないことも想定される。このスケジュール上の制約という観点では、❷のケースにおけるスケジュール上の問題は、❸のケースの問題の一形態と整理することもできるであろう。

　以上の整理も踏まえ、以下では、主として❸のケース（すなわち、事業の譲渡により、存続可能な事業が第三者に移転し、残される会社において事業継続ができなくなり、かつ、その時点で負担している債務の全部を完済できないおそれがあるようなケース）を念頭に置いて、各スキーム実行の前提となる、移転されるべき「事業」はどのように決定されるかという点について論じた上で、①会社としての意思決定手続、②会社の既存株主保護のための制度、③債権者との関係で問題となる制度、④その他事業の円滑な移転のために考慮すべき事項について概説する。そして、最後に、各スキームについて、法的倒産手続を利用した場合の考慮要素等について記載する。

93

第2章　債務者の再生手法

(2)　事業の譲渡に際して移転する事業の性質と法的な制約要因

(1)(i)(c)❸の場合、すなわち、存続可能な事業を第三者に移転させるための手続的な論点を詳述する前に、再生局面において移転されるべき「事業」はどのように決められるかという点について概観する。

再生局面の会社の再建手法に関しては、当該会社が運営する事業または当該会社そのものについて、Good-Badという表現を用いて、再生できるまたは再生すべきもの（Good）と再生できないまたは何らかの処理をすべきもの（Bad）とを区分して、再建手法が検討されることが多い。

このGood-Badの区分を前提にすると、ある再生局面にある会社を再建させる手法としては、①当該会社から「Bad」部分を切り出して、残ったGood部分を再建するか、②当該会社から「Good」部分を他の事業体に切り出して、他の事業体の下でGood部分を再建するかの2つの手法が考えられる。

この①のケースは、(1)(i)❶のケースであり、窮境原因・将来損失発生原因である不採算な事業・非中核事業（Bad）を除去した上で、Good事業自体は、既存の法人の下で存続・再生していくことが企図される。

他方、②のケースは(1)(i)❸のケースであり、既存の会社には過大な負債・潜在債務（Bad）があるために、当該BadとGoodを切り離して、収益性のある事業または再生可能な事業（Good）は第三者に移転し、当該第三者の下で再生を図る一方、Badは既存の会社で清算することが企図される。

もっとも、独立して存続可能な事業が複数存在するような企業の再生案件は別として、通常の会社の再生局面においては、②のケース（(1)(i)❸のケース）となることが多い。

これは、後述の通り、資産の移転はそれほど難しくない一方で、債務の移転には債権者の同意が必要となるため、完全にBadを切り離すことが難しい場合には、Goodの再生を図ることも難しくなること等の事情があるためであるが、以下では、GoodとBadのいずれを切り出すかについて、どのような考慮要素・制約が存在するかについて検討する。

(i)　資産の移転

まず、事業の切出しにおいては、通常は（特に「Good」事業の切出しの場合

においては、事業継続に必要な）資産の移転を伴うことになるが、ある事業体から他の事業体に、現預金、不動産、機械設備などの資産を移転させることは、原則として、当該事業体と他の事業体の間の合意のみで実施可能であり、比較的容易に実現可能である。ただし、当該資産に担保権が設定されている等会社が当該資産に係る完全な処分権を有していない場合には、当該担保権の処理に関連する担保権者との調整が必要となるが、この点については、事業の譲渡か、資産の譲渡かを問わず、当該資産に担保権が設定されている場合に共通して生じる問題であるため、**第2節1(2)(iv)(d)および第4節3(4)**の資産に付された担保権をめぐる論点の箇所を参照されたい。

次に、同じく資産ではあるが、譲渡制限株式や譲渡禁止特約付債権など、株式の発行体や債権の債務者の承諾が必要なものも存在する。

ただし、例えば、譲渡制限株式についていえば、それが発行体の子会社の株式や、発行体の意思決定をコントロールでき得るような場合には、当該承諾の取得は問題とならない場合が多いだろうし、仮に承諾が得られないとしても、当該譲渡制限株式の移転ができないことが、移転先での事業継続に重大な悪影響を与えることがどの程度あるのかという問題はある（その会社との取引が必要な会社であったとしても、株式の保有が事業上の取引の継続に必ずしも必要なわけではない)[注41]。

また、譲渡禁止特約付債権（一部の金融系の会社を除けば、典型的には、顧客に対する売掛債権やクレジットカード会社向けの債権が該当しそうである）の切出しについていえば、(Good資産として）移転先の事業継続に必要か否かの観点からすると、究極的には、当面の運転資金をどのような形で確保するのかという問題に帰着する。すなわち、譲渡禁止特約付債権を譲渡して当該債権から回収できる現金をもって運転資金とするのか、（仮に譲渡禁止特約付債権を譲渡できなかったとしても）事業移転時に移転先に当該現金相当の現金を移転させるとか、移転先は当該現金相当を別途準備することにして、移転

注41）　他方で、仮に当該株式自体がBad資産である場合には、承諾を得て確実に切り出したいという要請も働き得るが、譲渡承認のみなし承諾（会社145条）制度の利用や、譲渡承認が否定された場合に会社または会社が指定した第三者に買い取らせることは可能である（同法140条）から、重大な支障とはならない。

第2章　債務者の再生手法

に係る対価から譲渡できなかった債権相当額を減額する等、いくつかの手法を通じて運転資金や譲渡代金の調整を行うことで、事業上は対応可能なものといえる[注42]。

以上の通り、結果として、Goodに係る資産やBadに係る資産を移転させる際に、何らかの制約要因があり、Goodを切り離せない、またはBadを切り離せないという事態はあまり想定できないか、その場合でも再生したい事業継続に重大な悪影響を及ぼす場合はそれほど多くはないということとなる。

なお、資産であっても、例えば、土壌汚染の問題を抱える土地、管理義務が生じる物（一部の廃棄物等）など移転に関して制約が生じ得るものがある。ただし、これは、どちらかというと、土壌汚染の処理に関する負担や将来にわたっての廃棄物の管理義務といった将来債務の問題と置き換えることも可能である。また、農地指定されている土地のように、移転に伴い許認可等の問題が発生する場合があることは別論である。

(ii)　債務の移転等に係る制約

他方、資産とは異なり、負債、すなわち債務の移転に関しては、様相が異なる。

通常、何らかの再生手段の採用が必要な会社においては、過大な負債の処理、将来にわたって生じ得る損失発生要因・潜在債務の除去その他の窮境原因の排除が必要となっており、かつ、その再生手法として、事業に係る支配権を移転させることを選択せざるを得ない場合には、いかにこれらの負債や将来の損失発生要因・窮境原因を、再生可能な事業から切り離すのかが問題となる。

もっとも、資産の移転とは異なり、債務に関しては、仮に、当事者間で、当該債務を移転先が負担する旨の合意があったとしても、それだけで当初の債務者がその債務の責任から免れるわけではない。債務を他人に免責的に移転させるためには、債権者の同意が必要となる。このことは、現実化してい

注42)　なお、譲渡禁止特約付債権がBad資産である場合としては、不良債権である場合や何らかの人的関係のある債権が想定されるが、仮にこれらが譲渡できなかったとして、（レピュテーションやその後の対応に一定のコストは要するとしても）事業遂行に重大な悪影響を与えることはそれほど多くないと思われる。

る債務であろうが、現実化していない債務であろうが、基本的に変わるところはない。したがって、免責的債務引受けの効果を得るために債権者の承諾が必要とすると、例えば、製造物責任、アスベストや環境汚染等の債務のように、ある時点で被害が（一部）現実化しておらず、個々の具体的な債権者・債権額を特定できないような債務に関しては、債権者の同意を得ることは難しく、法的倒産手続のように債権者が保有する債権について失権させることができるような手段を使わない限り、当該債務の責任から逃れるための手段が存在しないということになる。

　また、法的に債務を免責的に第三者に移転できるかという観点以外に、現実の同意取得に係る関係者の利害も問題となる。例えば、**第4節**でみるような金融負債が負担となって再生が妨げられているような会社においては、再生のためには、再生したい事業と当該負担となっている金融負債を実質的に切り離すことが必要となる。もっとも、Bad事業の切出しを企図する場合（(1)(i)❶のケース）であっても、切り出されたBad事業の再建の見込みがないような場合には、ある程度の債務額の減額や債務調整が必要であることを理解する金融機関であっても、Bad事業とともに自己の有する債権を第三者に移転させる（当初債務者の債務を免責する）ことに同意することは難しいであろう（**第4節**の弁済計画を含む債務調整に関して、第三者が債務を引き受けるという手法が紹介されていないのは、このような観点で、現実的に実現が難しいためである）。また、そもそもの問題として、金融機関がある事業に紐付いてではなく法人全体に対して与信している場合には、同意の前提として、Bad事業とともに移転させるべき負債を切り分けられるのかという問題も生じ得る。

　なお、事業の一部ではなく、ある業績の悪い子会社や子会社群を処理すればその会社（または会社グループ）は再生可能であるという局面（(1)(i)❶のケース）においては、単に子会社株式を第三者に譲渡すれば足り、このような債務の移転に伴う制約はないと思われるかもしれないが、当該子会社や子会社群の債務について親会社や他のグループ会社が保証をしていることも多い。そのため、このようなケースでは、単に子会社株式を譲渡しただけでは再生のための事業の切離しは完了せず、当該保証債務等をどのように処理す

第2章　債務者の再生手法

るのかという問題も含めて解決が必要となる。

(iii)　Badの切離しとGoodの切離しの選択

　以上の通り、資産の移転とは異なり、債務の移転には債権者の同意が必要という制約があることから、Badを切り離すことで再生する(1)(i)❶の手法を採用することは難しいようにみえる。

　しかしながら、Goodを切り離すという場合（(1)(i)❷・❸）であっても、ある種の事業を他の事業体に移転させるためには、(i)や(ii)に記載したもの以外にも、事業運営に必要となる契約上の地位を移転させる（契約の相手方の同意が必要である。後記(6)(i)参照）、従業員を転籍させる［→(6)(ii)］、許認可等の新規取得や承継が必要となる等々多大な労力と手間がかかり、移転させる事業の規模、契約相手方の意向、許認可等の性質や制度設計等によっては、円滑に他の事業体に事業を移転させることが困難な場合もある。

　また、当該会社の株主や債権者からしても、Goodが当該会社から切り離されて、自身はBadとともに既存の会社に残存させられるということは、簡単に許容できるものではない。なお、後述する通り、株主については、当該事業の移転に株主総会の決議が必要な場合には一定の権利主張が認められ得るが、当該会社に残存する債権者は、当該Goodの切離しが詐害的なものとなっているようなケースを除き、法的にその権利を主張することは想定されていない。この点は、特に(1)(i)❸のケースで問題となる。

　こうした事情から、事業単位での権利義務関係が比較的整理されている場合や、子会社・子会社群の譲渡などの形式によってBadの切離しが可能であることを前提として、Badの処理にかかる負担（既存の負債や将来損失の現実化に伴う負担等）が許容できる環境にある場合、具体的には、当該負担を賄うだけの資金・資本に余裕がある場合（自力再建が可能な場合）やそうした負担を賄うための資金・資本の支援が期待できる場合（スポンサーがそうした負担を是とする場合や金融機関等が負担の軽減に協力してくれる場合）には、Goodを移転させるのではなく、相応の資金とともにBadを（債務とともに）第三者に移転させ、または金融機関等の債権者の同意を得てBadを移転させ、処理するというスキームが模索される(1)(i)❶のケースも一定程度存在する。このような場合には、再生すべき（Good）事業に係る支配権移転は生じない

か、Bad事業に係る支配権のみが移転することとなる。

他方で、これらの手当てが難しい場合も多いことから、既存の会社に存在する過去の負債や損失発生事由からGood事業を隔離して事業の再建を図るという観点から、債務の移転に係る制約や損失発生事由の除去の困難性も踏まえ、Goodに属する事業に係る支配権を他の事業体（スポンサー）に移転し、当該他の事業体において再生を図り、残されたBadを抱える会社において、債務調整を含む処理を図るという(1)(i)❸のケースが比較的多く用いられている（特に、中小企業の私的整理で、既存の会社に存在する過大な金融債務の〔一部〕債務免除が不可欠であるケース）。いわゆる「第2会社方式」である。

(iv) 第2会社方式

(a) 第2会社方式の概要

第2会社方式とは、事業の一部を、新設分割の方法[注43]により新会社に分離し、分割会社が保有することとなる当該新会社の株式をスポンサーに譲渡するとともに、分割会社を特別清算手続・破産手続等の方法により清算する方法をいう。分割会社は、スポンサーから得た株式譲渡代金を分割会社の債権者（主として金融機関）に対する（一部）弁済資金に充当し、弁済後の残額は債務免除を受ける。

私的整理の局面においては、金融機関等の利害関係人との調整が前提となるが、分割会社に残存させる債務は、一部（のみの）弁済に事前に同意した金融債権者やオーナーからの債務に限定するのが通常である。これは、一部弁済に同意しない金融機関等が、民法上の詐害行為取消権や、会社法の残存債権者保護規定等を行使する可能性があるためである［詳細は、→(5)(iii)(c)］。

(b) 第2会社方式のメリット・デメリット等

私的整理の場面で第2会社方式がよく利用されている理由（第2会社方式のメリット）としては、以下の点がある。

まず、会社（債務者）にとっては、第2会社方式での私的整理が成立する場合には、通常、一部の債権の免除等を受けることとなるが、第2会社方式

注43）　会社の事業の一部の分離に当たっては、受皿会社等の子会社に対する吸収分割や事業譲渡の方法をとることもある。

第2章　債務者の再生手法

の利用により、新設分割に伴う資産（Good）の譲渡損を生じさせ、金融機関による債務免除に伴う債務免除益を相殺するための損金を作出することができる[注44]。また、そもそも、Badが残存する既存の会社（債務者）を特別清算する場合には、期限切れ欠損金を利用することができるため、債務免除益課税が事実上問題とならないこともあり得る。

　また、スポンサーにとっては、既存の会社に存在する過去の負債や損失発生事由からGood事業を隔離して事業の再建を図ることができる。また、新会社は「のれん」を承継するため、事実上、青色欠損金を承継するのと類似の効果を得ることができる。

　一方、債権者の立場からも、債権の貸倒れに伴う損金算入が認められ得ること、（純粋な私的整理ではなく）裁判所の関与する特別清算手続の中で債務免除を行うことによって、寄付金課税のリスクを軽減させ得ること、既存の会社（債務者）の清算に伴い、いわゆる株主責任の明確化を図ることも可能になること等から、債務免除を伴う第2会社方式が受け入れられやすいといわれる。

　他方で、第2会社方式の利用に当たっては、株主総会の特別決議その他会社法の履践が必要となる（したがって、一定の株主が反対している場合には採用が難しい）ことや許認可の承継等について、後述の会社分割における問題点が同様に問題となり得る[注45]。

(v)　小括

以上の通り、事業再生の局面において、「事業」（の一部）の支配権を移転させようとする場合には、まず、何を目的として行うのか、ひいてはGood／Badのいずれを移転の対象にするのか（対象にできるのか）が、検討の対象となる。

　その上で、事業の移転に必要な各種手続とその履行に際して直面する問題点の検討を行うこととなるが、前述の通り、(1)(i)❶〜❸のいずれのケースで

注44)　私的整理において（第2会社方式を用いずに単純に）一部免除を受ける場合には、法的整理とは異なり、原則として、資産の評価損益の計上や期限切れ欠損金の優先適用が認められていないため、一部免除に伴う債務免除益課税が生じる可能性がある。

あるかによって、利害関係者との利害の内容・程度も異なる。これらの各論点につき、以下の(3)～(5)で述べる。なお、前述の第2会社方式（(1)(i)❸のケース）のようなケースでは、詐害的な会社分割（事業譲渡）が問題となるが、この点については、窮境状態での事業の移転に伴い付随的に検討されるべき問題として、後記(5)(iii)(C)イで述べる。

また、これらの論点に関して、法的倒産手続がどのような手当てや機能をもっているかについて、(7)において述べる。

なお、Goodを切り離すにせよ、Badを切り離すにせよ、会社法その他の関連法令にて要求される手続や制約は基本的には変わりがない。そのため、以下では、特に移転される事業がGoodであるかBadであるかが大きな影響を与えるような場合でない限り、この点を区別して論じることはしない。

(3) 「事業」の譲渡に係る意思決定手続

「事業」の譲渡を行う場合、事業譲渡、会社分割、子会社株式の譲渡のいずれかまたはその組合せを実行することになるが、その際に会社法上要求される意思決定手続は、おおむね似通っている。簡単にいえば、一定の規模以上の資産を譲渡することとなる際には、株主総会の決議が要求される。

具体的にみると、再生を企図する会社は、事業を譲渡する側になるため、概要、以下の規律の適用を受ける。

① 事業譲渡を用いる場合、会社法上、譲渡の対象が事業の全部であるとき、または譲渡の対象が事業の重要な一部であるときは、譲渡する資産

注45) なお、中小企業の事業再生の円滑化を目的とした産業競争力強化法の規定に基づく、第2会社方式による「中小企業承継事業再生計画」の認可制度の利用も検討に値する。これは、中小企業（産業活力強化法上、「特定中小企業者」と「承継事業者」が共同で計画の申請ができるとされている。「特定中小企業者」の要件、計画認定要件等については、同法2条29項・12条4項参照）が、第2会社方式による「中小企業承継事業再生計画」を作成し、一定の要件を満たして計画の認定を受けると、①旧会社が保有していた事業に係る許認可の第2会社への承継、②第2会社を設立した場合等の登記に係る登録免許税、第2会社に不動産を移転した場合に課される登録免許税の軽減措置、③日本政策金融公庫の融資制度、中小企業信用保険法の特例、中小企業投資育成株式会社法の特例の活用、といった支援措置を利用することが可能になる。

101

の帳簿価額が当該会社の総資産額として法務省令で定める方法により算定される額の5分の1を超えない場合（簡易事業譲渡。会社467条1項2号）を除き、株主総会の特別決議によりその契約の承認を受けなければならない（同項1号・2号）[注46]。

②　会社分割を用いる場合、それが吸収分割であっても、新設分割であっても、当該会社分割により承継会社または新設会社に承継させる資産の帳簿価額の合計額が分割株式会社の総資産額として法務省令で定める方法により算定される額の5分の1を超えない場合（簡易会社分割。会社784条2項・805条）を除き、株主総会の特別決議によりその契約の承認を受けなければならない（同法783条1項・804条1項）。

③　子会社株式の譲渡を用いる場合、規律としては、①の事業の重要な一部の譲渡と同様の規律が適用される（会社467条1項2号の2）[注47] [注48]。なお、新設分割後に新設会社の株式を譲渡する場合にも、再度子会社株式の譲渡として、当該規律の適用の有無が問題となる。

これらの取引について株主総会の決議を要することとなった場合には、株主総会の決議の成否（上記において求められる株主総会の承認は、すべて特別決議による〔会社309条2項11号・12号〕ため、第1に定足数の充足が必要となり、第2に一定の賛成票の確保が必要となる）という取引成立に係る不確実要素が生じる。そのため、株主総会の決議を取得するために要する期間[注49]が会社や事業の存続・継続に悪影響を与えないか（資金繰り等を維持できるか、事業価値を著しく毀損することはないか）、そして次に述べる反対株主による買取

注46)　当該決議を欠く譲渡契約は原則として無効である（最判昭和61・9・11判時1215号125頁参照）。

注47)　もっとも、譲渡しようとする資産、すなわち子会社株式の帳簿価額が総資産額の5分の1を超える場合であっても、当該譲渡後なお、当該子会社が子会社である場合における当該譲渡に係る契約については、株主総会の決議は不要となるが、再生局面において、「事業」の譲渡手段として子会社株式の譲渡が行われることを想定しているため、この点が事業譲渡や会社分割との差異とはならないであろう。

注48)　総資産に対する比率を算定する際に、事業譲渡の場合には譲渡する資産が分子となる一方、子会社株式の譲渡の場合には譲渡する子会社株式の帳簿価額が分子となっており、連結ベースでみると不均衡な規律になっていることは否めない。

請求権の存在と、これらのリスク要因の程度等の分析を踏まえて、株主総会を前提としないスキームへの変更余地はないか、事業の再生のための手法としてなお採用するか、採用する場合において事業の再生を図るために留意すべき事項としてどのようなものがあるかを検討し、手当てすることとなる。

なお、スケジュールという観点からは、譲受側の会社において株主総会の決議が必要となる場合にも留意が必要となり得るが、この点について、事業譲渡や子会社株式の譲渡と、会社分割（吸収分割）とでは、規律に差異がある。

すなわち、事業譲渡の譲受会社においては、譲渡会社のすべての事業の承継に該当する場合（対価の価額が譲受会社の純資産の5分の1を超える場合に限る）に限り、株主総会の特別決議が必要になる。すなわち、譲渡会社の一部の事業を承継する場合には、譲受会社にて株主総会の決議は不要である。また、事業の一部の譲渡と同様の規律を受ける子会社株式の譲受け（新設分割により設立された新設会社の株式を含む）についても、同様に、株主総会の決議が要求されることはない。

他方で、吸収分割の承継会社においては、事業の一部を承継対象とする場合においても、会社分割における承継会社の簡易分割の要件を満たさない場合（対価の価額が承継会社の純資産の5分の1を超える場合）には、株主総会の決議が必要となる。

(4) 既存株主を保護するための措置[注50]

「事業」を譲渡する場合には、(3)で述べた株主総会における株主による承認以外にも、既存株主を保護するための措置が会社法上講じられている。これらは、再生に向けた手続においては、株主に対する意図せぬキャッシュ・

注49）　上場会社の場合には、臨時株主総会を開催する場合、基準日設定公告（基準日の2週間前まで）、株主名簿の作成、議決権行使書等の封入、招集通知の発送（株主総会の日の2週間前まで）といった手続を経る必要があることから、2～3か月の期間を要することを念頭に置く必要がある。

注50）　会社分割を実施する際の備置書面の作成義務付け等その実施が特段の問題を生じさせないものについては、割愛する。

第 2 章　債務者の再生手法

アウトを伴いかねない（債権者との均衡）という問題、スケジュール上の制約・不安定要素となり得るという点で留意が必要な事項である。

(i)　買取請求権

まず、株主に対する意図せぬキャッシュ・アウトを伴いかねず、またスケジュール上一定の留意が必要な制度として、反対株主の買取請求制度がある。

反対株主の株式買取請求権[注51]とは、会社の基礎の変更や組織再編行為等に反対する株主が自己の投下資本を回収するため、会社に対して「公正な価格」[注52]で買い取ることを請求する権利であるが、事業譲渡、子会社株式の譲渡、吸収分割および新設分割を行う場合において、(3)で述べた意思決定手続として株主総会の手続が要求される場合には、株主には買取請求権が与えられる（会社469条・785条・806条）。

会社は、当該行為の効力発生日の20日前までに、株式買取請求の対象となる株式の株主に対して、当該行為をする旨を通知し、または、公告しなければならず（会社469条3項・785条3項・806条3項）、株主が株式買取請求権を行使するためには、株主総会等において議決権を行使できる株主は、当該株主総会に先立って、当該行為に反対する旨を会社に通知し、かつ、株主総会において当該行為に反対しなければならない（同法469条2項1号・785条2項1号・806条2項1号）といった手続を履行する必要があるため、スケジュール検討上の留意事項の1つとなる[注53]。

しかし、再生局面にある会社にとっての買取請求権の存在の最大の問題は、株主が有する株式を「公正な価格」で会社が買い取らなければならないということそのものにある。

前述の資金の調達や負債の調整の箇所で述べた通り、再生局面においては、債権者は回収不能のリスクに備えて各種の措置を講じた上で資金提供を行い、または既存債権者は返済期日の伸長や場合によっては債権の一部放棄等、そ

注51)　新株予約権買取請求権も同趣旨の制度である（会社787条・808条等）。

注52)　「公正な価格」の考え方については、本書では深く立ち入らない。

注53)　ただし、前述の通り、公開会社の場合には、株主総会の招集には一般に2～3か月を要することから、買取請求手続に要するスケジュール自体が独立して大きな問題となることはそれほど多くはないと思われる。

の権利を縮減させられるケースがあるわけであるが、こうした債権者（本来、再生局面においては、株主よりも優先して会社から資金回収ができるはずの者〔できるべき者〕）に先んじて、法律上の権利として株主に会社財産の払戻しを受ける権利が与えられてしまうという問題である。なお、こうした組織再編行為等を実行した場合の買取請求権には、分配可能額の規律が適用されず、同規律による債権者と株主との間の利害調整機能も働かない。

すなわち、新規の資金の調達の調達条件[注54]、既存の債権者に対する権利変更の条件等によっては、「事業」の譲渡に際して、買取請求権を通じて、株主に会社財産が払い戻される可能性があることが許容されない状況になっている可能性もあることを考慮する必要がある。

なお、そうした切迫した状況ではなくとも、株式買取請求権が相当数行使された場合には、株主への資金の流出等により債務者企業の救済・再生に（金融機関との調整という観点を含めて）支障が及ぶ可能性があることも念頭に置く必要があるであろう。

したがって、再生局面においては、例えば私的整理手続において株主を含めて関係者の合意が成立しているような場合には、安定的に「事業」の移転を行い得るが、一部コントロール外の（少数）株主が存在する場合には、一定の不確実性を前提に、再生の全体像を検討することが必要になるし、また仮に反対株主からの株式買取請求権が多数行使される可能性があるような場合には、株式買取請求権を伴わないようなスキームを検討するか、（事業の存続にはそれでも「事業」の移転が必要である場合は、事業譲渡スキームを前提に）法的倒産手続の利用可能性も含めた検討を行うことになり得る（例えば、民事再生法43条8項により、再生手続において、裁判所による代替許可を得て行う計画外事業譲渡については、反対株主の株式買取請求権は排除される）。

(ii) 差止請求権・無効の訴え

会社分割に関しては、株主による差止請求および無効の訴えが認められて

注54）　債務者企業の支援のために出資した金額が既存株主に支払われるようであれば、そもそも事業再生の目的を達成できないこともあるため、スポンサー契約において、一定数の株主から株式買取請求権が行使された場合には、クロージングをとりやめることが可能な建付けとする場合がある。

第2章　債務者の再生手法

いる（会社784条の2・805条の2・828条2項9号・10号等）。事業譲渡や子会
社株式に関しては、これを直接に差止請求の対象としたものはないが、取締
役等の違法行為の差止請求等（同法360条等）を通じて同旨の行為が可能であ
る。また、無効の訴えに関しては事業譲渡等については規定が存在しないが、
これは効力を争う手段が会社法上の「無効の訴え」に限定されていないとい
う意味であり、争えないことを意味しない。

　リストラクチャリングの局面において、こうした制度の存在が支障となり
得るかが問題となるが、差止請求が認められるのは法令[注55]または定款に違
反する場合かつ株主が不利益を受けるおそれがあるとき[注56]であり、また無
効の訴えが認められるのは、手続に瑕疵があった場合に限られる。

　もっとも、これら株主が行使できる差止請求権や無効の訴えに係る訴権が、
(1)(i)❸のケースで、かつ、債権者の全部または一部がその債権の全部の満足
を得られないようなケース（株式の本来的な価値が存しないようなケース）に
おいて、株主がこれを自由に行使することが衡平といえるかどうかには議論
がある。この点、後述する通り民事再生や会社更生のような法的整理手続に
おいては、株式価値がないとみなされるような場合においては、株主総会の
承認を含め、上記のような株主が事業の譲渡の実現を阻止することが可能と
なる権利行使については制限が加えられている。

　他方で、法的整理手続を利用しないような場合において、なお株式価値が
ないことを理由にこうした権利行使を制限できるかどうかという点は議論が
熟している状況とはいえず、例えば非上場会社で特定少数の株主しか存在し
ない場合には、一連の再生局面における合意形成において株主がこうした権
利行使をしない（株主総会における賛成票の行使を含む）といった手当てを講
じることによって対処可能である場合もあるが、上場会社において不特定多
数の株主が存している場合には一定の配慮が必要であることに留意が必要で
ある。

注55）　典型的には、情報開示違反があった場合が挙げられる（太田洋＝髙木弘明編著
　　　　『平成26年会社法改正と実務対応〔改訂版〕』〔商事法務、2015〕280頁）。
注56）　対価の不当性は差止めの対象ではないと解されており、主に手続違背が対象とし
　　　　て想定されるものと解されている（太田＝髙木編著・前掲注55）281頁）。

106

(5) 債権者との関係で問題となる制度・論点

　また、「事業」を譲渡する場合には、(3)(4)で述べた株主との関係の各種手続・規制のほか、債権者を保護する措置が会社法上講じられている。これらについても、再生に向けた手続においては、スケジュール上の制約・不安定要素となり得るという点で留意が必要となり得る。

（ⅰ）債権者異議手続の要否とスケジュール

　まず、事業譲渡については、譲渡の効力発生前に債権者との関係で一定の手続を履行する規定は存在しない。逆説的にいえば、ある債権者が有する債務につき会社が免責的債務引受の形で譲受会社に移転する場合には当該債権者から個別に同意を得る必要があり、逆に、譲渡会社に残された債権者が当該譲渡によってその利益を害された場合には、後述する詐害行為取消権等を個別に行使して調整が図られるほかないこととなる。また、それ自体は債権・債務の移転を伴わない子会社株式の譲渡について、譲渡の効力発生前に債権者との関係で一定の手続を履行する規定は存在しない。

　他方、会社分割においては、分割会社が免責的にその債務を承継会社または新設会社に承継させようとする会社分割を行おうとする場合には、分割会社において債権者異議手続を実行する必要があり、当該免責的に引き受けられる債務に係る債権者は異議を述べることができる注57)。なお、分割会社に残存する債権者については、債権者異議手続の対象となっていないが、別途詐害行為取消権等を行使できることは、上記の事業譲渡等と変わるところはない。

　これらは、前述の通り、会社法の規制は、事業の譲渡後に譲渡した会社が存続不能になる、またはその債務の完済ができなくなるおそれがあるといった状況での事業の譲渡が想定されておらず、適正な対価で実行される限りにおいては、譲渡した会社において債権者との関係で問題となるような財産状況の変化は生じないという前提が置かれているためである（他方で、こうし

注57)　異議が述べられた場合には、債権者を害するおそれがないときを除き、会社は、当該債権者に対し、弁済・相当の担保の提供・信託会社等への相当の財産の信託のいずれかを行わなければならない。

第2章　債務者の再生手法

た前提が、旧商法下において「債務超過会社との合併その他の組織再編はできない」といった、合理的とはいえない解釈〔債務超過とは何か、「できない」の意味は何かといった重要な点は必ずしも明確ではなかった〕を唱える論者がいたため、再生局面における再生に向けた合理的な組織再編手続さえ制約していたという歴史がある）。

　なお、詐害的な事業譲渡や会社分割が行われた場合の譲渡側の会社の債権者の取扱いについては、(iii)(c)で後述する。

　ところで、債権者異議手続は、最低1か月の期間を要することから、達成しようとする再生手法のスケジュールに影響が生じる要素となる。例えば、吸収分割により事業を承継会社に承継させる場合には、上記の分割会社から承継会社に免責的債務引受が行われるかどうかにかかわらず、承継会社において、必ず債権者異議手続を経なければならないため、最低1か月の期間はいずれにせよ必要となる。

　他方で、新設分割および新設会社の株式譲渡という方式をとる場合には、株式譲渡については前述の通り債権者異議手続類似の手続は存在せず、新設会社は新設分割の効力発生時に設立されるため、承継会社のように債権者異議手続が譲受側の事情として必要ということもない。したがって、新設分割および新設会社の株式譲渡というスキームをとる場合には、免責的債務引受の有無が、取引全体における債権者異議手続の要否・スケジュールを決定するということになる。

　したがって、直ちに「事業」を移転させる必要があり、1か月の異議手続を経ることが再生の目的に適わないといった事情がある場合には、事業の一部譲渡（または子会社株式の譲渡）か重畳的債務引受を前提とする会社分割のスキームを検討することになり得るが、後者の場合には、旧会社はなお移転させた債務から免れられないため、Badを移転させる会社分割の場合（(1)(i)❶のケース）には、採用しがたい場合が多いと思われる。

　(ii)　**債務の承継方法に係る諸問題**

　債務の承継（免責的債務引受）には、債権者の同意が必要となり、この点がGood／Badのいずれを対象とした移転とするか、ひいてはどのような目的での事業の移転を行うかという観点で重要な要素となることは前述の通り

であるが、再生局面において、免責的債務引受とすることが必要かどうかも問題となる。

すなわち、免責的債務引受とする必要があるのであれば、事業譲渡の場合にはこれらの債権者の承諾を得て、また、分割会社において債権者異議手続をとることによって債務を承継させることになるが、実質的負担は承継会社または譲受会社が負い、重畳的債務引受（債権者との関係では、分割会社や譲渡会社が責任を免れるわけではない債務引受）とすることによって、債権者の承諾取得や債権者異議手続を行わないことも考えられる。

この免責的債務引受と重畳的債務引受のいずれを選択するかという議論は、当該債務が単純な金銭債務の場合にはわかりやすい。特に、買掛金等のように比較的短期間に問題が解消されるもの（分割効力発生前までに分割会社において発生したもので、大抵数か月の単位で弁済時期が到来する）については、資産の項目で述べた、売掛金の処理とは反対の関係になるが、会社分割や事業譲渡に際して、運転資本調整または譲渡価格の調整問題として処理されることも多い（取引先が多数存在する場合に、個別に承諾をとるまたは債権者異議手続を行うというよりも、以後に譲渡会社・譲受会社間で清算することによって解消する）。

他方、事業に関連した債務であっても、重畳的債務引受といった考え方がなじみにくいものも存在する。典型的には、取引証拠金等の預り金や受領済みの敷金等の返還債務（条件付債務）、金銭を目的としない債務（役務提供に係る債務）である。

前者のうち敷金債務については、目的不動産の所有権が移転した場合には、所有権の移転に伴い敷金債務も移転すると考えられている。取引証拠金等については議論があるものの、事業が移転している以上、やはり証拠金等の返還義務も移転されるのが自然である。後者の役務提供に係る債務に至っては、事業を移転している以上、役務提供債務そのものについて重畳的に義務を負うわけにはいかず、やはり移転させるほかない。こうした条件付債務や金銭を目的としない債務に係る債権を有する者は、一般的には債権者異議手続における異議を述べることができる債権者には含まれていないと解されている。なお、仮に、承継会社や譲受会社が返還債務や役務提供ができなかった場合

第2章 債務者の再生手法

に、相手方が分割会社や譲渡会社に対して損害賠償請求等が可能かどうかという問題は別論である。

(iii) 簿外債務の取扱い

(a) 簿外債務の免責的債務引受形式での承継会社・譲受会社への承継

再生局面においては、偶発債務等のいわゆる簿外債務をGoodから切り離して処理することが企図とされることが多いが、前述の通り、簿外債務は承諾を取得すべき債権者自体が特定できないことも多く、譲渡会社や分割会社から切り離すような形で免責的に、譲受会社や承継会社に承継させることには困難を伴う。

なお、会社分割については、会社分割による承継は包括承継であるという立場をとると、そうした簿外債務も事業に伴って承継されると考えるほうが自然であるようにもみえるが、会社分割による権利義務の移転は、分割当事者の合意によって作成された分割契約や分割計画に従って、個別的に権利義務が移転するにすぎない（後述する通り簿外債務を承継しないという選択肢があると考えられている）[→(b)] ため、その権利義務の移転につき包括承継と考えられている合併と同様のことは起きない。

また、簿外債務を免責的に承継する旨の分割契約を作成して、債権者異議手続を実施した場合において、そもそも当該債権者異議手続を実施した際に、お互いに債権債務の存在が確認できていないような場合も含めて、免責的債務引受の効果があると考えることには無理があるように思われる。

結果的に、簿外債務が窮境原因であるような会社が、当該簿外債務を含む事業を第三者に移転して、自らが再建を図っていくという手段（(1)(i)❶）は採用しがたいということになる。

(b) 簿外債務の非承継

他方、譲受会社・承継会社に譲渡会社・分割会社が負担している簿外債務を承継させないということは可能である（(1)(i)❷・❸のケース）。事業譲渡・会社分割においては、どのような権利義務を承継するかは、当事者の合意により定められる[注58]。したがって、ある種の事業を譲渡する場合において、譲受側として偶発債務等の簿外債務等を承継しないこととすることは可能である。

110

第 3 節　事業・会社の譲渡を伴う再生

　なお、譲受会社や承継会社が、クロージング後も譲渡会社や分割会社の商号を使用する場合や債務引受公告を行った場合には、分割会社や譲渡会社の債務についての責任を負う可能性があることに留意が必要である。この場合、商号続用の免責登記（会社22条2項。会社分割について類推）を行うことや、債務引受公告とみなされるような公告を行わないといった点に配慮する必要がある。

(c)　残存する債権者の取扱い

(ア)　残存債権者の取扱い

　ある会社が再生手法として、いわゆるGood部分を第三者に移転して、Bad部分を処理するという方式（(1)(i)❷・❸のケース）を採用した場合（第2会社方式を活用する場合を含む）、残存する債権者がどう保護されるかという点が問題となる。こうした債権者は、会社分割における債権者異議手続の対象とはならないし、事業譲渡においても特にその権利関係に変化が生じるわけではないため、特段の手続の対象とはならないためである。

　この点、再生局面ではなくとも、資産や事業の譲渡に際して受領する対価が十分ではない場合には常に問題となる場面であるが、再生局面においてこうした行為が行われる場合には、分割対価や譲渡対価次第では、分割会社に残存した債権者に係る債務の全部を完済できないという事態、すなわち、残存債権者が害される危険が生じるおそれがある。逆にいうと、そのような債権者が存在する状況では、債権者からの再生方針への同意が取得できるのかという問題（全員同意を前提とする私的整理が成り立たない懸念）があり、ま

注58)　この点、株主総会の特別決議を要する「事業（営業）譲渡」の意義については、学説上争いがあるが、判例（最大判昭和40・9・22民集19巻6号1600頁参照）によれば、「一定の営業目的のため組織化され、有機的一体として機能する財産（得意先関係等の経済的価値のある事実関係を含む。）の全部または重要な一部を譲渡し、これによって、譲渡会社がその財産によって営んでいた営業的活動の全部または重要な一部を譲受人に受け継がせ、譲渡会社がその譲渡の限度に応じ法律上当然に同法25条〔現行商法16条、会社法21条に相当〕に定める競業避止義務を負う結果を伴うもの」とされている。実体として事業譲渡に該当するか否かが悩ましい場合もあるが、実務上は、明確に資産譲渡等と割り切れないものについては、保守的に株主総会の特別決議を得るといった方法で、手続的瑕疵が生じないようケースバイケースで対処していく必要がある。

111

第2章　債務者の再生手法

た、残存債権者が何らかの手法で事業の移転を争うような事態になると、再生手続全体の安定性にも影響を与えることとなる。

　従前、残存債権者の保護に関しては、①民法の詐害行為取消権[注59]、②分割会社の破産管財人による否認権、③法人格否認の法理、④会社法22条1項に基づく救済等の処置が採られてきた。また、平成26年の会社法改正により、分割会社が残存債権者を害することを知って会社分割をした場合には、残存債権者は、承継会社等に対し、承継した財産の価額を限度として債務の履行を請求することができる旨の規定が設けられることとなった[注60]（会社759条4項・761条4項・764条4項・766条4項等）。濫用的事業譲渡についても同様の改正がされている（同法23条の2）。

(イ)　詐害的会社分割と第2会社方式

　会社分割制度が作られた以降、いわゆる詐害的会社分割、窮境に陥った会社において、その有する資産と当該資産価値に見合う負債を第三者（または新設する会社）に承継させ、その対価として理論上価値がない株式（または備忘価格の現金）を受け取り、その株式を第三者に廉価で譲渡するといった会社分割が問題となった。こうした会社分割を実施することにより、当該会社は事業を第三者に移転させ、分割会社の残存債権者は抜け殻になった会社の債権者となり、その債権回収が不可能となるという事案が散見されたため、会社分割制度の問題点として取り沙汰された。

　ところで、詐害的会社分割は、会社分割固有の問題ではなく、(i)で述べた通り、事業譲渡や会社分割によって、譲渡会社や分割会社に残存する債権者に対して、当該債権者がその有する債権の全部につき満足が得られなくなるようなケースであっても、当該債権者に事前に何らかの権利行使をさせるた

注59)　会社分割後に分割会社に対して債務の履行を請求することができる債権者は、分割会社の債権者保護手続において異議を述べる資格を有さないが、会社分割が濫用的な場合には、詐害行為取消権（民424条1項）の行使が認められる場合もあり得るとされている。

注60)　民法上の詐害行為取消権との差異は、裁判外での請求も可能であること、法的倒産手続の開始決定により手続が終了し、破産管財人等による受継はないこととなっている（郡谷大輔「詐害的な会社分割における債権者の保護」商事1982号〔2012〕18頁参照）。

112

めの特段の手続が用意されていないことに加え、特に「包括承継」（事業運営上必要な権利義務の移転に承諾が不要という誤解を生む）、「組織法上の行為」（無効の訴え以外で、典型的には詐害行為取消権等の個別の権利行使が封じられるという誤解を生む）といった、ある意味ミスリーディングな用語使いによって紹介された会社分割制度が創設されていたことに乗じて、その数が増加したものと考えられる。

しかしながら、現時点では詐害行為取消権の行使や否認権の行使が認められると解されるようになっていることは前述の通りである。

さて、詐害行為取消権の問題は、窮境にある債務者がその事業を第三者に移転させた結果、当該債務者の債権者の全部を満足させるには足りない対価しか受領できないことによって起きるわけであるが、私的整理において用いられる第2会社方式も、経済的実質は同じである。

唯一の差異は、当該会社分割や事業譲渡によって害される残存債権者（多くの場合は、金融債権者）と事前の協議・調整を踏まえた同意を前提として会社分割や事業譲渡が行われているかどうかであり、害される残存債権者の同意が存在する場合には、詐害行為取消請求権や否認等の問題が生じるリスクがないため、再建手法として採用が可能になるということになる。

㈡　残存債権者の同意取得をしない事業譲渡や会社分割

Bad部分（または、収益が上がっている事業ではあるものの、当該会社の再建のための資金等の獲得を目的としてある種の事業を売却するような場合における当該ある種の事業）を切り離すような事業譲渡や、会社分割をもって、当該会社の再建が可能な状況（⑴⑴➊のケース）においては、（別途の契約〔金融機関との間の金銭消費貸借契約等〕等において、資産や事業の譲渡に同意取得を要求されているような場合を除き、）通常残存債権者の同意を取得しないで、事業譲渡や会社分割が実施されることがある。

こうした場合、事業譲渡・会社分割の実施後、当該会社の存続に問題が生じず、残存債権者を含めた当該会社の債権者がその有する債権につき満足が得られる状況があれば、特段の問題が生じないであろうが、当該事業譲渡実施後の会社の業績や信用状況が大きく変動し、結果として当該会社の債権者がその有する債権全部につき満足が得られないような事態（法的倒産手続の

申立てや何らかの債務調整手続の実施）が生じた場合には、当該事業譲渡・会社分割の適正性が事後的に問われることとなる。

この場合、法的倒産手続の中では、当該事業譲渡や会社分割に係る否認権の行使の可否の問題等を生じさせ、金融機関等との債務調整手続においても同種の観点からの追及がなされることがあり得る。

事業譲渡や会社分割は、その取引の性質上、取引自体を巻き戻すことは相当困難な取引であり、結論においては、何らかの金銭的解決（詐害的会社分割に対して、詐害行為取消権の行使が認容された事案においても、解決策としては、譲受人〔受益者〕からの金銭賠償という形で解決されている）が図られることとなる。

したがって、残存債権者の同意の取得の有無を問わず、こうしたリスクにも配慮して、不適切な事業譲渡・会社分割と（事後的にも）評価されないよう、その必要性、対価決定の相当性、相手方選定方法の適正性、内容・実行プロセスの適正性、弁済計画・事業計画の合理性等を十分に考慮し、スキームの合理性を担保することが肝要である。

（エ）　残存会社の処理（第2会社方式で残った会社の処理）

❶　残存会社の処理の概要　　残存債権者の取扱いをめぐる最後の問題として、典型的には第2会社方式を採用した場合（元の会社において継続すべき事業が存しない場合）や事業等を移転させた後の会社の事業継続が困難になった場合（債務超過等を理由に許認可や取引先等との関係で事業継続ができない場合等）には、元の会社（残存会社）について何らかの処理をせざるを得ないが、このような場合には、残存債権者の承諾を得ながら（私的整理手続であれば金融債権者等債務調整の対象となる債権者の承諾等、法的整理手続であれば再生計画等の成立等）、残存会社の処理を行っていくこととなる。

残存債権者との調整ができていることを前提にすれば、事業譲渡・会社分割後に残った会社は清算され、当該清算手続の中で債権放棄を受けることが一般的である。なお、清算手続には、通常清算手続と特別清算手続が存するが株式会社以外の法人形態は、特別清算手続を利用できない場合があるため、留意が必要である。

残存会社の処理に当たっては、通常、残存債権者に対して弁済することが

できない状態に陥っていることから、下記の方法が採用されるケースが多い。

① 法的整理手続で一般的に行われているように事業譲渡・会社分割後に残余財産の換価回収を行い、残った現預金から清算費用等を控除した金額を全額弁済した後の残額について私的整理の弁済計画に基づき債権放棄をし、その後に解散して通常清算の手続により清算するという方法

② 事業譲渡・会社分割後直ちに解散して通常清算の手続により清算し、通常清算手続の中で債権放棄を受ける方法

③ 私的整理手続で一般的に用いられている債権放棄自体を、特別清算手続を通じて行う方法

❷ 通常清算と特別清算　上記の通り、私的整理手続において（正確には、債務調整につき法的倒産手続が利用されない場合において）、第2会社方式等が採用され、残存会社の処理が必要となる場合には、事業譲渡・会社分割の実施後に特別清算手続で清算され債権放棄も特別清算手続の中で行われる。

この理由の1つとしては、法人税基本通達9−6−1(2)の規定において、「特別清算に係る協定の認可の決定があった場合において、この決定により切り捨てられることとなった部分の金額」について税務上損金処理できるとされており、特別清算手続の場合に疑義なく、放棄損を税務上損金処理できる点があると思われる。

もっとも、適切な債務調整手続がとられている場合に、特別清算手続以外の方法でも放棄損を税務上損金処理する方法は存在しており、法的倒産手続を利用しない場合であっても、残存会社を通常清算手続ではなく特別清算手続で清算することについて必ずしも合理的な理由があるものではない。

すなわち、まず、私的整理の計画に基づき直接債権放棄をする場合、放棄損を税務上損金処理するためには当該計画が法人税基本通達9−4−2（注）に定める「合理的な再建計画」の要件を満たす必要がある。この点、国税庁に対する事前照会の結果、事業再生ADRや中小企業再生支援協議会スキーム等の準則化された私的整理手続における再生計画に基づき債権放棄を行う場合は、上記通達でいう「合理的な再建計画」に基づく債権放棄に該当するものとされており、残存会社処理の問題が生じない債権放棄の事案では、当該照会結果に依拠して計画に基づく債権放棄が行われている。したがって、

115

当該照会結果が第2会社方式等の残存会社における処理の場合を排除していない以上、適切な再建計画に基づいて直接債権放棄をする場合について、法人税基本通達9−4−2（注）に依拠できないということに合理的な理由はなく、必ず特別清算の手続で処理する必要があるというものではない。

また、事業譲渡・会社分割後、債権放棄を受ける前に解散して通常清算手続の中で最終的に債権放棄を受ける方法についても、法人税基本通達9−6−2が、「法人の有する金銭債権につき、その債務者の資産状況、支払能力等からみてその全額が回収できないことが明らかになった場合には、その明らかになった事業年度において貸倒れとして損金経理をすることができる」と規定しているところ、解散後に残余財産を換価完了した清算結了のタイミングで、弁済後の残額に関し貸倒損失として損金処理することは、同通達9−6−2により許容されるものと思われる。

なお、当該方法については、会社法上、債務超過の疑いがある場合、清算人は特別清算手続開始の申立てをしなければならないとされているため（会社511条2項）、債務超過会社である事業譲渡・会社分割後の会社について、解散前に債権放棄を受けずに通常清算の手続を用いることができるのかという問題はある。もっとも、この点についても、債務超過の場合に特別清算手続が要求されているのは、債務超過の場合、債権者が全額弁済を受けられないところ、偏頗弁済や資産の隠匿等を防ぐため債権者保護のための諸制度が設けられた特別清算手続に服せしめ債権者の利益が害されることを防ぐという趣旨によるものである。したがって、金融債権者以外の債権者は全額弁済を受けることが可能であり、かつ、金融債権者があらかじめ残余財産で回収できない部分については債権放棄することに同意している（かかる同意は計画の同意の際に得ることになる）のであれば、特別清算手続を開始する実質的な理由はなく、あえて、予納金の納付や手続的な制約がある特別清算手続を利用する必要はないといえる。

(6) 手法選択に当たってのその他の留意事項

ここまで述べてきた通り、ある種の事業を第三者に移転させる場合には、事業譲渡であっても、会社分割であっても、要求される手続や留意すべき事

項には、大きな差異はないが、手法選択に当たっての上記以外の留意事項について、以下概説する。

（ⅰ） 契約上の地位の移転等に係る同意取得

ある種の事業を第三者に移転させる際に問題となる最たるものとして、当該事業運営に必要となる契約上の地位を当該第三者に円滑に承継できるかという問題がある。特に、再生局面でこうした取引が実施される場合には、移転先での事業継続の確実性（重要な取引先が取引を継続しないという事態の発生の回避）、一定の時期までのクロージングの確実性（重要な取引契約が移転後も継続することが確認できること等の要件充足性の疑義に起因するクロージング遅延の回避）といったことが、通常の事業譲渡や会社分割よりも、より強度に要求されることに留意が必要である。

この点、事業譲渡は特定承継（個別承継ともいう）であり、個別に契約相手方等の同意を取得する必要がある[注61]一方、会社分割が包括承継・一般承継であることから、各契約の承継については、原則として、契約の相手方からの個別の同意は不要であると整理し、例えば、ある会社が営む事業について、事業譲渡ではなく吸収分割で移転する、または新設分割で子会社化し、当該子会社の株式を譲渡するといったスキームを採用することにより、個別同意をとらない取引形態にするということが提案されることがある。

しかしながら、詳述はしないが、当事者間で移転する権利義務を任意に決定できる会社分割に関して、典型的な包括承継となる取引である合併と同様の法理が働くという考え方は、かなり疑問である。実際に会社分割による不動産の移転や債権の移転については、合併や相続による承継の場合とは異なり、第三者対抗要件を具備しなければ、移転を第三者には対抗できない。にもかかわらず、本来、相手方の同意が必要な契約上の移転について同意取得が不要となるということは、論理的なのだろうか。

また、上記の法律論はさておき、会社分割の実行後、当該契約の旧相手方（分割会社）と新相手方（承継会社または新設会社）が存在しているものの、

注61）　債権者異議手続を実施することが要件となる代わりに、個別同意を不要とする特則の設けられた業法等も存在する（銀行34条、産強法34条等）。

相手方の同意不要という建前に立つと、契約の相手方は契約上の地位が移転した事実を知らないという事実上の問題が生じることとなる。そのため、当該契約上の地位の移転を実効性あるものにするためには、結局、当該契約の相手方に契約上の地位の移転が生じた事実を認知してもらう必要がある（すなわち、何らかの通知や周知手段をとることが必要となる）。なお、こうした通知等の結果、契約相手方が地位の移転に同意しない、新主体と取引は継続しないといった事実上の主張をしてきた場合において、「包括承継であるから同意は不要である」という抗弁が、円滑な事業の移転の実現、ひいては事業の再生という観点から意味をなさないことは明白であろう。

他方、事業譲渡において個別承諾が必要といっても、同意取得手段に何らかの制約があるわけではないため、必ずしも明示に書面承諾を得るだけでなく、書面通知での消極的な同意取得、新主体との間の取引継続による黙示の承諾といったさまざまな方法をとることとなる。

したがって、契約上の地位の移転というものは、事業譲渡（＝個別承継）か会社分割（＝包括承継）を選択する際の考慮要素に本来はならないのであるが、例えば、承継対象となる契約が多岐にわたる場合（例えば、一般消費者との間の膨大な数の定型的な契約が存する場合）には、「包括承継」というマジックワードが役に立つという局面が実務的にはあり得るであろう。

なお、当該契約の中で会社分割（および事業譲渡）による移転について書面の事前承諾が必要であるといった条項（または解除事由に該当する旨の条項）がある場合には、円滑な事業の移転という観点からは、何らかの事前対応が必要となるであろうし、取引相手の重要性や取引不継続となった場合の事業に与えるインパクト等から判断して、取引手法のいかんを問わず、契約上の地位の移転につき同意を取得せざるを得ない場面が想定される。

結論において、契約上の地位の移転に関する問題に関しては、包括承継・個別承継といった表面的な法律論ではなく、契約・取引関係の総量や、各契約の重要性、インパクト、契約の相手方との関連性等にかんがみて、契約の承継に係る論点をクリアすることが可能かどうか検討することが肝要である。

(ii) 労働承継

会社分割と事業譲渡の差異として、特にスケジュール策定に影響を及ぼす

ものとして、労働契約の承継に関する問題がある。

　まず、事業譲渡においては、承継対象となる労働契約について、各労働者から個別の同意を取得する必要が生じる。実務上は、事業譲渡のクロージングに際して、一旦譲渡会社を退職して、新たに譲受会社との間で労働契約を締結するといった方法も検討される。

　各従業員から個別同意を得るほうが手続的に煩雑であると思われるが、承継対象となる従業員の人数や構成等によっては、（後述する労働契約承継法上の期間的制約がないため、）事業譲渡で個別同意を得るほうが、クロージングまでの期間を短縮することができる場合もある（債権者異議手続と同種の問題である）。

　次に、会社分割においては、労働契約の承継について、会社分割に伴う労働契約の承継等に関する法律（以下、「労働契約承継法」という）上の労働者保護手続を履行する必要があり、同法に定める①労働者の理解と協力を得るよう努める措置（同法7条）、労働者との個別協議（平成12年商法等改正法付則5条）、労働者への通知（労働承継2条1項）および労働者の異議申出権（同法4条・5条）といった手続が必要となる。また、①承継される事業に主として従事する労働者であって、分割契約等にその者が分割会社との間で締結している労働契約を承継会社等が承継する旨の定めがない者、および②主従事労働者以外の労働者であって、分割契約等にその者の分割会社との間で締結している労働契約を承継会社等が承継する旨の定めがある者については、異議を述べることができる。したがって、会社分割においては、承継対象となる労働者からの個別同意を取得する必要はないが、労働契約承継法上、その手続履行のためのスケジュール的な制約に加え、承継対象となる労働者の範囲に制約が生じ得る。

　なお、会社分割において、労働契約を承継することに代えて、転籍や出向により、分割会社の従業員を承継会社で従事させる方法も考えられるが、この場合であっても、労働契約承継法上の手続の履行が必要になる点に留意が必要である（厚生労働省労働基準局労働関係法課法規第一係「労働契約承継法Q&A」〔2016年12月〕参照）。

第2章　債務者の再生手法

(iii)　許認可・競争法関連

　会社が営む事業の中には、法令に基づく許認可が、当該事業を営むために必要となる場合がある。ある事業を第三者に移転する場合において、当該第三者がその事業運営に必要となる許認可を有していない場合には、当該第三者において、必要な許認可を取得することが必要となる。

　そして、この許認可の中には、比較的新規のものであっても簡易または短期間に取得可能なものもあれば、一定の期間を要するもの、一定の財産的基盤や組織体制が整っているものなど、その取得に相当の手間と期間を要するものもある。後者のような許認可が問題となる事業の移転に当たっては、譲受側における当該許認可に必要な期間や体制整備が、事業の譲渡の実現可能性を左右することになることには留意が必要である。

　また、同様に許認可業種ではあるものの、再生局面という切迫した状況、時間的猶予がそれほどない状況下で、必要な許認可を取得することは現実的ではないといった場合や、当該許認可付与の運営上、そもそも新規の許認可取得が現実的ではないといった場合もあり得る。こうした場合には、すでに必要な許認可を有しているような事業者を相手にしか事業の移転が実施できないといった相手方についての制約が生じるという場合もあるし、第三者への事業の移転は現実的ではなく、事業の支配権の移転による再生という手法を断念せざるを得ないケースも生じ得る。

　また、事業譲渡等においては、私的独占の禁止及び公正取引の確保に関する法律に定める企業結合規制の一定の要件を満たす場合には、譲受会社において事前届出の対象となり、30日間の待機期間が必要となる（独禁16条2項）。事業譲渡等のスケジューリングに当たっては、かかる手続履行に係る期間を考慮する必要があることに留意し、トランザクションの早期の段階で、その要否を確認しておく必要がある。なお、公正取引委員会の一般的な見解は、事業再生局面であっても、通常のM&A取引同様の期間・内容で処理するものとなっているため、可及的早期の段階で、事前相談を行い、必要な資料等を速やかに提出するといった方法で、当局の審査の効率化と迅速化に最大限協力していくことが望ましい[注62]。

(7)　法的倒産手続を利用した事業の移転

　ここまで述べてきた通り、再生手法として、事業譲渡や会社分割というスキームが採用されることがあるが、典型的には、下記のような事情により、法的倒産手続を利用して、事業譲渡や会社分割を実行せざるを得ないという場合がある。

　㋐　株主総会の承認決議を得ることができない（議案が可決されるかどうかという問題よりも、株主総会を開催するために要する期間の事業継続が難しいといった問題のほうが現実的には問題となることが多い）または多数の株式買取請求権の行使が見込まれる。

　㋑　残存する債権者の同意取得が難しい（私的整理等において金融機関からの同意取得の見込みがないという問題もあるが、そもそもそうした債務調整手続に要する期間の事業継続が難しいといったスケジュール上の問題と、保有する現預金および事業譲渡等によって獲得できる現預金だけでは残存債権者が満足するだけの弁済原資を得られないといった場合（典型的には債務調整が可能な金融機関等の債権者以外の債権者に対する弁済ができないといった場合）。

　㋒　より根本的には、法的倒産手続による債権者からの保護手段なしに、事業譲渡や会社分割を行うための相手方を見つけるために要する期間の事業継続が資金的な問題等によりできない。

　㋓　事業譲渡や会社分割の相手方となる者が、既存債務の処理や否認リスク等を遮断する手段として法的倒産手続下での取引を希望しており、これに従うこととした。

　そこで、以下では、再生手続や更生手続といった事業継続を前提とした法

注62)　公正取引委員会「企業結合審査に関する独占禁止法の運用指針」（企業結合ガイドライン）第4-2(8)においては、審査の対象となる事業部門が業績不振に陥っているか否か等の経営状況も勘案されることとされているが、こうした破綻企業の特例のみで審査を突破しようとすることに対しては注意喚起がされている（詳細については、事業再生研究機構公開委員解説会・東京三弁護士会（倒産法部）合同シンポジウム「倒産手続と企業結合審査（下）」NBL1053号〔2015〕16頁以下参照）。

第2章　債務者の再生手法

的倒産手続内における事業譲渡または会社分割の取扱いおよび通常の手続規制（株主総会決議や債権者異議手続等）に対する特例について概観するとともに、事業譲渡・会社分割を実施しても再生手続や更生手続を維持できないようなケースにおける取扱いにつき概説する。

(i)　民事再生における事業譲渡等と会社分割

(a)　会社分割の取扱い

再生手続における会社分割は、裁判所の要許可事項（民再41条参照）や監督委員の同意事項（同法54条参照）として明文上列挙されているものではなく、原則として法律上はいつでも実行が可能である[注63]。なお、明文の規定はないものの、再生計画により行うことも可能であるとされる[注64][注65]。

したがって、再生手続においても会社分割を計画外で行うことも可能であるが、現実には、再生計画の認可決定前に会社分割を実行することはそれほど想定されない。すなわち、株主との関係では、（簡易要件を満たさない限り）株主総会決議が原則として必要になる（会社783条1項・795条1項・309条2項12号）[注66]が、計画外事業譲渡の場合とは異なり、いわゆる代替許可の制度はない。したがって、株主総会の承認を得ることが難しいという場面（⑦）での解決策にはならない（再生計画に基づき、既存株式を会社自身が取得し、再生計画の実行に協力的な新たな株主による承諾を得て実施する場合は別論である）。また、債権者の関係では、再生手続中に再生計画によらずに会社分割を行った場合に、債権者からの納得を得られるかという問題（❶に類似。

注63)　藤縄憲一＝朝妻敬「再生手続における事業譲渡と会社分割」園尾隆司ほか編著『最新実務解説一問一答民事再生法』（青林書院、2011）93頁参照。

注64)　藤縄＝朝妻・前掲注63）94頁。

注65)　ただし、近時の東京地裁の運用では、再生手続中の計画外会社分割は裁判所の要許可事項として指定される（民再41条1項10号参照）ことが原則になっており（藤縄＝朝妻・前掲注63）93頁）、スポンサーとの間の会社分割契約・事業譲渡契約の締結は、監督委員の同意事項として指定する運用になっているとのことである（鹿子木康「東京地裁における再生計画案の審査について」松嶋英機ほか編『門口正人判事退官記念・新しい時代の民事司法』〔商事法務、2011〕201頁）。

注66)　株主構成や状況等によっては株主総会の決議取得に支障が生じ、会社分割を実行し得ない事態があり得る（鈴木学「民事再生手続に入った中小企業の事業譲渡における実務的留意点」事業再生と債権管理124号〔2009〕58頁）。

ひいては、再生計画案の成否に与える影響等の問題）も考えられる。

(b) 事業譲渡の取扱い

事業譲渡については、明文の規定のない会社分割とは異なり、再生手続開始後に再生計画によらない事業の全部または重要な一部の譲渡（以下、「計画外事業譲渡」という）を行うには、裁判所の許可が必要とされている（民再42条）[67][68]。

他方で、再生手続における事業譲渡であっても、原則として株主総会の承認決議等の手続を経る必要があるが、一定の要件を満たした場合には、株主総会の承認決議に代えて裁判所による許可（以下、「代替許可」という）を得て事業譲渡を行うことができる（民再43条1項）。具体的には、①再生債務者がその財産をもって債務を完済することができないときで、②当該事業の全部の譲渡または事業の重要な一部の譲渡が事業の継続のために必要である場合である（同項）[69]。なお、実務上の運用としては、再生計画案の認可決定と同時に代替許可についても決定を行っているとのことである[70]。代替許可を得た場合には、反対株主の株式買取請求権は排除される（同条8項）。

注67）　再生計画による事業譲渡を行う場合において、再生計画の認可決定がされたときには、重ねて事業譲渡に関する裁判所の許可を得る必要はない（鹿子木・前掲注65）203頁）。

注68）　なお、計画外事業譲渡が裁判所の要許可事項とされた趣旨については、「営業等の譲渡をするかどうか、どの範囲で営業等を譲渡するか（全部譲渡か一部譲渡か）、譲渡の対価その他譲渡契約の内容をどうするかは再生債権者等の利害に関わる重大な問題であり、事業の再生の基本的枠組みを決定するものである」ためと説明されている（深山卓也ほか『一問一答民事再生法』〔商事法務研究会、2000〕72頁）。

注69）　この代替許可制度の趣旨は、営業の価値を維持しつつ適切な営業譲渡を行うためには、営業譲渡を可及的速やかに行う必要があるものの、倒産状態に陥った株式会社の株主はその会社の経営に関心を失い株主総会決議の成立が困難になる場合が多いと言われている一方で、債務超過会社の株主の株主権は実質的に価値を喪失していると考えられるためと説明される（深山ほか・前掲注68）73頁）。

注70）　鹿子木・前掲注65）203頁。①の要件については、再生計画案提出までに監督委員の確認を経た財産評定により明らかであり、②の要件についても「債務超過である再生債務者の下で当該事業を継続することが困難であるため事業譲渡を行うのが通例」であって、「問題となることはほとんどない」とのことである。

第2章　債務者の再生手法

通常の再生手続下にある会社については、①の要件を満たす場合が多いと考えられるため、その時点において計画外で事業譲渡を行うことが事業継続に必要であるといえる場合には、（株主総会の承認が得られにくいという制約がある場合〔**ア**〕であっても、）再生手続における計画外事業譲渡のスキームを採用し、裁判所の許可を得て、スポンサー下での事業の速やかな承継・再生を実現することが可能となり得る。また、計画外事業譲渡に際しては、裁判所の許可の前提として、債権者への説明がなされていることが通常求められるため、債権者との関係の問題（**イ**）にも、一定の配慮はされている。

(ii)　会社更生における事業譲渡等と会社分割

(a)　会社分割の取扱い

上記の通り、再生手続においては、計画外の会社分割も可能とされているが、更生手続における会社分割は、再生手続とは異なり、更生計画の定めるところによらなければ行うことができない（会更45条1項7号）。この趣旨は、間接的に財産状態に変動を生じ、更生手続の成否に直結するおそれの大きい一定の行為について、更生手続外で行うことを禁止した点にあるとされる[注71]。したがって、更生手続下にある会社は、開始決定後、（通常更生手続の遂行に要する期間である）約1年程度は、会社分割を実行できないということになる。

そのため、事業毀損防止のために早期にスポンサーへの事業の譲渡が望まれるような会社については、更生手続を申し立てた上で計画外の事業譲渡を選択するか、（重要な契約が多数ある等、税負担が重い等の理由により事業譲渡を採用しがたい場合には）他の会社更生により得られるメリットを捨ててでも再生手続を申し立てた上で計画外会社分割を利用するかという観点での検討が必要になることがあり得る。また、許認可の更新等のビジネス上の理由から、一定時期までに会社分割が必須であるという場合には、（事実上）更生手続を選択できないということも想定される。このように、会社分割と事業譲渡の取扱いについては、法的倒産手続においては、計画外会社分割およ

注71)　池田辰夫「更生手続開始決定とその効果」青山善充ほか編著『会社更生・会社整理・特別清算の実務と理論（判タ866号）』（判例タイムズ社、1995）105頁。

124

第3節　事業・会社の譲渡を伴う再生

び代替許可の制度が設けられていない点で、異なる取扱いがされているが、そもそも会社分割と事業譲渡は、事業を移転させることを目的として行う際の法的実質という観点からは、ほぼ同じ効果を有するものであり、また手続的な面でも共通する部分が多い。そうであるにもかかわらず、倒産手続において再生計画・更生計画によらない会社分割の手続が設けられていないことは、スキーム選択の制約としての障害事由となり得る[注72]。

　なお、更生計画に基づく会社分割については、株主総会決議は不要であり、株式買取請求権や無効の訴え等は排除される（会更210条）。また、更生計画に基づく会社分割については、更生計画案への投票の段階で債権者の意思確認手続を経ることから、会社法上必要な債権者異議手続は不要とされる（同法222条・223条等）。したがって、更生計画に基づく会社分割でも事業の再生が可能な場合（時間的に余裕のある場合）には、株主や債権者との関係での制約（㋐㋑）については、一定の解決策となり得る。

(b)　事業譲渡の取扱い

　更生手続においては、事業の全部または重要な一部の譲渡についても、原則として更生計画の定めるところによらなければ行うことができない（会更46条1項本文）。この趣旨は、会社分割等の他の事業再編行為と同様に、事業譲渡は「更生会社の事業の重要な再建手続の1つであり、営業譲渡を行うかどうか、また営業譲渡を行う場合における譲渡の対価その他の譲渡契約の内容をどのように定めるかは、更生債権者等の利害に関わる重大な問題であるとともに事業の再建の基本的な枠組みを決定するものである」ためと説明されている[注73]。

　もっとも、事業譲渡の場合には、更生計画案の付議決定までの間は、管財人は裁判所の許可を得て、事業の全部または重要な一部の譲渡をすることができ、裁判所は、当該事業譲渡が「更生会社の事業の更生のために必要であると認める場合」に限り、許可をすることができる（会更46条2項）。裁判所の許可を得た場合には、計画外事業譲渡につき、株主総会による承認決議、

注72）　この問題について論じた文献としては、郡谷大輔＝田中麻理恵「倒産手続における会社分割をめぐる諸問題」金法1957号（2012）35頁を参照されたい。

注73）　深山卓也編著『一問一答新会社更生法』（商事法務、2003）80頁。

125

第2章　債務者の再生手法

株式買取請求手続を経ることは不要となる（同条10項。**ア**への対処）。また、裁判所の許可を得るに際しては、知れている債権者や労働組合（従業員）の意見聴取を経ることとされているため、債権者に対する詐害性への担保が一定程度図られている（同条3項各号。**イ**への対処）。加えて、個別の契約については、承継に際して同意が必要となる。したがって、更生手続による場合で、速やかに事業をスポンサーに移転させ、事業の毀損の防止を図る必要があるという場合には、計画外事業譲渡は、選択肢となり得る。

　なお、更生計画に基づく事業譲渡についても、株主総会決議は不要であり、株式買取請求権や無効の訴え等は排除される（会更210条）。更生計画に基づく事業譲渡については、更生計画案への投票の段階で債権者の意思確認手続を経ることから、詐害性への担保が一定程度図られている。

(iii)　事業譲渡等の実行をしても、再生手続等を維持できないケース

(a)　再生手続内での計画外譲渡および破産手続への移行

　事業譲渡・会社分割の対価で、一般優先債権も支払える見込みがないような場合にも、許認可の維持や事業価値毀損を極力回避する観点から、破産手続ではなく、再生手続の中で速やかにスポンサーに計画外で事業譲渡・会社分割をすることが望ましいケースがある。

　この場合、「再生計画案の作成若しくは可決の見込み又は再生計画の認可の見込みがないことが明らかであるとき」は再生手続開始の申立てを棄却しなければならないとされている関係で（民再25条3号）、そもそも、再生手続の開始決定を裁判所から受けられるかという問題があるが、①再生手続の目的が事業の再生を図る点にあること、②再生手続で事業譲渡・会社分割したほうが弁済率等の点、破産手続による場合よりも債権者にとって通常有利になること等を考慮すれば、上記の要件は緩やかに判断することも認められるべきであり[注74]、実際、上記のような状況で開始決定を受けた実例も存在する。

　このケースにおいて、計画外で事業譲渡・会社分割を行った後に、結果的

注74）　事業再生研究機構編『民事再生の実務と理論』（商事法務、2010）57頁以下［富永浩明］。

第3節　事業・会社の譲渡を伴う再生

に再生債権に対する弁済ができないということであれば、再生手続は廃止となり、破産手続に移行して残った会社は破産手続の中で処理されることになる。

(b) 破産手続内での譲渡

再生手続で計画外譲渡する場合、裁判所の代替許可のみで行うことが可能であるが、事前に債権者の意見聴取のための期日を設ける必要があり、また、譲渡対価の相当性の確認のために事実上財産評定を終わらせておく必要があるなど、計画外譲渡を実行するまでには、最短でも、申立てから1か月程度は必要になる。

そのため、上記の通り開始決定の要件を緩く解したとしても、少なくとも申立後1か月は、資金繰りを維持する必要があるため、ここまで資金繰りに余裕のないケースでは、始めから破産手続を申し立て、事業継続許可を得た上で、破産管財人の下で、速やかに事業をスポンサーに譲渡することになる（なお、破産手続開始決定により許可が取り消される場合には、保全管理命令を得て、保全管理人の下で事業譲渡を行うことになる）。

なお、同様の場面で、スポンサーが破産手続による事業価値毀損を避けたいという意向があったため、事業譲渡を先行させ、その後速やかに破産手続に移行したケースもある[注75]。

3　「会社」の譲渡・移転

(1)　総論

2では「事業」自体の譲渡・移転の場合について検討してきたが、「事業」の譲渡では対応できない場合が一定程度存在する。そのような場合において、「会社」（の支配権）を譲渡・移転する、すなわち既存の法人格を生かしたままでの再生を目指すことが事業の再生に最適な場合もある。

具体的には、例えば、以下のような場合が挙げられる。

注75)　鈴木学「事業譲渡を先行させた破産手続における留意点」事業再生と債権管理161号（2018）82頁。

(i) 上場ステータスの維持

株式を証券取引市場に上場していることがどの程度当該会社の再建・再生に有意義かという問題は、上場等をしていることによる開示義務 [→**第9節2**] や監査手続その他のガバナンス体制の維持のための負担といったこととの比較となるが、上場廃止となった場合の既存株主が受ける不利益や、一般的な信用力の低下に伴う事業継続上の悪影響等が看過しがたいというような場合には、「上場会社」であるというステータスをできる限り維持したいと考える場合がある。

(ii) 欠損金その他の税効果

再生局面にある会社においては、過去の累積損失等を原因として、多額の欠損金を保有している場合も多い。こうした欠損金は、前述した事業の譲渡、およびその後に債権者による債権の放棄等が生じる場合にはその免除益の処理に使われることとなるが、当該会社において事業を継続して、当該欠損金を利用しつつ、当該事業から上がる収益に係る税効果を最大化することによって、結果的に企業価値の維持向上が図られるという場合もある。

(iii) 既存許認可等の利用（新規取得の困難性）

前述した通り、事業継続に必要となる許認可の新規取得や承継に手間がかかる、時間的猶予がない、そもそも現実的ではないといったような事情が存する場合には、当該会社がすでに所持している許認可を活かして、すなわち、当該会社自身における事業の再生ということを企図しなければならない場合がある。

(iv) 事業の第三者への移転に伴うコスト増大の回避

上記(i)から(iii)までのほかにも、当該会社自身での事業継続を積極的に希求するものではないが、**2**で述べたような各種の手法による事業の第三者への移転が、次のような事情により困難であったり、現実的な選択肢となりがたいような場合である。

① 当該会社が営む事業に係る契約関係が複雑であったり、極めて多数存在していたりすることにより、その第三者への移転が現実的ではない場合。

② 「事業」の主体の変更が事業継続に必要不可欠な契約の解除事由に

なっている等の理由により、第三者への速やかな譲渡にそぐわないという場合。

③　上記と同様の契約について、当該契約の相手方からの同意取得に多額のコストが発生する場合（賃貸借契約における名義変更に伴うコストや、知的財産権等に係るライセンス契約の再交渉に伴う条件悪化等も含まれる）。

④　契約関係や事業自体が複雑で、一部の事業の切り出し自体が困難であったり、コストがかかる場合（当該会社に事業を残置した上で、不要な部分を切り離すほうが現実的である場合）。

　このような、「会社」の譲渡・移転の手法としては、支配権の異動を伴う第三者割当増資による方法や、スポンサーが既存株主から株式を譲り受ける（公開買付けを含む）方法がある。**3**では、これらの各方法と、再生局面における留意点について述べる。

　ところで、「会社」の運営主体の変更にとどまる場合には、既存法人格に存在する可能性のある潜在債務は切り離せない。例えば、窮境原因が、多数の不法行為債権者の存在にあるような場合や、不正会計であるような場合には、潜在債務が存在する可能性が高い場合が多く、そのような場合には、スポンサーとしては、単なる第三者割当増資や株式の取得の手法によることは難しい。また、窮境状態にある会社の支援を行おうとする場合には、会社の経営をコントロールするため、スポンサーとしては、支配権の獲得を前提とする場合が多いと思われるが、一部の株式取得（第三者割当増資による場合を含む）にとどまる場合には、後述の通り、会社法や証券取引所等からの要請により、（取引実行後に）少数株主となる既存株主との利害調整が必要とされる。これにより、通常の手続よりも加重された手続や開示が必要となる点で、一定の負担が生じ得る。他方で、全部の株式を取得して100％子会社化しようとする場合には、既存の株主に対価（多くの場合には、プレミアムの対価）を支払うことが必要になり、また事業自体の支援も必要な場合には、株主への対価の支払に加えて、会社自体への資金援助を行うことが必要となるため、一時的に多額の費用を負担しなければならないこともある。また、窮境状態にある会社は、資金繰りが厳しい場合も多いが、支援を受けるまでのスケジュールという観点からは、大規模な第三者割当増資の実施に株主総会が必

要な場合や、公開買付けによる場合には、資金支援の実行までに、ローンチから数か月を要する場合もあり得る。

このように、窮境状態にある「会社」の運営主体を変更しようとする場面では、そのメリットとともに、デメリット・負担も併せて検討した上で、手法として適切かを検討していくことが必要となる。

(2) 第三者割当てによる支配権の異動

(i) 総論

「会社」の運営主体を変更しようとする場合の手法としては、支配権の異動を伴う第三者割当てによる場合がある。一般的な第三者割当てにおける意思決定手続、既存株主の保護手続、債権者保護手続、その他の留意事項については**第2節2**を参照されたいが、以下では、支配権の異動を伴うような大規模な第三者割当てを手法として選択する場合の留意事項について述べる。

(ii) 大規模第三者割当増資

窮境状態にある会社の支援を行おうとする場合には、会社の経営をコントロールするため、スポンサーとしては、支配権の獲得を前提とする場合が多い。もっとも、支配権の異動を伴うような第三者割当てにおいては、大規模な希釈化により影響を受け得る株主への配慮として、金融商品取引法および証券取引所の規則により、通常の第三者割当てよりも詳細な開示が求められる。また、証券取引所の規則により、希釈化率[注76]が25％以上となる場合または支配株主が生じるような大規模な第三者割当てを行う場合には、①経営陣から独立した者からの意見聴取[注77]または株主総会決議による株主の意思

注76)　割当議決権数＋総株主の議決権数加算議決権数により算出される。なお、割当議決権数には、並行して行われる第三者割当ておよび届出書提出日前6か月以内に行われた第三者割当てにおける割当議決権数が加算される。

注77)　希薄化率が25％以上となる場合に要求される手続のうち、「経営者から一定程度独立した者」からの意見の入手については、第三者委員会、社外取締役、社外監査役などからの意見の入手が想定されており、その意見の内容としては、資金調達を行う必要があるか、他の手段との比較で今回採用するスキームを選択することが相当であるか、発行会社の置かれた状況に照らして各種の発行条件の内容が相当であるかという点について言及することが想定されている。

確認[注78]が必要とされ（東京証券取引所上場規程432条）、希薄化率が300％超となる場合には、上場廃止となる。

　詳細については、**第9節4(4)**を参照されたいが、窮境状態にある会社の支援として大規模な第三者割当てを選択する場合には、詳細な開示への対応が必要となるとともに、意見聴取または株主の意思確認のための十分なスケジュール上の余裕があるか、希釈化率も見据えたスポンサーとの条件の交渉、希釈化率が300％を超えるとしても上場維持を目指す場合には証券取引所との交渉やそのためのスケジュール上の余裕などを考慮することが必要となる（なお、これらの規制には、資金繰りが急速に悪化している場合や公的資金の注入事案などを前提とした例外規定もある[注79]が、現状では、限定的な事例にとどまっている）。

(iii)　特定引受人が生じるような第三者割当て

(a)　概要

　また、窮境にある会社が公開会社である場合で大規模第三者割当てを検討する場合には、(ii)で述べた点に加えて、いわゆる特定引受人の問題も生じ

注78)　会社法に従い必要な株主総会の決議を得る場合のほか、いわゆる勧告的決議が想定されている。

注79)　資金繰りが急速に悪化していることなどにより、意見聴取または株主の意思確認のいずれの手続も行うことが困難な場合は、緊急性が高いものとして手続規制の適用除外が認められるとされている。また、「第三者割当の目的、割当対象者の属性、発行可能株式総数の変更に係る手続の実施状況その他の条件を総合的に勘案」して審査した上で、「株主及び投資者の利益を侵害するおそれが少ないものと認められるとき」は、上場維持が認められる。ただし、後者については、公的資金の注入や、段階的な株主意思確認手続として、株主総会決議により定款変更を行い、発行可能株式総数を段階的に拡大していくようなケースが想定されているものの、個別事情に基づく証券取引所の総合判断によって決せられるものとされているため、極めて限定的な適用となることが想定される。
　　　かかる例外により上場維持が認められた事例としては、2009年の株式会社CSKホールディングス（現SCSK株式会社）によるACA株式会社および金融機関に対する第三者割当ての事例（2009年9月8日付プレスリリース「資本増強の詳細確定に関するお知らせ」）や、2011年の株式会社アークによる株式会社企業再生支援機構および金融機関に対する第三者割当ての事例（2011年6月23日付プレスリリース「第三者割当による優先株式発行に関するお知らせ」）がある。

第2章　債務者の再生手法

得る。

　すなわち、公開会社において、増資後に議決権の2分の1を超えて株式を所有する者（特定引受人）が新たに出現する場合には、払込期日の2週間前までに株主への通知（または公告）が必要となる。仮に、議決権の10分の1以上を保有する株主が反対を通知した場合には、払込期日の前日までに株主総会の承認決議（過半数）を得なければならない（会社206条の2）。なお、この規定には例外があり、会社の財産状況が著しく悪化していて事業継続に緊急の必要があるときは、株主総会決議を経ずに支配株主の異動を伴う新株発行ができる（同条4項ただし書）。

　したがって、公開会社が、特定引受人が生じるような第三者割当てを企図する場合には、原則として、株主総会による承認が必要となり得ることも見据えて、スケジュール管理を行うことが必要となる。そして、仮に株主総会による承認を得るための十分な期間が確保できないという事案では、例外要件が利用できるかを含めての検討が必要となる。

　以下では、窮境にある会社が特定引受人が生じるような大規模第三者割当てを検討する際に直面し得る問題について論じる。

(b)　例外要件は充足しない（が、窮境にある）事例での問題点

　緊急の必要があるとまではいいがたい場合（またはあるといい得るが、スポンサーがリスクをとれない場合）においては、原則通り、10％以上の反対通知がなされた場合には株主総会を開催しなければならない。その場合には第三者割当増資の手続と並行して、株主総会招集のための準備を行うのかという問題や、株主総会での否決リスクを見据えながら、資金繰りをコントロールする必要性がある。また、株主総会を経なければならないとなった場合には、（10％以上の反対通知がなされていることから）株主総会の否決リスクも念頭に置いて、スポンサーとの協議やバックアッププランを用意する必要が生ずる。このような場合には、事業の再生に向けた道筋が一定程度不透明になることは避けられず、そのような不安定な状況が開示されることによって、事業が影響を受ける可能性もある[注80]。

　また、スケジュールの観点では、資金繰りが逼迫しているのであれば、最短での払込みを希望することが通常は多いと考えられる。もっとも、この払

132

込期日の設定について、特定引受人の規制の適用を受ける場合には、仮に10％以上の反対通知があった場合に備えて、①最短で株主総会を開催することをも見据えた払込期日設定とする（すなわち、払込期日は約2か月後以降に設定する）のか、②最短の払込期日（中15日）を設定した上、反対通知があった場合には有価証券届出書の取下げおよび再提出[注81]（または訂正届出書の提出および延長）で対応するのかについて、実務は固まっていない。仮に、①の最短で株主総会を開催することを見据えた払込期日の設定をするという場合には、資金調達までにその分の時間（約2か月）を要することになる[注82]から、その間の資金繰りを確保できるかどうかを、開示を行う当初の段階から見極める必要性がある[注83]。

　(c)　会社の財産状況が著しく悪化していて事業継続に緊急の必要があるとき

　それでは、どのような場合に、「会社の財産状況が著しく悪化していて事業継続に緊急の必要があるとき」に該当するのか。

　立案担当者の解説によれば、この例外は「倒産の危機が迫っている場合等、株主総会を開催していては公開会社の存立自体が危ぶまれるような緊急の事態が生じている場合を想定したもの」とされている。この解説を受けた解釈においては、「単に資金調達が緊急に必要だということだけではなく」[注84]、「目前の資金繰りの行き詰まりが予想され、これを回避するために募集株式

注80)　また、有価証券届出書やプレスリリースでの開示が必要になるが、例えば、新株発行でなければならない理由などの記載が求められると思われるが、負債での借入れが難しいこと（加えてその理由の開示）というようなネガティブな開示になる可能性はあり、開示が事業に与える影響と適切な開示のバランスを図る必要が生じる。

注81)　小林俊夫ほか「資本政策・組織再編等をめぐる権限分配――会社法改正による実務への影響」資料版商事357号（2013）17頁。

注82)　前田雅弘ほか「座談会・『会社法制の見直しに関する要項』の考え方と今後の実務対応」商事1978号（2012）30頁〔牧野達也発言〕。

注83)　なお、対スポンサーとの関係では、資金繰り上、株主総会を開くスケジュール的な余裕がないとして、有利発行ではない時価発行での第三者割当てを求める等の条件交渉を行う場合もあると考えられるが、仮に①のような払込期日を設定できる、すなわち株主総会を開く余裕があるということになると、スポンサーからは、株主総会を前提として有利発行とすることを求められる可能性もある。

注84)　前田ほか・前掲注82）28頁〔前田雅弘発言〕。

等を特定の第三者に割り当てる必要に迫られており、かつ、この募集株式等の割当てについて株主総会の決議を経てから資金調達を行っていては資金繰りの目途をつけることができず、その結果倒産を余儀なくされることが予想される場合」[注85] を想定しているとする見解などが示されており、より具体的な期間として、「総会開催に必要な1.5か月から2か月程度の資金繰りすら目処が立たないくらいに緊急性が高い場合」などの限定的な場面しか想定されない[注86] との指摘もある[注87]。もっとも、現時点で具体的に確定した裁判例や基準が存在するものではない。

　なお、東京証券取引所の大規模第三者割当てに関するルールにおいても、「資金繰りが急速に悪化して……手続きを行うことが困難であるなど、緊急性が極めて高い場合」には、大規模第三者割当てに際して必要とされる経営者から一定程度独立した者による意見の入手または株主の意思確認手続は不要とされている（東京証券取引所上場規程432条、同施行規則435条の2第3項）。この例外は、ニューヨーク証券取引所のルールを基にしたとのことであり、特定引受人の例外要件についても、「本質的な差はない」と指摘する見解もある[注88]。ただし、大規模第三者割当てにおける例外要件についての東京証券取引所の説明自体「具体的には、資金繰りが急速に悪化して、上記の企業

注85)　　小林ほか・前掲注81) 18頁。

注86)　　土岐敦司ほか「改正会社法が事業再生・倒産処理実務に与える影響」事業再生と債権管理148号（2015）11頁。

注87)　　なお、「支配株主を変更することもやむを得ないと認められる会社の事業の継続のため緊急に必要な場合」を含める形で幅広に解釈できないかとする例として「会社の財産状態が悪化し、事業継続にとって当該新株発行（業務・資本提携）が必要不可欠であり、とりわけ、他に合理的な代替案がないため、当該新株発行ができないときは、早晩事業の継続が困難になる状況下において、1人又は複数の支配株主が自らの利害に固執して、当該新株発行に反対したことから、経営陣が状況を誠実に説明して理解を求める努力をしたが、調整作業は難航し、相手方から、これ以上待てないとして、別途提携先を考えることも示唆しつつ、早急に経営上の決断をするよう迫られる場合」が含まれないかとする見解（森本滋「公開会社における支配権の異動を伴う第三者割当てと取締役会の権限——仙台地決平26.3.26を素材として」金法2003号〔2014〕39頁）もあるが、現時点で確立した見解とはいいがたい。

注88)　　前田ほか・前掲注82) 28頁［静正樹発言］。

第3節　事業・会社の譲渡を伴う再生

行動規範上の手続きを行うことが時間的に困難である場合などを想定しています。ただし、求められる手続きについて、『株主意思の確認』に限定しないなど柔軟に対応していますので、緊急性が極めて高いものとして手続きが不要となるケースは、極めて限定的になると考えられます」としている[注89]ため、実際には、相当限られるものと思われる[注90]。

　加えて、例外事由に該当しないのに株主総会決議を経ずに特定引受人が生じるような第三者割当てを行ったことを争う方法としては、新株発行差止めの仮処分の中で、緊急の必要性がないことを争うとされている。最終的には裁判所が必要性・緊急性を判断するものの、立証責任は会社にあるとされる。また、実質的には新株発行差止めの仮処分ではなく、無効確認訴訟で争うほかないとの指摘もあるが、最終的に（増資実行後に）無効確認訴訟で争われる可能性があるのであれば、スポンサーが払込みを躊躇することも想定され得る。他方で、例外要件への該当性があると考える場合とは、資金繰りが相当に逼迫している段階であることを前提とすると、スポンサーからの払込みが行われなければ、発行会社は倒産するというような局面に置かれることとなり、事業の再生が著しく不安定となりかねない[注91]。

　また、開示の関係では、実務上、反対通知が集まった場合の対応について証券取引所や財務局から記載を求められることがあるため、仮に例外要件を念頭に置いているとすると、反対通知が集まる前の当初の第三者割当てプレスリリースや有価証券届出書において、必要性・緊急性について詳細な開示を行うことになる[注92]と考えられるが、資金繰りが1.5か月から2か月でショートするほど逼迫している等の開示をした場合に、信用不安を惹起して、

注89)　東京証券取引所『会社情報適時開示ガイドブック〔2018年8月版〕』601頁。
注90)　なお、実際に争いになった場合には、「財政状況や資金繰りの状況を示す資料に加え、他の適当な資金調達手段もないなどの資料により、緊急の必要性を示すことになる」（前田ほか・前掲注82）28頁〔石井裕介発言・前田発言〕）といわれており、例外要件を検討する際には、この点にも留意が必要となる。
注91)　会社の危機的状況における経営者の経営判断を萎縮させる危険や会社の事業規模に対する債権者の信頼保護の問題は生じないのか、との指摘もなされているところである（森本・前掲注87）40頁）。
注92)　小林ほか・前掲注81）18頁。

135

第 2 章　債務者の再生手法

さらに資金繰りを悪化させないか、事業に悪影響を及ぼさないかという点も
懸念される。

　以上の通り、例外要件については、仮に立案担当者らの見解に依拠すると、
1.5か月から2か月程度の資金繰りすら目処が立たないような、真に万策尽
きた場合に、法的倒産手続の申立準備と並行して検討するような究極的な状
況でなければ認められないということになるとも思われ、また確立した裁判
例や基準があるわけではない状況で、実際に一定規模の反対通知がなされた
状況で、スポンサーは、特定引受人が生じるような規模の第三者割当てにつ
き株主総会を不要と整理して出資を実行できるのかは、実際の案件において
は問題になる場面も生じ得ると思われる(注93)。このような場合には、特に再
生への悪影響が生じないようにスポンサー支援の進め方を模索していくこと
が必要となる。

(d)　再生・更生手続と会社法206条の2の適用

　では、実際に再生手続または更生手続を申し立てたような場合は、例外要
件の適用を受けるか。

　更生手続では、そもそも更生計画によらなければ増資を行うことができな
い（会更45条1項1号・2号）ため、資金繰りに余裕がないために、更生手続
開始申立直前に第三者割当ての手続を開始し、更生手続開始申立後に払込期
日を迎えるが、反対通知があったという場合の解決策としては機能しな
い(注94)。

　他方で、再生手続には更生手続のような規定はなく、第三者割当てには株
主総会決議が必要であり、また、株主総会決議に関する会社法206条の2の
適用も除外されていない。そのため、これらの規定の適用だけを考えると、
再生手続開始申立前に第三者割当ての手続を開始し、申立直後に、（資金繰
り上緊急の必要があるとして）払込みを行うということであれば、会社法206
条の2の例外要件の適用は受け得るようにも思われる。もっとも、このよう

注93)　そもそも、緊急の必要性があるような厳しい事業状況で、なお時価発行での大規
　　　模な出資を行うようなスポンサーはいるのかという事実上の問題もある。
注94)　なお、更生手続では、更生計画で第三者割当てについて定めた場合には、株主総
　　　会は不要となるため、会社法206条の2の適用はない。

な流れで第三者割当増資を行うのは、プレパックの再生事案ということになるが、実際には、債権者の了承なく第三者割当てを実行することは、その後の再生手続の運営を不安定にする可能性がある。

なお、再生手続における固有の論点としては、再生計画において第三者割当増資（100％増減資である場合が多いと思われる）を定める場合に、株主総会決議が必要になるのではないかという点がある。すなわち、第三者割当てにより発行される株式が譲渡制限株式の場合には、一定の条件の下、再生計画において第三者割当増資の規定を置くことができ、その場合には株主総会における特別決議は不要となる（民再154条4項・166条の2第2項・183条の2第1項）。他方で、この規定は譲渡制限のない株式には適用がないため、会社法206条の2を含む、会社法の各種規制の適用を受け得る。したがって、例えば上場会社の民事再生案件ではこの点が問題となり得る。この点について、再生計画の成立・遂行に必要不可欠な場合には、「緊急の必要性あり」とすべきではないかとの見解[95]も示されているが、前記のような例外要件に関する現在の議論の状況からすると、必ずしも不要と整理することは容易ではないと考えられる[96]。

(e) 私的整理（事業再生ADR）と会社法206条の2の適用

また、事業再生ADR手続のような私的整理手続を実施している間に、会社法206条の2の例外要件の適用を受けるかについても問題となるが、事業再生ADR手続を利用しているような場合には、少なくとも金融債務の支払については一時停止を要請し、また、おおむね決まったスケジュールに従って私的整理手続が進行し、その私的整理で合意された枠組みに沿って第三者割当増資が行われることからすると、債務の弁済スケジュールについても手当てがされていることが通常であり、「倒産の危機が迫っている場合等、株主総会を開催していては公開会社の存立自体が危ぶまれるような緊急の事態

注95)　土岐ほか・前掲注86）12頁。
注96)　ただし、再生計画に定める既存株式の全部取得の効力発生後、株主が存在しなくなった段階で、会社法206条の2により経るべき株主総会の構成員たる株主が存在しないため同条は不適用と整理し、取締役会決議により、第三者割当手続を実行することも考えられる。

第2章 債務者の再生手法

が生じている場合」とまではいいがたい状態にあることが多いのではないか
と思われる。

(f) 制度の帰結（想定される現実の運用）

以上を踏まえると、確定した判例や基準、先例に乏しい現段階においては、
会社法206条の２の例外要件を利用して、株主総会決議を経ずに特定引受人
の生じるような第三者割当増資を行うことは、極めて限定的ではないかと思
われる。また、逆に、特定引受人に関する規制の適用を受けないようなス
キームを検討する（例えば、増資後の議決権数が過半数とならないように、第三
者割当ての条件を設定する、さらに、その後に自己株式取得を行って、特定の株
主の議決権比率を過半数とする）場合も生じるのではないかと思われる。本来
は、事業の再生のために調達すべき資金の額があり、会社の価値（１株当た
りの払込価格）があって、その結果、割当後の議決権比率が決まることにな
るが、特定引受人の制度によって、割当後の比率から、（必要とされる）調達
資金の額や条件が影響を受けることになる。それによって事業の再生に真に
必要な資金を調達できないという事態に至ることは本末転倒である。

(iv) 100％増減資の計画

最後に、第三者割当てにより究極的にスポンサーが支配権を獲得する手法
としては、いわゆる100％増減資の方法がある。特に、法的倒産手続におい
ては、スポンサー支援の方策として、計画に基づき既存の株式を全部取得し
消却した上（民再161条１項・166条・183条１項、会更174条・174条の２）、新た
に債務者の募集する株式をスポンサーが引き受ける、いわゆる100％増減資
の計画を採用することは一定程度行われ得るが、この手法には、以下のよう
なメリット・デメリットがある。

(a) 契約上の地位の移転等に係る同意取得、許認可の承継等に係るデメ
リット

許認可等の承継や新規取得が困難な場合や時間を要する場合等がある。こ
の場合には、債務者がすでに有している許認可等を利用するために債務者の
法人自身を活かすスキームを選択することになる。

加えて、極めて多くの重要な契約の移管が問題になるようなケースにおい
ては、事業譲渡のように、契約の承継に相手方の個別同意が必要なスキーム

第3節　事業・会社の譲渡を伴う再生

を避けることもあり得る。

(b)　税務上のメリット

また、税務上の観点で、100％増減資が考慮対象となることもある。例えば、会社が有している繰越欠損金を利用した税務上の効果を享受するために、いわゆる100％増減資が選択される場合もある。また、例えば事業譲渡[注97]や個別の資産譲渡によると多額の税務負担が発生する一方、100％増減資に伴う登録免許税の負担のほうが軽いという場合が挙げられる。

(c)　潜在債務に係るデメリット

他方で、100％増減資の場合には、すでにある法人をそのままスポンサーの支配下に置くことになるため、例えば未払労働債務や環境債務、不法行為債務等の多額の潜在債務が懸念されるというような場合には、この手法は選択対象となりにくい。また、いわゆる粉飾決算が行われていたというような場合にも、既存の法人をそのまま承継することには躊躇を覚えるスポンサーが多いと思われる。また、100％増減資の場合には、既存の契約は原則としてそのまま承継することになるため、労働条件の（大幅な）変更が困難であったり、既存の不利益な取引契約をそのまま承継することにもなる（他方で、2の「事業」の承継の場合である事業譲渡や会社分割の場合には、承継対象となる契約を選択することも可能である）。

(v)　清算型の再生計画と増資規定

最後に、再生手続で事業譲渡や会社分割を実施し、再生債務者において継続すべき事業が存しなくなる場合（典型的には、第2会社方式をとる場合）における残存会社に係る論点を紹介する。

こうしたケースでは、再生計画で弁済・免除を受けた後速やかに、再生債務者を清算する旨を規定することになるが、民事再生法は解散や清算手続について何らの特例を設けていないことから、解散決議等の清算手続を円滑に進めるため、既存株主の株式は取得・消却した上で、代表者等の清算人候補者に1円で1株を発行することが検討される。

注97)　会社分割の場合には、不動産の所有権の移転登記等の税率の軽減措置がある（租特81条）。また、事業譲渡とは異なり、会社分割は「資産の譲渡等」に該当せず消費税が課されない（消税2条1項8号参照）。

139

第2章　債務者の再生手法

　しかしながら、再生計画で募集株式の募集に関する規定を設けるには裁判所の許可が必要となり、条文上、再生債務者が債務超過であることに加え、「再生債務者の事業の継続に欠くことのできないものであると認める場合」が許可の要件のため（民再166条の2第3項）、事業をすでに譲渡し残務が清算手続しかない場合、同許可の要件を満たすかが問題となる[注98]。

　この点、円滑に清算手続を遂行するために新たに株式を発行する必要性はある一方、株主権の保護は債務超過要件で十分であるとして、事業継続不可欠要件の必要性自体に疑義があるところである[注99]。

　そのため、実務上も、当該要件の存否については厳格に判断せず、事業継続に必要であることについて何らかの一応な説明がつけば、同要件を満たすものとして許可を行っているとのことである。

(3)　公開買付けによる支配株主移動

(i)　総論

　スポンサーによる「会社」の支配権の移転を伴う支援として、第三者割当増資ではなく、スポンサーによる公開買付け[注100]により、対象会社を（100％）子会社化することが模索されることがある。

　このような手法による場合には、対価が交付されるのは対象会社の既存株主であるため、対象会社の資金ニーズに直接応えることにはならない。また、例えば第三者割当てにより期待されるような、資本増強というような効果も得られない。

　それでもなお、このような手法が採用されるのは、例えば、スポンサー側

注98)　更生手続では、更生計画において募集株式の募集に関する規定を設けるに際して再生手続のような裁判所の許可は求められていない。

注99)　園尾隆司＝多比羅誠編『倒産法の判例・実務・改正提言』（弘文堂、2014）542頁［清水祐介＝金山伸宏］。

注100)　なお、株式譲受、現金対価の合併・株式交換等の手法によっても実現可能である。また、近時には、公開会社において、公開買付けを前置しないスクイーズアウト事例（注103参照）もあらわれているが、スクイーズアウトに係る株主総会の判断を介在させるという点においては、株主による判断が介在していることから、ここでは詳細は割愛する。

において、対象会社の完全な支配権を獲得したい場合がある。完全な支配権の獲得は、既存の株主の存在を前提とする第三者割当増資では実現できないが、（完全な）支配権を獲得しておらず、経営をコントロールできない段階では、資金面での支援（貸金業規制のほか、経営をコントロールできない段階での融資実行そのものへのリスクもある）や、役員等の人材派遣が実現できない懸念、例えば、既存経営陣が株主総会に役員選任の議案を付議しないという懸念や、株主総会で役員選任議案が否決される懸念があり得る事案もある。また、窮境状態にある会社を再建するためには、ある程度思い切った施策が必要になる場合もあるが、少数株主が存在する状況では、唯一の株主がリスクをとって実行する場合と比べて、とり得る施策が制限され得るという場合もある。

　また、対象会社が上場会社である場合には、非上場化のメリットを模索する場合もある。すなわち、多数の少数株主が存在することに伴う不安定さ（特に特殊な株主構成である場合や、一部の大株主が濫用的な権利行使を行い、会社のガバナンスに問題を生じさせている場合）や、多数の少数株主の管理コスト、公開会社・上場会社であることに伴う負担・制約（例えば、機関設計、コーポレートガバナンスコードに基づく独立社外取締役選任の要請、証券取引所による独立役員等の確保の要請、有価証券報告書、適時開示等の開示義務等）、スポンサー側の開示負担（非上場親会社情報開示）の負担を軽減したいという場合がある。

(ii) スケジュール上の留意点、考慮要素

　他方で、公開買付けおよびスクイーズアウトの手法による100％子会社化に際しては、スケジュールが考慮要素の1つとなる。すなわち、公開買付けおよびその後のスクイーズアウト手続による100％子会社化に要する期間としては、例えば、スクイーズアウト手法を株式併合（会社180条）の方法による場合[注101]では、一般に、公開買付けに30営業日（約1か月半）、その後の決済から臨時株主総会の招集、開催までに約2〜3か月、株主総会決議から上場廃止まで約1か月、スクイーズアウト手続により生じる端数株式の処理および有価証券届出書提出義務の中断までに約1か月程度と、合計で約5か月半〜6か月半程度の期間が必要となる（実際には、これに加えて公開買付け

第2章　債務者の再生手法

の準備に少なくとも数週間～数か月は必要となるし、海外競争法対応が必要な場合には、さらに期間を要する場合もある)注102)。

　なお、特に私的整理案件において、一部の大株主の株主責任を問う観点から、一般株主と同様のプレミアムを当該大株主に交付することは、債権者との関係上、受け入れられがたいという事案もある。このような場合には、公開買付け規制上、一度の公開買付けで2つの価格を設定することができないため、第1段階の公開買付けにおいて大株主からはディスカウントで取得し、第2回の公開買付けにおいて、一般株主からはプレミアムを付した価格で取得するという、2度の公開買付けを経ることがある。その場合には、1度目の公開買付けに要する期間（例えば20営業日）がさらに必要となる点に留意が必要である。

　また、窮境状態にある会社においては、抜本的構造改革施策（例えばリストラ、給与カット等の人事施策、店舗や工場の閉鎖等）を並行して検討している場合も多いが、未公表のインサイダー情報を有している状態では公開買付けを開始できず（スポンサー支援の検討に際して、これらの未公表の重要事実を把握している場合が多いため）、また仮に公開買付期間中に重要な事実が発生した場合には、公開買付届出書の訂正届出書の提出やそれに伴い公開買付期間の延長が求められる場合もあるという点に留意が必要である。また、インサイダー取引規制や証券取引所の適時開示における軽微基準は、前事業年度の業績が基準となっているものが多いが、窮境状態にある会社は、この軽微基準が会社の規模と比べて著しく低いことがある。この場合には、常に重要

注101)　このほかに、会社法上の株式等売渡請求制度（会社179条）を用いる方法、産業競争力強化法（以下、「産強法」という）上の株式等売渡請求制度（同法30条5項）を用いる方法、全部取得条項付種類株式（会社108条1項7号）を用いる方法、公開買付けを前置せずに行う株式併合を用いる手法、現金株式交換（同法2条31号・768条1項2号）を用いる方法等があり、いずれを用いるのかについては、公開買付後の議決権比率・株主総会開催の要否、スクイーズアウト後の株主構成、税務、産強法に基づく計画の認可、新株予約権の有無等の観点からの総合的な検討が必要となる。

注102)　なお、公開買付けにより、90％以上の議決権を所有するに至った場合等、支配株主による株式売渡請求制度が利用できる場合には、全体で数か月短縮が可能となる。

第3節　事業・会社の譲渡を伴う再生

事実または要開示事実が、容易に決定または発生し得る状態にあるため、公開買付けによる場合には、特にスケジュールに留意する必要がある。

　以上の通り、窮境状態にある会社に対して、公開買付けの手法によるスポンサー支援を検討するに際しては、スケジュールとの関係では、少なくとも短期的な資金繰りは手当てができていること、（意図しない）重要事実の決定・発生があり得ることを踏まえても、スケジュール上問題がないことが前提となる。

(iii) 対価（スポンサー支援に要する費用）

　また、スポンサーがスキームを検討する際の考慮要素としては、スポンサー支援に要する費用があるが、公開買付けおよびスクイーズアウトの手法による場合には、（仮に経済的に窮境に陥っている会社の支援案件であったとしても）少数株主への配慮、案件の成否（公開買付けへの応募、株主総会での賛成）の観点から、株主に対して一定のプレミアムが支払われることが通常である。

　なお、理論的には、窮境状態にあることを開示した上で、法的倒産手続を利用する場合よりは多くの対価を得られるとして、ディスカウント価格での公開買付けを行うことも考えられるが、対象会社の取締役として、市場株価よりも低い価格が企業価値として妥当であることを認めることに躊躇を覚えることが多いと思われ、またディスカウント価格での公開買付けの場合には対象会社の取締役会が株主に対して応募の判断は委ねる（応募推奨はしない）ことが一般的という現在のプラクティスからは、スクイーズアウトに必要な応募が集められるのかに懸念が残る場合もあり得る[注103]。

　そのため、スポンサーとしては、現金スクイーズアウトにより株主に対してプレミアムを支払った上で退出を求めるのか（加えて、対象会社の資金ニーズに対しては、貸付けや信用補完による調達支援など、別途の手配・負担が必要になる）、第三者割当増資により、自分は一定の議決権の確保にとどめつつ、対象会社が資金を直接確保する形をとるのか（なお、この場合は通常、プレミアムだけではなく、有利発行にならない範囲のディスカウント、有利発行を前提としたディスカウントも検討対象となる）のかも考慮する必要が生じることになろう[注104]。

143

(iv) 対象会社側の考慮要素

以上に加え、対象会社としては、公開買付けおよびスクイーズアウトによるスポンサー支援を受け入れるか否かの判断に当たっては、非上場化に伴うメリット・デメリットとスポンサー支援が得られることによるその他のメリットを比較考量することも必要になる。すなわち、非上場化に伴い、前記のようなメリットも享受できるが、他方で上場ステイタスを失うことによる、信用力の変化（もっともこれは、スポンサー支援によって補完される場合も多い）、取引条件の変更や、顧客の反応、従業員への影響等のデメリットも考慮する必要がある。また、前記の通り、公開買付けの準備からスクイーズアウトの完了には一定の期間を要するため、特に資金ニーズが切迫している場合には、この手法を選択することは難しく、他の手法を選択せざるを得ないこともあり得る。

(v) 小括

以上の通り、公開買付けおよびスクイーズアウトによるスポンサー支援に際して、主に、スポンサーによる完全な支配権の取得（または株主交代）の要請があり、非上場化によるメリット・デメリットを踏まえ、短期的な資金繰りが公開買付けおよびスクイーズアウトに要するスケジュール上問題がないという場合に用いられる手法であるといえる。

注103）　なお、本書執筆時現在、当職らにおいて調査した限りでは、2010年以降のスポンサーが関与するスクイーズアウトを目的とした公開買付けにおいて、ディスカウント価格を一般株主に提示しているものは見当らなかった。ただし、株主に交付される金額が、市場株価よりもディスカウントされた価格で実行されたスクイーズアウト事例としては、2018年のパイオニア株式会社の事例がある。この事例では、株主総会による特別決議を経た上で、大規模な希薄化を伴うディスカウント価格での第三者割当増資に引き続く形で、株式併合によるスクイーズアウトが行われた。なお、当該事例においては、発行会社は、株式併合に伴い、既存株主に対して、先行する第三者割当増資における新株式の払込金額に対してはプレミアムを付した金額を支払われることとなるところ、それは発行会社がその株主に提供できる最善の条件と説明されている。

注104）　他方で、株主としては、現金スクイーズアウトの場合には、現在の価値＋プレミアムを得て退出し、将来得られるかもしれない利益は得られない。他方で、第三者割当増資の場合には、希釈化の影響は受けるものの、第三者（スポンサー）の努力によって、将来の利益にフリーライドできる可能性があることになる。

第4節 事業再生を目的とする既存権利関係の調整

1 はじめに——既存権利関係の調整の意義・手段

第2節および**第3節**においていわゆるアーリーステージを含むリストラクチャリングに向けた事業者の資金・資本の調達について述べたが、事業者がそのような調達を現実化できないまたは実践してもなお事業継続に必要なキャッシュ・フローの確保や資本の健全化が図られない事態に至った場合、事業の継続・再生のためには、既存の権利関係に基づくキャッシュ・アウトの金額やタイミング等を調整することが必要となる。これは、事業者にとって、資金を新たに増加させるものではないものの、既存の権利関係を前提とするキャッシュ・フローの改善に資するものであり、さらに当該調整が債権放棄やデット・エクイティ・スワップ（DES）を伴うものである場合には（負債圧縮に伴う）資本の改善にも資するものであり、いわば「消極的な資金・資本調達」という意義を有するといえよう。

その手段としては、主要な取引先に対する売掛債権の支払サイトの短縮、買掛債務の支払サイトの伸長、金融債務やグループ間債務の支払方法の変更や債務の減免、訴訟上・訴訟外での和解などさまざまあり得るが、極限定的な相手方との個別的な対処で解決できる例外的な場合は別として、一般的には相応の数の相手方との調整が同時並行的に必要となり、個々の対応のみでその実現を図ることには限界があることが多い。

そのため、相応ないし多数の相手方との間で既存の権利関係の調整を図るための現実的な手段としては、法的再建手続を通じて行うか、あるいは当該調整が成立する蓋然性のある相手方との間で私的整理手続を通じて行うかのいずれかの途を検討していくことになる。

この点、法的再建手続の中心的な法である民事再生法や会社更生法[注105)]

145

第2章　債務者の再生手法

は、当該調整を相手方に求める必要性や相手方がこれを甘受すべき許容性に係る事項を法律上の規律として定めており、かかる規律に基づく場合には、必ずしも既存の権利関係の調整を求められるすべての相手方の「同意」を得なくとも当該調整を実現することが可能となるが、その一方で、（具体的な権利変更の有無とは別に）債権者一般を法律上の規律に服させることとなるため、（商取引の継続や経営方針の変動を含め）事業継続に看過しがたい影響が及ぶリスクがあり、事業者としてはその選択に躊躇を覚えざるを得ない。

　これに対して、私的整理手続は、一定の範囲の債権者（対象債権者）との協議を通じて当該調整に係る集団的な合意を成立させることを目的とするものであり、法的再建手続に比して調整の相手方を限定することができ、事業継続へのリスクを低減し得るが、その一方で、基本的には当該調整のすべての相手方の「同意」を得ることが必要となるため注106)、一般的には法的再建手続における再建計画案の成立要件に比して難易度が高い。

　いずれの手続も一長一短あるが、事業リスクの顕在化等による事業価値の毀損を極小化しつつ事業の継続・再建を図ることは総じて利害関係者の合理的な利益に適うと考えられることから、第一義的には、私的整理手続を通じた調整が指向されることとなろう。今日においては私的整理手続の合理性を手続面および内容面において制度的に担保する準則型私的整理手続と呼ばれる手続が確立され、実務上も中心的な手続として運用されている状況もあり、私的整理手続による調整は事業者にとって合理的かつ現実的な選択となっている。

　もっとも、私的整理手続による調整は、その過程において、法的再建手続ないし破産手続を含めた法的倒産手続における規律や想定される帰結との比

注105)　なお、銀行等の金融機関や相互会社については、別途、金融機関等の更生手続の特例等に関する法律がある。

注106)　民事調停法の特例である特定調停に関する法律は、調停が成立する見込みがない場合であっても、裁判所が調停に代わる決定（いわゆる17条決定）をすることおよびこれに対して異議の申立てがない場合に当該決定は裁判上の和解と同一の効力を認めており（特定調停20条、民調17条）、積極的な「同意」を得られなくとも特定調停を通じて既存の権利義務の変更を実現できる手段は残されているが、例外的な手段といえよう。

第4節　事業再生を目的とする既存権利関係の調整

較が重要な検討要素の1つとなっており、私的整理手続による調整のあり方
も上記の規律を踏まえた合理的な内容が求められ、調整に係る基本的な考え
方に共通する点が多い。そこで、本節では、既存の権利関係の調整に係る各
段階における対処について、努めて私的整理手続・法的再建手続を横断した
観点に照らして言及することとし、その上で法的再建手続に特有の規律につ
いても必要な範囲で述べることとする。

2　暫定処理としての支出の停止──「一時停止」等

　事業者の短中期的に見込まれるまたは想定可能なキャッシュ・フロー水準
に照らして既存の権利関係に基づくキャッシュ・アウトを継続できないおそ
れが見込まれる場合、客観的にみれば、当該事業者は「窮境」（民再1条、会
更1条）に至るおそれがあるといえよう。

　そのような「窮境」に至る事態を回避するためには、事業継続を可能とす
る中長期的な再建計画を履行することが必要となるが、事業継続の蓋然性を
確保するためには、自助努力（アーリーステージにおける事業者の資金・資本
の調達を含む）のみでは十分ではなく、既存の権利関係を前提とするキャッ
シュ・フローを調整する必要がある場合もある。しかし、当該調整は既存の
権利関係の相手方の権利の制約を伴い得るものであり、交渉による場合であ
れ、法律上の手続による場合であれ、手続保障を含め一定の時間が必要とな
り、その間のキャッシュ・フロー確保が必要となる。

　そのための法的再建手続における手段が、裁判所が命ずる弁済禁止命令等
の保全処分（民再30条1項、会更28条1項）および計画に基づかない再生債
権・更生債権等の弁済禁止（民再85条1項、会更47条1項）であり、私的整理
手続における手段が、いわゆる一時停止と呼ばれる通知である。後者は事業
者から相手方に対する依頼であるものの、事業継続のための施策を講じるた
めの前提となるため、事業の継続にとって生死を分かつほどの重要な意味を
有する。そのため、事業者が一時停止に及ぶ際には、一時停止がその後の再
建計画の策定につながるものであること、相手方にとって一時停止に応じる
ことが経済合理性のある結果につながること（少なくともその蓋然性があるこ

147

第2章　債務者の再生手法

と）を相手方に理解してもらわねばならない。通常は相手方の理解に資すべく、再建計画の策定に向けた基本的な考え方（準則型私的整理手続の利用の有無を含む）や基礎情報の提供が必要となるが、この段階で提供が必要とされる情報の質・量は事業者の置かれた状況によりさまざまである。窮境原因の内容や想定される対象債権者との交渉経緯や内容等によっては、事業者が想定する私的整理手続の成立蓋然性について懐疑的にみられる場合もあり、その場合には誠実な対応はもとより、相応の説得力を有する「その後の道筋」を示すこと（または一定の猶予期間後に示せる蓋然性があること）が肝要となる。

3　既存権利関係の調整の具体論

　一時停止等によるキャッシュ・アウトの一時的抑制が図られた次の段階として、事業の再生のために、具体的にどのような相手方に対して、どのような権利義務を対象に、どのような内容の調整を行うか、すなわち再建計画の策定をいかなる方法で進めていくかという課題に取り組むことになる（なお、再建計画の策定までの新規資金の調達については、**第2節2(3)**参照）。

(1)　対象債権者の範囲の視点

(i)　私的整理手続

　私的整理手続においては、純粋私的整理手続であれば（対象債権者の理解を得るに足る合理性が認められることを前提として）対象債権および対象債権者の範囲に理論的な限定こそないが、手続成立の現実的な蓋然性や事業への影響等に照らして自ずと合理的に限定され、準則型私的整理手続においては金融債権者のみが対象債権者とされることが一般的である[注107] [注108]。そのため、既存の権利関係を調整する相手方の範囲は、法的再建手続のほうが広く、金融債権者を相手とする調整のみでは事業継続を可能とするキャッシュ・フローの維持が困難と見込まれる場合には法的再建手続が選択されることになる。

　以下、私的整理手続において事業者に対して金融債権ないしそれに類似する債権を有する者を対象債権者として支援を依頼する際の検討事項について

第4節　事業再生を目的とする既存権利関係の調整

敷衍する。

(a)　取引金融機関

　金融支援の依頼に当たっては、債権者間の平等・衡平な取扱いが基本的な前提となるため、取引金融機関を対象債権者とするに当たっては、債権の性質に有意な差が認められない限り、基本的にはすべての取引金融機関[注109]を対象とすることになろう。逆にいえば、債権者間の平等・衡平の観点から差を設けることに合理的な理由が認められる場合には、取引金融機関であっても対象債権者から除くことも検討可能となる。

(ア)　「フル保全」の取引金融機関

　例えば、ある取引金融機関の債権の全額が担保により保全されていると考

注107)　準則型私的整理手続の中には、法令により対象債権者の範囲が画されている場合（機構法2条、株式会社地域経済活性化支援機構法施行規則〔以下、「機構法施行規則」という〕2条・3条）や規則により対象債権者の原則が定められているものもある（特定認証ADR手続に基づく事業再生手続規則〔事業再生実務家協会〔以下、「ADR規則」という〕〕25条2項）。なお、特定認証ADR手続に基づく事業再生手続規則25条2項は、対象債権者を、原則として金融機関、貸金業者（ノンバンク）、前2者からその債権を譲受けまたはその回収の委託を受けた債権回収会社（RCCを含む）、および「その他相当と認められる債権者」としている。

注108)　一般に、私的整理手続において基本的に金融債権者のみが対象債権者とされる理由としては、取引債権者に比して支援依頼を行った場合に事業価値を直接的に毀損するおそれが低く、また、業務の専門性等に照らし事業性評価や金融支援を通じた事業再生に対する経験値が高く、私的整理手続の成立蓋然性が類型的に高いことを挙げられよう。それでもなお事業者の事業継続のために必要な場合には、私的整理手続の成立蓋然性を慎重に検討した上で、金融債権者以外の者を対象債権者に含めるか否かの判断（同一の私的整理手続における対象債権者とするか、特定調停などの別の手続と並行させるかなども含め）を行うこととなろう。

注109)　外国銀行や外国信託銀行、金融機能のある協同組合やその上位組織（連合会）、事業者がいわゆる高度化融資を受けている場合には地方公共団体等も含めて検討する事案もあろう（なお、機構法施行規則2条・3条も参照）。国内に支店等の営業拠点を有しない海外金融機関を対象債権者に含めるか否かについては、保全評価額見込みに照らした少額債権性や手続的なコスト（私的整理の成立およびその履行を含めた時間的コストを含む）等を考慮の上判断することになろう（事業再生実務家協会編『事業再生ADRのすべて』〔商事法務、2015〕74頁参照）。海外金融機関を対象債権者から除外する取扱いを指向する場合には、私的整理手続を正式に開始する前段階において、対象債権者として想定する他の債権者との間においてこの点に関する意見調整を図っておくことが望ましいであろう。

149

えられる場合が挙げられる。この場合、①法的倒産手続においても有効な第三者対抗要件を具備していると認められる担保が存在することまたは私的整理手続において担保に準じた取扱いが認められる蓋然性が高い保全対象が存在すること（定期性預金など）、および、②上記担保または保全対象（以下、「担保等」という）の評価額が客観的に合理的な評価基準に照らして当該取引金融機関の債権の金額を上回っていることが必要条件となろう。

　もっとも、当該取引金融機関の債権の有する担保等の取扱方法や将来予定する資金調達に関する規律、利息の取扱等について、すべての取引金融機関を含めた一体的な支援検討を依頼することが望ましい場合もあり、債権の全額が保全されている（いわゆる「フル保全」）取引金融機関についても対象債権者に含めることも考えられるが、その場合におけるフル保全の取引金融機関への依頼事項は当該取引金融機関の債権を実質的に毀損することがないよう（換言すれば、経済合理性が認められない依頼事項にならないよう）留意する必要がある。

(イ)　少額債権のみを有する取引金融機関

　少額の債権のみを有する取引金融機関（以下、「少額債権者」という）についても、対象債権者から除外することが検討され得る。取引金融機関にとって、私的整理手続における依頼事項の検討や意思決定等に際しては相応の労力が必要となり、私的整理手続への関与に実益が見込みがたい債権者に対して積極的な協力姿勢を期待しても現実的ではないこともある。そのような場合には、少額債権者以外の取引金融機関との交渉にリソースを集中させ、私的整理手続の成立の蓋然性を向上させることに関係者相互のメリットが認められ得る。

　また、債権者間の平等・衡平な取扱いが求められる法的再建手続においても、一定の要件の下、少額の債権について例外的な取扱いを認めている（民再85条5項・155条1項）こともあり、少額債権者を対象債権者から除くことが債権者間の平等・衡平な取扱いに原理的に反するものとは捉えられていない。もっとも、私的整理手続が不調に終わる場合、資金繰り上等の問題から、法的整理手続に移行せざるを得ないケースも相応にあり、仮に破産手続に至った場合には、債権額の多寡にかかわらず法的に同順位の債権については

平等に取り扱われることも念頭に置く必要がある。

そのため、少額債権者を対象債権者から外す場合には、少額債権者との衡平の観点から、私的整理手続において、対象債権のうち、（少なくとも）少額債権者の債権額までの部分については実質的な毀損がないような取扱いを検討する必要がある。

(b) リース債権者

リース取引については、金融取引に近いものもあれば、純粋な賃貸借取引といえるようなものもあることから、取引の内容、契約関係の現況を確認の上、リース債権者を金融債権者としてとして取り扱うべきか、それとも商取引債権者として取り扱うべきかについて検討する必要がある。

理論的には、少なくともフルペイアウトのファイナンス・リース[注110]については、その取引の実態をリース物件を担保とする与信とみて金融債権者として取り扱うことは可能であろう[注111]。また、リース取引の性質を問わず、取引経過によっては、すでにリース物件がリース会社に返還されており、事業者にリース料債務のみが残っているケースもあり、そのような場合には、金銭債権・債務のみが存続していることから金融債権者と同様に取り扱うべき理由が見出しやすいといえる。

もっとも、そのような整理が可能な場合であっても、リース債権者につい

注110) ファイナンス・リースとは、リース業者が、ユーザーが選択した特定の機械・設備等（リース物件）をユーザーに代わって自己の名で販売業者から購入し、ユーザーに使用させ、ユーザーがリース期間に支払うリース料で、物件購入代金・金利等を回収するというものである。特に、リース期間満了時にリース物件に残存価値はないものとみてリース業者がリース期間中に物件購入代金その他の投下資本の全額を回収できるようにリース料が設定されているものをフルペイアウト方式という（舘内比佐志ほか編『民事再生の運用指針』〔金融財政事情研究会、2018〕259頁）。

注111) ファイナンス・リースの法的性質について、賃貸借ないしこれに類似する双務契約とする考え方と、金融取引的性質を重視してこれを担保権と構成する考え方があり、倒産実務上は、担保権として処遇することが定着している（最判平成7・4・14民集49巻4号1063頁、最判平成20・12・16民集62巻10号2561頁、東京地判平成15・12・22判タ1141号279頁など）。東京地裁破産再生部においては、ファイナンス・リース契約の取扱いについて一律の基準を設けず、事案に応じて柔軟な対応ができるようにしている（舘内ほか編・前掲注110）260頁）。

151

ては、事業者の事業継続に直接的に必要な設備等の資産を貸与しており、か
つ、リース物件の引揚げを強行された場合に事業継続に著しい支障が生じか
ねないという事業上のリスクにも留意する必要がある。また、リース物件に
相応の評価額が見込める場合には相応の保全が認められる可能性が高く、保
全されていない金額の絶対額や上述の少額債権者との平仄の観点からも、対
象債権者としないことに合理的な理由があることもある。

　そのため、リース債権者を対象債権者とするか否かについては、金融債権
者として取り扱うことが必ずしも不可能とはいえない場合であったとしても、
取引の実態や契約内容はもとより、リース物件の評価額の見立等に照らした
金融支援依頼の実益、事業上のリスク、リース債権者間の衡平、私的整理手
続の成立蓋然性への影響[注112]等を勘案の上、判断することが必要となる。

(c)　求償権者

　事業者の取引金融機関等からの債務について保証を行う者がいる場合、保
証人は私的整理手続の開始前後において保証履行をすることで事業者に対す
る求償権を有することになり、当該求償権者を対象債権者として取り扱うか
否かを検討することになる。もっとも、想定する金融支援がリスケジュール
型で代位弁済を予定せず権利変更も依頼しないまたは軽微なものにとどまる
場合には、（事前求償権者にとどまるものとして）保証人を対象債権者として
取り扱わないこととなろう。

　事業者の債務を保証する者の類型としては、事業者の経営者や配偶者等
（以下、「経営者等」[注113]という）、信用保証協会をはじめとする債務保証を業
とする組織のいずれかが多いが、事業者またはその経営者と一定の関係にあ
る法人（グループ会社を含む）や個人である場合もある。

注112)　実務上、リース債権者を対象債権者とする私的整理手続が一般的な運用とまでは
　　　　いえないことから、リース債権者を私的整理手続に関与させることによる成立蓋
　　　　然性への影響については慎重に考慮する必要があろう。住田昌弘編著『事業再生
　　　　ADRの実務』（金融財政事情研究会、2011）41頁参照。

注113)　ここでは、後述の経営者保証に関するガイドラインに則し、事業者の代表者に加
　　　　え、実質的な経営権を有している者、営業許可名義人、経営者と共に事業に従事
　　　　する当該経営者の配偶者、経営者の健康上の理由のため保証人となる事業承継予
　　　　定者等を指すものとする（同ガイドライン3および同Q&A・Q4）。

第4節　事業再生を目的とする既存権利関係の調整

　保証人が個人である場合には、自己の資力ではすべての保証債務の履行が困難で、保証債務に係る主債務について債務免除などの金融支援を受けない限り、自己について破産原因が生じるに至る状況にあることが多い。その場合には、保証人の破産を避けるためには、事業者の金融支援に加え、当該個人の保証債務の整理を検討する必要が生じ、基本的には、経営者保証ガイドラインの利用等により保証人の保証債務についても事業者の主債務と一体的な債務整理を図ることが検討されることになる。そのような一体的な債務整理において主債務の債務免除および保証債務の免除（保証解除）を求める場合には、保証人が一定の範囲で保証債務を履行することにより主債務者に対する求償権が生じるとしても当該求償権と主たる債務に係る債権者の債権とを追加的に同等に取り扱うことに合理性は認められず、求償権全額の放棄が求められることになろう[注114]。

　もっとも、保証人が個人である場合においても、保証債務の範囲や当人の資力によっては保証債務全額の履行が可能であるケースもあり得る。この場合、当該保証人について事業者の窮境原因に一定の責任が認められる事情があるならば、当該責任に照らし、求償権の全部または一部の放棄を求めることも可能となろう。他方、事業者の窮境原因への関与もうかがわれない求償権者については、対象債権者として取り扱うべき合理的な事情の有無を個別に判断することになろう。

　保証人が信用保証協会など債務保証を業とする組織である場合には、保証債務の履行が保証約定に基づいて行われる[注115]。このような保証については、事業者の信用力を政策的に補完する面が認められるケースが多いと思われるが、一定の保証料を対価になされる事業者への与信という経済的行為でもあり、債権の性質上、取引金融機関の債権と同等に取り扱うことに合理性

注114）　保証人の私財について処分による譲渡益が生じる場合、当該保証人が譲渡益課税を回避するためには、主債務者に対する求償権の全部または一部の放棄が必要となる（所税64条2項）。

注115）　信用保証協会による代位弁済については、一定の事由（代弁拒否事由）がある場合には、代位弁済がなされないため、当該事由の存否について留意（確認）する必要がある。

153

第2章　債務者の再生手法

が認められる。

　この点、信用保証協会に対する求償権放棄を伴う金融支援依頼については、2006年1月以降の運用変更により一定の要件の下での求償権放棄が可能となったこと[注116]、近時の準則型私的整理手続の実務運用の拡がりや信用保証制度の見直し（経営改善・事業再生の促進、再チャレンジ支援等に対する機能強化）[注117]もあり、今日では保証信用保証協会等の組織について対象債権者と取り扱うことは一般的な運用といえる[注118]。

　もっとも、信用保証協会を対象債権者として、求償権の一部の直接的な放棄（債務免除）を依頼する場合には、信用保証協会の代位弁済に係る保険者である日本政策金融公庫の了承が必要となり、さらに、代位弁済に係る損失を自治体が補償するものであるケース（制度保証）では、当該自治体の議会の承認（都道府県知事による承認に代える条例がある場合には知事の承認）が必要となる（自治96条1項10号）[注119]ことから、これらの手続に必要となるタイムスケジュールや資金繰りの確保・手当等について、慎重な検討が必要となる点に留意が必要である[注120]。なお、信用保証協会制度および制度保証については**第8章1**を参照されたい。

(d)　社債権者

　社債については、その法的性質は金銭債権であり、社債権者を金融債権者

注116)　関沢正彦監修『信用保証協会の保証〔第5版〕』（金融財政事情研究会、2015）370頁参照。

注117)　2017年の信用保証協会法の一部改正においては、信用保証協会の業務に中小企業に対する経営支援を追加するとともに、業務の運営に当たっては信用保証協会と金融機関が連携する旨が規定された。このような動きを踏まえ、金融庁監督局および中小企業庁は、「信用保証協会向けの総合的な監督指針」（2018年4月公表）において、信用保証協会が経営改善・事業再生支援において「金融機関と連携・協調して円滑な事業再生（一定ルールの下で行われる求償権放棄を伴う抜本再生を含む。）に努めているか」を検証の着眼点として挙げている。

注118)　私的整理手続の着手ないし開始時においては、まだ代位弁済前の事前求償権者にとどまる場合であっても、私的整理手続において策定する計画において代位弁済がなされることを前提に、事前求償権者を対象債権者として取り扱うことになる。また、特定調停における債務整理を進める場合においては、代位弁済前の事前求償権者にとどまる者であっても利害関係人として参加させる取扱いが認められている。

として取り扱う素地はある。もっとも、社債は、少数の投資家を対象として発行される私募債と、不特定または多数の投資家を対象として発行される公募社債とがあり、とりわけ後者については一般投資家が社債権者でありかつ転々流通していることが想定されるため、かかる社債権者を対象債権者とする場合、債権者の特定が困難という問題に加え、取引債権者と同様、信用不安の惹起、事業価値の毀損、私的整理手続の成立蓋然性の低下等の影響が生じ得る。

そのため、社債権者については、事業者の発行している社債が私募債で社債権者が事業者の取引金融機関である場合には、対象債権者とすることに特段支障はないと考えられる一方[注121]、取引金融機関以外の社債権者がいる場合には、仮に当該社債権者の特定が可能であったとしても私的整理手続の成立蓋然性への影響を踏まえると、私的整理手続に関与させる判断は困難で

注119) 都道府県において、信用保証協会に対し交付する補助金に係る回収納付金を受け取る権利の放棄に関する条例が定められている場合には、当該条例に基づく承認手続が必要となる。ただし、損失補償（補助）契約の対象となる保証債務に係る求償権の放棄または不等価譲渡について承認を受け得るのは、事業再生ADR、特定調停、地域経済活性化支援機構等の準則型私的整理手続において策定された計画に基づくものであることが必要とされることが一般的である（例として、東京都が東京信用保証協会に対し交付する補助金に係る回収納付金を受け取る権利の放棄に関する条例3条参照）。

注120) いわゆる第2会社方式により残存債務について特別清算において処理する場合には、保証債務に係る求償権の放棄に当たらない形での処理も可能であり（築留康夫ほか「事業再生ADR手続中の会社分割と信用保証協会の求償権への対応」事業再生と債権管理140号〔2013〕112頁参照）、事業者が株式会社で事業再生スキーム上、法人格を維持する必要性が必ずしも高くない場合には第2会社方式による処理が通常といえよう。もっとも、医療法人をはじめ特別清算の適用がない事業者においては、第2会社方式による処理はできず、手続上の「重さ」が私的整理成立の難度を高めている（髙橋洋行「事業再生実務における信用保証制度の課題――求償権放棄を容易にする制度整備を」金融財政事情3193号〔2016〕21頁参照）。

注121) 非公開会社の事業者が発行する社債については、取引金融機関の一部が社債に係る債務について保証するとともに、自ら社債の総額の引受けを行い、第三者に流通することなく当該取引金融機関が社債権者である事例が多い。この場合には、経済実態に照らし、社債を借入れと同様に扱うことに合理性がある。

155

第2章　債務者の再生手法

ある場合が多い。

　それでもなお事業継続を可能とするキャッシュ・フローの維持のために社債権者への金融支援依頼が必要と考えられる場合には、法的再建手続を選択するかあるいは現実的に検討可能な手段として会社法上の社債権者集会等を通じた社債に係る権利変更を企図することになろう。この点については後記(5)(ii)を参照されたい。

(ii)　法的再建手続

　法的再建手続においては、事業者に対して有する債権の性質に応じて当該手続における取扱いが法定されており、一定の例外（共益債権や再生手続における別除権、一般優先債権など）を除き、基本的にすべての債権は何かしらの権利変更の対象となり、その債権者は手続の対象となる。

　したがって、法的再建手続の場合、原則として事業者が負担する既存の債務をすべて手続の対象として巻き込まざるを得ないことになるが、そのような選択をせざるを得ない状況下、すなわち、(i)で述べてきた通り、金融債権者を相手とする私的整理手続のみでは、事業継続を維持することのできないようなケースで選択される場面も多い。例えば、金融債権者のみを相手とするだけではキャッシュ・フローを維持することができないケース（より平易にいえば、資金繰りに窮して、すべての債務の支払を一旦停止、あるいはカットせざるを得ないようなケース）が典型的であるが、そのほかにも、多額の簿外債務負担が見込まれ、簿外債務の相手方である債権者をも対象にせざるを得ないケースなど、さまざまな場合があり得る。

(2)　対象債権の範囲の視点

　債権者に対して金融支援を依頼する債権の対象・範囲については、私的整理手続・法的再建手続のいずれにおいても、一定の基準時点において事業者が対象債権者に対して負担する（当該時点前の原因に基づく）債務を主たる対象とし、損害金など当該基準時以降に生じる一部の債権もこれに加えて権利義務の調整を図ることが基本的な考え方となる。

(i)　私的整理手続

　金融支援を依頼する債権の対象・範囲について、（準則型）私的整理手続

においては必ずしも確立した準則が存在するわけではないが、基準日におい
て現存する金融債権に係る元本^{注122)}、（手続の過程で顕在化することが想定さ
れるまたは基準日において既発生の）求償権およびデリバティブの解約に伴う
損害金等については「対象債権の元本」として同等に取り扱い、利息や信用
保証協会の保証料については上記「元本」とは別の取扱いを、（遅延）損害
金についてはさらに別の取扱いを、それぞれ発生時期（基準日前後）に分け
て規定の上、支援依頼をすることが多い。以下、補足する。

(a) デリバティブ取引により生じた損失に係る債権

デリバティブ取引の解約については、事業遂行上、取引を維持することが
予定されているデリバティブ取引（取引実需に基づくヘッジ目的のもの等）に
ついてもすべて解約が求められるというわけではない。事業遂行上、継続す
る合理的な理由がないまたはスポンサーが取引維持を望まないデリバティブ
取引については解約し、損害金が生じるものについて対象債権として取り扱
うことになろう^{注123)}。スワップ等の取引についても基本的に同様である。

かかるデリバティブの解約損害金については、その取引経緯や事業者の窮
境原因への関連度合い等をめぐって、事業者と取引金融機関との間や対象債
権者間における紛争がみられる事案もあるが、一定の帰責事由を対象債権者
に認めさせて貸付債権等の他の対象債権と別異の取扱いを求めることは、デ
リバティブ取引に係る顧客に生じた損失を補てんすることを禁止する金融商
品取引法39条1項との関係で問題となる。

すなわち、金融商品取引法39条3項は「第1項の規定は、……事故（金融

注122) 基準日以降、私的整理手続成立前に予定される新規融資（いわゆるプレDIPファ
イナンス）については、私的整理手続中に対象債権者の同意・了解の下、実施さ
れることが想定されるため、対象債権とはされない（なお、私的整理手続成立後
の新規融資については、事業再生計画における資金計画に基づき実施されること
になる）。

注123) デリバティブ取引を解約する場合、解約する取引の内容によっては解約損害金で
はなく、事業者に対象債権者に対する債権が発生する場合もある。その場合は事
業者にとって継続することに合理性も認められるが、スポンサーがデリバティブ
取引の維持を望まないようなケースではデリバティブ取引の解約を事業再生計画
案において織り込むこととなり、当該解約により生じる事業者の対象債権者に対
する債権の取扱いについても規定する必要が生じよう。

第2章　債務者の再生手法

商品取引業者等又はその役員若しくは使用人の違法又は不当な行為であつて当該金融商品取引業者等とその顧客との間において争いの原因となるものとして内閣府令で定めるものをいう。以下この節及び次節において同じ。）による損失の全部又は一部を補塡するために行うものである場合については、適用しない。ただし……その補塡に係る損失が事故に起因するものであることにつき、当該金融商品取引業者等があらかじめ内閣総理大臣の確認を受けている場合その他内閣府令で定める場合に限る」と規定し、金融商品取引業等に関する内閣府令119条1項は、裁判所の確定判決、裁判上の和解、金融ADR等を例外事由として列挙しているものの、事業再生ADRや中小企業再生支援協議会などの私的整理手続は列挙されていない。

　そのため、事業者と取引金融機関との間のデリバティブ取引に係る「事故」による損失であることが金融ADR等において確定した場合にはデリバティブ取引に係る債権はその確定した内容によるとすることができるが、私的整理手続を通じた「和解」として他の対象債権と別異の取扱いを依頼することには問題があることになろう。

　この点、金融商品取引法を所管する金融庁は、2013年1月25日付けの「金融庁における一般的な法令解釈に係る書面照会手続（回答書）」において、事業再生ADRにおいて、デリバティブ取引による損失に係る債権について、銀行等に責任がないことを前提に、①デリバティブ取引により生じた損失に係る債権を含む対象債権全体について各対象債権者の債権残高に応じて債権放棄を行うこと、または、②デリバティブ取引により生じた損失に係る債権を含む対象債権全体について一定額までの部分（ただし、債権額が当該一定金額までに満たない債権者については当該債権全額）については100％弁済を受けるものとし、債権額が一定額を超える部分は債権残高[注124]に応じた債権放棄を行うことを含む事業再生計画に基づきデリバティブ取引による損失に係

注124)　同回答書においては「債権残高」と表現されているが、同回答書に対応する2013年1月23日付け「一般的な法令解釈に係る書面照会について」における「【参考】論点2に関するイメージ図」では、担保等で保全されていない部分、いわゆる「非保全債権残高」に応じた金融支援を内容としており、非保全債権残高の趣旨（少なくともこれを含む）と解される。

158

第4節　事業再生を目的とする既存権利関係の調整

る債権を対象債権として債権放棄することは、同計画の内容が公正かつ妥当で経済合理性を有するもので、かつ、債権者間の実質的公平性が確保されているものであれば、金融商品取引法39条1項に違反しない旨回答している。

以上に照らすと、デリバティブの解約損害金に係る債権を対象債権とする場合、対象債権者の責任を問題とする必要があるときは、当該責任について裁判所の確定判決や和解、金融ADR手続による確定を先立って行う必要があり、対象債権者の責任を問題とする必要がないときは、事業再生計画の内容が公正性・妥当性・経済合理性・実質的公平性が確保されていることを前提として他の対象債権と同等の取扱いを規定すべきこととなる。

(b)　対象債権から除外する債権の検討

対象債権者に対する金融支援依頼に当たり、対象債権から除外するもの（権利変更を依頼しないもの）の有無の検討も必要となるケースがある。これについても特段画一的なルールが存在するわけではないが、例えば、約束手形、為替手形等の割引を行った場合の当該手形等の不渡りがあったときにおける遡求権の行使または当該割引に係る契約に基づく当該手形等の買戻請求権、商取引のために振り出した手形等のうち支払期日が到来したものに係る債権、輸入信用状の決済により直接発生する事業者に対する債権、振込み、口座振替、為替等のあらかじめ定められている事務手数料については、対象債権から除外することも考えられる[注125]。

また、権利変更を求める予定のない場合における約定利息、私的整理手続の開始前のバンクミーティング等において当該手続の対象債権者の全員から優先的な取扱いについて同意を得ている債権についても、その同意内容が合理的なものであることを前提に、対象債権から除外することには合理性があるといえよう。

(ii)　法的再建手続

(a)　原則論

私的整理手続においては、財務デューデリジェンス等を通じて、資産・負債の実態を明らかにし、これを基に再建計画を立案していくことになる。

注125)　機構法施行規則2条も参照。

第 2 章　債務者の再生手法

これに対して、再建型の法的整理手続である再生手続または更生手続においては、金融債権であろうが商取引債権であろうが、手続開始前の原因に基づいて生じた債権はすべて倒産債権とされ、個別の権利行使を禁止され、再生計画または更生計画に基づく弁済しか受けられないこととなる（ただし、法的再建手続においても、私的整理手続と同様、商取引債権の保護を図るケースもあるが、この点については**第 7 節**参照）。また、更生手続においては、担保権付債権であっても更生担保権として、担保権の実行を含む個別的な権利行使を禁止される。その反面、法的再建手続の対象となる負債項目（倒産債権）は、再生計画または更生計画に基づき、衡平・平等に弁済を受けることとなるが、再生計画または更生計画において求めるべき金融支援の内容、債務免除率（言い換えれば、再生債権または更生債権に対する弁済率）その他弁済に関する諸条件の基礎となるべきものであるため[注126]、原則として債権届出・調査・確定[注127]といった法定の画一的な手続を通じて確定することが求められている[注128]。

(b)　手続下において優先性の認められる債権

(ア)　総論

共益性の高い支出に係る債権や一般の優先権が認められる債権は、再生手

注126)　法的整理手続の申立てにより、事業継続を前提とする通常の企業体においては顕在化しない簿外債務が顕在化することや、それが想定外の金額に上るケースも少なくない。このような場合、簿外債務の存否やその額は、再生計画または更生計画の内容に重大な影響を及ぼすため、負債項目として早期に確定させることが望まれる。

注127)　倒産債権の届出・調査・確定の手続は、債権者による権利行使の手段として、また、債務者側にとっても、それらの手続に基づく債権者一覧表の記載は確定判決と同一の効力を有し（民再104条 3 項、会更150条 3 項等）、負債を一律に確定させるという意味で、極めて重要な意味を有するものであるが、本書ではその詳細を割愛する。なお、更生担保権に関する届出・調査・確定の手続については(4)(iii)(c)(イ)参照。

注128)　ただし、簡易再生（民再211条以下）や同意再生（同法217条以下）といった手続においては、再生債権者の意向を反映する形で、債権調査・確定の手続が省略されている。それゆえ、私的整理手続において、一部の対象債権者から同意を得られず法的整理手続に移行せざるを得ない場合には、これらの制度を利用して、簡易迅速に事業再生を達成しようとする立論も存在する。

続または更生手続においても優先的な取扱いが認められている。すなわち、これらの債権は、手続外で他の一般債権に優先して随時弁済することが求められ、あるいは、再生計画または更生計画に基づく弁済においても一般債権に優先して弁済がなされることになる。このことは、①再生手続または更生手続中にこれら優先性のある債権の支払を継続しても、事業継続に影響を与えることのないよう確保すべき資金繰りの観点、②債務者の債権者に対する総弁済原資から優先的に控除されるため、後述する債権放棄額を算定するという観点から、早期にその全体像を把握しておく必要があることを意味する（民再154条1項2号、会更167条1項3号参照）。

(ｲ)　共益性の高い支出に係る債権

共益性の高い支出に係る債権は、共益債権として、再生債権・更生債権に優先して随時弁済される（民再121条1項・2項、会更132条1項・2項）。実務的には、手続開始後に生じる債権（通常の事業継続に伴い発生するものに加えて、その期間に具体的納期限が到来する公租公課などもこれに該当する）、商取引債権保護の観点から共益債権化されるもの、DIPファイナンスまたはプレDIPファイナンスなどが問題になる。

なお、更生手続において共益債権として取り扱われる労働債権・企業年金の範囲については(ｳ)❷ⅱ ⅲ記載の通りである。

(ｳ)　一般の優先権が認められる債権

一般の先取特権その他一般の優先権が認められる債権（公租公課、従業員の賃金等に関する請求権などがその典型例である）で、共益債権に該当しないものは、再生手続においては一般優先債権、更生手続においては優先的更生債権として取り扱われる。

❶　**再生手続における取扱い**　　一般優先債権は、再生手続によらずに、随時弁済を受けるため（民再122条）、再生計画において権利変更に関する条項を定めることはできない（同法154条1項2号参照）。もっとも、債務者が想定する再生計画案において、そもそも共益債権や一般優先債権の支払を考慮すると、後述する清算価値保障原則すら満たさない場合もあり得、その場合、破産に追い込まれかねない結果となる。しかしながら、債務者企業の営む事業の維持・再生、従業員の雇用確保・維持、地方における産業の確保な

どさまざまな観点から、そのような帰結は望ましくない場面も一定程度存在する。例えば、ある事業者が一般優先債権すら支払うことができず、破産を避けることができなければ、いずれの債権者もその時点における清算的な価値しか満足することができないことになるが（破産手続でいえば、異時廃止のケース）、仮に、一般優先債権の取扱いを一定程度譲歩させることにより、事業者の事業の維持再建が可能となるのであれば、その先も、国または地方公共団体は税収等を、また、従業員も給与等を得られる可能性もあり、そのような選択肢を尊重すべきケースもあり得る。

　このような場合、1つの手段として、再生計画に基づく権利変更によらず、手続外でこのような一般優先債権の一部または全部の免除を検討することもある。例えば、租税等の請求権については、納税や換価等の猶予（税通46条、税徴151条等）、延滞税の一部免除（税通63条）などの明文規定を手がかりに、当局との間で協議することが、労働債権については、特に金額が相応に高額になる可能性のある退職金につき、債権者たる労働者に対し、減額等の依頼を行うことが、それぞれ考えられる（ただし、後者については労働法上の諸問題を別途クリアすることが大前提となることはいうまでもない）。

❷　更生手続における取扱い　　優先的更生債権は、他の一般的な更生債権と同様、手続内に取り込まれ、更生計画による権利変更を受ける（会更168条1項2号）。

❶　租税等の請求権　　租税等の請求権は、優先的更生債権等に該当するが（会更2条15項）、その公法的な性格を勘案して、債権届出につき特別の規律が設けられるとともに（同法142条）、債権調査・確定手続の対象ともならない（同法164条1項）。他方で、他の更生債権等と同様、更生計画により権利変更を受けることになるが、その権利に影響を及ぼす定めをするには徴収権者の同意が必要となる一方で（同法169条1項本文）、3年以下の期間猶予等の定めをするにとどめる場合には、徴収権者の意見を聴けば足りるものとされている（同項ただし書）。実務上は、徴収権者の同意が不要な範囲で更生計画の内容を定めるケースが多いが、協議の上、本税部分等につき免除を受けるケースもある注129)。

❷　労働債権　　労働債権のうち、給料債権および退職金注130) について

は、その一部に限り共益債権となり、その余の部分は優先的更生債権に該当する（会更2条8項）。具体的には、給料債権については更生手続開始前6月間（同法130条1項）、退職金については退職前6月間の給料の総額に相当する額またはその退職手当の額の3分の1に相当する額のいずれか多い額が共益債権[注131]とされ（同条2項）、それ以外が優先的更生債権とされる。このうち、退職金については、退職を条件とする条件付債権であることを踏まえ、債権届出・調査・確定手続の特例が設けられている（同法140条1項・138条1項等）。

　このように労働債権は、共益債権または優先的更生債権という法形式の差異こそあれ、いずれも実体法上の優先性があるため、通常は、一定時期に全額弁済することが前提になる。ただし、例外的に他の優先的な債権者との衡平性や、負債総額に占める労働債権（特に多額に上りやすい退職金の額）の割合等を勘案して、労働者と協議の上、減免を受けるケースも見受けられる（（6）(ｱ)❷で後述する「平等原則」との関係からは、「公平かつ衡平な差異」の範囲内として許容されるケースもあるが、そのような範囲内に収まるかどうか必ずしも明らかではなく、債権者たる労働者の個別同意が必要になるケースもあるので、事案に応じて検討すべきであろう）[注132]。なお、このほか法的整理手続と労働問題に関する点については**第6章3**を参照されたい。

　⑪　企業年金　　わが国における年金制度は、国民皆保険制度を前提とし

注129)　全国倒産処理弁護士ネットワーク編『会社更生の実務Q&A120問』（金融財政事情研究会、2013）191頁［木村真也］参照。

注130)　これら以外にも、使用人の身元保証金の返還請求権や、預り金の返還請求権のうち更生手続開始前6月間の給料の総額に相当する額またはその預り金の額の3分の1に相当する額のいずれか多い額が共益債権とされる（会更130条1項・5項）。

注131)　ただし、会社更生法130条2項は、手続開始前に退職した場合または手続開始後に自己都合により退職した場合に適用され、手続開始後にリストラ等会社都合で退職した場合には、退職手当の請求権であっても、その全額が共益債権に該当することになる（同法127条2号・130条4項）。また、更生計画認可後の退職の場合、その全額が優先的更生債権となるか（同法168条1項2号）、手続開始後の賃金の後払に相当する部分は共益債権となるか、解釈の余地がある（伊藤眞『会社更生法』〔有斐閣、2012〕481頁）。

第2章　債務者の再生手法

た国民年金（1階部分）、厚生年金保険（2階部分）のほか、企業年金制度（3階部分）が存在する。このうち企業年金については、厚生年金基金、確定給付企業年金、確定拠出年金の3種類に大別される。また、制度の実施主体による区分として、いわゆる基金型（厚生年金基金や確定給付企業年金基金型のように、事業主とは異なる法主体が掛金の徴収や年金の給付を行うもの）、規約型（事業主掛金の納付を行う一方で、資産管理運用機関が給付を行うもの）が存在する。近時、年金基金の解散が社会問題化しており、法的整理手続において、解散に伴い発生する特別掛金の取扱いが問題となるケースも少なくないが注133）、債務者企業が更生手続を行う場合（特に、既存の負債項目に該当する、開始前に生じた未払の一般掛金または特別掛金が存在する場合）に想定される問題に簡単に触れておく。この点の詳細は、**第6章3(3)**を参照されたい。

まず、公的年金（厚生年金）については、その掛金債権につき法律上優先性が認められているため（厚年88条・89条）、手続開始前に未払の掛金が発生している場合には、優先的更生債権に該当する。

次に、企業年金の場合、基金型と規約型とで解釈が分かれ得るが、いずれの場合も公的年金のような法律上の規定はない。このうち基金型の場合、事業主は、年金受給者たる労働者ではなく、基金に対し掛金債務を負担することになるため、未払の掛金債権について、一般的な更生債権とするか、広く「雇用関係に基づく債権」として一般先取特権が成立することを前提に優先的更生債権とするかなど解釈が分かれるところである注134）。例えば、確定給付企業年金基金型を採用していた日本航空の更生事件においては、一般更

注132）　例えば、すでに退職している従業員に対する未払の退職金が存在する場合において、現役従業員の退職金および退職年金を減額することが前提となっているときには、両者の平仄を合わせてすでに退職している従業員の退職債権についても一定の割合で免除を求めたりするケースや、さらに優先的に扱われる更生担保権についても免除を求めることとの衡平性を勘案して、退職金債権についても一定の割合で免除を求めたりするケースもある（松下淳一＝事業再生研究機構編『新・更生計画の実務と理論』〔商事法務、2014〕362頁）。

注133）　かかる特別掛金の取扱い、その法的課題は、東京弁護士会倒産法部編『倒産法改正展望』（商事法務、2012）434頁以下［浅沼雅人］など。

注134）　下向智子「事業再生・倒産手続における年金制度の取扱い」「倒産と労働」実務研究会編『詳説倒産と労働』（商事法務、2013）384頁以下。

生債権であることを前提に、更生計画において、「公平かつ衡平な差異」の範囲内として、一般更生債権に対する弁済率よりも高い弁済率を定めている[注135]。

これに対して、規約型の場合、基金型とは異なり、事業主は、年金受給者たる労働者に対し直接掛金債務を負担しているものと解される。そこで、未払の掛金債権について、「雇用関係に基づく債権」として一般先取特権が成立することを前提に優先的更生債権に該当するものと考えることができる。さらにはこのような解釈を一歩進め、規約型の場合、その実質が事業主の年金受給者たる労働者に対する退職金原資の積立てであって機能的にも退職金請求権と類似していることを踏まえ、退職金債権と同様、手続開始前に生じた未払の掛金債権について、その一部を共益債権、その余を優先的更生債権と整理することも考えられる。例えば、株式会社林原の更生事件においては、かかる解釈を前提とした更生計画が策定されている[注136]。

なお、事業再生局面においては、従前の企業年金制度を維持することが困難になり、年金制度自体を変更または廃止したり、給付減額を求めたりするケースも想定されるため、事案に応じた柔軟な解決が望まれる[注137]。

(c) 特殊な公的債権

以上のほか、罰金等の請求権、国または地方公共団体による補助金等の返還請求権、私的独占の禁止及び公正取引の確保に関する法律（以下、「独占禁止法」という）違反に基づく課徴金、あるいは海外において科せられる制裁金等について、再建型法的手続における取扱いが問題となるケースも少なくない。これらの点については、**第10節**を参照されたい。

注135)　片山英二＝河本茂之「日本航空の事業再生プロセスについて——支援機構の機能と役割・新しい会社更生手続」事業再生と債権管理133号（2011）161頁。

注136)　郡谷大輔ほか「林原グループの更生計画案策定とその前提としてのスポンサー選定その他の諸問題」金法1952号（2012）42頁以下。

注137)　企業年金制度を継続する場合、手続開始後に発生する一般掛金債権は共益債権に該当することになろう（民再119条2号・121条1項、会更127条2号・132条1項）。

(3) 処理方法の選択の視点

(i) リスケジュール

既存の権利関係を前提とするキャッシュ・フローを事業の再建のために適切に調整するためには、既存債務の一時的な弁済停止にとどまらず、当該債務の弁済時期を繰り延べたり、分割弁済としたり、免除を受けるといった既存の権利関係の変更がなされることが必要となる。

具体的にいかなる相手方にいかなる支援を依頼するか否かは、資金繰りの状況や現経営者の事業の現況および見通し、窮境原因の分析とその解消方法についての検討状況、利害関係者との協議状況等のさまざまな複合的な要素により確定していくものであるが、大きな整理としては、①事業の正常収益力や今後の見通しに照らし、客観的に過大な債務を負っている（遊休資産等の処分対価や将来の事業収益をもってしても要償還債務の弁済が困難な）事業者については債権放棄やデット・エクイティ・スワップ（Debt Equity Swap〔DES〕。以下、「債権放棄等」という）を含む抜本的な金融支援（債権放棄型）が必要となり、②そこまでの段階には至っていない事業者については、中長期的な要償還債務の弁済の見通しがつく範囲で既存の借入債務に係る条件を変更すること等の金融支援（リスケジュール型）で足りると整理できよう。金融支援の局面において利用されるデット・デット・スワップ（Debt Debt Swap。以下、「DDS」という）については、実体法上の債務の免除や消滅を伴うものではなく、一般的には既存の元利支払に係る条件変更を依頼内容とするものであり、リスケジュール型の一類型として位置付けられよう。なお、リスケジュール型の支援を法的再建手続を通じて債権者に対して要請することも理論上は可能であるが、法的再建手続の開始に起因する事業上の影響（取引継続の懸念や収益力の低下等）に照らすと、通常は、リスケジュール型のみの支援で事業の再建を図ることは困難であり[注138]、リスケジュール型

注138）再生手続において別除権者との間で別除権評価額を分割弁済する旨の別除権協定を締結することや、更生手続において更生担保権の弁済を分割弁済する旨の更生計画案を策定することはあり得るが、この場合も、一般債権については債権放棄型の依頼がなされることが想定される。

第4節　事業再生を目的とする既存権利関係の調整

（DDSを含む）の金融支援については私的整理手続によることを前提に述べることとする。

　もっとも、上記の整理に照らして債権放棄型の金融支援が必要と考えられる事業者についても、その経営者や取引金融機関の考え・意向と乖離した再建計画案は画に描いた餅にすぎない。とりわけ上場会社ではない事業者においては、経営者およびその親族が個人保証を負っていることが多く、債権放棄等を伴う抜本的な金融支援を債権者に対して依頼することは、多くの場合、保証人である自己の資産処分や今後の生活基盤の喪失または不安定化を伴うこととなり、「決断」には相応の時間が必要となる。そもそも、将来の事業の見通し自体、予測を伴う不確実なものであり、事業環境等の改善により事業収益力の見立てが当初の見立てより改善することもある。

　そのため、現実にリスケジュール型の金融支援を求めるケースとしては、下記のようにさまざまあり得ることとなる。

①　事業の正常収益力や今後の見通しに照らし、遊休資産の処分対価や将来の事業収益をもって要償還債務の弁済が中長期的に見込めるケース（いわば本来的なリスケジュール型）

②　将来的な債権放棄型の金融支援の必要性は否定できないものの、事業分析や利害関係人の協議状況等に照らし、一定程度、事業の推移、事業収益力の改善見通し等を見定めるべくリスケジュールを依頼するケース

③　将来的な債権放棄型の金融支援を想定するものの、資金繰りの緊急対応として、一時的なリスケジュールを依頼し、元本（利息）弁済の猶予期間中に、抜本的な金融支援に向けた検討・事業再生計画案の策定を進めるケース

　①の場合には、要償還債務の弁済の蓋然性が（適切な分析調査を経た）事業の正常収益力に照らして認められることが前提となっているため、将来の資金計画において与信状況の改善を踏まえたリファイナンス[注139]が予定さ

注139）　信用保証協会の事後求償権についても、一定の与信状況の改善等を踏まえ、取引金融機関の新たな与信と合わせて求償権を消滅させる取扱い（いわゆる求償権消滅保証）がなされることがあり（関沢監修・前掲注116）373頁参照）、再建計画にその旨を定めることもある。

167

第2章　債務者の再生手法

れることもある。また、リスケジュール型における元本の弁済額の決め方については、対象債権者の対象債権元本残高を基準とする残高プロラタ方式と、担保等によって保全されていない非保全債権の残高を基準とする非保全債権残高プロラタ方式のいずれかがとられることが一般的といえよう。

(ii)　DDS

DDSは、既存の債権を別の条件の債権へ転換（条件変更）することをいうが、事業者の経営改善計画の一環として行われる場合、転換後の債権を資本的劣後ローンとして取り扱うことを企図してなされることがある。金融検査マニュアル（2019年12月廃止予定）上、資本的劣後ローンには早期経営改善特例型と准資本型があり、いずれにおいても既存の貸出債権を他の債権よりも弁済順位が劣後する条件変更が内容に含まれ、一定の条件の下、債務者区分等の判断において当該事業者の資本とみなすことが認められている。

債権放棄等と異なり事業者にとって債務が実体法上消滅するわけではないが、資本的劣後ローンへの転換により債務者の資金繰りを改善させ、他の借入金に対する債務者の返済能力を高めることが可能となる。また、中小企業再生支援協議会の再生計画案策定支援においては、債権放棄等を要請する内容を含まない再生計画案については、債務超過解消年数や有利子負債の対キャッシュ・フロー比率等に関する基準を満たさない場合であっても再生計画の策定支援が可能とされているため、私的整理手続の検討において有用な選択肢となることもある[注140]。

(a)　早期経営改善特例型

早期経営改善特例型[注141]については、金融検査マニュアル別冊において、以下の要件が挙げられている。

①　資本的劣後ローンについての契約が金融機関と債務者との間で双方合

注140)　私的整理手続において行われるDDSとはやや意味合いが異なるが、法的再建手続においても、例えば、ゴルフ場の事案において、預託金返還請求権を会員プレー権に変更する、更生債権等を社債に振り替える（会更177条1号、会社676条）など、計画に基づき、権利の性質を変更するなど、債権を他の異なる性質の債権に変更する手法も存在する。

注141)　中小企業基本法で規定する中小企業者およびこれに準じる医療法人、学校法人等に対する債権が対象となる。

第4節　事業再生を目的とする既存権利関係の調整

意の上、締結されていること

②　契約内容に、原則として以下のすべての条件を付していること

　　ⅰ　資本的劣後ローンの返済（デフォルトによらない）については、資本的劣後ローンへの転換時に存在する他のすべての債権および計画に新たに発生することが予定されている貸出債権が完済された後に償還が開始すること注142)

　　ⅱ　債務者にデフォルトが生じた場合、金融機関の資本的劣後ローンの請求権の効力は、他のすべての債権が弁済された後に生ずること

　　ⅲ　債務者が金融機関に対して財務状況の開示を約していることおよび、金融機関が債務者のキャッシュ・フローに対して一定の関与ができる権利を有していること

　　ⅳ　資本的劣後ローンが上記ⅲその他の約定違反により、期限の利益を喪失した場合には、債務者が当該金融機関に有するすべての債務について、期限の利益を喪失すること

③　資本的劣後ローンへの転換は、合理的かつ実現可能性が高い経営改善計画と一体として行われること

　また、金融機関においては、当該資本的劣後ローンの引当てにつき、「資本的劣後ローン等に対する貸倒見積高の算定及び銀行等金融機関が保有する貸出債権を資本的劣後ローン等に転換した場合の会計処理に関する監査上の取扱い」（業種別委員会実務指針第32号日本公認会計士協会〔2004年11月2日〕）を参照の上、会計ルールに基づいた適切な引当てを行うこととされている。

(b)　准資本型

　准資本型注143)（十分な資本的性質が認められる借入金）として認められるかについては、「基本的には、償還条件、金利設定、劣後性といった観点から、

注142)　経営改善計画が達成され、債務者の業況が良好となり、かつ、資本的劣後ローン（早期経営改善特例型）を資本とみなさなくても財務内容に特に問題がない場合には、債務者のオプションにより早期償還することができる旨の条項を設けることは差し支えない。

注143)　債務者の属性（債務者区分や企業の規模等）、債権者の属性（金融機関、事業法人、個人等）や資金使途等により制限されるものではない（金融検査マニュアルに関するよくあるご質問（FAQ）9-13〔2017年5月30日金融庁検査局〕）。

169

資本類似性を判断することになる」とされているが、原則として、償還条件については償還期間が５年超・期限一括償還、金利については配当可能利益（業績連動）に応じた金利設定、劣後性については法的破綻時の劣後性の確保といった点が必要とされている（金融検査マニュアルに関するよくあるご質問（FAQ）9-14〜9-18〔2017年５月30日金融庁検査局〕）注144)。

　また、金融機関において、事業者における既存の借入金を「十分な資本的性質が認められる借入金」に転換する場合、当該借入金に対応する金銭債権について一定の要件の下、貸倒引当金勘定への繰入れにより損金の額に算入することが可能とされている注145)。具体的には、当該転換に係る契約日の属する事業年度終了の日の翌日から５年を経過する日までに弁済されることとなっている金額以外の金額（６年目以降に弁済される金額〔担保等による取立見込額を除く〕）について、原則として、当該事業年度の所得の金額の計算上、貸倒引当金勘定への繰入れにより損金の額に算入が可能となる。

　金融検査マニュアルについては、（資産査定・償却・引当てに関する別表を含め）2019年12月に廃止されることが予定されている（2018年６月金融庁公表「金融検査・監督の考え方と進め方（検査・監督基本方針）」および同年９月金融庁公表「検査マニュアル廃止後の融資に関する検査・監督の考え方と進め方」（案）の概要参照）が、この点に関し、金融庁は「これまでに定着してきた金融機関の実務を否定するものではなく、金融機関が現状の実務を出発点により良い実務に向けた創意工夫を進めやすくするためのものである」旨述べており、一定の条件の下、債務者区分等の判断において資本的劣後ローンを当該事業者の資本とみなす取扱いが直ちに否定されるものではないものと考えられるが、今後の議論を注視する必要がある。

注144)　なお、前掲注143）のFAQにおいて、「十分な資本的性質が認められる借入金」とみなすことが可能な関係省庁等の施策の代表例として、中小企業再生支援協議会版「資本的借入金」や商工組合中央金庫等の危機対応業務による資本性劣後ローン等が挙げられている。

注145)　法人税法52条１項、法人税法施行令96条１項１号および法人税法施行規則25条の２参照。特定調停を含め準則型私的整理手続を通じて成立した債務調整の結果に基づくものについては要件は充足されると考えられる。

(iii) 債権放棄

既存の権利関係を前提とするキャッシュ・フローを事業の再建のために適切に調整するための極めて強力な手段が既存債務の免除（債権放棄・DES）を受けることである。これにより事業者は本来債権者への弁済に充てられるべき資金を自己の手元に維持し、事業の成長資金等の用途に充てることが可能となり、さらには実体法上の債務の消滅によりバランスシートの改善も図られることとなり、新たな資本調達と共通する意義を見出すこともできる。

このような債権放棄は事業者に係る法律関係の相手方債権者の犠牲ないし経済的不利益を伴うものであり、モラルハザードの観点からも当然みだりに許容されることはなく、適正なプロセスを伴う私的整理手続によるか、法的再建手続によりその実現を図ることとなる。

(a) 私的整理手続

債権放棄やDESが金融支援依頼の内容となる場合は、対象債権者に対する支援依頼としては最も要請度が高く、当該金融支援依頼の必要性、内容の合理性、（過剰支援にならないという観点からの）必要最小限度性、各責任（経営責任、株主責任、保証責任）の履行態様とその合理性、事業再生計画の履行の確実性（タックスプランを含む）等、さまざまな観点からの検証が求められる。そのため、事業再生計画案の策定においては、これらの観点からの検証に耐えられる事前の分析や検討が必要となることはもとより、対象債権者をはじめとする関係者に対する必要十分な説明を行うことが必要となる。

リスケジュール型と債権放棄型の分水嶺としては、事業の正常収益力や今後の見通しに照らし、遊休資産等の処分対価や将来の事業収益をもって要償還債務の弁済が合理的に見込めるか否かという点になるが、その判断は容易ではない。基本的には、大要以下の事項についてデューデリジェンス等を通じて調査・分析・検討を重ねることにより判断していくことになろう。

・財務状況の過去推移、運転資本の状況

・事業構造分析、業績構造分析、事業の正常収益力の解析

・（基準日における）実態貸借対照表

・足許の資金繰りおよび資金管理実態（不明朗な資金流出の有無等を含む）

・上記を通じた窮境原因

第 2 章　債務者の再生手法

- ・将来の事業収益力の見立て、蓋然性
- ・設備投資の内容・時期
- ・事業資産や取引、組織、労務等に係る潜在リスク
- ・事業価値算定（バリュエーション）
- ・上記を踏まえた事業計画・資金計画とその履行蓋然性
- ・遊休資産、物上保証人の担保物および保証人資産の評価および処分可能性
- ・スキームの履行に係るタックスプラン（債務免除益課税への対処等）
- ・清算貸借対照表

　これらの検証の中で、将来の事業収益力の見立て・蓋然性が対象債権者の理解を得られる水準に満たないと考えられる場合には、新たな事業主体（スポンサー）に対する経営権ないし事業の承継についても検討されることとなる。この場合には、スポンサー選定のプロセスの合理性、スポンサー支援を前提とする事業計画および履行蓋然性についても要検証事項として加わることになる。

　具体的にいかなる水準をもって、将来の事業収益による要償還債務[注146]の弁済が困難な状況と判断すべきかについては、確立したルール・指標があるものではなく、事業の種類、収益力の安定性、中長期的な事業継続の蓋然性等にもよるため、一概に判断することは困難であるが、基本的には、事業価値や一定の計画期間経過後のキャッシュ・フロー倍率（おおむね10倍から20倍）[注147]、対象債権者の納得性等を踏まえて判断されているものと思われる。もっとも、合理的なプロセスを通じてスポンサー候補者が選定されている場合には、スポンサーが合理的な前提の下で提示する対価は、事業価値の時価かそれに近しいものと判断することに合理性があるといえよう。

　また、準則型私的整理手続の中には、一定期間内の債務超過解消を要件として定めるものがあり、具体的には、①事業再生ADRにおいては、事業再生計画案の合意成立日を含む事業年度の翌事業年度から原則 3 年以内[注148]、

注146）　統一的な定義があるものでもないが、要償還債務＝有利子負債－正常運転資金
　　　　（受取手形＋売掛金＋棚卸資産）－仕入債務（支払手形＋買掛金）とするものが
　　　　多い。

第4節　事業再生を目的とする既存権利関係の調整

②中小企業再生支援協議会の支援による再生計画においては、再生計画成立後最初に到来する事業年度開始の日からおおむね5年以内[注149]が債務超過解消年数の目処とされている。このような手続において事業再生計画案を策定する場合には、債務超過解消年数の目処の観点からも必要な債権放棄等の金額が算出されることとなるが、対象債権者にとっての経済合理性ないし過剰支援を回避する観点から、基本的には実態債務超過額が債権放棄等の金額の上限となろう[注150]。

　なお、子会社、関連会社を含めたグループ全体として再建を図る場合において、グループ全体としての一体性が認められ、かつ、債権者もグループ全体の信用力を背景に与信を与えていた事情があるような場合、グループ全体をあたかも1つの法人と同視し、（債務者である）各グループ会社の債権者のすべてに対して等しい支援を求めること（いわゆるパーレート処理）がある。この場合においても、原則として[注151]、各社の実態債務超過額が債権放棄等の金額の上限（清算価値保障との関係では破産配当率を上回ることが必要）となろう。

注147)　例えば、中小企業再生支援協議会の再生計画案策定支援においては、再生計画の終了年度（原則として実質的な債務超過を解消する年度）における有利子負債の対キャッシュ・フロー比率がおおむね10倍以下となる内容とするものとされ（中小企業再生支援協議会事業実施基本要領6.(5)④）、地域経済活性化支援機構が定める「株式会社地域経済活性化支援機構支援基準」においても、再生支援決定が行われると見込まれる日から5年以内に、有利子負債のキャッシュ・フローに対する比率が10倍以内となることが支援条件の1つの指標とされている。なお、いずれにおいても、計算式としては、有利子負債合計額から現預金や運転資金の額を控除したものを分子とし、留保利益、減価償却費および引当金増減を加算したものを分母として除した数値が10倍以内であることとされ、また、合理的な事情・理由がある場合の例外が認められている。

注148)　合理的な例外を排除しておらず、債務者の実態や取り巻く事業環境にかんがみ、3年を超え、5年以内とすることも合理的な例外と解してよい事例があるとされている（事業再生実務家協会編・前掲注109）304頁）。

注149)　事業者の業種特性や固有の事情等に応じた合理的な理由がある場合には、これを超える期間を要する計画を排除しないものとされている（中小企業再生支援協議会事業実施基本要領6.(5)②）。

注150)　西村あさひ法律事務所＝フロンティア・マネジメント㈱編『私的整理計画策定の実務』（商事法務、2011）233頁以下も参照。

(b) 法的再建手続

(ア) 達成されるべき諸条件

　再生債権または更生債権は、原則として再生計画または更生計画の権利変更に関する条項に基づき（民再156条、会更167条1項1号）、認可決定または認可決定確定後（民再176条、会更201条）、その内容に従った権利変更を受ける（民再179条1項、会更205条1項）。具体的には、再生計画または更生計画においては、権利変更に関する内容として、債務免除に関する条項が設けられ、再生計画の認可決定の確定または更生計画の認可決定により権利変更の効力が発生する。

　私的整理手続における権利変更が（リスケジュールまたは債権放棄いずれの場合も）債権者との合意に根拠が認められるのに対して、法的再建手続における債権放棄は、債権者の法定多数および裁判所の認可という手続的制約の下、法的に強制して行われるプロセスである。このように強力な効果が認められる反面、再生計画または更生計画に基づく権利変更には、法律上または解釈上、達成されるべき条件が種々存在する[注152]。

　❶　清算価値保障原則　　再生手続においては、裁判所による再生計画認可のための要件として「再生債権者の一般の利益に反するもの」でないことが法定されており（民再174条2項4号）、このことは、再生計画が清算価値保障原則、すなわち破産時における配当以上のものであることを満たすべき

注151)　ただし、すべての対象債権者にとって、グループ各社の実態債務超過額および将来の収益力に応じて債権放棄等の上限金額を算出する場合よりも、パーレート処理により上限も画するほうが経済合理性が認められる場合もあろう。

注152)　再生計画または更生計画において一般に定めるべき条項やその内容については、すでに多くの文献に述べられているので、詳細は割愛するが、例えば、西村あさひ法律事務所＝フロンティア・マネジメント㈱編『法的整理計画策定の実務』（商事法務、2016）等が詳しいので、適宜参照されたい。また、東京地裁における計画案の記載事項に関する運用、考え方については、再生手続につき、鹿子木康編著『民事再生の手引〔第2版〕』（商事法務、2017）268頁以下、東京地裁破産再生実務研究会編著『破産・民事再生の実務——民事再生・個人再生編〔第3版〕』（金融財政事情研究会、2014）250頁以下、更生手続につき、東京地裁会社更生実務研究会編著『会社更生の実務（下）〔新版〕』（金融財政事情研究会、2014）242頁以下を参照。

ことを意味する。また、更生手続においても、再生手続と同様の規定はないものの、清算価値保障原則が同様に妥当するものと解されている[注153]。かかる要件が満たされなければ、そもそも再生計画または更生計画が裁判所により認可される余地はない。したがって、清算価値保障原則は、再生計画または更生計画において達成されるべき最低限の弁済額（逆にいえば、許容される最大限の債権放棄額）を画する意味をもつ。債権者の立場からいえば、再生計画または更生計画に基づく弁済額が、破産時に得られる配当額（清算価値）を上回れば、前者に経済的なメリット（いわゆる経済合理性）が存するため、そのような計画には最低限の合理性が認められるという説明が可能である。再生手続における財産評定は、処分価格が基準とされており（民再則56条1項本文）、清算価値保障原則の重要な判断材料としての意味を有する。

　実務上、清算価値保障原則は事案に応じてさまざまな形で問題となるが[注154]、横断的に問題となるケースとして、清算価値保障原則を満たすべき基準時の問題が挙げられる。すなわち、手続中、債務者企業の事業価値が順調に維持・継続され、時的な経過とともに事業価値（および清算価値）が純増していくようなケースは格別、手続開始に伴う風評被害等により一時的に事業価値が低下するケース、構造改革による収益改善に一定の時間を要するケース、スポンサーによる支援をも加味しなければ事業継続がそもそも困難なケースなどでは、手続中における時的な経過とともに事業価値が（一時的に）減少していく場合もある。このようなケースにおいては、計画案提出時や計画認可時の清算価値が手続開始時における清算価値を下回る可能性もあり、前者の清算価値を満たすものの、後者の清算価値は満たさないことになる可能性もある。一般的には、財産評定の基準時が手続開始時であること

注153)　山本克己ほか編『新会社更生法の理論と実務』（判例タイムズ社、2003）219頁［中西正］。

注154)　例えば、総債権者に対する弁済額でみれば清算価値保障原則を満たすが、個別の債権者との関係でいえば例外的に清算価値保障原則を満たさない債権者が存在するケースや、相殺等を加味した場合、破産時における回収額のほうが高額となり得るケースなど、さまざまな場面で問題になり得る。これらの点については、西村あさひ法律事務所＝フロンティア・マネジメント㈱編・前掲注152)　5頁以下に詳しいので参照されたい。

との平仄から（民再124条１項）、清算価値保障原則を満たすべき基準時についても手続開始時と考えられるが、実務上、違法または不当に事業価値の減少を招くような場合は格別、上記のようなケースで清算価値保障原則の充足を殊更に否定する実益は少ない[注155]。ただし、その時々における清算価値を充足するかどうかについては、債権者が計画案に対する賛否を決する上で重要な材料となるため、その前提として、時点修正した財産評定などの情報提供を行うことも検討する必要があろう。

❷　債権者間の衡平性または公平性　　計画の内容は、同一の種類の権利を有する者の間では、それぞれ平等でなければならない（民再155条１項、会更168条１項。平等原則）。ただし、かかる平等原則にも例外が認められており、①不利益を受ける者の同意がある場合、②少額債権または手続開始後の利息等の請求権の債権について別段の定めをしても衡平を害しない場合、③その他同一の種類の権利を有する者の間に差を設けても衡平を害しない場合など、例外的に一部の類型の債権について優先的または劣後的な取扱いをすることも許容されている。例えば、優先的な取扱いを許容する場面として、DIPファイナンスまたはプレDIPファイナンス、商取引債権の保護［→**第7節2**］の問題や、逆に、劣後的な取扱いを検討する場面として、内部債権者の劣後化等[注156]の問題があるが、「実質的に衡平」な内容であれば許容され得る（これに対して、清算型である破産手続においては形式的平等性がより強く要請される）。

上記②について、一定額以下（例えば、10万円以下や100万円以下など）の債権については全額弁済する一方で、これを超える部分について、一定の平等な割合で免除を受ける内容の計画案は一般によくみられる。「一定額」をいくらにするかは、手続中に少額債権の弁済を行った場合（民再85条２項・５項、会更47条２項・５項）との整合性からも検討する必要がある。

また、上記③について、金融調整の一方策として、免除率や弁済方法の定

注155）　園尾＝多比羅編・前掲注99）525頁［清水＝金山］。
注156）　親会社その他グループ企業や代表者等の役員が有する債権については、他の債権と同列に取り扱うことが衡平の観点から疑問視されるケースもある。このようなケースにおける実務的な処理については、**第8節3**(4)(ii)参照。

めに関して、一定範囲の金額ごとに段階的に免除率に差異を設ける方法や、いわゆる処分連動方式、ゴルフ場の再生事件においてみられる、分割弁済と一括弁済の選択または抽選など弁済時期に差異を設ける方法など[注157]も、実質的に衡平なものとして許容され得る具体例といえる。

次に、更生計画案に定める権利変更の内容は、異なる種類の権利を有する者の間では、各権利の種類の順位を考慮して、公正かつ衡平な差を設けなければならない（会更168条3項）。再生手続においては、再生債権を有する者と約定劣後再生債権を有する者との間で、公正かつ衡平な差を設けなければならないものとされているが（民再155条2項）、優先性の認められる一般優先債権につき、一定の考慮がなされるべき場合も存在する［→(2)(ii)(b)(ウ)❶］。

特に更生手続においては、更生担保権が最優先、これに続き、優先的更生債権、一般の更生債権、劣後的更生債権……と続くが、先順位の債権が全額弁済されない限り、より後順位の債権が必ずしも弁済されないというものではない（相対的優先説または折衷説[注158]）。ただし、仮に異なる種類の債権者間で差異を設けるべき必要性のある場合には、策定する計画の履行可能性を前提に、清算価値保障原則を満たすべき範囲内で、慎重な検討を要する。

❸　法定の期間　再生手続において収益弁済型の再生計画を策定する場合、特別の事情がある場合を除き、再生計画認可の決定の確定から10年を超えない範囲でなければならない（民再155条3項）。また、更生計画においては、その期間が15年（更生計画の内容が更生債権者等に特に有利なものになる場合その他の特別の事情がある場合は、20年）とされている（会更168条5項2号）。

もっとも、近時においては、このように長期間の弁済計画が定められることは決して多いとまではいえない。その背景事情は種々あると考えられるが、主として、債務者側の事情として、自主再建を前提とした長期間の収益弁済型が必ずしもマッチせず、近時はスポンサーによる支援を前提とした一括弁済型の計画案が一般的になっていること、逆に、債権者（特に金融債権者）側の事情としても、長期間にわたる計画期間中における二次破綻リスクを避

注157）　ゴルフ場の再生事件に関する計画案の定めについては、鹿子木編著・前掲注152)
　　　　281頁など参照。

注158）　伊藤眞『会社更生法』（有斐閣、2012）555頁。

第 2 章　債務者の再生手法

けたいニーズ、貸倒債権を早期に損金化したいニーズなどが挙げられよう。

(イ)　計画案の分類

伝統的にいえば、大きく、再建主体による分類として、自主再建型かスポンサー型、弁済方法による分類として、一括弁済型か収益弁済型といった、再生計画案または更生計画案のマトリクスが考えられる。

再建主体による分類	弁済方法による分類
自主再建型	収益弁済型
スポンサー型	一括弁済型

スポンサー型の中でも、債務者企業の既存の法人格を維持することを前提に、既存株式を100％無償取得および償却する減増資型、事業譲渡または会社分割等の手法により事業をスポンサー企業（またはスポンサー企業が別途準備する法人格）に譲渡する事業譲渡型の分類があり、また、スポンサー型とは異なり、債務者企業の有する資産を売却し、既存の法人格を清算することを前提にした、純粋清算型の再生計画案または更生計画案もある。

自主再建型の場合、債務者企業が得る将来キャッシュ・フローが弁済原資であり、そのため収益弁済型がとられることが多く、スポンサー型の場合、事業譲渡または会社分割等により得られる対価（譲渡代金または分割対価）を弁済原資として、一括弁済型がとられることが多いが、近時は、スポンサー型＋一括弁済型の計画案がとられることが多い。

このような分類自体に特段の意味合いがあるものではなく、債務者企業の価値の源泉に着目して、どのような弁済計画を策定することができるか、そのほか、債権者との関係上、考慮すべき検討要素があるか（その典型的な検討要素としては、経営者責任または株主責任が挙げられる）、といった観点から、どのような再生計画案または更生計画案を立案するかが重要であるが、この点については、**4** を参照されたい。

(iv)　DES

(a)　私的整理手続

金融支援の内容が債務免除である場合、対象債権者においては、債務免除は債権の回収可能性を完全に消滅させるものであり、仮に事業者の事業が想

第4節　事業再生を目的とする既存権利関係の調整

定以上に改善した場合においても、その利益を享受できないことを意味することになる。そのため、対象債権者においては、自己の対象債権を事業者の発行する株式に振り替え、将来の事業者の事業の改善・成長の利益を配当やキャピタルゲインにより享受することを望む素地が生まれることとなる。

　DESの法的構成については、一般的には「現物出資型」、すなわち対象債権者が対象債権（の一部）を債務者に現物出資し（会社199条1項3号）、募集株式の割当てを受ける方法がとられる[注159]。これにより対象債権に係る債務が混同により消滅し（民520条）、債務者のバランスシートの改善が図られることとなる。なお、この場合、事業者においては、DESにより消滅する債権の帳簿価額と割り当てる株式の時価評価額との差額を債務消滅益[注160]として認識することとなる。

　もっとも、対象債権者が株主となることは、事業者の既存または他の株主にとっては、将来の配分されるべき利益の減少を意味することに加え、経営への影響も一定程度受けることとなる。とりわけ債権放棄型の事業再生計画においては、多くの場合、既存株主の権利は消滅し[注161]、事業再生計画の履行を担うのは新たに出資を行う者（スポンサーを含む）であり、当該者が相応の将来の事業リスクをとって出資を行うため、対象債権者が株主となることを当然に了解しなければならない立場でもない。

　そのため、事業再生計画における金融支援にDESを含めるに当たっては、対象債権者の事情（事業に係る将来リターンへの関心、将来のエグジットの蓋然

注159)　債権者が債務者から募集株式の割当てを受け、現金を払い込んだ後直ちに、債務者が払込みを受けた現金をもって債権者に対する弁済に充てる方法（いわゆる擬似DES）が挙げられることがある。この場合、債務者に債務消滅益が生じないと考えられるものの、払込みを行うための資金を実際に調達する必要があることに加え、いわゆる「見せ金」に該当するリスクや租税回避行為として否認されるリスクが指摘されている。仮に事業再生計画に基づく擬似DESを検討するのであれば、「現物出資型」のDESではなく、疑似DESを採用することについての合理的な説明が必要となるものと思われる。

注160)　この債務免除益は企業再生税制の債務免除益等に含まれ、事業再生ADR、地域経済活性化支援機構の手続などの準則型私的整理手続の一部において企業再生税制の適用要件を満たす場合、期限切れ欠損金の損金算入の適用対象となる（法税59条2項、法税令24条の2、法税則8の6等参照）。

第2章　債務者の再生手法

性・リスク、株式の管理コスト等）と、出資者注162)の事情（出資経緯、将来リターンを独占的に享受することの合理性、経営者のモチベーション確保等）との調整が必要となる。

　また、私的整理手続を通じたDESについては、対象債権者は主として金融機関であるため、銀行法および独占禁止法上の規制（いわゆる5％ルール)注163) 注164)の範囲内で株式を割り当てるまたは完全無議決権株式注165)を割り当てることが一般的である。ただし、例外的に、銀行が一般事業会社を子会社とすることができる場合や5％を超える議決権を取得または保有することができる場合もあり注166) 注167) 注168)、（特定調停を含む）準則型私的整理手続を通じて成立した事業再生計画に基づき、（保有期間の制限に留意しつつ）対象債権者が事業者発行に係る5％超の議決権付株式保有を図ることが可能なケースもあり得る。

注161)　例えば、事業再生ADRにおいては、債権放棄を伴う事業再生計画案の場合、株主の権利の全部または一部が消滅すること（ただし、事業再生に著しい支障を来すおそれがある場合を除く）が求められており（ADR規則27条3項(3)）、地域経済活性化支援機構の手続においても「債務免除等を受けるときは、支配株主の支配権を消滅させるとともに、増減資により既存株主の割合的地位を消滅させるか大幅に低下させる」ことが求められている（地域経済活性化支援機構の実務運用標準5⑩）。また、中小企業再生支援協議会の再生計画案策定支援においては、対象債権者に対して金融支援を要請する場合には「経営者責任の明確化を図る内容と」し、具体的には「減資や株式の無償譲渡により支配株主の権利を消滅させることはもとより、減増資により既存株主の割合的地位を減少又は消滅させる方法」が求められている。もっとも、「一般株主については、支配株主のような経営への関与が認められないのが通例であるため、そのような場合には、支配株主とは別に取り扱うこともあり得る」とされている（中小企業再生支援協議会事業実施基本要領6.(5)⑥および同Q&A29）。

注162)　事業再生計画において既存株主の権利の変更が希釈化にとどまる場合には、当該既存株主の権利に対する考慮も必要となろう。

注163)　独占禁止法は、銀行業または保険業を営む会社が一般事業会社の5％（保険会社の場合は10％）を超える議決権を取得しまたは保有することを原則として禁止しており（同法11条1項）、銀行法は、銀行持株会社グループ（に属するすべてのエンティティ）が保有する一般事業会社の15％を超える議決権を取得しまたは保有すること、銀行またはその子会社が合算して一般事業会社の5％を超える議決権を取得しまたは保有することを、それぞれ原則として禁止している（同法52条の24・16条の4）。

第4節　事業再生を目的とする既存権利関係の調整

(b)　法的再建手続

　法的整理手続においてもDESを利用する場面は想定される[注169]。

　特に、更生手続においては、そもそも株主が手続に取り込まれることを前提にするほか、DESを念頭に置いた規定が設けられており（会更175条2号・3号）、再生手続に比して、簡易にDESを利用することが可能となっている。

　他方で、債権者平等原則との関係では留意を要する。特に、金融債権者など一部の大口債権者にのみDESを実行する場合、より少額の一般的な債権者（特に多数の商取引債権者）との関係に留意する必要がある。実務的には、例えば、少額債権者に対して全額の弁済を行う一方で、一定額を超える債権者に超過相当額のDESを実行するという方法も考えられる。

注164)　例外的に銀行の子会社として認められるものとして、銀行法16条の2第1項12号の2所定の事業再生会社（非上場会社、かつ一定の公的な枠組みまたはこれに準ずる当該銀行が関与するDES等の枠組みの下で経営強化・改善等を進めている会社および株式を取得した際〔銀行の子会社となった際〕にこの要件に該当していた会社〔特別事業再生会社については、当該銀行・特定子会社（投資専門会社)〕以外の子会社が合算して基準議決権数〔5％〕を超えて保有していないものに限る）がある。もっとも、株式発行会社が中小企業者である場合は5年、それ以外の会社の場合は3年の保有期間の制限がある（銀行則17条の2第11項・12項）。その他の5％ルールの例外として、担保権の実行による取得などがあるが、あらかじめ内閣総理大臣の承認を受けた場合を除き、株式を取得し、または保有することとなった日から1年を超えて保有してはならないものとされている（銀行16条の2第1項・16条の4第2項）。なお、近時の「5％ルール」規制緩和の動きについては、柴原多「『5％ルール』の改正で、多様な企業支援が可能に」金融財政事情3309号（2019）23頁参照。

注165)　普通株式に優先する配当の権利や一定期間後の普通株式への転換または取得請求権を付与するなど、内容の設計はさまざまである。事業再生ADRにおける実例については事業再生実務家協会編・前掲注109）332頁以下参照。

注166)　たとえば銀行法施行規則17条の7の3において規定される特例対象会社には5％ルールが適用されず、50％までの保有が可能となる。詳細は同規則で定められているが、概要、地域経済活性化支援機構が関与するファンドから出資を受けている会社、事業再生計画の作成に同機構が関与している会社を指す。

181

第 2 章　債務者の再生手法

(4)　担保付債務の取扱い

（ i ）　私的整理手続と法的再建手続における共通点と差異

　債務者企業が金融機関から資金調達を行う場合、その時期・財務状況・資金使途・資金調達の方法・担保余剰等との関係はあるものの、担保を設定することが多い。その目的は、主として債務者企業が経済的な窮境に陥り、事業収益から継続的に返済を受けることが困難になった場合に、担保による回

注167)　独占禁止法上の例外としては、あらかじめ公正取引委員会の認可を受けた場合や他の国内の会社との間の合理的な経営改善のための計画に基づき株式を取得することにより議決権を取得する場合（当該会社の債務を消滅させるために行うものであって、当該株式を取得することによって相当の期間内に当該会社の経営の状況が改善されることが見込まれるものに限る）などがある（私的独占の禁止及び公正取引の確保に関する法律第11条第 1 項第 6 号に規定する他の国内の会社の事業活動を拘束するおそれがない場合を定める規則 1 号）。この点、議決権の 5 ％を超えて有することとなった日から 1 年を超えて当該議決権を保有しようとするときは、公正取引委員会規則で定めるところにより、あらかじめ公正取引委員会の認可を受けなければならない（独禁11条 2 項）が、銀行または保険会社が、DESにより、非上場会社、かつ特定調停が成立している会社、事業再生ADRに基づき事業再生計画が作成されている会社等の総株主の議決権の 5 ％を超える議決権を保有する場合には、原則として認可を行うこととされている。なお、同条項後段の「当該議決権を速やかに処分することを条件としなければならない」との規定は「当該議決権を遅くとも合理的な経営改善のための計画の終了後速やかに処分することを条件としなければならない」との趣旨とされている。ただし、認可は原則として 2 年を限度とされ、 2 年超の場合は、①事業支配力が過度に集中することとなる場合および②一定の取引分野における競争を実質的に制限することとなる場合のいずれにも該当しないことについて個別に検討される（2002年11月12日付け公正取引委員会「債務の株式化に係る独占禁止法第11条の規定による認可についての考え方」〔2015年 4 月 1 日改定〕参照）。

注168)　なお、DESによらない株式保有については、2002年11月12日付け公正取引委員会の「独占禁止法第11条の規定による銀行又は保険会社の議決権の保有等の認可についての考え方」（2014年 4 月 1 日改定）参照。

注169)　例えば、不動産ディベロッパーの株式会社プロパストの再生事件においては、DESを前提とする再生計画案を策定し、上場を維持したまま再生手続を成立させている。この点については、福岡真之介「大規模DESにより株式を交付する再生計画の諸論点──㈱プロパストの事例を契機として」NBL941号（2010）20頁など参照。

第4節　事業再生を目的とする既存権利関係の調整

収を図ることにより、債権者たる金融機関の損失発生を可能な限り防止する点にある。債務者企業の立場からしても、担保による保全が図られなければ、そもそも資金調達が困難な場合もある ［→**第2節1**］。このような観点からみても、担保がその真の意味で効力を発揮するのは、経済的な窮境の典型例である法的整理時であるため、法的整理時における担保の処遇は重要となり、また、私的整理時においても法的再建手続における考え方とパラレルに取り扱うことが多い。

　債務者企業が私的整理または法的整理により負債処理を行わなければならない場面であっても、担保付債務については別段の考慮が必要である。すなわち、担保は債務者企業が設定する場合もあれば、親会社・グループ会社または経営者などから物上保証の形で提供されるケースもあるが、前者の場合注170)、担保によって保全される範囲では、再生手続または更生手続であれ別除権あるいは更生担保権として、手続外での行使または手続内における優先的な取扱いが認められることになるため、私的整理または法的整理により圧縮できる負債は、担保で保全される範囲外の無担保債権部分に限られることとなる。したがって、圧縮できる負債の範囲を画するという意味においては、担保評価が重要な視点となる。

　このような基本的な考え方は、法的整理または私的整理のいずれにおいても基本的には共通し、私的整理による負債処理を行う場合であっても、法的整理時における担保の処遇を踏まえた計画案の策定がなされることが一般的である。ただし、私的整理の場合には、対象債権者が金融債権者に限られるのが一般的であるが、法的整理の場合には、商取引債権者が担保権を有することも少なくない。また、冒頭で述べた通り、担保の真の意味で効力を発揮するのは法的整理時であるが、その効力をそのまま認めたのでは（特に、事

注170)　後者の場合（物上保証の場合）、法的手続とは無関係の第三者であるから、債権者は手続外で担保権を行使することができる。また、仮に、物上保証人である第三者から弁済等を受けることにより被担保債権が消滅する場合であっても、その全額が消滅しない限り、債権者は、主債務者の法的手続において、手続開始時の全額につき権利行使を行うことができる（民再86条2項、会更135条2項、破104条5項・2項）。

第2章　債務者の再生手法

業用担保資産に対する担保権の実行など）、債務者企業の事業再生は到底叶わない。そこで、法的整理時には、担保権の実行を制約する旨の制度も設けられている。

(ii)　私的整理手続における取扱い

(a)　一般的な処理方法

債務者が負っている担保付債務に係る債権については、法的整理手続においても別除権付債権、更生担保権としての保護を受けることもあり、私的整理手続においても、保全債権として取り扱われ、債権カットなどの対象とされないのが一般的な処理である。もっとも、具体的に担保付債務の処理を確定するに際しては、①保全扱いとする担保の範囲（保全扱いするか否か）、および、②保全扱いとする担保の評価（保全扱いするとして具体的にどういう金額で保全と認めるか）、の問題を解決しなければならない。

(b)　保全扱いとする担保の範囲の問題

債務者および第三者対抗要件を適式に具備した担保権によって担保されている債務に係る債権について、保全債権として取り扱われることについては、私的整理手続の中で一般にあまり争点とはならない。しかし、担保権設定・対抗要件具備が欺罔的な経緯・方法でなされたことが疑われる場合や、債務者が経済的困窮に陥った後に特定の債権者のために抜け駆け的に担保権設定・対抗要件具備がなされたような場合などは、かかる担保権で担保された債権を保全債権とすべきかどうか慎重に検討すべきであるといえる。特に、民法上無効や取消しの対象となり得る担保権や、法的整理手続において否認の対象となり得る担保権[注171]により担保される債権については、一般論として、私的整理においても保全扱いすべきではない。

また、保全扱いとすべきかどうかにつき実務上争点となりやすい問題とし

注171)　私的整理手続の開始後の担保設定については微妙な問題がある。個人債務者の事案であるが、代理人弁護士が債務整理開始通知を債権者に送付した行為が破産法上の「支払の停止」に当たるとされた最高裁判例がある（最判平成24・10・19判時2169号9頁）。同判例においては、一定以上の規模の企業の私的整理に関しては、金融機関等に送付された一時停止通知をもって支払の停止に当たるとすることには慎重さが要求される、とする須藤正彦裁判官の補足意見が付されている。

第4節　事業再生を目的とする既存権利関係の調整

て、登記留保などの対抗要件具備を留保した担保の問題がある。法的整理手続においては対抗要件を具備していない担保権は別除権・更生担保権に係る担保権としての取扱いは認められない。もっとも、私的整理手続は法的整理手続に至らないように関係当事者で対応を協議する場でもあり、必ずしも法的整理手続における取扱いと完全に同じにしなければならないわけではなく、また、債務者側の要請で対抗要件具備を留保していることも少なくない。そのため、私的整理手続においては、対抗要件具備を留保した担保権により担保されている債権についても保全扱いとされる事案がむしろ一般的である[注172]。もっとも、特別な事情なく対抗要件具備がなされておらず、債権者もそれを認識しながら放置していたような場合には、当該担保を保全扱いすることにつき他の債権者の理解が得られにくいような場合もあり、対抗要件具備を留保した事情についても具体的に確認し、対応を決すべきである。

(c)　保全扱いとする担保の評価の問題

(ア)　総論

担保評価の問題は、各担保債権者の保全の範囲に直結し、また非保全債権を有する債権者にとっても、非保全債権への弁済の金額や条件に関連することから、私的整理手続における主要な争点の1つになりやすい問題である。担保評価を実際に行うに当たっては、①いつの時点の評価とするか（基準時点の問題）、②誰が評価をするか（評価者の問題）、③どのような前提・方法で評価をするか（評価方法の問題）、という点を解決する必要がある。

まず、①の評価時点については、当該私的整理手続において清算バランスシート（B/S）や実態バランスシート（B/S）などを作成する際に基準日として用いられている一定の日（手続開始日として指定される日、一時停止の通知日、別途基準日として定める日など）またはこれに近い特定の日を基準日とするのが整合的であるといえる。もっとも、大量の担保対象不動産などが存在し、基準日時点の評価を取得することに過大な費用負担が見込まれる場合や手続遅延の原因となり得るような場合などには、関与当事者の合意を前提と

注172)　全国倒産処理弁護士ネットワーク編『私的整理の実務Q&A140問』（金融財政事情研究会、2016）62頁［山形康郎］、「倒産と担保・保証」実務研究会編『倒産と担保・保証』（商事法務、2014）113頁［山宮慎一郎］など。

第2章　債務者の再生手法

して、過去に取得した評価を利用することも実務的にはあり得るところである。

　②の評価者については、上場株式など市場価格が明確なものは基準日における当該市場価格に従うことになるので、評価者の問題は通常生じない。また、不動産については、一般に不動産鑑定士（不動産鑑定会社）が評価者となることについても通常は異論が出されることはない（具体的にどの不動産鑑定士〔不動産鑑定会社〕を評価者とするのかについては争いが生じ得る）。中古自動車などのように、流通市場はあるが必ずしも一義的・客観的な市場価格が明らかとはいえない場合には評価者の問題が生じるが、1社または複数の中古車業者等の専門業者の査定を活用することが一般的であろう。非上場株式や、必ずしも流通性の高くない一般動産、債権などの評価については一義的に評価者が明らかということはないが、かかる評価を専門に行う業者がいる場合には当該業者、当該私的整理手続におけるファイナンシャル・アドバイザー等が選任されている場合には当該アドバイザーが評価者となることが多いものと思われる。

　③の評価方法については、上場株式など市場価格のあるものについては、基準日におけるどの時点の価格（始値、終値、平均値など）とするかの問題はあるが、この点が争いとなることは通常はない。より問題となるのは、不動産や自動車等の動産、非上場株式、債権など、評価方法により評価額が大きく変わり得るものについてである。特に不動産については、わが国の金融取引における主要な担保として広く活用されていることから、私的整理手続においても一般に当事者の主要な関心事になり得る事項である。以下、具体的な評価方法について各論で述べる。

　⑷　**各論**

　❶　不動産　　上述の通り、不動産はわが国における主要な担保対象資産であることから、私的整理手続においてもその取扱いが主要な争点の1つになりやすい。この点、私的整理ガイドライン手続においては、継続使用予定の不動産は時価（法定鑑定評価額またはそれに準じた評価額）に調整し、売却予定物件は早期売却価格に調整するものとされている[注173]。また、事業再生ADR手続においては、原則として時価としつつ、継続的に使用しない資

186

産については処分価格による評定を認めるとされており、私的整理ガイドラインと同様の整理がされているが、不動産について、販売用不動産（原則として正味実現可能価額から合理的見積利益額を控除した価額）、事業用不動産（原則として不動産鑑定評価額）、投資不動産（原則として不動産鑑定評価額）に分類するなど、より細かな定めがなされている[注174]。中小企業再生支援協議会スキームや地域経済活性化支援機構スキームにおいても、基本的な考え方は同様である[注175]。

　債務者の事業継続の関係で重要な不動産については、鑑定を行う不動産鑑定士（不動産鑑定会社）の選任プロセスも関与当事者の関心事である。債務者側で提案し、債権者の同意の下進める場合もあれば、債権者側から推薦してもらう形で選任する場合もある。第三者のアドバイザーが選任されているような私的整理手続では、当該アドバイザーが不動産鑑定士（不動産鑑定会社）を選任することもあるが、当事者間で合意に至らない場合には、各関与当事者が選任する複数の不動産鑑定を取得した上でその平均値を評価額とするような事案もある。なお、対象不動産が膨大であり、正式な不動産鑑定をすべて取得することが時間的にも費用的にも過大な負担となるような場合には、過去に取得した不動産鑑定を活用することや、簡易鑑定とすること、サンプル的にいくつかの不動産についての不動産鑑定を取得して、割合的に全体の評価額を算出するような方法がとられることもある。

　売却が決まっている不動産については、該当不動産に担保を有する債権者の同意を前提として、当該売却価格を評価額として取り扱うことが一般的であろう。なお、売却不動産の処分連動方式については後述する［→(イ)❻］。

　❷　動産　　棚卸資産については、準則型の私的整理手続においては正味

注173)　私的整理に関するガイドラインQ&A10-2。

注174)　「経済産業省関係産業競争力強化法施行規則（平成26年経済産業省令第1号）第29条第1項第1号の規定に基づき、債務者の有する資産及び負債に関する資産評定の基準」平成25年経産省告示第9号。

注175)　「中小企業再生支援協議会の支援による再生計画の策定手順（再生計画検討委員会が再生計画案の調査・報告を行う場合）」の別紙「実態貸借対照表作成に当たっての評価基準」、「地域経済活性化支援機構の実務運用標準」の別紙1「再生計画における資産評定基準」参照。

第2章　債務者の再生手法

実現可能価額から販売努力に対する合理的見積利益を控除した価額を基準として算定するとの考え方が示されている[注176] が、その他の私的整理案件においては、簿価を基準に算定することもある。

自動車などの市場性がある償却資産については、当該市場価格を参照することになる。もっとも、上場有価証券のように明確な市場価格があるわけではなく、また不動産鑑定と異なり正式な鑑定評価を取得することが必ずしも容易でないこともあり、専門業者による査定や簡易鑑定などを用いることも多い。なお、航空機や船舶など大型の動産については、国内外の専門業者から対象物件についての評価書（appraisal report）や同種の物件についての市場価格レポートを取得することも比較的容易である。市場性のない償却資産については画一的な処理方法は必ずしも存在せず、原価法による価格、収益還元法による価格、簿価など事案に応じて当事者間で協議して決めていくことになる[注177]。

❸　有価証券　　上場有価証券については、市場価格を参照して評価することになる。市場価格の存在しない有価証券については合理的に算定された価額により評価するほかない。この点、事業再生ADR、中小企業再生支援協議会スキームおよび地域経済活性化支援機構スキームにおいては、①株式については、日本公認会計士協会が策定した企業価値評価ガイドラインの評価方法等を参考とするとしており、②社債およびその他の債券については、当該債券について償却原価法を適用した価額から貸倒見積額を控除した価額により評定するものとしている。準則型ではないその他の私的整理手続においても、かかる考え方が参考となろう。なお、債務者グループ内の会社の株式や社債等については再生計画の内容ともからんで別途の調整が必要となることも多く、グループ内各社の財務状況（グループ内での債権債務関係含む）や再生計画の内容も踏まえて個別の検討が必要である。

❹　債権　　事業再生ADR、中小企業再生支援協議会スキームおよび地

注176）　事業再生ADR、中小企業再生支援協議会スキームおよび地域経済活性化支援機構スキームではかかる考え方が明示的に規定されている。
注177）　事業再生ADR、中小企業再生支援協議会スキームおよび地域経済活性化支援機構スキームではかかる考え方が明示的に規定されている。

第4節　事業再生を目的とする既存権利関係の調整

域経済活性化支援機構スキームにおいては、売上債権については、原則として、各債権金額から貸倒見積額を控除した価額により評定するものとされており注178)、具体的には、①一般債権については合理的な基準により貸倒見積額を控除、②貸倒懸念債権については担保・保証による回収額を控除した残額について、具体的に算定した貸倒見積額を控除、③破産更生債権等については、当該債権額から担保処分見込額および保証による回収見込額を減額し、その残額を貸倒見積額とするものとされている。準則型ではないその他の私的整理手続においても、かかる評価方法が参考となろう。

　なお、有価証券同様、債務者グループ内の債権については、グループ内で当該債権債務関係が発生した経緯や再生計画の内容も踏まえて個別の検討が必要である。

　❺　財団　　工場財団、鉄道財団、道路交通事業財団など、特別法に基づく抵当権の対象として各種の財団が組成されていることがある。一般に財団は不動産や動産のみならず、関連する賃借権や知的財産権などの権利も含み得るが、これらは1つの事業を一体として担保対象とすることを可能とする法制度とみることができる。そのため、財団の担保評価をするに際しては、財団を組成する個々の不動産や動産などの評価を積み上げて算出することが必ずしも常に適切であるとは限らず、当該事業のキャッシュ・フローにも着目して、事業としての評価が適切に反映されているかという視点からも検討すべきである注179)。

　❻　処分連動方式　　遊休不動産や棚卸資産等、再生計画において具体的に処分することが想定されている資産の担保評価について、事前に一定の評価額を決めてそれを保全評価額として確定的に取り扱うのではなく、具体的な処分時の売却価格に応じて保全の評価・取扱いを調整する、処分連動方式と呼ばれる方式がある。かかる処分連動方式は、事前に評価額を決めるプロセスを大幅に簡略化することができ、また実際の処分価格が事前の想定と異

注178)　私的整理ガイドラインにおいても、原則的な考え方としては同様の考え方が採用されている。私的整理ガイドラインQ&A10-2参照。

注179)　更生担保権としての評価につき、「倒産と担保・保証」実務研究会編・前掲注172）305頁［上野保］参照。

第2章　債務者の再生手法

なっていた際の再生計画に与える影響についても、問題の発生を可及的に抑えることができるというメリットがあることから、法的整理手続・私的整理手続を問わず、採用されている例が少なからず存在する[注180]。

　一方で、処分連動方式にも以下のような問題点があり、実際に採用する場合には慎重に検討する必要がある。

　　①　まず、非保全債権について一定の債権放棄が求められるような再生計画の場合、実際の処分が完了するまで債権放棄額が確定しないのではないか、という問題がある[注181]。というのも、処分連動方式においては、一定の暫定的な評価額に従って計画を成立させ、債権債務関係を一旦確定させつつ、事後的な処分に伴い保全評価額・債権放棄額・弁済額を調整することになるからである。債務者・債権者の税務会計上の処理の問題のみならず、特に債務者が上場企業の場合の上場廃止基準との関係、事業再生ADR等の準則型私的整理手続の場合の債務超過解消年限との関係でも問題となり得る。

　　②　また、一括売却の場合には評価額割付の問題も生じ得るため、担保対象資産を含む一括売却の場合には事前に該当担保資産の売却額を何らかの形で明確にしておくべきである。

　　③　処分連動方式においては、具体的な処分時の売却価格に応じて保全の評価・取扱いを調整することになるため、一定の基準日における評価額で保全評価を確定している他の保全対象担保との平仄の問題がある。特に、処分資産の市場全体が上向いている場合には、処分連動方式の対象となった担保を有する債権者が実質的に有利な取扱いを受けるようにもみえるため、他の債権者の理解を得られやすい調整方法とする必要がある。

　　④　その他、手続的な問題ではあるが、事後的な処理の具体的な内容（調整を行う期間の範囲や、当初想定額と実際の売却額が乖離した場合に無限定に調整するのか、一定の調整限界値を定めるのか否かなど）につき再生計画に規定しておく必要があり、かかる規定の策定および債権者との合意のプロ

注180)　全国倒産処理弁護士ネットワーク編・前掲注172）67頁［木村真也］など参照。

注181)　西村あさひ法律事務所＝フロンティア・マネジメント㈱編・前掲注150）267-268頁など参照。

第4節　事業再生を目的とする既存権利関係の調整

セスが必要となる点にも留意すべきである。

❼　**担保権の設定されていない預金**　　上記とやや異なる問題として、明確な担保権ではないが、質権などの設定されていない預金[注182]についても保全扱いとするかどうかは実務上問題となりやすい。法的整理手続の場合、預金は（相殺禁止等の例外に当たらない限りは）相殺権行使の対象となり、実質的に担保的機能を有していると考えられる[注183]一方で、メインバンクなど特定の金融機関に開設した口座に集中していることも少なくないため、無制限・無条件に預金（とりわけ商取引上の決済に係るもの）を保全扱いすることについて他の対象債権者の理解が得られにくいことが多いことがその背景にある。

　この点、実務的には、預金額の多寡や分散状況、事業再生に必要な流動性資金の確保状況、対象債権者との協議状況など案件ごとの具体的な状況次第で取扱いを定めることになるが、一般論として、定期預金や凍結済みの預金等[注184]の拘束性預金は、すでに当該預金を有する金融機関の「合理的」相殺期待が具体化しているものとして、保全扱いする事案が多い[注185]。また、後述する流動性預金についても、当事者間でこれを払い戻さない旨の合意がある場合（例えば、担保または利払の趣旨で普通預金口座に一定額以上の残高を

注182)　なお、担保権が設定されている預金は、通常、その全額を保全扱いすることとなる。

注183)　米国の倒産法においては、相殺権を有する範囲で債権者の債権は担保付債権（secured claim）として取り扱われる（11 U.S. Code § 506）。

注184)　なお、凍結預金に関しては、そもそも私的整理手続を申し立てたことをもって預金を凍結することが正当といえるか否かが、私的整理手続の申入れの「支払停止」該当性との関係で問題となり得る。

注185)　ただし、担保設定がされておらず、いつでも払戻しできる以上、保全扱いしないとする扱いもあり得る（事業再生実務家協会編・前掲注109）130頁、全国倒産処理弁護士ネットワーク編・前掲注172）62頁〔山形康郎〕参照）。また、満期日が到来しているものや、個別の事情に照らし実質的に担保として機能していないものについても、保全扱いとしないことが考えられる（藤原総一郎監修『企業再生の法務──実践的リーガルプロセスのすべて〔改訂版〕』〔金融財政事情研究会、2012〕82頁）。

第2章　債務者の再生手法

プールする旨金融機関と合意していたような場合）には、拘束性預金に準ずるものとして、保全扱いすることも考えられるところである。

　他方で、普通預金や当座預金等の流動性預金については取扱いが分かれる。前述の通り、このような流動性預金を保全扱いとするか否かは、預金額の多寡や分散状況、事業再生に必要な流動性資金の確保状況、対象債権者との協議状況等の事情に鑑み個別具体的な解決を志向することになるが、債務者企業としては、資金繰り確保のため、流動性預金につき保全扱いせず払戻しに応じるよう各金融機関に求めることになろう（もとより、弁済計画の計数上保全扱いする条件で、預金の払戻しには応じてもらう取扱いもある）。

　なお、流動性預金については、法的整理手続に移行した場合の公平性担保のため、法的整理に移行した場合には当該預金を相殺しないことを金融機関に書面で誓約させることも考えられる[注186]。特に、運転資金管理のため、メインバンク等特定の金融機関の預金口座に預金を意図的に集中させるような場合には、対象債権者間の公平性確保のため、このような取扱いをすることが妥当である場合も多いと思われる[注187]。また、債務者企業としては、上記のような論点が生じることを避けるため、（事案によっては慎重に検討の上）私的整理手続を申し立てる前に、借入れのない金融機関の口座にあらかじめ流動性預金をすべて退避させておくという対応も考えられるところである。

(iii)　法的再建手続における取扱い

(a)　第三者対抗要件の厳格性

　すでに述べてきた通り、私的整理手続においても、担保権付債権は保全または非保全の取扱いで決定的に重要であり、そのことは法的再建手続においても異なるところはない。

　もっとも、画一的処理が要請される法的再建手続においては、原則として手続開始前に所定の第三者対抗要件を具備していない限り、債権者が手続下において、その有する担保権（別除権または更生担保権）を行使することはで

注186)　事業再生実務家協会編・前掲注109）128頁。
注187)　軸丸欣哉「純粋私的整理の実務」田邊光政編集代表『今中利昭先生傘寿記念・会社法・倒産法の現代的展開』（民事法研究会、2015）689頁。

きない。これは、いわゆる「第三者性」に起因するものであり、第三者たる管財人が選任される更生手続はもちろんのこと、DIP型である再生手続においても、同様の考え方がなされている[注188]。

したがって、例えば、不動産であれば、手続開始前に担保権設定登記（本登記）等を具備しない限り、その担保権を再生債務者または更生会社に対抗することはできないのが原則である。

もっとも、金融実務上、担保権設定登記には登録免許税その他の費用が高額にかかるなどの理由により、そもそも登記その他の第三者対抗要件を具備していないケースのほか、（第三者対抗要件はなく、順位保全効にとどまる）いわゆる2号仮登記（不登105条2号）にとどめているケースもある。私的整理手続において、登記留保した担保権を保全または非保全として扱うか議論のあるところであるが、(ii)(b)で述べた通りこれを保全として扱うことがむしろ一般的である。

この問題が法的に先鋭化する場面として、先行する私的整理の段階では仮登記の状態にとどまっている担保権について、その後に第三者対抗要件を具備することのないまま、再生手続または更生手続に移行した場合、当該担保権を有効なものとして扱うかというケースが想定される。消極的な見解も存在するが[注189]、2号仮登記がなされていることを前提に、担保権を有効と扱う見解も近時有力であり[注190]、実務上は、仮登記のまま有効な更生担保権として取り扱うことも許容されている[注191]。ただし、否認の問題は別途検討されなければならない点には留意が必要である。

(b) 再生手続における処遇（別除権）

㋐ 別除権と不足額責任主義

再生手続開始の時において再生債務者の財産につき存する担保

注188）伊藤眞『破産法・民事再生法〔第4版〕』（有斐閣、2018）865-866頁。

注189）三ケ月章ほか『条解会社更生法（上）』（弘文堂、1973）527頁。

注190）最判昭和42・8・25判時503号33頁、伊藤・前掲注188）372頁。

注191）多比羅誠「私的整理から法的倒産手続への連続性——実務上の課題及び立法提案」「倒産と金融」実務研究会編『倒産と金融』（商事法務、2013）253頁、「倒産と担保・保証」実務研究会編・前掲注172）117頁［山宮］など。

権[注192] [注193] を有する者は、その目的である財産について別除権を有し（民再53条1項）、別除権は、再生手続によらないで、行使することができる（同条2項）。すなわち、再生手続においては、本来的な意味での担保の効力が原則としてそのまま認められることになる。

担保によって保全されない部分の債権については、他の一般的な再生債権と同様、計画に基づく権利変更（＝計画に基づく弁済）の対象となる。これを基礎付けるのが不足額責任主義である。すなわち、別除権者は、その被担保債権が再生債権である場合、別除権の行使によって弁済を受けることができない債権の部分についてのみ、再生債権者としての権利行使が認められる（民再88条本文・182条本文）。

別除権付債権もその被担保債権が再生債権である限り、一般の再生債権と同様、その被担保債権につき個別的な権利行使を禁止され、届出・調査・確定の対象となる。届出に当たっては、被担保債権とともに、別除権の目的である財産および見込まれる不足額（予定不足額）を届け出なければならないが（民再94条1項・2項）、これは別除権に係る不足額（＝無担保の再生債権として取り扱う部分）を債権調査・確定手続の対象とする趣旨ではない。別除権に係る不足額は、担保権の行使（実行）もしくは不行使としての放棄、以下

注192)　担保権については、特別の先取特権、質権、抵当権または商事留置権とされているが、非典型担保についてもこれに該当するものと解されている。典型担保であっても、法的整理時における具体的な処遇はさまざまな面で問題となる。例えば、取立委任手形については、商事留置権の成否およびその効力が問題となるが、破産法とは異なり、民事再生法においては、商事留置権につき「特別の先取特権とみなす」旨の規定が存在しないため（破66条1項）、取立委任手形の取立金につき優先弁済効が認められないのではないかとの議論があった。再生手続においても、取立金による被担保債権への充当を認める旨の判例（最判平成23・12・15民集65巻9号3511頁）が現れたため、実務上はこの判例に従った取扱いがなされることが一般的なようである。なお、近時、電子記録債権（いわゆる「でんさい」）なども利用されているが、これの回収金に商事留置権が成立するかどうかという問題もある。

注193)　所有権留保や譲渡担保、リース、割賦販売取引などの法的整理手続における取扱いについては、西村ときわ法律事務所編『ファイナンス法大全——アップデート』（商事法務、2006）913頁以下、西村あさひ法律事務所編『ファイナンス法大全（上）〔全訂版〕』（商事法務、2017）833頁以下参照。

第4節　事業再生を目的とする既存権利関係の調整

に述べる別除権協定または担保権消滅請求を通じて確定していくこととなる。

(イ)　別除権協定

　再生手続においては、特に事業用担保資産について、担保権者との間で、「別除権協定」といわれる合意を締結することにより、担保目的物の受戻しを行うことが一般的である。担保権者から、別除権協定を締結するまでの間、担保権実行を受ける事態が懸念される場合には、担保権の実行手続の中止命令の申立てを行うことも考えられる（民再31条1項）注194)。

　別除権協定においては、①担保目的物の受戻額、②その弁済方法、③充当方法、合意期間中における担保権の不行使、弁済後の担保権の消滅、④必要な手続の達成を効力発生条件とすること等につき合意を行うことが一般的である。

　①　担保目的物の受戻額については、その基準となるべき確たるルールはないが、財産評定における評価額（＝早期処分価格〔なお、担保評価の問題については→(d)〕）が1つの目線となる。もっとも、受戻額は、あくまでも担保権者との合意により確定されるものであるから、かかる評価結果に必ずしも拘束されるものではない。仮に、担保権者との間で、受戻額をめぐり最終的な合意に至らない場合には、担保権消滅請求を行うことも念頭に〔→(e)〕、再生債務者としての公平誠実義務（民再38条2項）も踏まえ、総再生債権者の利益に資する形で受戻額を合意することが求められる。

　②　合意した受戻額については、手続外でこれを弁済し、被担保債権たる再生債権に充当されることとなる。弁済方法に関しては、最終的に策定される再生計画の内容とも関連するが、債権者に対する総弁済原資から優先的に控除されることが一般的である。仮に、収益弁済型の再生計画を策定する場合は、事後の事業計画も踏まえた形で分割弁済を行う形で合意され、一括弁

注194)　担保権の実行手続の中止命令が発令されるには、「再生手続開始の申立てがあった場合において、再生債権者の一般の利益に適合し、かつ、競売申立人に不当な損害を及ぼすおそれがない」ものと認められる必要がある。担保目的物が重要な事業用資産（例えば主要工場の土地建物）であれば、通常は、これについて担保権実行をされ、債務者企業による使用収益ができなくなれば事業の継続すら困難となるため、担保権の実行手続の中止が「再生債権者の一般の利益に適合」することになるであろう。

済型（特にスポンサー型）の再生計画を策定する場合は、スポンサーから得られる譲渡代金等を原資として、スポンサーに対する事業譲渡等の実行と同時に一括で弁済する形で合意されることが一般的である（この場合、スポンサーとの事業譲渡等に関する契約においては、担保権者との間で別除権協定が締結されていること（あるいは担保解除されること）が実行の前提条件として、事業譲渡代金等の支払と担保抹消書類の交付が同時履行されることが実行の具体的な内容として、それぞれ定められることになる）。

③　充当方法に関しては、金融機関の場合、担保権者が任意に充当すべき債権を指定できる旨の銀行取引約定書を締結している場合も多く、必ずしも容易ではないが、例えば、手続開始後の利息または遅延損害金等が多額に発生しているようなケースにおいては、受戻代金がこれらの債権に優先的に充当され（これらの再生債権は、通常、再生計画に基づきその全額が免除されることとなる。前記(3)(iii)(b)(ア)❷参照）、いたずらに総再生債権者に対する弁済原資を目減りさせることのないよう留意が必要である。なお、このような充当方法に関する合意が、担保権者の最終的な回収額との関係で、受戻額をめぐる交渉の調整弁として機能する場合もある。

④　再生手続との関係では、別除権協定の締結（担保の受戻し）は、監督委員の同意事項とされるのが一般的であり（民再41条1項9号・54条2項参照）、これに対応する形で、監督委員の同意を得られることが別除権協定の効力発生要件（停止条件）としてされることが多い。したがって、債務者としては、以上述べてきたような内容を踏まえ、別除権協定の必要性・相当性につき説明を尽くした上で、監督委員の同意を得ることが求められる。

以上に対し、遊休担保資産の場合、実際に売却の上、売却に要する諸経費を控除した上で、被担保債権に対する弁済充当を認める形で処理がなされることが多い（無論、担保であることに違いはなく、担保の受戻しおよび監督委員の同意という法的な手続は、事業用担保資産との間で異なるところはない）。ただし、担保物件が高額で売却できれば担保余剰が生じる余地もあり、これは総債権者に対する弁済原資となる上、不相当に廉価で売却される場合、他の債権者に対する弁済額を目減りさせる可能性もあるから、可能な限り高額で売却するよう努める必要があることはもちろんである。

第4節　事業再生を目的とする既存権利関係の調整

(ウ)　再生計画との関係

　別除権付債権は、以上述べてきた通り、その実現方法により差異はあるものの、担保権により保全されている範囲については、再生債権に対する総弁済原資から優先的に控除され、担保権によって保全されない部分については、被担保債権が一般の再生債権である限り、不足額として他の一般の再生債権と同様に取り扱われる。この結果、再生計画に基づく弁済の対象となる再生債権の総額が増加することとなり、債権者に対する個別の弁済額を目減りさせる可能性もある。その意味で、再生計画の内容に直接的な影響を与え得るものであるから、別除権により保全される範囲（＝受戻額）およびされない範囲（＝別除権不足額）については、別除権協定を締結するなどして、再生計画の決議時までに確定させることが望ましい。

　再生計画を策定するまでの間に、別除権不足額が確定しない場合、再生計画において、不足額が確定した場合における再生債権者としての権利の行使に関する適確な措置を定めなければならない（民再160条1項）。通常は、別除権不足額が確定した場合、一般的な再生債権と同様の取扱いがなされる旨が定められる。

(c)　更生手続における処遇（更生担保権）

(ア)　更生担保権の意義

　更生手続においては、手続開始時点で更生会社の財産上に担保権が設定されている場合、その被担保債権のうち、手続開始前の原因に基づいて生じたものまたは会社更生法2条8項各号に掲げるものは、当該担保権によって担保された範囲において更生担保権とされる。すなわち、更生担保権となるのは、担保権の目的である財産の価額が手続開始時における時価であるとした場合における担保権によって担保される被担保債権そのものであり（会更2条10項）、更生担保権に該当しない部分は、更生会社に対する権利である限り、一般の更生債権に該当する（これらを総称して「更生債権等」という。同条12項）。

　更生債権等については、個別的権利行使を禁止され（会更47条1項）、届出による権利行使を行わなければならない（同法138条）。また、更生手続開始後に担保権を実行することはできず、すでに実行手続がなされている場合で

第2章　債務者の再生手法

も当然に中止される（同法50条1項）。さらに、更生会社の財産を目的とする担保権は、更生計画の定めにより存続が認められたものを除いて、更生計画の認可決定によりすべて消滅する（同法204条1項）。

このように更生手続において担保権は手続内に強制的に取り込まれ、その本来の効力を当初から制約されている。

(イ)　更生担保権に係る届出・調査・確定

届出のなされた更生担保権は、更生債権と同様、債権調査の対象となる（会更145条）。調査・確定の手続はおおむね一般の更生債権の場合と同様である。

再生手続とは異なり、更生手続の場合、更生担保権に異議等がなされる場合、更生担保権者は、更生担保権の内容についての査定の申立て（会更151条1項）、担保目的物の価額決定の申立て（同法153条1項）を通じて争うことになる。

価額決定の申立てがなされると、裁判所は、担保目的物の評価を命じ（会更154条1項）、その評価に基づいて担保目的物の価額を決定しなければならない（同条2項）。かかる決定に対して、即時抗告を行うことは可能であるが、査定決定の場合とは異なり、異議の訴えのような制度は設けられていない。

(ウ)　更生計画との関係

更生担保権は、更生計画の定めに従い、権利変更を受けるが（会更167条1項1号）、計画上、最優先で取り扱われるため（同法168条1項1号）、その全額が支払われるのが原則である。更生担保権につき権利変更を行う場合、減免を伴う場合は更生担保権者の組において議決権の4分の3の同意、期限の猶予にとどまる場合は3分の2の同意が必要となる（同法196条5項2号イロ）。

したがって、計画に基づき支払われるべき額は、担保目的物の価額（更生担保権の届出・調査・確定手続を経て確定された金額）となるのが原則である。なお、担保目的物である財産の価額に争いがあるときは、更生担保権の債権額が未確定となり、不足額に相当する一般更生債権も未確定となるが、通常は、これらが確定した場合には、一般更生債権と同様の取扱いがなされる旨

第4節　事業再生を目的とする既存権利関係の調整

が定められる。

　担保目的物が事業用担保資産の場合、更生会社によって継続的に保有されることが想定されるが、収益弁済型の更生計画を策定する場合は、事後の事業計画も踏まえた形で分割弁済を行う形で規定され、一括弁済型の更生計画を策定する場合は、スポンサーから得られる譲渡代金等を原資として一括で弁済する形で規定されることになろう。

　なお、更生計画の認可決定により、更生計画の定めにより存続が認められたものを除いて、更生会社の財産を目的とする担保権はすべて消滅するが（会更204条1項）、実務上は、更生計画に基づく弁済を実施するまでの間、更生担保権額を被担保債権とする担保権に関する存続条項を定めることが一般的である。

　担保目的物が遊休資産など売却予定である場合には、処分連動方式の定めが置かれることも多い。すなわち、担保目的物を売却することを前提に、当該売却代金（ただし、売却等に要する諸費用を控除した後の残額）をもって更生担保権に対する弁済を行う旨更生計画に定めるものである。

　処分連動方式を採用する場合、更生担保権に対する弁済額と更生担保権額との間に乖離が生じ得るが、このような事態を想定して、①前者が後者を下回るときは（下振れの場合）、その差額部分（＝更生担保権額に満たない部分）につき一般更生債権と同様に取り扱い（言い換えれば、更生債権等のうち、更生担保権に該当しない更生債権として取り扱う部分が増加することになる）、権利変更の定めを適用して弁済を行う、②前者が後者を上回るときは（上振れの場合）、その差額部分（＝更生担保権額を超過する部分）の全部もしくは一部を更生担保権に対する追加弁済に充てる、または追加弁済を行わない旨の規定を設けることが一般的である[注195]。

注195）　純粋な形で処分連動を想定する場合、更生担保権額と実際の担保目的物による弁済額（回収額）とは完全に切り離され、担保目的物の売払となるから、更生担保権者にとってみれば、下振れ時にはダウンサイド、上振れ時にはアップサイドを包含する内容となるはずである。もっとも、例えば、マンションディベロッパーのように、時期によって担保目的物の評価額が相応に変動し得るケースにおいては、売却時のアップサイドをすべて担保権者に弁済することは適切ではないとの考え方もあり得る（松下＝事業再生研究機構編・前掲注132）217頁参照）。

199

処分連動方式を採用する場合、清算価値保障原則との関係から、担保目的物の売却額（最終的な弁済額）がその清算価値を下回らないよう留意する必要がある[注196]。

(エ)　権利保護条項とクラムダウン

更生計画の内容と直接関係するものではないが、更生担保権の減免や処分連動方式を設ける場合には、権利保護条項による解決が図られることも想定される。すなわち、更生担保権者の組において同意が得られなかったため更生計画案が可決されなかった場合においても、裁判所は、更生計画案を変更し、同意が得られなかった組に属する権利者のために権利を保護する条項（権利保護条項）を定めて、更生計画認可の決定をすることができる（いわゆるクラムダウン。会更200条1項）[注197]。

具体的には、権利保護条項として、「更生担保権者について、その更生担保権の全部をその担保権の被担保債権として存続させ、又はその担保権の目的である財産を裁判所が定める公正な取引価額（担保権による負担がないものとして評価するものとする）以上の価額で売却し、その売得金から売却の費用を控除した残金で弁済し、またはこれを供託すること」を定めることになる。このような権利保護条項は、反対した特定の更生担保権者のみではなく、その組の権利者全員に対して定めなければならない[注198]。

(d)　担保評価

(ア)　総論

法的再建手続開始後、再生債務者または更生会社に属する一切の財産について、その価額を評定しなければならない（財産評定。民再124条1項、会更83条1項）。担保目的物である資産についても、債務者企業の財産に属する

注196)　また、同じ種類の担保物であるにもかかわらず、特定の更生担保権者には処分連動方式を採用し、他の者についてはそれを採用しない場合、特段の事情がない限り、平等原則違反の問題が生じ得る点にも留意が必要である（伊藤・前掲注158）551頁）。

注197)　このような権利保護条項が定められるケースは、更生担保権に限られるものではない。また、再生手続においても、再生計画案において権利保護条項を定めることは可能である（民再174条の2第1項）。

注198)　東京地裁会社更生実務研究会編・前掲注152）328頁。

第4節　事業再生を目的とする既存権利関係の調整

限り例外ではない。もっとも、再生手続と更生手続とでは、その意味合いが異なる。

　再生手続の場合、財産評定は、策定する再生計画案が清算価値保障原則を充足するかの判断材料としての意味を有するため、その評価は処分価額とされている（民再則56条1項）。他方で、担保権は別除権として手続によらず行使することができるから、把握すべき担保価値は、担保権実行（もしくは不行使）または別除権協定を通じて確定すべき金額となる。その意味では、財産評定における担保目的物の評価は、把握すべき担保価値の概念とは切り離されており、別除権協定における評価額あるいは後述する担保権消滅許可の申立てにおける申出額（または価額決定請求における処分価額）の重要な目線となるにとどまる。

　これに対して、更生手続の場合、財産評定は時価によって行われるが（会更83条2項）、その意義は、更生会社の資産状態を把握すること、会計の具体的基礎を与えることに加えて、手続に強制的に取り込まれることとなる更生担保権の範囲が、担保目的物の価額に限定され、この価額を超える部分についてのみ更生債権者として手続に参加することになるため、その権利の範囲を明確にすることにある。そのため、財産評定の基準と更生担保権の基準は同様に「時価」とされ（同法2条10項参照）、財産評定の結果が更生担保権の範囲を画することとなる。このような一般的な考え方に対して、両者の「時価」概念は異なるものと捉える見解も存在する[注199]。

(イ)　評価の基準と方法

　更生手続における担保評価の問題は、私的整理手続の場合とおおむね同様であるが、①評価方法の問題として「時価」の概念、②基準日の問題、③評価者の問題につき順次補足的に述べる。

　①　更生担保権の評価は、「時価」によるが（会更83条1項）、上記の通り、この時価は、財産評定における時価と同一の概念である[注200]。かかる「時価」の具体的な定義について、法律上は必ずしも明らかでないが、一般に、

注199)　事業再生研究機構財産評定委員会編『新しい更生手続の「時価」マニュアル』（商事法務、2003）75頁参照。

第 2 章　債務者の再生手法

ある程度幅のある概念であって、更生担保権の範囲を画する基準として正当化できるものを複数の選択肢の中から選択することができると考えられている注201）。実務的には、会計上の考え方に従い、取引事例比較法、収益還元法、原価法その他の合理的な評価方法のいずれかから、あるいはそれぞれの手法から得られる金額を総合考慮して、合理的な金額（債務者企業の立場としては、総債権者の利益も踏まえ、より処分価額に近い金額）を採用することになると考えられる。ただし、後述する担保権消滅許可制度（価額決定請求）における評価は、「処分価額」とされていることには留意が必要である［→(e)］。

　②　更生担保権の評価は、「手続開始の時」における時価とされている（会更83条 2 項）。ただし、担保権消滅許可制度の場合は、価額決定の時を基準とする（同法106条 2 項）。

　③　評価者については、私的整理手続の場合と同様であるが、個別資産の性質に応じて、適切な評価者を検討、選定すべきであろう。ただし、一般的に市場流通性のない資産を目的物とする担保については、評価を行うことのできる専門家を探すこと自体に困難を伴うケースもある注202）。このような場合であっても、例えば、市場流通性のある類似資産の評価方法を手がかりにするなどさまざまな方法が考えられるが、更生担保権者をはじめ、他の利害関係者に理解してもらうには、相応の根拠・理屈が求められるはずであり、そのような意味でも、信頼に足る専門家を評価者として選定した上で、当該評価者と協同して説得力のある評価方法を模索する必要があろう。

(e)　担保権消滅許可の申立て

(ア)　制度の意義

　すでに述べた通り、再生手続の場合、特に事業用担保資産については、担保権者との間で、別除権協定を締結することにより、担保目的物の受戻しを行うことが一般的であるが、担保権者との間で受戻額をめぐり最終的な合意

注200）　事業再生研究機構財産評定委員会編・前掲注199） 85頁。
注201）　東京地裁会社更生実務研究会編・前掲注152） 6 頁。
注202）　西村あさひ法律事務所編・前掲注193） 863頁。

に至らず、最悪、担保権の実行が懸念されるケースもある。そこで、担保目的物が事業の継続に欠くことのできないものである場合（事業継続不可欠性要件）には、裁判所に対し、担保権消滅許可の申立てを行うことが検討される（民再148条1項）。

　これに対し、更生手続の場合、担保権の実行をすることができず（会更50条1項）、更生計画の認可により原則として担保権はすべて消滅するため（同法204条1項）、事業用担保資産であっても再生手続のような懸念までは生じない。そこで、手続自体はおおむね同様であるが、その制度趣旨自体が再生手続とは異なり注203）、①事業継続不可欠性要件は必要とされず、「更生会社の事業の更生のために必要である」ことで足り（同法104条1項本文）、また、②担保権を抹消するために納付する金員についても、裁判所から管財人に交付され（同法109条）、更生計画に定められる使途に基づき弁済がなされることとなる（同法167条1項6号ロ）。実務的には、例えば、計画外事業譲渡の場合、事業譲渡実行の前提として、担保権消滅に関する担保権者との合意が必要になるが、これに反対する担保権者に対抗する制度として重要な意味をもつ。

　以下では再生手続を念頭に置いて制度の概略につき触れる。

(イ)　担保権消滅請求の手続

　担保権消滅許可の申立ては、担保権の目的である財産の価額を明示してこれを行う（民再148条2項2号）。実務上、不動産鑑定評価書などの客観的資料を付することが大半であるが、価額自体の相当性は以下に述べる価額決定の請求により解決されるべき問題であって、担保権消滅を許可するか否かを判断するための要件ではない。

　審理の結果、所定の要件が認められれば、裁判所による担保権消滅許可決定がなされることになるが、担保権者に不服がある場合の争い方としては、

注203）　伊藤・前掲注158）526頁。更生手続において担保権消滅許可が認められ得るのは、事業の譲渡や遊休資産の処分に際して、担保権の存在そのものが妨げとなる場合があるからであると説明される。したがって、制度趣旨は異なるものの、価額決定請求における価額の評価は「時価」ではなく、再生手続と同様「処分価額」となる（会更則27条1項、民再則79条1項）。

第2章　債務者の再生手法

以下の2つが考えられる。

❶　即時抗告　　所定の要件、特に事業継続不可欠性を欠くものと考えるときは、裁判所による決定に対し、即時抗告を申し立てることになる（民再148条4項）。

この事業継続不可欠性の要件について、例えば、事業の根幹をなす事業用担保資産であれば争いはないであろうが、遊休担保資産を売却して資金調達を行うようなケースについては争いがあり得る。担保権消滅許可の制度の趣旨や要件の厳格さからして、消極的に解する立場もあるが、戸建分譲事業者による販売用土地について事業継続不可欠性要件を認めた裁判例もある（東京高判平成21・7・7判タ1308号89頁）。そもそも手続中における資金繰りを確保することができず、この結果事業を維持することができなければ、総債権者の不利益になるため、他の選択肢の有無、担保権者が受ける不利益の程度（中には、合理的な理由なく別除権協定の締結に応じないなどのケースも想定されよう）など諸般の事情を考慮することを前提に、実務上柔軟な運用がなされることが期待される。

❷　価格決定の請求　　担保権者が申立書に記載された価額が不相当であると考えるときは、申立書の送達を受けた日から1か月以内に、価額決定の請求をすることができる（民再149条1項）。

価額決定の請求がある場合、裁判所は、請求を却下する場合を除いて、評価人を選任して対象財産の評価を命じなければならず（民再150条1項）、その評価に基づいて価額を決定しなければならない（同条2項）。この評価は財産を処分するものとして算定しなければならず（民再則79条1項）、不動産である場合、取引事例比較法、収益還元法、原価法その他の評価の方法を適切に用いなければならない（同条2項）。

東京地裁においては、価格決定請求の申立てから評価人を選任するまで2週間程度を要し、評価人の選任後おおむね1か月半〜2か月くらいで評価が終了する[注204]。別除権協定の締結に至らないケースの大半は、担保目的物の評価に争いがある場合であり、仮に担保権消滅許可の申立てを行う場合に

注204）　舘内ほか編・前掲注110）280頁。

は、担保権者から価格決定の請求がなされる可能性が高いと考えられるので、債務者としては、上記のようなスケジュール感も踏まえて、申立てを行う時期を検討する必要があろう。

以上の手続を踏まえ担保権消滅許可決定または価額決定がなされた場合、再生債務者は、財産の価額（再生債務者の申出額または価額決定により定められた金額）を所定の期限までに納付しなければならず（民再152条１項）、この金銭が納付されたときに担保権者の有する担保権は消滅する（同条２項）。

❸　非典型担保における利用　　条文上は典型担保が想定されているため非典型担保（例えば、ファイナンス・リース、譲渡担保、所有権留保、集合動産譲渡担保など）の場合、担保権消滅許可の申立てを利用することができるかについては議論がある。もっとも、別除権に該当する担保権であればこれを特に否定する理由はないはずである[注205]。

ただし、非典型担保の場合、法定の公示方法がない類型があり、また、複数の担保が競合する可能性があったり、客観的かつ合理的な評価方法が確立していない場合があったりするなど、さまざまな問題があることから、実際に申立てを行う場合には検討が必要となる[注206]。

東京地裁においては、2018年３月の時点で非典型担保を担保権消滅許可の対象とした事例が２件存在するとのことであるが[注207]、実務上この制度による解決を迫られるケースも想定されるところであり、さらなる事案の集積が待たれる。

(iv)　実務上留意すべき担保（各論）

ABL（Asset Based Lending〔流動資産担保融資〕）とは、事業価値全体に担保としての価値を見出し、その事業の過程において企業が取得する在庫や売掛金に担保を設定し、融資する手法であり、企業の多様化する資金調達手段の一環として、近年普及が進んでいる。企業が私的整理・法的整理の手続を検討するに当たり、すでにABLにより資金調達が行われていることも多い。

注205)　福永有利監修『詳解民事再生法――理論と実務の交錯〔第２版〕』（民事法研究会、2009）409頁［山本和彦］。

注206)　森純子＝川畑正文編著『民事再生の実務』（商事法務、2017）284頁。

注207)　舘内ほか編・前掲注110）272頁。

第2章　債務者の再生手法

　ABLでは、流動集合動産譲渡担保、流動集合債権譲渡担保[注208]といった事業を行うに当たって債務者企業が取得する、流動的な事業用資産に対して担保が設定されており、特に民事再生などの法的倒産手続においてこれらの担保権をどのように扱うべきかが問題となる。すなわち、法的倒産手続が開始した後であっても、債務者企業が取得する在庫や売掛債権の上に従前のABLに係る担保権の効力は及び続けるのであろうか。

　この論点については、法的倒産手続の申立て・開始決定により、流動性を有する担保目的物の範囲が固定化するか否かという視点でこれまで議論がなされている[注209]。固定化するのであれば、その後の発生する債権やその後に製造・取得した在庫については担保目的物から外れることとなり、債務者企業は法的倒産手続開始後に取得した在庫の販売代金や売掛金の回収金を自己の資金繰りに利用できることになるし、将来の売掛金や在庫を新規の資金調達のための担保として提供できるということになる。もっとも、既存のABL貸付人からみると、固定化するとした場合には将来にわたり担保資産

注208)　集合物を目的とする譲渡担保については、対象たる集合物の構成要素たる個々の動産・債権が流入、流出を繰り返し、絶えず変動するものであるため、かつては権利の客体として同一性や特定性があるか問題とされたが、現在では、判例（最判昭和53・12・15判時916号25頁、最判平成11・1・29民集53巻1号151頁等）は、集合債権譲渡担保、集合動産譲渡担保にいずれについても、目的物の範囲が特定できることを条件として有効であるとしている。

注209)　なお、一般的に、法的倒産手続の申立てまたは開始決定により当然に固定化するか否かにかかわらず、担保権者が担保実行に着手した場合には、担保目的物は固定化すると考えられている（伊藤眞「集合債権譲渡担保と事業再生型倒産処理手続再考——会社更生手続との関係を中心として」曹時61巻9号〔2009〕14頁）。もっとも、「固定化」概念は譲渡担保の目的物を集合物そのものであることを理論的前提とするところ、個々の目的物を超える抽象的な集合物を担保目的物とする必要性は乏しいとして、固定化という概念自体不要とする見解もある（森田宏樹「集合物の『固定化』概念は必要か」金判1283号〔2008〕1頁）。かかる見解によれば、設定者が担保目的物を通常の営業の範囲内で自由に処分し得ることは、譲渡担保権者から設定者に対するそのような権限の付与に基づくものであり、担保権の実行通知によって当該権限が撤回され担保目的物の流動性が失われると整理されることになる。この立場に立つと、担保実行通知がなされた場合であっても、その後に取得する在庫やその後に発生する債権について、当然に担保権の効力が及ばないことにはならない。

は減少していくことになるため、固定化時点の債権・動産からの回収を図ることが必須となり、債務者企業は法的倒産手続開始直後に深刻な資金不足に陥ることにもなりかねない。

　法的倒産手続の申立て・開始決定により当然に固定化が生ずるかについては、従来は、再生債務者や管財人は第三者的地位に立ち担保設定者との法的連続性が断たれていること、開始決定後に財団の費用負担によって製造した在庫・発生した債権について担保権者に価値を把握させるべきでないこと等の理由により、固定化肯定説が有力であった。しかし、近時では、再生債務者や管財人が第三者的地位に立つことは将来債権に対する譲渡担保の効力を否定する論拠にはならないこと、固定化するとした場合には、再生債務者・管財人がその時点の在庫の処分や売掛債権の回収金の利用ができなくなり、かえって再生に支障を生じること等を理由に、固定化否定説も有力になってきている[注210][注211]。

　もっとも、固定化否定説に立ち、法的倒産手続開始後に発生する債権・在庫についても基本的に集合物譲渡担保の効力が及ぶとしながらも、その後に再生・更生会社が取得する売掛債権等がすべて担保により捕捉されるという結果が不合理であるとして、それを避けるために、第三者が新たに資金を拠出することにより新たに発生した売掛債権や在庫には集合物譲渡担保の効力は及ばないとする折衷的な見解もある[注212]。

　また、譲渡人について法的倒産手続が開始した場合の将来債権の真正譲渡

注210)　保全管理人の選任や再生・更生手続開始決定による固定化を肯定するものとして、田原睦夫「倒産手続と非典型担保権の処遇——譲渡担保権を中心に」福永有利編『倒産実体法——改正のあり方を探る（別冊NBL69号）』（2002）79頁以下。また、法的倒産手続の申立てまたは開始決定による固定化を否定するものとして、伊藤・前掲注209）14頁、粟田口太郎「倒産手続におけるABL担保権実行の現状と課題——再生手続における集合動産譲渡担保権の取扱いを中心に」金法1927号（2011）86頁、中村廉平「ABL法制の検討課題に関する中間的な論点整理——実務家の声を反映して」金法1927号（2011）107頁。

注211)　なお、流動集合動産譲渡担保、流動集合債権譲渡担保の契約の中には、担保権者が任意に固定化を行うことができる旨の条項が定められることがある。固定化否定説に立った場合であっても、かかる条項による固定化を認めるならば固定化否定説をとる意味が薄れてしまう点に留意が必要である。

207

および譲渡担保について、それらを統一的に取り扱う法理として、譲渡時ないしは譲渡担保設定時の譲渡人の将来債権の処分権の範囲を問題とし、処分権の範囲を超える将来債権の譲渡については譲渡担保の効力は及ばないとした上で、債権の発生のために過度に財団に負担が生ずるような場合には譲渡人の処分権限外であると考える見解もある[注213]。なお、このような考え方は将来債権の譲渡担保の場合だけでなく、在庫の集合動産譲渡担保においても妥当すると思われる。

　結局のところ、集合物譲渡担保権の効力が法的倒産手続開始後に発生する在庫や債権に及ぶか否かの問題は、再生・更生会社の事業再生の要請と資金繰りに窮する企業のABLによる資金調達の要請という2つの要請の調整がからむ複雑な問題であり、さまざまな議論がなされているものの、現時点で確立した見解はない状況にある。今後、立法ないし判例の蓄積を通じて解決されることが望まれるが、現在の状況における実務的な解決方法としては、担保権者と再生会社・更生管財人の間で、①再生会社・更生管財人による開始決定後の商品販売等による回収金について、担保権者と再生会社・更生管財人とで一定の割合または基準に従い分配することを合意する方法、②将来在庫、将来債権部分について評価を行った上で、評価額相当額に別の資産への担保変換を合意する方法、③開始決定時の担保目的物について再生会社・更生管財人の利用処分権を認める一方、将来在庫・将来債権に担保の効力が及ぶことを合意する方法などが考えられよう。

(v)　証券化・流動化取引における論点

　第2節1に記載したように、事業者が取得・保有する将来債権を用いた資

注212)　伊藤達哉「倒産手続における将来債権・集合動産譲渡担保権の取扱い──担保権の効力が及ばなくなる事由および担保権の価値評価の考察を中心として」金法1862号（2009）11頁以下。

注213)　才口千晴ほか「シンポジウム・倒産実務の諸課題と倒産法改正」金法1995号（2014）9頁以下の清水祐介基調報告を参照。また、譲渡人の将来債権に係る処分権限を詳細に論じるものとして、深山雅也「譲渡人と地位の変動に伴う将来債権譲渡の効力の限界」金融財政事情研究会編『田原睦夫先生古稀・最高裁判事退官記念・現代民事法の実務と理論（上）』（金融財政事情研究会、2013）253頁以下。

金調達方法として、将来債権を譲渡担保に供して借入れ（ABL）を行う方法や、証券化・流動化の手法を用いて、すなわち、将来債権を譲渡し、その譲渡代金を取得する方法がある。

　前者の方法の場合、(iv)に記載したところに従い、担保付債務として処理することになる。

　他方、後者の方法による場合、理論的には事業者が取得・保有する将来債権は第三者に対して、譲渡され、当該第三者に（担保権ではなく、）当該将来債権が帰属することになるのであるから、担保付債務としては扱われないことになる。そのため、事業者の再建のためにコアとなる事業から発生する債権が将来債権・流動化されていたような場合、私的整理手続・倒産再建手続後においても、当該事業により発生する債権は発生した時点において、依然譲受人に当然に移転することになり、事業者は事実上再建の途が閉ざされることになり得る。

　この点に関して、流動化・証券化取引においては、常に担保目的譲渡か真正譲渡かという二面性が問題となり[注214]、通常であればそのスキームは、真正譲渡性が認められるよう、意識的な作り込みがなされるものの、中には、真正譲渡と担保目的譲渡の識別が困難な場合も見受けられ、特に実質的に借入れと同視され、被担保権債権の存在が認められるような、いわゆる真正譲渡性が万全といえないケースもある[注215]。

　真正譲渡性が万全とはいえないスキームにより譲渡された将来債権が、事業者の債権のためにコアな財産となるような場合には、私的整理手続との関係においては、当該将来債権譲渡についての真正譲渡性を否定し、譲渡代金（実質的な借入金）を一部返還することを前提に、当該将来債権の譲受人を対象債権者として支援を依頼し、当該譲受人の返還債権を保全債権として取り

注214)　真正譲渡性に関する議論の詳細については、西村総合法律事務所編『ファイナンス法大全（下）』（商事法務、2003）33頁以下を参照にされたい。

注215)　大阪地判平成29・3・3判タ1439号179頁は、債権の譲渡代金の一部の支払が、代理権限を授与された譲渡人による債権回収がなされたことが条件となるなど、譲受人が債権回収のリスクをほとんど負っていないと評価し得る事案において、当該取引を金銭消費貸借契約に準じる取引と認定し、当該取引に利息制限法を類推適用しており、実質的に真正譲渡性を否定している裁判例と評価し得る。

第 2 章　債務者の再生手法

扱うよう求めることが考えられる[注216]。また、法的整理手続との関係においては、再生会社・更生管財人が、真正譲渡性を争い、上記と同じく、譲渡代金（実質的な借入金）を一部返還することを前提に、当該将来債権の譲受人を別除権者または更生担保権者として取り扱うことが考えられる[注217] [注218]。

　なお、2020年4月1日施行予定の改正民法では、これまで判例上認められていたものの、法令上の明確な根拠規定が存在しなかった将来債権譲渡が可能であることが明文化され、その意思表示の時に債権が現に発生していることを要しないことが明記されており（改正民466条の6第1項）、また、債権譲渡の意思表示の時に債権が現に発生していないときは、譲受人は、発生した債権を当然に取得するとされている（同条2項）。もっとも、将来債権譲渡が行われた後に譲渡人が倒産した場合など、将来債権譲渡の譲受人と第三者または譲渡人の管財人が競合した場合にいずれの当事者が優先するかについては、明文の規定は設けられず、解釈に委ねられており、立法的解決はなされていない。

(5)　公募社債

(i)　公募社債の特殊性

　企業による主要なデット性資金調達手段としては、金融機関からの借入れ

注216)　他方で、ファクタリングの手法を用いて、債権流動化を行い、資金調達を行っていた場合において、かかる主張を行った場合、私的整理手続・法的再建手続後は、かかる資金調達方法を用いることが困難となることが十分に想定されるため、このような主張をなすことの是非、主張の方法については慎重な検討を要する。

注217)　通常であれば、当該将来債権の譲受人は、このような取扱いを容認しないであろうから、裁判において勝訴すること、あるいは当該譲受人との間で和解を成立することが必要となってくるであろう。

注218)　(iv)に記載したように、将来債権の譲渡がなされた場合においても、法的倒産手続開始後に発生する債権について、債権の発生のために過度に財団に負担が生じるときには、当該将来債権の譲渡時の譲渡人の処分権限の範囲外だったとして、そもそも譲渡の効力を否定する見解も存在する。かかる見解を前提とする場合、真正譲渡性の議論を持ち出す必要はなくなる。

のほか、社債が挙げられる。社債には、少数の特定の投資家を対象として発行される私募債と、証券会社を通じて広く一般に募集され、不特定多数の投資家を対象として発行される公募社債（公募債）とがあるが、これらのうち、特に公募社債については、(a)ないし(c)で述べる通り、借入等とは異なる特殊性が認められ、その発行体（債務者企業）のデットリストラクチャリング（特に私的整理）の局面においても、これらの特殊性から、借入等とは異なる特殊な取扱い・考慮が必要となり得る。

(a) 高度の流通性・社債権者の匿名性

まず、公募社債は、社債市場（セカンダリー市場）において日々売買され得るものであり、高度の流通性があるため、社債権者の顔ぶれが日々変動し得る。また、そのように日々変動し得る社債権者が誰であるかを債務者企業が把握することができる制度が存在しない[注219]。債務者企業のデットリストラクチャリングの局面においても、これらの事情から、債務者企業が公募社債のすべての社債権者に網羅的にコンタクトをとり、すべての社債権者との間でデットリストラクチャリングに関する協議・交渉を行うことは、通常不可能である[注220]。

(b) 社債権者の属性等の多様性

次に、借入れに係る債権者は基本的に金融機関に限られるのに対し、公募社債の社債権者には、金融機関のほか、事業会社、ファンド、非営利法人、協同組合、個人等、多様な属性の者が含まれ得る。これらのうち、特に金融機関やファンド等ではない社債権者は、そもそも債務者企業のデットリストラクチャリングに無関心であることもある。また、社債権者（特に金融機関ではない社債権者）の一部から、経済合理性等とはまったく異なる考え方・判断枠組みに基づいてデットリストラクチャリングに同意しない旨の意向が示される等し、デットリストラクチャリングの予期せぬハードルとなることもあり得る。

さらに、公募社債を発行時から継続して保有しているのか、その後にセカ

注219）　記名社債であれば、社債原簿に社債権者の氏名または名称および住所が記載または記録されるものの（会社688条1項・2項）、公募社債のほぼすべてを占める振替債および無記名社債については、同様の制度は存在しない。

ンダリー市場において購入したのか等、社債取得の経緯や保有目的等も社債権者によってさまざまである。債務者企業のデットリストラクチャリングの局面においても、前記のような社債権者の属性の多様性に加え、公募社債の取得経緯・保有目的等の相違から、継続保有を通じた回収の最大化を希望するのか、早期回収を希望するのか等、デットリストラクチャリングの枠組み・内容に関する意向が、社債権者によって大きく異なることもある。

(c) 特定の社債権者による買占めの可能性

(a)で述べたような公募社債の高度の流通性から、債務者企業が窮境に陥る等し、取引価格が下落した後に、特定の社債権者（潜在的社債権者）が、債務者企業が発行する公募社債をセカンダリー市場においてディスカウントで買い占めるといったことも可能となる。そのような買占めによって保有比率・議決権比率を高めた社債権者は、自らの意向によって債務者企業のデットリストラクチャリングの成立を実質的に阻止することができる立場・状態を確保した上で、デットリストラクチャリングの内容を自らに有利なものに変更させるよう交渉する等のバーゲニングパワーをもつこともあり得、そのような社債権者の存在により、本来的には社債権者にとって経済合理性等が認められると考えられるデットリストラクチャリングの成立が困難となる等、

注220)　もっとも、公募社債の大部分を占める振替債については、証券保管振替機構（ほふり）の「社債情報伝達サービス」を利用することにより、ほふりおよび口座管理機関を通じて債務者企業からすべての社債権者に個別に情報を提供することは可能である。社債情報伝達サービスによって提供が可能な情報は、具体的には、以下の通りである（一般債振替制度に係る業務処理要領〔証券保管振替機構〕第7章2(3)）。

　　a　社債権者集会等に関する事項
　　　　①社債権者集会の招集、②説明会の開催等、③他の社債権者の意向確認
　　b　法的整理等に関する事項
　　　　①法的整理等の手続の開始、②債権者説明会の開催、③管財人等への連絡先提供依頼、④債権届出に関する情報、⑤債権者集会の開催
　　c　発行要項に定める事項
　　　　①合併等の組織再編時の社債の取扱い、②コベナンツへの抵触、③期限の利益の喪失
　　d　発行者の債務再編に関する事項
　　　　①社債の買入れおよび取得に関する情報、②私的整理に関する情報

第4節　事業再生を目的とする既存権利関係の調整

デットリストラクチャリングの大きなハードルとなることもあり得る。

(ii)　私的整理における公募社債の取扱い

(a)　公募社債を私的整理の対象とするか否か

(ア)　従前の実務の状況

　公募社債については、かつては、有担原則[注221]、適債基準、定時償還の義務付け等、これが償還不能となること（≒デットリストラクチャリングの対象となること）自体を防止するための措置が実務慣行として行われてきた[注222]。これらの実務慣行は、資本市場の自由化の妨げになるとして、1996年までに廃止された[注223]ものの、その後も、(i)で述べたような公募社債の特殊性（および(b)(ア)で述べる社債権者集会の決議による社債のカットの可否に関する議論の状況）も踏まえ、公募社債はそもそも私的整理の対象としないことが、実務上長く一般的であった。例えば、2009年のアイフル株式会社のデットリストラクチャリングにおいては、金融機関からの借入れについては事業再生ADRを通じてリスケジュールがされたのに対し、公募社債は私的整理の対象とされず、リスケジュールその他の権利変更はされなかった。また、同年の株式会社ウィルコムのデットリストラクチャリングにおいては、当初は金融機関からの借入れについては事業再生ADRを通じてリスケジュールが要請されたものの、公募社債を私的整理の対象として権利変更をすることが困難であることも１つの要因として、金融機関の理解・同意を得ることができず、事業再生ADRの成立は断念され、翌2010年１月に更生手続に移行する結果となっている。

(イ)　近時の実務の状況等

　もっとも、①公募社債の総額および／または公募社債が金融債務全体に占める割合が大きい場合や、②金融機関からの借入れの返済期限は当面到来せ

注221)　担保付社債である公募社債については、デフォルトの可能性がある場合、社債募集の受託会社でもあるメインバンクが一般社債権者から公募社債を額面で買い取るといった実務も行われていたようである。

注222)　江頭憲治郎編『会社法コンメンタール⑯社債』（商事法務、2010）12頁［江頭憲治郎］。

注223)　小野尚「適債基準および財務制限条項の基本的見直し」商事1388号（1995）47頁。

213

第2章　債務者の再生手法

ず、近々に償還期限が到来する公募社債の処理のみが専ら問題となっている場合、また、③社債権者以外の金融債権者（金融機関等）が、金融債権者間の公平性・平等性等の観点や、法的整理[注224] [注225]においては、(i)で述べたような特殊性にかかわらず、公募社債も借入等の他の金銭債権と同様の取扱いがされ、担保によって保全されている部分（保全部分）は、再生手続および破産手続においては別除権、更生手続においては更生担保権となり[注226]、

注224)　法的整理における公募社債の取扱いについては、手続面では、会社法、民事再生法および会社更生法上、社債管理者が設置されている社債の債権届出および議決権行使に関し、(i)で述べたような公募社債の特殊性も踏まえた一定の特則が規定されている。

　　　　すなわち、まず、債権届出については、社債管理者は、社債に係る保全行為（会社705条1項）として、債務者企業の再生手続、更生手続および破産手続において、社債権者のために債権届出を行うことができる。債務者企業の法的整理に無関心な社債権者が、債権届出を行わないことによって失権することを回避するための措置である。

　　　　次に、議決権行使については、社債権者集会の決議がある場合、または社債要項に定めがある場合、社債管理者は、債務者企業の再生手続における再生計画案、または更生手続における更生計画案の決議において、社債権者のために議決権を行使することができ（会社706条1項）、その場合、社債権者は自ら議決権を行使することはできない（民再169条の2第3項、会更190条3項）。さらに、社債権者集会の決議および社債要項に定めがない場合も、社債権者は、自ら債権届出を行ったとき、または社債管理者が社債権者のために債権届出を行った場合であって、付議決定までに、社債権者が裁判所に議決権を行使する意思がある旨の申出をしたときに限り、議決権を行使することができる（民再169条の2第1項、会更190条1項）。すなわち、社債管理者が社債権者のために債権届出を行ったものの、社債権者が議決権行使の申出をしなかった場合は、その社債は、実体的には再生債権または更生債権等として取り扱われるものの、議決権を行使することはできず、再生計画案または更生計画案の決議の可決要件の分母には含まれないこととなる。これらの措置により、債務者企業の法的整理に無関心な多くの社債権者が議決権を行使せず、反対票を投じたものとみなされることによって再生計画案等が否決されるという事態が回避されることとなる。

　　　　なお、2019年1月に法務省から公表された「会社法制（企業統治等関係）の見直しに関する要綱案」においては、社債の管理に関する新たな制度として、社債管理補助者制度の設置が提案されているところ（同要綱案第3部第1の1）、この社債管理補助者にも、社債権者の債権届出および議決権行使（議決権行使については、社債の管理の補助に係る委託契約に定める場合のみ）につき、社債管理者と同様の権限を付与することが提案されている（同要綱案第3部第1の1(4)）。

それ以外の部分（非保全部分）は、再生手続においては再生債権、更生手続においては更生債権、破産手続においては破産債権となる[注227] [注228] こととのバランスから、公募社債も私的整理の対象とすることを強く求め、仮に公募社債を私的整理の対象としなければ、金融機関等からも理解・同意を得ることが困難と考えられる場合（例えば、前記の株式会社ウィルコムのケース）等、債務者企業のデットリストラクチャリングの局面において、公募社債を私的整理の対象とすることが必要または望ましい場合もあり得ると考えられる。実際に、近時では、公募社債を私的整理の対象とした実例も、いくつか登場・存在しているところである[注229]。

(ウ) 公募社債を私的整理の対象とする場合の手続等

公募社債を私的整理の対象とする場合であっても、計画成立・権利変更に対象債権者全員の同意が必要な狭義の私的整理手続（事業再生ADR等の準則

注225）（i)で述べたような高度の流通性・社債権者の匿名性から、社債権者が自ら債権届出をした場合における債権認否や、その後の債権譲渡、社債管理者が債権届出を行った場合における再生計画等に基づく弁済等に当たっては、社債権者に社債、株式等の振替に関する法律277条に規定する証明書（いわゆる「277条証明書」）の提出を求め、社債権者であることや社債の金額を確認する等の対応がとられることが通常である（事業再生研究機構編『事業再生と社債――資本市場からみたリストラクチャリング』〔商事法務、2012〕84頁［宮崎信太郎］、長島・大野・常松法律事務所編『ニューホライズン事業再生と金融』〔商事法務、2016〕157頁・170頁［大川剛平]）。

注226）担保付社債信託法が適用される担保付社債については、直接的に別除権者または更生担保権者となるのは信託会社であり、社債権者は受益者となる。

注227）電気事業法に基づいて電力会社が発行する電力債その他の一般担保付社債は、再生手続においては一般優先債権、更生手続においては優先的更生債権、破産手続においては優先的破産債権となる。

注228）再生手続または更生手続においては、計画の遂行段階における債権譲渡への対応を容易にするため、再生計画または更生計画の定めにより、公募社債が指名債権化されることも多く（事業再生研究機構編・前掲注225）84頁［宮崎］)、その場合、(i)で述べたような高度の流通性は失われることとなる。

注229）株式会社日本エスコンのケース（2009）、ケネディクス株式会社のケース（2009）、JVC・ケンウッド・ホールディングス株式会社（現株式会社JVCケンウッド）のケース（2011）、コバレントマテリアル株式会社（現クアーズテック株式会社）のケース（2012）、AvanStrate株式会社のケース（2013、2015、2017）等。

第2章　債務者の再生手法

型私的整理やいわゆる純粋私的整理）において、金融機関とともに、公募社債の社債権者を対象債権者とし、すべての社債権者からの同意取得・私的整理成立を目指すことは、(i)で述べたような公募社債の特殊性（特に社債権者の匿名性や属性等の多様性）から、現実的ではない。したがって、公募社債については、社債権者全員の同意を取得しなくても権利変更が可能な手続により、私的整理の対象としていくこととなる[注230]。そのような手続としては、まず、社債権者集会の決議 [→(b)] が挙げられる。社債権者集会の決議は、社債権者の多数決（特別多数決）により、すべての社債権者との関係で権利変更を可能とするものであり、権利変更の内容についても、(b)で述べる通り、支払の猶予（リスケジュール）および社債の金額の減額（カット）が、いずれも可能となっている。

　もっとも、社債権者集会の決議による権利変更は、その内容がリスケジュールであれ社債のカットであれ、多数決によってすべての社債権者（より正確には、同じ種類のすべての社債権者）との関係で同一の内容の権利変更を行うものである。他方、(i)(b)で述べた通り、社債権者には金融機関のほかにも多様な属性の者が含まれ得、また、社債の取得経緯・保有目的等もさまざまであるため、一部の社債権者は継続保有を通じた回収額の最大化（長期リスケジュール等）を希望し、他の社債権者は早期回収（早期弁済を前提とした社債のカット等）を希望する等、デットリストラクチャリングの枠組み・内容に関する意向が社債権者によって大きく異なっており、その結果、どの

注230)　なお、本文で述べたところを踏まえれば、公募社債と金融機関からの借入等とをいずれも私的整理の対象とする場合、公募社債を対象とする手続（社債権者集会、DPO・エクスチェンジ・オファー）と、金融機関からの借入等を対象とする手続（事業再生ADR、純粋私的整理等）とを併行させることとなる。この場合、両手続のスケジュール等につき、十分な調整が必要となることはもとより、事業再生ADR等の成立を社債権者集会の決議の効力発生の停止条件とする（株式会社日本エスコンのケース。事業再生研究機構編・前掲注225）123頁 [鈴木学]）、両手続の成立をデットリストラクチャリングおよびスポンサー支援等を含めたディール全体のクロージングの前提条件とする等、金融債権者間・手続間の公平性・平等性を確保するための手当て（公募社債のみが権利変更され、金融機関からの借入れは権利変更されないといった事態を回避するための手当て）も必要となると考えられる。

第4節　事業再生を目的とする既存権利関係の調整

ような枠組み・内容の権利変更を提案したとしても、社債権者集会の特別決議の可決要件［→(b)(イ)❷］を満たす等してデットリストラクチャリングを成立させることができるだけの社債権者の理解・同意を得られない（得られないことが懸念される）場合もある。そのような場合における対応として、社債権者集会の決議によってすべての社債権者との関係で一定の権利変更を行いつつ、これと併行して、希望する社債権者との関係でのみ、社債権者集会の決議によるのとは異なる内容の実質的な権利変更等を行うための手続をとることが考えられる。そのような手続としては、ディスカウント・ペイ・オフ（額面以下での社債の買取り、DPO）［→(c)(ア)］およびエクスチェンジ・オファー（交換募集）［→(c)(イ)］が挙げられる。これらの手続と社債権者集会の決議とを併用し、社債権者に権利変更に関する複数の選択肢を付与することにより、デットリストラクチャリングの枠組み・内容に関する社債権者の多様な意向を可及的に汲むことが可能となり、結果、デットリストラクチャリングの成立に必要な社債権者の理解・同意を得られる可能性が高まることとなる。かつては、(b)(ア)で述べる通り、社債権者集会の決議による社債のカットの可否が不明確であったため、その代替手段としてDPOまたはエクスチェンジ・オファーが利用・併用される（利用・併用が検討される）ケースが多かったと思われるが、社債権者集会の決議による社債のカットが可能であることが明確化された現在においても、社債権者の意向の多様性を踏まえた複数の選択肢の付与を可能とするという意味において、DPOおよびエクスチェンジ・オファーは、社債の実質的な権利変更等の手続として、引き続き存在意義を有していると考えられる。具体的には、例えば、社債権者集会の決議によって長期のリスケジュールを行いつつ、早期回収を希望する社債権者からはディスカウントで社債を買い取るケース[注231]や、社債権者の決議によってアップフロントで一定の弁済を行った上で5年のリスケジュールを行いつつ、エクスチェンジ・オファーにより、アップフロントでの弁済を行わない代わりに3年で償還期限が到来する新たな社債を交換発行するよう

注231）　そのような形での社債のリストラクチャリングを行った事例として、AvanStrate
　　　　株式会社のケース（2017）がある。

第 2 章　債務者の再生手法

なケース等が考えられるところである。

⒝　社債権者集会の決議

現在の会社法および関連法令の下においては、社債権者集会の決議により、すべての社債権者との関係で、支払の猶予（リスケジュール）をすること、および社債の金額の減額（カット）をすることが、いずれも可能となっている。

㋐　社債権者集会の決議による社債のカットの可否

社債権者集会の決議による社債のカットについては、従前は、制度上可能とする見解[注232]も存在したものの、制度上不可能とする見解[注233]も有力であり、また、裁判所からも非公式ながら消極的な見解が示されたとの指摘もされていた[注234][注235]。実務上は、仮に社債権者集会において社債のカットの決議が可決されたとしても、前記のような議論の状況から、裁判所の認可[→⑷❸]が得られないリスクも高いと考えられており、仮に裁判所の認可が得られなかった場合、デットリストラクチャリングの局面における限られたスケジュール・時間軸を前提とすれば、その段階で改めて社債権者に対して社債のカットに代わる新たな権利変更案を提案し直し、社債権者（および併行して私的整理を進めている金融機関等）の理解・同意を得ることができるだけの時間的猶予はないことがほとんどであり、結果、時間切れで法的整理への移行を余儀なくされる等、デットリストラクチャリング全体に極めて重大な支障が生じる可能性が高いため、社債権者集会の決議による社債のカットを試みること自体が、非常にハードルの高い状況にあった[注236]。しかし

注232）　江頭憲治郎「社債権者集会による社債の償還金額の減免等」NBL985号（2012）
　　　　１頁、西村あさひ法律事務所＝フロンティア・マネジメント㈱編・前掲注150）
　　　　637頁［濱田芳貴］等。
注233）　事業再生研究機構編・前掲注74）285頁［須藤英章］等。
注234）　事業再生研究機構編・前掲注225）232頁［須藤英章］。
注235）　ただし、2005年に横浜地裁相模原支部において、社債の元本減免を内容とする和
　　　　解契約を発行会社との間で締結する権限を社債管理会社に授権する旨の社債権者
　　　　集会決議について認可決定がされた事例は存在する（経済産業省経済産業政策局
　　　　産業再生課「事業再生関連手続研究会中間とりまとめ──事業再生局面における
　　　　社債の元本減免について」〔2013〕７頁）。

218

第4節　事業再生を目的とする既存権利関係の調整

ながら、まず、2013年に施行された産業競争力強化法、および同年に改正された株式会社地域経済活性化支援機構法（旧株式会社企業再生支援機構法）において、社債権者集会の決議による社債のカットが可能であることを前提とした条文[注237] [注238] が規定された。これらの条文は、直接的には、事業再生ADRまたは地域経済活性化支援機構（REVIC）の手続と社債権者集会とを併行させる場合について規定するものであり、したがって、それ以外の場合における社債権者集会の決議による社債のカットについては、裁判所の認可がされるのか、されるとしてどのようなケースであればよいのか等依然不透明さが残る等の指摘もあった[注239] ものの、そのような指摘も踏まえ、2019年1月に公表された前記の「会社法制（企業統治等関係）の見直しに関する

注236）　事業再生研究機構編・前掲注225）115頁［鈴木学］。

注237）　産業競争力強化法56条1項　　特定認証紛争解決手続により事業再生を図ろうとする事業者は、当該特定認証紛争解決手続を行う特定認証紛争解決事業者に対し、社債権者集会の決議に基づき行う償還すべき社債の金額の減額が、当該事業者の事業再生に欠くことができないものとして経済産業省令・内閣府令で定める基準に適合するものであることの確認を求めることができる。
　　　　　57条1項　　裁判所は、前条第一項の規定により特定認証紛争解決事業者が確認を行った償還すべき社債の金額について減額を行う旨の社債権者集会の決議に係る会社法第732条に規定する認可の申立てが行われた場合には、当該減額が当該事業者の事業再生に欠くことができないものであることが確認されていることを考慮した上で、当該社債権者集会の決議が同法第733条第4号に掲げる場合に該当するかどうかを判断するものとする。

注238）　株式会社地域経済活性化支援機構法34条の2第1項　　社債権者集会の決議に基づき償還すべき社債の金額について減額を行う旨が記載された事業再生計画に従って事業の再生を図ろうとする再生支援対象事業者は、機構に対し、当該減額が再生支援対象事業者の事業の再生に欠くことができないものとして主務大臣が定める基準に該当するものであることの確認を求めることができる。
　　　　　34条の3第1項　裁判所は、前条第1項の規定により機構が確認を行った償還すべき社債の金額について減額を行う旨の社債権者集会の決議に係る会社法第732条に規定する認可の申立てが行われた場合には、当該減額が当該再生支援対象事業者の事業の再生に欠くことができないものであることが確認されていることを考慮した上で、当該社債権者集会の決議が同法第733条第4号に掲げる場合に該当するかどうかを判断しなければならない。

注239）　南賢一「産業競争力強化法による社債の元本減免規定の創設と事業再生ADRを利用しない社債リストラクチャリング」金法1991号（2014）4頁。

第2章　債務者の再生手法

要綱案」においては、会社法においても、社債権者集会の決議による社債の
カットが可能であることを、条文（具体的には、会社706条1項1号）上明記
することが提案されている[注240]。これらの（今後想定される会社法改正も含め
た）立法的な手当てにより、（本稿執筆時点においては、産業競争力強化法等の
施行後において社債権者集会の決議による社債のカットの実例が存在しないこと
等から、デットリストラクチャリング局面における実務的なハードルは、依然ゼ
ロではないとは考えられるものの、）社債権者集会の決議による社債のカット
が制度上可能であることは明確化され、また、裁判所の認可に関する予見可
能性も、相当程度高まっているものと考えられる。

(イ)　社債権者集会の決議に関する手続

❶　社債権者集会までの手続　　発行体（債務者企業）は、社債権者集会
を招集する場合、社債権者集会の日時および場所ならびに目的事項（議案）
等を定めた上（会社719条、会社則172条）、社債権者集会の2週間前までに、
知れている社債権者および（設置されているときは）社債管理者に対し、書
面または電磁的方法により、これらの事項の通知を発しなければならない
（会社720条1項～3項）。また、無記名式の社債券を発行している場合は、社
債権者集会の3週間前までに、これらの事項を公告しなければならない（同
条4項）。電子公告によって公告をするときは、電子公告調査会社による調
査も必要となる（同法941条）。他方、振替債については、会社法上は公告は
必要とされていないものの、実務上は、社債要項において同様に3週間前ま
での公告が必要とされていることが多い。公告後は、同じ手続内で議案（権
利変更の内容）を修正することはできず、議案の修正が必要な場合は、当初
の手続は撤回した上、再度目的事項等の決定・公告から手続をやり直さざる
を得ないこととなる[注241]。したがって、大口社債権者等との間で事前に権
利変更の内容等に関する調整・協議が可能な場合は、公告までに十分な調
整・協議を行うことが必要・重要となるものと考えられる。他方、社債権者

注240)　同要綱案第3部第1の2(1)。
注241)　公告後の社債権者との間の協議状況等を踏まえて手続をやり直した事例として、
　　　　コバレントマテリアル株式会社（現クアーズテック株式会社）のケース、
　　　　AvanStrate株式会社のケース（2013）がある。

220

が把握できない、分散している等、社債権者等との間の事前の調整・協議が困難な場合は、公告後に多数の社債権者から当初の議案に反対の意向が示された場合等に備え、必要に応じて再度手続をやり直すことも可能なスケジュールを設定することが望ましいものと考えられる[注242]。

　公告後、社債権者集会までの間に、任意の社債権者説明会を開催し、議案の内容や借入等を含むデットリストラクチャリング全体の内容、社債権者集会に関する手続等につき、社債権者に対する説明を行うことが通常である。

　❷　**社債権者集会における決議**　社債権者集会における決議の可決要件は、リスケジュールおよび社債のカットのいずれについても、総社債権者の議決権額の5分の1以上かつ出席社債権者の議決権額の3分の2以上の社債権者の同意（特別決議）である（会社724条2項）[注243]。

　❸　**裁判所の認可**　社債権者集会の決議は、可決によって直ちに効力が発生するものではなく、その効力の発生には、裁判所の認可[注244]が必要である（会社734条）。認可の要件は、①社債権者集会の招集の手続またはその決議の方法が法令または会社法676条の募集のための債務者企業の事業その他の事項に関する説明に用いた資料に記載され、もしくは記録された事項に違反する（同法733条1号）、②決議が不正の方法によって成立するに至った（同条2号）、③決議が著しく不公正である（同条3号）、④決議が社債権者の一般の利益に反する（同条4号）という不認可事由が存在しないことである。

注242)　振替債については、権利変更に伴ってほふりにおける銘柄変更等の手続が必要となり、また、権利変更後の社債要項の内容がほふりのシステム上取扱い可能なものであるか等の確認も必要となるため、社債権者集会招集公告等をする前に、あらかじめほふり、社債管理者、財務代理人等との間で調整が必要となる。

注243)　振替債については、社債権者が社債権者集会において議決権行使をするためには、口座管理機関から社債、株式等の振替に関する法律86条に規定する証明書（いわゆる「86条証明書」）の発行を受けた上、これを社債権者集会の日の1週間前までに債務者企業に提示し、かつ、社債権者集会当日にも提示しなければならない（同法86条）。86条証明書が発行され、口座管理機関に返却されるまでの間は、その発行を受けた社債権者は社債を譲渡することができなくなるため、これを提示した者が社債権者であることが担保・証明されることとなる。86条証明書に関する実務の詳細については、太田洋ほか編著『社債ハンドブック』（商事法務、2018）382頁以下も参照。

第2章　債務者の再生手法

(c)　DPO・エクスチェンジ・オファー

(ア)　**DPOの手続**

DPOについては、法定の手続は特段定められておらず、実務的には、債務者企業のホームページや社債権者説明会等を通じて社債権者に買取条件等を説明し、一定の買取申込期間を設定した上で、当該期間内に申込みを行った社債権者との間で、特定の決済日において個別に買取りの決済を行うといった手続[注245]が考えられる[注246]。

(イ)　**エクスチェンジ・オファーの手続**[注247]

エクスチェンジ・オファーは、大要、社債権者に対し、既存の社債と引換え・交換に、新たな社債、新株予約権付社債、新株予約権または株式を発行

注244)　裁判所に対する認可の申立ては、社債権者集会の決議があった日から1週間以内に行わなければならない（会社732条）。また、裁判所による認可決定があった場合、遅滞なく、その旨の公告をする必要があり（同法735条）、電子公告によって公告をするときは、電子公告調査会社による調査も必要となる（同法941条）。公告の掲載日の翌日から2週間の不変期間（非訟67条1項・2項）、認可決定に対する即時抗告が可能であり（会社872条4号・870条1項7号）、この即時抗告には、執行停止効が認められる（同法873条）。したがって、認可決定に対する即時抗告がされ、これが棄却・却下されていない状況においては、社債権者集会の決議による権利変更の効力は、この執行停止効によって発生していないこととなるため、特に社債の権利変更の効力の発生（認可決定の確定）が、併行して私的整理を進めている借入れその他の金融債務の権利変更や、スポンサー支援等の前提条件とされているような場合は、クロージング予定日までに認可決定に対する即時抗告期間が満了することはもとより、万一認可決定に対して即時抗告がされた場合であっても、債務者企業による反論や裁判所による検討のための時間を十分に確保し、クロージング予定日までに即時抗告が棄却等され、社債の権利変更の効力が発生するよう、余裕をもったスケジュールを設定することが望ましいものと考えられる。

注245)　コバレントマテリアル株式会社（現クアーズテック株式会社）のケース、AvanStrate株式会社のケース（2017）。

注246)　振替債については、決済のロジ等に関して口座管理機関等との間の事前の調整が必要不可欠であり、社債権者の数によっては、買取りの申込みを行ったすべての社債権者との間での同時決済を事務処理上も確実なものとするため、買取りの申込みを行ったすべての社債権者に債務者企業が指定する特定の証券会社に新たに証券口座を開設することを求め、その証券会社において買取りの対象となるすべての社債について同時に決済を行うといった対応がとられた例（コバレントマテリアル株式会社〔現クアーズテック株式会社〕のケース）も存在する。

222

第4節　事業再生を目的とする既存権利関係の調整

するものであるが、新たに発行する社債等の取得勧誘が、国内における勧誘対象者が50名以上である等して私募の要件を満たさないとき（公募社債が振替債等であって社債権者数を把握できず、私募の要件を満たさない可能性が否定できないときを含む）は、金融商品取引法上の募集規制に服する（募集規制に服することを前提として対応する）こととなる。その場合、原則として有価証券届出書の提出が必要となり、その提出後でなければ新たに発行する社債等の取得勧誘を行うことができないため（同法4条1項）、社債権者との間で事前交渉を行うことなく、その発行条件を決定せざるを得ないこととなる。もっとも、債務者企業が発行登録制度を利用することが可能であれば[注248]、主要な発行条件を未定とする形で発行登録を行った後、発行登録追補書類の提出までの間に社債権者との間で交渉を行い、その意向・結果も踏まえた上で最終的な発行条件を決定するという対応をとることも可能である[注249]。

(d)　決議成立・応募確保のための方策

社債権者集会とDPO・エクスチェンジ・オファーとを併用する場合、社債権者集会決議の成立や、DPO・エクスチェンジ・オファーへの応募を確保する観点から、債務者企業としては、以下で述べるような方策をとることも考えられる。

(ア)　最低応募比率の設定

まず、債務者企業やスポンサーの意向として、一定数・割合以上の社債権者がDPO・エクスチェンジ・オファーに応募することを希望する、または必要とする場合は、DPO・エクスチェンジ・オファーに最低応募比率を設定した上、その比率を下回る応募しかされなかったときは、DPO・エクス

注247)　エクスチェンジ・オファーの手続の詳細・留意点等については、太田ほか編著・前掲注243）395頁以下も参照。

注248)　発行登録制度の利用適格は、1年間継続して有価証券報告書を提出しており、かつ、上場会社については、①上場株式の年平均売買金額および時価総額が100億円以上であること、②上場株式の年平均時価総額が250億円以上であること、③過去5年間に募集または売出しにより発行した社債の総額が100億円以上であること等、非上場会社については、④過去5年間に募集または売出しにより発行した社債の総額が100億円以上であること等である（企業開示9条の4第5項）。

注249)　ケネディクス株式会社のケース。

第2章　債務者の再生手法

チェンジ・オファーは応募があった社債権者も含めて一切行わず、法的整理を申し立てることや、スポンサー支援を行わないこと等を、買取条件等の説明文書や社債権者説明会等を通じてあらかじめ社債権者に対して明示しておくこと等が考えられる[注250]。また、DPO・エクスチェンジ・オファーと併用されている社債権者集会の決議によるリスケジュール等の条件を、DPO・エクスチェンジ・オファーとの比較において過度に魅力的にならない内容に設定することも、重要な前提となるものと考えられる[注251]。

　(イ)　**社債権者集会決議不成立の場合のDPO・エクスチェンジ・オファーの不実施**

　社債権者集会とDPO・エクスチェンジ・オファーとが併用される場合に、DPO・エクスチェンジ・オファーに応募することを予定している社債権者は、自らの権利（権利変更）の内容に直接関係・影響しない社債権者集会の決議の成否には、積極的に関心をもっていない可能性もあると考えられる。しかしながら、社債権者集会の決議は、それらの社債権者も母数に含めた形で行われるため、多くの社債権者が社債権者集会に関心をもたず、その決議に参加しない場合、特別決議の可決要件、特に「総社債権者の議決権額の5分の1以上」という可決要件を満たさない可能性も出てくる。そのような事態を回避するためには、社債権者集会の決議の成立が、DPO・エクスチェンジ・オファー実施の前提であり、社債権者集会の決議が成立しなければDPO・エクスチェンジ・オファーも実施されないことを、買取条件等の説明文書や社債権者説明会等を通じて社債権者に事前に十分に説明しておくことが必要不可欠と考えられる。また、スケジュール・時系列として、社債権

注250)　社債権者集会の決議（社債権者の多数決）による社債のカットが制度上不可能な国（例えば、米国のDIA適用債）においては、DPO・エクスチェンジ・オファーへの最低応募比率を社債権者集会の可決要件以上に設定し、かつ、社債権者集会における賛成を、DPO・エクスチェンジ・オファーへの応募の前提条件とする（社債権者集会の決議に賛成しない社債権者はDPO・エクスチェンジ・オファーに応募できないこととする）といった方策（いわゆる「Exit consent」）がとられるケースもあるようである。

注251)　例えば、リスケジュールとDPOとを併用する場合、DPOを選択した場合には必然的に一定のディスカウントがされるのに対し、リスケジュールを選択した場合には額面としては100％弁済となるため、リスケジュールの期間を相当程度長期間とする、金利も高水準とならないようにする等の工夫が必要となる。

者集会決議の成立後に、DPO・エクスチェンジ・オファーの応募手続を開始する（決議が成立しなければ、そもそも応募手続を行わない）ことも、有効な方策と考えられる。

このように社債権者集会の決議が成立しなければDPO・エクスチェンジ・オファーも実施しないこととすることは、DPO・エクスチェンジ・オファーへの応募確保にもつながるものである。すなわち、仮に社債権者集会の決議が成立しなかったとしてもDPO・エクスチェンジ・オファーは実施することとした場合、社債権者としては、DPO・エクスチェンジ・オファーに応募することにより、これに応募しなかった社債権者の権利は変更されないにもかかわらず、応募した社債権者の権利のみが変更される結果となり、応募した社債権者のみが不利益を受ける可能性を懸念・危惧し、DPO・エクスチェンジ・オファーへの応募を躊躇する可能性があると考えられる。そして、(i)(c)で述べたように、特定の社債権者が、債務者企業が発行する公募社債をディスカウントで買い占めることによって保有比率・議決権比率を高め、自らの意向によって債務者企業のデットリストラクチャリングの成立を実質的に阻止することができる立場・状態を確保した上で、債務者企業から提案されたデットリストラクチャリングに反対の意向を示したり、その内容を実現可能性・履行可能性等を度外視して表面上社債権者に有利なものに変更させるよう交渉する等しているような場合、DPO・エクスチェンジ・オファーへの応募に対する他の社債権者の懸念・危惧・躊躇は、特に強くなるものと考えられる。他方、社債権者集会の決議が成立しなければDPO・エクスチェンジ・オファーも実施しないことを明確にしておけば、DPO・エクスチェンジ・オファーに応募した社債権者の権利のみが変更され、不利益を受ける可能性・懸念は払拭されるため、社債権者としては、社債権者集会の決議による権利変更の内容と、DPO・エクスチェンジ・オファーによる権利変更の内容を冷静に比較検討し、自らの意向に従ってDPO・エクスチェンジ・オファーに応募するか否かを決定することが可能となる。

他方、そのような手法をとった場合、DPO・エクスチェンジ・オファーへの応募のために社債権者が社債権者集会における賛成を事実上強制される、

また、DPO・エクスチェンジ・オファーへの応募を予定しており、した
がって、社債権者集会の決議による権利変更の内容に直接影響を受けない社
債権者の賛成によって社債権者集会の決議が成立することとなる等として、
社債権者集会決議につき、決議が不正の方法によって成立するに至った（会
社733条2号）、決議が著しく不公正である（同条3号）等の決議の不認可事
由に該当するとされるのではないかとの懸念もあり得ないではないとも考え
られる。しかしながら、そのような手法によって成立した社債権者集会の決
議や、DPO・エクスチェンジ・オファーによる権利変更の内容が、法的整
理との比較において社債権者にとって経済合理性が認められないようなもの
であれば、手法の公正性等以前の問題として、決議が社債権者の一般の利益
に反する（同法733条4号）という決議の不認可事由に該当するものと考えら
れるが、そうではなく、社債権者集会の決議やDPO・エクスチェンジ・オ
ファーによる権利変更の内容が社債権者にとっても経済合理性が認められる
ものであるにもかかわらず、債務者企業のデットリストラクチャリングに無
関心な社債権者や、債務者企業の発行する公募社債を買い占めた上でデット
リストラクチャリングの内容を実現可能性・履行可能性等を度外視して自ら
に有利なものに変更するよう求める社債権者等が決議への賛成や応募をしな
いことにより、デットリストラクチャリング全体が成立せず、結果的に法的
整理に移行して社債権者の回収額が減少する可能性が相当程度懸念される場
合等、そのような手法をとったとしてもなお、デットリストラクチャリング
を成立させるほうが社債権者全体の利益につながるといえる場合も多いので
はないかとも考えられる。そのような手法がとられた場合における社債権者
集会決議の不認可事由該当性の判断は、手法の表面的な内容だけでなく、そ
のような手法がとられるに至った背景にある社債権者の動向・意向等も踏ま
え、慎重に行われるべきものと考えられる。

　　(e)　複数の種類の社債が発行されている場合の問題点

　債務者企業が複数の種類の社債を発行している場合、現行会社法上、すべ
ての種類の社債を母集団として1つの社債権者集会の決議が行われるのでは
なく、社債の種類ごとに社債権者集会の決議が行われる（会社715条）。そし
て、複数の種類の公募社債を対象とする私的整理においては、ある種類の公

第4節　事業再生を目的とする既存権利関係の調整

募社債について社債権者集会において権利変更の決議が否決された場合、その種類の公募社債について権利変更がされないにもかかわらず、自らが保有する公募社債や貸付債権等について権利変更がされることを他の種類の公募社債の社債権者や貸付債権等を保有する金融機関等が許容することは通常考えがたく、事実上、他の種類の公募社債や貸付債権等も含め、デットリストラクチャリング（およびスポンサー支援等）全体が成立しない結果となる。

　以上を前提とすれば、社債権者（潜在的社債権者）としては、債務者企業が発行する複数の種類の公募社債のうち、一部の種類の公募社債（典型的には、発行総額の少ない種類の公募社債）のみを、デットリストラクチャリングの直前等にセカンダリー市場等においてディスカウントで買い集め、その種類の社債について専ら自らのみの意向によって社債権者集会の決議を否決し、それによってデットリストラクチャリング全体の成立を事実上阻止することができる立場・状態を確保した上で、債務者企業のデットリストラクチャリングの内容を自らに有利なものに変更させるよう交渉する等のバーゲニングパワーをもつことも可能となり得る。しかしながら、そのような行動を一部の社債権者（潜在的社債権者）に認め、バーゲニングパワーを与えることは、多くの場合、衡平・公正とはいいがたいように思われ、また、債務者企業だけでなく、他の種類の公募社債の社債権者や貸付債権等を保有する金融機関等の利益までをも害する可能性が高いようにも思われる。一部の社債権者（潜在的社債権者）によってそのような行動がとられる可能性も踏まえれば、すべての種類の公募社債を母集団として1つの社債権者集会の決議を行うほうが、社債の種類ごとに社債権者集会の決議を行うより、衡平・公正であるといえるケースも相応に存在するのではなかろうか[注252]。前記の通り、日本の現行会社法の解釈としては、そのような形で社債権者集会の決議を行うことは困難とは考えられるものの、例えば、社債要項において、一定の要件の下ではすべての種類の公募社債を母集団として1つの社債権者集会決議を行う旨の規定が置かれていた場合にはその規定の有効性を認めるといった制

注252）　事業再生研究機構編・前掲注225）209頁［井出ゆり］においても、立法論として、異なる種類の社債を母集団として1つの社債権者集会の決議を行うことが提案されている。

227

度には、十分に合理性があると考えられ、立法的手当ても含め、今後の検討課題ではないかと思われる[注253]。例えば、ソブリン債についての議論であるが、一定割合の債券保有者の同意によってソブリン債の条件変更を可能とするいわゆるcollective action clauses（CACs、集団行動条項）につき、近時、異なる銘柄・回号のソブリン債であっても同様のcollective action clausesが規定されたすべてのソブリン債を母集団として1つの決議を可能とするcollective action clausesのモデル条項がIMF（国際通貨基金）、ICMA（国際資本市場協会）等によって提案・推進されており、日本における社債権者集会決議のあり方を考える上でも、参考にし得るのではないかと思われる。

(6) 金融デリバティブ取引

(i) 総論

債務者企業が私的整理・法的整理を行うに当たり、金利スワップ、為替オプション等の金融デリバティブ（金融派生商品）取引を行っているケースは多くある。また、金融デリバティブ取引による損失そのものが企業の窮境原因となっている場合もある。

(ii) クローズアウト・ネッティング条項の法的倒産手続における取扱い

金融デリバティブ取引に関してはISDAのマスターアグリーメントが締結されることが一般的である。ISDAのマスターアグリーメントでは、一方当事者について倒産手続の申立てがなされたときや支払不能の状態になったときは、自動的にまたは所定の手続を経て取引が終了され、各個別取引の時価

注253）　このような考え方に対しては、社債の種類ごとに残存期間が異なるため、社債権者の利害状況も社債の種類ごとに大きく異なるのではないかといった反論もあり得るとも考えられる。しかしながら、実務上、公募社債にはいわゆるクロスデフォルト条項が規定されていることが通常であり、仮に社債権者集会の決議が可決されず、デットリストラクチャリングが成立しなかった場合、債務者企業が発行する公募社債のうち、最も早く約定の償還期限が到来するものが期限の利益を喪失した段階で、クロスデフォルト条項に基づき、債務者企業が発行する他の種類の公募社債もすべて期限の利益を喪失することとなる。かかる実態を踏まえれば、少なくともデットリストラクチャリングの局面においては、社債権者の利害状況の相違を基礎付ける事情として約定の残存期間の相違を重視する必要性・合理性は、高くないように思われる。

第4節　事業再生を目的とする既存権利関係の調整

をそれぞれ所定の方法で算出した上でそれらの合算値を一本の債権・債務関係に置き換えた上で決済する旨が定められている（クローズアウト・ネッティング）。

　クローズアウト・ネッティング条項が日本の倒産法制上有効であるかについては、かつてさかんに議論がなされていたが、現在は立法的な解決が図られている。すなわち、1998年12月に施行された金融機関等が行う特定金融取引の一括清算に関する法律（以下、「一括清算法」という）によれば、デリバティブ取引について少なくとも一方が金融機関等であり、当該金融機関等または相手方について破産手続、再生手続または更生手続が開始された場合において、基本契約書に一括清算の約定があるときは、それらの取引の時価の合算値を一本の債権・債務として扱う旨を定めており、クローズアウト・ネッティング条項が有効である旨が明示的に定められている。もっとも、一括清算法では一方当事者が金融機関等ではない場合のクローズアウト・ネッティング条項の有効性については担保されないため、2004年の倒産法改正の際に、より一般的な形でクローズアウト・ネッティング条項の有効性が明文で規定されるに至っている（破58条5項、民再51条、会更63条）[注254]。

(iii)　多数当事者間ネッティング条項の法的倒産手続における取扱い

　金融デリバティブ取引のネッティング条項については、二当事者間のネッティングに関するものに限らず、各当事者の関係会社の債権債務を含めてネッティングする旨の合意（多数当事者間ネッティング条項）がなされることもある。かかる条項が一方当事者の倒産時においても有効だとすると、例えば、ある企業が倒産会社に対してデリバティブ取引の清算に基づく債権を有している場合において、その企業の関係会社が倒産会社に対して債務を負担していた場合、当該条項に基づきそれらの債権債務をネッティングすること

注254）　もっとも、多数のデリバティブ契約等の金融契約を締結している金融機関が破綻したケースにおいて、早期解約条項等に基づきデリバティブ契約等の金融契約が一斉に解約され、一括清算がなされると、ヘッジ取引等を行っているカウンター・パーティーにも影響が及び、金融市場の不安定化につながる可能性があることから、金融機関の破綻の場合に一定期間クローズアウト・ネッティングの効力を生じさせないことを内閣総理大臣が決定できることとされている（預金保険137条の3）。

が可能となる。

このような多数当事者間ネッティング条項の有効性については、一般的な相殺における二当事者間の債権債務の対立構造（相互性）がないことを根拠として最高裁は否定的な立場をとっている（最判平成28・7・8民集70巻6号1611頁[注255]）。

もっとも、あらかじめ三者間合意により多数当事者間ネッティングを規定していた場合や債権譲渡・債務引受等により形式的な相互性が充足される形で多数当事者間ネッティング条項が設計されていた場合についても、上記の最高裁判例のスコープが及ぶか否かについてはさまざまな見解があるところであり、今後のさらなる判例の蓄積ないし立法的解決が待たれる。

4　弁済計画

(1)　総論

(i)　弁済計画の内容と基本原則

弁済計画とは、債務者企業が必要とする金融支援に伴う負担を、各対象債権者に対し具体的にどのように負担してもらうか、その負担を各対象債権者でどのように配分するかを定めるものである。要するに、再生計画は、「弁済原資を、どの債権者に対して、いつ、どれだけ弁済するか」について定めるものであるといえるが、これは、いうまでもなく、債権回収を試みようとしている対象債権者が最も強い関心を寄せる事項である。そのため、その内容をめぐっては、債務者企業・対象債権者間で、また、対象債権者相互間で、利害の先鋭的な対立がしばしば発生することになる。

また、債務者企業が弁済計画を立案するに当たっては、事業再生計画全体

注255)　もっとも、この判決には千葉勝美裁判官による詳細な補足意見が付されている。同補足意見は、結論としては当該事例における相互性を否定しつつも、「関係会社」が単に共通の支配下にある同じ企業グループの法主体というだけではなく、密接な組織的関係ないし協力的な営業実態等が存在する姉妹会社であるような場合には、解釈により相互性を認め、再生手続における相殺権を定めた民事再生法92条の類推適用の余地を認めているものと考えられる。

において論じられる債務者企業の現状・再建方針や必要な金融支援の内容との間の整合性を確保する必要があるとともに、各対象債権者間の公平・衡平に対し十分に留意をしなければならない。

(ii) 私的整理手続と法的再建手続における共通点と差異

基本的な考え方に差異はなく、計画の内容につき法定の要件（期間制限等）が定められているか否かといった差異がある程度である（ただし、準則型私的整理においても一定の要件があるため、決定的な差異ではない）。

(iii) 弁済計画の類型

弁済計画の建付けは、弁済原資が何かによって大きく2つの類型に大別することができる。すなわち、将来キャッシュ・フローを原資とする分割弁済型（収益弁済型）の弁済計画と、一時的な資金を原資とする一括弁済型の弁済計画である。一般に、債務者企業が自力再生を行う場合には、当該企業が将来生み出すキャッシュ・フローを弁済原資とした分割弁済型の弁済計画が、スポンサーからの支援を受けて事業再建を行う場合には、スポンサーからの事業譲渡対価等を弁済原資とした一括弁済型の弁済計画が立案されるケースが多い（ただし、スポンサーからの支援を受けつつも債務者企業の将来キャッシュ・フローを原資とした分割弁済型弁済計画が立案される場合等もある）。

以下においては、分割弁済型の弁済計画および一括弁済型の弁済計画のそれぞれにおいて論点となり得る事項について述べた上で、両類型において共通して問題となる、各債権者に対する弁済原資の配分方法とこれに関連する論点について述べる。

なお、特に私的整理においては、対象債権者に対し単にリスケジュールを求めるのみの弁済計画が立案されることもあり、上記類型でいえば分割弁済型の弁済計画に分類されるが、固有の論点は限られているので、以下においては債権カット（DESまたはDDSを含む）を伴う弁済計画を主に想定している。

(2) 将来キャッシュ・フローを原資とする弁済（分割弁済）

(i) 弁済金額の設定

分割弁済型の弁済計画を立案する際、将来の弁済金額をどのように定める

かは、一次的には事業再生計画における損益計画およびキャッシュ・フロー計画の数値によることになる。同計画に基づき、債務者企業が将来創出可能と思われる余剰資金の額が、基本的には分割弁済型の弁済計画における将来の弁済金額として定められることになると考えられるが、その際、回収の極大化という債権者側の要請への配慮と、今後の事業運営に支障を来し二次破綻を発生させないようにするという配慮の両方に目配せしながら、将来の弁済金額を慎重に判断する必要がある。

将来の弁済金額の定め方には、大きく分けて①将来の弁済金額をあらかじめ弁済計画内において固定額で定める固定額方式と、②弁済計画において定めた基準・算定式に従って、弁済金額または弁済率を事後的に算定する変動額方式の2通りが考えられる。

(a) 固定額方式

固定額方式の場合、将来の弁済金額は、上記において述べた通り、回収の極大化という観点と二次破綻の回避という観点の両方に目配せしつつ、経済合理性・実現可能性のある金額として検討・検証されることとなる。

ここで、二次破綻の回避という観点からすると、分割弁済型の弁済計画を立案するケースの多くにおいては、ある程度保守的な将来損益計画・キャッシュ・フロー計画を前提に弁済金額を算定することとなると考えられるが、その場合に、弁済計画に対する対象債権者の理解を得やすくするため、将来もし一定の目標値を上回る余剰資金（運転資金・設備投資資金を控除してもなお余剰となる現預金）が創出された場合にはその余剰資金の一部または全部を追加弁済する旨の規定を設けることも考えられる。このとき、計画以上に余剰資金が生じている理由が売上げの（対計画比での）増加にある場合が少なくないが、そのような場合において、もともとのキャッシュ・フロー計画を前提とした必要運転資金および予定設備投資資金以上の部分をすべて追加弁済の原資に充てるような計画を立ててしまうと、売上増に伴う運転資金の需要増に対応できなくなり、債務者企業の将来の事業運営に支障が出る可能性がある。余剰資金の追加弁済規定を弁済計画に設ける場合には、このような事態が生じないよう、追加弁済の基準となる目標値を慎重に決定するか、足元の資金需要を踏まえて債務者企業が追加弁済の原資を決定できるような

第4節　事業再生を目的とする既存権利関係の調整

建付けにすることが望ましい。

(b)　変動額方式

変動額方式は、弁済額算定のための基準・算定式にもよるが、事業再生計画成立後のアップサイドも含めて、債務者企業が将来生み出すキャッシュ・フローを債務者企業（またはそのスポンサー）と債権者との間でシェアする弁済方式であるといえる。かかる弁済方法が選択される理由は事例によってまちまちであるが、スポンサーのほうで大きな資金負担・リスク負担をすることができず、経済合理性のある弁済計画を立案できるだけの一括弁済資金を提供できないような場合や、債務者企業において履行可能性のある範囲で固定額方式の弁済計画を立案しようとすると清算配当率と同程度またはこれを下回る弁済計画しか立案できないような事情がある場合に、変動額方式での弁済計画立案が選択されることとなるとの指摘がなされている[注256]。

変動額方式は、いわば、将来の不確定要素に起因するリスクの一部を対象債権者に負担させるものであるので、固定額方式の場合以上に、対象債権者の理解を得るのが難しい場合が多い。また、変動額方式においては、債務者企業において変動要素（ひいては、最終的な弁済額）を操作しようとするモラルハザードの懸念があり、かかる観点からも、変動額方式の弁済計画に対する対象債権者の視線は厳しいものとなる。そこで、変動額方式を採用するに当たっては、対象債権者の理解を得るため、まず、何を変動要素として採用するのか、各変動要素の変動をどのように弁済額算定に反映させるのかを明確にした上で、当該変動要素に起因するリスクをなぜ対象債権者に一部負担させなければならないのかについて十分な検討が必要である。また、モラルハザードの懸念を払拭するため、弁済額算定のための基準・算定式は可能な限り一義的にする、採用する変動要素を必要最小限にとどめる、変動幅が弁済額算定に与える影響も可能な限り限定するといった対応が必要となることもある。場合によっては、変動要素の判断・弁済額の決定において、透明性を確保するため、専門家等の第三者や対象債権者の関与を求めることも検討

注256）　西村あさひ法律事務所＝フロンティア・マネジメント㈱編・前掲注150）290頁以下。

233

第2章　債務者の再生手法

する余地がある。

　なお、変動額方式を採用する場合に、下限となる弁済率（0％である場合もある）が清算配当率を下回るような弁済計画の立案が清算価値保障原則との関係で許容されるか否かが問題となり得るが、変動額方式の弁済計画においては債権者は将来の弁済に関してデリバティブ類似の権利（下限弁済率と上限弁済率の差に相当する弁済を受け得る権利）を付与されるものと評価できるところ、当該権利の価値を考慮すれば、下限弁済率が清算配当率を下回っていたとしても一概には清算価値保障原則には反しないとの考え方もある[注257]。

(ii)　弁済時期・回数・配分等

　分割弁済型の弁済計画においては、(i)によって定められた弁済金額の総額（または、総額の決定方法）を、いつまでに、どの程度の間隔を空けて何回に分けて弁済するかを定めなければならない。

　このうち弁済の間隔については、分割弁済が将来キャッシュ・フローを原資とするものであることから年1回（各事業年度の終了後適宜のタイミング）とする例が多いように思われるが、年2回以上弁済をしたり（毎月弁済を行う事例もある）、2年に1回弁済をするものとすることもある（ただし、後者については、債権者の理解を得るという観点から、分割弁済の間隔を長期間とらなければならない合理的な理由を十分に説明できる必要があろう）。

　また、弁済を行う期間（いつまでに分割弁済金を払い終えるか）につき、純粋な私的整理であれば制限はないが[注258]、準則型私的整理手続を利用する場合には、事業再生計画が満たすべき実質債務超過解消年数が定められているものが多く、これを満たす範囲内で弁済期間を設定しなければならない点

注257）　西村あさひ法律事務所＝フロンティア・マネジメント㈱編・前掲注150）293頁。
注258）　ただし、金融機関の債権者区分を上げるため、「実現可能性の高い抜本的な経営再建計画」（いわゆる実抜計画）や「合理的かつ実現可能性の高い経営改善計画」（いわゆる合実計画）に該当するよう事業再生計画を策定する場合には、弁済期間は自ずと限定されてくることとなる。具体的には、実抜計画であればおおむね計画策定後3年後の債務超過解消が、合実計画であればおおむね計画策定後5年以内の債務超過解消（ただし、一定の条件の下で最長10年以内に債務超過を解消する計画も許容される）が必要となる。

234

に留意が必要である。すなわち、私的整理ガイドラインや事業再生ADRにおいては原則として3年以内の実質債務超過解消が（私的整理ガイドライン7.(2)、経済産業省関係産業競争力強化法施行規則28条2項1号）、中小企業再生支援協議会においては5年以内を目処とした実質債務超過解消が（中小企業再生支援協議会事業実施基本要領6.(5)②。ただし、債権放棄等を依頼しない場合はこの限りではない）それぞれ求められるため（ただし、いずれの準則型私的整理においても、合理的な理由に基づくものであれば、実質債務超過解消の目処が3年または5年を超える場合について許容される余地があると考えられる）、この要件を満たすように弁済期間を設定することが必要となる。

　なお、事業継続の観点から換価することができない事業用資産に対し担保権が設定されている等の理由により、非保全債権部分のみならず保全債権部分についても分割弁済する場合には、限られた弁済原資を保全債権・非保全債権それぞれにどのように配分するか、保全債権部分の現在価値に照らした経済合理性の確保といった問題が生じる。この点、保全債権は全額の弁済が保障されなければならないという原則にかんがみれば、まずは保全債権部分につき計画期間中に全額支払えるように弁済原資を割り当て、残余を非保全債権の弁済原資に充てるという形で配分額を決定せざるを得ないが、それで非保全債権部分に（対象債権者の賛同を得られるだけの）十分な配当原資を確保できるか、逆に、非保全債権部分への弁済原資を厚く設定するあまり、将来損益計画・キャッシュ・フロー計画との関係で無理のある弁済計画になっていないかという点に留意する必要がある。また、保全債権の債権者からの賛同を得やすくするため、保全債権部分については非保全債権部分よりも弁済時期を早める（より短期間で要弁済額全額を支払うような計画を立案する）ことも考えられるが、そのような場合には、上記のようなバランスにいっそう慎重な考慮が求められる。

(3)　一時的な資金を原資とする弁済（一括弁済）

(i)　弁済金額の設定

　一括弁済型の弁済計画が採用される典型的な事例は、債務者企業が自己の事業を事業譲渡等によりスポンサーに承継させることで対価を得て、当該対

第 2 章　債務者の再生手法

価を原資に各対象債権者に対し弁済を行うケースである。このようなケースにおける弁済金額の設定の合理性は、結局のところスポンサー選定の合理性の問題に帰着することとなる（この点に関する考え方については、**第 6 節**参照）。

　なお、保全債権部分につき、担保目的物が遊休資産である等の理由により、当該担保目的物を換価の上で保全債権の弁済に充てるような場合（いわゆる処分連動方式）も、一時的な資金を弁済原資とするという意味で一括弁済の一事例に該当するものといえるが、このような弁済計画を採用する場合の論点については、(4)(ii)(b)を参照されたい。

(ii)　弁済時期・回数

　一括弁済の場合、その原資は事業譲渡代金や出資金・貸付金、資産の換価代金等の一時的な資金であるから、その弁済時期・回数は「弁済原資が得られ次第直ちに、1 回で弁済を行う」ものとするのが原則的な形態であるが（特に、担保目的物を換価して保全債権の弁済に充てる場合には通常このような形で弁済が実施される）、スポンサーに対する事業譲渡等のケースにおいては、事業譲渡等を実施した後の債務者企業の清算プロセスとの関係で、弁済時期、回数にいくつかのバリエーションがある。

　例えば、スポンサーにほぼすべての資産・契約関係を承継させるため、事業譲渡等が行われた後には債務者企業には現預金と負債（金融負債）しか残らないというような場合には、事業譲渡等のクロージングと同時に、事業譲渡等の対価と債務者企業の手持ち現預金から必要経費およびその後の清算手続に要する費用を控除した残額を弁済原資として、各対象債権者に対する 1 回限りの弁済を実施してしまうという弁済計画を策定することが考えられる。

　他方、事業譲渡等を行った後に、債務者企業に相応の資産（事業継続に不要な資産や価値のない資産）が残るようなケースでは、まず事業譲渡等の対価（または、当該金額から必要経費等を一定額差し引いた額）を弁済原資とする弁済を実施し、その後、残資産の換価が終わった時点で、残存現預金から今後の費用を控除した残額を弁済原資とする弁済を改めて実施する[注259]ことが多い。

(4)　各債権者に対する弁済原資の配分方法

(ⅰ)　原則的な配分方法

　分割弁済型にせよ一括弁済型にせよ、弁済計画においては、一定の考え方により定められた弁済原資を各対象債権者に対しどのように配分するかを定める必要がある。弁済原資の決定が債務者企業と対象債権者との間の利害の対立の場面であったのに対し、弁済原資の配分方法の定め方は、各対象債権者間で利害の対立が発生する場面であるといえる。

　この点につき、私的整理の基本的な原理である債権者間の平等・衡平の観点注260)から、各対象債権者に対する弁済原資の配分は、弁済の対象となる債権の額に応じた比例配分（プロラタ）で行うことが原則となるが、ここでいう「弁済の対象となる債権の額」の定め方は事例によって異なり得る。

　具体的には、債務のカットを伴わないリスケジュール型の弁済計画であれば、通常は各対象債権者が有する債権の残高に応じたプロラタ弁済（残高プロラタ）を行うことになる。リスケジュール型の弁済計画においては、保全・非保全を問わず、対象債権者が有する債権を全額弁済することが前提になる以上、各対象債権者が有する債権を保全債権・非保全債権に分けて考える必要性が原則としてないためである。ただし、リスケジュール型の弁済計画であっても、上位債権者と下位債権者の債権額に大きな乖離があり、かつ、上位債権者の有する債権の相当部分が保全されているようなケースでは、単純に残高プロラタで弁済をすると下位債権者の納得感が薄い（債権の相当部

注259)　かかる弁済方式のバリエーションとして、残資産換価代金を原資とした弁済を複数回に分けて実施する（例えば、①一定期間ごとに手持ち現預金の一部を原資とする弁済を実施する、②手持ち現預金の額から将来発生する費用の見込額が一定額を超えた場合には、当該超過部分を原資とする弁済を実施する等）こととすることも考えられる。相応に価値のある残存資産の中に、換価回収が容易なものと困難なものが混在しているような場合には、このような複数回の弁済実施を定めた弁済計画のほうが対象債権者の理解を得やすいものと考えられる。

注260)　例えば、私的整理ガイドライン7(6)は「再建計画案における権利関係の調整は、債権者間で平等であることを旨とし、債権者間の負担割合については、衡平性の観点から、個別に検討する」と定めている。

第2章 債務者の再生手法

分が保全されているにもかかわらず相対的に多額の弁済を受けることになる上位
債権者に対する不平等感が強い）という状況が発生し得る。このような場合に
は、下位債権者の弁済計画への賛同を得るために、上位債権者と協議の上、
リスケジュール型の弁済計画であるにもかかわらず、後述する非保全プロラ
タにて弁済原資を配分することもあり得る[注261]。

　他方で、債務のカットを伴う弁済計画（DESまたはDDSを行う場合を含む）
の場合、保全債権部分は（一括弁済か分割弁済かは別として）全額が弁済の対
象となる一方、非保全債権部分の一部が債務免除または株式化・劣後債権化
という形で権利変更されることとなる。このとき、各対象債権者に対する配
分額を残高プロラタで計算すると、保有債権額のうち保全部分が占める割合
が多い債権者は、権利変更を受ける部分の債権額が小さいにもかかわらず、
（相対的に）多額の弁済を受けることになるため、保全部分が占める割合が
少ない債権者との関係で不均衡が生じることになる。そのため、債権者間の
実質的な衡平を確保する観点から、当該権利変更を受ける部分の債権額、す
なわち、各対象債権者が有する非保全債権の残高に応じたプロラタ弁済（非
保全プロラタ）を行うのが一般的である[注262]。

(ii)　例外的な配分方法

(a)　少額債権に対する有利な取扱い

　以上が、各対象債権者に対する配分の原則的な考え方であるが、合理的な
理由に基づき、各対象債権者間の形式的な平等を害するようにみえてもなお
許容されるような例外的な配分方法も存在する。

　このような例外的な配分方法の例として、少額債権に対し有利な取扱いを
することが実務上しばしば見受けられる[注263]。これは、債務者企業に対し

注261）　全国倒産処理弁護士ネットワーク編・前掲注172）65頁［軸丸欣哉］。
注262）　ただし、担保目的物が売却不可能な資産（工場等）である場合には、保全部分を
　　　　事業収益からの弁済対象にしないことにより結果的に他の債権と比較して弁済が
　　　　遅れるという問題があるため、各対象債権者が有する全債権の残高に応じたプロ
　　　　ラタ弁済（残高プロラタ）等が検討されることもある。事業再生実務家協会編・
　　　　前掲注109）309頁参照。
注263）　法的整理手続においても、一定の要件の下で少額債権の有利な取扱いが認められ
　　　　る（民再85条5項、会更47条5項参照）。

第4節　事業再生を目的とする既存権利関係の調整

有する債権額が少額である債権者（少額債権者）につき、弁済計画において相対的に有利な取扱い（債権の一部または全部につき債権放棄等の対象外とする等）をするものである（なお、そもそも私的整理の対象債権者から除外することもある。この点については**第4節3**(1)(i)(a)(イ)参照）。債権者間の形式的な平等の観点からすれば、金融債権者は一律私的整理の対象債権者とした上で、全対象債権者に対し一律の内容の金融支援を求めるのが原則となるが、対象債権者が多い事案においては、かかる形式的平等を貫徹することで債権者間の調整に困難を来し、結果として私的整理の成立可能性を害することになりかねない。他方で、少額債権者につきある程度有利な取扱いをしても、その有する債権額が少額であるがゆえに、他の対象債権者に対し与える影響は軽微にとどまる。そこで、少額債権者を有利に取り扱ってでも私的整理の成立可能性を高めるほうが、他の債権者にとっても債務者企業にとっても合理性が見出せるような場合には、少額債権者の優遇的な取扱いが債権者間の実質的衡平を害しない限りにおいて許容される余地が生じることとなるのである[注264]。なお、何をもって「少額」とするかは極めて難しい問題であり、絶対的・一般的な「少額」の基準というものはなく[注265]、全対象債権者が承諾できるような基準額を個々の事案の特性（対象債権者の頭数、債務者企業の金融負債総額や各対象債権者が有する債権の金額の相対的多寡、手続外で弁済される商取引債権者との均衡等）に照らし個別具体的に検討するよりほかはない。

(b)　個別の同意に基づく不利な取扱い

また、対象債権者が不利益な取扱いに同意するような場合には、形式的な

注264）　少額債権者として扱われる対象債権者とそうでない対象債権者との間に弁済額の逆転現象が生じるような場合は、債権者間の実質的な衡平が害されているものとして許容され得ない。このような逆転現象を防ぐため、全対象債権者につき、一定額（少額債権の基準額等）以下の非保全債権部分は100％弁済することとすることも実務上ままみられる。

注265）　実務上も、少額債権か否かの基準の設定は事案によって大きく異なり、メイン行（およびそれに準ずる金融機関）以外はすべて少額債権者とするような事案から、他の対象債権者と比較して著しく保有債権額が小さい債権者のみ少額債権者とする事案まで千差万別である。

第2章　債務者の再生手法

平等を害するような弁済計画であっても特段問題はない。不利益を受ける者が同意するのであれば、私的自治の観点から、かかる取扱いを不合理であるとする理由がないからである。この点に関連して、いわゆるメインバンク制の慣例の下、メインバンクとされた金融機関が他の金融機関よりも不利益な取扱いを受ける（メインバンクも、このような取扱いを甘受する）、いわゆる「メイン寄せ」という取扱いが私的整理において広く行われていたことがある[注266]。この点に関し、実質的な衡平確保のため、メインバンクを不利益に取り扱うことにつき積極的な理由があるような場合[注267]は別論、単にメインバンクというだけで他の金融機関よりも不利益な取扱いを定める弁済計画は、今日においては比較的少なくなっている。

(c)　その他

以上のほか、グループ会社において採用されることのある特殊な配分方法として、パーレート方式に基づく配分（および、これに付随するグループ間債権の処理）がある。その詳細については、**第8節**を参照されたい。

5　保証債務の処理の視点

(1)　保証債務の主体、処理の必要性

私的整理手続に基づき対象債権の主債務者に係る債務（主債務）を処理するに当たり、主たる債務に係る保証債務の処理方針についても併せて検討する必要がある。保証人の保証履行の見込み、保証履行がされた場合に生じる求償権の処理方針が主債務者に係る金融支援の内容、数値計画、タックスプ

注266)　かかる取扱いは、特にメインバンクが手続を主宰する私的整理ガイドライン手続においてしばしば見受けられたところ、手続主宰者としてのメインバンクとしては手続成立のため他行のメイン寄せ要求に応じざるを得なくなるため、この点が私的整理ガイドラインにおけるメイン寄せの大きな弊害として認識されるようになったとの指摘がなされている。事業再生実務家協会編・前掲注109) 310頁。

注267)　例えば、メインバンクが債務者企業に役員を派遣して経営指導を行っており、債務者企業が窮境に陥ったことにつき責任の一端を負っているといえるような場合や、債務者企業の窮境原因となった取引（デリバティブ取引等）に関与していたような場合が考えられる。

ラン等に影響し得ることはもとより、とりわけ主債務者の経営者が保証人を兼ねている場合、保証責任の内容・方針も対象債権者の主債務者に対する金融支援の判断に当たり重要な要素となるためである。

保証債務を負う主体としては個人と法人があり得るが、大きな類型としては、①債務保証を業とする組織（信用保証協会など）、②債務者のグループ会社、③債務者の経営者等、④その他の第三者に分けることができよう。

また、金融支援がリスケジュール型（DDSを含む）である場合には、基本的には、保証債務については付従性により主債務のリスケジュールに係る権利変更に伴い変更されるものとして、保証債務について特段取扱いを定めない（保証債務履行請求権を対象債権としない）ことが通常と考えられる[注268]。以下では、保証債務を負う者がその履行を求められる状況における当該保証債務の処理について言及する。

(2) 保証債務の処理方針

(i) 債務保証を業とする組織が負担する保証債務

債務保証を業とする組織が負う保証債務については、債務者との間で保証委託に係る契約が存在し、当該契約に基づき保証履行がなされ、これに伴い生じる求償権については私的整理手続における対象債権として取り扱うことが一般的である ［→3(1)(i)(c)］。もっとも、想定する金融支援がリスケジュール型で代位弁済が予定されない等の事情がある場合には、事前求償権者にとどまるものとして対象債権者として取り扱わないことも考えられよう。

(ii) グループ会社が負う保証債務

債務者のグループ会社が保証債務を負っている場合には、保証人が親会社、子会社、その他のグループ会社であれ、一定の事業上の関係があり、主債務者について抜本的な事業再建が求められる状況においては、保証人もまた窮境にあり、保証人自身も金融支援を要請する主体となるケースが多い。また、グループ会社間で、双方の主債務について相互に保証をしていることも多々

注268）　ただし、事業再生計画の内容いかんによっては、保証人の全部または一部について、保証解除を内容とする合意成立を目指すこともあり得る。

第 2 章　債務者の再生手法

みられるところである。

　この点、債務者（A社）と保証債務を負うグループ会社（B社）がともに金融支援を依頼する場合、B社の対象債権としては、同社を主債務者とする対象債権と、同社を保証人とする対象債権とがともに存在することになる。金融支援依頼に当たり両者の対象債権をどのように取り扱うべきか否かについては、保証の経緯やA社とB社の関係、事業計画上における両者の事業の取扱いなどの諸事情[注269] を考慮して判断することになろうが、例えば、A社とB社の事業上の一体性が強く、グループで営まれていることが各社の事業価値を向上させているようなケースであれば、A社の対象債権者とB社の対象債権者とを一体的かつ同等に取り扱うこと（いわゆるパーレート処理）に合理性が認められ得る一方、各社の事業が相応の独立性を有し、B社についてはグループから分離して第三者への売却を図るようなケースであれば、A社の対象債権者とB社の対象債権者とは別に取り扱うべきと考えられることもあろう。

(iii)　経営者等が負う保証債務

　経営者等が負う保証債務については、通常、保証人の資力をもってすべての保証債務を履行することは困難であることから、保証債務の整理に当たっては、保証債務の一部または全部の免除を依頼するかまたは破産手続による処理を図るということになる。

(a)　保証債務の免除を依頼する場合

　この場合、保証人としては、保証履行請求権を有する対象債権者に対して、保証債務の一部の履行として資産またはその処分対価を提供し、残る保証債務の免除を依頼することとなる。保証債務の免除を依頼する以上、自己の保証債務の履行に伴い生じる求償権については放棄することが前提となる[注270]。

　保証履行請求権を有する対象債権者としては、上記保証債務の一部の履行による弁済額が保証人が破産した場合における当該保証人に対する破産債権

注269)　破産手続における規律や法的再建手続（会社更生、民事再生）におけるいわゆる重複債権の取扱いの例は私的整理手続における取扱いにおいても参考になろう。

242

第4節　事業再生を目的とする既存権利関係の調整

に係る配当額より低くなる可能性があるが、保証人が破産した場合と同水準の保証債務の履行を常に求めるとすると、とりわけ経営者の立場にある保証人が保証履行の回避を求め、結果的に、早期の事業再建の時機を逸し、主債務者および保証人からの弁済額の合計額が少なくなる可能性がある。対象債権者にとっての経済合理性の観点からも、保証人による保証履行を対象債権者が納得可能な合理的な範囲にとどめつつ、主たる債務者の事業の早期再建または承継を促すことは合理的といえよう。

　この点、2014年2月1日から適用が開始[注271]された経営者保証ガイドライン（以下、「経営者保証GL」という）は、このような早期の事業再生等の着手の決断が主債務者の事業再生の実効性の向上等に資するものとして対象債権者にとっても一定の経済合理性が認められる場合に、保証人が破産手続に至った場合の自由財産よりも多くの資産を残したまま保証債務を解除することを認めている。この経営者保証GLは、主債務者、保証人および対象債権者により自発的に尊重され遵守されることが期待される準則として策定され、すでに実務運用として浸透普及しているものといえよう[注272]。

　そのため、主債務者の私的整理手続を開始するに当たっては、保証人の保証債務についても一体的な整理を図り、経営者保証GLに基づき保証解除を依頼することを一義的に検討すべきことになる[注273][注274]。

注270)　なお、保証人が保証債務を履行する場合、その履行のための個人資産の譲渡は、その履行に伴う求償権の全部または一部を行使することができないこととなったときは、当該金額は譲渡所得の対象とならない（所税64条）。

注271)　適用開始日（2014年2月1日）以前に締結した保証契約についても、経営者保証GLで掲げられている要件を充足する場合には、保証債務の整理を図る際、適用を受けることができる（経営者保証GLQ&A・B-Q8-2）。

注272)　金融庁の公表する、民間金融機関（主要行等9行、その他銀行24行、地域銀行106行、信用金庫267金庫、信用組合154組合の合計560機関）における経営者保証GLの活用実績によれば、メイン行として経営者GLに基づく保証債務整理を成立させた件数は、2014年2月から2015年3月までは60件、2015年4月から2016年3月までは207件、2016年4月から2017年3月までは235件、2017年4月から2018年3月までは295件、2018年4月から2019年3月までは252件で推移している（https://www.fsa.go.jp/policy/hoshou_jirei/index.html）。

243

第2章 債務者の再生手法

　　(b)　例外的に保証人が保証債務のすべてを履行することができる場合

　この場合、保証人による保証債務の履行に伴い債務者に対して生じる求償権の取扱いが問題となる。保証責任がすべて履行されている以上、当該求償権の劣後的な取扱いを求めるのであれば、経営責任の有無等、保証責任以外の事由にその根拠を求めることになろう。

　保証人が経営者を兼ねており、債務者の窮境原因の作出等、債務者が対象債権者に対して金融支援を依頼する事態に至ったことに対して一定の帰責性が認められる場合には、当該求償権を放棄することが、対象債権者に対する金融支援の合理性を基礎付ける一事情となろう。

　もっとも、保証人の帰責性の有無、濃淡はさまざまであり、当該保証人についてそのような帰責性が認められないまたは乏しい場合には、対象債権の取扱いと同等の（または一定の劣後的な）取扱いをすることも含め、事情に適した取扱いについて協議することが相当と考えられる。

(iv)　経営者等以外の個人が負う保証債務

　経営者等以外のいわゆる第三者保証人およびその親族が負う保証債務については、経営者保証GLが定める「ガイドラインの適用対象となり得る保証契約」には該当しない（同GL3およびQ&A・A-Q4）。

　この点、経営者保証GLは「早期の事業再生等の着手の決断に寄与していない経営者以外の保証人については、一義的には、対象債権者から破産手続における自由財産以外の資産については保証債務の履行を求められることが想定される」が「個別事情を考慮した経営者と保証人との間で残存資産の配分調整を行うことは可能で」あり、「たとえば、第三者保証人により多くの

注273）　経営者保証GLの適用を求めないケースにおいては、主債務者の債務については私的整理手続により、保証債務については保証人の破産手続により処理を図ることもあり得る。この場合は、保証人の求償権の処理が適切になされる必要があろう。

注274）　なお、事業再生ADRにおいては同手続終了後に保証債務の整理手続のみを申し込むことはできず（事業再生実務家協会編・前掲注109）366頁）、地域経済活性化支援機構の手続においても保証債務の解除のみを求めた支援申入れはできない（機構法32条の2第1項等参照）。

残存資産を残すことも考えられ」る旨記載している。

第三者保証人の保証債務の処理についても、一般的に債務者の主債務および経営者等の保証債務と一体的に処理する必要性が高いことに照らすと、保証債務を負担するに至った事情[注275]や当該保証債務の保証債権者の意見等を踏まえ、自由財産を超える相応の残存資産を認めることに一定の合理性が認められるケースは多々あり得る。経営者保証GLとの関係では、経営者等の残存資産を検討するに当たり「保証人との間で残存資産の配分調整」を加味して行うことや（対象債権者の意見を踏まえ）第三者保証人の個別具体的な私財の評価を柔軟に行うことも考えられよう。実務上も、第三者保証人の保証債務の解除については、従前の経緯等を踏まえた柔軟な取扱いがみられる。

(3) 保証債務に係る弁済計画

主債務者に係る対象債権者と各保証人に係る対象債権者（保証履行請求権を有する債権者）の数や主債務者に係る対象債権と保証履行請求権の金額（極度額）が異なり得ることもあり、保証人に係る弁済計画は、主債務者に係る弁済計画と別途作成されることが多い。

保証人に係る弁済計画においては、通常、保証人の私財状況、各私財の処理方針、残存資産の内容とその合理性、残存資産を除く資産の処分代金（処分に係る費用を除いた残額）を弁済原資として保証債権額に応じた按分弁済を行うこと、残る保証債務について免除・保証解除をすること、経営者保証GLによる場合はGL要件の充足性等が記載される。

按分弁済の基準となる保証債権額については、主債務者の弁済計画[注276]との一体性を重視し、同計画における対象債権の非保全債権額（保証債権額

注275）　今日では、金融機関において経営者以外の第三者保証を求めないことを原則とする融資慣行の確立が求められていること（経営者保証GLQ&A・B-Q3-2。なお、改正民465条の9も参照）も、第三者保証人に対する保証履行の請求に当たって考慮すべき要素と考えられる。

注276）　主債務者の弁済計画において、対象債権のうち、保証人・物上保証人が提供する担保等で保全される部分については保全債権として取り扱うことが通常と考えられる（全国倒産処理弁護士ネットワーク編・前掲注172）87頁［野村剛司］）。

245

第 2 章　債務者の再生手法

が当該非保全債権額を下回る場合は当該保証債権額）をもって按分弁済を行う
方法によることが一般的である[注277]。

注277)　理論的には、保証人について破産手続が開始された場合と平仄を合わせ、開始時
　　　　現存額主義を採用し、弁済計画において設定した基準日における保証債権額を
　　　　もって按分弁済することも考えられるが、対象債権者が主債務者に対し複数の債
　　　　権を有する場合、開始時現存額主義は個別の債権ごとに適用されることから（最
　　　　判平成22・3・16民集64巻2号523頁）、担保物の処分等に伴う対象債権の充当関
　　　　係や按分割合への影響をつど確認する必要が生じ、保証債権者間の調整が複雑に
　　　　なり得る。

246

第5節　リストラクチャリングの局面における既存株式の処理

1　総論

　リストラクチャリングの局面において一義的に必要となるのは、**第2節**で述べてきた通り、資金対策や（新たな）資本対策であり、債務者企業は各社ごとの事情に応じて、増資・借入れや資産売却を行ったり、または、デットリストラクチャリングを求めていくことになる。

　他方で、既存の株式については、発行会社としては、負債と異なりそれ自体がキャッシュ・フローの流出を招くものではないし、また、資産と異なり発行会社自身で売却して資金化することもできない。そういう観点からすると、リストラクチャリングの局面において、既存の株式は、直接的な処理対象ではなく、資産や負債と比して重要性や果たす役割等は一段低いものになるが、さはさりながら、実際のリストラクチャリングの場面では、本来とりたい再生手法が既存の株式（または株主）との関係で困難になったり、または、そのために既存の株式自体を処理する必要が生じる。

　また、少し異なる視点となるが、金融調整において金融債権者に債権カットやリスケを求める場合、その条件として既存株主も一定の責任をとるべきといういわゆる株主責任の議論があるため、デットリストラクチャリングの場面では、常に既存の株式の処理が問題になる。

　そこで、以下では各再生手法での既存の株式の処理についてフォーカスを当てるものとする。

247

第2章　債務者の再生手法

2　保有資産・事業の売却と既存株式の処理

(1)　保有資産・事業の売却と既存株式との関係

　保有資産や事業の売却の手法等の詳細については、**第2節**および**第3節**で述べた通りであるが、このうち重要な事業譲渡や会社分割は、通常は株主総会の特別決議事項となっている。

　事業再生の局面では、スポンサーとして事業自体は引き受ける意向はあるものの、既存のエンティティに出資するのは、簿外債務の懸念やコンプライアンス上の問題等から困難という事例は多く存在し、そのような事例においては、株主総会の特別決議を取得できるか否かが事業を再生できるかの命運を分けることになる。

　この点、まず、上場会社では特定の会社またはグループが、3分の2以上の議決権を保有していることは上場廃止基準の関係等もあり稀であり、かつ、株主も広く散らばっているため、特別決議に必要な賛成票を集めることにハードルがあることが多い。

　また、いわゆる第2会社方式のように、事業譲渡または会社分割後に残った会社が解散するようなケースでは、既存株主にとって、特別決議に賛成するインセンティブがないため、非上場会社と異なり、純粋投資目的で株式を保有しているにすぎない上場会社の株主から賛成票を集めることは事実上困難な場合が多いと思われる。

　さらに、会社分割の場合には、原則として反対株主に株式買取請求権が認められているため、予期せぬキャッシュ・アウトが生じる可能性があることや、そもそも、金融負債の大幅な放棄を求めているような場合には、（債権者よりも劣後するはずの）一部の既存株主にのみ、エグジットのための対価を支払うことの是非も問題になる。

　他方で、非上場会社の場合には、経営陣やその一族が大半の株式を保有し、残りを取引先や従業員が保有しているといったケースが多いため、事業継続に必要（逆に事業譲渡または会社分割をしなければ倒産せざるを得ない）という説明をすることで、3分の2以上の賛成票を集めること自体は可能なケース

は多いであろう。もっとも、株主の中には、すでに退職して元従業員や元取引先などの会社の事業継続に利害を有しない者がいるような場合もあり、そのような場合には、かかる株主からは賛成票の取得が困難となったり、上場会社のケースと同様に、株式買取請求権に関する問題も生じることになる。

(2)　法的整理手続の特則

　法的整理手続において、事業譲渡または会社分割を行う場合、一定の要件を満たせば、事業譲渡または会社分割について株主総会決議は不要であり、会社分割に関する株式買取請求権も排除されている（詳細については**第3節3**(7)参照）。

　そのため、事業の再生手法として事業譲渡または会社分割が必要になる一方で、特別決議に必要な賛成票を集めることが困難な場合や、会社分割に伴う株式買取請求権の行使が問題となる場合には、上記の特則を利用するために法的整理手続の申立てを検討することになる。

3　株式発行と既存株式の処理

(1)　株式発行と既存株式との関係

(i)　株式発行に係る株主総会の特別決議

　上場会社など、株式の全部または一部について譲渡制限が付されていない会社において、第三者割当ての方法により株式を発行する場合、払込金額が株式を引き受ける者に特に有利な金額でなければ、取締役会の決議のみで行うことができる。

　しかしながら、**第2節2**(3)で述べたように、リストラクチャリング局面においてリスクマネーを投入するスポンサーとしては、市場価格よりも相当低い価格での引受けを希望することも多く、この場合は、株主総会の特別決議が必要となる。また、当該局面においては、市場価格が低いことから、必要資金調達のために、発行可能株式総数を超える多数の株式の発行が必要となる場合があり、この場合は、発行可能株式総数を増やすために定款変更および定款変更のための株主総会の特別決議が必要となる。

249

第2章　債務者の再生手法

　また、スポンサーとしては、投資資金の回収可能性等の観点から、普通株式ではなく優先配当や償還条項等が付された種類株式の引受けを希望することも多く、この場合も定款変更のために株主総会の特別決議が必要となる。

　したがって、原則として株式の発行に株主総会の特別決議が不要な上場会社についても、リストラクチャリングの局面では、事業の売却と同様に、株主総会の特別決議が必要となる場面が多く、既存株主から必要な賛成を得られるか否かが重要なマターとなる。

(ii)　100％取得のための手続

　リストラクチャリングの局面で新株式を引き受けるスポンサーは、株式の引受資金に加えて、人的資源や運転資金等を投入して、対象会社の企業価値・株式価値を向上させ、最終的に第三者にその保有する株式を売却する等の方法により投資資金の回収を図る場合も多い。この場合、既存株主は何もしなくても、スポンサーのリスク負担の下、株式価値の向上の利益を受ける（フリーライド）ことになるため、スポンサーとしては、自己が回収する利益を最大化する観点からは、特に上場維持が企業価値維持のために必要という事情がないのであれば、（自らが投入した資源・資金により企業価値・株式価値が向上する前の）株式価値が低い段階で、既存株主の保有する既存株式もすべて取得または消却させたいという意向が働くことになる。

　この点、まず、既存株式をすべて取得または消却する方法として、既存株主の全員から同意を得て、スポンサーまたは対象会社が、既存株式を取得する方法がある。かかる方法は、非上場会社で株主数が少なく、かつ、株主が経営陣やその一族等で占められている場合には可能となるが、上場会社や非上場会社でも株主が散らばっていたり、所在不明の株主がいるような場合には現実的に困難である。

　そこでこのような場合には、株式売渡請求や全部取得条項付種類株式等を利用して強制的に株式を取得することを検討することになる。

　なお、対象会社が新株予約権を発行している場合、スポンサーが株式を100％取得したとしても、新株予約権者がその後、新株予約権を行使した場合、100％の資本関係が崩れることになるため、新株予約権についても取得または消却する必要がある（なお、この問題は、100％取得の場面だけでなく過

250

半数等の一定の比率の株式取得を行う場合にも生じる）。

　この点、まず、新株予約権に強制取得条項が付されている場合には、当該条項に従い対象会社が新株予約権を強制的に取得することが可能となる。しかしながら、強制取得条項が付されていない場合には、原則として、新株予約権者の同意を得ないと取得できないため（なお、リストラクチャリングの局面では通常、株式の時価が行使価額を大きく下回っていることが多いため、新株予約権の放棄を依頼することも多い）、同意を得ることが困難な場合には、株式と同様に会社法の手続に従って強制的に取得する方法を検討することになる。ただし、株式売渡請求については新株予約権も売渡請求の対象とすることができるが、全部取得条項付種類株式では、新株予約権を強制的に取得できない点に留意が必要である。

(2)　法的整理手続の特則

(i)　株式発行に係る株主総会の特別決議の排除

　更生手続では、新株発行は、更生計画の定めのみにより行われ（会更45条1項1号・175条）、この場合、株主総会決議は不要である（同法210条）。

　再生手続では、株主は原則として手続に組み込まれていないため、再生手続外で会社法の手続に従って株式を発行することになるが、譲渡制限会社において債務超過の状態の場合は、裁判所の許可を得て、再生計画に新株発行に関する条項を定めることができ[注278]（民再154条4項・166条の2）、この場合は、株主総会決議は不要となる（同法183条の2）。もっとも、譲渡制限会社でない公開会社についてはかかる規定がないため、有利発行を行う場合には、会社法に従い株主総会の特別決議が必要となるが、公開会社でも債務超過に陥っている場合は、既存株式の財産的価値はなく有利発行には該当しないという整理の下、取締役会の決議のみで新株発行を行い、実際上の問題は生じない場合が多いものと思われる（特定引受人の問題については**第3節3(2)**参照）。

注278)　なお、新株発行に関する条項を定めた再生計画案は再生債務者のみが提出することができるため、管理型民事再生の場合など、従来の経営陣の協力を得られない場合には、増減資スキームが困難となる。

第2章　債務者の再生手法

(ii)　100％取得のための手続

更生手続でも、株式の取得自体は、更生計画の定めによらずとも可能であるが（会更45条1項参照）、更生計画の定めによって強制的に株式を取得することが可能である（同法174条の2・210条）。

再生手続でも再生債務者が債務超過の状態の場合は、裁判所の許可を得て、再生計画に株式取得に関する条項を定めることができ（民再166条）、この場合、強制的に株式を取得することができる。

なお、新株予約権については、民事再生法、会社更生法ともに明示的には強制取得に関する規定がない。そこで、法的整理手続の場合でも新株予約権者が新株予約権の譲渡・放棄等について同意しない場合に、どのように消滅させるかが問題となる。この点、新株予約権は行使価格の払込みを条件として会社に対して株式の交付を求めることができるという内容の非金銭債権と解した上で、評価額ゼロ円の再生債権として、再生計画に基づき無償で消滅させることが可能という見解がある[注279]。他方で、新株予約権割当契約が双方未履行契約に該当すると解した上で、会社が双方未履行解除の規定（民再49条1項）により同契約を解除して消滅させることができるという見解がある[注280]。いずれの見解が妥当かという点はここでは立ち入らないものとするが、いずれにしろ実務上は、このような解釈に基づき、法的整理手続の場合、新株予約権を強制的に消滅させている。

(3)　その他の法的整理手続における株主関係の実務的論点

上記の通り、法的整理手続の場合は、平時と異なり、株式について無償で強制的に取得することが可能となるが、これは、法的整理手続に入った会社の株式価値はゼロであり、債権者が満足に配当を受けられない中で債権者に劣後する株主が金銭的利益を受けるのは認められないという発想が根底にある。

この発想との関係で実務上悩ましい問題が生じる場合があり、その1つと

注279）　田中亘「スカイマーク民事再生における会社法・金商法上の問題について」事業再生と債権管理156号（2017）87頁。

注280）　藤原監修・前掲注185）759頁。

第5節　リストラクチャリングの局面における既存株式の処理

して、単元未満株主が再生手続の開始決定後、再生計画に基づく増減資前に単元未満株式の買取請求を行う場合が考えられる（会社192条）。単元未満株式の買取請求が開始決定後に行われる以上、買取請求権は共益債権と解するのが自然と思われるが、会社による買取価格は当該単元未満株式が市場価格のある株式である場合には請求日の最終の市場価格に相当する額とされている（同法193条1項1号）。上場会社において再生手続開始を申し立ててもすぐには上場廃止にならず、通常は、整理ポストに入った後1か月後に上場廃止となる。再生手続開始の申立てにより株価自体は大幅に下がるが、面白いことに1円とはならず、申立後も売り買いが成立し株価がつくのが通常である。そのため、単元未満株主は、会社が債務超過等の状態で、数か月後には無償でその株式を強制取得され得るにもかかわらず、市場価格をもって会社に株式の買取請求をすることができる（なお、株式買取請求に基づく自己株式取得については取得財源規制も適用されない）。少なくとも倒産実務家の発想としては、このような結論には違和感を覚えるが、理論的にかかる株式買取請求をどのように止めるかは検討の必要があろう。

　またそのほかにも、株主が会社との出資契約上の表明保証違反等に基づき損害賠償請求権を有する場合や、金融商品取引法違反に基づき損害賠償請求権を有する場合に、当該損害賠償請求権を一般の債権と同列に扱ってよいかという問題もある。これらの損害は、株式の価値が下落または無価値になったことによるものである以上、株式は債権に劣後するという原則からは、同列に扱うことには違和感があるが、他方で、法的整理手続の開始前にすでに債権として発生している以上、債権と同列に扱うことにも理由がある。特に株主が主張する損害賠償請求権の金額が多額な場合、事案によっては、当該株主が最大債権者となって計画成立のキャスティングボードを握るようなこともあり得、実務上は、かかる影響も踏まえ、裁判所・監督委員とも協議の上、事案に応じて妥当な落としどころを探っていくことになる。

253

4 デットリストラクチャリングと既存株式の処理 （いわゆる株主責任論）

(1) デットリストラクチャリング時に株主責任が求められる根拠

　債権者に債権カットやリスケを求める場合、その条件として既存株主も一定の責任をとるべきといういわゆる株主責任の議論がある。

　株主責任を求める根拠として、①清算時においては株式は債権に劣後すること（会社法上、株主は債権者が満足した後の残余財産を分配されるだけ）や②債務超過の場合に株主が有する財産的権利が実質的にゼロであること等が一般的に挙げられるが、下記の通り、株主責任をとる株主の範囲や内容は、案件ごとにさまざまであり、特定の根拠に基づいて論理必然的にその範囲・内容が導き出されるというものではない。

　むしろ、株主責任が求められるのは、債権・株式という商品設計の差異をベースにした利害関係人間の納得感・公平感の問題と考えるのが実態に即している。

　すなわち、債権は、株主資本が毀損しない限り、約定の元本と利息の支払は約束されるがそれ以上のリターンはないというローリスク・ローリターンの商品と考えられているのに対し、株式は、会社の企業価値が上がれば無制限に配当や譲渡により利益を受け取ることができるが、かかる配当の支払や出資額の返還は約束されておらず、出資時より企業価値が下がれば債権に劣後して当初の出資額も回収できないというハイリスク・ハイリターンの商品と考えられている。

　そのため、金融調整が必要な場面である、いわば企業価値が大幅に毀損されている状況において、本来株主よりローリスクであるべき債権者にのみ債権カット・リスケを求め、株主には何も求めないことは不公平であるとして、債権者の納得感を得られないことになる。

　もっとも、逆に、株主責任を求めないことで、企業価値が上がり債権の回収可能性が高くなるような場合には、株主責任を求めないことについて債権者の納得感が得られ、そのような場合にまで、株主責任を強制する必要はない

第 5 節　リストラクチャリングの局面における既存株式の処理

ともいえる。

　具体的には例えば株主に、取引先や従業員等が含まれる場合で、債務者の事業の再建のためにこれらの株主の協力が不可欠な場合、これらの株主の権利については全部消滅させず、希釈化により一部の権利の消滅にとどめることも債権者として許容し得る場合がある。また、債務者が上場会社の場合、上場を維持することで、社会的信用の面等から企業価値を維持でき、また、資金調達が容易になる等のメリットが考えられ、このような場合には、上場廃止基準に抵触しない範囲での希釈化が検討される（スポンサーから支援の条件として上場維持が求められるケースも同様である）。

　さらに、株主責任の根拠を、上記の通り、株式の債権に対する劣後性という点に求めるのであれば、株主責任の内容について株主ごとに差を設ける理由はないが、実際には、下記の通り私的整理手続では、手続的な制約等から、経営に影響力をもつ大株主とそれ以外の一般株主との間で株主責任の内容に差を設けるといったケースも多く見受けられる。

　また、債務者の窮境の要因が、震災などの自然災害による場合、「責任」という概念になじまず、また、債権者としても株主責任を厳格に求めることは心理的に抵抗感があろう[注281]。

　したがって、金融調整を求める場合に、一律に株主責任が必要というものではなく、株主責任を求めるかまた求めるとしてその範囲・内容をどうするかは、事案ごとに、窮境の要因・過去の経緯、株主の属性・帰責性、再建スキーム、スポンサーの意向、企業価値に与える影響、債権者の意向等の諸事情を総合考慮の上、決定するべき事項であるといえる。

　なお、債権のリスケジュールの場合、債権者に対して債務全額を返済する建付けとなるため、株主の権利を消滅させることまでは求められないケースがほとんどであると思われるが、資金調達のためにスポンサーに対して第三者割当増資を行うような場合には、結果的に希釈化により株主の権利が一部影響を受けることになる。

注281）　実際、東日本大震災事業者再生支援機構の支援手続においても、窮境の直接的な原因が震災による場合、株主責任を求めることはしていないとのことである。

第2章　債務者の再生手法

(2)　法的整理の場合の株主責任の内容（既存株式の処理）

(i)　更生手続の場合

　更生手続では、株主も利害関係人として手続に組み込まれ、株主の権利も更生計画による権利変更の対象となる（会更167条1項1号）。また、更生計画においては、異なる種類の権利を有する者の間に権利の順位を考慮して更生計画の内容に公正かつ衡平な差を設けなければならないものとされており（同法168条3項）、株主の権利の順位は、更生債権に劣後するものとされている（同条1項）。

　また、上記の通り、更生手続では、更生計画に定めることにより株主の個別同意なく強制的に既存株式を取得することが可能なため、更生会社が債務超過の場合で更生債権について債権放棄を求める更生計画では、更生会社が既存株主の全株式を無償取得して株主権を消滅させる（いわゆる100％減資）内容の条項が設けられることが通常である。

　なお、大多数の更生計画において発行済みの全株式の無償取得を行っている一方で、更生計画において更生会社の解散が予定されている場合には、全株式の無償取得を行わない実例もある[注282]。これらの実例では、利益配当請求権や残余財産分配請求権等の自益権は更生計画において消滅させられているため（議決権等の共益権を消滅させるものもある）[注283]、株主権の消滅という点からは、全株式を無償取得したのと実質的に同様であり実質的な衡平が維持されていると考えられている。

　もっとも、会社更生法168条3項の規定の解釈については、相対的優先説が有力であり、同説では、更生会社が債務超過の場合も、①株主の権利を喪失させなくても実質的な衡平が維持されていると認められる場合または②株主の権利を喪失させない内容の更生計画のほうが一般更生債権者にとって有利な内容の弁済が確保される場合には既存の株式を全株につき無償取得としない内容の更生計画案を提出することも認められると解されている[注284]。

注282)　松下＝事業再生研究機構編・前掲注132）420頁。
注283)　松下＝事業再生研究機構編・前掲注132）420頁。
注284)　松下＝事業再生研究機構編・前掲注132）419頁。

第5節　リストラクチャリングの局面における既存株式の処理

したがって、更生手続でも、例えば上場会社において上場を維持することで事業価値毀損を防止し債権者への弁済率の向上に資する等、債権者との関係で実質的な衡平が維持される場合には100％減資をしないことも許容されていると解されており^{注285)}、この点において再生手続や私的整理手続と実質的な差異はないともいえる。

(ii)　再生手続の場合

再生手続では、株主は原則として手続に組み込まれないが、上記の通り、再生会社が債務超過に陥っている場合には、裁判所の許可を得て、再生計画に100％減資に関する条項を定めることができるため（民再154条3項・166条1項）、債務超過で債権者に債権放棄を求める場合には、株主責任を明確化するため通常かかる条項が規定される。

もっとも、更生手続と同様、債権放棄＝100％減資ではなく、実際に、上場維持のため、債権者には債権放棄を求める一方で、100％減資をしなかった実例がある（株式会社プロパストの事例。なお、この件では、再生債権者に対しDESによる優先株を発行し既存株主の権利を希薄化させる形での株主責任が図られている）。

また、第2会社方式をとる場合など、再生計画において再生会社の解散が予定されている場合、更生手続と同様の理由から全株式の無償取得を行わない実例もある（なお、株主責任という観点からは上記の通り、必ずしも計画で全株式を無償取得する必要はないが、解散・清算の手続を円滑に進めるため、再生計画で全株式の無償取得を検討することがあり、その場合の留意点等については**第3節3**(2)(iv)参照）。

(3)　私的整理の場合の株主責任の内容（既存株式の処理）

準則化された私的整理手続では、債権放棄型の再生計画を策定する場合、株主の権利を消滅させることがルールとして明文化されているが、ここでも、株主の全部の権利を消滅させることまでは必要ではなく一部の消滅にとどめ

注285)　東京地裁会社更生実務研究会編『最新実務会社更生』（金融財政事情研究会、2011）243頁。

第2章　債務者の再生手法

ることも可能であるとされているし、例外的に、株主の権利を消滅させない
ことも許容されている注286)。

　特に、私的整理手続の場合、上記の通り100％減資の手続は会社法上の手
続に従って株主総会の特別決議が必要になるという手続的制約があり、広く
株主が存在するような場合に、自己の権利を無償で消滅させられる内容の議
案について株主から必要な同意を取得することは必ずしも容易ではない。ま
た、私的整理手続は原則として金融債権者のみを対象にした非公開の手続で
行われ、これにより風評被害等による事業価値の毀損を回避するという側面
もあるが、100％減資を行おうとする場合、会社の窮境について、株主に説
明せざるを得ず、それにより、株主から会社の窮境が取引先等に広まり事業
再生が困難になるおそれもある。

　また、上記の通り、株主責任自体は、事業の再生に直接必要なものではな
く、債権者の納得感の問題のため、株主責任の原則論に固執することの意味
はあまりないともいえる。

　そのため、一般の株主が多く存在するようなケースでは、自主再建型の場
合、一定の支配株主や経営陣の保有する株式のみ備忘価格での譲渡・取得等
の対象とし、その他の一般株主の株主権の消滅までは求めないというケース
もあるし、かかる支配株主や経営陣株主が引き続き経営に関与する場合には、

注286)　例えば、事業再生ADRにおいては、債権放棄を伴う事業再生計画案の場合、株
　　　　主の権利の全部または一部が消滅すること（ただし、事業再生に著しい支障を来
　　　　すおそれがある場合を除く）が求められており（ADR規則27条3項(3)）、地域経
　　　　済活性化支援機構の手続においても「債務免除等を受けるときは、支配株主の支
　　　　配権を消滅させるとともに、増減資により既存株主の割合的地位を消滅させるか
　　　　大幅に低下させる」ことが求められている（実務運用標準5.⑩）。また、中小企
　　　　業再生支援協議会の再生計画案策定支援においては、対象債権者に対して金融支
　　　　援を要請する場合には「経営者責任の明確化を図る内容と」し、具体的には「減
　　　　資や株式の無償譲渡により支配株主の権利を消滅させることはもとより、減増資
　　　　により既存株主の割合的地位を減少又は消滅させる方法」が求められている。
　　　　もっとも、「一般株主については、支配株主のような経営への関与が認められな
　　　　いのが通例であるため、そのような場合には、支配株主とは別に取り扱うことも
　　　　あり得る」とされている（中小企業再生支援協議会事業実施基本要領6.(5)⑥お
　　　　よび同Q&A29）。

第 5 節　リストラクチャリングの局面における既存株式の処理

安定的な経営という観点からは引き続きこれらの株主が株式を保有するほう
が望ましいため、株主権を消滅させる代わりに、これらの株主が追加で再生
に必要な資金・資本を手当てすることも、株主責任の内容として許容され得
よう。

　また、スポンサー出資型の場合も、スポンサーが100％の株式取得にこだ
わらないのであれば、同様の理由から既存株主の株主権についてすべて消滅
させるのではなく当該出資に伴う希釈化にとどめるケースもある[注287]。

　第 2 会社方式の場合、事業譲渡または会社分割後の会社は原則としてその
後解散し清算され、残余財産もすべて債権者の弁済に回される。これにより、
株主権はすべて消滅され株主責任は果たされることになる。

注287)　なお、スポンサーによる出資等がされることを前提に、既存の株式を大幅に希釈
　　　　化する方法として株式併合の方法が紹介される場合があるが、株式併合は、各株
　　　　式について一律に行われるため、基本的に各株主の保有する割合的な地位に変化
　　　　はなく、権利も縮減しないため、株式併合の方法単独で株主責任を実現すること
　　　　はできない。

第2章　債務者の再生手法

第6節　スポンサー選定

　事業再生の局面では、**第2節**において記載したように、（場合により一定期間のみ）資金や資本を拠出する者、**第3節**で記載したような事業や資産を買い受ける等してその後の事業の再生を図る者というように、当該債務者（またはその事業）の再生を支援する者の存在が不可欠となる場合がある。

　このような再生を支援する者は、いわゆる「スポンサー」と呼ばれる。「スポンサー」とは、一般的な定義としては、何らかの理由で誰かを支援する者ということとなるが、再生局面においては、上述の通り、窮境状況にある債務者（またはその事業）を救済し、その再生を支援する者ということになる。

　では、なぜ事業の再生に、スポンサーが必要となるのか。

　典型的には、①事業を再生するために、必要な資金や資本の額が大きすぎて、債務者自身の自助努力では捻出することが困難であることから、スポンサーの存在が必要となる、②窮境原因の除去や再生の実現につき債務者自身では対応できない可能性がある場合（例えば、市場環境の変化や競争事業者の攻勢等外部的な環境変化に対して適切な変革ができない、収益性がない、または低い事業の処理等について適切な対応ができるマネジメント能力が欠如している等）において、スポンサーとなる者がマネジメントしていくことが必要となるといった事情が、単独でまたは複合的に生じていることが考えられる。

　また、再生局面においては、株式の発行、借入れの実行や事業等の譲渡といった再生手法の実行に関し、通常時においてこうした行為を行う場合に問題となる債務者の株主との関係で適切かどうかという問題を超えて、一定の利害調整が必要となる既存の債権者等の利害関係者との関係で適切かどうかという問題が生じ、この点は、本節で述べるスポンサー選定時の手続や留意点にも影響を与える事情であるとともに、既存の利害関係者等（または利害関係者等が債務者に提供する支援内容）との関係で従前の事業や会社の支配関

260

第6節　スポンサー選定

係を維持継続することが適切ではなく、スポンサーの存在が必要となると
いった事情も発生する場合がある。

　なお、スポンサーの形態は、その再生手法に応じて、さまざまである。
もっとも、このようなスポンサーを選定する際の留意点や手続については、
スポンサーの形態によって大きく異なるものではない。

　そのため、本節においては、最も典型的で、網羅的に論点や留意点を紹介
することができる、会社全体または再生すべき事業の全部を承継するような
スポンサーを念頭に置いて、選定手続、スケジュール、スポンサーの正当性
その他手続的な留意点、スポンサー契約について述べる。

1　スポンサー選定手続概観

(1)　選定手続の概要

(i)　スポンサー選定手続における対応の心構え

　窮境にある会社、特に、その窮境が社内外に公になる前の会社（換言すれ
ば、法的整理手続申立前の会社）は、窮境の事実、リストラクチャリングを検
討している事実または金融機関との間で再建案の交渉を行っている事実等が
社内においても限定的にしか共有されておらず、その事業再生に係る業務に
割ける人的リソースが限定的であることが多い。またこれら限定的な社員は、
業務改善施策の検討や日々の金融債権者からの問合せ・資料要求・説明要請
等に追われていることも多く、これら対応のほかに、スポンサー選定手続に
必要な業務を行わせることは過度な負担になる可能性も高い。これに加え、
スポンサー候補との交渉等を含むスポンサー選定手続の推進には専門的・技
術的な知識や経験も必要となる（とりわけ、再生系M&Aにおいては、平時の
M&Aとは異なる視点・留意点が存在することから、一般的なM&Aに慣れている
会社であっても、必ずしもうまく進められるとは限らない）。

　したがって、窮境にある会社におけるスポンサー選定手続については、基
本的には、経験のあるアドバイザー（弁護士、ファイナンシャル・アドバイ
ザー〔以下、「FA」という〕）が、これらの業務をリードしていく必要がある
ことが多い。もっとも、業務遂行権、財産管理処分権が管財人に専属する破

第 2 章　債務者の再生手法

産手続や更生手続でない限り、最終的な意思決定については会社自身が行うべきものであることから、これらアドバイザーは、スポンサー選定手続についての進捗をつど会社に報告し、重要な意思決定が必要な場面では会社が判断をするに足りる情報提供・説明・アドバイスを行うなど、会社との間のコミュニケーションも重要となる。

(ii)　入札手続の概要

(a)　再生案件における一般的な入札手続の流れ

　再生案件におけるスポンサー選定において、そもそも入札手続が必要か否か（入札をすべき案件か否か）は、スポンサー選定の基準論［→ **2**(1)］と相まって議論があるところであるが、入札手続が行われる場合の一般的（あるいは「理想的」）な流れの一例としては、以下のようなものが挙げられる注288）。

① 　FA等の専門家の選定

② 　ロングリスト（スポンサー候補となり得るものを広くピックアップしたリスト）の作成

③ 　ショートリスト（ロングリストを基礎としてさらなる条件の絞り込みを行ったスポンサー候補のリスト）の作成・タッピング開始（債務者の企業名を伏せつつ、大まかな企業概要〔業種・売上規模〕等の情報が記載された「ティーザー」と呼ばれる書面の配布）

④ 　興味を示した先からの秘密保持誓約書の取得・インフォメーションパッケージ（IM）や入札要項の配布

⑤ 　IM等を基礎とした第 1 次入札。この結果に基づき、第 2 次入札手続へ進む者の選定

⑥ 　第 2 次入札に向けての候補者による各種詳細なデューデリジェンスの実施（並行して契約書のやりとり）

⑦ 　第 2 次入札。最終スポンサーの選定通知

注288)　法的整理を前提とした記載ではあるが、鐘ヶ江洋祐「債権者への情報開示」山本和彦＝事業再生研究機構編『事業再生におけるスポンサー選定のあり方』（商事法務、2016）83頁以下において、大規模な倒産手続における入札手続の流れが解説されていることから、参考となる。

262

第6節　スポンサー選定

⑧　最終スポンサーとの間での契約締結

⑨　契約書に定められた内容に従って計画案の策定・債権者への提示へ

(b)　窮境にある会社が陥りがちな状況への対応

上記(a)はあくまで一般的（理想的）な進め方の一例であり、窮境に陥っている会社のスポンサー選定における入札手続の過程においては、上記の一般的な進め方が必ずしも容易ではない場合もままある（むしろそのような場合のほうが多いかもしれない）。弁護士やFAとしては、一般的（理想的）な進め方は念頭に置きつつも、債務者を取り巻く状況を細かく把握しながら、当該債務者にとって最適な入札手続を実現するためのカスタマイズの要否を検討していくことになる。以下では、スポンサー選定の入札手続の過程において、窮境にある会社が陥りがちな状況の例と、そのあり得る対応方法（あるいは考え方の視点）について簡単に触れてみたい。

(ア)　すでにメインバンク等が紹介したFAが就いている（就こうとしている）場合

弁護士が債務者からの相談を受けた時点で、メインバンク等の紹介により、債務者にFAがすでに就任していることがある。そのような状況一般に問題があるわけではもちろんないが、①当該FAが、当該案件を処理するのに十分な知識・経験・ネットワーク・人的体制等を備えていないと思われる場合、②当該FAと紹介者であるメインバンク等の間に特別の利害関係があり、他の債権者から、スポンサー選定の公正性に疑義を呈される可能性がある場合（情報管理の面を含む）などには、対応を考える必要がある。当該FAによる役務提供の進行度合い等にもよるが、スポンサー選定手続の公正性を担保し安定的な手続遂行を確保する観点からは、場合によっては、複数のFA候補者から改めて役務提供の提案書を取得し、FAの選定自体の公正性を図ることも考えなければならない。

また、債務者の主要行といえる金融機関が複数おり、それぞれがFAやコンサルティングファームを推薦してくることがある。このような場合についても、弁護士において、それぞれの候補者の提案書を中立的に検討の上、債務者事業の再生にとって最も適切であると合理的に考えられる候補者を選任するよう債務者に助言することも必要である。紹介をした金融機関の間で、

263

第2章　債務者の再生手法

当該選任結果について禍根を残し、後の手続の進行を阻害するような可能性があるようであれば、両社の紹介によらないFAを立てることも検討に値する場合があろう。

(イ)　特定のスポンサー候補を紹介する代わりに自己をFAにせよという者がいる場合

スポンサーの選定基準において、合理性の基準［→ 2 (1)(ii)］をとることが許される案件であれば別途の考慮が働く余地があるものの、厳格な基準［→ 2 (1)(ii)］が必要な一定規模以上の再生案件において、このような要請に応諾することは、一種の自己矛盾を起こしているというほかない。債務者の弁護士としては、FA業務については中立性・公正性が必要であることを説明の上、当該提案者に対しては、紹介対象となっている特定のスポンサー候補者のアドバイザーに就任すべきこと等を示唆し、理解を得るといったような対応を検討する必要があろう。

(ウ)　すでに一部のスポンサーが先んじて検討（または一部支援等）を開始している場合

FAや弁護士に相談が来る以前から、債務者が自身のネットワーク等を利用するなどして他企業への支援依頼を始めてしまっている（そして実際に支援が一部始まってしまっている）場合も少なくない。このようなケースでの対応においては、①窮境企業の実態財務の状況（金融機関に対して要請が必要な金融支援内容）、②先行して支援を検討している企業（便宜上、ここでは「先行スポンサー候補」という）の検討の進捗状況、③仮に新たにスポンサー選定手続を始めた場合に、候補者が名乗りを上げる蓋然性、といった点がとりわけ重要になる。

それぞれをもう少し具体的に分解すれば、①窮境企業が実態債務超過状況にあり、その脱却に際しては金融機関による債権放棄が必要か、それとも、債務超過状況にはなく（あるいは今後の一定期間の収益により債務超過を脱却することが可能であるため）債権放棄までは不要か、②先方スポンサー候補が、速やかに法的拘束力をもつような意向表明書の提出や合意書の締結が可能か、それとも、これから新たにスポンサー選定手続を始めた場合の候補者とスピード感・検討状況とさして変わらないのか（＝先方スポンサー候補を今後の

264

スポンサー選定手続における単なる一候補者として取り扱えば足りるのか）、③今後新たにスポンサー選定手続をしても空振りに終わる可能性が高いか否か、ということになる。

とりわけ、債務者の再生において債権放棄が必要な案件では、金融機関としては、当該スポンサーの提案内容（特に、当該スポンサーが求める債権放棄額）が金融機関にとって最も有利なものかを検証する必要がある。したがって、仮に先行スポンサー候補が相当程度検討を進めている段階においても、金融機関の理解を得るためには、当該先行スポンサー候補の提案の妥当性を検証するべく、スポンサー選定手続を別途行う必要性が生じる場合がある。先方スポンサー候補の検討が一定程度進んでいるのであれば、後述のようなストーキングホース型の手続を採用することも検討に値し得る。他方で、新たなスポンサーが登場する可能性が低いにもかかわらず、スポンサー選定手続を別途走らせれば、先方スポンサー候補が「逃げる」というリスクがあることも考慮に入れなければならない。いずれにしても、FAおよび弁護士においては、それぞれの案件の状況に応じた適切なスポンサー選定手続のあり方を考える必要がある。

(エ) **独占交渉権を付与されなければデューデリジェンスを行わないと候補者が主張する場合**

このような候補者をいかに取り扱うかは、まさに状況によりけりの部分があるが、独占交渉権を要求する候補者以外にも債務者のスポンサー就任を希望する者が存在しており、この者の提案が、独占交渉権を要求する候補者の提案と比較してさして遜色がないものであれば、債務者としては、「そのような要求は受け入れられない（むしろ、そのような要求を主張するのであれば入札手続において劣後的に取り扱わざるを得ない）」として毅然と対応すればよい。他方、当該要求を行う者の提案が他の候補者の提案に比して著しく魅力的なものである場合には、そのような要求を飲むことも検討せざるを得ない。このような場合であっても、他候補の存在を意識させるなどしてかかる要求を取り下げさせるなど、可能な限りでの交渉を行うべきであるが（まさにその点がFAの腕の見せどころでもあろう）、最終的には、当該要求を行う者の「本気度」を確認しつつ、どのような条件（期間や提案金額等）であれば付与

265

第2章　債務者の再生手法

してもよいか、という点を真摯に検討する必要がある場合もあろう。

㈺　札が入らなかった場合

　入札者にとって、債務者の事業に将来的な魅力が感じられない場合や、現状において十分なキャッシュ・フローを生み出せておらず（場合によっては営業キャッシュ・フローが赤字続きの場合もある）改善には相応の時間がかかる（し、その確実性にも不安がある）ような場合、設定した入札期限までに札が入らない場合もある。

　このような状況下、債務者においては、（私的整理の場合）金融債務のカット、あるいは（法的整理の場合）金融債務や商事債務等の棚上げ・カットによって自力で今後の資金繰りをつなぎ、営業を継続することで、収益・キャッシュ・フローを改善し、蓋然性のある弁済計画を描くということ（換言すれば、自主再建案を策定すること）も、選択肢としてはあり得るところではある。もっとも、大半の債務者においては、そのような自力再建の可能性は乏しく（だからこそスポンサー選定手続を指向することが多い）、現実的な選択肢とはできないことも多い。

　この場合、債務者としては、再建を断念し、破産をはじめとする清算型の手続の選択肢も当然視野に入れなければならないことになる。もっとも、このような状況であっても、債務者が破産・清算することによって、事業上、大きなインパクトを受けることになる取引先（仕入先の場合も、得意先の場合もあり得よう）が存在するような場合には、そのような取引先に相対で交渉をもちかけることが可能な場合もある。このような取引先は、債務者の直接の取引当事者であるため、債務者の状況を知ってしまうことに伴う以後の取引への悪影響の可能性も考慮し、当初のロングリスト／ショートリストの作成時においては、そもそも候補者から外されていることもある。その時点における債務者の当該判断は必ずしも不合理とはいえない場合であっても、その後の入札手続においてスポンサー候補が1社も現れず、破産・清算の淵にある状況に至っては、もはや債務者において「怖れるものはない」という開き直りも時には大事である。債務者が破産すれば、その取引先にとって、自己の得意先に対する供給責任を果たせなくなるような場合、（もちろん価格次第ではあろうが）債務者の主要事業の引受けを検討してくれる場合があり得

266

る。また、この場合、一旦幅広に声をかけて入札手続を実施したにもかかわらず結果として札が入らなかったという事実は、譲渡価格がある程度低廉であっても仕方がない、という正当性を担保する1つのエビデンスともなるものであり、必ずしも無駄な作業であったということにはならない。最後の手段である取引先との間では、経済合理性が担保される譲渡価格であれば（換言すれば、清算価値保障原則をクリアする金額でありさえすれば）、譲渡を認めてよいという場合もあり得よう。

(2)　スケジュール立案の視点

(i)　私的整理・法的整理に共通する考慮要素

窮境にある会社の事業は、日々その価値が劣化・毀損していることも少なくないため、一般論として、スピード感をもったスポンサー選定（＋スキームの実行）が重要であるといえる。このような一般論は大前提として、スポンサー選定のスケジュールに関して、私的整理・法的整理の双方に共通する主な考慮要素としては、以下のようなものが挙げられる。

(a)　資金繰り

どれだけスポンサーがよい条件を出そうとも、資金繰り破綻前にスキームの実行に辿り着かなければ、その提案は画餅にすぎない。弁護士・FAとしては、債務者の資金繰りをにらみつつ、資金破綻を起こす前にスポンサー候補との最終契約およびスキームの実行が実現できるスケジュールを検討・遂行していく必要がある。場合によっては、第三者からのDIPファイナンス（貸付）に加え、スポンサー候補からのDIPファイナンス（譲渡代金の内金・手付金や、今後の商取引の前渡金等、後の返済を必要とする貸付金としない形での工夫も可能であろう）も検討する必要があろう。

(b)　(主要)債権者の意向

債権者、特に、債務者の再生計画案の成否の帰趨を握る（主要な）金融債権者の意向には注意する必要があろう。金融債権者の債務者に対する貸付金の引当ての処理などに関して、時に、債務者の代理人は、当該金融機関から、「今期中に債権を処理したい」あるいは逆に「今期中ではなく、翌期に債権放棄となる形にしてほしい」といった要請を受けることがある。また、金融

267

第2章　債務者の再生手法

債権者の人事上の問題（担当者の変更に伴う決済やり直しの問題等）や決済に係る内部規定等に端を発した要請（役員会のスケジュール等）の場合もある。債務者の弁護士やFAとしては、このような要請の背景にある事情をしっかりと見極めた上で、適切な判断（当該要請への対応が同意取得に絶対的に必要なものか否か／絶対的に必要なものではないが、当該金融機関との交渉を円滑あるいは有利に進める上で対応したほうがよいものか、等）を行う必要がある。

(c)　決算期

決算期の到来は、債務者の簿価上の純資産額（逆の言い方をすれば、債務超過額）などを判定する基準時点となることが多い。すなわち、決算期は、上場会社における債務超過状態の判断基準時、あるいは上場廃止の確定の判断基準時となる。また、債務者が一定の純資産額やその他一定の財務的基礎・経理的基礎を保持していることを付与または維持の条件とする許認可などにおいても、決算期時点の財務状態が当該条件の判定時期の基準になることが多い。加えて、例えば、債務者の金銭消費貸借契約に財務的なコベナンツがある場合などは、決算期（四半期ごとのものを含む）の数値を前提に判定されることも多かろう。スケジュール立案においては、次の決算期の時点で債務者の財務状況がどうなっていなければならないか、それまでに各当事者としてはどのように動かなければならないか、という視点を欠かしてはならない。

(ii)　私的整理・法的整理それぞれにおける考慮要素

(a)　完全平場の場合（いわゆるプレパッケージ等型を含む）

完全平場の場合の主な考慮要素については、上記(i)(a)〜(c)が主たるものであるといえる。もっとも、平場での協議・交渉を経て、プレパッケージ型の法的整理手続を通じてスポンサー支援を実行することが合意されたような場合には、申立後の手当等について、一定の留意が必要になる。プレパッケージ型のスポンサー選定については、2(1)(iii)を参照されたい。

(b)　準則型私的整理内でのスケジュール調整

準則型私的整理では、債権者会議のスケジュールについても債権者債務者間の合意によって設定されるのが基本である[注289]。したがって、準則型私的整理においては、合意によって設定されたスケジュール内にスポンサー選定を完了させられるか、換言すれば、スポンサー選定を完了した上で債権者

第6節　スポンサー選定

に確定的な再生計画案を提示できるか否かがスケジュール調整における重要な検討ポイントとなる。

　なお、当初合意されたスケジュールを延長・変更等する場合には、スケジュールについて再度の決議が必要となる。延長決議・変更決議が必要な場合、債務者としては、延長が必要になったことが判明した時点で各対象債権者に説明し、合意の根回しを行っておくことが必要となろう。その際には、延長することに伴うメリット（延長によりスポンサーが付き、弁済率が向上する蓋然性等）・デメリット（キャッシュ・フローが赤字の会社などは、延長することで企業価値の毀損が進み、経済合理性検証の際のハードルが上がり得ること等）を整理の上、対象債権者の延長の稟議に資する情報を適切に与える必要がある。

　　(c)　法的整理内でのスケジュール調整

　法的整理手続においては、法律上、各種イベントに関する期間や期限が定められている、あるいは、裁判所が法律の規定に基づき各イベントごとの期間や期限を設定することから、これら法律上の制限や、実務上の制限を意識しつつスポンサー選定手続のスケジュールを調整する必要がある。

　中でも、とりわけスポンサー選定手続の関係で重要なのものとしては、以下の2つが挙げられる。

　　(ア)　財産評定

　財産評定は、再生手続・更生手続において、当該手続の開始決定日時点の債務者の資産・負債を前提に、仮に債務者が同日時点において清算（破産）した場合の清算配当率（破産配当率）を試算するために行われるものである（とりわけ再生手続の場合にはこの性格が明らかといえよう）。これは、「債務者の更生計画・再生計画における一般債権に対する弁済率は、債務者が破産した場合の破産配当率を超えていなければならない」という、いわゆる「清算価値保障原則」の観点から要求されるものであり、これは、スポンサーによ

注289)　例えば、事業再生ADR手続の第1回債権者会議（計画案の概要説明のための債権者会議）においては、「第2回債権者会議（計画案の協議のための債権者会議）及び第3回債権者会議（計画案の決議のための債権者会議）の日時・場所」が明示的な決議事項として設定される。

269

第2章　債務者の再生手法

る支援を前提とした再生計画案・更生計画案を策定する場合においても何ら
変わるものではない。

　この点、スポンサーにおいて支援の実行を急ぐ特段の要請がある場合や、
債務者の資金繰りの観点から早期のスキーム実行が必要な場合（特に、計画
外事業譲渡が想定されている場合）などにおいては、どれだけ早く財産評定を
仕上げられるかが勝負のポイントにもなり得る[注290]。債務者の代理人弁護
士やFAとしては、事前の十分な下準備を行った上で、開始決定日以降のス
ピード感をもった財産評定の遂行が求められる場合があることを認識する必
要がある。

(イ)　計画案提出期限

　再生手続においても、更生手続においても、裁判所が計画案の提出期限を
設定する。この計画案においては、各種の権利の変更に係る条項などが規定
されるが、債権者にとってとりわけ重要なのは、棚上げとなっている一般債
権に対する弁済額（弁済率）であろう。もっとも、この弁済をどのように実
現するのか（換言すれば、弁済原資をどのように調達するのか）は、計画案の
履行可能性（民再174条2項2号、会更199条2項3号等）の検証において極め
て重要な事項である。

　この点、計画案における弁済原資がスポンサーからの資金に依拠している
場合、計画案提出時点において、当該スポンサーとの間の最終契約が締結さ
れていない場合、当該履行可能性が客観的に検証できず、計画案の認可決定
（あるいは付議決定）の要件を充足し得ない。したがって、債務者としては、
計画案の提出時点までに、スポンサーとの間で法的拘束力を伴った最終的な
契約を結べるようなスケジュールでスポンサー選定手続を進めておく必要が
ある。なお、再生手続および更生手続ともに、一定の要件を満たすことに
よって、計画案提出の期限を延長することができる（民再163条3項、会更
184条4項）。もっとも、各手続の規則上、当該延長にも限度があり（民再則

注290)　例えば、計画外事業譲渡が想定されている事案では、事業譲渡に係る許可の前提
　　　　として、清算価値保障原則の観点も踏まえて、当該スポンサーによる支援の是非
　　　　が判断されるためである。

84条3項、会更則50条2項）、また、計画案が提出できない状況・理由次第では延長が認められず、裁判所の判断により手続の廃止となる可能性がある点には留意が必要である。

2　スポンサーの正当化に関する議論

(1)　スポンサー選定基準に関する実体的要件

(i)　総論

　例えば、民事再生法や会社更生法においては、スポンサーの選定基準について何らか具体的に規定する条項はなく、一般論として、管財人や再生債務者の善管注意義務や公平誠実義務等（民再38条2項、会更80条1項等）が規定されているのみである。企業規模や事業内容、財務状態や資金繰りなど、窮境にある債務者の状況は案件によって著しく異なることを踏まえると、「この要件に沿わないスポンサーを選定することは認められない（すでにそのようなスポンサーと契約を締結している場合には、これを解除すべきである）」というようなスポンサー選定の基準をあらかじめ定めておこうとすることは事実上極めて困難（であり、時には有害である）と考えられる。よって、原則としては、債務者（あるいは管理型の法的整理の場合には管財人）が、当該債務者の置かれた状況を踏まえ、債権者をはじめとする利害関係人にとって最も適当であると考える者をスポンサーに選定する一次的な判断権限を有しており、当該判断に際しては、案件個別の事情を踏まえた相当程度広範な裁量が認められるべきである。

(ii)　相当性の基準としての「総合考慮説〜二重の基準説」（合理性の基準と厳格な基準）とその評価

　この点について、近年、再建型倒産手続に関与する弁護士を中心として、債権者やスポンサーサイドの立場から事業再生に関与する実務家、事業再生について高い見識を有する研究者および、法的倒産手続を主宰する裁判所関係者の関与の下「事業再生におけるスポンサー選定研究会」が設立され[注291]、「スポンサー選定の際にこの要件を満たしていれば、当該スポンサー選定の結果は相当であり、後に覆されることはないだろう」という意味

におけるスポンサー選定の基準（指針）が議論され、スポンサー選定の実体基準としての「総合考慮説～二重の基準説」が提唱されているところである。

詳細については同研究会のメンバーを主な著者とする文献[注292]等に譲ることとしたいが、当該「総合考慮説～二重の基準説」は、①企業の規模、②企業の事業内容、③特定個人への依存度、④時間的余裕を総合考慮して複数のスポンサー候補者を競争させる選定手続がふさわしいケースか否かを判断することとし、競争による選定がふさわしい場合には「厳格な基準」を、そうではない場合には「合理性の基準」で判断するものとする【第１段階】。

そして、【第２段階】として、「合理性の基準」[注293]が採用されるケースでは、スポンサー候補の選定経緯・属性・提案内容等を検討対象として、「支援額（弁済原資拠出額。以下同じ）」のほか、事業維持・拡大の目的、従業員の雇用確保、取引先との取引継続、地域社会への貢献性、経営方針の相当性等を総合考慮し、合理性[注294]が認められるのであれば、当該スポンサー候補をスポンサーとすることは相当であるとする。また、「厳格な基準」[注295]が採用されるケースでは、①入札手続等、「支援額」等の条件を複数候補者において比較する手続を実施した場合にはⅰ「支援額」が最高価格の場合には支援額以外の要素で問題があるか否かを判断し、ⅱ「支援額」が最高価格でない場合には「支援額」の合理性に加え、「支援額」が最高価格の候補者の提案と比べて確かな根拠のある優位性を認めることができるか否かの判断

注291）　設立の趣旨やメンバーについては、前掲注288）２頁以下を参照されたい。

注292）　髙井章光「スポンサー選定の実体的要件」山本＝事業再生研究機構編・前掲注288）24頁以下を参照されたい。

注293）　総合考慮説は、「ほとんどのケースはこの基準によって判断されることになる」とする。

注294）　実際には、明らかに不合理な事情（例えば、経営者に対する個人的な経済的見返りを選定理由としていたり、反社会的勢力の影響下にある企業であったり、社会的に不適切な事業の実施を意図していたり、約束している支援金が拠出されるか不確実な事情がある場合など）が存在するか否かをチェックする作業であるとする。

注295）　総合考慮説は、「この基準による場合は、相当規模の債務者企業でありかつ一定の事情が整った場合であるため、それほど多くのケースがあるとは想定されていない」とする。

を実施することとし、②入札手続等の複数の候補者における比較する手続を実施しないで決定した場合には、仮に入札を行ったとしても結果が変わらないという特別の事情がない限り、「支援額」に合理性が認められる必要があるほか、「支援額」以外の要素でも、確かな根拠のある評価ポイントを認めることができるか否かを厳格に判断するものとする。

(i)の通り、「この要件に沿わないスポンサーを選定することは認められない（すでにそのようなスポンサーと契約を締結している場合には、これを解除すべきである）」という意味での基準をあらかじめ設定することは困難である一方で、(ii)のような「スポンサー選定の際にこの要件を満たしていれば、当該スポンサー選定の結果は相当であり、後に覆されることはないだろう」という意味での基準（指針）の存在は、倒産／再生手続を遂行する実務家や、計画案の付議あるいは認可を判断する裁判所に対して、予測可能性・拠りどころとなる行為規範を与えるものであり、その意義は大きいといえる。また、従来、「スポンサー選定手続の要件論」として論じられてきたものが、複数のスポンサー候補による競争原理が働くようなケースを念頭に置いていることが多かったのに対し、必ずしもそのようなケースが多数ではない実務の現状を前提に、よりきめ細やかな基準を策定している点も、非常に参考になる。

もっとも、「総合考慮説～二重の基準説」は、債務者等への行為規範、あるいは、監督委員や裁判所等がその過程を経て選定されたスポンサーを尊重することを求めるという意義を有するにとどまり、計画案を承認する主体である債権者を何ら法的に拘束するわけではない。債務者等としては、このような基準をあくまでガイドラインとしながらも、債権者等の状況も踏まえ、最終的にはやはり当該案件ごとの調整等が必要になり得る点には留意が必要である[注296]。

(iii) プレパッケージ型の場合の議論

(a) 「プレパッケージ型」手続とは

「プレパッケージ型」とは、もともと、米国における再建手続の手法に端

注296）　この意味における総合考慮説の「機能的限界」を指摘するものとして、南賢一「スポンサー選定の手続的問題」山本＝事業再生研究機構編・前掲注288）62頁。

を発している言葉であり、裁判所に米国連邦倒産法第11章手続（いわゆる「Chapter 11」）の申立てをするに先立って、再建計画案について主要債権者から法律で要求される数以上の同意を取り付けた上で、当該手続の申立てを行うものを指す。

もっとも、わが国の事業再生局面における「プレパッケージ型」という用語については、上記のような米国における定義とは若干異なり、（主要債権者らの同意を取得するか否かにかかわらず）申立てに先立ってスポンサーを選定した上で、法的整理手続（特に、DIP型手続である再生手続）の申立てを行うもの一般を指すことが多い注297)。ここでは、「プレパッケージ型」の語を、わが国において一般的に用いられている意味で使用する注298)。

プレパッケージ型の事業再生については、あらかじめスポンサー選定を済ませておくことで手続を迅速に進めることができること、（特に法的整理手続や適時開示が必要な上場会社の私的整理等において）手続の申立てと同時にスポンサーの存在を公表することで債務者の事業毀損を防止できること、といった各種の有用性が認められる一方で、当該スポンサーの選定過程について債権者や裁判所（あるいは私的整理手続における中立的な第三者）による公正性・妥当性等の検証の機会が不十分ではないか、という問題点も指摘されるところである。

(b)　プレパッケージ型スポンサー選定に関する議論

(ア)　「お台場アプローチ」と松嶋・濱田論文

これまでのわが国におけるプレパッケージ型のスポンサー選定に関する提言・論考としてまず取り上げられるのは、須藤英章弁護士により2003年11月に提唱された「お台場アプローチ」注299)と、2004年に松嶋英機弁護士および

注297)　事業再生研究機構編『プレパッケージ型事業再生』（商事法務、2004）33頁［阿部信一郎］。

注298)　福岡真之介『事業再生ADRとDIP型会社更生の実務』（清文社、2009）64頁は、日本の「プレパッケージ型」は実際にはスポンサー付き申立てにすぎないことが多く、米国であればプレネゴシエイト型と呼ばれるものであり、あたかもすべてが事前に決まっているかのような印象を与える「プレパッケージ型」という呼び方はミスリーディングではないかという指摘をしている。

注299)　事業再生研究機構編・前掲注297）101頁以下参照。

濱田芳貴弁護士によって発表された論文[注300]であろう。

「お台場アプローチ」とは、申立前のスポンサー選定に関して、次の7つの要件がいずれも満たされる場合には、申立前に締結したスポンサーとの契約等を解除しなくても、再生債務者の公平誠実義務（民再38条2項）違反にはならず、監督委員も善管注意義務（同法60条）の違反とはされないとするものである。

① あらかじめスポンサー等を選定しなければ事業が劣化してしまう状況にあること。

② 実質的な競争が成立するようにスポンサー等の候補者を募っていること。または、（これが困難である場合には）価額がフリーキャッシュ・フローに照らして公正であること。

③ 入札条件に価額を下落させるような不当な条件が付されていないこと。

④ 応札者の中からスポンサー等を選定する手続において、不当な処理がされていないこと。

⑤ スポンサー契約等の内容が、会社側に不当に不利な内容となっていないこと。

⑥ スポンサー等の選定手続について、公正である旨の第三者の意見が付されていること。

⑦ スポンサー等が、誠実に契約を履行し、期待通りに役割を果たしていること。

他方、松嶋弁護士らの提唱した基準は、もう少し弾力的なものであるとされており、以下の5条件を挙げる。

ⅰ メインバンク（主要取引債権者）がスポンサー交渉に関与し、少なくとも結果について承諾していること。

ⅱ 複数の候補者と交渉し、少なくとも打診したこと。

ⅲ 当時の事業価値の評価として一応妥当であること。

ⅳ スポンサー契約が再生手続申立ての決断または早期申立てに寄与した

注300）　松嶋英機＝濱田芳貴「日本におけるプレパッケージ型申立ての問題点」銀法631号（2004）6頁以下参照。

第2章　債務者の再生手法

こと。

ⓥ　スポンサー契約に至る過程において、スポンサー候補者が資金繰りや
営業上の協力をしたこと（絶対的条件ではない）。

これらの詳細についてはそれぞれの文献等を確認いただければと思うが、
これらはいずれも、基本的には、「申立前に選定されたスポンサーとの間の
契約について、手続に入った後もこれを尊重してもよい場合の要件」という
前提で提唱されたものと考えられる。その方針自体は大いに賛同すべきもの
であるが、これらの基準に対しては、複数のスポンサー候補が存在・出現し
得る状況を前提としているのではないか（その意味で、適用範囲が非常に限定
される基準なのではないか）という指摘もあったところである。

(イ)　上記への批判と総合考慮説によるアプローチ

各論考が提示している個々の要素・要件は、現在もなお、複数のスポン
サー候補が手を挙げるようなスポンサー選定において、弁護士やFAが頭に
とどめておくべき要素として、十分機能していると考えられる。他方で、現
在の事業再生実務において、必ずしも複数のスポンサー候補が興味を示して
くれる案件が常であるとは限らない（むしろ、そのような場合のほうがレアで
ある場合がある）という現状を踏まえた場合、その補足できていない範囲に
ついて、何らかの指針があることが望ましいように思われる。

この点について、前述の「総合考慮説〜二重の基準説」は、複数のスポン
サー候補による競争原理が働くようなケースが多数ではない実務の現状を前
提に、よりきめ細やかな基準を策定している意味において、プレパッケージ
型のスポンサー選定の場合においても、十分に依拠し得る指針であろうと思
われる。もっとも、当該指針については、あくまでガイドラインとしての機
能として参照すべきものであり、個々の事案においては、債権者の意向等を
踏まえ、当該案件に即した、きめ細やかな対応が必要になることは前述の通
りである。

(c)　ブレークアップ・フィーをめぐる議論

たとえ二重の基準等に照らした実体的な要件を充足していたとしても、仮
に何らかの理由によって、申立前に選定したスポンサーとの間の契約条件で
は（主要な、あるいは、多数の）債権者からの賛同が得られず、事業譲渡許可

第6節　スポンサー選定

が得られない、あるいは、計画案の可決に必要な賛成票が得られないような場合（そのおそれが高いような場合も含まれ得る）には、債務者としては、改めてスポンサー選定を実施する場合がある（なお、この場合、債務者は再選定の前に、あるいはストーキングホース型であれば再選定が進んだ後に、当該（当初）スポンサーとの間の契約を、（場合によっては双方未履行双務契約の規定や信義則等に基づいてでも）解除することになる）。

　この場合、改めてのスポンサー選定が実施されるような場合、当初のスポンサーに対して、何らかの（また、いかなる）保護が与えられるべきか、という点が問題となる。債務者が申立てを行った時点で、当該当初のスポンサーの存在を対外的に公表し、これにより債務者の事業価値毀損を防止し得たという場合、また、当初スポンサーが申立前に、債務者に対して実際に具体的な支援（例えば、プレDIPファイナンスとしての融資や前渡金の実施、債務者の仕入れを当初スポンサーで一括して引き受けるなどの事業の安定化など）を行っていた場合には、当初のスポンサーの当該貢献に対して何らかの対価を与えること[注301]が公平性の見地からも妥当な場合もあると考えられる。また、そのような保護を確保することにより、潜在的なスポンサー候補者に対して、窮境にある債務者への支援を早期に検討・実施させるようなインセンティブを与えることが、債務者および債務者を取り巻く各ステークホルダーにとっては望ましい形であるともいえよう。このような場合における、当初スポンサーの保護の方策として挙げられるものの1つが、「ブレークアップ・フィー」である。

　この点、米国においては、上記のような状況下で、申立前に選定された当初スポンサー[注302]が債務者の最終的なスポンサーに選任されなかった場合、買収価格の数％程度の解約金（＝ブレークアップ・フィー）[注303]を支払う実

注301）　実務の場においては、当初スポンサーが契約を締結するまでに実施した各種（法務・財務・事業など）デューデリジェンスに係る費用の補償、という意味合いもあろう。

注302）　"Stalking Horse"（当て馬）などと呼称され、このようなStalking Horseの存在を前提に実施される入札手続を"Stalking Horse Bid"（ストーキングホース型入札）と呼ぶことがある。

277

第 2 章　債務者の再生手法

務注304) が存在している。

　このようなブレークアップ・フィーについて、①わが国においても採用し得るか否か、②採用し得るとした場合、その水準はどの程度であるべきか、③法的整理手続下において、どのような理屈で支払うべきか（支払うことが可能か）が議論されてきたところである。他のスポンサーの出現をかえって阻害してしまうような青天井のブレークアップ・フィーが認められるべきでないことは当然であるが、前述したような、債務者における早期の安定的な事業再生を実現するためのスポンサー確保の要請に照らせば、これを一律に否定する必要はなく、むしろ、採用が適切な事案においては認めてもよいものと考える。水準については、米国で定着している実務的な水準が参考になろうが、それを前提としつつ、同国との法制度の相違、債権者の認識・感覚の相違なども踏まえ、事案ごとに、債権者をはじめとする利害関係人にとって納得のいく水準が設定されることが望ましい。支払方法については、実施する後発の入札手続の条件として新スポンサーから当初スポンサーに直接払わせる方法、債務者と当初スポンサー、場合によっては新スポンサーも加えての和解処理を通じた方法、ブレークアップ・フィーを含む当初スポンサーとの間の契約について一旦履行選択した上で、ブレークアップ・フィーを共益債権とする方法など、さまざま考えられるところではあろうが、重要な点はとりもなおさず、そのような支払を実施することの必要性の存在と水準の妥当性、そして、それに対する債権者・裁判所をはじめとする利害関係者の理解取得ではないかと思われる。

注303)　典型的には、買収価格の 3 ％程度がその水準といわれているが、個別案件の状況によって変わり得る。

注304)　ブレークアップ・フィーとは別に、当初スポンサーとの間の契約においては、当初スポンサーが支出した費用の償還（Expense Reimbursement）に関する条項が規定されることもある。実務的には、買収価格の0.5％〜1.5％程度を上限（Cap）とすることが多いといわれている。

第6節　スポンサー選定

(2)　スポンサー選定に関する手続的留意点

(i)　公平性・公正性

入札手続の公正性は、選定されたスポンサーの正当性を担保する大きな要素の1つといえる。もっとも、前述の通り、債務者の置かれた状況次第では、入札手続を経ていないスポンサーによる支援を前提とした計画案を策定せざるを得ない場合がある。この場合には、前述の通り、入札手続を経ない合理的な理由をしっかり説明すること（しっかり説明できるようにしておくこと）で、入札手続の欠如を補うことになろう。

他方、債務者のスポンサー選定手続について入札が実施された場合、候補者のリストアップ（ロングリスト／ショートリストの作成）に際して公平性を害するような事情がなかったか[305]、各候補者に対して実質的に平等な検討期間が提供されたか否か、開示・提供された情報に実質的な偏りはないか、といった点は手続の公平性の担保にとって重要な要素であるといえる。また、前述の「先行スポンサー候補」が存在する場合には、当該先行スポンサー候補と後続のスポンサー候補との間での実質的な平等性の確保について、いかなる手当てを講じるべきかという点については、案件に応じた柔軟な対応が必要になろう。

この点、特に、私的整理の場面などにおいては、手続の対象となる金融債権者から「スポンサー候補を紹介したい」という申出を受けることがある。かかる申出については、当該金融債権者と紹介を受ける候補者との関係性[306]を見極めた上で、手続の過程が歪められることがないかを検討する必要があるが、仮に当該候補者をロングリストに加える場合であっても、当

注305)　例えば、同業他社への声掛けは一切行わずファンドのみに声掛けをしている場合、債権者からは同業への声掛けも行うべきであるという意見が出されることもある。債務者において、同業他社への声掛けを行わない合理的な理由がある場合（例えば、債務者の業界が狭く同業他社に声掛けを行えば風評被害によって一気に事業毀損が進む可能性が高い場合や、同業他社において債務者の事業を吸収するメリットがまったくないと合理的に推論できる場合など）には、そのようなタッピングも許されるといえよう。重要なのは、そのような事情を債権者等の利害関係人にしっかりと説明し、理解を得ることである。

279

該金融債権者に対しては①スポンサー選定手続の窓口はFA（または弁護士）において一元管理されることから、以後は当該窓口からのみ連絡を取ること（以後は当該金融債権者からはコンタクトしないでほしい旨）、②紹介を受けた候補者が有利に取り扱われるわけではないこと等をあらかじめしっかりと説明の上、場合によっては明示的な承諾書面を得ておくなどの対応が必要になろう。

(ii) 債権者への適切な情報開示と利害調整

　債務者においてスポンサーを選定したとしても、当該スポンサーの提案を踏まえた計画案が、法的拘束力をもった正式な計画となるためには、債権者の同意が（あるいは、法的再建手続における計画案の可決。ただし、計画外事業譲渡については後述）必要となる。債務者の弁護士およびFAとしては、スポンサーとの交渉状況やスポンサーが提示した条件について、適時に適切な範囲の情報を債権者に開示し、債権者の意見として必要あるいは適切なものについては速やかにスポンサーとの再協議等も踏まえて計画案に反映するなどしつつ、債権者との間でも良好な関係を保つ必要があろう。

　ただし、いかなる債権者の意見でもこれを聴けばよいというものでもないし、いかなる情報についても債権者に対して開示しなければならないものでもない。一債権者の意見は、時として自己にのみ都合がよいものであり、それを聞き入れることで計画としての全体的なバランス・衡平性等が害されるものも存在する。債務者としては、「開示に値すべき情報」を「開示に適した時期」に開示し、これに対する債権者の「反映に値すべき意見」が何かを適切に判断し、スポンサーとの調整（ひいては計画案の内容の調整）を行う必要がある。この点、私的整理は計画案の成立に全債権者の同意が必要であることから、かかる作業は非常に細かな神経を使う部分といえる（もっとも、これがまさに事業再生に関与する弁護士やFAの腕の見せどころであるといっても過言ではないだろう）。他方、例えば、法的整理における計画によらない事業譲渡（民再42条1項、会更46条2項）などにおいては、意見聴取の手続はある

注306）　例えば、①スポンサー候補がファンドであるところ、金融債権者が当該ファンドに対してLP出資をしている場合や、②スポンサー候補が事業会社であるところ、金融債権者が当該事業会社におけるメインバンクである場合などが挙げられる。

ものの（民再42条2項、会更46条3項）、厳密な意味での債権者の「同意」取得は必要なく、裁判所の許可に対する債権者の異議手続もないため、債権者が「要望を好き勝手いえる」程度、換言すれば、債務者が「聞き入れなければならない要望」の程度は、相対的には低くなるともいえるかもしれない（もっとも、裁判所や監督委員、〔単なる一債権者ではなく〕債権者の総体として納得し得る案である必要があることはいうまでもない）。

最後に、スポンサーの提示した買収総額のうち、いくらを承継対象の担保物件の価値に割り当て、いくらをその他の承継対象資産の価値に割り当てるか、という点についても、スポンサーとの間の契約条件を詰めるかたわら、並行して債権者と調整・交渉しなければならない重要な点である。買収総額が決まった段階においては、担保物件とその他の資産への金額の割当ての議論は、「担保権者vs.無担保債権者」の綱引きに直結することになるからである。債務者としては、そのような状況になることをあらかじめ想定の上、担保評価算出のためのロジックの考案・数値の検証等を実施しておき、スポンサーとの条件は詰まったものの債権者間の調整がつかずに時間切れ、というような状況に陥らないよう留意する必要がある。

(iii) 適切な情報管理

債務者の申立てが公になる法的整理とは異なり、原則として手続の申請等の事実が公にならない私的整理手続において、債務者がスポンサーを探索している事実（その前提として窮境にある事実）が公になると、いわゆる風評被害が発生し、債務者の信用が急速に収縮することがある。とりわけ、財務的・資金的に弱っている債務者においてかかる風評被害等が発生すると、計画案の策定等を待たずに致命的な状況に陥る可能性がある。

債務者における社内での情報管理の徹底はもとより、情報開示をした（主に金融）債権者においても情報管理の必要性は極めて高い。債務者にとっても債権者にとっても、情報が漏れてよいことは基本的にはないという共通理解の下、スポンサー選定手続においては適切な情報管理を行うことが肝要である。

(iv) 反社会的勢力リスクの払拭

その他、スポンサー（あるいはスポンサーの資金の拠出元）が、いわゆる反

第2章　債務者の再生手法

社会的勢力でないことについては、登記事項や当該スポンサーのウェブサイト、金融機関からの融資証明書等で確認できる場合も多いであろうが、これら入手が容易な資料によってもその不安が払拭できないような場合には、当局や専門の調査機関等を通じての調査が必要になり得る。

(v)　契約の履行可能性の確認

せっかくスポンサー契約が締結でき、かかる契約を前提とした計画案について債権者の賛同が得られたにもかかわらず、肝心のスポンサーが当該契約を履行しないのでは、債務者の事業再生は結局は画餅に帰してしまう。したがって、スポンサー選定手続においては、候補者が提示した条件の履行可能性を確保するため、手続の進捗ごとにこれを確認していくプロセスも重要である。

例えば、第1次入札手続においては、候補者が提示した買収資金の調達方法を記載させることにより候補者の資金調達方法や調達先を把握しておくことが重要であろうし、第2次入札手続においては、（自己資金での買収の場合には）預金証明書を提出させる、（外部調達による買収の場合には）融資証明書などのエビデンスを提出させるなど、より踏み込んだ資金調達の可能性（蓋然性）を確認しておくことが必要不可欠である。そのほか、スポンサーとの最終契約の中に、クロージングの確実性に疑義を与えるような条項[注307]がある場合には、交渉をもって、可能な限りそのようなリスクを払拭しておくことが重要である。

3　スポンサー契約

1では、主にスポンサー選定手続についての視点・留意点を挙げたが、では、債務者がスポンサーとの間で締結する具体的なスポンサー契約においては、いかなる留意が必要となるか。ここでは、スポンサーとの間の契

注307）　詳細は3に譲るが、例えば、買収価格に関する大幅な価格調整条項の存在は、予定された債権者への弁済が不履行となるリスクを含む点で問題があるし、また、スポンサーの義務履行の前提条件として、実質的に実現困難（不可能）な条件がついているような場合には、そもそもクロージングができないリスクがある。

約[注308]特有の留意点・問題点に焦点を当てて論述したい。

(1) スポンサー契約の留意点（総論）

(i) 一般的留意点

債務者企業は、スポンサー企業との協議を踏まえ、スポンサーとの間で、その支援の内容等に関するいわゆるスポンサー契約を締結することが一般的である。一概にスポンサー契約といっても、スキームや協議の進捗度等によって内容は異なってくる（スキームの内容のみならず、記載の程度についても、例えば、スポンサー支援の金額、スキーム等の概要を定めるにとどめ、スキームの具体的な内容等の詳細条件については、別途事業譲渡契約等を締結する場合もある）が、総論的な留意点としては、一般的に以下のような事項が挙げられる。

(a) 契約締結のタイミング

プレパッケージ型の場合、法的倒産手続申立てと同時または直後に公表するため、スポンサー契約の締結は法的倒産手続の前に行われるのが通常であり、その後も必要に応じて、当事者間で協議するとともに、裁判所や監督委員、主要債権者等との調整が行われることになる。

他方で、法的倒産手続に入っている場合には、手続内で、（入札手続等を経て選定した上）必要な裁判所の許可・決定等を得て行うこととなる。なお、スポンサー選定のスケジュールに関する留意点は、1(2)で述べた通りである。

(b) 法的倒産手続の観点

法的倒産手続に入っている場合には、スポンサー契約の締結に当たり、裁判所の許可・決定等が必要になり、その前提として、監督委員や調査委員の同意や、債権者の賛同・理解を得る必要があるため、スポンサー契約の内容は、その他の利害関係人にとって合理的なもの（2のスポンサー選定の正当性を充足し得るもの）である必要がある。

注308) なお、スポンサー契約における留意点については、西村あさひ法律事務所編『M&A法大全（下）〔全訂版〕』（商事法務、2019）857頁も参照されたい。

第2章　債務者の再生手法

(c)　価格の観点

((b)とも重複し、またスポンサー選定の正当性の根拠の1つともなるが、）スポンサー契約に基づき支払われる金額は、再建計画の履行の前提をなすものであり、(d)クロージングの確実性と同様に、債務者企業がスポンサーを選定する際に特に重要な考慮要素となるものである。債務者企業としては、清算価値保障原則を充足する等、価格の合理性等について十分に説明ができるような金額である必要がある。

(d)　クロージングの確実性

（これも(b)の一要素ともなるが、）事業再生局面にある債務者企業にとっては、スポンサー契約の中で、クロージングの確実性をいかに担保するかが極めて重要である。すなわち、スポンサーとの協議・交渉を経てスポンサー契約の締結に至っても、例えば広範なクロージングの前提条件が付与され、クロージングに至らないようでは、最終的に債務者企業は破産する以外になくなってしまう。このような事態を避けるためにも、債務者企業としては、クロージングを阻害し得る条項をなるべく必要最小限度のものに限定するような交渉を行うことが肝要となる。また、これに加えて、スポンサー候補から、決済資金に係る担保を徴求することや、一定の要協議事項はある程度クロージング後の誓約事項に委ね、スケジュール通りにクロージングを行うことを優先するといったクロージングの確実性を担保する工夫を行っていく必要もあり得る。他方、スポンサー側においては、債務者企業に存するリスクを、価値評価で対応するのか、契約書の規定（必須の前提条件等）で対応するのかについて、（入札の場合は入札戦略も見据えながら）検討することになる。

(ii)　スキームに関する留意点

また、(i)で述べたように、スポンサー契約において定められる事項については、いかなるスキームを採用するかによる差異が大きい。スポンサーにとって、重要な関心事となるスポンサー契約違反への対応（補償や表明保証）についても、例えば、減増資のスキームを採用する場合において、債務者企業に表明保証させても、債務者企業が自らの子会社になった後で、表明保証違反の補償請求しても実質的に意味がない。また、いわゆる第2会社方式等を採用して、Good事業を新会社に移した場合であれば、残された債務者企

業には十分な資力がない、あるいは、すでに清算されており、契約違反の補償規定が実質的にワークしない、といった場合も考えられる。

このように、スポンサー契約の交渉・締結においては、各事案ごとに、スキームに応じて、個別具体的に実質的な意味、効果のある条件を織り込むことが肝要となる。なお、かかる協議においては、債務者企業としては、合理的な支援額の確保とともに、履行の確実性［→(i)(d)］についても十分配慮することが必要になり、一方、スポンサーとしては、投資対価に見合う事業価値・資産価値の有無や偶発債務の存在等を含め、クロージングしてよいのか、また、クロージング後に事業が立ちいかなくなる可能性をどのように評価するかについて十分配慮することも必要になる。いずれの当事者の立場においても、これらの利害関係が対立する状況において、（案件ごとに異なるが）契約条件の合理的な落としどころはどこにあるかを実質的に見極めていくことが必要になる。

(2) スポンサー契約の留意点（各論）

スポンサー契約の概要は、基本的には通常のM&A契約と同様である。もっとも事業再生局面であることからの特有な論点もあるため、以下、典型的に問題となる契約条項について、留意点とともに触れる。

(i) 表明保証・補償条項

表明保証・補償については、事業再生局面にある債務者企業としては、自身が履行すべき再建計画での弁済額に影響し得るものであるため、受け入れがたい場合が多く、スポンサーとしては、通常のM&A契約と同等の表明保証・補償条項を勝ち取ることは、ほとんど期待できない。特に、会社更生や破産といった管財人が選定されている場合には、必要最低限度に限定され、補償期間や補償額も極めて限定されることが多い。また、前述の通り、減増資によって債務者企業を子会社にする場合や、事業を承継した後に、債務者企業を清算することが予定されている場合には、それ以降の実効性は見込めない点を理解して交渉に臨むことが必要になる。

(ii) 価格調整条項

債務者企業としては、上記の通り価格の合理性との関係（特に清算価値保

障原則の関係）もあり、利害関係人との調整を経たものまたは経る必要のあるものであることから、広範にスポンサー支援の金額を減少させるリスクを含む価格調整条項は受け入れがたい。特に、清算価値を下回る可能性のある価格調整については、そもそもスポンサー支援の目的を達しないばかりか、利害関係人の説得、あるいは裁判所の許可取得等が不可能になることから、一般に合意は難しい点に留意が必要である。

(iii) 解除事由（クローズさせるための仕掛けを含む）

(i)(d)の通り、債務者企業としては、クロージングの確実性を担保することが肝要であり、スポンサー契約に規定される解除事由が最低限度となるように指向する。また、クロージングの確実性を担保するために、スポンサーの離脱（解約）について、損害賠償の予約等の一定のサンクションを定め、契約履行の拘束力を強める方向の規定を設けるといった手法も用いられる。

他方、プレパッケージ型の場合、申立前にどのようにスポンサーが選定されたかは非常に重要であり、価格の妥当性・公平性の評価は、価格そのもののみならずスポンサー決定過程の合理性、妥当性、公平性にも重点が置かれる。そのため申立後一定期間を区切って、他のスポンサー候補からの提案を受け付け、比較検討することも行われる。こうした観点から、債務者としては、Fiduciary Out条項、ブレークアップ・フィーを定めることがあるが、こうした債務者側の意向と既存スポンサーの利益にかんがみた十分な検討が必要になる。

(iv) 協力条項・従業員保護

（特に法的倒産手続内で事業の移転を企図する場合には）クロージング後の一定期間は、債務者からスポンサーへの事業の移行期間として、債務者・スポンサーの双方が事業の承継・維持のために協力し合う必要が生じることが多いため、業務委託その他の方法による合理的な協力義務が定められるケースがある。

また、従業員保護をどこまで図るかがイシューとなることもある。事業再生の達成に不可欠の要素となる場合（事業価値の維持のために必要である場合）もある一方、一定程度の人員のリストラクチャリングが必要となる場合もあり、案件の性質・目的に照らして十分な検討が必要になる。

第6節　スポンサー選定

⒱　その他

⒜　クロージングの前提条件

⒤⒟の通り、債務者企業にとっては、クロージングの確実性を担保することは極めて重要であるため、クロージングの前提条件についても、解除条項同様、債務者としては、最低限度の規定となるように指向する。

⒝　効力発生の停止条件

法的倒産手続においては、監督委員の同意、裁判所の許可等が効力発生の停止条件となるため、これらの規定が設けられる。

⒞　役員の処遇

経営責任明確化の観点から、従来の役員の退任等に関する事項を定める例もある。

⒟　クロージング後の運営

金融機関は、事業計画の確実な履行に基づく、将来的な債権の回収を期待する。また、株主は、スポンサーの下で事業が再建され、企業価値が向上することを期待する。いずれにせよ、スポンサーには、クロージング後に企業価値を維持・向上させるような運営を行うことが期待されており、これらに関する取決めがなされることがある。また、当該債務者企業の事業再生にとって重要な場合には、ブランドの維持や地方経済に与える影響への配慮に関する取決めがなされることもある。

第2章　債務者の再生手法

第7節　商取引関連

1　総論

(1)　商取引関係の維持の重要性と法的整理での対応の必要性

「事業」の再生を目的とする以上、その事業の根幹をなす重要な商取引関係は、事業再生手続の過程を通じて維持する必要がある。ここが維持できなければそもそも事業再生自体が実現できない。この点、密行性を原則とし主として金融債権者のみを対象とする私的整理とは異なり、申立ての事実が公になり原則として商取引債権者の債権も手続に巻き込むことになる法的整理では、商取引関係の維持に向けた対応の必要性は飛躍的に高くなる。

(2)　商取引関係を見直す機会としての法的整理

他方で、窮境に陥った企業の中には、契約の相手方との力関係等も相まって、それまで適切な商取引関係を構築できず（あるいはどこかの段階から不適切となってしまった商取引関係を修正することができず）、経済合理性のない商取引関係をずるずると続けてしまってきたことに窮境の原因がある場合もある。

2(2)で詳述するが、法的整理においては、そういった経済合理性のない商取引契約を改めるためのツールとしての「双方未履行双務契約の解除」の規定が用意されている。手続申立後速やかに（あるいは申立前から）、債務者にとって継続が必要な（重要な）契約と、債務者にとってメリットのない不要な（重要でない）契約の峻別を行うことは重要である。その意味で、法的整理は、単に過剰となった債務を削減するというBS改善のツールのみならず、PL改善のツールも債務者に与えているということもできよう。

これに対し、私的整理においては、あくまで契約当事者の任意の交渉・合

288

意により商取引契約を改めていく必要がある点は、私的整理と法的整理の大きな違いの1つであるといえる。

(3) 商取引と金融取引の異同

　商取引（ないし商取引債権者）は、①債務者にとって、法的整理手続を申し立てた後も、事業を継続していく上で維持が必要なものであるという性質を有し、また、②商取引債権者にとっては、棚上げとなった債権がいくら返ってくるか（「『狭義の』経済合理性」）に興味があることに加え、ⅰ申立後の取引はどうなるのか（売掛／買掛のサイト変更も含む）、ⅱスポンサーが付く場合には自己の契約は承継・継続されるのか、といった、いわば「今後の取引」という視点（言い換えれば「『広義の』経済合理性」）が加わる、との特性を有する。

　債務者の代理人としては、法的整理手続における商取引契約の処理に当たっては、かかる視点を十分に理解した上での対応が必要である。

　他方、金融（融資）取引（ないし金融債権者）は、ⓐ債務者にとっては、法的整理手続を申し立てれば、（DIPファイナンス等での借入れや、計画に基づく弁済を除き）借入れ・弁済という従前の取引は基本的に停止されることになり、ⓑ金融債権者としては、基本的には自己の棚上げとなった債権がいくら返ってくるか（担保付債権であれば、当該担保物件がいくらと評価され、いつ・どのように処分・弁済されるか）に興味のほぼすべてが注がれることになる点に、商取引債権との大きな違いがあるといえる[注309]。

注309)　もっとも、案件の性質や規模にもよりけりではあるが、例えば、地方案件における当該地方のメインバンクなどは、債務者における従業員雇用の維持・債務者の取引先の連鎖倒産等に伴う地域経済への影響の程度等を気にする場合もある。債務者の代理人としては、かかる視点も忘れてはならない。

第2章　債務者の再生手法

2　法的整理における商取引契約・商取引債権

⑴　商取引関係を維持するための方策

（ⅰ）　申立前における事実上の商取引債権の保護措置

　資金繰り等の事情も勘案の上ではあるが、実務上は、法的整理の申立時期を商取引債権に係る支払時期の直後に調整すること等により、事実上、商取引債権を保護する方法がとられることもある。これにより、申立てに伴う取引先の連鎖倒産や、申立直後の（感情面でのトラブルを含む）取引先との紛争や混乱を可及的に防止し、申立後の商取引関係の維持を図ろうというものである。

　もっとも、商取引債権の支払サイトはまちまちであること、特に資金的窮境下にある申立前後に十分な資金を確保することが困難といった事情から、すべての商取引債権を事前に弁済すること（言い換えれば、実質的に商取引債権のすべてを法的整理手続の対象債権から除外すること）は事実上困難といえよう。

（ⅱ）　申立後の速やかな説明と理解の取得

　申立ての事実が世間に公となり、原則として商取引債権も手続に取り込まれ一旦棚上げとなるため、特に法的整理の申立当初は、債務者の商取引関係には著しい混乱が生じることが多い。債務者としては、今後の手続の見通し（方針・スケジュール）や、今後の取引における弁済条件等を、資金繰りも見据えつつ事前に検討の上、申立後は個別に[注310]あるいは説明会等で、これらを速やかに説明し[注311]、早期に取引先の理解と協力を取り付けることが

注310)　特に、その取引先との取引が維持できなければ事業継続ができないというような主要取引先については、あらかじめピックアップの上、申立直後からの訪問プラン（アポ入れのタイミング、債務者のどの役職レベルが訪問するか、どのような説明・要請を行うか等）を綿密に立てておくことが重要である。

注311)　特に、開始決定後（実務上は申立後）の取引を原因とする商取引債権は共益債権として法律上優先性の高いものであるという情報や、申立後の債務者の資金繰りが十分であって今後の取引についての支払には不安がないといった情報は、取引先に安心を与える大きな材料となり得る。

290

第7節　商取引関連

まずもって重要である。この段階でどの程度取引先からの協力が得られるか
が債務者の事業価値の維持、ひいては法的整理の成功のキーポイントとなる。

(iii)　既存の商取引債権の弁済による取引関係の維持

(a)　「保全の穴開け」や少額債権弁済許可による商取引債権の保護

　(i)(ii)のような対応を行った場合であっても、なお商取引契約の相手方であ
る債権者から事後の取引（商品の納品、人材提供、役務提供など）を拒否され
たり、取引先の連鎖倒産を招くなどして、債務者の事業価値の毀損、ひいて
は商取引債権や金融債権を含むすべての債権者にとっての回収額の低下とい
う事態を惹起する危険性がある。他方で、商取引債権は、金融債権に比して、
個別の債権額が低額にとどまる一方で、その債権者数は多数に上ることが多
い。

(ア)　弁済禁止の保全処分の例外としての弁済

　そこで、実務上、申立てに際して発令される弁済禁止の保全命令（民再30
条、会更28条）や保全管理命令（会更30条）の対象から一定の商取引債権を外
すこと（いわゆる「保全の穴開け」[注312]）で、原則的には棚上げになるはずの
債権を弁済し、取引先との間の混乱を防止する（債務者からみれば、取引関係
を維持する）ことも、検討に値する。もっとも、そのような措置を講じるに
際しては、①当該措置を講じなければならない必要性（法的なロジック）に
加え、②当該措置を講じるに足る債務者の資金繰りの確保や、後に策定され
る計画案における平等性・公平性の確保可能性といった点を、あらかじめ

注312)　通常想定される商取引債務とはやや性質が異なるかもしれないが、近時は、リ
　　　ゾート施設の運営会社、エステ運営会社、英会話スクールなどの倒産手続にみら
　　　れるように、多数の消費者たる債権者（しかも、その債権は、いわゆる役務提供
　　　型の債権である）を巻き込むケースも見受けられる。このような役務提供型の債
　　　権も、金銭債権と同様、再生債権または更生債権に該当するが、このような契約
　　　が双方未履行双務契約（民再49条1項、会更61条1項）に該当し、履行選択によ
　　　り共益債権化し得るケースは格別、利用料金等の対価がすべて前払とされている
　　　ケースも少なくない。かかるケースにおいて、多数の消費者債権者保護等の観点
　　　から、以下に述べる少額債権弁済許可の制度を適用して保護することも検討に値
　　　する（金澤秀樹「会員契約（役務提供型契約・ポイント契約）をめぐる現状と課
　　　題」「現代型契約と倒産法」実務研究会編『現代型契約と倒産法』〔商事法務、
　　　2015〕49頁）。

291

第 2 章　債務者の再生手法

しっかりと検討しておく必要があることはいうまでもない。

　なお、近年の更生事件[注313]においては、「債権者が債務者との間での従前の正常取引先としての取引条件で取引を継続する場合」という条件の下、商取引債権を一律、弁済禁止の保全命令の例外（穴開けの対象）にする案件も実務上存在している[注314]。かかる対応は、商取引債権を包括的に保護することで、（当該商取引債権の基礎となっている）商取引契約を維持させ、ひいては債務者の事業価値の維持を図ろうとする試みの最たるものであるといえよう。

(イ)　少額債権弁済許可による商取引債権の保護

　(ア)のほか、法的整理手続開始後においては、手続開始前に生じた既存の商取引債権を弁済し、再生債務者または更生会社の「事業の継続に著しい支障」を回避するための少額弁済許可の制度（民再85条5項後段、会更47条5項後段）が活用されている。

　なお、このほかにも、商取引債権を保護する方策として、主要な取引先である中小企業者がその有する債権の弁済を受けなければ「事業の継続に著しい支障を来すおそれがある」場合の弁済許可（民再85条2項、会更47条2項）[注315]、少額の債権を「早期に弁済することにより手続を円滑に進行することができるとき」の弁済許可（民再85条5項前段、会更47条5項前段）[注316]、裁判所の許可または監督委員の同意を得ての商取引債権者との個別和解（民再41条1項6号・54条2項、会更72条2項6号）により共益債権化する方法[注317]、将来行われるべき商取引により発生する債権を前払する方法[注318]

注313)　株式会社日本航空や株式会社林原の更生手続など。

注314)　なお、東京地裁においては、再生手続において包括的に商取引債権全体を弁済禁止の保全処分として認めた事例は存在しない（鹿子木編著・前掲注152）51頁）。これに対して、更生手続においては、後述する少額債権弁済許可が認められるような事案においては、保全段階から裁判所の許可なく商取引債権を弁済できる旨の決定をする運用がとられている（東京地裁会社更生実務研究会『会社更生の実務（上）〔新版〕』〔金融財政事情研究会、2014〕）229頁）。

注315)　中小企業における連鎖倒産防止という観点から行われるものであり、債務者企業の事業価値を維持する観点での商取引債権の保護とははやや制度趣旨が異なる。

注316)　総体としての債権者数を減少させ事務手続の煩雑さを防止することにより、手続の円滑な進行を目的とするものである。

292

第7節　商取引関連

などが挙げられるが、いずれもその制度趣旨からはやや離れるため、これら
を直接の根拠とすることは困難な場合もある。

　民事再生法85条5項後段、会社更生法47条5項後段に基づく少額弁済許可
の制度を利用する場合、再生手続および更生手続いずれにおいても、当該債
権等を弁済しなければ事業の継続に著しい支障を来すものであること（事業
継続困難性）、支払の対象とされる債権が少額であること（少額債権性）が主
たる要件となる。

(b)　私的整理から法的整理に移行する局面（産業競争力強化法改正との関係）における商取引債権の保護

　前述の通り、私的整理においては、通常、金融債権者のみが対象債権者と
され、一般の商取引債権は約定通りの弁済が継続される。したがって、大半
の商取引債権者は、仮に債務者企業が私的整理手続を実施しているとしても、
そのことを前提に取引を継続するのであって、債務者企業としても、金融債
権とは異なり、商取引債権に対する全額弁済を前提に、事業に対する協力を
求めることが一般的であり、これによって事業価値が維持されている側面が
否定できない。それにもかかわらず、私的整理手続が頓挫し法的整理手続に
移行する場合には、商取引債権者たる取引先の乖離、ひいてはいっそうの事
業価値毀損のリスクが懸念されるところである。

注317)　かつては再生手続および更生手続いずれにおいても活用されていたが、本来的に
　　　　再生債権または更生債権等に該当する債権を共益債権化してしまうことは、債権
　　　　者平等が要請される再生手続または更生手続の理念に反しかねず（難波孝一
　　　　「『私的整理ガイドライン等から会社更生への移行』に対する検討」NBL886号
　　　　〔2008〕14頁、伊藤眞「新倒産法制10年の成果と課題——商取引債権保護の光と
　　　　陰」伊藤眞＝須藤英章監修・著『新倒産法制10年を検証する——事業再生実務の
　　　　深化と課題』〔金融財政事情研究会、2011〕25頁等）、近時は、その運用自体消極
　　　　的といわれている（鹿子木編著・前掲注152）195頁）。

注318)　個別的権利行使の禁止や、債権者平等の原則から直接的な問題を生じるものでは
　　　　ないが、将来の商取引につき履行を確保する必要があるとともに、資金繰りを圧
　　　　迫する可能性がある（特に、一部の取引先との間でのみこのような取扱いを設け
　　　　る場合、他の取引先からもより短期間のサイト、現金取引あるいは同様の前払を
　　　　求められるリスクもある）ため、慎重な検討を要する（鹿子木編著・前掲注152）
　　　　194頁参照）。

第2章　債務者の再生手法

　この点、近時、産業競争力強化法の改正がなされ、私的整理のうち事業再生ADRから再建型法的整理に移行する場合における商取引債権の保護が明文化されるに至った。すなわち、特定認証紛争解決事業者が、事業再生ADR終了までに発生する商取引債権に関して、民事再生法85条5項後段、会社更生法47条5項後段に基づく弁済許可と同様の要件（少額債権性および事業継続困難性）を充足することを確認した場合（産業競争力59条）[注319]、後続する法的整理手続において、裁判所は、保全処分（同法60条・63条）、上記弁済許可（同法61条・64条）、再生計画または更生計画の認可決定段階（同法62条・65条）で、当該確認規定を考慮することが義務付けられている。かかる改正は、私的整理における計画案をそのまま法的整理に適用することで債務者の事業価値毀損を極力防止しようとする、いわゆる「私的整理から法的整理への連続性」を実現するための大きな一歩と評価し得るところではある。もっとも、当該制度については、①連続性があるとはいえ、原則として手続が公にならない私的整理から手続が公になってしまう法的整理に移行するに際して生じ得る事業価値毀損をどこまで防止し得るのか[注320]、②（①の問題点も踏まえ）私的整理で選定されたスポンサーが法的整理移行時にも同条件での支援を維持してくれるのか、といった事実上の問題も指摘し得るところではある。商取引債権の保護を通じた債務者の商取引関係・事業価値維持のツールとして、当該規定にどの程度の有用性が認められるか、今後の実務上の工夫や実例の蓄積が待たれるところである。

注319)　プレDIPファイナンスにおける優先的な取扱いの確認規定とは異なり（産業競争力58条1項2号）、かかる商取引債権保護に関する確認規定においては、対象債権者による同意を得ていることが確認の対象とされていない。すなわち、法は、商取引債権保護に関する確認規定において、対象債権者による同意を前提にしていないものと考えられる。ただし、経済産業省関係産業競争力強化法施行規則34条1項により、事業再生ADRの対象債権者の意見の聴取が必要とされる。

注320)　例えば、商取引債権者を完全に保護したとしても、得意先において「法的整理に入った会社の商品は納入できない」と主張される場合などは、事業価値の毀損が生じ得る。

(2) 商取引関係を見直すための方策──「双方未履行双務契約」

(i) 「双方未履行双務契約」の規律

双務契約について債務者およびその相手方が手続開始時においてともにまだその履行を完了していないときは、債務者は、契約の解除をし、または債務者の債務を履行して相手方の債務の履行を請求することができる（民再49条1項、会更61条1項）[注321]。この双方未履行双務契約に係る債務者の解除権は、法的整理の場合にのみ与えられる特別な権利である。かかる権利に基づき、債務者は、自己にとって経済合理性のない契約を解除してその呪縛から逃れることができる。またそれのみならず、状況によっては、この特別な解除権を武器・背景として、債務者に有利な形での契約の条件変更交渉をすることも可能であろう。

(ii) 留意点──要・不要の速やかな見極め

もっとも、かかる特別の解除権が法律上認められる一方で、解除される相手方の権利・利益にも一定の配慮（不安定な地位に置かれることに対する配慮）が必要になる。かかる配慮に基づき、再建型の法的整理においては、契約の相手方に対して、債務者に対する催告の権利を認め、一定の期間内に債務者からの確答がない場合には、解除権を放棄したものとみなすこととしている（民再49条2項、会更61条2項）[注322]。

加えて、特に継続的な契約の場合において、開始決定後、債務者においてだらだらと従前の取引を続けてしまう場合、契約の相手方からは、債務者が「黙示の履行選択」を行ったものと主張されるリスクも皆無ではない。契約を履行選択するか解除するか（あるいは解除を背景とした条件変更を求めるか）については、申立前からの、あるいは、申立後の速やかな検討および見極めが重要であるといえよう。

注321）　本条項に基づく解除により生じた相手方の損害賠償請求権は、一般の再生債権・更生債権となる（民再49条5項、破54条1項、会更61条5項、破54条1項）。

注322）　他方、清算型である破産手続においては、確答がない場合、契約を解除したものとみなされる（破53条2項）。

(3) いわゆる「倒産解除特約」の有効性と対応

商取引の相手方との契約書においては、債務者が法的整理の申立てをした場合、当然にあるいは相手方からの通知をもって当該取引が解除される旨の、いわゆる「倒産解除特約」が定められていることがあり、債務者が法的整理を申し立てた場合、契約の相手方からは、かかる倒産解除特約を根拠とした契約の解除（およびそれに伴う債務の履行拒否）を主張されることがある。

この点に関しては、所有権留保特約付の売買契約に存在していた倒産解除特約について、かかる特約は利害関係人の利害を調整しつつ、窮境にある株式会社の維持更生を図ろうとする更生手続の趣旨・目的を害するものとして無効とした更生手続に関する判例[注323]や、機械のファイナンス・リース契約中に存在した倒産解除特約について、一債権者と債務者との合意によって債務者の責任財産の範囲を減少させる特約は再生手続の趣旨・目的に反することが明らかであるとしてこれを無効とした再生手続に関する判例[注324]を根拠として無効とする見解がある。

また、清算型手続においてはかかる特約も有効とするものの、再建型手続においては特約は無効とする見解[注325]もあるほか、近時においては、当該論点は、民事再生法や会社更生法の目的からアプローチするのではなく、法が管財人や再生債務者に対して双方未履行双務契約の解除と履行の選択権を付与している趣旨に反するとして無効と考える見解[注326]も存在している[注327]。

再建型法的整理の法目的からアプローチするのか、それらの法が管財人や再生債務者に与えた特別の権利を根拠にするのかの違いはあるが、いずれの見解によった場合であっても、更生手続・再生手続においては、倒産解除特約の存在（と債務者の申立ての事実）のみを理由とする相手方からの解除は制

注323）　最判昭和57・3・30民集36巻3号484頁。

注324）　最判平成20・12・16民集62巻10号2561頁。

注325）　富永浩明「各種の契約の整理(II)──賃貸借契約(2)」園尾隆司ほか編『新・裁判実務大系㉘新版破産法』（青林書院、2007）210頁。

注326）　伊藤・前掲注188）388-389頁。

第7節　商取引関連

限されるというべきである。相手方からかかる主張がなされた場合、債務者としては、これらの裁判例や学説等の存在も念頭に置いた上で、取引先（あるいはその代理人）に対して、取引の継続を要請していくことが重要である。

(4)　取引先からの支払条件変更の要請への対応

　契約の解除までは求められない場合であっても、法的整理の申立てに伴い、商取引契約の取引先（仕入先等）からは、債務者の信用力の低下等を理由として契約条件の変更（特に、支払条件の変更）を求められ、これを拒絶すれば、以後の取引を停止されかねない事態に陥ることがある。もっとも、一旦かかる要請を受け容れてしまうと、取引先間の情報の共有等により他の取引先からも同様の要請がなされ、債務者の資金繰りが一気に窮するリスクや、すでに申立前と同様の条件での取引継続に応諾してくれた先との間の不平等が発生し、ひいては当該取引先との信頼関係が破壊されるなど、債務者の事業継続にとって大きな悪影響が発生することも想定されるところである。したがって、前述の通り、債務者としては、事前に、申立後の手続の見通し（方針・スケジュール）や、今後の統一的な弁済条件等を資金繰りを見据えつつ綿密に検討の上、申立直後より、個別にあるいは説明会等で、これらについて丁寧な説明を行うことで、早期に取引先の理解・協力を取り付けることが極めて重要となる。特に、取引先は、債務者の主要な取引先の動向に注目していることも多い。したがって、申立直後に主要取引先の理解を早期に取り付け、他の取引先に対して「主要取引先もこの条件で応諾してくれているので、御社もどうか協力をお願いしたい」と説明できることは、当該他の取

注327)　なお、倒産解除条項が問題となる場合の当該条項についての準拠法は、契約自体の準拠法にかかわらず倒産手続開始地国法と解することが日米を含む多くの国において有力な見解であるところ、米国の連邦倒産法では倒産解除条項は原則として無効とされており、その結果、相手方は債務者による倒産手続の申立てを理由とした契約の解除はできない（米国連邦倒産法365条(e)(1)は、契約に、①倒産手続終結前における債務超過または財務状況、②倒産手続の開始、③管財人または財産管理人の選任または占有取得を債務不履行事由と定めている場合に、債務者が、手続開始後に、これらの債務不履行事由に該当することになっても、相手方は、未履行契約等を解除することや、修正することはできないと定めている）。

297

引先への大きな安心材料となる場合も多い。

　他方、事業継続に必要不可欠な取引先が、債務者が案内する申立後の統一的な弁済条件に納得せず、キャッシュ・オン・デリバリー（COD）や前渡金、保証金等の要求をあくまで主張する場合には、慎重な対応が必要である。債務者としては、代替の取引先の検討・確保を行うことなども必要であろうが、法的整理を申し立てた債務者と即座に取引を開始してくれる先を見つけることは困難な場合も多かろう。仮に、一部の取引先のみに対して特別の取扱いをしなければならない場合には、それを正当化する確固たるロジック（他の取引先から「不平等ではないか。うちもその条件にしてくれ」といわれた場合に、当該要請を説得的に断ることができるロジック）を組み立てておくことは、債務者の事業価値や資金繰りの崩壊を防止する上で非常に重要である。

　なお、必要不可欠な取引先からCODや前渡金、保証金等の要求をされ、これに何らかの形で応えなければならない場合、債務者としては、資金繰りへの悪影響を少しでも低減できるような形で妥結できるよう、可能な限りの交渉を試みるべきであろう。例えば、単に保証金を積むよりは、前渡金（当該前渡金を以後の取引の支払に充当していき、一定水準まで前渡金残高が減少した場合に再度一定金額に充つるまで積み直すような方式）のほうが債務者の資金繰りインパクトは緩和される場合があるであろうし、当該前渡金方式よりは、CODのほうが資金繰りインパクトはより緩和されることも考えられる。債務者と取引先との間の取引内容・決済実務も踏まえつつ、少しでも債務者の資金繰りに負担のない形で合意できることが望ましい。

(5)　その他商取引契約の相手方の主張への対応の視点——動産売買先取特権、商事留置権を題材に

(i)　動産売買先取特権

　以上のほか、商取引契約の相手方が主張し得る代表的な権利として、動産売買先取特権（民311条5号・321条）が挙げられる。動産売買先取特権は特別の先取特権であることから、再生手続では別除権となり（民再53条）、更生手続では（目的財産の時価の範囲内において）更生担保権となる（会更2条10項）ところ、特に、手続によらずに権利行使ができる再生手続において、

いかに対応するかが問題となり得る。

　この点、再生手続が、事業を維持継続しながらその再生を実現することを目的とするものであることからすれば、動産先取特権者が実際に対象となる動産を差し押えるまでは、基本的に、再生債務者は当該動産を自由に利用・処分できると解するべきである[注328]。また、すでに対象となる動産を売却済みの場合は、その売買代金の回収をすることで、物上代位による差押えを防ぐことができる。再生債務者としては、場合によっては、売却先からの早期の回収を検討することも必要であろう。

(ii) 商事留置権

　商取引契約の相手方が主張し得る代表的な権利としては、商事留置権も挙げられる（商521条）。商事留置権も、再生手続においては別除権、更生手続においても更生担保権の基礎となる担保権となるところ、特に申立直後の商事留置権者（例えば、倉庫業者や運送業者等）による商品・原材料等の留置によって、債務者の事業継続に支障が生じ得ることも想定されることから、対応が必要となり得る。

　この点、債務者においては、申立前の段階から、申立後に商事留置権者となるであろう相手先、当該相手先が保有する被担保債権額、当該相手先が留置している物の重要性および価値[注329]、代替物の確保可能性の有無、当該物の解放交渉にかけられる時間（いつまでに解放が実現しなければ製造・販売等に支障が起こり得るか）といった点を可能な限り分析・把握しておくことが重要である。当該分析作業を通じ、申立前の段階から、申立直後に交渉すべき商事留置権者の緊急性・重要性・交渉の難易等をあらかじめ把握するこ

注328)　全国倒産処理弁護士ネットワーク編『通常再生の実務Q&A120問──全倒ネットメーリングリストの質疑から』（金融財政事情研究会、2010）199頁［黒木和彰］は、「動産売買先取特権は、その権利行使手続により対象動産が差し押さえられて、初めて別除権として取り扱われるという内在的制約を伴った権利」であるとし、「早晩許可決定が発令される可能性が高いというだけでは、まだ別除権としては確定しておらず、再生債務者がその管理処分権に基づいて対象動産を換価すること自体は、直ちに担保権の価値保持義務には違反しない」とする。

注329)　債務者が当該留置物を取り戻して売却等を行った場合に得られるであろう利益もここに含まれよう。

第2章　債務者の再生手法

とができ、膨大な事務処理事項が発生する申立直後における不要な労力の発生や不要な支払を防止することができる。なお、重要度がさほど高くない商事留置権者については、「あえて申立当初は放置する」という対応が、かえって債務者における以後の交渉を容易にする場合がある。というのも、例えば、運送業者などは、保管場所がないなどの関係上、留置した物をそもそも長期に留置すること自体を嫌う場合も考えられるし、倉庫業者は、保管料のほか、日々倉庫に頻繁に物が出入りすることによる出庫・入庫その他付随するサービスによる収入にもそれなりのウエイトがあると考えられるところ、単に物を留置していることが、自身の収益にとってプラスにならないこともあるためである。債務者としては、商事留置権者との取引内容・商事留置権者自身の事業内容・財務内容等についても吟味した上で、対応を検討することが効果的な場合があることも念頭に置いておくべきであろう[注330]。

(6) 法的整理手続における知的財産権の処理

(i) 倒産手続における規律・影響

　現代のビジネスにおいては、債務者企業が、特許、商標、ノウハウ等の知的財産権を保有し、グループ会社やその他の第三者に対してかかる知的財産権の利用を許諾している（ライセンサーである場合）ことも多いし、（特にシステムなどについて）第三者から知的財産権の利用許諾（ライセンス）を受けている（ライセンシーである場合）ことは通常である。また、第三者との間で、知的財産権の利用を相互に許諾し合っているということもままある（クロスライセンスの場合）。製造業や製薬業界などでは、保有する・ライセンスを受けている知的財産が、事業活動の根幹をなすような場合もある。

　ここで、ライセンス契約とは、法律上の明確な定義のない無名契約である[注331]が、一般的には、発明、考案、意匠、著作物、営業秘密、半導体回路配置等の知的創作物、商標等の識別標識など、いわゆる知的財産あるいは知的財産権[注332]を保有するライセンサーが、当該知的財産権の実施、利用

注330)　当然のことながら、必要に応じて、各法が用意している特別の制度（更生手続開始前の商事留置権消滅請求〔会更29条1項〕、担保権消滅許可〔同法104条1項、民再148条1項〕等）を利用することも検討すべきである。

または使用する権限を相手方（ライセンシー）に付与する契約とされている。他方で、ライセンシーは、当該権限付与の対価としてロイヤルティーを支払うことを内容とするから、ライセンス契約は双務契約（破53条１項、民再49条１項、会更61条１項）として処理されることになる[注333] [注334]。

　このようなライセンス契約は、商取引の一環であるといい得るものの、ライセンシーがライセンスを用いて事業活動をさらに展開しているような場合には、ライセンスの使用が認められなくなると、その事業活動に大きな影響を与える一方で、ライセンシーの地位は不安定という特殊性がある。そのため、債務者企業が法的倒産手続による再生を図る場合または破産手続で知的

注331）　2017年５月の民法改正においてもライセンス契約は規定されなかった。ライセンス契約に関する民法改正議論については、伊藤栄寿「ライセンス契約と民法——民法におけるライセンス契約の位置づけと課題」特許研究64号（2017）34頁。

注332）　知的財産の創造、保護および活用に関し、基本理念およびその実現を図るために基本となる事項を定めること等を目的とする知的財産基本法において、「知的財産」とは、発明、考案、植物の新品種、意匠、著作物その他の人間の創造的活動により生み出されるもの（発見または解明がされた自然の法則または現象であって、産業上の利用可能性があるものを含む）、商標、商号その他事業活動に用いられる商品または役務を表示するものおよび営業秘密その他の事業活動に有用な技術上または営業上の情報、「知的財産権」については、特許権、実用新案権、育成者権、意匠権、著作権、商標権その他の知的財産に関して法令により定められた権利または法律上保護される利益に係る権利と定義されている。

注333）　双務契約とは、当事者が対価的意義を有する債務を相互に負担する契約をいう（東京地裁破産再生実務研究会編著・前掲注152）138頁）。ライセンシーのロイヤルティー支払義務がライセンサーのいかなる債務の対価であるかについては見解が分かれるところであるが、一般的には、ライセンサーがライセンシーに対し許諾技術を継続的に実施させる債務とが対価関係にあると解されているようである（金子宏直「技術ライセンス契約の倒産手続における処理（２完）」民商106巻２号〔1992〕217頁以下）。この見解によっても、ライセンシーのロイヤルティー支払義務が全額既払済みで、かつ、ライセンシーのその他の契約上の義務がない場合には、双方未履行双務契約性は否定され得る（岩波修＝村西大作「事業再生における再生企業の知的財産権の取扱い」野村剛司編集代表『多様化する事業再生』〔商事法務、2017〕302頁など）。

注334）　これに対して、ライセンス契約は双方未履行の双務契約に該当しないと考えることもできるとする見解として、田淵智久「『ライセンス契約』におけるライセンサー倒産に対する対処——その②理論上の問題（下）」NBL542号（1994）39頁・41頁。

第 2 章　債務者の再生手法

財産権の処理を図る場合には、その円滑な処理のためには、知的財産権特有の規律の存否・内容、解釈上不透明な点の把握などが必要となる。

以下では、再建型法的手続・破産手続におけるライセンス契約の取扱い、クロスライセンス契約の取扱いについて述べる。

(ii)　再建型法的手続

(a)　債務者企業がライセンサーの場合

再生手続における再生債務者等[注335] および更生手続における管財人（以下、「再生会社等」と総称していう）は、双方未履行双務契約について、その契約を解除をするか、自己の債務を履行して相手方の債務の履行を請求するかを選択することができる（民再49条1項、会更61条1項）。ただし、解除権を行使される相手方（ライセンシー）の利用権の保護の観点から、「賃借権その他の使用及び収益を目的とする権利を設定する契約」について「相手方が当該権利につき登記、登録その他の第三者に対抗することができる要件を備えている場合」には、再生債務者等は解除権を行使することはできない（民再51条、会更63条、破56条）。

この点、ライセンス契約は、契約目的である知的財産の「使用及び収益を目的とする権利を設定する契約」であり、ライセンシーが当該権利につき登記、登録その他の第三者に対抗することができる要件を具備していれば、再生債務者等は解除権を行使できず、ライセンス契約は存続することになる。

知的財産に係る対抗要件の有無・内容については、それぞれの法律の定めによるが、特許権の専用実施権や商標権の専用使用権など、そもそも登録が効力発生要件とされている権利については、当該権利の発生が認められる以上は、対抗要件も備えていることになる[注336]。

また、特許権などの通常実施権については、2011年改正前は登録が対抗要件であったが、同改正により通常実施権の登録制度は廃止され[注337]、すべての通常実施権および仮通常実施権に当然に対抗力が認められるようになっ

注335)　管財人が選任されていない場合にあっては再生債務者、管財人が選任されている場合にあっては管財人（民再2条2号）をいう。

注336)　特許98条1項、商標30条4項、新案18条3項、意匠27条4項、半導体集積回路の回路配置に関する法律21条1項2号など。

た（当然対抗制度の導入）[注338]。

　そのため、当然対抗制度が導入された特許権、実用新案権や意匠権については、ライセンサーの手続開始前にその権利が発生している限り、再生債務者等による解除権の行使は受けない（再生債務者等は解除権を行使できない）こととなる。

　他方、登録が対抗要件である商標権の通常使用権、出版権、半導体集積回路の回路配置利用権に係る通常利用権は登録が対抗要件であるため、未登録である場合には、再生債務者等から解除権の行使を受け得ることとなる。対抗要件のない（出版権を除く）著作権やノウハウ等についても同様である[注339]。当該解除権の行使を受けた場合、ライセンシーの損害賠償請求権は再生債権または更生債権となるにとどまる。ただし、解除によりライセンシーにとって著しく不公平な状況が生じるような場合は、権利の濫用等の一般法理によって権利行使が制限されることもあり得ると考えられる（前掲・最判平成12・2・29）[注340]。

(b)　債務者企業がライセンシーの場合

　この場合には、双方未履行双務契約に関する再生債務者等の解除権を制約する規定はないため、再生債務者等は、ライセンス契約を解除をするか、または自己の債務を履行して相手方の債務の履行を請求するかを選択すること

注337)　産業活力の再生及び産業活動の革新に関する特別措置法上の包括ライセンス契約における通常実施権の登録制度であった特定通常実施権登録制度も廃止された。なお、改正前に許諾されていた通常実施権にも改正法が適用される（平23改正特許改正附則2条11号）。

注338)　特許99条、新案19条3項、意匠28条3項。仮通常実施権の対抗力についても同様（特許34条の5）。

注339)　この場合のライセンシーを保護するための理論として、預託金会員制ゴルフクラブの会員契約について、破産した会員の年会費支払義務とゴルフ場施設利用権とが双方未履行の債務であることを認めた上で、契約を解除することによって相手方に著しく不公平な状況が生じるような場合には、破産管財人は解除権を行使することはできないとした最判平成12・2・29民集54巻2号553頁を参考に、解除権の内在的制約ないし権利濫用等の一般法理による制限が唱えられている。

注340)　最判平成12・2・29・前掲注339)は、双方未履行双務契約を解除することによって相手方に著しく不公平な状況が生じるような場合における破産管財人による解除権（破53条1項）の行使を否定する。

ができる（民再49条1項、会更61条1項）。したがって、ライセンシーである債務者企業としては、ライセンスの要否・重要性・費用等を勘案して、ライセンス契約の継続・非継続を検討することとなる。そして、再生債務者等が解除権を行使する場合には、相手方（ライセンサー）の損害賠償請求権は再生債権または更生債権となり、履行を選択する場合には、相手方の再生債務者等に対する請求権は共益債権となる[注341]。なお、ライセンサーとしては、ライセンス契約が解除されるか、維持されるかが未確定という立場に置かれることになるため、再生債務者等に対して、相当期間を定め、その期間内に解除または履行するか確答すべき旨を催告することができ、再生債務者等が当該期間内に確答をしないときは、再生債務者等の解除権は放棄したものとみなされる（民再49条、会更61条）。

　また、ライセンス契約において法的倒産手続の開始の申立てがあったことを約定解除権の発生事由とする旨の条項（いわゆる倒産解除条項）が設けられていることが多いが、当該条項は無効と考える見解が有力であることは**2(3)**で述べた通りである。ただし、法的倒産手続開始申立前の債務不履行に基づく解除権の行使については（一般法理による制限を除き）否定されるものではないと考えられる。

(iii) 破産手続

(a) 事業者がライセンサーの場合

　再生手続および更生手続における再生債務者等と同様、破産管財人は、双方未履行双務契約について解除または履行の選択権を有する（破53条1項）が、対抗要件を備えているものに対しては解除権を行使することはできず（同法56条1項）、解除権の行使が可能となるのは、商標権の通常使用権、出版権、半導体集積回路の回路配置利用権に係る通常利用権など、登録が対抗要件であるもののうち未登録のものおよび対抗要件のない（出版権を除く）

注341）　ただし、法的倒産手続開始の前の債務については、共益債権となるか更生債権となるか、共益債権となるとしても全額か否か（給付の可分性の有無により区別するか）については、見解が分かれる（伊藤・前掲注158）273頁、金子・前掲注333）233頁など）。ライセンスフィーの支払負担の重い債務者の場合、資金繰り上も大きな問題となり得る。

著作権やノウハウ等ということになる[注342]。当該解除権の行使を受けた場合、ライセンシーの損害賠償請求権は破産債権（同法54条）となる。

破産手続は債務者の財産の清算を図るものであるため、破産管財人としては、債務者の有する知的財産権をその財産的価値を評価する第三者に適時に換価し、破産財団の増殖を指向することとなる。上記の通り、破産管財人の解除権の行使が可能となるものは限定的であり、この場合、破産管財人は、原材料等の供給義務、技術指導・情報等提供義務やバージョンアップ義務等のライセンス契約上の義務を財団債権に係る債務として負い得ることになる[注343]が、破産管財人がかかる義務を持続的に履行することは困難であり、速やかに第三者へのライセンスの承継を図る必要がある。

もっとも、知的財産権の譲渡に伴いライセンス契約上の地位が当然に移転するか否かについては、争いがあり、また、契約上の地位の移転については契約書上、禁止規定があることが通常であることから、破産管財人としては、ライセンシーの承諾を得てまたはライセンシーおよび譲受人を交えた新たなライセンスに係る合意を得るなどして、換価を図ることになろう[注344] [注345]。

また、解除権の行使が可能となる一部の知的財産権については、基本的には、速やかに解除の上、契約上の負担のない権利として換価を図ることとなる。

(b) 事業者がライセンシーの場合

破産管財人は、双方未履行双務契約について解除または履行の選択権を有する（破53条1項1項）点および解除権の行使を受けた場合のライセンサーの損害賠償請求権が破産債権（同法54条）となる点は(ii)(b)と同様である。

注342）　権利の濫用等の一般法理によって権利行使が制限され得る点については注339）の通りである。

注343）　部分解除の可能性を論ずるものとして、「現代型契約と倒産法」実務研究会編・前掲注312）303頁以下。

注344）　岡伸浩ほか編著『破産管財人の財産換価〔第2版〕』（商事法務、2019）430頁［柴田義人＝玉城光博］以下。

注345）　破産財団に帰属する知的財産権につき共有者がいる場合、当該知的財産権の処分に当たっては共有者の同意が必要となる（特許73条1項、新案26条、意匠36条、商標35条、著作65条1項）ことから、当該知的財産権の処分の方針等について共有者と協議することが必要となろう。

第2章　債務者の再生手法

　破産手続は債務者の財産の清算を図るものであるため、破産管財人として
は、通常、解除を選択し、契約関係を終了させる処理を行うことになろう。

　例外的に、一時、事業を継続する、または事業譲渡を図るべく契約の履行
選択をすることも考え得るが、履行選択により破産財団からの支出が生じる
こともあり、確実に財団の増加が見込まれるような場合に限られるであろ
う注346)。もっとも、ライセンス契約において、破産時には販売ライセンス
を受けた商品の販売を禁止する旨の条項が入っている場合もあり、また、破
産時におけるライセンサーによる解除条項があることが通常であることから、
履行選択による破産財団にとっての利益を実現するためには、あらかじめラ
イセンサーとの間で相応の協議ができているまたはその理解を得られる蓋然
性が高い状況にあることが必要と思われる。ライセンサーの理解を得られる
見通しが不透明である場合には、基本的には、破産手続に至る前の事業譲渡
や保全期間中における処理を指向すべきことになろう。

(iv)　クロスライセンス契約の取扱い

　当事者双方が自己の知的財産権の実施、利用または使用する権限を許諾し
合うクロスライセンス契約である場合、各当事者はライセンサーおよびライ
センシー両方の立場を併有することになるが、当事者の一方につき倒産手続
が開始された場合に当該クロスライセンス契約はどのように取り扱われるこ
とになるのかが問題となり得る。

　クロスライセンス契約について、仮にライセンサーとしての契約とライセ
ンシーとしての契約を独立したものと考えるならば、(2)(ii)(iii)の通り、①再生
会社等や破産管財人は、ライセンサーとしては対抗要件を備えている相手方
の権利に関しては解除権を行使することはできないが、ライセンシーとして
は契約を解除するか否かの選択権を有することとなり、また、②ライセン
サーとしては対抗要件を備えていない相手方の権利に関して解除権を行使す
ることができ得るが、ライセンシーとしては、自己の債務を履行して相手方
の履行を請求するか否かの選択権を有するということになる。

注346)　なお、双方未履行双務契約の履行選択、事業譲渡いずれも裁判所の要許可事項と
　　　　なる。

第7節　商取引関連

　もっとも、この点については、クロスライセンス契約は相互のライセンス契約が対価的に牽連関係に立つ一体的な双務契約ということができる、各当事者が互いに知的財産の相互使用等をさせることに本質的な特徴がある等の理由により、契約の一体性を認め、クロスライセンス契約の一部のみの解除は認められないとする見解が有力である[注347]。(ii)(a)の通り、解除によりライセンシーにとって著しく不公平な状況が生じるような場合には権利の濫用等の一般法理によって解除権の行使が制限されることがあり得ると考えられ、クロスライセンス契約の趣旨や一部解除により想定される利害関係等の事情は解除権の行使を制限する事情となるものと考えられる。

　再生会社等や破産管財人がライセンス契約関係からの離脱を希望する場合には、相手方の同意を得て、当該契約上の地位を事業承継先に移転したり、相手方に対して自己の知的財産の買取りを要請することを検討することになろう[注348]。

注347）　三上威彦『倒産法』（信山社、2017）270頁。森・濱田松本法律事務所ほか『倒産法全書（上）〔第2版〕』（商事法務、2014）155頁など。

注348）　園尾ほか編・前掲注63）291頁。

307

第2章　債務者の再生手法

第8節　複数の企業体から構成される企業グループの再生

1　総論

　前節までは、会社またはその営む事業を再生するために、どのような手法があり、どのような留意点や論点があるかということについて、主として、再生が必要な債務者企業があたかも単一の企業体であることを前提として述べてきた。

　しかしながら、今日の現実社会では、多角的な事業を行う会社はもちろん、必ずしもそうでない会社も、資本関係を有する複数の企業体により構成されるグループとして、事業を営んでいることが多く、事業の再生という問題も、単一企業体を前提としたものではなく、複数の企業体で構成される企業グループまたは当該グループが営んでいる事業をいかに再生させるかという観点も含めて考慮しなければならない。

　すなわち、複数の企業体から成り立つグループまたは当該グループの営む事業をいかに再生させるのかという点が問題となり、典型的には、単一の企業に対して適用可能な再生手法がそのまま適用可能なのかどうかという問題、または、再生すべき対象が複数の企業体であることによって、単一企業体では存在し得ない事情により、追加的に考慮すべき事情があるのかどうかということが問題となる。

(1)　企業グループの構成

　複数の企業体によって構成される企業グループであっても、その態様は一様ではない。

　例えば、典型的には純粋持株会社という最終的な親会社の下に実際の事業を営む複数の子会社を擁する企業グループ、中核となる事業会社の下に種々

308

の機能（販売機能、研究開発機能、物流機能、IT機能、総務的な機能等々）を担う子会社を擁する企業グループ、国際的な事業活動を行うことを前提に各国の法制（ガバナンス関連の規制、海外資本に対する規制、現地の業規制等々）や税制（諸外国の連結納税制度等を含む）等を理由に各国において事業展開する子会社を擁するような企業グループなど、さまざまな形態がある。

　また、グループ間の結びつきに関しても、資本関係や支配関係に着目すると、100％支配下にある会社（当該企業グループ内の会社によって当該会社の全部の株式や持分が保有されている会社）や、おおむね100％支配下にある会社（現地の法規制との関係で、外国会社が100％株式・持分を保有することができず、ノミナルな持分を当該企業グループがおおむねコントロール可能な第三者に保有させているケース）というような場合もある一方、いわゆる完全支配下にあるとはいえない連結子会社（典型的には51％超保有や40％超で取締役会等の業務執行機関を支配下においているような会社）や他の会社との合弁会社（51％超保有により子会社となっている場合もあれば、50：50の合弁や3分の1ずつで三者が持分をもっており、会計上は関連会社にとどまるような場合もある）という場合もある。加えて、連結子会社ではあるもののその株式を取引所等に上場している、いわゆる上場子会社が存在したり、会計上は連結対象とはされていないものの、例えば資産の流動化等の受け皿として設立されたような特別目的会社といったものが存在したりするような場合もある。

　さらに、上記の資本関係・支配関係に加えて、グループ内の各企業において、他のグループ内の企業との関係において、資金面での依存関係（典型的には(2)(ii)で後述するようなCMSの構成員の1つになり運転資金の融通を相互に行っていたり、必要な資金調達をグループ内の他の会社に依存していたりするような強い依存関係がある場合もあれば、上場子会社や合弁会社などでよくみられるグループとは切り離されて独立して資金運用をしている場合もある）、事業上の結びつき（上述したような子会社が当該グループの営んでいる事業の特定の機能を担っているような場合や特定の地域の事業運営を担っている場合など、当該子会社単独では事業が成り立たない一方、当該子会社なしではグループの事業が成り立たないといった関係になっているようなケースもあれば、逆に当該子会社〔またはさらにその子会社を含む子会社群〕によって単独で事業運営が可能なケー

スもある）、信用補完の関係（後述するようなグループ内の他の会社への信用補完〔物上保証や人的保証等〕を提供しているまたは他の会社から信用補完を受けているというケース）、さらにはガバナンス構造（ある子会社の一定以上の重要な業務執行については当該ある子会社のみならず、その親会社や最終親会社の決裁が必要となるようなケースもあれば、上場子会社や海外子会社等において、特定の大株主が意思決定を支配することが適切ではないような場合を含め、独立した意思決定が行われている〔逆説的にいうと、親会社の支配権が完全には及ばない〕ケースもある）といった事項が、企業グループによって異なり、また同じグループ内の企業であっても、その様相や事業が異なっていたりする場合がある。

　したがって、単に複数の企業体が存在するという事情だけではなく、上記のようなグループの実際の構造（資本関係、依存関係、保有機能等）も、再生手法の選択・検討に大きな影響を与え得る事情となる。

(2) 複数の企業体が存在する企業グループにおいて追加的に生じる事情

　では、単一の企業の再生を検討する場合と、複数の企業体によって構成される企業グループの再生とを考える場合において、追加的に想定する必要がある、または単一企業に適用する再生手法に差異をもたらすものとして、どのような要素があるか。

(i) グループ内の商取引の存在

　単一の企業体の場合には、再生対象である当該企業と外部の者との間において商取引が存在し、当該取引の継続の可否、当該取引によって生じる債権債務の処理という点が、当該企業をいかに再生させるかという問題と密接に関連してくることは、**第7節**で述べた通りである。

　他方、複数の企業体で構成される企業グループの場合には、当該企業グループが当該企業グループに属していない外部の者との間で行っている商取引（単一企業体の場合における商取引に相当する）に加え、当該企業グループ内でも、商取引が行われている場合が通常である。

　例えば、販売機能を担う会社と製造機能を担う会社との間で仕入れ・販売

を行っている場合や、日本の本社や海外の製造拠点から、海外の販売機能を有する会社に対して輸出する場合などが典型的であるが、(1)のグループ内企業間での機能分担の態様によっては、親会社が子会社・関連会社に対して総務・会計・法務面等のいわゆるシェアードサービスを提供したり、ある子会社が企業グループ全体の知的財産を管理したりしているといった商取引も存在する。

そして、企業グループがグループ外の者との間で行っている商取引の継続の可否等が当該企業グループの再生の成否に影響するという点は、(後述する法的倒産手続の申立主体の選択という局面を除けば、) 単一の企業体の再生を考える場合と特段変わるところはない。しかしながら、グループ内の企業間の商取引は、単一の企業体の再生の局面では存在しないものであるものの、当該企業グループが円滑に事業運営を継続する上で必要不可欠なものであり、こうした商取引の円滑な維持・継続といった点は、場合により、外部との商取引以上に、その取扱いが再生の成否に大きな影響を与える可能性がある点に留意が必要である。

(ii) グループ内での資金融通的取引

(i)で記載した企業グループ内の商取引に加えて、単一の企業体では存在しない、または (再生手法の検討をする上で) 問題とならない取引として、企業グループ内での資金調達・融通的取引や、資金管理を目的とした取引 (典型的には、キャッシュマネジメントシステム〔CMS〕)[注349] がある。

単一の企業体であれば、資金収支も単一の企業体にて管理され、当該単一の企業体の再生においては、当該資金収支を管理・改善していくということを主眼に各種の施策がとられることとなる。

他方、複数の企業体で構成される企業グループにおいては、個々の企業体の資金管理が重要であるという点は変わりがないものの、グループ全体の事

注349) キャッシュマネジメントシステム (CMS) とは、グループ企業間の資金を統合管理する仕組みをいう。CMSの機能は企業グループごとに異なり、一義的な定義があるわけではないが、一般的には、グループ資金のプーリング、グループ間取引のネッティング、支払代行等の機能を包含した仕組みを指す。

第2章　債務者の再生手法

業運営の効率化・安定化という観点からは、個々の企業体の資金管理に加え、グループ全体での資金管理の適正性ということが重視される場合が多い。

　例えば、グループ内のある会社において、多額の設備投資資金が必要であったりする場合であっても、当該ある会社単独で当該資金を独自に調達する必要は必ずしもなく、外部からの資金調達機能を有する他の会社が資金を調達した上で融通することが可能であり、日々の運転資金の調達についてもある会社において決済資金が不足している場合にはグループ内の他の会社の余剰資金を融通し、充当したりすることが可能であるということである（こうした資金運用を行ったほうが、各会社が単独で独自に外部から必要資金を調達するよりも、コスト的にも安く、効率がよいという側面もある）。なお、上記のような現実的な資金融通以外にも、企業グループ内で金融面での結びつき[注350]がある場合があるが、その点は(iv)で紹介する。

　再生局面においては、いわゆる資金繰りの管理が極めて重要であることはここまで縷々述べていているが、グループ内の個々の企業体においては、その位置付け、役割、分担している機能等によって、単一企業体のみで事業を遂行している場合とは、異なる資金収支の特徴や資金管理の必要性が生じる場合がある。

　具体的には、外部からの資金調達は、親会社などの特定の会社が実施し、その後グループを構成する個々の企業体（例えば子会社や関連会社など）に貸し付けるといった形で資金管理を行っている場合には、グループ内での貸付を受けていた会社からの返済が滞る（または返済を猶予する）という形で当該貸付を受けていた会社の資金繰りを支援すると、外部からの資金調達を担っている特定の会社における返済資金の不足という別のより深刻な問題を引き起こすことになる（当該特定の会社自身に外部からの資金調達以外に資金を作出する能力がない場合）。また、違う例として、グループ内のある企業が外部からの原材料の仕入れと製造という機能を、他の企業が外部への完成品の販売という機能を担っているような場合には、通常の事業運営としては外部

注350）　なお、金融面での結びつきという観点では、グループ会社の取引債務や借入債務について、他のグループ会社が連帯保証や物上保証等の信用補完を行っている場合もある。

312

との商取引によって生じる余剰現金や不足資金をCMSやグループ内の企業間の融資取引等を通じて相互に融通することとなるものの、完成品の販売不振のため販売会社の資金収入が減り、他のグループ会社へ融通すべき余剰資金が減少すると、仕入れ・製造という機能を担っている会社（当該会社にはグループ外から資金を調達する能力は通常ないであろう）における決済資金の不足という形で問題が顕在化することになる。

すなわち、複数の企業体で構成される企業グループ内においては、上記のような資金融通的取引は、単にグループ内での資金管理を適正化するということのみならず、グループ全体の外部との関係における資金管理にも重大な影響を与えるものであり、(i)で述べたグループ内での商取引同様、当該企業グループを再生していく上で、その取扱いが再生の成否に大きな影響を与えることとなる。

ところで、上述したグループ内での資金融通に係る取引と、(i)で述べたグループ内での商取引に伴う資金移動とを、現実的に厳密に区別することが難しい場合もある。

先に紹介した例に沿ってより具体的に紹介すると、①ある会社Aがグループ外から材料を仕入れ、②Aはグループ内の別の会社Bに仕入れた材料を販売し、③Bはその材料を用いて製造した製品をグループ外に販売しているとしよう。この場合、Aはグループ外に買掛債務を有し、Bに対して売掛債権を有している。他方、BはAに買掛債務を有し、グループ外に売掛債権を有している。

そして、上記の①から③までの過程には一定の時間を要するわけであるが、グループ外との間の取引条件（支払条件や支払タイミング等）やグループ内での取引条件との関係によっては、Bが売掛債権を回収する前にAのグループ外への買掛債務を支払う必要が生じたりするような場合がある。このため、こうした資金のギャップを埋め合わせるため、④個々の企業体で生じた余剰資金をグループ内の（CMSなどの）金融取引で融通するということで、資金管理の効率化を図ることとなる。

ここで、上記①と③によって生じる債権債務はグループ外との関係で生じる商取引債権であるところ、②によって生じるグループ内の債権債務が(i)の

313

第2章　債務者の再生手法

グループ内の商取引に係る債権債務であり、④によって生じる債権債務がグループ内の資金融通的取引（金融取引）によって生じる債権債務であると区別することができるとも思われるが、現実の資金の決済状況をみてみると、④で行われる現実の資金移動は、時的要素を無視すれば、Aにとっては、②の売掛金の回収でもあるし、①の仕入れに係る買掛金の支払のための資金融通ということになる。そして、時的要素を考慮した場合、上記の売掛金と買掛金とは必ずしも牽連性があるとは限らない（①で仕入れた材料で作られた完成品の②の売掛金であるとは限らない）一方、これらは連結グループ内での債権債務関係の処理であるため、結果として単体の企業体ベースでの「勝ち負け」（他のグループ会社に移動すべき資金と他のグループ会社から収得すべき資金のいずれが大きいか）はあるが、それが現実のグループ内の商取引や資金融通的取引と、1対1で結びついているわけではないということである。

(iii)　外部からの与信・資金調達

(i)(ii)は、グループ内の企業間で発生する債権債務関係について紹介してきたが、複数の企業体から構成される企業グループの場合には、外部との取引の主体という観点からも、単一の企業体とは異なる問題が存在する。

例えば、主に仕入れを担う会社、製造を担う会社、販売を担う会社、その他の役割を担う会社というように、同じグループ内の会社でも、異なる機能を負う会社が存在する場合、販売を担う会社は外部に対して売掛債権を中心とした債権を有する一方、仕入れを担う会社は外部に対して買掛債務を中心とした債務を負担する。また、外部から資金調達をし、グループ内の他の企業に貸し付ける機能を有する会社が存在している場合、当該資金調達機能を有する会社は外部の債権者に対して債務を負っていることとなるが、グループ内で貸付を受けた実際に資金を費消し、かつ、事業運営によって資金作出することが可能な会社は外部に対しては債務（当該会社の事業運営によって生じる債務を除く）を負っていないという状況が生じ得る。

ここで通常の状況（再生局面ではない状況）を想定すると、企業グループにおいては、個々の構成企業がそれぞれ運営されているものの、企業グループ一体として事業運営を行われていることから、当該企業グループと取引関係に入る外部の者は、当該企業グループが個々の構成企業に割り当てた機能

314

に応じて個々の構成企業との間で取引関係に入るケースが多く、個々の構成企業単独の信用状態というよりも、当該企業グループ全体の信用状態を基礎として、取引関係に入ることになるわけである。ただし、その態様が一様でないことは前述の通りである。

そして、複数の企業体から構成される企業グループにおける再生という場面においては、こうしたグループ全体に対する信用という外部の者の期待と、究極的な事態としての破産や清算という想定した場合や強制執行等の法的な回収手続を想定した場合における回収可能な財産の基礎となるものや権利行使可能な対象財産が当該個々の構成企業単体が有する財産に限定されるという法的な制約とのギャップを、どのように調整していくのかということが問題となることが多い。

前述の例に沿うと、仕入機能を有する会社に対して債権を有する外部の取引債権者は、当該仕入機能を有する会社が他のグループ会社に対して有する売掛債権は引当財産として捉えることができるが、例えば、販売機能を有する会社が外部の顧客に対して有する売掛債権には直接には及ばない（債権者代位権等手段がないことはない）ことになるが、グループ企業全体が再生局面に入っている状況を想定した場合、グループ内の他の会社に対する債権とグループ外の者に対する債権のいずれが価値が高いかは明らかであろう。

前述した事情は、事業運営に伴う商取引の取引関係に入る者に関して典型的に該当するような事情であるが、再生局面で問題となることが多い金融機関等外部との資金調達的な取引によって当該グループにとっての債権者となる者の場合にはどうであろうか。こうした金融取引的な取引が行われる場合には、仮に、健全に企業グループが運用されることを前提にグループ全体の信用状況で与信を判断するという要素があったとしても、実際に債務者となる個々の企業体の信用状況をまったく考慮しないで与信を行うということになるかどうかという問題である。

結論からいえば、ケースバイケースというほかない。

例えば、公募社債による調達を考えた場合、社債を発行する会社は当該企業グループの都合によって決定され、社債を取得する者は、当該社債発行会社の財産を基礎とする社債を購入するかどうかという判断にならざるを得な

い。同様に、グループ内で外部からの資金調達機能を有する会社が決まっているような場合にも、当該グループとの取引を企図する金融機関等は当該会社と取引関係に入るほかないというように、債務者となる個々の企業の信用状況を重視することができない場合がある。

逆に、グループ内で外部からの資金調達を担当する特定の会社を決めず、状況に応じて資金需要がある会社が個々に金融機関等から借入れを行う場合もあり、この場合には、当該債務者の信用状況が問題とされる場合があることは当然であるが、グループ全体の信用状況を勘案した上で、当該債務者への貸付を実行するというケースもあるであろう。

以上のように、複数の企業体から構成されるグループ企業が外部からの与信を受け、または資金調達を行っているような場合における再生局面においては、当該グループの各会社に対して債権を有している債権者を、法的な意味で債務者となっている個々の会社の債権者としてのみ取り扱えばよいということにはならない場合があるということである。すなわち、当該企業グループの構成、債権者がグループに対して債権を有するに至った（個々の企業体が債務を負うに至った）経緯・動機といったものが、利害関係者が応諾可能な再生計画の作成の成否に大きな影響を与えるということである。

上記に加え、外部からの与信・資金調達との関係では、グループ内の個々の企業体における財産の偏りと、資金作出能力の違いという点も、企業グループの再生を考える上では看過できない論点である。すなわち、企業グループの再生という観点からは、究極的には、企業グループ外の債権者が満足するまたは納得する弁済計画（または与信継続が可能な事業計画）を提示できるかどうかが問題となる。

ここで、企業グループとして運営されている以上、個々の企業体の機能や業績には当然に偏りがあり、個々の企業体が有する資産（現預金のみならず、売掛債権等の流動資産、土地や設備等の固定資産等）が外部からの与信状況に沿ったもの（例えば、より優良な資産を有する会社が多額の外部調達が可能であるといった関係）になっていたり、個々の企業体が事業運営によって資金を作出する能力（グループ外への売上等営業収入によるグループ外からの資金収入）と外部からの与信状況が合致していたりするケースは稀であろう。しか

しながら、当該企業グループに対して債権を有する者に対する弁済は、基本的に当該企業グループ全体で保有する資産や当該企業グループ全体で作出する資金をもって行われることとなる。

したがって、上記のようにさまざまな事情で特定の企業体に対する債権を有することとなった債権者に対して、どういった範囲のグループ内の会社の資産や作出される資金を、どういった分配基準によって割り当てていくのかという点も重要な論点になる。

(iv)　グループ内企業間の信用補完的取引

単体の企業体がその信用を補完することを目的として、当該企業体の代表者等による保証の差し入れ、または外部の者による保証の提供（信用保証協会等が典型例であり、かつ、当該保証を提供した者がさらに当該企業体の代表者等による保証の差入れを求めることも多い）といった信用補完取引が存在する。こうした保証人に関する単体の企業体の再生局面における取扱いについては、**第4節5**において述べている。

複数の企業体によって構成される企業グループにおいても、単体の企業体と同様、代表者等や外部の者から信用補完を得るという事象は当然存在するが、これに加えて、グループ内の他の会社からの信用補完という事象が存在し、このグループ内での信用補完取引の取扱いが再生局面において問題となる。

グループ内での信用補完取引は、(iii)で述べた通り、外部からの与信・資金調達という取引を行う債権者にとっては、グループ内での資産や資金作出能力の偏在という状況を前提とした上で、企業グループ全体の信用状況を基礎とした与信・資金提供という観点と法的な制約としての個々の債務者との間の債権債務関係という問題に対処する1つの方法として、また、逆に企業グループ側からみるとそうした問題に対処するための解決策の1つとして有効な取引となる。

具体的には、ある子会社が負担する債務に対する観念的にはグループ全体の企業価値を把握し得る親会社による保証の提供、その機能として資金調達を行う会社が負う債務に対する現実に資金作出能力や資産を保有している他のグループ内会社による保証の提供（典型的には、持株会社である親会社の借

第2章　債務者の再生手法

入債務に対する事業会社である子会社による保証の提供等がこれに当たる）、さらには、ある会社に対する債務に対する他のグループ会社の資産を物上保証として提供するといった、グループ内での信用補完取引が行われることが想定される。

　グループ会社の事業再生の局面では、こうした人的・物的保証の存在が、(iii)で述べた特定の企業体に対する債権を有することとなった債権者に対して、どういった範囲のグループ内の会社の資産や作出される資金を、どういった分配基準によって割り当てていくのかという再生の究極的な問題に影響を与えることとなる。

　端的には、実態的には一の原因に基づき一の債務者に対して有する債権に関して、企業グループ内の複数の債務者が法的に弁済義務を負うという状況にある債権者と、一の債務者にのみ権利主張・行使が可能という債権者が存在する中で、どのように弁済原資を割り当てていくのかということが問題になるということである。また、再生局面の状況次第によっては、現実には保証履行請求権が行使可能な状況には至っていない場合もあり得るが、そうした場合であっても、潜在的には保証履行を請求できるという立場をどのように考慮するかという点も論点となり得る。

　加えて、人的・物的保証を提供している会社が、主債務を負っていた会社の債務の弁済を行った場合（担保の実行や担保物件の売却等による弁済が行われる場合が典型例である）または弁済を行うものとみなされるような場合（実質的に当該保証を提供している会社が作出する資金によって弁済が行われているような場合等）には、保証を提供していた会社が主債務者であった会社に対して求償権を取得する、または取得する可能性があることとなり、これによりさらにグループ内での債権債務関係ができあがる可能性がある。

　したがって、こうしたグループ内での信用補完取引が存する場合には、こうした取引の結果発生するまたは潜在的に発生する可能性がある債権債務関係を、再生局面においてどのような取扱いをすべきかという点も論点となり得るのである。

　以下では、以上のような複数の企業体によって構成される企業グループ特有の取引形態、債権債務形態の存在が再生手法にどのような影響を与えるか

318

ということについて、私的整理手続（法的整理手続に至らない債権者の合意を根拠に調整が行われる手続）における取扱い・留意点等について概観した上で、単体の企業体をベースに手続や権利関係が整理されることを原則とする法的倒産手続における取扱いとその問題点について、述べることとする。

2　私的整理手続を通じた企業グループの再生

いわゆる私的整理手続（法的整理手続に至らない債権者の合意を根拠に調整が行われる手続）において、既存の利害関係に関しどのような権利調整等が行われるかについては**第4節**で述べられているところであり、以下では、**1**で紹介した企業グループ特有の取引形態・債権債務形態の取扱いを中心に紹介する。

(1)　グループ内の商取引

私的整理手続において、企業グループが営む事業運営は、原則として継続・維持することが重要となる。

そして、**1**(2)(i)の通り、企業グループ内の商取引の維持・継続は、グループ全体の事業運営の効率性や法規制等の事業運営上の外的制約を勘案した上で、設定されたグループ各会社が担っている機能を維持・継続させるために必要不可欠のものとなるため、私的整理手続において、特段の取扱いがされることは稀である。

このため、仮に、金融機関等に対して一時停止［→**第4節**］を要請し、その弁済を一時停止しているような場合であっても、グループ内の商取引債権は、（一時停止要請前の原因のものも、要請後の原因のものも）通常の条件通り弁済が行われる。

(2)　グループ内の資金融通的取引

次に、グループ内で行われている資金融通的取引については、その内容によって考慮要素が変わってくる場合がある。

319

(i) 資金効率的観点から行われている取引

CMSを代表例とするような企業グループ内での資金効率を向上させることを目的とする資金融通的取引は、1(2)(ii)で述べた通り、(1)のグループ内の商取引と表裏一体のものやほぼそうしたものに相当する取引である場合が多いため、こうした取引も従前の状況と同様に維持されることとなる。

(a) システムを運用する金融機関との関係

ところで、CMSのような一定の金融システムを利用して、グループ内企業の資金を移動させているような場合、そのサービスを提供している金融機関は、当該企業グループにとってのメイン銀行であるということも通常みられる情景である。

そして、私的整理手続による再生を企図する場合には、それがどのような範囲の債権者に、どのような深刻さ（単なる与信の継続、リスケジュール、債権放棄等々）をもって行われようとする場合であっても、メイン銀行は必ずその対象となり、かつ、その検討状況について、他の債権者よりも詳細にかつ適時に把握しているという状況は容易に想定できる。

ここで問題となるのは、グループ内の資金融通的取引の取引対象物は現預金であり、それが企業グループのメイン銀行の預金口座間を移動していく取引であるという取引の性質上、当該口座を拘束される、または当該システムの運用を停止されるといったリスクが存在することである。基本的には、メイン銀行は、債務者の再生に対して協力的な場合が多いため、適切な協議を通じてシステムの維持に協力してもらうこととなるわけであるが、こうしたシステムには、口座間の資金移動のタイムラグを当座貸越類似の取引で保管しているような仕組みが組み込まれていることもあり、こうした取引が技術的には新規の与信に該当し、金融支援の内容いかんによっては、こうした取引が継続できず、その運用の見直しが迫られる場合もある点に留意が必要となる。

また、国際的に事業を営んでいるような企業グループにおいては、例えば、ある一定の地域（欧州、アメリカ、アジア等々）においては、こうしたシステム運用のために現地の金融機関（必ずしも企業グループに対して貸付債権を有しているとは限らない）を利用している場合があり、私的整理手続とはいえ、

第8節　複数の企業体から構成される企業グループの再生

一定の金融調整等が行われるまたは行われるおそれがある事情がシステム運用を停止する原因に該当するといった場合もあるため、この点についても留意が必要となる。

(b)　個々の構成企業単体レベルでの資金繰り問題

次に、こうしたシステムの運用に当たっては、個々の構成企業レベルでどの程度の手元現金を残しておくか（逆説的には、どの残高を超えた部分を余剰資金として、他の会社に融通するのか）ということがグループ内で決められているが、この残高レベルを調整することによって、グループ全体として融通できる現金の額は変わる。

すなわち、再生局面における企業グループが資金繰り問題に対処するために、融通可能となる資金を増やそうとした場合、個々の構成企業で保有する現金を可能な限り少なくするという方法をとることも有効な資金繰り対策の1つとなり得るということである。

しかしながら、こうした個々の構成企業の保有現金レベルの調整に当たっては、いくつか留意すべき事項もある。

まず、グループ内部での支配構造の問題である。例えば、100％子会社でそのガバナンスが親会社その他資金管理を担う会社が実質的に支配されているような場合、こうした残高調整は比較的容易である一方、ある程度独立して事業運営されているような会社ではそうした調整が困難な場合もあるであろう。

また、少数株主が存在するような会社である場合などは、当該会社からみれば、グループ全体の危機対応のためではある（すなわち、自己の円滑な事業継続に資するものではある）ものの、特定の大株主にのみ通常以上に現金を融通するという状況が生じることになる点が問題視される場合もある点に留意が必要である。

さらに、単体の構成企業が外部と取引をしている場合には、企業グループ全体の信用状況の悪化が、当該構成企業の外部との取引条件を悪化させる（支払期限の短縮、現金取引や保証金の要請等々）おそれがあることもあり、そうした事態への対応も含めて調整が行われることが必要となる場合もある。

321

第2章　債務者の再生手法

(ii)　グループ内の貸付債権等

(i)で述べたようなCMSを代表例とする資金運用システムではなく、資金需要があるグループ内の会社（賞与資金や決済資金等短期の資金需要、設備投資等の長期の資金需要といった状況もあれば、赤字等が継続しているため損失補てん的な資金需要もあり得る）に対して資金を提供するために、下記のように、グループ内で貸付という形（(i)のようなCMS等の資金運用システムも厳密にいえば、貸付・借入れに分解することは可能である）で資金移動されている場合がある。

① ある会社で生じた余剰資金を、資金需要がある会社に直接、または、グループの資金管理を担う会社に貸し付ける形で資金を移動する（資金管理を担う会社がグループ内から吸い上げた余剰資金を資金需要がある会社に貸し付けるという資金移動も含まれる）。

② 資金調達の機能を担う会社が外部から資金を調達し、これをグループ内の資金需要がある会社に貸し付ける形で資金移動をしている。

このような取引に関しても、私的整理を通じて権利調整が行われている限りは、事業継続を優先するという観点から、金融機関等への金融支援が要請されているような場合でも、従来と同様の条件で取引が継続されるということが原則であるが、以下再生局面における代表的な留意点について紹介する。

(a)　グループ内貸付の融資条件に関する問題

グループ内企業間で貸付が行われる場合、その融資条件（返済期限や利率等）は当然決められているわけであるが、外部からの借入れに比較すると、その内容は緩やかなものとなっている場合がある。

典型的には、利率等が比較的低利にされている点が挙げられるであろうが、再生局面という点で考えると、返済期限（繰上返済等の条件を含む）の取扱いが問題となることが多い。

具体的には、グループ内での貸付に関して、融資契約上は一定の返済期日が定められてはいるものの、当該返済期日において同額（またはほぼ同額）を再度貸し付けるという運用が行われており、そうした運用（すなわち、実質的に返済しないという運用）を前提に借入れを行っている会社の資金繰りが組まれていることもある。

322

グループ全体の資金の有効活用という観点からすると、グループ全体でみた場合の資金繰りに影響が及ばないのであれば、こうした取扱いを厳格にして、個々の企業レベルで資金繰りに関する問題を顕在化させることは適切とはいいがたいので、仮に金融支援要請を行っているような場合でも、その取扱いが継続される場合もある。

しかしながら、グループ全体が再生局面に入っているような状況で、約定通り返済されない、または約定通り返済できないおそれのある会社に再度与信を継続するということの是非が問題となり得る。特に、グループとしてのつながりが希薄であるような場合（例えば、資金を拠出している会社が上場子会社であるような場合）には、こうした取扱いを正当化することが難しい場合もあるであろう。

(b) 再生の方向性・赤字補てん的資金融通の取扱い

グループ全体の再生ということを考える上で、その窮境原因が特定の事業を営む子会社（単体・または子会社群）にあるようなケースも多い。

こうした場合、再生手法の１つとして、そうした業績の悪い子会社（または子会社群）について、なおグループ会社の事業運営に必要なものとして抜本的なリストラを実行して収益性を改善させる、逆に不要なものとしてこれを売却したり、場合により法的倒産手続等を利用して処理したりというようなことが企図されることがある。

ところで、こうした何らかの処理が必要な業績の悪い子会社が存在する場合、通常、それまでの過程において赤字補てん的な意味で資金の貸付が行われており、単体レベルでみると、多額の債権がすでに存在していることも多いであろうが、その債権が短期間に回収できる見込みはない場合がほとんどである（当該子会社または子会社群を売却する際に、当該債権も併せて〔額面で、または額面よりもディスカウントして〕売却し、売却代金による資金の回収と税務上の損失認識による税効果を得るという方法はある）。こうした状況は、私的整理手続における事業計画や金融機関等への返済計画の策定においては、返済見込みがないことを所与の前提として取り扱わざるを得ない場合が多く、（そうした多額の返済不能な貸付が継続されたことに関する経営責任問題等を除き、）金融機関も納得せざるを得ないケースも多いであろう。

第2章　債務者の再生手法

　私的整理手続において、グループ内貸付に関して問題とされる場合があるのは、こうした業績の悪い会社に対して、その事業継続のためになおも資金支援を継続してもよいかどうかという問題である。

　3(4)(ii)で後述する通り、法的倒産手続においては、グループ内の貸付債権を含むグループ内の債権は他の一般の債権よりも劣後した取扱いがされるべきという考え方もあるため、リストラや売却といった手段を模索したものの、結果的に当該業績の悪い会社を法的倒産手続によって処理することとなった場合、再生局面下で追加的に貸付を行った資金が回収できないという事態を生じさせることとなる。

　また、そうした事態にまで至らないとしても、グループ全体が再生局面にあり資金の有効活用が求められている状況下において、これまでと同様、短期的には回収見込みのない赤字資金を補てんし続けることが正当化することができるかという問題は、金融機関に一定の金融支援を要請する場合には、真摯に検討されなければならない。

　すなわち、当該業績の悪い子会社のグループ内での位置付け・再生の方向性、資金支援の極小化のための手当て、資金支援を継続することによる企業価値の維持・向上とこれによる返済原資への影響といったことを総合的に勘案して、金融支援を検討する金融機関等が応諾可能な資金支援の継続を模索していく必要がある。

(3)　外部からの与信・資金調達

　(1)(2)は、グループ内部の債権債務関係の問題であったが、再生局面においては、グループ外の者との債権債務関係をどのように調整するべきかが最重要課題であることはいうまでもない。

　そして、私的整理を模索する以上、いわゆる商取引債権に関連する部分は維持した上で、金融債務の調整を軸にした事業の再生を検討する必要が生じることとなる。なお、外部との商取引をいかに維持・継続するかという論点に関しては、単体とグループにおいてそれほど大きな差異はないというべきであり、**第6節**を参照されたい。

第8節　複数の企業体から構成される企業グループの再生

(i)　企業グループにおける金融支援

　ところで、1(2)(iii)で記載した通り、複数の企業体で構成される企業グループに対する金融機関による与信は、単体の企業体に対するものとは異なる事情が介在する。

　簡潔に整理すると、①法的な意味での債務者が債権者の任意の意思で選ばれているかどうか、②当該債務者の資産や資金作出能力が提供されている与信状況に対応しているかどうか、③債権者側の事情として与信判断において個社ベースが重視されているのか、グループ全体が重視されているのか、④グループ全体の企業価値（または返済能力）について個社ベースで把握されるべきなのか、グループ全体として把握されるべきなのか、といった事情である。

　なお、これらに加えて、金融機関による与信においては、グループ内の直接の債務者以外の（親会社・子会社のような）他のグループ会社による信用補完取引が含まれている場合があり、上記の事情に加えて、信用補完取引の処理も含めて金融支援のあり方を検討せざるを得ない。特に債務免除を内容に含む再建計画が策定される場合には、その利害が先鋭化することになり、いわゆるパーレート条項を用いるかどうかといった論点が存在する。

　このため、先に信用補完取引にまつわる問題を概観した後、(5)において、債権放棄を含む、複数の企業体から構成される企業グループにおける金融支援のあり方について紹介することとしたい。

(ii)　資産や資金の恣意的な移動

　企業グループが健全に運営されている以上、個々の企業の機能・役割に応じて、資産や資金が偏在すること自体はあり得る。

　ところが、企業グループが窮境状態に陥った場合においては、上記のような通常の業務運営を超えて、企業グループ内の各会社における資産や資金作出能力と与信状況のズレが生じ得ることを利用して、特定の（会社に対する）債権者を不利に扱ったり、有利に扱ったりすることを企図する場合がある。すなわち、資産や資金が恣意的にある特定の会社に移動し、財産状況が悪化した会社を法的倒産手続等で処理するといったような場合である。典型的には詐害的会社分割であり、その問題点等は**第6節**に記載した通りである。

325

第2章　債務者の再生手法

　そして、私的整理を通じて再生を模索する以上、そうした恣意的な財産移動が行われた後の状況を所与のものとして、再生計画を策定していくことが適切かどうかについては慎重な検討を要するし、債権者の合意をベースとして再生が模索される手続において、債権者の信頼を失いかねないようなグループ内における取引については慎重な対応が求められるところである。

(ⅲ)　個社ごとに金融支援要請をする場合のグループ内債権の取扱い

　(5)で述べる企業グループ一律での金融支援要請とは異なり、同一の企業グループ内ではあるものの、事業のつながりやグループとしての結びつき、債権者の分布状況、債務者の所在国等の関係等で、個別の債務者（または一定の債務者群）ごとにその債権者に金融支援を依頼する場合に問題となる点としては、個々の債務者間に存在する債権債務について、どのような取扱いをするのかという点が挙げられる。

　この問題は、(1)および(2)で述べたグループ内の債権債務関係について、どのような取扱いをするかにもよるわけであるが、外部からの借入れに対して十分な弁済能力を有しない債務者（A）がグループ内の他の会社（B）に対しても債務を負っており、また、当該他の会社（B）もその債権者に対する弁済能力に不安があり、Bにとっての主要な財産の1つがAに対する債権であるといったような場合である。

　Aの債権者からみれば、Bが有するAに対する債権はグループ内の債権であるわけであるから外部債権よりも優先されるべきではないという主張があるであろうし、Bの債権者からみれば、AはBに対する債務を弁済しないまま、すなわち本来はBの債権者に対する弁済原資になるべきものも含めてAの債権者が弁済を受けようとしているという主張が出てくることとなる。

　こうしたケースの解決策は1つとは限らず、また、どう解決することが正しいということを決めることも難しい。結論からいえば、Aの債権者もBの債権者も納得するような分配方法を模索するほかないということになる。

　そして、一般的に思いつくレベルでの解決策としても、①内部債権は外部債権よりも優先されるべきではないという考え方、②Aのレベルにおいて内部債権と外部債権を同等に扱った結果、Bに分配されるべきものをBの債権者に分配するという考え方、③金融支援の要請や私的整理または法的整理の

第8節　複数の企業体から構成される企業グループの再生

手続はまちまちに行われるが弁済計画はAとBの財産状況と債権者の状況を合算して一律のルールで分配するという考え方（後述するパーレート条項の考え方）、④グループ内の債権債務関係（特に商取引系の債権債務関係）は全額弁済しているのであるから、その限りでBの有する債権も先に弁済することを前提に分配するという考え方というものがあり、こうした処理またはいくつかの考え方の組合せから、納得感・衡平感のある金融支援要請を検討していくことになる。

(4)　グループ内の信用補完取引の取扱い

先に述べたように、親会社やその他のグループ会社は、他のグループ会社の債務に関して保証や担保提供というような信用補完を行っていることが多々ある。

こうした保証や担保提供は、原則として、主債務者であるグループ会社が法的整理手続等を申し立てるなどして弁済が不能となった場合に、その権利行使が可能となるようなものである。もっとも、主債務の契約条件等によっては、グループ会社の窮境状況の結果、財務制限条項ほか何らかの契約条項に抵触していて、権利行使ができない状態ではないというような状況にある場合もある。

しかしながら、私的整理の中では、法的倒産手続とは異なり、こうした保証履行や担保の実行等が現実に行われるケースは稀であるし、再生の方法としても、そうした事態の発生を回避しつつ、再生を図っていくことが主眼となるため、保証履行や担保の実行がされた場合やそうしたことが行われることを前提とした論点については、ここでは言及しない。

また、(3)で述べた通り、金融支援のあり方については、後述するため、ここではそれ以外の論点について、概説する。

(i)　子会社等の売却と既存の信用補完取引

再生手法として、**第6節**で紹介した、特定の子会社の売却が有力な再生手段であるという場合であっても、当該特定の子会社の債務について、親会社や他のグループ会社が保証を行っているというような場合には、その処理も併せて検討する必要がある。

第2章　債務者の再生手法

　典型的には、親会社が窮境にある子会社の保証をしているような場合における当該子会社の売却を想定した場合、端的に、買主の信用能力に満足した債権者が、親会社の交替に併せて保証を解除すれば大きな問題は生じない。しかしながら、当該債権者にとっては保証を解除するインセンティブが乏しい場合が多く、解消できない場合も多いであろう。そうであるとすると、仮に、業績の悪い子会社の切離しを企図して売却を行ったとしても、保証等の負担が残り、究極的な当該子会社のリスクが遮断できていないということになり、再生計画や事業計画の策定に影響を与えかねない。

　そこで、保証関係を解消するための1つの手段としては、現に負担している主債務を返済した上で保証も解除するという方法が、その債務が金融債務的なものであれば検討できる。しかしながら、この場合には、再生局面にあるグループが当該返済に十分な資金を確保できるのか否かという問題や、仮に金融債務であるとすると、企業グループに与信を提供している他の金融機関には一定の金融支援を要請している中で、特定の子会社に対する債権のみが即時に弁済されるのかといった問題を解決しなければならないことが想定される。なお、商取引関連の契約に係る責任（保証金的な性質の保証、履行責任や賃貸借契約の支払保証等）については、当該取引が将来的に継続することもあり、こうした弁済・保証解除という方法が機能しないことも多い。

　次に、残存する保証責任のリスクをできるだけ極小化するという観点から、買主から裏保証を受ける（仮に、従前の保証契約に基づき保証履行を請求され、弁済した場合に、これを買主に訴求できるといった内容）ことによって対応することも考えられる。さらには、実質的に買主に保証を提供することとなるため、一定の保証料を徴収することによって、買主にて保証解除に向けた努力を促すといったことも考えられる。

　このように、信用補完取引が存在している場合における子会社等の売却においては、単なる株式譲渡や事業譲渡に加えて、信用補完取引の処理ということも検討する必要がある。

(ii)　再生局面における信用補完取引の要請

　すでに信用補完取引が存在する場合ではなく、企業グループが再生局面に入ったことに起因して、外部の債権者から新たな信用補完取引の要請を受け

ることがある。

1(2)(iv)で述べた通り、企業グループと取引関係にあるものは、自己の有する法的な権利である特定の会社に対する債権（または生じ得る債権）が、本来期待していた企業グループの価値全体を把握することが困難な場合もあることから、例えば、特定の子会社と取引をしていた者が親会社の保証を求めたり、親会社に対して与信提供していた債権者が事業運営による資金作出能力を有する子会社の保証を求めたり、子会社が保有する資産の担保提供を求めたりする場合である。

基本的に、これらへの対応は、当該債権者が商取引に係る債権者であれば、応じることの必要性・他の債権者への影響等を検討して判断するという点は、単体の企業体の場合とあまり変わらないため、**第6節**を参照されたい。

問題となるのは、金融機関に対して金融支援等を具体的に要請する前の段階（内部的に再生のあり方を検討している段階や、一部主要行との間で方向性に関する協議が始まった段階）において、特定の金融機関等から新たな信用補完取引を求められるような場合には、やや慎重な検討を要する。

すなわち、**第4節**の権利関係の調整において述べた通り、私的整理を通じた再生のための金融支援の要請においては、各金融機関の衡平感が非常に重要な要素になるところ、事前に情報を察知した主要行が自らの債権等の保全を目的として、金融支援要請を行う直前に信用補完取引（保証や担保の取得等）を行った場合には、後の金融支援要請の中で問題とされる状況も想定できる。

他方で、私的整理の態様として、例えば、全取引金融機関を対象とした金融支援ではなく、一部の金融機関（例えば、メイン行のみといった場合や主要行のみといった場合）の努力で事態を改善していくようなケースもあり得る。こうした場合は、例えば新規の与信提供に対して、信用補完取引を要請されるといったある程度合理的な要請もあるであろうし、一定の協力・支援をすることの引換えとして既存債権の保全強化的な要請というものもあるであろうが、再生局面という状況下において応じざるを得ない状況もあるかもしれない。

そして、こうした信用補完取引の要請に応じるに当たり、留意が必要な状

況としては、他の契約において、一部の債権者に対してのみ信用補完取引を行うことを禁じるような条項が含まれていることがあることである。こうした場合、単体の企業体では当該条項が理由となって対応できないこともあり得るが、条項の内容次第では、子会社による担保提供等によって対応可能な場合もあり得る。

(5) 複数の企業体から構成される企業グループにおける金融支援のあり方

　複数の企業体から構成される企業グループが私的整理を通じた再生を模索するために、取引金融機関に対して一定の金融支援を求める場合の支援のあり方について以下紹介する。

　なお、金融支援の内容自体は、**第4節**で述べたものと変わるところはない。問題は、複数の企業体が存在する中で、異なる法人格を有する各債務者とそれに対する債権者という権利関係の分布になっている状況下で、個別に再建計画を策定し、権利変更や弁済を行うべきなのか、グループ全体として取り扱われるべきなのかという点である。

　以下では、①与信継続・新規貸付の実行、②債権放棄を伴わない返済計画の変更、③債権放棄を伴う権利変更といった金融支援の内容に応じて、企業グループにおける金融支援のあり方について紹介する。

(i) 与信継続・新規貸付の実行

　企業グループの業績悪化や財務状況の足下の悪化はみられるものの、従来通りの与信の継続（例えば、短期貸付金のロールオーバー等）や、再生に向けた必要資金の新規貸付（事業計画上、弁済可能性が示せる場合）といった支援が得られれば、十分に再生が見込めるといった場合である。

　こうした場合には、個々の与信状況に応じて個別の企業体ごとに異なる対応をするということよりも、いかにグループ全体の再生の方向性に合致した形で、与信の継続をする債権者や新規の貸付を行う金融機関にグループ全体の価値や作出される資金を把握させるかという観点から所要の手当てが検討されることになる。

　その際、従前以上に、貸付債務を負うこととなる特定の会社以外のグルー

第8節　複数の企業体から構成される企業グループの再生

プ会社の追加的な信用補完が必要となる場合もある。

(ii)　債権放棄を伴わない返済計画の変更

債権放棄までは要請しないが、従来の債権者に対して、一定の権利変更を要請するような場合についてはどうか。

本来的に、このような返済計画の変更は、債務者が作成する事業計画に基づき想定される弁済可能資金の状況に応じて、返済計画を作成し、金融機関から合意を得るというプロセスをたどることとなる。

(a)　特定の会社が資金調達の機能を有している場合

外部からの資金調達を担当する会社が特定の会社に限られているような場合には、単体の企業体における返済計画の変更の場合とは異なることはない。事業計画に基づき想定される弁済可能資金が債務者のみならず、グループの他の会社の事業運営によっても作出される点が異なるだけであり、新たな返済計画の作成において、特別の配慮を行う必要はない。

もっとも、債権者の中には、すでに従前の取引条件の中で、他のグループ会社の資産（株式や不動産等）に担保を保有している者がいる場合もあるが、これもその売却時の取扱等は単体の場合と大きく変わるところはない。

では、債権者の中に、例えば、特定の子会社からの保証の提供を受けている者がいる場合はどうか。1つの考え方としては、当該特定の子会社の事業運営によって生み出される資金は、返済計画作成上、優先的に当該保証の提供を受けている債権者に割り当てられるべきという考え方もあり得るかもしれない。しかしながら、実際の企業グループの運営においては相互に有形無形の依存関係や協力関係の中で事業運営が行われているわけであり、ある特定の会社が事業運営によって産み出した資金と明確に認定できるような状況になることはそれほど多くはないと考えられる。

また、主債務を保全するという保証の性質にかんがみると、主債務の返済計画に関して一定の合意に達し、返済計画は変更されたとはいえ主債務が弁済されていくことを前提にすれば、主たる債権と当該債権に係る保証履行請求権のそれぞれについて弁済が行われるということが当然の帰結にはならないであろうし、従来の保証は返済計画変更後の主債務の保証として存続するという整理もあり得るであろう。なお、(i)に述べた金融支援に伴う追加的な

第2章　債務者の再生手法

信用補完が行われるような場合（従来、そうした会社から保証を受けていなかった債権者も、金融支援の前提として新たに保証を受けるというような場合）もあるわけであるから、従来保証を有していたという地位を強調することは、私的整理を成功裏にまとめるための障害となる場合もあるであろう。

(b)　複数のグループ会社が資金調達を行っている場合

　グループ内の複数の会社が金融機関から資金調達をしている場合に、グループ全体の事業計画を策定し、返済計画を作成していく際には、返済資金の割当てをいかに整理するかという問題に直面する。

　まず、グループ内の複数の会社が資金調達をしているとしても、そのすべての会社を金融調整の対象とするのかどうかという問題がある。すなわち、グループを構成する企業の結びつきの強弱や当該個々の企業の運営のあり方との関係で、一律の処理が適切なのか、個別の処理が適切なのかという問題が分かれ得るという問題である。

　例えば、あるグループにおける上場子会社の債権者と、その親会社およびその非上場子会社群の債権者とを一律に取り扱うこととするのは、仮に、当該会社同士において従来資金融通的な取引が存在しても、若干の違和感があると思われる。また、合弁企業や特別の目的をもって設立された会社でその資金管理がグループ全体とは切り離されて独自に管理されているような場合には、これを一体として処理することに関しては、それぞれの債権者の抵抗もあるかもしれない。特に、過去に資金調達を目的として流動化スキームを採用したような場合には、実質的には当該グループに対して資金を提供した債権者であるという整理も可能ではあるが、資金提供者側の事情としては**第2節1(2)(iv)(d)**で述べた通り「倒産隔離」という効果をも期待して、自己の債権の保全を図っていたにもかかわらず、それを私的整理局面において、一律に取り扱われるということには抵抗があるものと思われる。

　次に、企業グループの再生のために、金融支援の対象とする債務者およびその債権者の範囲が定まった場合（正確にいえば、対象とされる債務者および債権者の範囲につき債権者の納得が得られた場合）に、どのように返済原資を割り当てていくかという問題がある。後述する債権放棄の場合とは異なり、結果的に債権全額の回収が可能で、その返済ペースがどう調整されるかとい

332

第8節　複数の企業体から構成される企業グループの再生

う問題にとどまること（返済計画の変更により期限が伸長される場合に、純粋に経済的にみると、債権放棄と同様の効果が生じているのではないかという指摘はあり得るであろうが）に加え、上述の通りグループ全体の資金作出能力を個別の企業体に分配することが理論的にも、技術的にも困難な場合が多いといったことから、債務者が異なる債権者であっても、一定の共通のルールに基づいて返済計画を作成するようなケースも多い。

なお、グループ内の他の企業から保証や担保の提供を受けている場合の考え方は、上記の特定の会社が資金調達機能を有する場合と、複数の主債務者が存する場合で大きく変わるところはない場合が多いと思われる。

(iii)　債権放棄を伴う権利変更

最後に、債権放棄を伴う権利変更を含む金融支援を要請する場合について、検討する。**第4節**で論じられている通り、債権放棄を含む金融支援は、当該債務者の財務状況上、（実質）債務超過になっており、従前の債務全額を負担した状態のまま再生を図っていくことが不可能である、または適切ではないというような状況において、検討される金融支援である。

(a)　企業グループにおける債務超過問題

ここで問題となるのは「（実質）債務超過」という状態をどのように認定し、設定するかという問題が、単体の企業体の再生の場合と、複数の企業体から構成される企業グループの場合とでは、様相を異にするということである。

繰返しとなるが、私的整理を通じて企業グループの再生を図っていく場合には、究極的には企業グループ全体の事業・財務・資金等の状況の改善を図っていくことが必要となる。

これを「債務超過の解消」という観点から考えると、個々の借入れを行っている個社ベースで債務超過が解消されるだけでは十分でない場合があるということである。企業グループ全体（純粋に会計的な連結の範囲とするか、上述した金融支援の対象となる債務者等によって構成されるグループとなるかといった論点は存在する）の債務超過の解消が図られなければならないことになる。

この点、例えば、親会社が外部借入れを行っており、外部借入れの存在し

333

ない子会社が債務超過であることに起因してグループが債務超過に陥っているような場合、親会社の実態貸借対照表上は、子会社への投資勘定を減損することに加え、子会社の債務超過相当を支援損といった形で認識し、これにより生じる親会社単体レベルでの債務超過を解消するような債権放棄を受けるという構造で個社ベースの債務超過の解消が企業グループ全体の解決となる場合もある。

では、逆に上記例における債務超過に陥っている子会社にも外部借入れがあった場合にはどうか。当該子会社の債権者が債権放棄をして債務超過を解消し（結果、グループの債務超過も解消する）、親会社の債権者には特段の金融支援を要請しないという方法もあり得るし、親会社の債権者も、子会社の債権者も、一定の負担（債権放棄）をすることによって、グループ全体の債務超過を解消していくという処理方法も考えられる。

このように、企業グループ全体で債務超過の解消を図っていくということは、グループを構成する個社レベルでの債務超過の解消を図るということとは、必ずしも合致しない場合があるということである。なお、グループを構成する個々の会社の債務超過が解消されていなくても、グループ全体の債務超過が解消され、再生が見込まれる状況にあれば、グループを構成する個社の債務超過問題は必ず解消しなければならないという問題にはならない場合も想定できる。

(b) 資産・財務状況の偏在

(a)に述べた通り、企業グループが一体として事業運営を行っている場合には、構成する個社レベルの資産・財務状況に偏りが生じることはあり得る。

例えば、グループ各社で機能分担をしているようなグループにおいては、製造機能を有する会社には不動産や機械設備等の設備が存する一方、販売機能のみを有する会社には賃借した事務所しかみるべき資産がないといったことが起こり得る。また、財務状況の偏りに関してみると、グループ全体では当然損益管理が行われているが、その損益をどのように個社レベルに割り当てるかという点は、グループ内部での取引条件等（常に経済合理性が保たれているとは限らない）によって左右されてしまうという事情があり、グループ全体で損失が生じているような場合、その損失が特定の会社に蓄積される傾

向があるといったことも想定し得る。

さらに、例えば、グループ企業間において財産の著しい混同が生じていたり（典型的には、ある資産に関して、法律または会計上所有権を有しているとされている会社と、実際に事業運営に利用している会社とが異なり、さらにはこうした事象につき適切な賃借料等が支払われていないような場合）や、前述したような詐害的な意図をもってある会社の財産が他の会社に移動されていたりするような場合などもあるであろう。

すなわち、そもそも個社レベルの資産・財務状況を所与の前提として、債務超過解消を企図した債権放棄の要請を行うことが、異なる債務者の債権者間において衡平なのかどうかという点に慎重な検討を要するケースがあるということである。

(c) 与信の基礎となった信用状況と返済の基礎となる資金作出能力

(3)(i)の通り、企業グループに対する与信は、貸付の対象となる個社の信用状況のみならず、親会社・グループ会社全体としての与信で融資が実行されていることも多いであろうし、債権放棄後の残債務の弁済原資となる企業グループの資金作出能力についても、個社の能力として分解して捉えるよりも、グループ全体の寄与という観点から捉えたほうが適切な場合も多いであろう。

すなわち、債権者の中には、確かにグループ内の特定の会社に対する貸付行為ではあったものの、個社の信用能力や資金作出能力のみに依拠して与信をしていたわけではないし、将来の返済に関してもグループ全体の収益力が適切に反映されるべきであると考える者もいるであろう。

こうした場合には、個社の資産・財産状況を強調して、個社ベースでの債権放棄を含む金融支援を要請された場合には、受け入れがたいという状況が生じることもある。

なお、グループの構造や機能分担、資金管理等の状況に応じては、上記とは逆に、グループ内の他の会社とは区別された個社の信用状況に応じて与信を行っており、将来の返済も当該区別された個社の収益力を基礎にして検討されるべきであるという者もいるであろう。

債権者の合意をベースに再生を目指していく私的整理においては、こうした種々の債権者の関心事に沿う形で、策定していく必要がある。

335

(d) 信用補完取引の存在

債権放棄を含む金融支援を要請する場合に、先鋭化する問題としては、グループ内での信用補完取引の存在がある。

なお、グループ内の他の会社が不動産等の物上保証を提供しているような場合には、いわゆる保全債権・非保全債権の区別の問題として、債権放棄の金額を計算する基準額の問題に帰着するといえ、この点は**第4節**で述べたところと変わるところはないため、以下では人的保証を中心に論じる。

仮に、ある債権者が貸付を行っていた会社が債務超過であったとして、債権放棄を含む金融支援が必要だとしても、グループ内の他の個社ベースでは財務状況が健全な会社から保証を提供されているような場合には、理論的には当該債権者は、保証履行請求をすることによって、その債権全額の回収が図れるようにも思われる。また、仮に保証を提供している会社も債務超過状態にあるとしても、その有する保証履行請求権が全額回収不能となるわけではなく、当該保証を提供している会社の他の債権者と平等に債権を回収する権利は保障されるべきという主張は合理的であるように思える。

これらは、グループ内の他の会社に保証を有する債権者に関して、当該保証をも勘案した債権放棄等の要請（保証を有しない債権者よりも優遇された要請）をすべきではないかという発想に近づく。

他方で、仮に、保証を提供していた会社が保証履行を行った結果取得するであろう求償権については、通常回収不能になるわけであるから、保証を提供していた会社が保証履行を行う場合には、こうした保証履行に伴う回収不能リスクを個社の財産状況としてどのように反映させるかという問題も生じることとなる（一種の循環計算のような状況が生まれる可能性が高い）。

また、(3)(i)の通り、与信はグループ全体の信用状況を基礎として行っており、資金作出能力もグループ全体で産み出されていると考えるべきであるから、特に、債権者の合意をベースとして進められる私的整理手続においては、一部の債権者が債務者以外の者から保証の提供を受けているという法形式のみを強調すべきではないという考え方（すなわち、経済的にはグループ全体の価値に着目して与信を提供している点では同様であるが、その価値の把握ということに関して法技術的に保証という手段をとったか否かの違いがあるにすぎない

のだから、合意ベースの私的整理手続において過度に強調されるべきではないといった考え方）もあるであろう。

さらに、極めてテクニカルな発想であるが、仮に、企業グループ全体があたかも一の企業体として再生されていくとするのであれば（典型的には合併をしてしまうならば）、保証履行請求権と主債務は一本の債権に集約されてしまうものであり、別人格性を強調すべきではないのではないかという主張もあり得るであろう。

これらは、ある債権者がグループ内の債務者以外の会社から保証を受けていたとしても、グループ全体から衡平に回収できるものとして、強調すべき問題ではないのではないかという発想に近づく。

結論においては、ここにも正解の処理はなく、保証を有しない債権者・保証を有する債権者が互いに納得できるような計画の策定ができるか否かによってくる。

(e) パーレート条項

以上みてきた通り、複数の企業体から構成される企業グループにおいて、グループ内の複数の会社において外部借入れがあり、かつ、企業グループ全体として債務超過の状況にあるような場合には、債務超過状態に対応して債権放棄を含む金融支援を要請することとなるわけであるが、その処理の仕方は一義的には決まらない。

ところで、私的整理手続においては、全債権者の同意によって金融支援の内容が決定されることもあり、関係する債権者の最大公約数的な解決策を目指すということを企図した場合、一般的には、その経済的一体性や与信状況等をも踏まえ、グループを一体として再生し、その産み出すキャッシュ・フローや有する企業価値を適切に分配するという観点から、貸付先企業の個社レベルでの財産状況や資産状況にかかわらず、企業グループ全体に対する必要な金融支援を一律の内容で要請するパーレート条項というものが用いられることがある。

そして、こうしたパーレート条項が関係する債権者の最大公約数的な解決策となり得るような事情としては、以下のような事情が認められる場合が挙げられている[注351]。

① 資金調達に当たりグループ各社間で債務保証を行っていたり、親会社が金融機関から資金調達を行った上で当該資金調達をグループ各社に貸し付けるなど、当該企業グループが財務面・資金調達面において一体性を有している。

② 親会社の役員がグループ会社の役員を兼務していたり、親会社の経営会議によって企業グループ全体およびグループ各社の経営に関する重要事項が決定されるなど、当該企業グループが人事面において一体性を有している。

③ グループ各社が当該企業グループの一員として社会経済的に広く認知されているなど、対外的に当該企業グループ全体の信用力を背景として事業を展開してきたと認められる。

以上の通り、企業グループの一体性とそれに対する債権者の信頼という点からみた場合には、画一的に、グループ会社ごとに個別に異なる内容の再建計画を作成することや、グループ間の債権債務を外部の取引債務と同様に扱うこと、保証や物上保証という信用補完の状況に何ら配慮しないことが、かえって債権者間の衡平を害する場合もある。そのような場合に、パーレート条項を設けることにより、衡平で債権者間の納得を得られる再建計画が模索されており、このような場合には、パーレート条項を設けることの許容性も満たされてきたといえる。

なお、パーレート条項を用いて、グループの債権者に一律の債権放棄を依頼する場合に、貸付先企業単体が資産超過であるというような場合には、法的整理手続では後述する清算価値保障との関係が問題となるが、私的整理の場合には、当該債権者の合意によってこの問題を乗り越えていくことになる（ただし、当該資産超過の会社に対して債権を有する債権者を説得し得るだけの理由付けができるかどうかは、状況次第である）。

注351) 西村あさひ法律事務所＝フロンティア・マネジメント㈱編・前掲注150) 251頁参照。

3 法的倒産手続の申立てに伴うグループ間取引への影響

(1) 総論

　1で述べた通り、グループ全体の一体的な事業再生という観点からは、企業グループとして一体的に事業展開をしていく上で必須のグループ間取引を維持する必要性は、引き続き高いことが多く、そのためにグループ一体での事業再生が必要とされることも多い。

　もっとも、会計・税務面においては、連結会計や連結納税といった、グループの一体性を考慮した制度設計がされているのに対し、法的には、いわゆる単体主義がとられている。そのため、手続上は、同じグループの会社であっても、原則として外部の債権者・取引先と同様に扱われる。また、仮に同時に法的倒産手続を申し立てた場合でも、手続の進行自体は一体として遂行される場合も多いが、原則としては、各グループ会社の手続は、併合されるのではなく個別のままである。そのため、このような場合には企業グループの一体的な処理や、グループ間取引の維持・継続について、手続上の制約等が生じる。

　そのため、法的倒産手続の局面においては、かかる制約を踏まえた上で、グループ全体の事業再生という観点からグループ間取引をどのように処理し維持していくかが、特に重要な課題となる[注352]。以下では、企業グループの再生という観点から、法的倒産手続を申し立てる際の考慮要素や、再建計画案におけるグループ間取引の処理に関する論点について、整理する。

(2) 申立主体の選択

　企業グループの事業再生（特に法的倒産手続）を検討する場合には、どの

注352）　私的整理手続ではグループ間の債権債務について対象債権に含まれず、グループ間取引の継続について法的倒産手続におけるような制約はない。ただし、グループ間の債権債務の処理は、私的整理手続でも弁済計画の策定に当たっては論点となる（詳細については**第4節3**(3)(iii)参照）。

第2章　債務者の再生手法

企業体については法的倒産手続を申し立て、どの企業体については手続外に置くかの検討が重要な要素となる。

　例えば、（他のグループ会社からの資金融通がなければ）自力では資金繰りを維持できないような子会社や、保証債務の負担が重く、主債務者である親会社の法的倒産手続の申立てに伴い、自社では到底負担できないような保証債務を負っているような子会社は、法的倒産手続のメリットが大きいという判断になりやすい。逆に、自社で資金繰りを維持することができ、また、親会社が法的倒産手続を申し立てたことによる信用不安は一定程度あるとしても、そこまで大きくない（自社が法的倒産手続を申し立てた場合に事業に与える影響が大きい）というような場合には、法的倒産手続は申し立てないという判断になることもある。

　特にどのグループ会社について法的倒産手続を申し立てるかという観点からは、このように、それぞれの企業体が置かれた状況を踏まえ、法的倒産手続により、弁済をやめることができたり、債務について免除を受けることができるという現在および将来の資金繰りの観点や、（特に事業上必須の資産に対する）差押等の強制執行や担保権実行を妨げ得るという資産保全の観点でのメリットと、法的倒産手続申立てによる信用不安が事業に与える影響というようなデメリットをそれぞれ考慮して検討することとなる。また、その企業が海外に所在するグループ企業の場合には、申立てに伴うコストも検討要素となり得る。なお、海外には、法的倒産手続の申立義務がある国もあり、その場合には、別の考慮が必要となる。

(3)　グループ内取引への影響と対応策、各種グループ内取引の倒産法上の位置付け

　また、グループ企業のある企業体について法的倒産手続を申し立てるという場合には、各種グループ内取引にどのような影響があり、そのためにはどのような対応策が必要となるのか（申立主体の範囲に影響することもある）、その前提として、各種グループ内取引は倒産法上どのように位置付けられるのかの精査が必要となる。

第8節　複数の企業体から構成される企業グループの再生

(i)　グループ間金融・CMS・信用補完

(a)　企業グループ内での信用補完が行われている場合の申立時の検討事項

　グループ内の会社間で信用補完が行われている場合に、主債務者が法的倒産手続を申し立てると、通常は、連帯保証人である他のグループ会社には、保証履行請求がなされるし、物上保証人である他のグループ会社には、その所有する資産について担保実行がなされるおそれが生じる。そのため、グループ内で信用補完が提供されている場合における主債務者であるグループ会社の申立てに際しては（あるいは申立後に問題が現実化した場合には）、信用を提供している会社の処理の必要性が当然に問題となる。

　すなわち、1(2)の通り、保証履行請求がなされた場合にその履行が難しい場合や、事業運営上重要な資産の担保実行がなされるおそれがある場合には、これらの連帯保証人または物上保証人たる他のグループ会社についても、併せて法的整理手続を申し立て、一定のプロテクトを得ることを検討する必要が生じる。

　また、連帯保証人や物上保証人となっているグループ会社が法的倒産手続を申し立てる場合にも、当該申立てが、主債務についての期限の利益喪失事由等であるような場合には、同様に主債務者たる他のグループ会社について、併せて法的倒産手続を申し立てることを検討する必要が生じる[注353]。

(b)　弁済禁止との関係

　次に、実際にあるグループ会社について法的倒産手続開始申立てを行った後の、グループ間金融・CMSの取扱いについてであるが、法的倒産手続は

注353)　なお、グループ会社による連帯保証や物上保証が否認の対象とならないかは、別途検討する必要がある。すなわち、否認については、行為の類型ごとに民事再生法・会社更生法で要件が規定されているが、対価を伴わない債務負担や担保設定などは、無償行為として、否認の要件が緩和されている（民再127条3項、会更86条3項）。この点、グループ会社間の連帯保証や物上保証についてそれに見合う保証料等の支払がされていることは稀であると思われる。そこで、グループ会社であることを強調して、保証人も保証の提供により主債務者が資金調達が可能となりそれにより利益を得ている以上、無償性は否定されるべきでないかという点が実質的な論点になるが、最判昭和62・7・3民集41巻5号1068頁は、かかる主張に対して否定的な見解をとっている点に留意する必要がある

341

原則として個々の会社ごとに進行するため、グループ間金融・CMSを利用し、他のグループ会社に借入債務を有している会社が法的倒産手続を申し立てた場合には、当該借入債務も倒産債権となり、原則として弁済が禁止される。このため、あるグループ会社が法的倒産手続を申し立て、弁済が禁止されたことにより、当該グループ会社に対して貸付を行っている他のグループ会社の資金繰りも厳しくなる場合には、当該他のグループ会社についても、併せて法的倒産手続の申立てを検討する必要がある。

　もっとも、当該貸付を行っている他のグループ会社が、単に金融機能をもつのみならず、例えば仕入・製造機能といった事業上の重要な役割をも有している場合（例えば、多数のグループ外の取引債権者が存在する場合には、法的倒産手続の申立てに伴い、取引停止等による事業上の影響を受ける可能性は否定できない）には、当該他のグループ会社が法的倒産手続の申立てをすることで、グループ全体の「事業」の価値も毀損してしまう危険性もある。

　このような場合には、当該他のグループ会社に対する借入債務について、会社更生法47条5項後段・民事再生法85条5項後段の弁済許可の取得を検討することになる。当該債務の直接的な性質が取引債務ではなく借入債務であることに照らすと、弁済許可の取得のハードルは高いものと思われるが、実質的には、取引債務の弁済原資となることに照らすと、少額性要件をクリアすれば弁済許可が認められる余地もあるものと思われる。

　また、CMSのネッティング機能という点からは、相殺禁止の問題も生じる。すなわち、ここでいうネッティングとは、グループ会社間で債権と債務を相殺し、その差額を決済することにより債権・債務関係を消滅させる手法を指すが、法的倒産手続中の会社との関係では、債権債務の発生時期・取得原因等によって相殺が禁止される場合があるため[注354]（民再93条、会更49条）、CMSを使ったネッティングを行うに際しては、かかる相殺禁止規定への抵触の有無を確認する必要がある。また、法的整理手続中の会社から相殺権を行使するに当たっては裁判所の許可が必要になるところ（民再85条の2、会更47条の2）、CMSを使ったネッティングについて当該許可の取得の要否も

注354)　いわゆる三角相殺の論点については、**第4節3**(6)(iii)参照。

第8節　複数の企業体から構成される企業グループの再生

検討する必要があろう。

(c)　申立後のグループ金融・CMSの維持

　申立後の新たな貸付や借入れは、監督委員の要同意事項や裁判所の要許可事項になっているため、法的倒産手続の対象となっている会社において、他のグループ会社との間で従前のように機動的に金銭の貸借を行うことは困難となる。特に申立当初は、2次破綻の可能性も否定できず、また、グループ全体でどういう方針で事業を再生し、どういう内容の再建計画を策定するのか（パーレート弁済が可能なのか否か）といった方針も固まっていないのが通常である。そのため、裁判所・監督委員としては、法的倒産手続の対象となっている会社から、貸付の形で他のグループ会社に資金がわたることは慎重になり、特に、ある種機械的にグループ会社間で資金融通を行うCMSの継続は、よりハードルが高くなるものと思われる[注355]。

　他方で、現実としては、事業再生の局面でこそ効率的かつ機動的な資金管理・資金融通が必要であり（例えば、親会社の法的倒産手続申立てに伴い、グループ内の事業会社が信用収縮等の影響を受けることは容易に想定できる。また、資金管理上、日々の余剰資金をグループで一括してCMS上管理しているという場合もあり、この場合にはCMSが継続できない場合には、即座に資金繰りに窮する会社が生じることとなる）、また、各国の税制の違いから、グローバルに事業を展開している企業では、税制上有利な国のグループ会社に資金を集めることにより節税効果を得られるという資金的なメリットも存在するものと思われる。したがって、法的倒産手続下においても、グループ間金融・CMSを

注355)　なお、私的整理の場合、通常は、グループ会社間の借入れの返済について一時停止の対象とせず、原則としてグループ間金融・CMSも維持することになる。なお、私的整理が成立せず法的整理に移行する可能性が高いケースでは、金融機関としては、貸付先の会社から他のグループ会社に何の制約もなく資金が流出することに抵抗感を示す場合がある。そのため、このような場合には、グループ間金融・CMSの維持・継続のための条件として、貸付先の会社以外のグループ会社の資産について担保設定すること、当該会社に連帯保証させること、資金使途に一定の制限等を設けることを求められる場合があるが、逆に当該他のグループ会社に貸し付けている金融機関としては、引当てとする責任財産が減少したり負債・責任が増えることになるため調整が必要となる。

343

第2章　債務者の再生手法

維持・継続する必要性は高い。

　なお、グループ間金融・CMSの維持・継続について、裁判所・監督委員から許可・同意を得るためには、資金繰りはもちろん、グループ間金融・CMSの継続により、法的倒産手続が係属している債務者企業の事業価値が維持され、それにより弁済率の向上につながることを合理的・客観的に説明する必要があると思われる。また、上記の懸念点を踏まえると、貸付先での資金使途が明確であり、法的倒産手続が係属している債務者企業において、当該貸付先に対するコントロールが及んでいることも必要になると思われる[注356]。

(ii)　金融取引以外のグループ間取引と弁済禁止・申立後の取引

　他方で、(i)で述べたグループ間の金融的取引以外にも、例えばグループ内で、仕入・製造機能と販売機能を担う会社が別々に存在する場合には、仕入・製造機能を担うグループ会社と販売機能を担うグループ会社との間で製品の売買取引が行われる。また、いわゆるシェアードサービスといった、グループ内でのバックオフィス業務（人事・経理・財務・法務等）をグループ内の特定の会社が一括して行っている場合もある。

　これらの取引について、①法的整理手続の申立てによる弁済禁止との関係は、上記の金融取引と同様である。例えば、法的倒産手続を申し立てるグループ会社に対して多額の売掛金を有している他のグループ会社は、弁済禁止により資金繰りに窮することになるため、併せて法的倒産手続の申立を検討する必要がある。

　また、これらの取引は、金融取引と異なり通常の業務に属するものであるため、②その維持・継続に当たって裁判所や監督委員の許可や同意が必要となるものではない[注357]。

注356)　CMSの維持・継続について、明示的に裁判所から許可を取得した事例としては、日本航空株式会社の更生手続の事案がある。同事案では、CMSに参加しているグループ会社向け債務について支払を停止すると、多数のグループ会社が直ちに資金繰り破綻し、運行停止に至らざるを得ない状況にあったため、事業価値を維持し、弁済率を高めるため、裁判所より会社更生法72条2項1号および3号の許可を取得してCMSを維持・継続したとのことである。詳細は、片山＝河本・前掲注135）159頁を参照されたい。

344

⑷　内部債権の取扱い

⒤　重複債権の処理

　⑶⒤⒜で述べた通り、主債務を負担するグループ企業の1社（A社）につき負債処理の必要性に迫られ、法的倒産手続（再生または更生手続）を申し立てる場合には、当該主債務を保証する他のグループ企業（B社）はその保証債務につき期限の利益を喪失し、また、当該主債務を担保するため物的担保を提供する他のグループ企業（C社）は担保権実行等のリスクを負うことになるため、一体的に法的倒産手続の申立てが検討されるケースが少なくない。また、A社が主債務の弁済を継続する場合であっても、保証人B社または物上保証人C社独自の原因に基づき再生または更生手続を申し立てるケースもあり得る。

　このようなケースにおいて、主債務に係る債権者Xは、保証人B社の手続において保証債権を行使する場合、弁済等によりその全額が消滅しない限り、手続開始時における債権全額につき権利を行使することができるのが原則である（開始時現存額主義。民再86条2項、会更135条2項、破104条1項・2項）。また、物上保証人C社につき更生手続が開始されている場合、債権者Xは、同様に、開始時における担保目的物の時価を基準に更生担保権を行使することができる。

　もっとも、グループ企業における再生または更生手続においては、このような原則的取扱いを修正することが見受けられるとされている。例えば、再生または更生手続において再生または更生債権は現在化しないため、A社が主債務の弁済を継続する限り、保証人B社に対する保証債権（あるいは物上保証人C社に対する更生担保権）はなお期限の利益を有することとなる。そこで、再生または更生計画において、主たる債務が弁済される限り、保証債権または更生担保権に対する弁済を留保する旨の条項が設けられることがある。

注357）　もっとも、グループ間取引の場合、取引条件をグループ内で任意に決めることができるため、いわゆる独立当事者間の取引条件と乖離があるような場合や、極端な場合は、粉飾の一環として、取引実態がないような場合もあり、このようなものについては、当然是正される必要がある。

第2章　債務者の再生手法

また、A社～C社一体的に再生または更生手続が申し立てられた場合、他の債権者との衡平性を勘案して、債権者XがA社の手続において権利行使する主債務に係る債権については、保証人B社または物上保証人C社の手続において弁済を受けられる範囲で弁済を行わない、あるいは、保証人C社の手続において、保証債権に対する弁済率は（主債務に対する弁済率に比して）低廉な割合にとどめる、などの方法により、弁済額を調整する事案も見受けられる。

第4節1の通り、全債権者の同意が前提となる私的整理手続とは異なり、法的倒産手続の場合には多数決原理が支配するため、より慎重な検討が必要となるが、債権者がグループ企業を一体として与信管理をしており、（保証などの信用補完を得ていたとしても）現実に双方からの回収が受けられるとは考えていないような場合には、債権者が取引時に抱いた合理的な期待を裏切るものではないため、上記のような重複債権の処理も認められ得るものと考えられる[注358]。

(ii) 内部債権の劣後化

支配株主たる親会社、役員等について、これらの者が債務者企業に有する債権を他の債権と同列に扱うことが衡平性の観点から疑問視すべき場合がある。とりわけ、経営者責任を負うべき役員や、債務者企業の破綻原因を招いた支配株主については、（他の債権者や利害関係人から）劣後的な取扱いを強く要請される場合もあろう。

実務的には、このような債権者については、そもそも権利行使を断念させる（債権届出を認めない）、あるいは、同意を取得した上で、計画において劣後的な取扱いを定めるなどの方法により対処することが一般的であろう。もっとも、必ずしも協力が得られるとは限らず、再生または更生計画におい

注358）　グループ企業の合併等を内容とする再生または更生計画において、主債務、保証債務、物上保証債務（ただし、更生担保権の場合）について、そのうちの主要な1つだけを存続させ、そのほかは免除を受ける内容を設けることもある。以上の重複債権の消滅に関する議論の詳細については、田原睦夫「企業グループの倒産処理」高木新二郎＝伊藤眞編『講座倒産の法システム(3)』（日本評論社、2010）101頁以下を参照。

て、同意を得ることなく、かかる劣後的な取扱いを定めることを検討せざるを得ない場合も想定される。

裁判例においては、経営者責任の認められる役員の債権について差異を認めるもの、これを否定するもの、支配従属関係の強い親会社の有する債権について劣後的な取扱いを許容するもの、グループ会社の再建についてかかる取扱いを否定するものなど、見解が分かれる[注359]。実務上、このような劣後的な取扱いを計画に定めるべきかどうかは、債権の性質や債権者と債務者企業との関係性等を踏まえ、個別具体的に検討すべきであろう。

(5)　パーレート条項

2(5)(iii)(e)の通り、全債権者の同意が前提となる私的整理手続においては、パーレート条項の理論的な障害を回避することができることが多いと思われるが、法的倒産手続の場合は多数決原理が支配するため、私的整理手続の場合よりも、慎重な検討が必要となる。

すなわち、法的倒産手続においては、主債務者・保証人・物上保証人の合併[注360]による権利義務関係の帰趨、清算価値保障原則、開始時現存額主義、債権者平等や衡平公正の観点など、さまざまな角度からの検討が必要になる。

まず、清算価値保障原則の関係では、仮にパーレート条項を設ける場合には、1つの債務者企業体単独でみた清算配当率が、当該債務者企業の属するグループ企業全体から得られる事業価値を前提とした弁済率を上回ってしまう（すなわち、個社の清算価値に基づく債権放棄割合が、パーレート条項を適用する場合の債権放棄割合を下回ってしまう）ケースもあり得、法的倒産手続における根本原則の1つである清算価値保障原則との関係で問題が生じる。このような場合には、少なくとも当該債務者企業における弁済率を清算配当率まで引き上げるといった対応も考えられる[注361]。

他方で、開始時現存額主義については、債権者は倒産手続開始時に有して

注359)　田原・前掲注358) 104頁等参照。
注360)　再生または更生計画において、合併等を内容とする場合に検討されるケースが大半である（ただし、合併等を内容とする場合であっても、個社ごとに格別の計画を策定し、異なる弁済率を設けることもある）。

第2章　債務者の再生手法

いた債権全額について、倒産手続に参加できるものの、これは、権利参加する債権全額について、属性等いかんにかかわらず、一律の弁済を求められるものではないと考えられる[注362]。

　また、債権者平等の観点については、例えば、合併等を内容としない再生または更生計画においても、パーレート条項は検討し得るが、グループ企業内において、比較的堅調な債務者企業にのみ債権を有する者と（かつ、その点を前提に与信管理を行っている）、窮境原因を直接作出した事業価値の乏しい債務者企業にのみ債権を有する者とが、安易に同列に扱われることは、平等原則［→**第4節3**(3)(ⅲ)(b)(ア)**❷**］との関係から疑義があり得るとの指摘もあり得る。もっとも、会社更生法168条1項は、「同一の種類の権利を有する者の間に差を設けても衡平を害しない場合」であれば、異なる扱いをすることも許容されており、実務上パーレート条項が許容されているのも、更生債権者においても当該弁済方法が実質的衡平に合致すると判断されるからであると考えられる（他方で、実質的衡平に合致するような場合でなければ、パーレート条項による差異のある取扱いは、認められない）。

　このような問題点も踏まえ、法的倒産手続においてパーレート条項を設けるべき基準としては、次の①〜④のすべての要件を満たすか、⑤の要件を満たす場合には、債権者の衡平が確保されるとされている[注363]。

　　①　甲・乙両社の事業が一体として運営されていること。

　　②　甲・乙両社の債権者からみても、甲・乙両社が、相互に補完関係にあって一体として運営されていること。

　　③　甲・乙両社の財務状態に基づくそれぞれの弁済率に大きな相違がないこと。

　　④　甲・乙両社の債権者の大方において、パーレート条項を設けることにつき異論がないこと。

　　⑤　甲・乙両社の各個別の財務状態に基づいて算定される弁済率に比して、

注361)　田原・前掲注358) 73頁、西村ときわ法律事務所編・前掲注193) 871頁、西村あさひ法律事務所＝フロンティア・マネジメント㈱編・前掲注152) 477頁。

注362)　郡谷ほか・前掲注136) 47頁。

注363)　郡谷ほか・前掲注136) 44頁。

パーレート条項に基づく弁済率が下回っていないこと。

ここで挙げられている基本的な要素のうち、グループの一体性（私的整理の場合の要素①②、法的倒産の場合の要素①）や外部からみたグループのあり方（私的整理の場合の③、法的倒産手続の場合の要素②）は、前述の私的整理手続の場合と大きく異なるものではない。弁済率（法的倒産手続の③⑤）が重要な考慮要素として挙げられている点は、多数決原理が妥当する法的倒産手続の場合における1つの違いといえる（もっとも、実際には、私的整理手続においても、弁済率は当然に考慮されるであろうが、全員同意を前提とした和解的解決の中で、実質的衡平のために、一部の債権者に負担を寄せることはあり得るところではある）。

なお、実務上、パーレート条項の規定内容は、さまざまな形があり得る注364）。これまでみてきたような、パーレート条項が認められる必要性・許容性、すなわち、企業グループの債権債務の状況やそれに対応する各債権者が取引を行った際の期待、債権者の理解・衡平という観点から、実質的衡平を実現できる形を探ることになる。

注364）　例えば、日本航空グループの更生手続においては、債権放棄割合について、更生3社で一律に設定されている。この理由については、「3社間で互いに保証を行い、与信対象としても一律のものと見られていたこと、商号の一部に日本航空またはジャルという共通名称を用いていること、JALSおよびJLCの役員及び従業員の大部分は、JALIからの出向者で占められていたこと、特にJLCは日本航空全体の金融機能を一部門として担っていたことなどによる」とされている。詳細は、片山＝河本・前掲注135）162頁を参照されたい。なお、更生計画案に対しては、ほぼ100％の債権者から同意を得ているとのことである。

また、林原グループの更生手続においては、純粋なパーレート条項の採用が難しいという事情から、①債権者が債権の引当財産として把握していたスポンサー出資・融資前の各社の資産の時価を原資とする弁済（個社弁済）と、②スポンサー出資・融資にかかるのれん部分等（グループ全体に対する価値評価・超過収益力と捉えた）を原資とする弁済（のれん弁済）とを組み合わせて行うこととした。その際に、グループ内債権は合併により混同消滅すると観念し得ること、保証に係る更生債権については合併によりその被担保債権たる更生債権と重複が生じ得ることから、これらの債権に対しては個社弁済のみを行うこととした。背景事情等は、郡谷ほか・前掲注136）45頁を参照されたい。なお、この事案においても、更生計画案に対する100％の債権者から同意を得ている。

第2章　債務者の再生手法

第9節　上場会社の事業再生

1　総論

　事業再生局面にある会社が上場会社である場合には、本章の**第8節**まで述べてきた企業・会社の事業再生に関わる論点に加え、上場会社の「その株式を上場している」という特性から生じる論点が存することとなる。すなわち、前節までの論点は、既存の債権者、追加的な資金拠出者、スポンサー等特定の利害関係者との関係において生じる論点が主たるものであったが、「上場している」という事象は、不特定多数の株主に加え、上場されている市場において当該株式の取引を行う可能性がある潜在的かつ不特定の利害関係者との関係も考慮しなければならないという問題を生じさせることとなる。

　ところで、上場会社の再生手段として、その申立てが原則として上場廃止事由に該当する再生手続や更生手続が選択された場合には[注365]、上場会社は、「上場している」というステータスを失い、後述するような上場会社固有の論点のほとんどは問題とならなくなる。他方、法的倒産手続の申立てに伴う種々の混乱（上場廃止に伴う既存株主への悪影響もあるが、それ以上に債権者への影響［→**第4節**］や商取引の円滑な継続に与える影響［→**第7節**］が甚大であろう）を避ける観点から、法的倒産手続を利用せずに再生を実現することが有力な再生手段となることもあるが、そうした場合であっても、純資産がマイナスになること等の原因で上場が維持できなくなったり、市場の指定替えの問題が生じたりする可能性があり、そうした事象の発生による信用力の低下等の回避も再生に向けた重要な要素となり得るため、本節では、まず

注365）　例外的な、上場維持型民事再生の事例としては、株式会社プロパストの例がある（鈴木学ほか「企業が上場を維持したまま民事再生手続を進めた初めての事例」金法1909号〔2010〕60頁）。

最初に上場制度そのものに関する論点を紹介する。

次に、前述の通り、「上場している」という上場会社の特性のため、上場会社には、潜在的かつ不特定の利害関係者に対する適切な情報提供等が法律や取引所規則等で義務付けられている。他方、こうした上場会社は、法的倒産手続ではなく、いわゆる私的整理手続を選択することも多いところ、その手続の過程においては前述のような利害関係者との間の各種の交渉・取引等を実施・検討している当該会社において、上場会社としての適切な情報提供を行うという立場と、私的整理手続の特徴の１つである秘匿性の確保・維持をどのように調整していくかが問題となるケースも多い。こうしたことも踏まえ、再生局面における情報開示の問題として論点となることが多い、①財務諸表における継続企業の前提に関する注記に係る問題、②エクイティ調達を行う場合の論点および③適時開示義務（およびインサイダー規制）について紹介する。

なお、財政状態の悪化が不正会計を招くことがあったり、逆に上場会社がその監査法人と意見を異にすることにより上場の維持等に問題が生じたり、信用状況、ひいては会社の財務状況を悪化させることがあるため、事業再生局面における監査の問題についても最後に言及する。

2　上場市場に関するルール

(1)　上場の維持、指定替えの回避

事業再生局面にある会社の普通株式が証券取引所[注366]に上場されている場合、証券取引所との関係で特別な考慮が必要となる。上場廃止事由や指定替え（東京証券取引所の市場第１部から市場第２部への降格など）事由には、会社の財務状態を理由とするものが含まれているため、これらへの抵触の回避が検討される。

上場している株式について上場廃止になると、既存株主は証券取引所にお

注366)　金融商品取引法では金融商品取引所と定義されているが（２条16項）、ここでは証券取引所とする。

ける売買の機会を失う。また、株式の売却可能性が大きく下がり、株式の価値自体も大きく低下することとなる。さらに、上場の有無は会社の社会的な信用に影響を与えるものであり、上場廃止により仕入等における取引条件が悪化する可能性があるほか、従業員の採用・維持にも悪影響を与える可能性がある。

指定替えの場合には、既存株主の売買の機会が失われることにはならないが、機関投資家からの投資は減少し、流動性が下がることから大口の売買は困難になる。特に、東京証券取引所の市場第1部から市場第2部への降格については、TOPIXなどの指数の対象外となるため、指数連動型の投資を行う機関投資家による株式保有がなくなり、市場第1部にあったときに比べて買い手が大幅に減少することとなる。また、会社の社会的信用については上場廃止と同様の影響が生じる可能性がある。

(2) 上場廃止事由

(i) 事業再生局面にある上場会社に関連する上場廃止事由

東京証券取引所が定める上場廃止基準のうち、事業再生局面にある会社に関連するものとして債務超過、銀行取引の停止、倒産手続の申立てなどがある。また、事業再生局面にある会社においては、有価証券報告書または四半期報告書の提出遅延や、有価証券報告書等の虚偽記載が問題になることもある。さらに、監査報告書における不適正意見等なども上場廃止事由として問題となり得る。

なお、事業再生局面においては、事業活動の停止（上場規程601条1項8号）、不適当な合併（同項9号(a)）[注367]と上場契約違反（同項12号）[注368]等も上場廃止事由となり得る。

(ii) 債務超過

「上場会社がその事業年度の末日に債務超過の状態である場合において、

注367）　上場会社が非上場会社と吸収合併等を行った結果、当該上場会社が実質的な存続会社でないと認められる場合をいい、当該上場会社が3年以内に施行規則601条8項で定める基準に適合しない場合に、上場廃止となる。いわゆる裏口上場の防止を目的として上場廃止事由とされている。

第9節　上場会社の事業再生

１年以内に債務超過の状態でなくならなかったとき」は上場廃止事由とされている。したがって、２期連続で債務超過の会社が発行する株式は原則として上場廃止となる。

ただし、例外が定められており、一定の倒産手続がとられた場合には１年間の追加的猶予が与えられる。すなわち、再生手続もしくは更生手続、産競法２条16項に規定する特定認証紛争解決手続に基づく事業再生[注369]または私的整理に関するガイドライン研究会による「私的整理に関するガイドライン」に基づく整理を行うことにより、２期目の債務超過から１年以内に債務超過の状態でなくなることを計画している場合であって、東京証券取引所が１年の猶予を与えることが適当と認めたときは、３期連続で債務超過となった場合に上場廃止となる（上場規程601条１項５号）[注370]。

(iii)　銀行取引の停止

「上場会社が発行した手形等が不渡りとなり銀行取引が停止された場合又は停止されることが確実となった場合」は上場廃止事由とされている（上場規程601条１項６号）。「停止されることが確実となった場合」とは、「上場会社が発行した手形等が不渡りとなり、当該上場会社から銀行取引停止が確実となった旨の報告を書面で受けた場合」をいう（施行規則601条５項）。

(iv)　倒産手続の申立て

「上場会社が法律の規定に基づく会社の破産手続、再生手続若しくは更生手続を必要とするに至った場合又はこれに準ずる状態になった場合」は上場廃止事由とされている。「必要とするに至った場合」とは、上場会社が、法律に規定する破産手続、再生手続または更生手続の原因があることにより、破産手続、再生手続または更生手続を必要と判断した場合をいい（施行規則

注368)　上場会社が上場契約に関する重大な違反を行った場合、新規上場申請等に係る宣誓事項について重大な違反を行った場合等が上場廃止事由とされている。上場契約には、上場規程その他の取引所規則の遵守が定められており、取引所規則の定める範囲が広範に及んでいることからキャッチオール的な使われ方も想定され得る。

注369)　当該手続が実施された場合における産競法52条に規定する特例の適用を受ける特定調停手続による場合も含む。

注370)　施行規則601条４項に具体的な取扱いが定められている。

353

601条6項1号）、「これに準ずる状態になった場合」とは、①上場会社が債務超過または支払不能に陥りまたは陥るおそれがあるときなどで再建を目的としない法律に基づかない整理を行う場合、②上場会社が、債務超過または支払不能に陥りまたは陥るおそれがあることなどにより事業活動の継続について困難である旨または断念する旨を取締役会等において決議または決定した場合であって、事業の全部もしくは大部分の譲渡または解散について株主総会または普通出資者総会に付議することの取締役会の決議を行った場合、③上場会社が、財政状態の改善のために、債権者による債務の免除または第三者による債務の引受けもしくは弁済に関する合意を当該債権者または第三者と行った場合（当該債務の免除の額または債務の引受けもしくは弁済の額が直前事業年度の末日における債務の総額の100の10に相当する額以上である場合に限る）等をいう（施行規則601条6項2号）。

　もっとも、これには例外が定められており、所定の要件を満たす再建計画[注371]の開示を行った場合には猶予が認められ、当該再建計画を開示した日の翌日から起算して1か月間の時価総額が10億円以上とならないときにはじめて上場廃止となる（上場規程601条1項7号）[注372]。

(v)　有価証券報告書または四半期報告書の提出遅延

　2人以上の公認会計士または監査法人による財務諸表の監査証明に関する内閣府令3条1項の監査報告書または四半期レビュー報告書（公認会計士または監査法人に相当する者による監査証明に相当する証明に係る監査報告書または四半期レビュー報告書を含む）を添付した有価証券報告書または四半期報告書を、法定の提出期限の経過後1か月以内（提出期限の延長申請について承認が得られた場合には、当該承認を得た期間の経過後8日目〔休業日を除外する〕

注371)　要件は施行規則601条6項3号に定められているが、上場会社が法律の規定に基づく再生手続または更生手続を必要とするに至った場合には、当該再建計画が、再生計画または更生計画として裁判所の認可を得られる見込みがあるものであることが必要とされ、上場会社が、財政状態の改善のために、債権者による債務の免除または第三者による債務の引受けもしくは弁済に関する合意を当該債権者または第三者と行った場合には、当該再建計画が、債権者または第三者の合意を得ているものであること等が必要とされる。

注372)　施行規則601条6項に具体的な取扱いが定められている。

第9節　上場会社の事業再生

の日まで、天災地変等、上場会社の責めに帰すべからざる事由によるものである場合には、法定の提出期限の経過後3か月以内）に、内閣総理大臣等に提出しなかった場合は上場廃止事由とされている（上場規程601条1項10号、施行規則601条10項）。

(vi)　有価証券報告書等の虚偽記載

上場会社が有価証券報告書等[注373]に虚偽記載を行った場合であって、直ちに上場を廃止しなければ市場の秩序を維持することが困難であることが明らかであると取引所が認めるときは上場廃止事由とされている（上場規程601条1項11号・501条1項2号a）。

有価証券報告書等に虚偽記載があったことだけでは上場廃止事由とはならず、「直ちに上場を廃止しなければ市場の秩序を維持することが困難であることが明らかである」と判断されてはじめて上場廃止となる。

(vii)　監査報告書等における不適正意見等

上場会社の財務諸表等に添付される監査報告書または四半期財務諸表等に添付される四半期レビュー報告書において、公認会計士等[注374]によって、監査報告書については「不適正意見」または「意見の表明をしない」旨が、四半期レビュー報告書については「否定的結論」または「結論の表明をしない」旨[注375]が記載された場合であって、直ちに上場を廃止しなければ市場の秩序を維持することが困難であることが明らかであると取引所が認めるときは上場廃止事由とされている。

「直ちに上場を廃止しなければ市場の秩序を維持することが困難であることが明らかである」と判断されてはじめて上場廃止となる点は有価証券報告書等の虚偽記載の場合と同様であるが、このほかに「意見の表明をしない」旨または「結論の表明をしない」旨が記載された場合であって、当該記載が

注373)　有価証券届出書、発行登録書および発行登録追補書類ならびにこれらの書類の添付書類およびこれらの書類に係る参照書類、有価証券報告書およびその添付書類、半期報告書、四半期報告書ならびに目論見書をいう（上場規程2条89号）。

注374)　公認会計士もしくは監査法人またはこれらに相当する者をいう（上場規程2条34号）。

注375)　特定事業会社の場合にあっては、「中間財務諸表等が有用な情報を表示していない意見」または「意見の表明をしない」旨を含む。

第 2 章　債務者の再生手法

天災地変等、上場会社の責めに帰すべからざる事由によるものであるときが
例外とされている（上場規程601条 1 項11号・501条 1 項 2 号b）。

(3)　指定替え事由

「上場会社がその事業年度の末日に債務超過の状態となった場合」は指定
替え事由とされている（上場規程311条 1 項 5 号）注376)。上記の通り、 2 期連
続で債務超過の会社の発行する株式は原則として上場廃止となるので、東京
証券取引所の市場第 1 部上場の会社は、 1 期目の債務超過で指定替えとなり、
2 期目の債務超過で上場廃止となる。

ただし、例外が定められており、一定の倒産手続がとられた場合には 1 年
間の追加的猶予が与えられる。すなわち、再生手続もしくは更生手続、産競
法 2 条16項に規定する特定認証紛争解決手続に基づく事業再生注377)または
私的整理に関するガイドライン研究会による「私的整理に関するガイドライ
ン」に基づく整理を行うことにより、 2 期目の債務超過から 1 年以内に債務
超過の状態でなくなることを計画している場合であって、東京証券取引所が
1 年の猶予を与えることが適当と認めたときは、 2 期連続で債務超過となっ
た場合に指定替えとなる注378)。

指定替え事由に該当した場合、原則として、審査対象事業年度の末日の翌
月から起算して 5 か月目の月の初日に指定替えが行われる（施行規則311条 5
項 2 号）。

注376)　債務超過の状態は、基本的に連結貸借対照表に基づいて算定される純資産の額が
　　　負である場合をいう。上場会社が連結財務諸表を作成すべき会社でない場合は貸
　　　借対照表に基づいて算定される純資産の額が負である場合をいう（施行規則311
　　　条 5 項 1 号a）。
注377)　当該手続が実施された場合における産業競争力強化法52条に規定する特例の適用
　　　を受ける特定調停手続による場合も含む。
注378)　施行規則311条 5 項 1 号に具体的な取扱いが定められている。

356

3 継続企業の前提に関する注記

　事業再生局面における上場会社にとって、財務諸表に継続企業の前提に関する注記が記載されるか否かが問題になることが多い。財務諸表は企業が事業を継続していくことを前提に作成されるものであり、企業の資産および負債は通常の事業活動において回収または返済できるものとして計上されるが、期末において、継続企業の前提に重要な疑義を生じさせるような事象または状況が存在する場合であって、当該事象または状況を解消し、または改善するための対応をしてもなお継続企業の前提に関する重要な不確実性が認められるときは、継続企業の前提に関する事項を財務諸表に注記することが必要となる[注379][注380]。上場会社の業務執行を決定する機関が、「財務諸表等又は四半期財務諸表等に継続企業の前提に関する事項を注記すること」についての決定をした場合は、直ちにその内容を開示することが義務付けられる（上場規程402条1号ak）。

　また、有価証券報告書等には「提出会社が将来にわたって事業活動を継続するとの前提に重要な疑義を生じさせるような事象又は状況その他提出会社の経営に重要な影響を及ぼす事象」を記載することが求められていることから、継続企業の前提に関する重要な不確実性が認められ、継続企業の前提に関する注記を記載するまでには至らない場合であっても、開示が必要とされ得る[注381]。

注379)　監査基準委員会報告書（570）継続企業、監査・保証実務委員会報告第74号「継続企業の前提に関する開示について」1頁。

注380)　継続企業を前提として経営者が財務諸表を作成することが適切でないときには、継続企業を前提として作成された財務諸表に対しては不適正意見が付される。

注381)　開示府令第二号様式記載上の注意(31)b、第四号の三様式記載上の注意(7)bおよび第五号様式記載上の注意(10)b。なお、監査基準委員会報告書（570）継続企業、監査・保証実務委員会報告第74号「継続企業の前提に関する開示について」2頁では、「継続企業の前提に関する重要な不確実性が認められるまでには至らない場合であっても、有価証券報告書等における財務諸表以外の箇所において適切に開示する必要がある」とされている。

第2章　債務者の再生手法

4　エクイティの調達に関する論点

(1)　上場会社特有の考慮事項

　事業再生局面における会社にとって、増資は多くの問題を解決し得る手法となる。手元資金の獲得、資本金の増額、自己資本比率その他財務指標の改善、格付けへの好影響などを伴うものであり、資金調達の各種手法の中でも増資の効果は高いものといえる。特に、債務超過による上場廃止目前の会社にとっては、増資は起死回生の手法となる。継続企業の前提に関する注記や借入契約における財務制限条項の抵触を回避するという意味でも、増資は問題を解決する手段となり得る。

　増資の手法を検討するに当たっては、まず、発行する株式を普通株式とするか、種類株式とするかを検討する必要がある。種類株式の場合にはその内容も検討する必要がある。また、相手方として一般公衆を含む公募とするか、既存株主に割り当てる株主割当てとするか、特定の者に割り当てる第三者割当てとするかを検討する必要がある。割当先を国内とするか海外とするかも問題となる。ライツ・オファリングや、借入れと新株予約権の発行を組み合わせた手法も存在する［具体的な手法は、→**第2節2**］。

　そして、上場会社がこのような増資を行うに際しては、金融商品取引法および証券取引所の規則等が問題となる。

(2)　有価証券届出書の提出に関する論点

(i)　第三者割当てと勧誘

　上場会社が増資を行うに際しては、まず、有価証券届出書の提出義務および有価証券届出書の提出前の勧誘禁止が問題となる（金商4条1項）。「有価証券の募集」（同法2条3項）を行う際には、原則として有価証券届出書の提出が義務付けられ、かつ、有価証券届出書の提出が義務付けられる場合にはその提出前の勧誘活動が原則として禁止される。

　上場している有価証券と同一種類の有価証券[注382]を発行する場合、基本的には「有価証券の募集」に該当する[注383]。したがって、上場会社がその

発行する普通株式を発行することで増資を行う場合には、有価証券届出書の提出が必要となる。その場合、有価証券届出書を提出する前の勧誘は禁止されるが、「勧誘」について金融商品取引法上に定義規定は置かれておらず、一般的には、特定の有価証券についての投資者の関心を高め、その取得または買付けを促進することとなる行為をいうと解釈されている[注384]。このように勧誘の意味は広義にわたるため、どのような場合に勧誘に該当するかは明らかではなく、増資に関して投資家と協議をする際には慎重な取扱いが必要とされる。

　上記の通り「勧誘」は広く解釈されているが、企業内容等の開示に関するガイドライン（以下、「開示ガイドライン」という）で一部明確化されており、第三者割当てに関して重要なルールが示されている（開示ガイドラインB2-12①）。すなわち、第三者割当てを行う場合であって、割当予定先が限定され、当該割当予定先から当該第三者割当てに係る有価証券が直ちに転売されるおそれが少ない場合（例えば、資本提携を行う場合、親会社が子会社株式を引き受ける場合等）に該当するときにおける、割当予定先を選定し、または当該割当予定先の概況を把握することを目的とした届出前の割当予定先に対する調査、当該第三者割当ての内容等に関する割当予定先との協議その他これに類する行為は「勧誘」に該当しないとされている。

　したがって、事業再生局面にある会社が業務提携を伴う形でスポンサー候補と増資に関する交渉を行うことは、「第三者割当に係る有価証券が直ちに転売されるおそれが少ない場合」に該当するものとして、「勧誘」に該当せず有価証券届出書の提出前であっても行うことができると考えられる。

　他方、業務提携を伴わない形で金融投資家と増資に関する交渉を行うこと

注382）　株券の場合、発行者および「株式に係る剰余金の配当等の内容」が同一であれば、「同一種類の有価証券」とされる（金融商品取引法第2条に規定する定義に関する内閣府令10条の2第1項9号）。

注383）　勧誘対象が少人数であったとしても、発行しようとする有価証券の発行者が、当該有価証券と同一の内容を表示した上場有価証券等をすでに発行している場合には、金融商品取引法2条3項2号ハ、同施行令1条の7第2号イにより、少人数私募に該当しない。

注384）　神崎克郎ほか『金融商品取引法』（青林書院、2012）317頁。

第2章　債務者の再生手法

は、事業再生局面にある会社によるスポンサー探しの場面であっても、直ちに「勧誘」に該当しないとはいえないため、「第三者割当に係る有価証券が直ちに転売されるおそれが少ない場合」に該当するか否かを慎重に検討することが必要となる。

(ii)　種類株式の勧誘と有価証券届出書の提出

上場の対象となっている有価証券と別の種類の有価証券であれば、少人数私募等として発行することも可能であるため、直ちには「有価証券の募集」とはされない（金商2条3項、金商令1条の6・1条の7等）。発行しようとする有価証券が上場している有価証券と同一種類の場合には、勧誘対象が少人数であったとしても、金融商品取引法2条3項2号ハ、同府令1条の7第1項2号イにより、少人数私募に該当しないが、同一種類でなければ、少人数私募としての要件を満たす限り、有価証券届出書を提出せずに発行することが可能である。

もっとも、開示ガイドラインによって、有価証券届出書の提出が必要となる可能性が示されているため、留意が必要となる（開示ガイドラインCⅡ(1)④）。すなわち、上場している株式[注385]についての取得請求権が付されている種類株式が第三者割当てにより発行される場合であっても、割当予定先または発行体等の自由な裁量等により、短期間に上場している株式の発行が相当程度見込まれるものについては、少人数私募の要件である「多数のものに譲渡されるおそれが少ないもの」には該当しないとの考え方が示されている。そのため、普通株式を上場させている会社が種類株式を発行する場合であっても、普通株式を対価とする取得請求権が付されている場合には、有価証券届出書の提出が必要となる可能性があるため、普通株式への転換が相当程度見込まれるものか否かは慎重に検討する必要がある。

(3)　非公開重要情報の取扱い

事業再生局面にある企業が増資を行う場合の最重要課題として、非公開重

注385)　厳密には有価証券報告書の提出対象となっている有価証券である（金商24条1項各号参照）。

要情報の問題が存在する。事業再生局面にある企業においてさまざまな自助努力が並行して行われている場合には、非公開重要情報が存在することになるが、これを公表しない限り増資を実施することはできない〔詳細は→**第2節 2(2)(iii)**〕。

(4) 証券取引所関係

(i) 第三者割当てに関する手続

　第三者割当ての場合、払込金額が割当予定先に特に有利でないことに係る適法性に関する監査役、監査等委員会または監査委員会が表明する意見等を取得し、開示文書に記載することが必要となる。ただし、①株主総会において会社法に基づく有利発行の特別決議を経る場合または②決議の直前日の価額、決議日の1か月、3か月、6か月の平均の価額からのディスカウント率を勘案して会社法上の有利発行に該当しないことが明らかな場合には、当該意見等の取得は必要とされず、その旨を開示文書に記載すれば足りる[注386]。

(ii) 大規模希薄化に関する手続

　上場会社が大規模な第三者割当てを行う場合で、①希薄化率が25％以上となるときまたは②支配株主が異動することになるときは、企業行動規範に基づき、(i)経営者から一定程度独立した者による当該割当ての必要性および相当性に関する意見の入手または(ii)当該割当てに係る株主総会の決議などによる株主の意思確認を行うことが求められる（上場規程432条）。

　(i)に関して、「経営者から一定程度独立した者」とは、第三者委員会、社外取締役、社外監査役などが想定されている。また、「当該割当の必要性及び相当性に関する意見」の内容については、資金調達を行う必要があるか、他の手段との比較（例えば、新株予約権の第三者割当てを行う場合でいえば、借入れ、社債発行、公募増資、株式の第三者割当て、新株予約権付社債の第三者割当てなどの他の資金調達方法との比較）で今回採用するスキームを選択することが相当であるか、会社の置かれた状況に照らして各種の発行条件の内容が

注386)　上場規程402条1号a、施行規則402条の2第2項2号b、東京証券取引所『会社情報適時開示ガイドブック〔2018年8月版〕』70頁。

第2章　債務者の再生手法

相当であるかという点を中心に検討することとなる。基本的に、取締役会決議日までに意見を入手することが必要となる。

　ⅱに関して、「株主の意思確認」とは、正式な株主総会の決議のほか、いわゆる勧告的決議を行うことも含まれる。基本的に、払込期日までに実施する必要がある。

　これには例外が定められており、「緊急性が極めて高いものとして施行規則で定める場合」にはこれらの手続をとることは不要とされている。もっとも、具体的には、資金繰りが急速に悪化していることなどにより上記の企業行動規範上の手続のいずれも行うことが困難であると東京証券取引所（以下、「東証」という）が認めた場合とされており（施行規則435条の2第3項）、また「経営者から一定程度独立した者による当該割当ての必要性及び相当性に関する意見の入手」すらできないのは極めて異例の事態であることから、この例外に依拠するハードルは極めて高いと考えられる。

(ⅲ)　特定引受人

　特定引受人に対する第三者割当てについては**第3節3⑵**の通り会社法のルールが定められているが、上場会社の場合、社外取締役を置く上場会社において、当該社外取締役の意見が取締役会の判断と異なる場合には、その意見を開示する必要があるほか、当該第三者割当てに関する監査役、監査等委員会または監査委員会の意見の内容も開示が求められる[注387]。

(ⅳ)　増資と上場廃止事由

　上場会社による希薄化率が300％を超える第三者割当ては、株主および投資者の利益を侵害するおそれが少ないと東証が認める場合[注388]を除き、上場廃止事由に該当する（上場規程601条1項17号、施行規則601条14項6号）。

　また、第三者割当てにより支配株主[注389]が異動した場合[注390]であって3

注387)　東京証券取引所・前掲注386）69頁。

注388)　公的資金の注入といったケースや、段階的な株主意思確認手続として、株主総会決議により定款変更を行い、発行可能株式総数を段階的に拡大していくようなケースが想定されている（東京証券取引所・前掲注386）602頁）。

注389)　①親会社および②自己の計算において所有している議決権と施行規則に定める者が所有している議決権とを合わせて、上場会社の議決権の過半数を占めている主要株主（親会社を除く）をいう（上場規程2条42号の2、施行規則3条の2）。

第9節　上場会社の事業再生

年以内に支配株主との取引に関する健全性が著しく毀損されていると東証が認めるときは、上場廃止事由に該当する（上場規程601条1項9号の2、施行規則601条9項）。

(v)　その他

上場会社がMSCBやライツ・オファリングを行う場合にも会社法や取引所による規則を遵守して行う必要があり、詳細は**第2節2(3)**を参照されたい。

5　情報の管理および開示に関する論点

(1)　インサイダー取引規制

増資を自己株式の処分によって行う場合には、インサイダー取引規制の適用が問題となる。破産手続開始、再生手続開始または更生手続開始の申立てや不渡等がインサイダー情報に該当するほか、事業再生局面にある会社の場合、資本金の額の減少、資本準備金または利益準備金の額の減少、事業の一部の譲渡、事業の一部の休止または廃止、固定資産の譲渡、業務上の提携、主要株主の異動などのインサイダー情報が多く存在している可能性があり、自己株式の処分がインサイダー取引規制に抵触しないよう配慮が必要となる。また、事業再生局面にある会社の場合には、純資産の額等が少ないことにより、通常の上場会社であれば軽微基準を満たすことによりインサイダー情報に該当しないような事実もインサイダー情報に該当し得ることになる。そのため、増資の際には災害に起因する損害または業務遂行の過程で生じた損害の発生、訴訟の提起やその判決または和解、主要取引先との取引の停止、債権者による債務の免除などについてインサイダー情報が存在しないか細心の注意が必要となる。

注390)　当該割当てにより交付された募集株式等の転換または行使により支配株主が異動する見込みがある場合を含む（施行規則601条9項1号）。

第2章　債務者の再生手法

(2)　適時開示事由

インサイダー情報に該当するものは、基本的には取引所のルールにおける適時開示事由に該当する。もっとも、特定調停手続による調停の申立てなど、インサイダー情報には該当しないとしても適時開示が必要な事由が存在するほか、債務免除等の金融支援については、インサイダー情報と重なる部分もあるが、適時開示事由のほうが広く定められている。

事業再生局面にある上場会社の適時開示の時期に関して特に問題となりやすいものとして、事業再生ADRをはじめとする私的整理が挙げられる[注391]。私的整理局面にある上場会社は、適時開示義務との関係で重要事実をタイムリーに公表する必要がある一方、不確実な情報を開示して信用不安や混乱を招くことは避ける必要があるため、適時開示の時期が問題となる。これに関して、債務免除等の金融支援の開示に関しては、特定調停手続による調停の申立てを行うことについての決定をした場合を除き、債務免除等の要請を決定した段階では、直ちに開示を行うことは義務付けられないとされているものの[注392]、実務的には、事業再生ADRを申請した上場会社の多くは、事業再生ADRの正式申請の時点で開示を行っているようである[注393]。

さらに、再建計画において募集事項の発行、定款の変更、債務免除等が盛り込まれている場合には、決定事実または発生事実として、それぞれ適時開示が求められることになる（上場規程402条1号a・an・2号m等）。

したがって、上場会社の私的整理の事案では、適時開示を行うことも見据えて、債権者等との調整を行うことが必要となる。

注391）　私的整理との関係で適時開示事由となり得るものとしては、①特定調停手続による調停の申立ての決定（上場規程402条1号ag）や、②債務免除等の金融支援（同条2号m）が挙げられる。また、私的整理の再建計画の中で募集株式の発行や定款の変更等が規定されておりかつ取締役会の承認を得ている場合には、これらの点について開示が必要になる（全国倒産処理弁護士ネットワーク編『私的整理の実務Q&A100問〔追補版〕』〔金融財政事情研究会、2014〕171頁［柴原多]）。

注392）　東京証券取引所・前掲注386）370頁。ただし、報道等によって不明瞭な情報が流布された場合には、開示が求められることがあるとされている。

注393）　全国倒産処理弁護士ネットワーク編・前掲注391）172頁［柴原]。

364

(3)　フェア・ディスクロージャー・ルール

　事業再生局面にある上場会社では、フェア・ディスクロージャー・ルールについても留意が必要となる。取引関係者に未公表の重要情報を伝達した場合には、意図的な伝達の場合には同時に、意図的でない伝達の場合は速やかに、当該重要情報を公表することが義務付けられる（金商27条の36）。

　取引関係者とは、「金融商品取引業者、登録金融機関、信用格付業者若しくは投資法人その他の内閣府令で定める者注394) 又はこれらの役員等」および「当該上場会社等の投資者に対する広報に係る業務に関して重要情報の伝達を受け、当該重要情報に基づく投資判断に基づいて当該上場会社等の上場有価証券等に係る売買等を行う蓋然性の高い者として内閣府令で定める者注395)」をいう（金商27条の36第1項）。もっとも、重要情報を受領した情報受領者が取引関係者に該当するとしても、当該重要情報が公表される前に、当該重要情報に関する秘密を漏らし、かつ、当該上場会社等の有価証券に係る売買等をしてはならない義務を負っている場合は、当該重要情報の公表は不要である（同項ただし書）。したがって、事業再生局面にある上場企業がこのような義務を負っている証券会社などからアドバイザリー業務の提供を受けたり、このような義務を負っている証券会社に対して有価証券の発行について引受けや募集の取扱いを委託したりする関係で情報を提供することは、フェア・ディスクロージャー・ルールの問題とはならない。また、レンダーとしての銀行に関しても同様に考えられる。

注394)　具体的には、金融商品取引業者、登録金融機関、信用格付業者その他信用格付業を行う者、投資法人、専門的知識および技能を用いて有価証券の価値等または金融商品の価値等の分析およびこれに基づく評価を行い、特定の投資者に当該分析または当該評価の内容の提供を行う業務により継続的な報酬を受けている者、高速取引行為者等が定められている（金融商品取引法第二章の六の規定による重要情報の公表に関する内閣府令4条）。

注395)　具体的には、当該上場会社等に係る上場有価証券等の保有者、適格機関投資家、有価証券に対する投資を行うことを主たる目的とする法人その他の団体、上場会社等の運営、業務または財産に関する情報を特定の投資者等に提供することを目的とした会合の出席者が定められている（金融商品取引法第二章の六の規定による重要情報の公表に関する内閣府令7条）。

第2章　債務者の再生手法

6　監査問題

(1)　上場会社と監査

有価証券報告書には連結財務諸表および財務諸表（以下、「財務諸表等」という）が含まれ、四半期報告書には四半期連結財務諸表および四半期財務諸表（以下、「四半期財務諸表等」という）が含まれるが、原則として、これらについては特別の利害関係のない公認会計士または監査法人の監査証明を受けなければならない（金商193条の2、監査証明1条）。

この監査証明は、財務諸表等については財務諸表等の監査を実施した公認会計士または監査法人が作成する監査報告書により、四半期財務諸表等は四半期レビューを実施した公認会計士または監査法人が作成する四半期レビュー報告書により、それぞれ行われる（監査証明3条1項）。そして、この監査報告書および四半期レビュー報告書は、一般に公正妥当と認められる監査に関する基準および慣行に従って実施された監査または四半期レビューの結果に基づいて、それぞれ作成されなければならない（同条2項）。

(2)　上場廃止事由と監査

会社と公認会計士または監査法人（以下、「監査人」という）との間で会計処理について合意できない場合、監査報告書または四半期レビュー報告書が得られないことになる。監査報告書または四半期レビュー報告書が添付された有価証券報告書または四半期報告書を期限内に提出できないことは上場廃止事由とされている［→ 2(2)(v)］注396)。

また、無限定適正意見等が得られない場合、意見の内容によっては上場廃止となる［→ 2(2)(vii)］。

注396)　期限を優先すれば無限定適正意見以外の意見による監査報告書または四半期レビュー報告書が出されることとなるが、実務上は無限定適正意見に向けた協議が継続されるため、会社と監査人との間の意見の不一致は財務諸表等または四半期財務諸表等を添付した有価証券報告書または四半期報告書の提出遅延という結果となる。

366

(3)　有価証券報告書等の提出期間の延長申請

　監査報告書または四半期レビュー報告書が添付された有価証券報告書または四半期報告書を期限内に提出できない場合、上場廃止を避けるため、有価証券報告書または四半期報告書の提出期限の延長申請を行うこととなる。具体的には、発行者から財務局長等に対して、必要な添付書類とともに、延長申請書を提出し、財務局長等は、当該申請の承認・不承認を決定する（開示府令15条の2）。

　延長申請は、「やむを得ない理由により」提出期限までに提出できないと認められた場合にのみ承認される（開示府令15条の2第3項・17条の15の2第4項）。これについては、開示ガイドラインB24-13(1)に例示があり、事業再生局面にある会社に関連するものとしては、①民事再生法に基づく再生手続開始の申立てによる債務未確定等を理由として、提出期限までに財務諸表または連結財務諸表の作成が完了せず、または監査報告書を受領できない場合、②過去に提出した有価証券報告書等のうちに重要な事項について虚偽の記載が発見され、当事業年度もしくは当連結会計年度の期首残高等を確定するために必要な過年度の財務諸表もしくは連結財務諸表の訂正が提出期限までに完了せず、または監査報告書を受領できない場合であって、発行者がその旨を公表している場合、③監査法人等による監査により当該発行者の財務諸表または連結財務諸表に重要な虚偽の表示が生じる可能性のある誤謬または不正による重要な虚偽の表示の疑義が識別されるなど、当該監査法人等による追加的な監査手続が必要なため、提出期限までに監査報告書を受領できない場合であって、発行者がその旨を公表している場合が挙げられている。上記②および③については、事前の公表が必要とされるほか、監査法人等の見解ならびに発行者の代表者による当該申請を行うことについての認識および有価証券報告書を早期に提出するために実施する方策について記載した書面の提出も求められる点に留意が必要となる（開示ガイドラインB24-13(2)）。

　延長期間については、当局裁量となるが、特に1か月以上の延長については相応の理由が必要となる[注397]。

第2章　債務者の再生手法

(4)　監査意見の内容と上場廃止事由

　監査人が財務諸表等に問題がないと判断する場合には、無限定適正意見または無限定の結論が出されるが、問題がある場合には、会計監査については限定付適正意見、不適正意見または意見不表明、四半期レビューについては、限定付結論、否定的結論または結論の不表明が出される注398)。

　財務諸表等に重要な虚偽表示がある場合であって、重要だが広範でないときには限定付適正意見または限定付結論が出される。重要かつ広範であるときには不適正意見または否定的結論が出される。

　十分かつ適切な監査証拠が入手できず、重要な虚偽表示の可能性がある場合であって、重要だが広範でないときには、限定付適正意見または限定付結論が出される。重要かつ広範であるときには意見不表明または結論の不表明が出される。

　ここでいう「広範」とは、虚偽表示が財務諸表全体に及ぼす影響の程度、または監査人が十分かつ適切な監査証拠を入手できず、未発見の虚偽表示がもしあるとすれば、それが財務諸表に及ぼす可能性のある影響の程度について説明するために用いられるものである。財務諸表全体に対して広範な影響を及ぼす場合とは、監査人の判断において以下のいずれかに該当する場合をいう。

　①　影響が、財務諸表の特定の構成要素、勘定または項目に限定されない
　　　場合

注397)　開示ガイドラインB24-13(3)では、「提出期限を1月以上延長する旨の承認を行おうとする場合には、企業情報が開示されないことによる投資者への悪影響に配慮し、発行者が金融商品取引所又は認可金融商品取引業協会の規則に基づく開示等において当該発行者が財務諸表又は連結財務諸表に重要な虚偽の表示が生じる可能性のある誤謬又は不正についての確認を行っているか、過去に提出した有価証券報告書等の重要な事項についての虚偽の記載を自認し、その解決及び是正に向けた真摯な取組みを投資者に対して早期に表明しているかなど、当該発行者による情報開示の状況も考慮した上で、その期間の妥当性について判断する」とされている。

注398)　「独立監査人の監査報告書における除外事項付意見」。

第9節　上場会社の事業再生

②　影響が、特定の構成要素、勘定または項目に限定される場合でも、財務諸表に広範な影響を及ぼす、または及ぼす可能性がある場合

③　虚偽表示を含む開示項目が、利用者の財務諸表の理解に不可欠なものである場合

　なお、**2**(2)(vii)の通り、無限定の監査意見が得られない場合には上場廃止事由になる。監査人との意見に相違が生じないような会計処理が大原則ではあるが、意見が相違してしまった場合には、まずは重要性の有無を検討し、次に広範か否かを検討すべきこととなる。

369

第2章　債務者の再生手法

第10節　危機管理と事業再生

1　はじめに

　近時、コンプライアンス上の問題を端緒として事業再生局面に移行するケースが多く見受けられる。例えば公開情報に基づいて法的倒産手続に移行した例を挙げれば、以下の通りである。

会社名	手続	原因	類型
債務者申立てに関する事件			
林原	私的整理→更生手続（スポンサーへの譲渡）	非上場会社会社における不適切会計（および会計監査人不設置）が原因	①
江守ホールディングス	再生手続（スポンサーへの譲渡）	中国子会社の財務内容悪化	②
タカタ	再生手続（スポンサーへの譲渡）	製品瑕疵に基づく信用不安	⑦
スマートデイズ	再生手続→破産手続	シェアハウス事業の破綻	⑧
刑事手続に関する事件			
てるみくらぶ	破産手続	粉飾決算発覚に基づく資金繰り破綻（社長が詐欺等の容疑で逮捕）*	①③
はれのひ	破産手続	成人式当日における資金繰り破綻（社長が詐欺罪の容疑で逮捕）**	①③
マウントゴックス	再生手続→破産手続→債権者による再生手続	ハッキングによる資金・仮想通貨流失（社長が私電子的記録不正作出罪等で逮捕）***	④

370

第 10 節　危機管理と事業再生

森友学園	再生手続(管理型) (利用者保護のため自主再建)	小学校設立をめぐるスキャンダルで資金繰り悪化（代表者が詐欺罪の容疑で逮捕）＊＊＊＊	③
債権者申立てに関する事件			
ユナイテッドオーシャン (金融機関によるもの)	更生手続申立て (船舶の売却等による処理)	融資契約における表明保証違反	①③
ワシ興産 (金融機関によるもの)	更生手続申立て (スポンサーへの譲渡)	不適切会計が原因	①
金馬車 (金融機関によるもの)	更生手続申立て (新たなスポンサー選定に基づきスポンサーへの譲渡)	事業移転について金融機関との協議不成立	⑤
徳島市観光協会 (徳島市によるもの)	破産手続申立て	地方公共団体が累積赤字の解消は困難として新たな運営主体設置の前提として申立て	⑨

＊懲役判決 6 年（2018 年 7 月 20 日）。
https://www.asahi.com/articles/ASL7N3D32L7NUTIL010.html
＊＊懲役 2 年 6 か月、控訴棄却
https://www.asahi.com/articles/ASM5S5CTXM5SUTIL032.html
＊＊＊業務上横領罪は無罪、私電磁的記録不正作出・同供用罪などで懲役 2 年 6 か月、執行猶予 4 年
https://crypto-times.jp/mtgox-crime/
＊＊＊＊刑事公判中。2020 年 2 月 19 日判決予定
https://news.yahoo.co.jp/byline/aizawafuyuki/20190821-00139171/

　またこのほかにも、コンプライアンス上の問題を原因としては私的整理または早期再生に移行した例は多く存在する。

　これらコンプライアンス違反の事例を類型化すると、次のようなものになる。

①　金融機関等からの支援を得るために粉飾決算・不適切解決を行うもの
②　子会社等における不祥事を原因とするもの
③　経営陣による犯罪行為・不適切行為を原因とするもの
④　セキュリティーの不備や内部統制違反を原因とするもの
⑤　債権者を害する目的の財産移転等を原因とするもの

第2章　債務者の再生手法

⑥　経営陣が反社会勢力等と不適切な関係を有するもの

⑦　製品上の問題を隠蔽したことを原因とするもの

⑧　ビジネスモデルが破綻または陳腐化しているもの

⑨　自助努力では解決困難な事情が存在するもの

　それでは、同じようなコンプライアンス上の問題を原因とする事件にもかかわらず、法的倒産手続に至る事件と、私的整理または早期再生に至る事件はどこが異なり、どのように推移が異なるのかについて、以下簡単に論じていきたい。

2　コンプライアンス違反の原因と原因解明方法

(1)　コンプライアンス違反の増加原因

　まず、そもそも近時、コンプライアンス上の問題を原因とする事件が多いのはなぜであろうか。その答えは、本来実証的分析を必要とするため、簡単ではないものの、筆者の推測するところによれば、以下のようなものだと思われる。

　第1に、かつてであれば見逃されてきたことが、日本社会一般（あるいはグローバル社会）におけるコンプライアンス意識の向上（および会社と従業員の関係に変化）によって見逃されにくくなってきたこと[注399]、第2に、利益重視型の社会に転化したことに伴い、外形的または目先の利益を追求する傾向が強まり結果として、コンプライアンス違反を犯してしまう会社が存在すること、第3に、私的整理の増加傾向を背景に、コンプライアンス上の問題点が少ない債務者企業については、極力、私的整理手続での処理を金融機関および債務者企業が選択する傾向にあること（そのため、結果として、私的整理手続では処理しきれないケース、つまりコンプライアンス上の問題点を原因と

注399)　なお不祥事対応に関しては自主規制法人も強い関心を示しており、「上場会社における不祥事予防のプリンシプル」および「上場会社における不祥事対応のプリンシプル」を公表している（自主規制法人のホームページ〔https://www.jpx.co.jp/regulation/public/index.html〕引用）。

した法的倒産手続がクローズアップされている）、第4に、社会構造が著しく変化する社会において、その変化に遅れた企業がコンプライアンス違反をして変化の遅れによる損失を回復しようとする、または消費者・投資家がリスクの高い取引に関与する傾向にあること[注400]等が挙げられる。

(2) 原因究明調査の留意点

次に、これらコンプライアンス上の問題がある事件においては、問題解決のための第一歩として企業に対して原因究明のための調査[注401]（当該調査は社内調査の形で行われることもあれば第三者委員会によって調査がなされることがある）がなされることがある[注402]。

注400) 例えば、IT技術の発達により、サービス業の存在価値が減少している可能性がある。そのため、サービス業は少ない利益を求めて薄利多売を繰り返し、それでも利益の確保が苦しいと、採算性を無視した廉価販売を行うことがある。その結果、財務内容が悪化すると粉飾決算を行うとともに、IT技術の恩恵に預かりにくい消費者は、廉価販売を念頭に、当該企業にサービスを依頼するという危険な状態が生じ得る（てるみくらぶ事件）。逆に、IT技術に特化した企業においても内部統制が不十分なまま、企業規模を拡大すると、外部からまたは内部からの攻撃に脆い特性を有し、当該技術に参画する消費者に被害を与えることがある。あるいは経済格差に悩む消費者が価格の低廉なサービスの提供を受けた場合、当該サービス提供者の収支が合わずに破綻したり、その破綻を回避するためにサービス提供者が一般投資家から（直接または間接的に）投資を募る事態が生じ得る（スマートデイズ事件）。
これらの事象に対して行政が適切に対処しようにも行政には個別企業すべてを監視するコストは捻出し得ないし、金融機関にすべての企業を適切に監視する機能を期待することも妥当ではなかろう。結局のところ、これらは、IT化、デフレ経済、少子高齢化、小さな政府論、金融業の変化から生じる副次効果ともいえる。
注401) なお当然のことながら、当該調査は適法かつ合理的に行われる必要があり、合理的かどうかは通常のオペレーションを踏まえた上で、当該オペレーションからの逸脱性について行為時点および調査時点の事情を踏まえて判断することになる。
注402) 一般的にいって、コンプライアンス違反の程度が弱ければ社内調査、強ければ第三者委員会による調査がなされることが多いが、当該調査が有効に機能するかどうかは、形式面に加えて、調査メンバーの能力、調査の予算・時間・会社の協力等の実質面が重要といえよう。これらの詳細については木目田裕監修・西村あさひ法律事務所・危機管理グループ編『危機管理法大全』（商事法務、2016）626頁以下参照。また第三者委員会の評価付けに関しては、第三者委員会報告書格付け委員会（http://www.rating-tpcr.net/）等を参照。

第2章　債務者の再生手法

　もっとも、当該調査にも法律上・事実上の難点が存在することが多い。

　なぜならば、①当該調査は（刑事捜査と異なり）任意の調査なので、ヒアリング対象者に調査に協力する法的義務が存在しないため、原因究明能力に限界があること、②刑事捜査が並行している場合には、当該調査は刑事捜査に支障を与えてはいけない（場合によっては捜査妨害に該当しかねない）こと注403）、③事柄の性質上、当該調査には時間的制約が存在すること等の理由が存在するからである。

　そのため、結論としては、当該調査を行うに当たっては、限られた時間・資源を用いて、刑事捜査に支障を与えないよう配慮しつつ、可能な範囲で調査を尽くすということに尽きるといえよう注404）（結論からいうと、この限られた調査内容に金融機関等が納得すれば私的整理手続での処理が可能となり、納得しきれない場合には法的整理手続に移行することが多い）。

　また当然のことながら、調査結果の公表時期、方法・範囲等も重要な検討課題となる。

　簡単に述べるならば、①公表時期が遅きに失すればその意義は薄れる反面、早ければ内容の乏しい報告になりかねないこと、②公表方法が開かれたものであればあるほど社会に対する情報開示の意義は大きいが、その反面で訴訟等に利用されるリスクにも留意する必要がある注405）からである。

　特に再生局面においては、金融機関に対する開示方法が重要な検討事項となる。なぜならば、①金融機関は、コンプライアンス上の問題が発生した会社に対しては、その原因、事業価値に対する影響および当該原因の排除可能性等に強い関心を示しているため、真摯に開示を行う必要がある反面、②開示の方法によっては、金融機関においても予想外の萎縮効果が生じるおそれもあることから、誤解の生じないよう説明を行う必要があるからである。

注403）　実際に再生手続を申請した日本振興銀行事件では、銀行法に基づく検査忌避罪により代表者に懲役1年執行猶予3年の有罪判決が下されている。

注404）　なお実際には、どのような順番で関係者にヒアリングを行い、どのような物的証拠を開示するか否か等の検討も必要となる。

注405）　近時は弁護士秘匿特権（芝原邦爾ほか編著『経済刑法——実務と理論』〔商事法務、2017〕66頁以下参照）との兼ね合いで開示範囲を限定するケースも存在する。

(3) 海外調査の留意点

　さらに、コンプライアンス上の問題が海外にも及んでいる場合には、海外においてどのように調査を行うかという点も当然に問題となる。

　そもそも海外の調査においては、言語の問題、ビジネス的・社会的慣習の問題、会計制度・法律制度の差異[注406]等が存在するため、事案によっては現地の会計士・弁護士等を採用する必要がある。その反面、当該会計士・弁護士等においても日本側の関心事を十分に理解し得なかったり、現地法上の問題（例えば守秘義務に関する制度・理解の相違等）が原因で調査が進まない等の難点が生じる可能性がある。

　例えば、米国では周知の通り罰金額等が膨れあがる可能性があり[注407]、司法取引が活発である[注408]とともに、日本国内での情報共有が弁護士秘匿特権に抵触しないかの検証が必要となる[注409]。他方で当然のことながらアジアといってもひとくくりにはできず、汚職の程度、刑事・民事手続の相違、国によっては違法行為の通報義務等が存在する点にも留意が必要である。

　また調査の対象が犯罪行為と関連する場合には、①現地の関係者が非常に防御的対応を示すことがあるばかりか、②調査を行っているとの情報が拡散したり、③逆に危険な行為（関係者に対する暴力行為等を含む）を選択する可

注406）　文化的・社会的差異のみならず、労働法制・情報保護法制上の差異等にも留意する必要がある。

注407）　例えば、①クレディ・スイスは、米司法省などに脱税ほう助の罪を認め（2014年5月20日）、総額28億1500万ドル（約2860億円）の罰金を払うと発表しており、②独金融大手のドイツ銀行は2016年12月22日、米国での住宅ローン担保証券（MBS）の不正販売問題で、米司法省との間で罰金などとして72億ドル（8500億円弱）を支払うことで大筋で和解に合意したと発表した。

注408）　日本においても司法取引は導入されたが、その運用についての留意点は、林和宏「最近の摘発事例を踏まえた『司法取引』時代に企業がすべき実務対応」会社法務A2Z 2019年3月号24頁以下参照。なお、2019年7月2日時点の実例としては、三菱日立パワーシステムズ事件、日産元会長のカルロス・ゴーン氏事件が報道されている。

注409）　なお日本における弁護士秘匿特権の現状については日本弁護士連合会弁護士と依頼者の通信秘密保護制度に関するワーキンググループ「弁護士と依頼者の通信秘密保護制度に関する最終報告」（2016年2月）参照。

第2章　債務者の再生手法

能性もある。したがって、調査を実施する企業としては、そのような点に留意しつつ、④証拠をどのように保全するか（特に海外における証拠隠滅等のリスク）といった点にも留意が必要である。

3　再建手法の選択

(1)　選択する上での考慮要素

当該調査の結果、企業の財務内容の毀損が著しい場合（例えば調査の結果、売掛債権の実在性に疑義があったり、大幅な引当てが必要な場合等）または多額の簿外債務が存在する場合（例えば多額の不法行為債務を負っているような場合）には、私的整理の検討、場合によっては法的整理の検討も必要となる。

一般的にいって、私的整理のほうが企業価値の毀損は小さくてすむが、金融機関としては経済合理性のみならず、コンプライアンスに対する留意も必要になるので、違法性の程度が強かったり、原因が判然としない場合には、より公正な手続進行が期待できる法的整理を希望する傾向にある[注410]（また調査とは別に、不正の疑いが強く、経営陣の協力が得られにくい場合には債権者申立てによる法的整理に移行することがある）。

もっとも私的整理によっても、第三者委員会や経営責任追及検討委員会を設立することによって公正さを担保することも可能である[注411]ため、結局のところは、①コンプライアンス違反の内容・程度、②金融機関等をはじめとする債権者の意向[注412]、③債権者にとっての経済合理性、④公正さを担保する制度の内容、⑤スポンサーの意向[注413]、⑥子会社・海外展開の多さ[注414]を含んだ社会的インパクトの程度[注415]、⑦法的手続を用いることのメリット[注416]等の総合考慮によって決することになろう。

注410)　もっとも厳密にいえば日本の親会社において法的倒産手続を利用したとしても、問題を起こした海外の子会社についても現地の法的倒産手続を利用するかどうかは別の問題である。これは一見アンフェアなように思えるが、現実には現地の法的倒産手続の整備・運用状況を慎重に検討する必要があるからである。

注411)　実際問題、事実関係の調査報告および関係者との和解を前提に事業再生ADRを進めた事案も存在する。

376

第 10 節　危機管理と事業再生

　このうち公正さを担保する制度が最も重要であり、具体的には①経営陣の交代の有無、ⅱコンプライアンス違反を引き起こした人物に対する法的措置の有無（詳細は後述する）注417）、ⅲコンプライアンス違反により生じた損害の回復可能性、ⅳコンプライアンス違反に対する再発防止策注418）の内容等が

注412）　なお近時再び議論されているデット・ガバナンスについては、全国銀行協会のこれに対して藤原会長は「デットガバナンスは古くて新しい問題である。スチュワードシップ・コード（責任ある機関投資家の諸原則）を通じたエクイティ（株式）によるガバナンス（企業統治）と併せて、資金供給者である銀行による伝統的なデットガバナンスについても、時代に合わせた対応が期待されていると思う」と述べたとされる（2018年5月2日）Sankei Biz森岡英樹「〔高輪卓説〕古くて新しい『デットガバナンス』今、求められているのは」参照。また一般的には金融機関の意向が最も大事であるが、事件によっては取引債権者の意向によって法的手続のほうが好まれることもある（タカタ事件等参照）。

注413）　スポンサーによっては、法的倒産手続による企業価値の毀損よりも、簿外債務リスクや否認リスクを回避する意味で法的倒産手続を希望する場合もある。逆にハイリスク・ハイリターンを許容できる投資家からすると、エクイティでの資金注入を希望する結果、対象企業の上場維持を志向することになる。

注414）　複数国に海外展開がなされていたり、子会社が多く存在する場合には、親会社の法的倒産手続が原因で各地に混乱が生じることになるし（なお、コンプライアンス違反に起因した案件ではないものの、日本航空事件の場合は当該混乱は生じていないが、これは取引債権保護を広く図るとともに、DIPファイナンスによる資金手当ておよび政府によるアナウンスメント効果等が存在したためである）、当該混乱を回避するために子会社の支払原資を親会社が補てんする場合には親会社の弁済率が悪化することが想定される。

注415）　社会的インパクトが大きいと当然のことながら企業の企業価値ひいては弁済率の低下といった経済合理性に影響する。また債権者に一般人の不法行為債権等が多額に存在する場合には、当該債権者の債権に免除を求めることになる法的手続の選択はハードルが上がることになる。

注416）　例えば（林原事件のように）主要な債権者による否認権該当行為の有無が問題となり、当該行為の是正が弁済原資の確保および他の金融機関の理解醸成のために必要な場合は、法的倒産手続を申し立てることもあるであろう。また取引債権者が動揺しており、当該動揺を抑えるためには会社更生法に基づく取引債権保護を図ることが得策な場合も存在する。

注417）　なお経営者も法的手続に移行している場合には経営者サイドの法的手続との整合性も考慮する必要がある。例えば、ワシ興産事件の更生計画によると、経営陣による私財提供に関し、経営陣の破産管財人によって否認権の主張がなされたようである。

377

第2章　債務者の再生手法

挙げられる。

　なお、上場会社の場合には、法的倒産手続に移行すると、通常上場廃止に至るため[注419]、株式市場・取引先・消費者への影響、金融機関における経済合理性への影響が大きく、法的倒産手続の選択が回避される傾向にある。特に、オーナー経営でない場合には、経営陣の交代が比較的実現しやすく、経営陣の続投に対する批判が起こりにくい。

(2)　法的倒産手続における考慮要素

(i)　再生手続

　まず、仮に法的倒産手続に移行する場合には、経営陣が続投すること、つまりDIP型で対応することが可能かどうかという問題も検討する必要がある。

　特に、コンプライアンス違反を犯した経営陣に引き続き経営権を委ねて良いかはDIP型を採用している再生手続[注420]においては問題となり得る。

　もっとも①コンプライアンス違反の程度が必ずしも高いとはいえない場合、②すでにスポンサー候補が選定されており経営者の引き続きの経営関与の度合いが低い場合、③経営権の維持は当面認めるも、経営責任追及は別途行われることが想定される場合、④特殊な事業を営んでいたり、海外事業の割合が大きく、経営陣以外の管財人等が責任をもって対応しきれない場合には、諸策を講じた上で、再生手続が採用されるケースも存在する。

　他方で大阪地裁においては、再生事件でも管財人が選任されるケースが少

注418)　当然のことであるが名目上の再発防止策では意味がなく、実態を伴った防止策である必要がある。そのためには、単に新しいコンプライアンス・マニュアルを導入するだけでなく、経営陣の交代、外部からの役員登用、スポンサー・投資家による資本参加、アクティビストをはじめとする投資家による緊張感ある経営等が要求されることもある。

注419)　法的倒産手続においても上場を維持することは可能であり、現に維持した企業（プロパスト）も存在するが極めて例外的なケースといえよう。

注420)　再生手続がDIP型を採用している理由は、中小企業においては企業が経営者の一体性が強いため、この一体性を利用して再建を進めることが社会的に相当と考えられる一方、東京地裁においては監督委員の選任を原則とすることで公平性の確保を図っている（なお東京地裁においてもスルガコーポレーション事件のように例外的に管財人を選任するケースも存在する）。

378

なくなく、近時も、森友学園事件やパチンコ会社の再生事件では管財人が選任されている。

(ii) 更生手続

(a) DIP型更生事件の増加

次に、会社更生法においてもDIP型管財事件は例外的に許容されている。すなわち会社更生法67条3項は「裁判所は、第100条第1項に規定する役員等責任査定決定を受けるおそれがあると認められる者は、管財人に選任することができない」と規定していることから、旧経営陣たる役員も（更生）管財人になり得ることが前提となっている（DIP型管財人選任の許容）。

また東京地裁の運用としては、①現経営陣に不正行為等の違法な経営責任の問題がないこと、②（メイン銀行等の）主要債権者が現経営陣の経営関与に反対していないこと、③スポンサーとなるべき者がいる場合はその了解があること、④現経営陣の経営関与によって更生手続の適正な遂行が損なわれるような事情がないこと、等の事情が認められる場合には、DIP型の管財人が選任できるとされている。

これを受けて、東京地裁にはDIP型更生事件の申立てが一時期急増したといわれる（例えばクリード、Spansion Japan、あおみ建設等）。

これは、（開始決定前は監督委員兼）調査委員による監督・調査を受けるとはいえ、経営権を維持できながら、更生手続という再建を強力にサポートする手続を利用できることは窮境な状態にある会社の経営陣にとっては極めて魅力的な制度に映るからである。

(b) DIP型更生事件の問題点

しかしながらその後、一部の事件においては、DIP型更生事件がうまく進捗しないケースも散見されるようである。

このような事態が生じている原因としては、旧経営陣に違法と評価されるまでの経営責任がなかったとしても、（中小企業と異なり特に大企業において）倒産という事態を生じさせた経営陣がそのまま残留することに対する金融機関、取引先または従業員から反発があったことが想定される（特に旧経営陣を残す必要性の乏しい業態であったり、旧経営陣が既存の株主の強い影響下にある場合はその反発は相当なものであろう）。

第2章　債務者の再生手法

　このようにDIP型更生事件においては債権者との意見の調整が特に重要になってきている。特に最近の更生事件・再生事件においては任意または法定の債権者委員会（会更117条以下参照）等が組成される事案（スパンション事件）も出てきている。

　この点に関し、裁判官からも「調査委員の下に大口の担保権者が集まって互いに意見を調整し、調査委員を通じて、申立代理人側と調整し合うという試み」を始めているとの発言もみられるところである[注421)][注422)]。

(iii)　両手続に共通する留意点

　ただし、いずれの手続にせよ、法的倒産手続の中で財務内容悪化に至る事実関係・経営責任についての調査および報告（民事再生法であれば125条報告書、会社更生法であれば84条報告書）がなされる点については留意が必要である。

　問題なのは、会社または会社関係者としては、どこまで調査を尽くすべきかである。

　一般論としては、限られた時間・コストの範囲と、債権者の多数に理解が得られる範囲（理解が得られないと再生計画案・更生計画案が可決に至らない可能性がある）のバランスによって決されることになろう。

(iv)　破産事件における調査義務・報告義務

　なお、破産事件においては債権者に計画案を承認してもらう必要がないことからすると調査義務が限定されるようにも思われるが、必ずしもそうともいえない。

　なぜならば、東京地裁等では債権者集会においては、破産債権者に対する情報の開示を図ること（「情報の配当」）によって破産管財人への監督の機会、破産手続の透明性・公平性維持、破産手続に対する国民の信頼を確保すべきといった考え方が重視されているからである[注423)]。

　その意味では、三宅省三弁護士による「熟練した管財人は、配当が少ない

注421)　「座談会・大きく変わる会社更生手続」会計・監査ジャーナル647号（2019）24頁。
注422)　もっとも米国流の債権者委員会方式には多額の専門家費用が必要となるため、そのような費用の捻出が利害関係人に許容されるかどうかという点も実務上は問題である。

第10節　危機管理と事業再生

と予想されるときこそ詳細な報告をする。何故ならば、倒産に至った経緯と原因を知ることは、その債権者にとって、次の不良債権事故発生の予防となるからである」との指摘が参考になる[注424]。

　また近時は破産管財人が調査を行うにも、IT技術の高度化等に阻まれ、調査結果を早期に報告しにくいような事件も存在する（マウントゴックス事件等）[注425]。例えば、マウントゴックス事件においては外部からのハッキングによって現金および仮想通貨の流出が取り沙汰された事件であるが、同事件においては仮想通貨等の流出が誰の指示または責任によるものかが争点とされ[注426]、かつ、調査には高度なIT技術が必要とされるが現時点でその詳細は報告されていない。

(v)　債権者による更生手続の申立て

　近時はコンプライアンス違反と関連して、債権者による更生手続の申立てが増加傾向にある。

　一般的に更生手続は手続が重厚であるとの印象があり、また前述したDIP型でない場合には従来と経営とは無関係な管財人が選任されるため、既存の経営陣からは選択を躊躇される傾向にある。

　逆にいえば、無関係な管財人が公平公正な立場で経営に関与または調査を期待できるメリットがあるため、債権者が経営陣に不信感を抱いている場合には、債権者申立てを行うことで[注427]当該不信感を払拭できる可能性がある。

注423)　このような情報の配当という概念は、破産債権者たる被害者団体からも強く要求されることがある。

注424)　三宅省三「破産管財人の報告義務」判タ830号（臨時増刊『破産・和議の実務と理論』）（1994）86頁参照。

注425)　なおフォレンジックの困難性は破産事件に限らず、再生事件等においても同様の問題が生じ得る点に留意が必要である。

注426)　本件においては、一時は内部犯行の疑いも浮上し経営者も逮捕されたが、その後米国で別の容疑者が逮捕される等その全容解明は不透明である。

注427)　ただし債権者申立ての事件においては、債権の内容および債務者企業の財務内容を疎明できるかという問題があり、疎明できたとしても直ちに開始決定手続がなされるとは限らず、調査委員が選任され、調査委員の調査結果に基づいて開始決定手続の当否が判断されることが多い。

第2章　債務者の再生手法

　そのため、ユナイテッドオーシャン事件においては複数のSPCに対して、複数の債権者が個別に更生手続の申立てを行って債権回収を図っている[注428]。

　またワシ興産事件は、同会社グループの不正会計に不信感を抱いた地方銀行が更生手続の申立てを行っている[注429]。

　最後に、金馬車事件は、中核事業について会社分割を行った後[注430]、分割会社について再生手続が申し立てられたことに不信感を抱いた金融機関が更生手続の申立てを行っている。

4　コンプライアンス違反に基づき発生する債権の取扱い

　コンプライアンス違反が生じた場合には、当該違反に基づき特殊な公的債権が発生することがあるため、当該債権の処理方法が問題となる。

　これらのうち近時問題となることが多い債権としては、補助金返還請求権や課徴金が挙げられる。

(1)　補助金返還請求権に対する対応

(i)　私的整理手続と補助金返還請求権

　まず補助金を受給していた企業において、事後に補助金の受給要件が存在していなかったことが判明すると、給付者から当該補助金の返還を求められることがある[注431]（なお、この問題とは別に、補助金受給時は要件を具備してい

注428)　この事件の概要は、（債務者側の）表明保証違反に基づき金融機関が海外SPCおよび国内の保証会社に対して会社更生の申立てを行い、管財人の管理の下、SPC保有の船舶の売却等が行われたものであるが、その詳細については、進士肇ほか「事案の概要、全体像（特集・会社更生の活用促進に向けて：ラムスコーポレーションの会社更生事件）」事業再生と債権管理159頁（2018）94頁以下参照。

注429)　一般論として地元企業との関係を大事にする地方銀行が債権者申立てを行うことは珍しい。

注430)　濫用的会社分割をめぐる問題に関しては、鹿子木康ほか「パネルディスカッション・事業承継スキームの光と影——濫用的会社分割を考える」事業再生と債権管理132号（2011）24頁以下参照。

たが、事後に補助金の返還事由が発生することもある）。

　一般的にいって私的整理手続においてこれら補助金返還請求権をカットすることは困難であり[注432] 債務者としては専ら返還事由に該当するか否かの交渉、あるいは該当するとしてその返済方法の交渉（具体的には分割弁済を依頼することが多い）を行うにすぎないことが多い。

(ii)　法的倒産手続と補助金返還請求権

　これに対して、法的倒産手続において、これら補助金返還請求権をカットできるかは、その前提として補助金の法的性質を整理する必要がある。すなわち、補助金を給付者の種類によって分類すると、国による補助金と地方公共団体による補助金に区別される。

　また前者については、補助金等に係る予算の執行に関する法律（以下、「補助金適正化法」という）に基づき国が返還を命ずる場合には行政処分として行われ、国税徴収の例によって徴収できるため（同法21条1項）、取消決定（同法17条1項）が破産手続開始決定前になされている場合には返還請求権（同法18条1項）は財団債権に該当する（破148条1項2号）と解される[注433]。

　これに対して、後者（地方公共団体）の場合には、条例等において特段の規定がない限り、補助金は私法上の贈与（負担付贈与）に類するものとされている。そのため、補助金交付の取消しは、契約に付された解除特約に基づく解除権の行使と解されるため、当該解釈に基づくと返還請求権も通常の私法上の債権と同様に扱われることになると思われる。

注431)　なお民事上の問題とは別に、補助金等に係る予算の執行の適正化に関する法律違反に関する犯罪といった刑事上の問題が発生することもある。

注432)　特に国における補助金のカットはモラルハザードの観点から、地方公共団における補助金は議会の承認・報告の観点からカットが難しい。もっとも、私的整理手続における参考資料としては清算価値を算定することが多く、その過程では次に述べる公的債権のカットの可能性は検討することになる。

注433)　例えば、名古屋高判平成5・2・23判タ859号260頁は（破産開始決定前の違反に基づき）破産開始決定後の交付決定の取消しに基づく返還請求権について（同様の理由で）財団債権としている。もっとも財団債権性を広く認めることについては批判的な見解もあり、詳細は本間法之「破産管財人の財産処分と国庫補助金による取得財産の処分制限」桃山法学3号（2004）9頁、小滝敏之『補助金適正化法解説〔全訂新版（補助第2版）〕』（全国会計職員協会、2016）164頁参照。

第 2 章　債務者の再生手法

(iii)　補助金対象資産の譲渡と補助金返還請求権

なお上記と関連して、補助金対象資産の譲渡（具体的にはスポンサー企業に対する会社分割や事業譲渡の場合に問題になりやすい）は直ちに補助金返還事由になるのかについても検討する必要がある。

すなわち、補助金適正化法22条本文によると、「補助事業者等は、補助事業等により取得し、又は効用の増加した政令で定める財産を、<u>各省各庁の長の承認を受けないで</u>、補助金等の<u>交付の目的に反して使用し、譲渡し</u>、交換し、貸し付け、又は担保に供し<u>てはならない</u>」（下線は筆者による）と記載されているので、長の承認を得た場合または交付の目的に反しない場合は返還事由に該当しない可能性がある。

もっとも実務的には、各省各庁の承認等を得るに当たっては、同者らと十分に協議を行う必要がある点に留意が必要である[注434]。

(2)　課徴金等に対する対応

(i)　国内で課された課徴金への対応

(a)　課徴金の法的性格

次に、コンプライアンス重視の流れに伴い、近時は国内外で課徴金処分が下されることがあるので、当該処分に基づく債権の取扱いについても確認する必要がある。

例えば、国内の独占禁止法に基づく課徴金は国税滞納処分の例によって徴収することができるため（同法69条4項）、一般優先債権に該当する。

他方で金融商品取引法上の課徴金債権や消費者契約法上の課徴金債権は過料債権と同様に取り扱われる（金商185条の16[注435]）。

この点、再生手続開始前の罰金等は、再生計画で定められた弁済期間が満

注434)　なお、平成16・6・10会計第5号大臣官房会計課「補助事業等により取得し又は効用の増加した財産の処分等の取扱いについて」参照。

注435)　破産法、民事再生法、会社更生法および金融機関等の更生手続の特例等に関する法律の規定の適用については、課徴金納付命令に係る課徴金の請求権及び金融商品取引法185条の14第2項の規定による延滞金の請求権は、過料の請求権とみなす。

了する時までの間は、弁済をすることができないと規定されている（民再181条3項・2項）とともに破産手続においては劣後的破産債権となる（破99条1項1号・97条6号）ため、再生手続においても一般の再生債権に劣後する債権と解する見解が有力である[注436]。

そのため、一般論としては、課徴金が一般優先債権に該当する場合は速やかに支払を行う必要があるが、他方で課徴金納付処分を受けた場合には当該支払を回避するためまたは当該違法行為を是認していたと解されないために不服申立措置を行うべきかどうかが問題となる[注437]。

(b) 課徴金処分への対応

まず、課徴金処分（特に優先債権性を有する課徴金処分）に対する不服申立てが認められる可能性が高いと判断される場合には、不服申立てを行って課徴金を減額するまたは課徴金処分を取り消すことが（再生債権者への弁済原資を増加させ得る以上）公平誠実義務との関係で要請される場合もあろう。他方で、不服申立てが認められる可能性が低いと判断される場合にまで不必要に不服申立てを行い、時間・コストをかけるべきでないよう思える。

次に、課徴金処分に対する不服申立てを行うかどうかと、役員査定等において役員の責任が認められるかどうかは厳密には別個の論点である。すなわち、課徴金処分は債務者側に故意・過失が存在しなくても課され得る処分であるのに対し、役員査定等においては債務者側に故意・過失が存在することが前提となる[注438]。そして通常は課徴金処分決定がなされる前に、債務者

注436）　園尾隆司＝小林秀之編集『条解民事再生法〔第3版〕』（弘文堂、2013）952頁以下［村上正子］参照。

注437）　同様の問題は海外における当局との折衝においても生じている。例えば米国のSEC（証券取引委員会）との交渉においては（違法行為を）「肯定も否定もしない」ポリシー（当該ポリシーについても議論はあるようだが）に基づく和解が行われることが多いが（ただし最近ではその流れにも変化が生じているようである。『アメリカ証券取引法入門――基礎から学べるアメリカのビジネス法〔改訂版〕』〔第一法規、2019〕147頁参照）、そのような対応を参考に課徴金処分を受け入れることが再生債務者の公平誠実義務との関係で問題ないか、あるいはその後の役員査定等の関係を考慮して争っておくべきでないかについても留意する必要がある。結局のところ、この問題への対応はケースバイケースにならざるを得ないものと解される。

が行政から必要なヒアリングを受ける際に、不当と考える事項は証拠をつけて反論することが通常である。そのため、当該反論・証拠が合理的な内容であれば、役員査定等においても役員の過失の不存在に関連する主張としても利用することが十分に可能であると考えられる。

(ii) 海外で課された罰金等への対応

次に債務者が海外（ここでは米国を念頭に置く）で課される租税債権または課徴金への対応が問題になることがある。

まず、租税債権については、日本国が「租税に関する相互支援に関する条約」に加入したこと（2011年11月）に伴って、「租税特別措置法等の一部を改正する法律」が規定されたため、当該法律に従った処理がなされる。

これに対して、国際カルテルに伴う罰金については、上記のような相互支援に関する条約が存在しないため、その取扱いが定かでない。

1つの考えは、罰金は「国家による私人に対する制裁」であり、条約なくして日本での執行を許容することは（日本国への）主権侵害となるので、そもそも日本国内においてはその権利行使を認められないとするものである。しかしながら、このような考え方に立ったとしても、①海外で罰金処分を課された会社には、通常海外財産が存在し当該財産に対する執行が想定されるし、②当該罰金に関する処分について解決をみない場合には、今後の再建計画の見通し（法律的には再生計画案の履行の見込み）も不透明である。また③米国であればChapter 15の手続が設けられているが、当該手続の要件においては「米国の公序に反しないこと」が設けられているため、米国の罰金等を払わないことを前提にする手続は承認されにくいものと思われる[注439]。

したがって、結論としては、当該罰金債権が債務者の事業に与える影響を個々に判断の上、債務者を監督する裁判所と個別に協議するしかないように思われる（ちなみに、コンプライアンス違反の事例ではないが日本航空事件においては罰金債権への支払は弁済許可対象事項に掲げられていた）。

注438) なお平成26年改正民法が会社法に与える影響については、伊藤靖史ほか『会社法〔第4版〕』（有斐閣、2018）237頁参照。

注439) Chapter15と公序の関係については『実務に効く事業再生判例精選』ジュリ増刊（2014）267頁参照。

第10節　危機管理と事業再生

5　役員に対する民事責任追及

(1)　日本の役員に対する責任追及

　企業にコンプライアンス違反が発生し、それに基づいて損害が発生した場合には、企業は企業の役員に対して責任追及を行うケースが少なくないが、昨今では親会社たる日本企業の役員責任のみならず、子会社たる海外企業の役員責任も問題となり得る[注440]。

　まず日本企業の役員に関する民事責任について検討する。

　この点、再生手続も更生手続も、役員の責任追及に関する簡易な手続（役員査定手続）を設けているため[注441]、役員に帰責性がある場合には、（任意の私財提供がなされない限り）役員査定手続の申立てを検討することになる[注442]。

　役員査定手続の請求原因として比較的多いのは、（日本法に基づき）①違法配当に関する損害賠償請求、②善管注意義務違反に基づく損害賠償請求（特に不適切会計を前提とした〔不必要な〕法人税の支払）等である。

　もっとも、コンプライアンス違反が海外の子会社にあった場合に、親会社たる役員に海外子会社の役員に対する監視義務までを認めるべきかどうかは

注440）　他方でバブル崩壊時における役員に対する責任追及は過酷すぎるものであったとの批判も存在する点には留意が必要である（破綻していない金融機関における融資に関する役員責任の事案においては、ほとんど役員が勝訴しているのに対し、破綻金融機関のケースにおいては役員側が敗訴するケースが多数に上っていることについては、澤口実＝奥山健志編著『新しい役員責任の実務〔第3版〕』〔商事法務、2017〕74頁参照）。

注441）　民事再生法は143条、会社更生法は100条に規定されている。

注442）　もっとも一般的には、（代表者等の役員につき）経営判断上の問題があるそのすべてについて、役員責任追及が行われるものではなく、役員の行為の悪質性、立証の可否、財産増殖の現実可能性および費用対効果等を総合考慮して決されることが多い。その意味で、代表者についても破産申立てがなされている場合には、通常は代表者につき免責決定（ただし免責不許可事由が存在する場合または非免責債権については別途の考慮が必要である）がなされるため、法人の破産管財人が役員責任追及を行う実益は乏しいことが多い。

387

第2章　債務者の再生手法

争いがある。

　この点、東京地判平成13・1・25（判時1760号144頁）は「親会社の取締役は、特段の事情のない限り、子会社の取締役の業務執行の結果子会社に損害が生じ、さらに親会社に損害を与えた場合であっても、直ちに親会社に対し任務懈怠の責任を負うものではない」、「実質的に子会社の意思決定を支配したと評価しうる場合であって、かつ、親会社の取締役の右指図が親会社に対する善管注意義務や法令に違反するような場合」と判示する。

　しかしながら、平成26年会社法改正時の議論としては、「会社の資産である子会社の株式の価値を維持するために必要・適切な手段を講じることが親会社取締役の善管注意義務から要求されて」[注443]いるとして、役員に対する監視義務に肯定的である。

　その後の議論をみると、「グループ内部に子会社の経営を監視するための合理的な内部統制システムが構築されつつ、子会社の代表取締役や取締役の業務執行が適正になされていたと信頼した場合に限り」（責任を問われない）[注444]とする見解や「内部統制システムが適切に構築され、運用されていれば、不祥事の当事者を直接監督する立場にある者以外の者は、特に不祥事の兆候に接するなどしない限り」（責任を問われないと思われる）[注445]とする見解が存在する。

　なお、実際に責任を認定する上での実務上ポイントとしては、子会社の重要性（子会社の重要が高ければ、監視すべき必要性も高まるように思われる）、役員兼任の有無（役員を兼任している場合には、海外子会社への監視義務の履行可能性が高まることになる）、経営指導契約の有無（経営指導契約に基づき経営指導料を取得している場合には、監視すべき必要性も高まるように思われる）等が考えられる。

注443)　以上につき、弥永真生「会社法の下での企業集団における内部統制──問題の所在といくつかの特徴」商事2090号（2016）4頁以下。

注444)　小菅成一「孫会社に生じた損害に対する親会社取締役の責任」東海法学31号（2004）132頁。

注445)　森田多恵子「裁判例にみる企業集団における内部統制」商事2092号（2016）32頁。

第10節　危機管理と事業再生

(2) 子会社たる海外企業の役員に対する責任追及

次に子会社たる海外企業の役員（以下、単に「海外役員」という）に対する責任追及について検討する。

まず誰が責任追及を行うかについては、（A）現地企業が現地法に基づき当該役員に責任追及を行う方法が考えられる。また（B）日本の親会社が不法行為等に基づき当該役員に責任追及を行う方法[注446]が考えられる

次にどのような手続で責任追及を行うかについては、（A）の場合は現地の裁判所に提訴して責任追及を行うのが通例であろう。この場合、請求が認められるかどうかは現地の法令および実務慣習によるが、当該役員による報復活動によって、現地の従業員等が現地でトラブル等に巻き込まれないかは慎重な判断が必要である。

また（B）に関しては、（B-1）日本の親会社が、海外役員に対して、現地の手続において責任追及を行う場合と、（B-2）日本の親会社が、海外役員に対して、日本の手続において責任追及を行う場合が考えられる。（B-1）の場合の問題点は（A）と同様である。

問題は（B-2）の場合であるが、この場合には①日本において管轄が認められるか、②適用される準拠法の問題（日本法に基づく不法行為か、現地法に基づく不法行為か等）、③送達上の問題（送達が適切になされるか、どの程度の時間を要するか）、④日本における判決が相手国で承認されるか、⑤仮に承認されたとして、現地において現実に執行可能どうかという問題がある点に留意が必要である。

(3) 経営者の海外資産からの回収

問題企業の経営者が海外に資産を有している場合には、債権者が当該海外資産から独自に回収を図れるかどうかも問題になることがある。

第4章第2節4の通り、経営者が破産等の法的手続を申請した場合、日本

注446）　海外の役員が日本の親会社の役員を兼任している場合には、日本の親会社の法的手続内で役員査定手続を利用することも考えられる。

389

第 2 章　債務者の再生手法

の破産法・民事再生法は普及主義により海外にも及ぶことが規定されているが、実際に当該外国が承認するかどうかは各国の法制度の問題である。

　そのため、当該外国において承認手続が存在する場合には、日本の破産管財人等は承認手続を申請し、当該申請が認められた場合には、日本の法的手続の効力が当該外国にも及ぶことになる[注447]。

　次に、承認手続がなされる前に強制執行等により債権回収を優先的に行えるかどうかは見解が定まっていない。

　伊藤眞ほか編『民事再生法逐条研究——解釈と運用』（有斐閣、2002）266頁以下によれば、①任意弁済による満足か、法的手続による満足かで不当利得の成否が変わってくるとする見解、②普及主義の考えを貫徹し、海外における債権回収行為は強制執行であっても日本法的には不当利得に該当するという見解（ただし、この見解の中でも外国倒産手続による配当は別異とする余地がある）、③回収の不平等性はホッチポットルールの範囲で調整されるにすぎないとする見解等が挙げられている。

6　代表訴訟・役員賠償保険との関係

　経営者に善管注意義務違反等の疑いがあるにもかかわらず、会社が責任追及を行わない場合には、株主は会社法上、代表訴訟を提起できるが、このことは会社の法的倒産手続とどのような関係に立つであろうか。

　まず、更生手続が開始されると、代表訴訟は提起できず、提起されている訴訟は中断されると解される（会更52条の2参照）[注448]。これは、更生手続には公正な第三者的存在である管財人（DIP型であっても管財人であることには変わらない）が任命されるため、管財人に責任追及に関する権限を集中させ

注447）　効力が及んだ場合の効果は各国の法律によるが、通常は日本の破産管財人が当該
　　　　外国に存在する資産の管理権を有し、日本の債権者は個別の権利行使が禁止され
　　　　ることになる。
注448）　会社更生法52条1項は「民法第423条若しくは第424条の規定により更生債権者の
　　　　提起した訴訟又は破産法若しくは民事再生法の規定による否認の訴訟若しくは否
　　　　認の請求を容認する決定に対する異議の訴訟が更生手続開始当時係属するとき
　　　　は、その訴訟手続は、中断する」と規定する。

第 10 節　危機管理と事業再生

ようとする趣旨である。

　次に、破産手続でも同様であり、代表訴訟についても破産法45条[注449] が類推適用されると解されている（東京地判平成12・1・27金判1120号58頁参照）。

　これに対して、再生手続が開始された場合には、当然に代表訴訟の提起が禁止されるわけでも、中断されるものでもない。しかしながら、（解釈上）役員査定手続が申し立てられた場合には新たな代表訴訟は提起できず、また（例外的に）管財人が選任された場合には更生手続と同様の規律が働く。

　この点に関係するので、役員賠償保険の関係である。役員賠償保険は、本来株主代表訴訟対応として設けられているものであるから、代表訴訟ではなく会社が責任追及訴訟を提起した場合には適用されないのが原則であった[注450]。

　しかしながら、管財人らが（株主に代わって）第三者的立場から責任追及手続を利用した場合にまで、役員賠償保険の適用ができないのであれば、役員賠償保険の適用が狭すぎることになるので、更生手続の管財人や再生手続の管財人が責任追及手続を利用した場合には、役員賠償保険が適用されるものと解される[注451]。

注449)　破産法45条1項は「民法第423条又は第424条の規定により破産債権者又は財団債権者の提起した訴訟が破産手続開始当時属するときは、その訴訟手続は、中断する」と規定し、債権者代位権等に基づく訴訟の中断を定める。債権者代位権等は、本来の債権者が債務者に対して権利行使をしない場合に背後にいる権利者にその行使を許容する制度であるが、破産手続開始決定後は、財団増殖に関する権利を破産管財人に専属させることにこの規定の意義があり、この規定の趣旨は代表訴訟にも適用される。

注450)　2015年3月に公表された経済産業省（経済産業政策局産業組織課）委託調査「日本と海外の役員報酬の実態及び制度等に関する調査報告書」126頁によると「D&O保険に加入していると回答した企業のうち、回答企業から被保険者に対する損害賠償請求（会社訴訟）を補償している企業は、一定条件の場合も含み225社中86社（約38％）となっている」とのことである。

注451)　山下友信編著『逐条D&O保険約款』（商事法務、2005）129頁も、破産管財人・更生管財人については、馴れ合い訴訟や内輪もめ訴訟排除の趣旨は該当しないので、「免責事由にはあたらないと解してよいと思われる」とする。

391

第2章 債務者の再生手法

7 事業再生と刑事手続

　また、経営陣等にコンプライアンス違反が認められる場合には、損害賠償請求のみならず刑事手続を含むその他の手続にも留意が必要である。

　事業再生に関連するからみで問題となりやすいのは、特別背任、業務上横領、違法配当、虚偽有価証券報告書等提出罪、風説の流布、詐欺罪、詐欺破産罪、文書偽造罪、補助金適正化法違反等である。

　これらすべてについて記載することは紙面の都合上、困難であるので、ここでは特に問題となりやすい、特別背任罪および虚偽有価証券報告書等提出罪についてのみ言及する。

　まず、特別背任罪の構成要件は、取締役等が、「自己若しくは第三者の利益を図り又は株式会社に損害を加える目的で、その任務に背く行為をし、当該株式会社に財産上の損害を加えた」ことである。特別背任罪の典型的な例としては、親密取引先に対して不正融資を行っていた場合等が挙げられる。

　ここで問題となりやすい要件としては、図利加害目的および任務違背行為の有無である。もっとも、任務違反行為は、会社法上の善管注意義務違反と重なる部分が存在する。そのため、善管注意義務違反（＝任務違反行為）が民事裁判上認められると、損害および因果関係も同時に認められやすいので、あとは図利加害目的の有無が争点となりやすい。

　なお、刑事裁判においては、刑法上の犯罪要件が認定されると、その後の主要な争点は情状になるところ、情状判断においては、取調べ等への対応および被害弁償が重要な意味を有しかねない点に留意が必要である。

　また、特別背任罪は、資金（通常は貸主）の出し手のみならず、資金の受け手においても共同正犯として問題となり得る点に留意が必要である。もっとも裁判実務上は、「本件融資の実現に積極的に加担した場合」とあるように悪質性の高い受け手（愉快融資の手順をとることに協力したり、偽造の鑑定評価書を差し入れる等）にのみ共同正犯の成立を認める傾向にある。

第10節　危機管理と事業再生

事件名	再建手法	概要
北海道拓殖銀行事件*	金融再生法	元頭取2名に懲役2年6か月の有罪判決が下されている。
春日電機事件**	更生手続	東京地裁にて、懲役3年、追徴金約3200万円の有罪判決が下されている。 被告人がアインテスラ社等を用いて春日電機株を買い占め、代表者に就任後、アインテスラ社に対して金銭を無担保で貸し出させたもの。
NOVA事件***	破産手続	（業務上横領罪にて）代表取締役に懲役2年の有罪判決が下されている。

＊：判例タイムズ1229号116頁、判例タイムズ1317号142頁。
＊＊：商事法務1970号48頁。
＊＊＊：2010年12月2日付け日本経済新聞電子版参照。

　次に、虚偽有価証券報告書等提出罪の要件は「一定の開示書類について重要な事項につき虚偽の記載のある書類を提出すること」だが、その運用は非常にわかりにくい状態にある。

　現実に虚偽有価証券報告書等提出罪（旧証券取引法事件を含む）の適用が問題となった事件としては長銀事件、カネボウ事件、ライブドア事件、キャッツ事件等が挙げられる。その概要は次頁の表の通りである。

　結局のところ、刑事事件化するかどうかは捜査機関の意向によるが、一般論としていえば、捜査機関は、被害額の多寡、社会的インパクトの大きさ、犯罪態様の悪質性等を総合考慮しているものと思われる。

　さらに、刑事訴訟法の改正により日本においても司法取引制度が導入されたことから、将来的にはどのように司法取引制度に対応するかも実務上重要なポイントとなり得る点に留意が必要である。

393

第 2 章　債務者の再生手法

事件名	再建手法	概要
長銀事件＊	金融再生法	旧大蔵省から出された資産査定通達に従うべきか否かが問題となり、1審・2審では有罪判決が下されたが、最高裁では「新たな基準として直ちに適用するには明確性に乏し」いとして無罪判決が下された。
カネボウ事件＊＊	産業再生機構	元社長に懲役2年・執行猶予3年、副社長に懲役1年6か月・執行猶予3年の有罪判決が下されている（これとは別に公認会計士にも有罪判決が下されている）。
ライブドア事件＊＊＊		元社長に懲役2年6か月の有罪判決が下されている。
キャッツ事件＊＊＊＊	再生手続	公認会計士が最高裁まで争ったが、最高裁は上告を棄却し、懲役2年・執行猶予4年の判決が確定する。

＊　『経済刑法──実務と理論』（商事法務、2017）517頁参照。
＊＊　『企業不祥事インデックス』（商事法務、2015）80頁参照。
＊＊＊　『企業不祥事インデックス』（商事法務、2015）86頁参照。
＊＊＊＊　『企業不祥事事典──ケーススタディ150』（日外選書 Fontana、2017）106頁参照。

第**3**章

債権者から見た事業再生

第3章　債権者から見た事業再生

第1節　総論

1　はじめに

　経済的に窮境に陥りそうな企業または陥った企業（本章では「債務者企業」という）において、その問題状況（支払不能や債務超過の状況）を解消し、「事業の再生」を図り、その後の安定的な事業継続を可能とするために、第2章までに述べたようなさまざまな事業再生の手段・手法がとられる。

　この債務者企業の事業再生の過程において、多くの場合、債権者に対して、債権の支払猶予が要請され、さらに、債権の一部放棄が求められるなど、大きな負担が求められる。

　本章では、このような債務者企業の事業再生のプロセスの中で、債権者は、どのような関与をすることが認められ、それは事業再生にどのような影響を及ぼし得るのか、債権者（特に金融債権者）の視点から俯瞰することを試みる。

2　窮境企業における規律とその問題

(1)　原則論——経済合理性とそれを支える原則

　窮境に陥った債務者企業は、実質的な債務超過に陥っていることが多く、同企業の株主価値は、大幅に毀損しているか、または、なくなっている。そのため、窮境に陥った企業のステークホルダーとしては債権者が大きな役割を果たすこととなり、また、窮境に陥った債務者企業の行動規範としても、（法的倒産手続や制度化された私的整理手続などの手続に入っているか否かにかかわらず）全債権者の利益の保護が強く要請されることとなる[注1][注2]。

　かかる観点から、事業再生に当たっては（特に金融支援や権利調整を債権者に求めるのであれば）債権者にとっての経済合理性確保が、窮境に陥った債

396

務者企業の根源的な行為規範となるといえる。

　ここで、債権者にとって、経済合理性があるか否かは、債務者企業の事業を継続させることにより見込まれる弁済額が、事業を清算し、資産を個別に処分することにより見込まれる弁済額（清算価値）を上回ることを前提として、当該再建計画において見込まれる弁済額が、他に考え得る再建計画による弁済額よりも大きくなると考えられるかどうかにより判断される。また、債権者への弁済見込額は、債務者企業の再建計画の実現可能性を踏まえて判断されるものである。さらに、債権者が適切に経済合理性の判断をなし得るよう、債務者企業には、十分かつ検証可能な情報提供、加えて、それを担保するための透明で公正な手続進行が求められる。そのため、事業再生の局面では、債権者は、債務者企業に対して、経済合理性の確保された実現可能な再建計画の策定を要請するとともに、十分かつ検証可能な情報提供および、透明かつ公正な手続進行などを要請することになろう。

　また、債権者の類型や属性、債務者との取引関係の有無や内容等により経済合理性の判断基準は異なり得ることは**4**記載の通りであり、債権者の類型や属性により取扱いを異にすることが各債権者の経済合理性確保につながることもあり[注3]、それがゆえに全債権者の利益保護の具体的実現は複雑化し得る。

注1）　　債務超過にある会社の取締役の債権者に対する義務と責任については、債務超過の時点をもって取締役の信認義務が株主に対するものから債権者に対するものへと転化し、取締役は債権者に対して損害賠償責任を負うと考えるべきとする見解（黒沼悦郎「取締役の債権者に対する責任」曹時52巻10号〔2000〕2901-2931頁）と、債権者の利益の最大化と企業価値の最大化は一致しないことがあり、また、債権者は会社との契約において経営悪化時のモラル・ハザードに対し利率調整等で事前に対処している可能性もあることなどから、個々の債権者が事前に行った明示・黙示のリスク配分を尊重する形で、極端な形でモラルハザードが顕在化した事例に限り、介入すべきとの見解（藤田友敬「株主の有限責任と債権者保護(2)」法教263号〔2002〕122-136頁）に大きくは分かれる（後藤元「取締役の債権者に対する義務と責任をめぐるアメリカ法の展開」金融研究29巻3号〔2010〕123-125頁）。

注2）　　法的倒産手続下における債務者企業の管財人や再生債務者の債権者への義務については、**第4節1**参照。

397

(2) 窮境に陥る前後の債務者企業における債権者の役割

　金融危機や自然災害等の突発的事象に見舞われたケースは別として、一般的には、企業の経営は一晩にして悪化するものではなく、何らかの原因により収益力が悪化し、収益力の悪化が債務者企業の財務状況を蝕み、利益の赤字化、資本の毀損およびキャッシュ・フローの悪化という形で発現するという経過を辿る。経営悪化の初期段階において債務者企業がその危機を認識し、各ステークホルダーとその認識を共有し、再生への一歩を踏み出すことができれば、多様な選択肢の中から、Pros/Consを吟味する時間を確保した上で最善の再建策を選択し、早期に健全な財務状態に復帰し事業を継続できることが多い。しかしながら、債務者企業が自らの経営状態の悪化に目を背け、債権者からそれを悟られまいとして行動することも少なくなく、そのような場合、債権者が債務者企業の窮境に気付いた時にはもはや犠牲を伴う抜本的な再建策に踏み込まざるを得ないという事態に陥ってしまうことも多い。

　窮境に陥りかけた債務者企業が、問題が生じた初期の段階で、債権者らと認識を共有し、事業再生への一歩を踏み出すことができれば、債務者企業自身の利益に資するのは当然のこと、債権者、株主、顧客といったステークホルダーの利益にも資することとなり、Win-Winの結果に辿り着くチャンスがそこにはある。しかしながら、往々にして、債務者企業自身ではその「一歩」を踏み出すことができないまま、問題が悪化していくことが少なくない。債務者企業においては、「これ以上市況が悪化することはないだろう」、「この新製品によって来期は必ずや売上高が回復するだろう」等々、経営状態の悪化に目を背けるための理由を探しがちであり、また、場合によっては、かかる経営悪化の状態をできる限り債権者に悟られないようにしようとさえする。

注3)　私的整理の局面では、金融債権者と商取引債権者の取扱いを異にすることが、むしろ経済合理性を有すると考えられる場合も少なくない［**→第2節1(1)・第3節1(3)参照**]。この点は、実体法上性質が同じ債権を公平に扱う建前の法的倒産手続とは考え方を異にする面がある（中光弘ほか「法的整理手続に関するいくつかの意見──債権者側からの視座」金法1957号〔2012〕8頁参照）。

第1節　総論

　そのような場合に、債権者は、債務者企業が一歩を踏み出すまで、いたずらに時が流れるのを待つしかないのかといえば、そうではない。例えば、債権者の中でもメイン行や準メイン行と位置付けられる取引金融機関であれば、融資の期中管理として、あるいは、債権者の契約上の権利として開示を求め得る情報により、損益の状況、資産・負債の増減、資金繰りの推移等を把握し得る立場にあることが少なくない。かかる場合、債務者企業自身が目を背けがちな負の因子を比較的早期に察知し得る上、債務者企業よりも客観的かつ冷静に状況判断を行うことができる場合も存在するわけである。ゆえに、問題が深刻になる前の段階で、債務者企業に対し、現状把握と対応を促すことが可能である。加えて、アーリー・ステージ[注4] であれば、追加融資等によりその債務者企業の再生をサポートすることが可能な場合が多くなると考えられる。早期に債務者企業とその窮境状況を共有し、債務者企業に現実を直視させ、適切な形で事業再生への一歩を踏み出す後押しができれば、債務者企業の事業再生と、債権者の回収極大化というWin-Winの結果の実現可能性が高まるのである。

　債権者が、債務者企業の事業再生を、回収極大化のために債務者企業と協働するプロセスとして捉え、「突如直面する事故」とならないよう債務者企業と早期に問題認識を共有し、債務者企業を早期に事業再生へ導くことができれば、債権者にとって経済合理性の確保につながるため、債権者としてかかる視座で債務者企業の問題を把握することは有用である。

(3)　法的倒産手続に入る直前段階での問題──引揚げ競争

　上記アーリー・ステージでの債務者企業の窮境状況の把握ができず、または、債務者企業の業況悪化が急速で、債権者が把握した時点で、債務者企業の状況が深刻となっていた場合、債権者としては、（債務者企業が深刻な状況になるまで債権者に知らせない事態とも相まって）債務者企業が倒産手続に入り、債務弁済が法律上制限される前に、債権の回収を図るか、保全の強化を

注4)　　本章では、事業再生局面に入っているが、制度化された私的整理手続や法的倒産手続を利用する前の段階を、アーリー・ステージという ［→**第2節**参照］。

第3章　債権者から見た事業再生

図ることに、経済合理性があると考えることもある。

　その場合、債権者は、例えば、無担保貸付債権について、債務者企業の資産への担保設定を求め、または、貸付契約における期限の利益喪失事由に該当するとして（または、具体的な該当事由のない場合、「債権保全を図る相当な必要性が生じたと客観的に認められた」等のバスケット条項に該当するとして）、期限の利益喪失通知を行い、資産の保全や差押えの準備をすることなどが考えられる。

　しかし、債務者企業が深刻な窮境状況に陥っている中で、債務者企業が、一部の金融債権者からの要請に応じ、新たに担保設定をしたり、または、既存貸付の弁済をしたりすると、他の債権者からの担保設定要請や返済要請が一気に高まり、その結果、債務者企業の資金繰りがさらに悪化することになる（クレジット・ラン）。

　それにより、債務者企業は、当該時点において、事業再生の可能性があったにもかかわらず、債権者の対応が引き金となり、資金繰り破綻等で破産手続に進み、各債権者の弁済率は、事業が再生された場合に比べて極めて低くなることがある[注5]。

　また、先行してなされた弁済や担保設定について、管財人により否認権行使がなされ、その結果、いずれの債権者も、経済合理性のある弁済を受けられないという事態を招くリスクも存する。

　そのため、債権者としては、債務者企業が深刻な窮境状況に至ったから、あるいは、深刻な状況に陥る蓋然性が高まっているからといって、債権回収を急ぎすぎることが、かえって債権回収の極大化を阻害するリスクとなり得る点にも留意し、どのように債務者企業へ対応するかを考える必要がある。

　なお、上記時期を超え、再建型法的倒産手続が開始されると、手続前の原因に基づく債務についての弁済は禁止され、また、準則型私的整理手続（例えば事業再生ADR手続）がとられると、一時停止の通知により、対象債権者は、事実上権利行使や権利保全が抑制され、債権者は原則として平等に扱わ

注5)　　柳川範之『法と企業行動の経済分析』（日本経済新聞社、2006）140頁参照。山本和彦『倒産処理法入門〔第5版〕』（有斐閣、2018）4頁。

れるため、上記クレジット・ランの問題は生じにくくなる。

3　債権者の判断枠組みと判断プロセス

(1)　債権者の方針類型

　債務者企業が、窮境に陥っていることを認識した場合に、債権者は、回収可能性を最大化する方針で臨むのが大原則である。

　そのため、債権者としては、債務者企業の窮境状況の改善の可能性が低く、事業価値が、時間を経るごとに悪化していくと判断する場合、早期の回収または保全強化をするべきという判断になろう。

　他方で、債務者企業が、一定の時間をかけることで、事業の再生を図る可能性が相当程度存すると判断する場合、かかる事業再生のプロセスの推移を一定期間注視し、その間については、回収行為は控えるという判断になろう。

　さらに、債務者企業が、事業の再生の見込みが高いと認識している場合で、事業の再生をさせることが債権者の回収可能性を高めると考えられる場合、債務者企業の再生のための取組みを支援する方針となろう。債権者が考える再生プランを債務者企業に実行させることもあり得る。このような方針の場合、短期的に、債務者企業に対する資金支援が必要な場合で、担保に供し得る資産がある場合などは、債権者が貸付等を行うこともあり得る。

(2)　方針判断のための検討事項

(i)　債務者企業の再建可能性

　各債権者が、いかなる対応方針をとるかの判断に当たっては、まずは、債務者企業の再建がどの程度見込まれるのかの検討が必要になる。

　そのために、債権者としては、まず、①債務者企業の窮境状況の把握が必要である。具体的には、債務者企業からのヒアリング等を通じて、ⅰ債務者企業の窮境原因と窮境状況の深刻さ、ⅱ資金繰りの見通し（資金不足の額・タイミング）、ⅲ債務超過状況の度合いやその事業再建への影響（特に債務者企業が上場会社の場合、上場廃止等につながるのか）等を把握する必要がある。

　次に、債権者として、②債務者企業が、当該窮境状況の解消・改善のため

第3章　債権者から見た事業再生

にとろうとしている方策（短期および中期）とその実現可能性を検討する必要がある。なお、債務者企業が改善策をとるために債権者の協力が必要な場合には、債権者らから、かかる協力を得ることが現実的か否かも考慮に入れる必要がある。例えば、債務者企業が、資本・資金不足の短期的対応策として、短期借入れの要請を検討し、当該借入れの返済資金を捻出するためにリストラ計画実行や有休資産の処分等を考えている場合、それらのリストラ計画や資産処分の実行は実現可能か、資産処分の時期が返済スケジュールに合致しているか等を確認する必要がある。

(ii)　**債務者企業経営陣への信頼の度合い**

また、当該債権者として、③債務者企業の経営陣を信頼することができ、現経営陣の経営する同企業を支援するに足りると考え得るかの判断も必要である。

③に関していうと、債務者企業は、マイナスに評価されかねない窮境状況に関する情報開示には積極的でない場合が少なくないが、債権者からの要請に対して、合理的な理由なく情報開示を行わない場合などは、そもそも上記①②の判断が困難となるため、支援方針をとりにくいと考えられる。また、窮境原因またはその発現が、債務者企業の不正会計等の不祥事に端を発するような場合、それを主導した経営陣の交代がなされるかなどは、債務者企業に対して、支援するに足りる信頼をもち得るかのバロメーターにもなり得る。

債務者企業の事業性は認められるが、経営陣を信頼することができないとの判断がなされる場合、経営陣が、退陣の上、新たな経営陣へ交代することを認めるか、（例えば事業再生ファンドなどからの紹介等を通して）適切な新経営陣候補が存するかどうかがポイントとなる。自ら退陣する判断を行うことを見込めない場合、第三者が管財人に選任される（管理型）更生手続の債権者申立てを考えることも1つの選択肢となる［→**第4節2**参照］。

(iii)　**定期的情報開示**

また、窮境状況に陥った債務者企業の状況は、刻々と変わり得るし、かかる状況の変化に応じて、他の債権者の対応方針が変化することも少なくない。そのため、刻々と変化する状況をモニタリングし続ける必要があり、債務者企業から随時情報を得られるかもポイントとなる[注6]。

402

第1節　総論

(iv)　債権者自身の取引内容・債権額

　債権者自身の取引内容、取引規模、その取引の停止や変更の債務者企業に対する影響の度合いなども今後の再生可能性の判断要素となる。例えば、債権者といっても、主力金融機関であった場合、その判断方針は、他の債権者にも極めて大きな影響を与え、債務者企業の再生可能性を左右する。これに対して、代替可能な商取引債権者の場合は、仮に回収方針をとった場合でも、他の債権者の方針判断に与える影響は限定的である。

(v)　債権者自身の財務体力

　債権者自身の財務体力に照らし、債務者企業が想定する再建計画案に同意可能であるかという点が考慮要素となるケースも存在する。例えば、債権者の財務に対する債権放棄のインパクトが極めて大きく、同意のハードルが高い場合も想定される。

　ただし、債権者として（体力維持を主たる理由として）債権放棄を回避することが、債務者企業の（抜本的）事業再生を先送りすることとなり、その結果、事業の再生可能性の芽を摘むような事態に至ることは、債権者自身にとって、かえってマイナスとなってしまう（経済合理性に反する）ことには留意が必要であろう。

4　債権者の類型・属性による違い

(1)　金融債権者と商取引債権者の違い

(i)　考慮する観点の違い

　債務者企業にとって、事業を継続させるには、商取引の継続が必要であり、商取引債権者の場合、すでに発生済みの債権の弁済を受けられるかどうかだけではなく、その後も商取引債権者として、取引を継続するのか、その条件はどのようなものかが問題となる（商取引債権については、**第2章第7節**も参

注6)　近い将来は、AI（人工知能）による与信判断なども考え得るところである。なお、金融機関におけるAIの活用と法的留意点については、上田裕康＝森下国彦「金融機関におけるAIの活用と法的留意点——AI活用に伴う金融機関の法的責任の検討を踏まえて」金融ジャーナル755号（2019）26-29頁参照。

照）。これに対して、金融債権者は、ひとたび貸し付けた後は、専らすでに発生済みの債権の弁済を受けられるかどうかが問題となる。

そのため、商取引債権者の立場からは、①未払債務の弁済を（一部）猶予したまま、取引を継続し、債務者企業が債務額を増やしていくことを認めるのか、または、まず、未払債務を支払わせるのかと②その後の取引を継続する場合の取引条件をどうするのかという2つの問題が生じる。

債務者企業の事業継続にとって、当該商取引債権者との取引の継続が不可欠であろうと考えられる場合、当該商取引債権者としては、①まず、未払債務を支払うよう求めた上で、②今後も取引を継続するための前提条件として、債務者企業に支払サイトの短縮、現金決済条件、前払条件または保証金の積増し等債権保全を図るための取引条件を要請することが考えられる。債務者企業としては、事業に必要不可欠な商取引債権者に対しては、かかる要請に応じざるを得ないが、厳しい資金繰り状況の中、取引条件が厳しくなることは資金不足につながり得ることから、事業再生の実現のためどこまで応じることができるかバランスが必要となる（換言すれば、商取引債権者としても、要請が過ぎてしまえば未払債務の回収の最大化をも犠牲としかねないことに留意した上で、要請内容を判断する必要があることとなる）。

他方、金融債権者の場合には、再生（再建）計画が実現した場合の債権者への配当率、一括弁済か分割弁済か、後者の場合、計画の実現可能性などの債権の回収見込み（いわゆる経済合理性）が主として検討される。また、主力行・準主力行であったかどうか、さらに、自己資本比率規制や他の貸付状況等も考慮要素に入る場合があり、商取引債権者とは異なる枠組みの中で判断することを要する場合がある[注7]（詳細については、**第2節2(2)(ii)**、**第3節2(2)**を参照されたい）。

(ii) 各手続における商取引債権の取扱い

(a) 私的整理手続において

私的整理手続においては、基本的には、金融債権者のみを対象とし、商取

注7)　2013年に開始された量的・質的金融緩和が倒産件数の減少に寄与したとされる一方で、金融機関の収益性は低下し、金融機関の財務体力に影響を及ぼしているとも考えられることも念頭に置く必要があるであろう。

引債権者は対象としないのが実務である［→**第2節1(1)**参照］。従前の商取引
関係を維持することにより事業価値の維持を図るとともに、債務者企業の窮
境状況が知られることによる事業価値の毀損を回避することが背景にある。

(b)　法的倒産手続において

これに対して、法的倒産手続においては、実体法上同じ性質をもつ債権者
に対しては、手続上、平等な取扱いがなされるのが原則である（会更168条1
項本文、民再155条1項本文参照）[注8]。

ただし、商取引債権を「早期に弁済しなければ事業の継続に著しい支障を
来す」、「少額債権」として弁済許可を取得する方法（会更47条5項後段、民
再85条5項後段）などにより、計画外で弁済することがある[注9]。同条項を用
いて包括的にすべての商取引債権を保護する事案もある[注10]。商取引関係を
維持することで、事業価値の維持を図ろう（その結果、保護対象外の債権者も
含め弁済率の向上を図ろう）とする点が背景にある（事業再生ADR手続におけ
る商取引債権保護の確認等については、**第3節3(4)(iv)**参照）。

他方で、商取引債権保護の結果、金融債権等その他の債権は相対的に不利
益に取り扱われることになる。保護されない債権者の立場からは、同保護に
当たって、過去の商取引債権を優先的に弁済することが、どの程度事業価値
の維持に役立つのか、特に、（私的整理手続と異なり）法的倒産手続が開始に
より債務者企業の窮状は広く知れわたるため、一定の事業価値の毀損は避け

注8)　伊藤眞『破産法・民事再生法〔第4版〕』（有斐閣、2018）22頁。なお、倒産手続
　　　　上は、手続開始前の原因に基づき生じた債権は、金融債権であれ商取引債権であ
　　　　れ、倒産債権（更生債権・再生債権）として同じ性質をもつ債権となる（会更2
　　　　条8項、民再84条）。

注9)　法的倒産手続における商取引債権保護とその方法については、**第2章第7節**参
　　　　照。

注10)　会社更生法47条5項後段で商取引債権が包括的に保護されたケースとして、日本
　　　　航空グループ、ウィルコム、林原グループの事例などがある（3つのケースの概
　　　　要については、事業再生迅速化研究会編『事業再生の迅速化』〔商事法務、2014〕
　　　　10頁にまとめられている）。これらケースにおける商取引債権の包括的保護は、
　　　　資金繰り上の問題が少なかったことが前提であるが、大型事件であり取引先数が
　　　　膨大で特に必要不可欠な債権を選択するほうが、かえって事業に混乱を生じさせ
　　　　かねず、かつ、多額の費用がかかることなどの理由もあったと思われる。

405

第3章　債権者から見た事業再生

られず、それを踏まえた上でも、なお事業価値維持に役立つといえるのか、具体的に疎明されるべきと考えるであろう[注11] [注12]。

　しかし、現行法の手続上、商取引債権の優先弁済の許可について、他の債権者は、事前告知等の把握手段や異議申立手段をもたない点には、留意が必要となる[注13]。

(2)　債権の二次的取得者の場合

　債権の二次的取得者としては、債務者企業が窮境状況に陥ったことが発覚した後に、債権を金融機関その他の一次的取得者から譲り受けた債権者や、近時散見される例としては、債務者企業の窮境状況が生じた後に社債をマーケットでディスカウントにて購入した社債権者などが考えられる。これらの債権の二次的取得者は、大幅にディスカウントされた金額で債権を取得しているため、仮に、法的倒産手続に進んだとしても、譲り受けた金額以上の弁済額を確保できることもあることから、他の債権者とは異なる合理性判断基準で、債務者企業へ強硬に弁済を迫ることが可能となる場合がある。

　また、法的倒産手続においても、二次的取得債権者がアグレッシブな計画内容を求めることで、一次的取得債権者と方針が異なるという問題は生じ得る[注14]。

注11)　企業価値維持効果について具体的に疎明されることなく安易に商取引債権を保護すべきとする考えに、金融実務家として警鐘を鳴らすものとして、奥総一郎「時論・リスクマネーと倒産法改正」金法1957号（2012）1頁。

注12)　商取引債権保護について米国の倒産手続を踏まえた問題点の指摘については、杉本純子「商取引債権保護に関する改正提言試論──アメリカにおける商取引債権保護からの示唆」東京弁護士会倒産法部編『倒産法改正展望』（商事法務、2012）172頁以下参照。

注13)　なお、再生手続開始申立直後に、金融債権者に対するバンクミーティングを開催し、裁判所の許可により商取引債権の全額弁済することとその必要性について、監督委員より事前説明がなされ、金融債権者の反応を確認した上で、裁判所の許可を取得したケースがある（蓑毛良和「最高裁平成29年11月16日判決（民集71巻9号1745頁）とその背景事情──株式会社ユタカ電機製作所の再生事例（上）」銀法835号〔2018〕28頁）。手続開始前に確認することで、不利益となり得る他の債権者への配慮がなされた事例といえる。

第2節　アーリー・ステージ（事業再生手続前）における事業再生と債権者の役割

1　規律のない中での事業再生の特徴

(1)　アーリー・ステージにおける事業再生の利点

　窮境に陥った債務者企業が、事業再生ADR手続等の準則型私的整理手続や再建型法的倒産手続を利用することなく早期の事業再生を行う場合に、債権者はどのような役割を果たすか。ここでは、債務者企業の財務状態が悪化し、将来の破綻を回避するため何らかの手当てが必要であるものの、後述する準則型私的整理や法的倒産手続を利用する前の段階（以下、「アーリー・ステージ」という）の広義の事業再生において、債権者（本節では金融機関を念頭に置く）の役割・行動規範を中心に論じることとする。アーリー・ステージでの事業再生は、何らの手続も利用しないという点で純粋私的整理ともいえるが、本章で、純粋私的整理という場合は、特に、金融機関に対し何らかの形で一時停止（債権回収や担保取得の禁止）を要請した後の手続を指すものとし、アーリー・ステージでの事業再生は純粋私的整理を含むがこれに限らない（すなわち、弁済期の到来した債務についての弁済を継続している場合を含む）ものとして整理する。

　アーリー・ステージの事業再生においては、後述する事業再生ADR手続等の私的整理手続と同様に、基本的には、金融債権のみを対象とし、商取引

注14)　エルピーダメモリ株式会社の更生手続では、一部の社債権者が独自の更生計画案を提出したが、東京地裁は、決議に付さない決定をした（債務者代理人兼法律家管財人の立場からは、小林信明ほか「エルピーダの会社更生手続におけるスポンサー選定と更生計画案の作成に関する諸問題」NBL1024号〔2014〕69-70頁参照。社債権者代理人の立場からは、井出ゆりほか「エルピーダメモリ──社債権者から見た会社更生手続と米国チャプター15手続」同61頁以下参照）。

407

第3章　債権者から見た事業再生

債権は対象としないのが実務である。金融債権のみを対象とすることで、取引先との従前の取引関係を維持するとともに、事業再生を行っていることが世間に明らかにならないようにし^{注15)}、事業に与えるマイナスの影響を最小限にとどめるようという考えが背景にある。特に上場企業にとっては、何らの手続を使わずに再建を進めることは、大きなメリットであるといえよう。なぜなら、上場企業の場合には、想定されている再建計画の内容にもよるが、例えば事業再生ADR手続でいえば、実務的には正式申込みの段階で開示がなされることも多く、開示に伴い負のレッテルが貼られ、事業にマイナスの影響が生じる可能性は否定できないためである^{注16)}。また、上場／非上場を問わないアーリー・ステージにおける事業再生のメリットとして、手続を利用せず準則等が存在しないため、進行や計画内容についての制約がなく、迅速で柔軟な事業再生が可能となる点が挙げられる。したがって、窮境に陥った債務者企業にとって、手続を利用しないアーリー・ステージでの事業再生は、最も事業に悪影響を与えずに望ましい再建策をとることができる方策といえよう。

(2)　クレジット・ランのリスク

他方、制度化された準則型の手続を利用しないことのマイナス面としては、債権者による個別的権利行使を抑止するための規律が存在せず、一部の金融債権者が回収や保全強化を強硬に要請し、債務者企業がそれに応じて既存貸付に対する弁済や新たな担保設定を行った場合には、債権者間の平等を確保することができなくなる点（ひいては再建計画に対する同意が得られなくなる可能性が高まること）が挙げられる。また、一部の債権者に対する優先的な弁済等に端を発し、他の債権者からも担保設定要請や返済要請が一気に高ま

注15)　金融機関は、貸付先の情報について守秘義務を負うとされるため、私的整理手続の情報が金融機関を通じて手続外に知られる可能性は低い（最決平成19・12・11民集61巻9号3364頁においても、金融機関が、顧客情報につき商慣習上または契約上、当該顧客との関係において、守秘義務を負うことが前提とされている）。

注16)　もっとも、かかる段階においては、債権放棄が発生する見込みのいかんを問わず、開示が不要な場合もあるとの見解が東京証券取引所より示されているようである。いずれにせよ、事案ごとに事前の確認が必要である。

第2節　アーリー・ステージ（事業再生手続前）における事業再生と債権者の役割

り、その結果、債務者企業の資金繰りがさらに悪化することもあり得る。かかる事態を防ぐため、債務者企業は、再建計画の方針だけでなく、スケジュールを策定した上で、債権者に対し適時に適切な情報開示を行いつつ、一部の債権者のみに対する弁済等が惹起する債権者全体にとってのデメリットも理解してもらうこと等により、債権者間の公平性を確保しつつ事業再生を進めることについて債権者の理解を得る必要がある。

2　アーリー・ステージの事業再生における金融機関の役割およびその判断基準

(1)　主力金融機関の果たす役割

(i)　事業再生への道筋作り

窮境に陥った債務者企業が、再建へ向け能動的に行動を開始していない場合においては、主力金融機関や準主力金融機関（以下、単に「主力金融機関」という）が債務者企業に対し早期の事業再生への着手の必要性やメリットを説明し、必要に応じて事業再生に精通したコンサルティングファームや弁護士を紹介する等して、事業再生への道筋作りを行う役割が期待される。債権者による説得を受けてもなお債務者企業が事業再生へ踏み切れない場合には、新規融資や融資の継続と引換えに再建策への着手を求めることが必要となる場面もあるであろう。

(ii)　支援方針の表明

アーリー・ステージにおける事業再生の成功のためには、主力金融機関が、一定の条件付きであっても、債務者企業を支援する方針である旨を表明することが極めて重要となる。なぜなら、より情報を多く有しているであろう主力金融機関による支援表明は、債務者企業に再生の可能性があるとのメッセージとなり、債権残高がより小さい下位行としても、即座に回収行為を行うのではなくまずは事業再生のプロセスに参加することを選択するケースが多く、また、取引先や株主にとっての安心材料ともなる等、アナウンス効果が認められるためである。

主力金融機関の支援方針表明の前提として、債務者企業による主力金融機

第 3 章　債権者から見た事業再生

関に対する適時かつ十分な情報開示が不可欠である。債務者企業による情報
開示が事業再生のいかなる段階でも重要であることはいうまでもない
が[注17]、特に、依拠すべき準則のない中で行われる事業再生においては、債
権者との信頼関係を構築し、支援の方向性につき協議を進めるための第一歩
となる。中立的な第三者の不存在による不透明性を克服するための1つの方
策として、コンサルティングファームや公認会計士等財務の専門家による
デューデリジェンスの実施とその報告書の開示が積極的に検討されるべきで
あろう。

(2)　金融機関の判断基準

(i)　善管注意義務

　事業再生の過程で、金融機関はさまざまな局面で判断を迫られる。金融機
関は原則として回収額を極大化する、すなわち経済合理性に基づき判断する
こととなるが、その根底にあるのは、「当該判断が取締役の善管注意義務
（会社330条、民644条）または忠実義務（会社355条）違反とならないか」とい
う基準である。そこで、まず金融機関における取締役の善管注意義務の一般
論について触れておくこととする。なお、述べるまでもなくかかる金融機関
の取締役の善管注意義務に裏打ちされる判断の枠組みは、アーリー・ステー
ジにおける事業再生の場合のみならず、制度化された私的整理手続や法的倒
産手続の場合にも同様に妥当することとなる。

　取締役の善管注意義務違反の有無の判断においては、経営判断の原則が適
用される。経営判断の原則とは、①判断の前提となった事実の認識に重要か
つ不注意な誤りがなく、かつ、②その意思決定の過程、内容が企業経営者と
して特に不合理、不適切なものでない場合には、当該判断は取締役の裁量の
範囲内の判断であり、取締役は善管注意義務違反に問われないとする考え方
である[注18]。この点、最高裁は、銀行の取締役が負うべき注意義務について、
経営判断の原則が適用される余地があるとしつつ、「銀行業が広く預金者か
ら資金を集め、これを原資として企業等に融資することを本質とする免許事

注17)　法的倒産手続における情報開示については、**第4節4**参照。

業であること、銀行の取締役は金融取引の専門家であり、その知識経験を活用して融資業務を行うことが期待されていること、万一銀行経営が破たんし、あるいは危機にひんした場合には預金者及び融資先を始めとして社会一般に広範かつ深刻な混乱を生じさせること等を考慮すれば、融資業務に際して要求される銀行の取締役の注意義務の程度は一般の株式会社取締役の場合に比べ高い水準のものであると解され、……経営判断の原則が適用される余地はそれだけ限定的なものにとどまるといわざるを得ない」と判示している[注19]。したがって、金融機関としては、事業会社の取締役よりも厳しい水準でその合理性が要求されることを前提に、上記①および②に照らして各局面で意思決定を行う必要がある。

　翻って、債務者企業としては、債権者の善管注意義務違反の有無が上記①および②により判断されることを念頭に、債権者の協力を得るためには、債権者の判断の前提としていかなる情報を提供することが必要であるかを常に意識し、債権者の情報開示の要請や方針に対する意見等に真摯に向き合うべきである。

(ii)　債権者自身への影響の程度

　アーリー・ステージにおける再生支援（ニューマネーの拠出等）が善管注意義務には違反しないとしても、金融機関は自己資本比率規制に服するため[注20]、その点への配慮が必要となる場合がある。すなわち、金融機関の自己資本比率は自己資本／リスクアセット（Risk Weighted Asset）により算出されるところ、窮境にある債務者企業に対する貸付金が増えれば、分母に相当するリスクアセットが増加し、自己資本比率が悪化する可能性があることから、金融機関の新規融資に係る意思決定のハードルが高い場合も考えられる。なお、債務者企業が担保等を提供すること等により、リスクアセットが

注18)　最判平成22・7・15判時2091号90頁（アパマンショップホールディングス株主代表訴訟事件上告審判決）、東京地判平成8・2・8資料版商事144号115頁（セメダイン・セメダイン通商株主代表訴訟事件判決）、東京地判平成16・9・28判時1886号111頁（そごう旧取締役損害賠償査定異議訴訟判決）等。

注19)　最決平成21・11・9刑集63巻9巻1117号（旧拓銀特別背任事件上告審決定）。

注20)　銀行14条の2、平成18年金融庁告示第19号（銀行）、同第20号（銀行持株会社）。

第3章　債権者から見た事業再生

増加しない場合もある。

(3)　金融機関が融資に関し判断を迫られる場面およびその際の判断基準

　アーリー・ステージの再生において債権者である金融機関が判断を迫られる典型的な場面として、既存融資の財務コベナンツのアメンド（修正・変更）やウェーブ（財務コベナンツに違反したことを理由とする権利行使の放棄）、期限の到来した既存融資のロール（同額での継続融資）および新規融資が想定される。

(i)　既存融資の財務コベナンツのアメンド（変更）やウェーブ（放棄）

　融資契約において、返済の確実性を担保するため、経常利益や純資産の水準等をメルクマールとして、いわゆる財務コベナンツが規定されることが多い。債務者企業の財務状態が悪化し財務コベナンツにヒットすることとなった場合に、当該コベナンツのアメンドやウェーブが行われず、債権者が請求により期限の利益を喪失できる状態となれば、債務者企業は法的に極めて不安定な立場に置かれ、必要な時間をかけて事業再生のため最善と考えられるアクションをとることが困難となる。また、上場企業であれば、財務コベナンツに抵触したまま何らの手当てがなされていない場合、開示が必要となる場合があり、開示することとなれば、株主や取引先等は金融機関が支援を行わない方針であるとのメッセージと受け止め、信用不安は一気に加速するであろう。したがって、事業再生を成功させるためには、財務コベナンツのアメンドまたはウェーブの対応を適切な時期に行うことが必要であり、他方、金融機関としては、債務者企業の事業再生の見込みがあり、即時回収よりも事業を再生させることが回収の極大化につながると判断した場合には、債務者企業の要請に応ずることが合理的である。当該局面においては、債務者企業を取り巻く状況や再建計画の方針は流動的であり、債務者企業の想定する計画を前提とした事業再生の見込みの有無を判断することに困難を伴う場合もあり得るが、前記の通り、善管注意義務違反の有無は結果論で判断されるものではなく、経営判断時点における前提事実や判断過程を問題とするものであるから、明らかに債務者企業の計画が不合理である場合等を除き、既存

融資の財務コベナンツのアメンドやウェーブに応ずることが可能である事案が多いと考えられる。

　他方、このような場面において債務者企業は、財務状況、再建計画案および資金繰り見通し等、金融機関が判断するに足る情報を提供する必要があるのは当然のこと、アメンドの内容やウェーブの期間を、再建に要する期間や今後起こり得るイベント等に照らし適切に設定し、金融機関の理解を求めることが肝要である。

(ii)　既存融資の継続および新規融資

(a)　実務上参考となる裁判例

(ア)　旧拓銀特別背任事件上告審決定

　窮境にある債務者企業への融資については、不確定要素が多い中で金融機関として極めて複雑かつ高度な判断を迫られると考えられるが、この点につき最高裁判所は、銀行による融資実行の合理性を容易には肯定しない立場に立っていることがうかがわれる。

　(2)の通り、前掲・最決平成21・11・9（旧拓銀特別背任事件上告審決定）は、銀行が破綻にまで至ったケースであることが前提となるが、銀行の取締役にも経営判断原則が適用される余地があるとしつつも、その検討に当たっては、一般の銀行の取締役を基準とすべきであり、事業会社の取締役と比べて高い水準の合理性が要求される旨を示している。同決定は、実質倒産状態にあった債務者企業グループ各社に対し、赤字補填資金等を実質無担保で追加融資した行為について、特別背任罪における取締役としての任務違背を認めたものであるが、かかる認定は、銀行の取締役の善管注意義務違反が当然の前提となるものと解される[注21]ため、銀行の取締役の善管注意義務を考える上で実務上参考になる。同決定は、まず原則論として、「銀行の取締役は、融資業務の実施に当たっては、元利金の回収不能という事態が生じないよう、債権保全のため、融資先の経営状況、資産状態等を調査し、その安全性を確認して貸付を決定し、原則として確実な担保を徴求する等、相当の措置をとるべき義務を有する」と論じた上で、「例外的に、実質倒産状態にある企業に

注21)　判時2069号156頁。

第3章　債権者から見た事業再生

対する支援策として無担保または不十分な担保で追加融資をして再建又は整理を目指すこと等があり得るにしても、これが適法とされるためには、客観性をもった再建・整理計画とこれを確実に実行する銀行本体の強い経営体質を必要とするなど、その融資判断が合理性のあるものでなければならず、手続的には銀行内部での明確な計画の策定とその正式な承認を欠かせない」としている。その上で、当該事案に対する判断としては、客観性をもった再建・整理計画がないこと、および既存の貸付金の回収をより多くして銀行の損失を極小化する目的も明確な形で存在したとはいえない状況であったことを理由として、実質倒産状態にある融資先企業グループの各社に対する赤字補てんのための実質無担保での追加融資は、「その融資判断は著しく合理性を欠いたものであり、銀行の取締役として融資に際し求められる債権保全に係る義務に違反」すると判断した。

(イ)　(ア)に係る補足意見による実務への示唆

さらに、同決定には田原睦夫裁判官による補足意見が付されているところ、正常企業と実質破綻企業の場合に分けて詳細に論じられており、実務上参考になる。

まず、正常先企業に対する無担保での融資については、「その資金需要の必要性、合理性を厳しく検討するのはもちろんのこと、相手方企業の事業内容、過去の業績、将来の業績見込み、企業の物的・人的施設の状況、経営者の資質、将来の資金需要、そのうち自己資金と外部資金の調達割合等を厳しく点検し、それらが全て合理的であると判断できて初めて最低限度必要とされる資金の融資が許容されるものであり、その合理性判断の過程において経営判断の原則が適用される」としている[注22]。すなわち、正常先企業に対し

注22)　これに続けて、田原睦夫裁判官の補足意見は融資実行後の期中管理についても言及しており、「一旦融資が実行されても、その後の相手方企業の業務の状況、資金使途、業績等にかかる情報を継続的に入手したうえで分析し、その回収に不安を生じるおそれが認められるに至ったときは、相手方企業にその原因を糺し、不安を生じさせた事態を解消させる方策の如何を問い、その上で、その不安が現実化する危険が生じる場合には須くその回収を図る必要がある」と述べている。同意見は、いわゆる期中管理の重要性を指摘するとともに、まさに債務者企業の窮境の端緒に直面した金融機関がとるべき行動を示しているものといえよう。

て無担保融資を行うに際しては、貸借対照表や損益計算書を基本として債務者企業の財務の健全性について精査するとともに、将来の業績見込みについては業界環境や経営資源等も加味した上で精緻な検討を経た上で、当該融資の回収可能性を判断することが求められているといえよう。

　他方、破綻先企業については、「既存の融資の回収の最大化と損失の極小化を図るうえで、相手方に一定の資金が必要とされ、その資金の融資の可否が問われることがある」と指摘した上で、「かかる場合の融資に際し、一般にそれに見合う担保を取得することは困難であるが、それにもかかわらず、かかる融資が肯認されるのは、それが既存の融資の回収の増大に必要な費用としての性質を有しているからである。そうすると、<u>その融資（実質は費用）の実行に当たっては、それに伴う回収の増加が見込めるか、その投入費用（実質破綻企業に対する赤字補填を含む。）と回収増加額の関係、回収見込額の増減の変動要因の有無、その変動の生じるリスク率、そのリスクを勘案した上で、どの時点まで費用を投じるか、あるいは、どの時点で新たに生じた損失を負担してでも新規の貸付けを打ち切るのか等が詳細に検討されなければならない。</u>……そして、取締役が上記判断をなすに当たっては、常に時機に応じて適確な情報を入手し、合理的な分析をなした上で新たな判断をなすことが求められるのであり、その判断過程には、経営判断の原則が適用されるものと言える」（下線部・筆者）としている。

　以上みたように、当該補足意見は、金融機関による無担保融資が許容される場合があることを前提に、正常企業か実質破綻企業かにより無担保融資が認められる要件を区別している。すなわち、正常企業の場合は、新規融資の回収可能性の判断において経営判断原則が適用されるものとするが、他方、実質破綻企業の場合は、新規融資を既存融資の回収額増大に必要な「費用」として捉え、当該融資が既存融資の回収額の増大に寄与する可能性も含めて当該新規融資の是非を判断することを認め、かかる判断過程に経営判断原則の適用の余地を認めているといえる。

(b)　実務上の判断

　上記田原裁判官の補足意見は、正常企業と実質破綻企業とで区別した上で、新規融資が善管注意義務違反とならないための要件を論じたものであるが、

第 3 章　債権者から見た事業再生

アーリー・ステージの事業再生の主人公として想定されるのは、主に、従前、金融検査マニュアル[注23]でいわれていたところの「要注意先」とされている企業であり（場合によっては「破綻懸念先」も含むと思われる）、窮境企業といってもその程度に幅があり得るところである。したがって、そのような債務者企業に対する新規融資に当たっては、上記補足意見の、正常企業向け要件と実質破綻企業向け要件の総合衡量を行うことが妥当であるように思われる。すなわち、新規融資自体の回収可能性につき、債務者企業の現在の財務状況および債務者企業の策定した再建計画を精査した上で検証するとともに、債権の全額回収が危ぶまれる状況にある場合には、「当該新規融資を実行することにより、既存融資を含めた与信全体の回収額の増大に寄与し得るか」という観点で債務者企業の再建計画の検証を行うことになるであろう。かかる判断過程において善管注意義務を果たしたといえるためには、債務者企業の策定した再建計画を漫然と受け入れるのではなく、計画の前提（売上高や売上原価の見込み、その前提となる外部環境の見立て等を含む）の正確性、妥当性や客観性について、必要に応じて外部の専門家の知見等も活用して十分な検証を行った上で、計画通りに遂行できる人的・物的資源の有無を確認することが必要である。以上の検討が必要であることは、主力金融機関のみならず融資を行っている金融機関すべてに共通するが、主力金融機関についてはさらに進んで、債務者企業の策定した計画の実現性に問題があると判断した場合等にはスポンサー選定を提案する等、債務者企業の再建に向け能動的な行動に出ることが期待されるケースも多いであろう。また、新規融資の合理性は、当該融資および既存融資の回収可能性をもって判断されるものではあるが、例えば、債務者企業の再建のため必要なスポンサー選定等により、当該スポンサーによる資金（資本）注入に対するバック・ファイナンス等を通じて金融機関に別途の利益がもたらされるようなケースでは、新規融資判断の補強材料ともなり得よう。

注23)　従前、各金融機関は現状金融検査マニュアルに即した形でそれぞれ債務者に係る分類を策定していたが、金融検査マニュアルは2019年12月に廃止予定である。かかる廃止によるインパクトは現時点では未知数である。

第3節　私的整理手続における債権者の関与

1　総論

(1)　私的整理の優位性

　窮境にある債務者企業について、アーリー・ステージにおける手当てが奏功しなかった場合、または対応がなされないまま債務の弁済が困難な状況に陥ってしまった場合には、何らかの事業再生手続を利用して資産・負債の整理を行うこととなるが、事業再生手続には法的倒産手続と私的整理がある。法的倒産手続とは、法律（民事再生法、会社更生法、破産法、会社法〔特別清算〕の倒産4法）に基づき、裁判所の監督下で行われる事業再生手続であるのに対し、私的整理手続とは、債務者企業と債権者との間の自主的な協議によって行われる手続である（詳細については、**第1章第2節**や**第2章第4節**参照）。

　窮境にある債務者企業の資産と負債の整理が必要となる場合、まずは、資産の換価代金を原資として債権者への弁済に充て、債務者企業の事業は清算し法人格を消滅させるという純粋な清算型手続ではなく、再建型手続の可能性を債務者企業が模索することについて、特段疑義はないであろう[注24]。その上で、再建型法的倒産手続を選択するのか、あるいは私的整理手続を選択するかが問題となるが、私的整理と再建型法的倒産手続は、あくまでも事業再生を行うためにどの「手続」を利用するかの問題であり、それによって事

注24）　　清算型手続である破産手続においても、事業譲渡により事業の存続が図られる場合もあり、また、第2会社方式においても特別清算手続を利用し旧会社は解散・清算する一方で事業は新会社において存続する場合もある。そういったケースは、債務者企業の事業の存続を図る再生手法の一部として清算型手続を利用するにすぎず、再建型手続の1つといえよう（**第1章第2節**、**第2章第3節2**も参照）。

417

第3章　債権者から見た事業再生

業再生の内容が大きく変わるわけではない（**第2章第1節**も参照）。しかしながら、多くの場合、まずは私的整理による計画成立を目指すこととなる。その理由は、一般論として、（アーリー・ステージにおいて何ら手続を利用せずに事業再生を行うのに比べれば制約があるとはいえ）金融債権者のみを対象とするのが原則の私的整理によるほうが債務者企業の事業へのダメージを極小化できると同時に（また、その結果として）、債権者にとっても経済合理性のある結果となる可能性が高いためである。ここで、債権者の視座で、債務者企業が目指す私的整理の枠組みに乗るべきか、あるいは当該手続への反対や債権者申立てにより法的倒産手続へ移行させるべきかについては、第一義的には、当該手続における回収額の多寡により決せられる。それでは、回収額の判断はいかに予測されるか。債権放棄が必要となるケースにおいては、厳密な正確性を捨象していえば、

　　　　各債権者の債権放棄額＝（負債総額－企業価値）×負担割合

と考えることができる。すなわち、金融債権者からみた場合、私的整理手続と法的倒産手続のいずれに経済合理性があるかは、原則として、企業価値の大きさと、総債権額に占める金融債権の割合に依存しているといえる。

(2)　私的整理手続における企業価値の維持

　そこで、まず企業価値の大きさについて考えるに、収益弁済型であれ、スポンサーへの譲渡代金を原資とする一括弁済型であれ、原則として私的整理によるほうが大きくなると考えられる。なぜなら、ひとたび法的倒産手続を申し立てれば、すぐさまその事実は世間に明らかになり、取引を打ち切られたり、原材料の仕入れや物流等に悪影響が及ぶおそれがあるばかりか、風評被害による顧客離れも急速に進行する可能性がある。その結果、売上高が大幅に減少し、企業価値は法的倒産手続申立後急激に毀損するおそれが大きい。これに対し、私的整理であれば、原則として、金融債権者のみを対象として協議を行うため、上場企業で一定の場合に開示が必要となるケースを除き、非公開で手続を進めることができることから、企業価値を毀損させずに手続を進めることが可能である。なお、プレパッケージ型法的倒産手続であれば、かかる企業価値の毀損を一定程度低減させることは可能であると考えられる

が、それでもなお、私的整理の場合と比較して企業価値の毀損が大きい業種・事業が多いであろう。

(3) 商取引債権の処遇

次に、債権放棄の場合の債権者間における負担割合については、法的倒産手続であれば、負担割合の分母は金融債権と商取引債権（さらにはその他のすべての債権）の総和となるのに対し、私的整理においては、分母は金融債権のみとなるのが通例である。すなわち、法的倒産手続であれば商取引債権者も金融債権者と同様に債権放棄等の負担を被ることになるため、金融債権者にとっては、法的倒産手続のほうが有利、または公平性が担保されているようにみえるかもしれない。しかしながら、特に大口の商取引債権者がいる場合など債権総額に占める商取引債権額の割合が極めて大きい例外的場合を除き[注25]、先述した企業価値の毀損度の差と比較して、負担割合が回収額の多寡に決定的な影響を与えるケースは多くないであろう。さらにいえば、大口の商取引債権者が存在し、その取引実態からして金融債権者と同列に扱うべきであると考えられる場合（実質は金融取引を行っていた場合等）には、私的整理であっても対象債権者として取り込むことも考えられる。したがって、商取引債権者も金融債権者と同様に負担する法的倒産手続のほうが、私的整理よりも金融債権者にとって有利である、とはいえないのが実情である。

(4) 手続選択の視点

以上を踏まえると、一般論としては、企業価値の毀損を防ぐことができる私的整理のほうが回収額の極大化を実現し得る、すなわち、経済合理性がある（あるいは少なくともその可能性が存在する）ことが多いと考えられ、債権者としてもまずは私的整理の枠組みの中で債務者企業の事業再生を検討し、その前提において自らの権利行使を行い、また意見や要望等を随時主張して

注25) このような商取引債権者が債権者の中で大きな割合を占め、金融債権が小さな割合にすぎない場合、私的整理手続か法的倒産手続かを比較するまでもなく、そもそも、金融債権者のみを対象とする私的整理手続による事業再生の実現が困難な場合が少なくないと思われる。

第3章　債権者から見た事業再生

いくことが合理的である場合が多いと考えられる。また、私的整理は対象債権者全員の同意がなければ計画が成立しないことから、法的倒産手続と比較すると、各対象債権者の意見がより緻密に反映されやすいともいえよう。

　もっとも、大規模な粉飾決算その他コンプライアンス上の問題が重大であり、経営陣を強制的に変更し、裁判所の監督下での再建手続が望まれる事案や、事業再生過程で必要な会社法上の手続につき株主の協力が得られない場合、資金繰り上、金融債権者のみを対象とすることが困難な場合等、再建型法的倒産手続の積極的活用を検討するのに適した事案もあることから、債務者企業に即した検討が必要であることには留意が必要である。

(5)　制度化された私的整理と純粋私的整理

　ここまで、法的倒産手続か私的整理かという切り口で論じてきたが、私的整理はさらに、「純粋私的整理」と「制度化された私的整理（準則型私的整理）」の2つに分類される。制度化された私的整理として分類される手続としては、後述する［→第3節2以下］。事業再生ADR手続のほか、私的整理ガイドラインに基づく私的整理、地域経済活性化支援機構（REVIC）による再生支援スキーム[注26]、整理回収機構（RCC）による企業再生スキーム、各都道府県の再生支援協議会を用いた協議会スキーム、特定調停を用いたスキームなどがある。

　純粋私的整理と制度化された私的整理は、いずれも、原則として金融債権者のみを対象とし、計画の成立に対象債権者全員の同意が必要である点は共通であるが、制度化された私的整理は法律やあらかじめ定められたルールに基づいて遂行される手続であり、中立的な第三者が関与するため公平性・透明性の点で優れているといい得る。また、かかる手続に則って債権放棄を

注26)　2018年5月23日にREVICによる再生支援、特定支援（事業継続が困難な事業者を対象とした手続）等の支援決定および業務完了の期限を3年延長する株式会社地域経済活性化支援機構法の一部を改正する法律が施行されたが「REVIC業務の軸足は、事業再生支援から廃業支援の特的支援に移行しているようである」との指摘がなされている（三森仁「地域企業の事業再生における課題」事業再生と債権管理162号〔2018〕90頁）。

第3節　私的整理手続における債権者の関与

行った場合に、当該債権放棄につき損金算入が認められ得る（法人税基本通達9-4-2参照)^{注27)}。

　もっとも、純粋私的整理であっても、事業再生に精通した弁護士や財務アドバイザーが主導すること等により、公平性・透明性を担保した形で手続を進めることは可能であり、また、純粋私的整理のほうが制度化された私的整理よりもさらに柔軟性が高く、事業価値毀損を極小化できる可能性もあることから^{注28)}、すべての純粋私的整理を入口から否定すべきでないことはいうまでもない。

　とはいえ、アーリー・ステージを超えた段階であることに照らし、債権者内部における意思決定プロセスや、債権者自身の株主に対する説明責任の観点から、債権者が制度化された私的整理による処理を望むことが多いのが実情であろう。そこで、以下では、制度化された私的整理の1つである事業再生ADR手続において債権者がとり得るアクションについて、手続の流れに沿って概観することとする。なお、とり得る債権者のアクションについては、他の制度化された私的整理も基本的には同様である。

注27)　法人税基本通達9-4-2に定める「合理的な再建計画に基づく」債権放棄に該当する場合、損金算入が認められるが、どのようなケースで認められるかは、税務や事業再生の専門家に確認する必要があろう（なお、合理的な再建計画か否かの事前照会と国税庁の回答については、国税庁ウェブサイトを参照。例えば、事業再生ADRについては、2008年3月28日および2009年7月9日回答「特定認証紛争解決手続に従って策定された事業再生計画により債権放棄等が行われた場合の税務上の取扱いについて」において、一般的な回答として、損金算入が認められるとの見解が国税庁より示されている）。**第2章第4節**参照。

注28)　債権放棄の損金算入に関しては、純粋私的整理においても、事業譲渡等によりスポンサーへ主要事業を譲渡するスキームをとった場合、事業譲渡元の（いわば抜け殻となった）会社を特別清算手続（協定型）を用いて清算し、同手続の中で債権放棄を行うことにより、債権放棄額の損金算入が認められ得る（法人税基本通達9-6-1参照）。ただし、特別清算手続の中でも、個別和解型をとると、損金算入が認められない場合がある点については留意が必要である（東京高判平成29・7・26税務通信3474号10頁参照）。

第3章　債権者から見た事業再生

2　事業再生ADR手続における債権者の判断枠組み

(1)　経済合理性

　金融機関の取締役の善管注意義務違反の判断においても経営判断原則が適用されることは第2節2(2)で前述した通りであるが、事業再生ADR手続における計画への同意の判断の場面における判断の出発点は、経済合理性であることはいうまでもない注29)。ここではリスケジュールにとどまらず、債権放棄やDES（以下、「債権放棄等」という）を行う計画への同意の可否を念頭に置くが、経済合理性の判断とはすなわち破産の場合との比較である。事業再生ADR手続において債権放棄等を求める場合には破産の場合よりも回収額が大きいことが必要であるが、この点については手続実施者の調査報告書においても検証されるため、対象債権者たる金融機関はかかる調査報告書を踏まえ、自身でも検証を行うことにより、経済合理性があることを確認する必要がある。

(2)　債権者自身への影響の程度

　債権放棄等が必要となる場合には、債権者側の事情も問題となり得ることについて言及しておきたい。商取引債権者であれば、債務者の再建計画に同意するか否かは、経済合理性（破産との比較）や当該債権者の事業における債務者企業の重要性等に基づく判断であるのに対し、金融機関、特に特定の地域に基盤を置く地域銀行や信用金庫・信用組合の場合には、他の貸付先への波及効果（1社に対し債権放棄に応ずれば、他の貸付先モラルハザードを誘発しかねないこと等）や金融機関自身の決算へのインパクト等から、債権放棄へのハードルが取引債権者よりも高い場合もあろう注30)。債務者企業としては、金融機関が即時に債権放棄等に応じることが容易ではない可能性も踏まえ、手続期間中の資金繰りの手当てを行った上で、再建計画案を柔軟に設計

注29)　その前提として、債務者企業情報の十分な開示、手続の透明性・公正性等が求められるが［→第1節2(1)参照］、事業再生ADR手続の規定に基づいた手続遂行により、これらの点は、通常、具備されるといえよう。

422

第3節　私的整理手続における債権者の関与

できるように備えておくといった工夫が必要となる場合もあり得る。

3　事業再生ADR手続において債権者がとり得るアクション

(1)　はじめに

　事業再生ADR手続は、（改めて述べると）中立公正な第三者の関与により裁判外でなされる事業再生を目的とした再建計画や債務調整の合意を図っていく私的整理手続である[注31][注32]。

　他の私的整理同様に（また、法的倒産手続と異なり）、①手続は非公開が想定され[注33]、②金融債権者が対象債権者となることが想定され（特定認証ADR手続に基づく事業再生手続規則〔以下、「JATP規則」という〕2条・25条2

注30)　なお、本来は、債権放棄すべき事案にもかかわらず、一定期間支払猶予（リスケ）とすることは、金融機関の損失の現実化を先送りするにすぎないのではないかという問題がある。

注31)　山本和彦「事業再生手続におけるADR」事業再生実務家協会＝事業再生ADR委員会編『事業再生ADRの実践』（商事法務、2009）3頁参照。

注32)　条文上は、裁判外紛争解決手続の利用に関する法律（以下、「裁判外紛争解決法」という）に定められた認証紛争解決手続（裁判外紛争解決法2条3号）であって、同法に基づく認証と産業競争力強化法（以下、「産強法」という）に基づく認定を受けた特定認証解決事業者（裁判外紛争解決法4条、産強法2条15項）が、事業再生に係る紛争について行う手続である（同条16項）。本書作成時現在、特定認証解決事業者として認証・認定を受けているのは事業再生実務家協会（JATP）のみであり、本章での事業再生ADR手続は、同協会による手続を念頭に置いている。

　　　　また、事業再生ADR手続は、①産強法、②経済産業省関係産業競争力強化法施行規則（以下、「経産省令」という）、③経済産業省関係産業競争力強化法施行規則第29条第1項の規定に基づき認証紛争解決事業者が手続実施者に確認を求める事項（以下、「経産省告示」という）、④経済産業省関係産業競争力強化法施行規則第29条第1項第1号の資産評定に関する基準（以下、「資産評定基準」という）、⑤特定認証ADR手続に基づく事業再生手続規則により、その手続の詳細が定められ、規律されている。

注33)　ただし、上場会社の場合、適時開示が必要になる場合がある。例えば、東京証券取引所有価証券上場規程402条2項m参照。

423

項）、商取引債権者を手続に参加させることを要せず、③決議の成立のために
は、対象債権者全員の同意が必要となる。

　中立公正な第三者として事業再生手続の専門家たる手続実施者（裁判外紛
争解決法2条2号、経産省令17条）が、概要説明会議（第1回会議）で、債権
者の過半数の同意により選任され（同省令22条2項2号）、債務者企業（以下、
事業再生ADR手続に係る文脈では「対象債務者」ともいう）と債権者との交渉
過程に調整役として関与するが、この点が大きな特徴となる。

(2)　正式受理前の段階

(i)　債権者からの事業再生ADR手続申立ての要請

　金融債権者（特に主力金融機関）から、債務者企業に対して、事業再生
ADR手続申立ての要請をすることも1つの方法である。

　債務者企業に、事業再生手続（私的整理手続・法的倒産手続）に進むかどう
かの判断を委ねると、その判断は遅れがちであり、その間に、事業価値劣化
が進むリスクが存する。そのため、債権者から、債務者に申立てを要請する
ことも1つの方法として考えられる。上述した通り［→1(4)(5)］、アー
リー・ステージを超えた段階では、コンプライアンス違反が大きい等の理由
で、経営陣を交代させるべく法的倒産手続を選択する必要性が高い場合など
を除き、事業価値維持の観点（すなわち債権者にとっての経済合理性の観点）
から、制度化された私的整理手続をとることが望ましいケースも多い。

(ii)　債務者側からの相談（プレDIPファイナンスの要請）に対する検討

　主力金融機関（特にメイン行）の場合、債務者企業から申立準備段階で事
業再生ADR手続申立てについて相談を受けることも少なくないが、経済合
理性や経営陣の交代の要否の視座等で検討し、債務者企業に率直な意見や必
要に応じて代替案を述べるべきであろう。

　なお、この段階で、主力金融機関（特にメイン行）に対しては、債務者企
業から、資金繰りの懸念と、プレDIPファイナンス（事業再生ADR手続内で
の借入れ）が申し入れられることがある。その場合、当該債権者は、かかる
融資要請を受けるか、受けるとすると、どのような条件とするかの検討が求
められる。

424

第3節　私的整理手続における債権者の関与

　債権者としては、債務者企業が窮境状況に陥っている中で、かつ、事業再生計画が固まる前の段階における、将来のキャッシュ・フローが不透明な中での貸付であることから、慎重な判断が求められる。他方で、債務者企業に対して資金支援を行わなければ、法的倒産手続に至るなど、債務者企業の事業価値がさらに劣化する事態も考えられる。

　具体的には、①他の債権者に先んじて融資をするべき立場か（メイン行や主要行グループか）、他の主要グループは要請に応じているか、②資金繰り上、返済が可能か、③担保価値のある担保の提供がなされるか、④事業再生ADR手続上、優先的弁済が確保されるか、また、その後、法的倒産手続に入った場合にも、優先性の保護が与えられるかといった点を踏まえて判断がなされることになろう。

　プレDIPファイナンスについては、対象債権者全員の同意を得ることができれば、事業再生計画案において他の対象債権者の債権に対する弁済に優先して取り扱うことができるとされるため（JATP規則32条1項）、事業再生ADR手続において、対象債権者全員の優先弁済についての同意を得ることが融資実行の前提となる。

　また、①プレDIPファイナンスが事業継続に必要不可欠であること、および②対象債権者全員から上記同意を得ていることの確認を、事業再生実務家協会（以下、「JATP」という）から取得できた場合、かかるプレDIPファイナンスは、事業再生ADR手続が不成立となった後に開始された再生手続または更生手続における再生計画または更生計画において、権利変更の内容に差を設けた場合に、裁判所が同計画案の定めが衡平を害しないか否かの判断をするに当たり、この確認を考慮すると規定されている（産強法56条1項・57条・58条）。そのため、事業再生ADR手続が不成立となった後に法的倒産手続となった場合でも、上記限度ではあるが、優先性の保護が図られるため[注34]、事業再生ADR手続において、JATPによる上記確認がなされることも、融資実行の前提となる。

第3章　債権者から見た事業再生

(3)　一時停止通知段階

(i)　一時停止の通知

　事業再生ADR手続が正式に受理されると、債務者企業とJATPと連名で、一時停止の通知を、対象債権者に送付される（経産省令20条）。一時停止の通知は、債権回収、担保設定、法的倒産手続開始申立てをしないことを要請する通知である（JATP規則25条5項）。

　かかる一時停止の通知後、原則2週間以内に概要説明会議（第1回会議）を開催する必要（経産省令20条）があり、一時停止通知と同時に、概要説明会議の議題および議案の内容が書面にて通知される。

(ii)　一時停止通知の効力

　一時停止の通知を受けた債権者が、当該通知に反して積極的な権利行使、例えば、法的倒産手続の債権者申立てを行うことは認められるかが、まず問題となる。

　上記の通り、事業再生ADR手続は参加者全員の同意の下に行われる私的整理手続ではあり、裁判所の命令のような拘束力は認められない。ただし、事業再生の専門家たる手続実施者の選任予定者が調査を行い、対象債務者に事業再生の見込みがあると判断し、事業再生ADR事業者（JATP）と債務者と連名で一時停止の通知がなされている以上、その通知には、事業再生ADR事業者が、債務者の一時停止の要請の合理性を公証した上で、対象債権者に権利行使や権利保全行為に走ることの自制を要請するという意義が存するとされる。

注34)　優先性保護といっても、あくまでも、裁判所の考慮規定で、有利に扱われることが保証される規定ではない点には留意が必要である。なお、日本航空のケースでは、事業再生ADR手続が開始された後になされた貸付については、その後、更生手続に入った後に、手続開始後にさらに融資がなされることを前提に、裁判所の許可の下の和解に基づく共益債権化がなされ（会更72条2項6号）、上記裁判所の衡平考慮は用いられなかった。この点、日本航空の件は、規模、申立経緯において極めて重大・特殊であり一般化は難しいとの指摘もある（山本和彦「日本における本格的な事前調整型会社更生手続の幕開きへ」事業再生と債権管理128号〔2010〕10頁、事業再生迅速化研究会編・前掲注10）90頁）。

426

第3節　私的整理手続における債権者の関与

　そのため、かかる一時停止通知に反してなされた法的倒産手続の申立てについては、目的の不当性や誠実性の欠如が問題となり得（破20条1項2号、民再25条4号、会更41条1項4号）、また、対象債権者による（安易な）権利行使は、産強法の目的（同法1条）に反するとして、金融機関の法令遵守の問題が生じ得るともされる[注35]。かかる意味において、一時停止通知には一定の法的効果が認められると考えられることから、対象債権者としては、一時停止通知に反した権利行使については、慎重にその必要性と合理性を検討する必要があることとなる。

　この点、海外の金融機関に対しては、一時停止の法的効力が及ぶと考えることは難しいともいえるが、日本企業とその海外子会社がともに対象債務者であり、当該海外子会社に対し日本の金融機関の海外子会社が直接融資を行っているような場合には、事業再生ADR手続による債務者企業グループ一体での再生が、当該金融機関グループ全体の回収極大化に資することを理由に、当該金融機関の海外子会社としても一時停止に任意に同意することが合理的である場合が多いであろう[注36][注37]。

(4)　一時停止通知後から事業再生計画案決議までの段階

(i)　一時停止通知後の手続進行概要

　一時停止通知後の事業再生ADR手続の手続進行は、概ね、以下のようになる。

注35)　伊藤眞「第3局としての事業再生」事業再生実務家協会＝事業再生ADR委員会編・前掲注31）21-23頁。伊藤眞「民事再生・会社更生との協働を——一時停止の機能再考」事業再生と債権管理128号（2010）11頁。

注36)　ただし、海外子会社に、外資（非日系）金融機関も融資しているような場合は、当該外資金融機関が一時停止に応じない中で、日本の金融機関海外子会社のみが一時停止に応じるべきかという（海外子会社における金融債権者間の平等の）問題が生じ得る。

注37)　海外金融機関は、産強法に根拠を有する事業再生ADR手続においては、対象債権者となることが原則とするが、海外債権者を対象債権者から除いた場合の他の対象債権者からの同意取得の見込み等のその他事情を総合考慮の上、海外金融機関を対象債権者から除外する場合もあり得るとされる（事業再生実務家協会編『事業再生ADRのすべて』〔商事法務、2015〕75頁）。**第2章第4節3**参照。

第3章　債権者から見た事業再生

(a)　概要説明会議（第1回会議）

　一時停止の通知から、2週間以内に概要説明会議が開催される（経産省令20条・22条、JATP規則26条1項）。

　概要説明会議では、①現在の債務者企業の資産および債務の状況の説明および②債務者企業の事業再生計画案の概要の説明がなされる（JATP規則26条6項・7項）。

　また、③議長および手続実施者が選任されるとともに、④一時停止通知の内容（の追認）および効力の終期が決議され、また、⑤協議会議（第2回会議）および決議会議（第3回会議）の日時および場所が決せられる。さらに、⑥プレDIPファイナンスがなされる場合、同貸付が他の対象債権者の債権の弁済よりも優先的に取り扱われることの同意が決議に諮られる（JATP規則26条）。③および⑤の協議会議の日時・場所については対象債権者の過半数で決せられ、④⑥および⑤の決議会議の日時および場所については、対象債権者全員の同意が必要となる（同条4項・9項）。

(b)　協議会議（第2回会議）

　JATPは、債務者企業から提出された事業再生計画と手続実施者により提出された調査報告書を、協議会議開催日までに、対象債権者に送付する（JATP規則29条1項）。

　その上で、協議会議期日に、債務者企業から、事業再生計画案（特に、概要説明会議にて説明された事業再生計画案概要からの修正点）の説明がなされ、また、手続実施者による調査結果の報告と事業再生計画案の法令適合性、公正・妥当性および経済合理性に関する意見陳述がなされる（経産省令24条、JATP規則29条4項）。

(c)　決議会議（第3回会議）

　決議会議において、対象債権者は事業再生計画案について同意するかどうかの書面による意思表示を行う。事業再生計画案の成立の決議には、対象債権者全員の同意が必要となる（経産省令26条、JATP規則30条）。

(ii)　概要説明会議（第1回会議）までの対応

(a)　事業再生計画案の検討と問題提起

概要説明会議は、一時停止通知から2週間以内に開催されるため、債権者

第3節　私的整理手続における債権者の関与

としても、十分に検討する時間がない場合も少なくない。ただし、事業再生計画案概要が会議の前に送付される場合には、可能な限り迅速に計画案の内容を検討し、問題点や修正すべき事項などがあれば、概要説明会議において質問や問題提起をすることが望ましい。早期の問題提起が、事業再生計画案の修正につながるためである。また、債権者が一旦一時停止に同意すれば、次の主たる決議は、決議会議における事業再生計画案への賛否の表明となるため、債権者として債務者企業に要請すべきことがあると考える場合（例えば、適切なスポンサー選定のために事業再生計画成立前に現経営陣の退任を求める場合等）には、一時停止への同意を梃子として申入れを行うことも考えられる。債権者のバーゲニングパワーの観点からは、一時停止通知から概要説明会議までの2週間で、可能な限り検討事項を洗い出すことが必要であろう。

　事業再生計画案の概要に反対であっても、今後、十分に計画案の内容が修正される余地があるため、原則として、債権者として反対の意思が極めて強固な場合を除いて、今後の進行（決議会議の日時や場所）や一時停止については、反対するかは慎重に判断されるべきである。

　　(b)　**事業再生ADR手続に強く反対する場合**[注38]

　この点、対象債権者とされた者が、事業再生ADR手続で進めること自体や、手続の進め方、さらに自らが対象債権者となること等、根本的な問題を理由として強く反対する場合、概要説明会議（第1回会議）において反対の意思を表明することが考えられる[注39]。その際、必要に応じて代替的手続とその理由があればそれを提示することも有用である。

注38)　債権者が事業再生ADR手続に強く反対する場合、概要説明会議に欠席することも考えられる。事業再生ADR手続はADR手続の一種であり、対象債務者と債権者の双方から手続参加の意向が示されない限り、手続を進行することはできない（ADR法2条1項）ため、対象債務者が一時停止の通知を行った債権者のうち、概要説明会議に参加した債権者と対象債務者との間においてのみ事業再生手続が行われるものとみなされているためである（事業再生実務家協会編・前掲注37）513頁）。しかしながら、欠席債権者が、金融債権者と異なるような特殊なケースで、同債権者が必ずしも対象債権者とすべきか争いがある場合は別として、本来対象債権者となるべき金融債権者がそもそも手続に参加しない場合には、事業再生計画案の実効性に疑問が生じ、また、債権者間の公平性の観点からも手続を維持することが困難となる可能性が高い。

429

第3章　債権者から見た事業再生

　また、概要説明会議においては、一時停止の内容および期間について決議が行われるが、当該決議には対象債権者全員の同意を要するため、一部の債権者が反対した場合には、手続実施者が手続の継続の可否を検討することとなる。そのため、強い反対の意思を有する対象債権者としては、かかる一時停止の決議に反対する対応が考えられる[注40]。

(c)　債権者としての判断規範

　手続の入口における債権者としての判断規範を考えるに、事業再生ADR手続の入口で当該手続の利用を（安易に）拒絶すれば、対象債務者は法的倒産手続を申し立てざるを得なくなることが想定されるが、それは、1の通り事業価値毀損による経済合理性の減少という形で債権者に跳ね返ってくる可能性をも包含すると考えられることから、コンプライアンス上私的整理により処理することが妥当でないことが明白である場合のような例外的なケース（もっとも、かかるケースはそもそも手続実施者選任予定者に利用申請時点での調査である程度スクリーニングされていると考えられる）を除いては、まずは手続に乗り、当該プロセスの中で経済合理性のある事業再生計画案立案に向け必要な意見を述べ、協議を重ね、事業再生計画案について、債権者が適切と考える内容へ変えるよう働きかけることが望ましい場合が多いと考えられる。

注39)　具体的には、一時停止通知には（少なくとも一時的には）従って個別的権利行使を差し控え、概要説明会議にも出席した上で、手続実施者に対し直接、事業再生ADR手続に反対する理由を具体的に説明することが考えられる。

注40)　このような場合、手続実施者としては、反対対象債権者の翻意の可能性について検討し、当該可能性がある場合には概要説明会議の続行期日を設定することになるであろう。続行期日までの間に、対象債務者は事業再生計画案概要の修正等を行い、続行期日における一時停止の決議を目指すこととなる。他方、翻意の可能性がない場合で、当該反対対象債権者を除外してもなお他の対象債権者の協力により事業再生計画案の成立が可能と考えられる場合には、当該反対債権者を除外した上で手続を進めることもあり得よう。もっとも、上記の通り、事業再生ADR手続は原則として金融債権者のみを対象として行われる手続であるところ、金融債権者間の公平性が計画成立に重要な要素となる以上、反対債権者が金融債権者でないような特殊な場合でなければ、当初は対象債権者として手続に関与させることが妥当であると考えられた債権者を除外してもなお事業再生ADR手続を維持できる場面は限定的であると考えられる。

430

(iii)　協議会議（第２回会議）までの対応

　概要説明会議終了後、協議会議（第２回会議）において事業再生計画案が提出されるまでの間にも、対象債権者として計画案等への働きかけが可能である。債権者としては、全体のスケジュールを踏まえつつ、①計画案のどの点を問題と考えており、いかなる対案であれば同意できるのか、また、②どの段階まで反対する意向であるのか（後述の特定調停手続において裁判所からの決定がなされた場合にも異議を述べるのか等）についてあらかじめ十分に検討した上で、債務者企業による事業再生計画案策定段階で意見を述べ、計画案策定に働きかけていく必要があろう。

　債権者としては、協議会議までに手続実施者による調査報告書が提出されるため、特に概要説明会議から協議会議までの間に、手続実施者へ問題提起や意見交換を求め、債権者の問題意識を共有させることも重要となる。また、場合によっては、他の対象債権者（特に、主要債権者）と連携して手続実施者に働きかけることなどが効果的となり得る。

　また、協議会議において計画案が提出された後も、手続実施者に対して直接代替案を提示する等の方法により、計画案の修正を求めることも可能である。その場合、必要に応じて、協議会議の続行期日が設けられ、計画案が修正された場合には、当該修正された計画案につき、追加の調査報告書が作成されるか、または、あらためて手続実施者による調査報告書が作成されることとなる。

　以上の通り、事業上の観点から事業再生計画を成立させ、事業再生ADR手続を遂行させることを望む対象債務者に対し、債権者としては、金融債権者のみを対象とし柔軟性に富む手続であることおよび全員同意が必要であることといった私的整理の特徴を、ある種の“武器”とし、計画案策定プロセスに影響力を及ぼすことが可能であるといえる。

(iv)　事業再生計画案への賛否を表明する段階（決議会議）での対応

(a)　事業再生計画案へ債権者として反対した場合に考えられるプロセス

　上記のようなプロセスを経てもなお、対象債務者より提示された事業再生計画案の内容が十分に債権者の意向を反映されることなく、対象債権者として、同計画案に同意しかねる場合には、いかなる対応が考えられるか。

第 3 章　債権者から見た事業再生

　対象債権者全員の同意があれば決議会議の続行期日を設定することが可能である（経産省令27条、JATP規則30条4項）。

　そのため、対象債権者として、期日までに社内の調整ができず（または稟議決裁をとれず）に決議会議期日において反対の意思表示をした場合、あるいは同意書を提出しなかった場合、その旨を決議会議において説明することにより、手続実施者も、続行期日により、決議が成立する可能性について理解し、また、対象債権者の同意も得られやすく、続行期日が設定される可能性が高いと思われる。その場合、当該債権者としては、社内調整を進め内部の意思決定を進めることとなろう。

　これに対して、対象債権者として、社内の意思決定に基づき、事業再生計画案に反対する場合、手続実施者としても、続行期日を設定したとしても、かかる対象債権者（以下、「反対債権者」という）の翻意を促すことが困難であると考えることも少なくない。

　かかる場合には、特定調停手続（特定調停18条）を用いて、裁判所から当該反対債権者に対して説得が試みられることもある[注41]。特定調停手続においてもなお反対債権者が計画案に反対すれば、調停は不調となる（同条）。かかる場合、裁判所が職権で、事件の解決のために必要な決定をすることができるが（民事調停17条。以下、当該決定を「17条決定」という）、17条決定が行われたとしても、反対債権者が2週間以内に異議を申し立てれば決定の効力は失われるため（同法18条1項・4項）、反対債権者が当初より異議申立手続に強く反対する場合まで行う意向を示している場合等、特定調停手続の利用が必ずしも有効といえない場合もあり得る[注42] [注43]。

　特定調停手続を経てもなお反対債権者の同意が得られない場合、またはそ

注41)　全国倒産処理弁護士ネットワーク編『私的整理の実務Q&A140問』（金融財政事情研究会、2016）352頁［川端和彦］。特定調停手続は、反対債権者のみを相手方とすることも、対象債権者全員を相手方とすることも可能である。

注42)　事業再生実務家協会編・前掲注37）150頁。

注43)　対象債権者の観点から換言すれば、17条決定があっても異議を申し立てる意向なのであれば、それを早期に対象債務者に伝えておくことにより、時間の無為な経過を回避させ、他の適切な手段による事業の再生を志向させる必要があるともいえよう。

もそも反対債権者の不同意の意思が固く特定調停手続申立てに適さない場合等においては、対象債務者は再生手続または更生手続開始の申立てを行い、多数決による計画成立を目指すこととなる。

(b) 商取引債権考慮規定（産強法改正）

この点、事業再生ADR手続から法的倒産手続へ移行した場合には、商取引債権もカット対象となるため、これにより事業価値が毀損することを防ぐべく、2018年5月に産強法が一部改正された（同年7月9日施行）。改正法は、①事業再生ADR手続段階で、事業価値維持のため弁済が必要と考えられる少額の商取引債権であることについての確認を行い（「確認」規定、産業競争力59条1項）、②移行後の法的倒産手続において裁判所が①の確認を考慮して少額弁済許可等の判断を行う旨（「考慮」規定、同法60条～65条）を定めている。かかる法改正の背景には、大部分の債権者が事業再生計画案に賛成しているにもかかわらず、一部の債権者の反対により事業再生ADR手続が頓挫し、法的倒産手続に移行することで事業価値が毀損することを防ぐという狙い、ひいては、私的整理手続への多数決原理の導入の議論がある[注44]。上記①の「確認」は、ⅰ手続実施者が調査検討の結果、計画案が法令に適合し、公平妥当で経済合理性があると判断していること、ⅱ多数の対象債権者が計画案に賛成していること、およびⅲ商取引債権を約定通りに弁済する資金繰りがついていることの3点が認められる場合にのみ行われる[注45]。すなわち、すべての事業再生ADR手続において上記①の「確認」を行うことが想定されているものではなく、反対債権者の存在により事業再生ADR手続における計画成立が困難となる可能性が浮上した場合に、対象債務者がその「確認」を手続実施者に対して求め、法的倒産手続への移行に備えるといった対応になるであろう。かかる「確認」がなされることにより、法的倒産手続に移行後も、商取引債権に対する弁済を行うことで事業価値の毀損を極小化しつつ、事業再生ADR手続における協議結果および計画案を活かし、短期間

注44）　公益社団法人商事法務研究会「事業再生に関する紛争解決手続の更なる円滑化に関する検討会報告書」（2015年3月公表）。

注45）　須藤英章＝瀬戸英雄「事業再生ADRにおける商取引債権の『確認』に関する運用について」NBL1127号（2018）33頁。

第3章　債権者から見た事業再生

での再建を図ることに法改正の目的があると考えられる。

(c)　債権者としての検討枠組み

当該改正も踏まえ債権者として計画案の賛否を表明する局面でいかなる検討を行うべきか考えるに、まず、事業再生ADR手続において同意しない意義がどこまで認められるかにつき、いま一度立ち止まって検討する必要があるだろう。

すなわち、①債権者としての問題意識を（事業再生の経験ある専門家である）手続実施者や他の債権者の出席する会議において十分に表明し、②必要に応じた代替案を提示するなどしたにもかかわらず、③大多数の債権者が対象債務者の提示した計画案に賛成しているような場合、1人の反対債権者が最後まで同意を拒んだとしても、簡易再生手続等の法的手続へ移行し[注46]、当該法的倒産手続において、先行する事業再生ADR手続中に作成された計画案とほぼ同内容の計画案が多数決により可決される見込みの場合には、事業再生ADR手続においてかたくなに反対する意義はどこにあるかを、冷静に検討する必要があるといえよう。

反対を続けることの帰結として、スポンサー型の計画案の場合には、法的倒産手続に移行してもなおスポンサー候補者の支援が得られるか、また、同額の支援を維持できるか否かは不透明であるため、債権者としては法的倒産手続において同スポンサーが支援してくれることを前提に法的倒産手続を志向してよいとは限らない。さらに、たとえ改正法により商取引債権が円滑に保護されたとしても、業種によっては法的倒産手続申立てによる風評被害が甚大であり、売上高の大幅な減少により事業価値が毀損する可能性は大いにある。したがって、改正法が事業再生ADR手続から法的倒産手続への円滑な移行を目指したものであるとしても、食い止められない事業価値の毀損のおそれがあり、すなわち、結果的に経済合理性のない選択を自ら行うことになりかねないということを、反対債権者は不同意に伴うリスクとして十分に認識しておく必要がある。

注46）　簡易再生手続については、園尾隆司＝小林秀之編『条解民事再生法〔第3版〕』（弘文堂、2013）第12章第1節参照。

434

仮に、債務者企業の作成した事業再生計画案に反対の意向をもつ債権者が、手続実施者や他の対象債権者らに、自身の問題意識を十分に共有できていないと考える場合は、可及的速やかに、かかる点の共有を図り、代替案を示すなどして、事業再生計画案の修正の可能性を探るべきであろう。

(ⅴ) 小括

事業再生ADR手続において、対象債権者の立場はさまざまであり、例えば、融資直後に1度も約定弁済を受けられないまま一時停止の通知を受けたような場合、当該対象債権者にとって、事業再生ADR手続において計画案に同意すること自体に抵抗感が大きい場合があることは十分に理解し得る。しかしながら、債権者自身の株主に対する責任等を考えたとき、第一義的には経済合理性により意思決定がなされる必要があり、また、経緯等を踏まえた実質的な公平性を図るための方策をより実現しやすいのは、法的倒産手続よりも柔軟性が認められる私的整理である場合が多い。以上の点を踏まえつつ、上述したように各段階で対象債務者や手続実施者との協議を行った上で、それでもなお、「私的整理における計画案に反対し、法的倒産手続を利用させるべきであるといえるか」という問いを立て、最終的な意思決定を行うことが有用であるといえよう。

第3章　債権者から見た事業再生

第4節　法的倒産手続における債権者の関与

1　はじめに——再建型法的倒産手続における債権者の位置付け

　再建型の法的倒産手続のうち、再生手続は、いわゆるDIP型の手続であり、手続が開始した後も、債務者企業（再生債務者）は、原則として業務遂行権限および財産の管理処分権限を失わない（民再38条1項）[注47]。といっても、手続開始後は、手続開始前とまったく同様の立場にあるわけではなく、再生債務者には公平誠実義務が課されており（同条2項）、全債権者の利益を代表して、公平かつ誠実にその権限を行使すべきものとされる[注48]。

　また、更生手続においては、必要的機関として管財人が選任され（会更42条1項）、手続が開始すると、債務者企業（更生会社）の事業の経営および財産の管理・処分権は、管財人に専属する。DIP型更生手続の場合も、従前の取締役等が管財人として選任され、権限を有することになるため、DIP型・管理型（非DIP型）のいずれの場合も、管財人は債権者を含む更生会社の利害関係人に対して善管注意義務を負い職務を遂行することになる（会更80条）[注49]。

　このように、法的倒産手続の段階に至った場合、原則として、再生債務者も管財人も、債権者の利益のために、手続を遂行すべき義務が課され、手続は、原則として、債権者等の利益のために遂行される。

注47)　DIP型が原則である再生手続の例外として、再生債務者の業務執行権限と財産の管理処分権を裁判所の選任する管財人に専属させる管理型再生手続がある（民再64条1項）。

注48)　否認権については、再生債務者に行使権限は付与されず、裁判所が、利害関係人の申立てまたは職権で、監督委員に対して行使権限を付与することができる（民再56条1項）。これに対して、更生手続では、管財人に否認権が付与される（会更96条1項）。

436

第4節　法的倒産手続における債権者の関与

　他方で、法的倒産手続に至ると、債権者は、金融債権者であれ、商取引債権者であれ、倒産債権者となり、手続開始前には可能であった個別の権利行使が禁止され、債権の弁済を求める行為、そのための訴訟手続や執行手続が禁止され、その結果、権利行使や債権の回収においては、受動的な立場に立たされることになる。

　このように、法的倒産手続は、債権者の利益のためになされるものである一方で、債権者は、原則的には、再生債務者や管財人の手続遂行を見守るという立場に置かれる。

　しかし、かかる再生債務者や管財人による手続遂行は、本来、債権者等のためになされるものであるため、再生債務者や管財人の手続遂行等に問題があり、債権者が、自らの債権回収の最大化等の利益につながらないと考える場合、一定の是正がなされるよう働きかけ、場合によっては、積極的な権限行使をとることができてしかるべきである[注50]。倒産法（会社更生法・民事再

注49)　管財人の善管注意義務および再生債務者の公平誠実義務については、蓑毛良和「スポンサー選定における管財人または再生債務者の義務」山本和彦＝事業再生研究機構編『事業再生におけるスポンサー選定のあり方』（商事法務、2016）98-130頁、東京地裁会社更生実務研究会編著『会社更生の実務（上）〔新版〕』（金融財政事情研究会、2014）412頁、舘内比佐志ほか編『民事再生の運用指針』（金融財政事情研究会、2018）144頁参照。

注50)　ただし、法的倒産手続に入ると、通常は、債権者の債権額は大幅にカットされることになる。また、わが国の倒産手続には、債権者委員会制度はあるものの、米国のChapter 11手続のように、債務者の負担の下で、弁護士や会計士などの専門家により債権者委員会が運営されることはなく、債権者自らがコストを負担しなければならない〔→4(4)参照〕。そのため、そもそも、多くの債権者は、その合理的判断として、必要コストを投じてまで、積極的に権利行使をしようとするインセンティブをもちにくいという問題（合理的無関心〔rational apathy〕の問題）がある。日本の再建型法的倒産手続において、再生債務者や管財人（特にDIP型管財人）の行動の是正を債権者にどの程度期待し得るのか、米国の債権者委員会制度のような債権者により積極的行動を促す仕組みは不要なのか、または、現状、裁判所や監督委員が問題を是正する役割を果たしているが、それが特段問題ないといえるのかなどの議論があるが（例えば、相澤光江「債権者委員会」東京弁護士会倒産法部編・前掲注12）421頁以下参照）、それら議論の出発点として、債務者企業が法的倒産手続に入ると、特に日本の制度上は、債権者は合理的無関心に陥りやすくなり得るという点に留意する必要がある。

第3章　債権者から見た事業再生

生法）上も、債権者による関与の手段が種々用意されている。

　そこで、以下では、再建型の法的倒産手続の各局面において、債権者がどのような手段をとり得るのか、また、かかる手段の行使にはどのような限界があるのか述べる。

2　申立前の段階──債権者による申立て

(1)　債権者による申立てが検討される場面

　債務者企業が、その債務が弁済期にあるにもかかわらず、当該債務の支払を行おうとしない場合、債権者としては、まずは、債務者企業に任意弁済を求めることになろう。この過程で、債務者企業から、現状では全額弁済をすることが困難であることについて、客観的資料を伴う合理的説明がなされる場合がある。債権者としては、債務の弁済が一時的に困難であっても、その後弁済の見込みが高いと判断されれば、一時的な支払猶予を検討することが考えられる。

　また、債務者企業から、現状のままだと、今後も債務の全額弁済は困難な状況にあることが客観的資料とともに示されれば、債権カットを伴う私的整理手続や法的倒産手続に入ることの検討を債務者企業に要請することなども考えられる[注51]。反対に、債務者企業から、私的整理手続開始の申入れがなされる（具体的には、一時停止の要請がなされる）場合もあろう。

　ただし、①債務者企業が、(i)その財産を社外に流出させ、または流失させようとしている懸念がある場合、(ii)一部の債権者に対してのみ弁済している（またはその疑いがある）場合[注52]、または(iii)悪質な粉飾決算を行っていたことが発覚した場合など、債権者として、債務者企業の現経営陣を信頼できなくなっている場合、②(i)債務者企業が十分に財産状況の開示に応じない場合、または合理的な弁済計画を提出しようとしない場合など、債権者として、債

注51)　この要請の過程で、債権者から債務者企業に対して、事業再生について弁護士等の専門家を紹介することで、専門家の適切なアドバイスの下、債権者と債務者企業との間で信頼関係を維持しつつ、（私的整理手続・法的倒産手続等を含め）債務者企業にとってふさわしい解決手段を探る方法も考え得るところである。

務者企業主導で私的整理手続を進めさせることに躊躇を覚える場合、または、ⅱ債務者企業の現経営陣が過度にリスクの高い取引による「一発逆転」を志向していることが疑われるなど[注53]、債権者に対する弁済の最大化のための合理的な行動を期待できない場合などがある。

このような場合、1つの方法として、債務者の資産に対して強制執行を行うことにより回収を図ることも当然に考えられる。しかしながら、強制執行には債務名義が必要であるところ（民執22条）、その取得には原則訴訟手続を経る必要があり一定の時間がかかる上、そもそも強制執行すべき財産が特定できない場合等もある[注54]。また、財産が世界各国に分散しているため、他の債権者（資産のある国の債権者）に先に当該財産を差し押えられるリス

注52）　分割会社が、会社分割を行い、金融機関債務および同債務の担保不動産を除く、ほぼすべての資産・負債および事業を、金融機関に事前説明なく、新設会社に承継させた、いわば濫用的会社分割の案件で、金融債権者が、分割会社および新設会社の双方に対して更生手続申立てを行った事例がある（粟澤方智ほか「濫用的会社分割の当事会社に対する会社更生手続の債権者申立ての検討──東京地裁平成22年(ミ)第13号・同第14号を踏まえて」金法1915号〔2011〕74-85頁参照）。同論文によると、金融機関債権者が新設会社に対し不法行為（債権侵害）に基づく損害賠償請求権と、法人格否認の法理による貸金返還請求権の2つの債権（請求権競合の関係）を申立書に併記して申し立て、当初から保全管理命令が発令された（なお、債権者申立てによる更生手続における発令に関しては(3)参照）。銀行借入残高の3分の2を占める最大債権者2行による共同申立てであったとのことである。

注53）　有限責任の下では、債務の返済後の残りはすべて株主に帰属するため、ハイリターンの成功部分を独占しつつ、他方で、失敗の痛みを債権者に共有させることが可能になる。そのため、株主には、債権者の犠牲においてハイリスク・ハイリターンの事業を選択するインセンティブが働き、企業価値のマイナスの状況においても、事業を中止せず、リスクの高いプロジェクトを続け、倒産処理を迅速に開始しないインセンティブが働くことが指摘されている（藤田・前掲注1）86頁、藤田友敬「会社法と関係する経済学の諸領域(2)」法教260号〔2002〕69-70頁）。

注54）　債務者企業が債務超過に陥っていることが明らかな場合など、強制執行手続に基づいて回収しても、後に法的倒産手続が開始されたときに当該回収が否認権の対象となる場合があるため、強制執行手続による回収を図ろうとする場合には、否認権行使がなされるリスクにも留意しておく必要がある（破165条、民再130条、会更89条）。

第3章　債権者から見た事業再生

クが高い場合など、債権者としては、個別執行による回収よりも、債務者企業を法的倒産手続に入らせるほうが、回収可能性が高くなると考えられる場合がある。

さらに、担保権者が担保権実行を行う可能性が高く、かかる担保権実行がなされると債務者企業の事業継続が困難になると予想される場合などには、更生手続を申し立てることで、他の債権者による個別の権利行使（担保権実行を含む）を止め（会更47条1項参照）、事業を継続させるほうが債権の回収額が大きくなると想定される場合もある。

このような場合に、債権者としては、法的倒産手続申立ての手段をとることが考えられる。法的倒産手続には、再建型手続（更生手続、再生手続）と清算型手続（破産手続）があるが、債務者企業の事業に事業性（収益性・将来性）が認められ、再建可能性が相応に存すると認められる場合（その結果、清算型手続をとるより回収可能性が大きくなると見込まれる場合）には、再建型倒産手続の申立てが検討されることとなる。

(2)　手続選択に関して

(i)　一般論——管理型手続

債権者申立てがなされた場合、その後、債務者企業の協力を得ることは困難なことが多いため、債権者としては、手続遂行を確実にするという観点から、DIP型の再生手続の申立てを行うことは現実的でなく、更生手続申立てまたは管理型の再生手続を申し立てることが考えられる。

(ii)　（管理型）更生手続か、管理型再生手続か

（管理型）更生手続と管理型再生手続には、以下のような主たる違いが存するため、かかる違いを踏まえて手続を選択することになる。ただし、東京地裁においては、(d)に述べるように、再生手続において、債務者の意思に反して管理命令が発令されるかは不透明である点は、十分留意する必要がある。

(a)　スキーム上の制約

再生手続の管財人は、株式譲渡制限のある会社における第三者に対する新株発行（募集株式の募集）の条項を含む再生計画案を提出できない[注55]（民再166の2条1項）。そのため、株主や役員の協力なく、株主の交代（減増資）

第 4 節　法的倒産手続における債権者の関与

を実現することができない。また、かかる再生手続では、再生債務者を解散して清算するのにも株主の協力が必要となる。

これに対して、更生手続では、管財人は、更生計画に基づき、債務者の経営陣や株主の関与なく減増資スキームを実施できる（会更45条1項）。

(b)　担保権者の取込みの制約

再生手続では手続に担保権を取り込めない（民再53条1項・2項）[注56]。これに対して、更生手続では、担保権は手続に取り込まれ、更生担保権者の手続外の権利行使が禁じられる（会更47条1項）。

(c)　対象となる組織の制約

再生手続では、その組織形態や目的を問わず、あらゆる法人が手続の対象となる[注57]。これに対して、更生手続の対象は株式会社のみである（会更2条1項）。そのため、学校法人や医療法人などに対して、再生手続を申し立てることはできるが、更生手続を申し立てることはできない[注58]。

(d)　申立権者の制約

再生手続においては、再生債権者であれば申立てができ、保有する債権額の制限は存しない（民再21条2項）。これに対して、更生手続の場合、債権者であっても「株式会社の資本金の額の10分の1以上に当たる債権を有する者」でなければ、申立てを行うことはできない（会更17条2項1号）。

注55)　再生債務者には、募集株式の募集条項を含む計画案提出権限が認められている（民再166条の2第1項）。

注56)　ただし、再生手続においても、まったく担保権を取り込めないわけではなく、担保権消滅請求や担保権の実行中止命令がある。具体的には、①再生債務者の財産上の担保権が存する場合において、当該財産が再生債務者の事業の継続に欠くことができないときは、再生債務者は、当該財産の価額に相当する金銭を一括で裁判所に支払うことで、担保権を消滅させられる（民再148条以下）。また、②再生債務者の一般の利益に適合し、競売申立人に不当な損害を及ぼすおそれがないと認められる場合には、担保権の実行手続を中止させることができる（同法31条）。

注57)　伊藤・前掲注8）821頁。

注58)　例えば、一般社団法人による事業譲渡には社員総会決議が必要になるところ（一般法人147条）、民事再生法上、株主総会決議に代わる裁判所の代替許可の制度（同法43条）は存するものの、社員総会決議に代わる許可制度はなく、社員や理事への説得が不可欠となる。

441

第3章　債権者から見た事業再生

(e)　裁判所の運用上の制約

東京地裁は、再生手続において管理命令発令に制限的であったが、2010年1月より、DIP型手続が極めて困難な案件については、管理命令を発令するという運用に改められた[注59]。ただし、これまでの管理命令は再生債務者の納得を得た上で発令がなされ、再生債務者の反対にかかわらず、管理命令を発令した事例はないとされており[注60]、債権者による再生手続申立で管理命令が発令されるかは不透明である。

これに対して、大阪地裁では、民事再生法施行以降、再生手続において管理命令は相当数発令されており、債権者申立事件で手続開始と同時に管理命令が発令されたケースも複数あり、債務者の意思に反して発令された例も少なくないと思われる[注61]。

なお、更生手続は、管理型が原則となる。

(f)　予納金

一般的には、再生手続に比べ、更生手続のほうが、高額である[注62]。

(iii)　申立ての要件（手続開始の原因事実）

債権者が再生手続開始申立てをする場合には、①債務者に破産の原因たる事実の生じるおそれがあること（破産原因前兆事実）を疎明すること（民再21条1項1号）に加えて[注63]、②当該申立債権者が、その有する倒産債権の存在を疎明すること（同法23条2項）、および③予納金を納付すること（同法24条1項）が求められる[注64]。

債権者が、更生手続開始申立てをする場合は、上述の通りその株式会社の

注59)　鹿子木康編著『民事再生の手引〔第2版〕』（商事法務、2017）513頁参照。具体的事例については、**3(3)**参照。

注60)　舘内ほか編・前掲注49) 35-36頁。

注61)　中井康之「管理命令の現状と課題」事業再生研究機構編『民事再生の実務と理論』（商事法務、2010）12-13頁。

注62)　東京地裁では、（管理型）更生手続の場合、会社の規模等によって、予納金額は2000万円～1億円（概ね2000万円台～5000万円台）となるとされ（東京地裁会社更生実務研究会編『最新実務会社更生』〔金融財政事情研究会、2011〕54頁）、再生手続については、負債総額に応じて、200万円～1300万円が基準とされる（鹿子木編著・前掲注59) 39頁）。

442

資本金の額の10分の1以上に当たる債権を有する者でなければ申立てを行うことはできないから、債権者は、①〜③に加えて、要求された債権額を有することを疎明することが求められる（会更17条2項1号・20条2項）。複数の債権者が共同で申し立てる場合には、各債権者の有する債権の合計額がこれに達する場合であってもよいとされる[注65]。

(3)　申立てに当たっての留意点（主として更生手続）

(i)　債権者による疎明

更生手続開始の申立てをする場合、上記の手続開始の要件を疎明しなければならない（会更20条1項）。かかる疎明に関して、申立書には、被申立会社の資産、負債、その他の財産の状況、破産前兆事実が生ずるに至った事情等を記載し（会更則12条1項4号・5号）、申立日前3年以内に作成された被申立会社の貸借対照表、損益計算書、更生債権者・更生担保権者の各一覧表、被申立会社の財産目録、手続開始申立日前1年間の被申立会社の資金繰り実績および手続開始後6か月間の資金繰りの見込みを明らかにする書面等を添付しなければならない（同則13条1項2号・5号〜8号）。

注63)　更生手続・再生手続開始の申立ては、本文②の要件に代わって「弁済期にある債務を弁済することとすれば、その事業の継続に著しい支障を来すおそれがある場合」にも行うことができるが（会更17条1項2号、民再21条1項2号）、債権者申立ての場合は、本文②の破産原因たる事実の生じるおそれがあることのみが要件となる（会更17条2項、民再21条2項）。これは、弁済資金を調達することが事業の継続に著しい支障を来すかどうかという経営的判断が必要になるところ、会社の実情を知悉している会社自身しかその判断をできないためとされる（東京地裁会社更生実務研究会編著・前掲注49）64頁）。

注64)　前掲注62）記載の大まかな予納金額を踏まえて、予納金を準備する必要がある。ただし、更生手続における債権者申立ての場合、債権者である予納者に対して、申立てから開始決定までに要した費用を支払った予納金残額を返還し、管財人（更生会社）からその後の更生手続に必要な金額を納付してもらうのが通例である。更生手続が開始した場合、申立てから開始決定までに要した費用は共益債権となり（会更127条1号）、予納金を納付した債権者は、管財人に対して、予納金から支払われた費用を共益債権として請求することになる（東京地裁会社更生実務研究会編・前掲注62）55頁）。

注65)　東京地裁会社更生実務研究会編著・前掲注49）65頁。

443

第3章　債権者から見た事業再生

　ただし、被申立会社以外が手続開始の申立てをする場合には、上記記載事項のうち、申立人が知らず、かつ知ることが著しく困難なものについては申立書への記載は不要とされ（会更則12条1項ただし書）、また上記添付資料のうち、申立人が保有しておらず、同人において入手・作成が著しく困難な場合は添付不要とされる（同則13条1項ただし書）[注66]。

　とはいえ、債務者企業に破産の原因たる事実の生じるおそれがあることについては、申立てをする債権者が疎明をしなければならないことは変わらない点については十分留意が必要である（会更20条1項）。

(ii)　代表者に対する審尋

　債権者申立ての場合、代表者の審尋をしなければならない（会更22条2項）。ただし、保全管理命令をすべき事案［→(iii)参照］では、密行性の観点から代表者の審尋は発令前には行わず、保全期間中（保全管理命令から開始決定までの期間）に行うことが通常とされる[注67]。

(iii)　更生手続における裁判所（東京地裁）の発令実務

　債権者による更生手続申立てがなされた場合、債権者が、必ずしも、会社の経営・財務状況を十分に把握しているわけではなく、現経営陣と債権者との間に利害対立が生じていることも少なくなく、債権者側の情報を基に、直ちに会社経営者から経営権のはく奪・制約を課す保全措置をとる（保全管理命令を発令する）ことが相当でない場合も存し得る。そのため、東京地裁の実務では、疎明により判明した状況に応じて、それぞれ以下のような命令が発令される[注68]。

①　現経営陣を直ちに排除すべきことが明らかとはいえない場合　　調査命令（会更39条）が発令され、調査委員の調査の結果、保全管理命令の発令が適当であるとの事情が明らかになれば、保全命令が発令される。

②　現経営陣を直ちに排除すべきことが明らかとまではいえないが、現経営陣の経営権に監督を及ぼすべき事情がある場合　　現経営陣を直ちに

注66)　なお、上記会社更生規則と同趣旨の（申立書記載や疎明資料の添付を不要とする）民事再生規則は存しない。
注67)　東京地裁会社更生実務研究会編・前掲注62）99頁。
注68)　東京地裁会社更生実務研究会編・前掲注62）90-92頁。

444

排除すべきとまではいえなくとも、経営陣が会社資産を流出させるなど濫用的行為等をするおそれがある場合、調査命令に加えて監督命令（会更35条）が発令され、実務的には、同一人が調査委員兼監督委員に任命される。監督命令によって、例えば、開始前会社（債務者企業）の預金口座からの出金・送金が監督委員の同意事項とされるなどする。

③　現経営陣を直ちに排除すべきことが明らかな場合　　粉飾決算をしつつ偏頗弁済や会社財産の私的流用が認められる場合など、経営陣を直ちに排除すべきことが明らかな場合、保全管理命令が発令される（会更30条1項）注69）。保全管理命令が発令されると、保全管理人に、開始前会社（債務者企業）の事業の経営および財産の管理処分権が専属することになる（同法32条1項）。

保全管理命令が発令されるためには、現経営陣排除の必要性のほか、更生手続開始の見込み、保全管理人が会社の全権を掌握することが可能であることなどを確認する必要があるとされる。

(iv)　債権者の対応

債権者による更生手続開始の申立ての場合には、規則に定められた記載事項や添付資料をすべて揃えなければならないものではないが、債務者企業に破産の原因たる事実の生じるおそれがあることについては、申立債権者が疎

注69）　現経営陣との間で経営権をめぐる争いがなされていた案件において、内紛当事者で代表者の地位を追いやられた者が、更生手続の債権者申立てを行った際に、調査委員による調査を経ることなく、保全管理命令が発令された事例がある。同事例については保全管理命令の取消しを求めて即時抗告がなされたが棄却され更生手続開始決定がなされた（大阪地決平成23・12・1金法1942号104頁、大阪高決平成23・12・27金法1942号99頁）。もっとも、この事案については、①代表者の地位を追いやられた経営者が、現代表者を追いやるために不当な目的でした手続開始申立てでないか慎重に検討されるべきではなかったか、②いまだ保証を実行していない事前求償権に基づく申立てであるが、更生手続では保証債務を全額履行した場合に限り更生債権者としての権利行使をなし得る（会更135条2項、破104条4項）にすぎないため、更生債権者となる可能性がなかったのではないか、かかる債権を基にした更生手続申立てが認められるか、さらに保全命令の発令は適当だったのかなどの指摘もなされている（松嶋英機「事業再生ADRから法的整理への移行に伴う諸問題」東京弁護士会倒産法部編・前掲注12）93頁、「大阪高決平成23・12・27のコメント」金法1942号〔2012〕99頁参照）。

445

第 3 章　債権者から見た事業再生

明をしなければならない。貸付金融機関であれば、(i)記載の情報は、通常、債務者企業から取得しているであろうが、そのため、債権者申立ての可能性も検討しておく必要があると考えられるような状況においては、(債権者申立てを行うことが決定されていなくとも)債務者企業との交渉段階から財務情報や資金繰情報の開示を求めておくことには、有用性が認められる[注70]。

　また、保全管理命令を取得し、手続開始決定前に経営陣を直ちに排除すべき事情が存する場合は、かかる事情を疎明するための資料を準備することが重要となる。

　直ちに保全管理命令の発令を求める場合、債権者としては、保全管理命令後の保全管理人の業務執行・財産管理がスムーズになされるよう、保全管理人による業務執行・財産管理(債務者企業の経営を含む)に協力するキーパーソンの確保、運転資金の追加が必要となると思われる場合であればDIPファイナンスを行う金融機関の保全管理人に対する紹介、また、キーパーソン経由で、代表印・銀行取引印・顧客情報等の管理状況などがわかればそれらの情報を保全管理人に提供することが考えられる[注71] [注72]。

3　申立直後(倒産手続開始直後)の段階

(1)　再建型倒産手続開始直後の債権者の対抗手段

(i)　更生手続の場合

　再建型倒産手続のうち、(管理型)更生手続が申し立てられた場合、利害関係のない第三者が管財人に選任されるため、債権者が対抗的な手段をとる

注70)　債権者が再建型倒産手続申立てを行う準備を進めていることを債務者企業に知られると、債務者企業は、当該債権者に協力しないことが少なくない。そのため、債権者として申立てを行う可能性がある場合、債務者企業にその可能性を意識させることなく債務者企業から上記申立要件を疎明するための資料を集めておくことや、債務者企業との債務返済の交渉記録等を作成しておくことなどが肝要となってくる。

注71)　東京地裁会社更生実務研究会編・前掲注62)94頁参照。

注72)　井上一成「債権者申立をめぐる諸問題」清水直編著『企業再建の真髄』(商事法務、2005)183頁。

446

必要性は生じにくい。また、DIP型更生手続が申し立てられた場合、DIP型で手続を開始するか否かに当たっては、主要債権者が現経営陣の経営関与に反対していないかどうかが要件の1つとなり、選任された調査委員により主要債権者への意見聴取がなされるなど、債権者の意向が確認される[注73]。

そのため、更生手続の場合、債権者の意向を早期に管財人に示すことはあっても、手続開始決定の直後に、債権者から対抗的な手段として、別の倒産手続開始の申立てを行う必要性は認められにくい。

(ii) 再生手続の場合

(a) 再生債務者や監督委員への是正申入れ

これに対して、債務者企業により再生手続が申し立てられた場合、債務者企業の経営陣が引き続き、事業を継続するDIP型手続が原則となる。

そのような中、債権者として、①再生手続において実施されるスポンサー選定の過程が不透明であると感じる場合、②債務者企業による（手続開始前の）不透明な資金流出、否認対象行為、粉飾決算等の経営陣による不正行為等が疑われ、または認められる場合、③再生債務者の再生計画案の方針・内容が債権者の利益を（一部）阻害すると判断される場合など、債権者としては、再生債務者による今後の手続遂行に問題や懸念を感じる場合がある。

このような場合、債権者としては、再生債務者に問題点や懸念点を指摘するほか、監督委員にその旨を申し入れ、さらには、裁判所や監督委員へ是正を求めて上申書を提出することなどが考えられる。上記例でいえば、スポンサー選定の進め方の問題点の指摘と是正の要請、手続開始前の資金移動状況の開示とその是正要請（場合によっては、債権者による監督委員への否認権付与の申立て[注74]）、また、債権者の考える再生計画案の問題点の指摘（場合によっては適切と考える再生計画案の提示）などが考えられる。

監督委員は、債権者の指摘が合理的であると考えるときは、再生債務者に是正を求めるであろうし、再生債務者も、債権者（特に大口債権者や複数の債権者ら）がその方針や手続遂行に異を唱えている場合、計画案を可決させるために、その進め方を是正することも少なくない。

注73）　東京地裁会社更生実務研究会編・前掲注62）82-83頁。**4(3)(ii)(b)**参照。

447

第3章　債権者から見た事業再生

(b)　再生計画案への反対票の投票

　他方、債権者の要請や監督委員からの求めにもかかわらず、再生債務者による是正・改善がなされないような場合は、対抗策の１つとして、再生債務者の提出する再生計画案に反対票を投じることが考えられる。しかし、計画案が否決されれば、再生手続は廃止され（民再191条３号）、破産手続に移行することとなり（同法250条１項）[注75]、その結果、事業の再生が果たせず、継続事業価値に基づく弁済（配当）を受けられなくなりかねない。また、債権者として再生計画案を提出することも考えられるが、債務者企業の内部情報を十分にもたない債権者が、どこまで履行可能性のある計画案を提出できるのかなどの問題がある[注76]。

(c)　会社更生の（対抗的）申立てや管理命令の申立て

　そのため、再生手続の比較的初期の段階で上記のような問題が出た場合や、手続途中で経営陣に対する信頼が失われる事態が生じた場合には、このまま現経営陣（のみ）に事業の運営（あるいは、事業再生の行方）を任せるのではなく、再生手続内で管財人が選任されることとなる管理命令の申立てを行うことや、管財人が選任される更生手続開始の申立てを行うこと（対抗的手段として、という意味で対抗的申立てと評される）で、事業運営主体のDIP型からの変更を試みることが考えられる[注77]。

注74)　再生手続では、否認権は再生債務者には付与されず、監督委員または管財人（管理型再生手続の場合）が行うこととされ（民再135条１項）、監督委員が否認権を行使できるのは、利害関係人の申立てまたは職権により、裁判所が、監督委員に、特定の行為について否認権を行使する権限を与えた場合に限られる（同法56条１項）。そのため、債権者が、再生債務者に否認行為があったと考え、否認権の行使を求める場合、否認権行使の対象行為を特定し、裁判所に監督委員に否認権付与の申立てを行うことや管理命令の申立てを行い（同法64条１項）、管財人の選任を求めることが考えられる。

注75)　計画案が否決された場合の債権者の対応については、**6(2)**参照。

注76)　債権者による再生計画の提出については、**6(3)**参照。

注77)　債権者による再建型倒産手続開始申立てについては、①高額な予納金、②計画案の作成、可決または計画案の認可の見込等もクリアする必要があり、相応のハードルがあり、それが濫用的な手続申立ての防止につながっているとされる（井上・前掲注72）176頁参照）。

448

第4節　法的倒産手続における債権者の関与

　なお、いずれの手続をとるべきかであるが、債権者が現経営陣への信頼を失い、または、再生計画案の方針・内容等についての対立が大きい場合は、株主や役員の協力なくして、第三者への募集株式の発行や再生債務者の解散ができないなどスキーム上の制約のある再生手続の管理命令申立てより、更生手続開始申立てがふさわしいと考えられる。他方で、すでに再生手続が相当程度進行している場合で、再生債務者との対立も大きいとまではいえない等の理由から上記スキーム制約上の問題をクリアできるのであれば、手続負担の少なさの観点から、管理命令を申し立てることが適切と思われる場合もあろう[注78]。

(2)　再生手続申立てに対抗した更生手続開始申立て

(i)　申立てがなされた場合の手続進行

　再生手続開始後に、債権者から更生手続開始の申立てがなされた場合、通例としては、（更生手続が申し立てられた）裁判所が調査委員を選任し、一定期間での調査が命じられ、調査委員は、債務者企業の業務や財産状況等を調査する（会更39条・125条2項）。裁判所は、調査委員から提出された調査報告書を踏まえて、保全管理命令や更生手続開始決定を行うかどうか判断する。

(ii)　更生手続の優位性の原則

　再生手続と更生手続が競合する場合など法的倒産手続が競合する場合、継続企業価値の実現は清算価値の実現に優ることから、再建型である再生手続や更生手続は清算型である破産手続に優先する（会更24条1項1号、民再26条1項1号）。また、特別手続と一般手続の関係にある更生手続と再生手続の間では更生手続が優先する[注79]。

　具体的には、再生手続と更生手続開始の申立てがともになされた場合、裁判所は、必要があると認めるときは、更生手続開始の申立てについての決定があるまでの間、再生手続の中止を命じることができる（会更24条1項1号）。更生手続の開始決定がなされると、再生手続は当然に中止され、新たな再生

注78)　井上・前掲注72）181頁。
注79)　伊藤・前掲注8）1212-1213頁。

449

第3章　債権者から見た事業再生

手続の開始申立ても禁止され、更生計画が認可決定されると再生手続はその効力を失う（同法50条1項・208条本文）。

(iii)　更生手続優位性の例外と裁判所の判断における考慮事項

ただし、更生手続開始の申立てがなされた場合でも、①再生手続によることが債権者の一般の利益に適合するときや、②事業の継続を内容とする更生計画（案）の可決の見込みのないことが明らかであるとき、③事業継続を内容とする更生計画の認可の見込みのないことが明らかであるとき、④不当な目的による申立てなど、更生手続開始の申立てが不誠実になされた場合等には、手続開始の決定がなされず（会更41条1項）、再生手続が継続する。

裁判所の判断に当たっては、上述の要件のうち「再生手続によることが債権者の一般の利益に適合するとき」（会更41条1項2号）か否かが主要な争点となる。

この点、ゴルフ場経営会社の事案で、会社更生法と民事再生法の違いを踏まえ「一般的には、経営者の交代、株式の減資等の組織変更や担保権の更生の制約の必要性、あるいは優先債権の権利変更の必要性がある場合には、更生手続によることが望ましい」との判断基準を示したものがある[注80]。

同様に、ゴルフ場経営会社の事案で、会員債権者が一般更生債権の額の3分の2を超えていることに加え、ゴルフ場の運営事業が会員債権者を主な顧客として成り立つもので、会員債権者の意向に十分配慮しなければ成り立たないという特別な事情があることを踏まえ、①スポンサー選定過程に不当性があって会員権者の保護に欠ける事情がないか、②更生手続が開始される場合に想定される債権者の利益状況と比較して、本件再生計画案による利益状況が会員権者に有利であるかを検討すべきとした案件がある[注81]。

更生手続開始を求める債権者としては、選任された調査委員に、①更生手続と再生手続の違いを踏まえた更生手続をとることの（事業の適正な再建に

注80)　大阪高決平成18・4・26判時1930号100頁。同決定では、再生手続によるほうが債権者の一般的利益に適合すると判示された。大島義孝「会社更生手続と民事再生手続の競合——大阪高決平成18.4.26を題材として」NBL855号（2007）21頁参照。

注81)　東京地決平成20・5・15判時2007号96頁。

向けての）必要性を示すことや、②債権者全体にとって、更生手続を進める
ことが利益となることを具体的に示すことが有用かつ実務上必要といえる。
上記①については、債務者企業による事業運営の問題（経営者の交代の必要
性・許容性）とそのために資本構成の変化の必要性が高いこと等を示し、あ
るいは、担保権行使の制約の必要性を具体的に示すことなどが考えられる。
②については、更生手続を開始することが、配当の増加を含む債権者全体の
利益につながることなどを、具体的に示すことが有用かつ実務上必要といえ
る[注82]。

(3) 再生手続における管理命令申立て

(i) 管理命令申立ての場面

　再生手続の原則形態は、再生債務者が業務遂行や財産管理を進める手続
（DIP型手続）であるが、例外的に、「その財産の管理や処分が失当である場
合」など、「事業の再生のために特に必要があると認められる場合」には、
利害関係人の申立てまたは裁判所の職権により、管理命令が発令される。か
かる命令により管財人が選任されるが、再生債務者の業務執行権限および財
産の管理処分権が管財人に専属することになる（民再64条1項・66条）。

　そのため、上述の通り、債権者として進行中の再生手続に不安等を抱いて
いる状況下においては、上述の更生手続の対抗的申立てとの手段のほか、管
理命令申立てを行うことも考えられる[注83]。特に、債務者企業による再生手
続が相当程度進行している状況で、経営陣に問題が生じた場合や粉飾等の過

注82)　再生手続が相当程度進行した後に更生手続開始の申立てがなされた場合や、更生
　　　手続開始を申し立てた債権者の債権割合が大きくなく、他の債権者は特段再生手
　　　続に反対していないような場合などには、更生手続が開始する可能性が低くなる
　　　と思われる。

注83)　大阪地裁においては、管理型の再生手続が民事再生法施行当初より比較的積極的
　　　に利用されていたが（中井・前掲注61）12頁によると全体件数の6％程度とされ
　　　る）、東京地裁においても、2010年1月以後、積極的に運用される方針が示され、
　　　それ以降、管理型手続も実施されている（鹿子木編著・前掲注59）513頁）[→2
　　　(2)参照]。ただし、舘内ほか編・前掲注49）35頁によると「再生手続は……DIP
　　　型の自主再建手続であるから、管理命令の発令は慎重かつ制限的に運用されるべ
　　　きである」とされている点には十分留意する必要がある。

451

第3章　債権者から見た事業再生

去の不正行為が発覚した場合など、費用面（更生手続の予納金等）を抑え、手続負担を少なくする観点からも、管理命令の申立てのほうが対抗的手段として適切な場合もあろう[注84]。

(ii)　管財人の権限と限界

管理命令が発令されると管財人は、再生債務者に代わって再生手続を遂行することになり、再生債務者の業務執行権や財産管理処分権を行使し（民再66条）、さらに、再生債務者の有しない否認権行使権限も認められる（同法135条1項）。

しかし、法人の組織的行為に関する権限がなく、役員の選任解任、募集株式の発行、定款の変更、合併などの組織再編行為については、株主総会決議によるため、管財人がコントロールできるわけではない。また、裁判所の許可を得て、減資に対応した、株式の取得、株式の併合、資本金額の減少に関する条項を再生計画において定めることはできる（民再154条3項・166条1項）が、募集株式を引き受ける者の募集に関する条項を定めることはできない（同法166条の2第1項参照）。そのため、100％減増資を行うには、役員や株主の協力を得て、第三者割当増資の取締役会決議や株主総会決議を経る必要があり、再建スキームの構築上、一定の限界はある[注85]。

ただし、計画外事業譲渡（および株主総会の代替許可）の手続を活用することにより、債務者企業の事業について、管財人が再生を実現する途も存在はしている[注86]。

(iii)　具体的事例

債権者がイニシアティブをとって、管理命令が発令された事例として、再生債務者による再生手続開始の申立てに対して、再生債務者の資金使途につ

注84）　井上・前掲注72）179頁参照。

注85）　南賢一「DIP型会社更生と管理型民事再生」金法1918号（2011）4-5頁。

注86）　ただし、事業譲渡後、再生債務者を解散して清算する際に、株主の協力が必要となる問題が残る（南・前掲注85）3頁）。この点、管財人が一部株式を事前取得した上で、他の株式を再生計画に基づき無償取得し、再生債務者を解散する事例が存する（中井・前掲注61）25頁、全国倒産処理弁護士ネットワーク編『通常再生の実務Q&A120問——全倒ネットメーリングリストの質疑から』〔金融財政事情研究会、2010〕172頁［木内道祥］）。

いて不透明な部分が多く、現経営陣には経営を委ねられないとして、再生債権者から管理命令申立てがなされ、再生債務者もやむを得ないとの意見になったことから、管理命令が発令された東京地裁の案件などがある[注87]。

4 債権者の権利行使と情報収集

2および**3**のような対抗的手段を講じるまではいかなくとも、債務者企業または債権者の申立てにより開始された更生手続や再生手続の継続中に、債権者として（一定程度積極的に）手続に関与し、自らの意見を反映させ、債権回収の最大化を図ることも当然に肝要たり得る。

(1) 再建型法的倒産手続における債権者による手続関与と手続監視の状況

わが国の倒産実務においては、債権者委員会の委任する専門家報酬を原則債権者らが負担しなければならないこと等にも起因して、債権者委員会を組成して債権者としての発言権、交渉権を強めることには実務的な限界もある[注88]。しかしながら、かかる限界を前提としつつも、近時においては、債権者が積極的・戦略的に手続に関与することを要望するケースが増え、そのための手段として、例えば、情報開示の要請が強まっている。かかる債権者の行動の変化は、以下①～⑤の要因が考えられるが、多くは、国際化を含め、債権者（特に金融債権者）の置かれたビジネス環境の変化の反映と考えられる[注89]。

① 債務者企業の事業価値（および当該企業に対する債権の価値）を定量的に算定する手法が定着し、かかる評価のための財務情報を収集する必要

注87) 鹿子木編著・前掲注59）515頁。

注88) (**4**)および注50）参照。

注89) 坂井秀行「事業再生手続の発展と将来像」松嶋英機ほか編『門口正人判事退官記念・新しい時代の民事司法』（商事法務、2011）12-21頁、蓑毛良和「債権者の情報開示のあり方」「倒産と金融」実務研究会編『倒産と金融』（商事法務、2013）7頁。

453

第3章　債権者から見た事業再生

性が増加したこと

② M&Aの実務等で、競争原理を働かせながら買い手を選択していく手法が発達し、また、それを支える契約条項の重要性も理解されるようになったが、事業再生の場面でも、価格の合理性（最大化）を確保するために、これらの手法をとる要請が増加したこと

③ 上記手法に精通した専門家の関与する私的整理手続の増加により、私的整理の場面において、債務者企業に対する財務データを中心とする詳細な情報開示が一般的となったこと[注90]

④ 再建型倒産手続の主流が、第三者管財人型（更生）手続から、当事者主体のDIP型（更生、再生）手続へとシフトし、その過程で、債権者も、債務者企業に対して、監視監督を強化する必要性が高まったこと[注91]

⑤ 国際化の進展とともに、米国の再建型倒産手続に精通した外国資本の債権者が手続に参加するようになり、（その適否は別として）米国倒産手続と同様の、手続関与や情報開示の要請がなされるようになったこと[注92]

注90) 私的整理から法的倒産手続に移行すると急に情報開示が少なくなることの理由として、①私的整理の対象は守秘義務を負う金融機関のみである点と、②法的倒産手続では開示情報の平等性が要請される点が挙げられている（須藤英章「再建型の法的倒産手続における情報開示の充実策の検討」「倒産と金融」実務研究会編・前掲注89）60頁）。小林信明ほか「債権者の手続関与と債権者に対する情報開示」長島・大野・常松法律事務所編『ニューホライズン事業再生と金融』（商事法務、2016）497頁では、私的整理においてより豊富な情報開示がなれる理由として、対象債権者が金融機関に限定されていることに加え、対象債権者すべての同意を得ることを前提とせざるを得ないことを理由とする。なお、情報開示についてどこまで平等性が要請されるかに関しては、(2)(ii)(c)参照。

注91) 服部明人ほか「DIP型更生手続におけるスポンサー選定と情報開示」事業再生迅速化研究会編・前掲注10）47頁では、管理型更生手続において更生会社と何ら関係のない中立的な弁護士が選任されることと比較すると、DIP型更生手続は、その中立性・公正性について債権者の信頼を得づらいというデメリットがある旨の指摘がなされている。

注92) 米国再建型倒産手続（Chapter 11手続）が当事者主義的構造を有するのに対して、日本の再建型倒産手続は、裁判所（管理型更生手続）・調査委員（DIP型更生手続）・監督委員（再生手続）が手続に深く関与する後見・監督型であるとする見解がある（蓑毛・前掲注89）9-11頁）。

454

債権者が、手続関与や手続監視を強め、再建型法的倒産手続における重要な局面（スポンサー選定、重要資産処分、計画案の方針策定など）にその意見を反映させることは、手続全体にとっても、管財人や再生債務者にとっても、手続の円滑さの後退以上の有用性も認められよう[注93]。手続に債権者の意向が反映されることにより、債権者から計画案の賛同が得られやすくなるとともに、手続関与の過程で、管財人や再生債務者と債権者との間で当該手続の悩みが共有され、債権者から有益なアドバイスがなされ得る機会が増えるためである。この点は、私的整理の局面と法的倒産手続の局面で、変わることはない。

以下、債権者としてどのような手続関与がなし得、その前提としてどのような情報を収集できるかについて検討する。

(2) 手続関与・手続監視のための債権者による情報収集

(i) 情報収集の必要性と限界

債権者が、倒産手続が適切に進行しているか検証し、必要に応じて是正のための手段をとるなど、法的倒産手続に積極的に関与するためには、その前提として、債務者企業の状況、さらには進行中の手続の状況について、随時十分にアップデートされた情報を得ることが重要となる[注94]。

特に、債権者にとり必要かつ有用と認められる情報類型としては、以下が挙げられよう。

① 債務者事業の価値を把握するためのキャッシュ・フローを含む財務情報

注93)　小林ほか・前掲注90）487頁参照。

注94)　門口正人「司法による再建型倒産手続の運用についての再考」伊藤眞ほか編『竹下守夫先生古稀記念・権利実現過程の基本構造』（有斐閣、2002）799-800頁では、「倒産処理手続においては、……できる限り当事者に主体的に手続に関与する機会を保障することが必要である。……当事者が主体的に手続に関与するためには、当事者らに対して情報が開示されるべきであり、同時に、裁判所にあっては、説明を尽すことが必要である。情報の開示は、当事者間に情報の共有化を進め、ひいては公平性の確保にもつながるのみならず、手続を透明にし予測可能性を与えることにもなる」と説かれる。

第 3 章　債権者から見た事業再生

② 　スポンサー型の場合であれば、スポンサー選定手続の適正を確認するためのスポンサー選定のプロセス、スポンサー契約の内容、譲渡対価とその算定根拠、譲渡対価のうち弁済原資にまわる金額、弁済原資確保の手段

③ 　自主再建型の場合であれば、配当の可能性判断のための将来事業計画

④ 　更生計画案または再生計画案の骨子、計画案の構成の方針やドラフト

他方で、例えば、入札中の状況やスポンサー候補との契約内容・交渉状況などを開示することで迅速な契約交渉が阻害される可能性が高くなり、また、契約内容には営業秘密が含まれることも多い上、交渉状況や交渉内容が第三者に漏れると競争環境を維持できなくなって入札額が下がりかねない。そのため、スポンサー候補との契約内容や交渉状況を開示することにより、管財人や再生債務者のみならず、債権者にも（配当の減少という形で）不利益が及ぶことになりかねない。

このような観点から、債権者が適時の情報開示を求めたとしても、受領できないケースも少なからず生じる点には留意が必要である。しかし、非開示の理由を明らかにしてもらうことが、管財人・再生債務者と債権者の信頼関係の醸成には必要であり、非開示の理由の及ばない範囲で開示を求め、管財人・再生債務者と調整することも、実務的には有用である。

以下、法的倒産手続における債権者の情報収集について述べる。

(ii)　法的倒産手続における情報収集の場面と方法

(a)　債権者説明会・債権者集会

(ア)　債権者説明会

更生手続・再生手続においては、ほとんどの事件で、手続申立直後に、関係人説明会・債権者説明会が開催される（会更則16条、民再則61条1項）。この説明会は、債権者の情報収集の観点から重要な端緒となる。説明会では、一般的には、申立てに至った経緯・倒産原因、直近の資産負債の概要、更生・再生の方針（スポンサーの状況など）、開始前の債権の取扱い、申立後の取引継続の要請・取引条件、発令された保全措置（弁済禁止の保全処分、保全管理命令等）、今後のスケジュールなどについて、資料とともに、口頭での説明がなされる。かかる説明会は、債務者・申立代理人が主催し、監督委員

456

兼調査委員（DIP型更生手続）、保全管理人（管理型更生手続）または監督委員（再生手続）が同席するケースが多い[注95]。

また、説明会における他の債権者の質問や発言、保全管理人や監督委員の発言などから、今後の動向を把握することも可能である。なお、説明会における発言や質疑応答の内容は、報告書として裁判所に提出され、説明会での状況は裁判所に共有される（会更則16条、民再則61条2項）。

(イ) 計画外事業譲渡に関する説明会

計画外事業譲渡に関する説明会も重要である。これについては、後の計画外事業譲渡において詳述する。

(ウ) 財産状況説明会・計画案に関する説明会

計画案の決議集会（会更189条2項1号、民再169条2項1号）に先立って、管財人・再生債務者主催の計画案（更生計画案・再生計画案）に関する説明会が開催されることが多く、更生計画や再生計画の内容を理解する機会となる。なお、財産状況説明会も法定されているが（会更85条、民再126条）、実際に開催されることは少ない[注96]。

(b) 記録・資料の収集

(ア) 法律上閲覧謄写の対象となる資料

利害関係人は、裁判所に提出された文書その他の物件（「文書等」という）[注97]、および裁判所が作成した文書等[注98]を、裁判所に申請して閲覧・謄写することができる（会更11条1項、民再16条1項）。債権者は、利害関係人に含まれる。

注95) 大阪地裁における更生事件では、保全管理人が主催者となることが多いとのことである（全国倒産処理弁護士ネットワーク編『会社更生の実務Q&A120問』〔金融財政事情研究会、2013〕34頁〔御山義明〕）。

注96) 永野厚郎「再建手続途上にある企業の情報開示──会社更生手続を中心に」清水編著・前掲注72）406頁。

注97) 裁判所に提出される主な文書としては、①手続開始申立書、その添付資料、②月間報告書、法定の報告書、③債権届出書、債権認否書、④各種許可申請書、同意申請書、⑤財産評定書、財産目録、貸借対照表、評定の基礎となった資料、⑥更生計画案・再生計画案などがある。

注98) 裁判所が作成した文書としては、保全処分、手続開始決定、各種許可決定、付議決定、計画認可決定などがある。

第3章　債権者から見た事業再生

(イ)　閲覧の制限

(ア)の文書が開示されると、企業活動を継続している更生会社・再生債務者は、取引先や債権者等に企業活動の機密にかかわる事項を知られてしまう可能性等がある。そこで、当該文書に、閲覧謄写によって更生会社・再生債務者の事業の維持、更生・再生に著しい支障を生じるおそれ、または更生会社・再生債務者の財産に著しい損害を与えるおそれがある部分（「支障部分」）があることについて疎明があった場合、同文書を提出する者の申立てにより、裁判所は、同書面の支障部分の閲覧請求ができる者を同文書の提出者および更生会社や再生債務者等に限定することができる（会更12条、民再17条）[注99]。

実際のケースでは、①計画外事業譲渡の許可に関する基本合意書や事業譲渡契約書、②スポンサー契約締結の許可申請書、スポンサーによる融資の許可申請書、③FA（フィナンシャルアドバイザー）契約締結の許可申請書、④DIPファイナンスに関する許可申請書、⑤取引先との関係で守秘義務を負う契約にかかる許可申請書の一部等について閲覧制限がされることが多い。

記録の制限が過度に広範囲に及びそうな場合、債権者は支障部分の閲覧等の制限決定の取消申立権があるが（会更12条3項、民再17条3項）、その前に、裁判所や管財人・再生債務者に対して、文書全体を制限対象とするのではなく、真に閲覧を制限すべき箇所のみにすることを要請したり、一定の時期を過ぎれば制限の必要のなくなる情報については一定期間のみ制限にとどめる旨の要請を行ったりすることも考えられる[注100]。

注99)　東京地裁会社更生実務研究会・前掲注46）50頁。

注100)　「パネルディスカッション・債権者への情報開示のあり方」「倒産と金融」実務研究会編・前掲注89）39頁）において、垣内正裁判官より「記録の謄写閲覧については、閲覧制限の理由があるかどうかの判断を丁寧に行い、1つの文書の中に、……真に閲覧を制限すべき情報の記載された部分と、そうではない部分とが併存しているようなときには、文書全体ではなくて、前者の部分のみに限定して、そこだけ閲覧制限をするとか、また、ある時期は閲覧制限をすべきであったが、その時期を過ぎれば制限するまでもない情報については、制限の必要な時期を過ぎれば制限を取り消すことにするとか、といったよりきめ細かく、より丁寧な取扱いを行っていきたいと考えています」とのコメントがなされている。

(c) 閲覧対象でない資料・情報の開示

(ア) 開示の可否

法定の開示情報以外の情報（以下、「法定外開示情報」という）を開示するか否かは、管財人や再生債務者の裁量とされる[注101]。

更生会社・再生債務者の手続開始後のキャッシュ・フロー状況、入札の方針・状況、スポンサー候補との交渉状況、計画案の方針などは、いずれも、法定の開示情報には含まれず、管財人や再生債務者の任意の開示情報となる[注102]。

管財人・再生債務者としても情報を積極的に開示することで、債権者の理解を得やすくなるというメリットもあるが、スポンサー候補との交渉状況などはその性質上、開示困難とされてもやむを得ないと思われる。必要と考える情報については、（管財人らの業務を過度に妨害しない範囲で）開示要請し、

注101）　この点、①裁量による開示を原則としつつも、利害関係人からの情報開示請求に対する情報不開示が裁量権の著しい逸脱または濫用に当たるようなときには、善管注意義務または公平誠実義務等との関係で問題になり得るという立場（永井和明＝門口正人「再建型倒産手続における債権者の地位」伊藤眞ほか編『松嶋英機弁護士古稀記念・時代をリードする再生論』〔商事法務、2013〕189-190頁）と、②情報の内容や詳細度は多種多様であること、情報を開示する債権者等の属性、債務者の状況、開示の時期等は千差万別であり、基準の明確化は困難であることを理由として、管財人等側の自由な裁量に委ねられるとする立場（小林ほか・前掲注90）501頁）がある。

注102）　担保権設定契約に規定されたコベナンツを根拠に、担保権者が、情報開示（在庫、販売額、受注状況等）を要求したケースについて、もともとコベナンツは当事者間で合意された債権的効力を有するものであるところ、管財人は総債権者のために資産を管理する義務を負うものであり、第三者的地位を有することからすれば、コベナンツ条項は更生手続の開始により効力を失うという理解を前提に、情報開示を行う義務はないとする（鐘ヶ江洋祐＝倉持大「DIP型会社更生を検証する1 Spansion Japan（6完）更生手続における更生担保権をめぐる諸問題（ABL融資および更生担保権者委員会の実務対応）」NBL956号〔2011〕85-86頁、全国倒産処理弁護士ネットワーク編・前掲注95）111頁〔加々美博久〕）。確かに、管財人に、手続開始決定前のコベナンツの拘束力は及ばないと解すべきであろうが、更生担保権者としては、更生計画案の可決要件が、更生債権者と比べて加重されていること（会更196条5項2号）を梃子に、情報開示を求めていくことになろう。

第3章　債権者から見た事業再生

開示困難との回答を得た場合、その理由を具体的に確認することになろう。開示困難な理由が、第三者への情報流出である場合、債権者としては、秘密保持合意をした上で開示を求める等の対応策もある。また、入札手続に関する情報等については、入札手続が終了した後に、入札候補者が特定できない形で事後的に確認をすることなども考えられる。

　なお、重要情報については、複数の債権者（特に大口債権者）が、それぞれ、または共同で、開示を求めることで、管財人や再生債務者も、開示に応じざるを得なくなることもあり、債権者間の連携が有用となる場合もある[注103]。

(イ)　一部債権者のみに開示することの適否

　法定外開示情報の開示については、管財人・再生債務者に自由裁量があることを前提に、大口債権者のみに開示することは許されると解される。平等性の要請を貫くと、一部の債権者へ開示した情報は他のすべての債権者に開示しなければならなくなり、法定外開示情報の開示が事実上困難になる点なども、その理由といえる[注104]。

　上記見解の帰結として、営業上・技術上の秘密情報も、秘密保持契約の締

注103)　エルピーダメモリ株式会社の更生手続において、入札実施後においても、入札期間、入札条件、応札状況等についての情報が開示されなかったため、国内銀行を中心とする更生担保権者委員会、他の商取引債権者、社債権者団から管財人に対して情報開示を求める意見が書面により相次いで提出されたところ、更生計画案が提出された頃から、徐々に情報開示が進み、最終的にはスポンサー契約について、更生計画案の別紙として添付される形で開示がなされたとの指摘がある（井出ゆりほか「エルピーダメモリ――社債権者から見た会社更生手続と米国チャプター15手続」アンダーソン・毛利・友常法律事務所編『クロスボーダー事業再生――ケース・スタディと海外最新実務』〔商事法務、2015〕63頁）。なお、小林ほか・前掲注14）69頁によると、更生計画案へのスポンサー契約の添付は、本件スポンサーが米国の公開会社であり、スポンサー契約が米国の開示規制の対象であったことも考慮した上での措置とのことである。

注104)　全国倒産処理弁護士ネットワーク編・前掲注95）131頁［小林信明］。なお、山本和彦「事業再生におけるスポンサー選定基準――研究者の視点から」山本＝事業再生研究機構編・前掲注49）22-23頁では、「再建型手続における情報の平等は法定情報の必要的開示の範囲内で、あとは管財人等の裁量の問題になるように思われる。その意味で、適切な裁量はどこにあるかという問題になろう」とする。

460

結を条件に一部の債権者に提供されることもあるとされる[注105]。

　債権者、特に大口債権者が、計画外事業譲渡の適否の判断、計画案当否の判断のために重要と考える情報がある場合、秘密保持合意の上で開示要請等を行うことも検討されるべきであろう。

(3)　再建型法的倒産手続における債権者の関与

　債権者のなし得る主たる手続への関与手段は、以下の通りとなる。

(i)　議決権行使と議決権額の確定

　更生手続または再生手続における債権者による権利行使のうち、計画案の決議における議決権の行使（会更196条、民再172条の３）が重要である。この議決権額は、債権者による債権届出（民再94条、会更138条）およびその後の債権調査手続によって確定される。なお、債権調査手続において、債権者は、他の債権者の届出債権の内容および議決権について異議を述べることができる（会更147条１項、民再102条１項）。

(ii)　意見陳述・意見の表明

(a)　手続申立直後の監督委員兼調査委員（DIP型更生手続）、保全管理人（管理型更生手続）、監督委員（再生手続）による意向確認の際の意見の表明（特に大口債権者）

　DIP型更生手続の場合、その開始要件の１つに、主要債権者が現経営陣の経営関与に反対していないことがある[注106]。そのため、DIP型更生手続開始が申し立てられると、実務では、監督委員兼調査員が選任されるが[注107]、同人は、現経営陣の事業家管財人としての適性を確認するために、残高上位数社の主要債権者に対して面談および書面による意見聴取（アンケート）を実施し、それ以外の主要債権者にはアンケートのみで意見聴取をすることが多い[注108]。DIP型更生手続の開始要件を具備しないと判断された場合（ただし、更生手続の開始要件は具備していると認められた場合）、通例では、監督委

注105)　小林信明ほか「エルピーダメモリの更生担保権をめぐる諸問題」NBL1022号（2014）66-67頁参照。

注106)　東京地裁会社更生実務研究会編・前掲注62）104-107頁。

注107)　東京地裁会社更生実務研究会編・前掲注62）79頁。

第3章　債権者から見た事業再生

員兼調査委員が管財人に選任され、更生手続が開始される（手続開始後、DIP型のままで手続が進む場合は、監督委員兼調査委員は引き続き調査委員に選任される）注109)。かかる重みに照らし、主要債権者にとっては、重要な意見表明の機会となる。

　管理型更生手続の場合、通常、まず、保全管理人が選任され、申立棄却要件（会更41条1項各号）がないかの確認を行うことになる。その過程で、保全管理人から手続についての意見聴取がなされることもある。また、債権者として、更生手続開始に関して問題があれば、保全管理人に対して開始前の段階で意見表明することも有用である（なお、管理型更生手続では、申立てから開始決定までの期間は通常1か月前後とされる注110) ため、開始決定までのスケジュールを踏まえた意見表明が有効である）。

　再生手続の場合、監督委員は、裁判所に開始決定に際して、主要債権者からの意見聴取の結果に基づいた意見書を提出する運用となっている。まず、申立直後に開催される（再生債務者主催の）債権者説明会に臨席し、主要債権者の発言を聴取することが通例であり、そこで問題点等が判明すれば、主要債権者から詳細な事情を聴くこともある注111)。債権者としては、再生手続に関して意見がある場合、債権者説明会において意見を述べることが有効である（東京地裁の再生手続では、申立てから開始決定までの期間は1週間が標準スケジュールとされており注112)、早期の意見表明が肝要である）。

(b)　法定の意見陳述

　更生手続・再生手続では、一定の場合において、債権者に意見陳述の機会が与えられている。まず、計画外事業譲渡に際して、裁判所は債権者に対して意見聴取を行わなければならない（会更46条3項、民再42条2項）。また、裁判所が再生計画案または更生計画案を認可すべきかどうかについて、届出債権者は意見を述べることができる（会更199条5項、民再174条3項）。

注108)　東京地裁会社更生実務研究会編・前掲注62) 82-85頁。
注109)　東京地裁会社更生実務研究会編・前掲注62) 109頁。
注110)　東京地裁会社更生実務研究会編・前掲注62) 100頁。
注111)　舘内ほか編・前掲注49) 94頁、鹿子木編著・前掲注59) 10-11頁。
注112)　舘内ほか編・前掲注49) 17頁、鹿子木編著・前掲注59) 118頁。

第4節　法的倒産手続における債権者の関与

(iii)　その他の積極的手続関与

債権者には、他に積極的な手続関与も認められている。主要なものを挙げると、①更生計画または再生計画案を作成・提出する権限（会更184条2項、民再163条2項）、②再生手続における再生債務者の役員に対する保全処分や損害賠償請求権の査定の申立権限（民再142条3項・143条2項）、③再生手続における監督委員に特定の行為に対する否認権行使の権限付与の申立権限がある（同法56条1項）。①については、後述する［→ **6** 参照］。

(iv)　即時抗告

債権者は、更生手続または再生手続に関する裁判に対して即時抗告による不服申立てをすることができる。即時抗告は、会社更生法または民事再生法に特別の定めがある場合に限り、行うことができる（会更9条、民再9条）。債権者が申し立てる可能性がある即時抗告としては、包括的禁止命令に対する即時抗告（会更25条6項、民再26条4項）、更生手続または再生手続開始申立てについての裁判に対する即時抗告（会更44条1項、民再36条1項）、再生計画または更生計画の認可の決定に対する即時抗告（会更202条1項、民再175条1項）などがある[注113]。

(4)　債権者の手続関与の強化──債権者委員会・更生担保権者委員会の活用

(i)　債権者の手続関与・発信力の強化の必要性

債権者が管財人や再生債務者に対して、より発信力を有し、手続関与の度合いを増す方策として、債権者委員会を活用することが考えられる。債権者委員会は、債権者全体の代表として、その意見を集約して発信することで、更生手続・再生手続のさまざまな局面に、債権者の意向を反映させることが期待される。近時、複数のケースにおいて更生担保権者委員会が組成され、特に成果を上げたケースもある[注114]。また、再生手続において債権者委員会が組成承認されたケースもある[注115]。

注113)　更生計画案・再生計画案の付議決定・排除決定に対する即時抗告は存在しない。また、計画外事業譲渡の許可決定の即時抗告も存在しない。

第3章　債権者から見た事業再生

(ii)　債権者委員会の要件

　債権者委員会は、①委員の数が3名上10名以下であること、②債権者の過半数が当該委員会の手続関与に同意していると認められること、③当該委員会が債権者全体の利益を適切に代表すると認められることという要件を満たし、かつ、④裁判所の承認を得ることで発足する（会更117条1項、民再117条1項）。③の要件については、債権者委員会が債権者全体の利益を適切に代表していることが認められなければならず、委員の構成、選任方法、委員が有する債権額・債権の種類、委員が債権者として以外に更生会社との間で有する利害関係、委員会の規約等を考慮して判断することとされる[116]。

(iii)　権限

　債権者委員会の権限は、意見陳述権（会更117条3項、民再117条3項）、管財人等や再生債務者に対する報告書等の徴求権・報告命令申立権（会更118条2項・119条1項、民再118条2項・119条1項）、債権者集会の招集申立権（会更114条、民再114条）、および再生計画履行の監督権に分けられる（同法154条2項）[117]。債権者委員会に更生会社の事業の更生あるいは再生債務者の再生に貢献する活動があったと認められる場合には、更生会社・再生債務者の財産から相当の費用償還が許可されることがある（会更117条4項、民再

注114)　Spansion Japan社の更生手続では、更生担保権者委員会の手続への貢献が認められ、更生会社財産から委員会を構成する更生担保権者に報奨金を支払うことの許可決定が下された（坂井秀行＝粟田口太郎「史上初の更生担保権者委員会とその意義——Spansion JapanのDIP型更生手続」金法918号〔2011〕37頁）。

注115)　鹿子木編著・前掲注59）508-509頁。この事例において、債権者委員会は、①再生債務者による支出について監督委員の同意事項とすること、および②追加弁済の早期実行を求める旨の意見を述べるとともに、③一定の事項について報告命令発令の申出を行った。①について、裁判所は、監督委員の意見を踏まえ、一定の支出を監督委員の同意事項とする監督命令の変更を行った。②については、再生債務者が早期の弁済を実行した。③については、裁判所は、再生債務者が秘密保持に係る部分を除く資料を任意で提出したため、報告命令の発令は行わなかった。

注116)　東京地裁会社更生実務研究会『会社更生の実務（下）〔新版〕』（金融財政事情研究会、2014）73頁。同種の債権を有するなど利害を共通するものが多数いて、それらの債権者の利益を代表して更生会社に意見を述べる際には、代理委員（会更122条）の利用によるべきとされる。

第4節　法的倒産手続における債権者の関与

117条4項）。

債権者委員会の権限は、アドバイザリー的役割であり、手続進行や方針に対する意思決定権限は付与されていない[注118]。

(iv)　委員会の問題点と今後

債権者委員会の問題として、委員会が、商取引債権者、社債権者、金融機関債権者など多様な債権者をまとめて、全体の利益を適切に代表し得るのかという点が指摘されている[注119][注120]。

また、米国再建型倒産手続（Chapter11手続）では、債権者委員が弁護士や会計士などの専門家により運営され、かかる専門家の費用は、共益債権として債務者の財産から優先的に弁済されるのに対して[注121]、日本では更生手続または再生手続に貢献したと認められる活動に対してのみ報奨金が支払われるため（会更117条4項、民再117条4項）、委員会として支払った必要経費が償還されないときは、委員会（ひいては委員）がコスト（法律顧問その他の専門家報酬を含む）を負担することになりかねない。そのため、（債権者が委

注117）　杉本純子「債権者機関（債権者集会・債権者委員会）——日米の比較にみる債権者機関の役割と位置づけ」佐藤鉄男＝中西正編著『倒産処理プレーヤーの役割——Players and Professionals in Corporate Insolvency：担い手の理論化とグローバル化への試み』（民事法研究会、2017）255頁。

注118）　相澤・前掲注50）424頁、杉本・前掲注117）256頁。

注119）　小林ほか・前掲注90）489頁、小林ほか・前掲注105）67頁参照。なお、米国倒産手続（Chapter11手続）では、実質的に類似する債権ごとにクラス分けがなされるが（US Code 1122(a)）、多様な債権者を適切に代表するために、（例えば、無担保債権者の中で、別のクラスに分けられた上で、複数の債権者委員会が組成されることもある（US Code1102条(a)(2)。阿部信一郎編著・粕谷宇史『わかりやすいアメリカ連邦倒産法』〔商事法務、2014〕28頁）。

注120）　なお、代理委員制度（会更122条、民再90条）を用い、特定の債権者らの代理となれば、全体の利益の適切代表性の問題は生じないので、代理委員制度を利用すべきではないかとの指摘もある（小林ほか・前掲注89）492頁以下、小林ほか・前掲注105）68頁参照）。しかし、代理委員は委任を受けると選任母体から法令上の一切の行為の権限が付与されてしまい、倒産手続上権限の制限がなされないという問題があるのに加え、一部債権者の代理との立場でどこまでの交渉力をもち得るのか、かえって代理委員を選任しない債権者らの影響力が失われないかなどの問題がある。

注121）　US Code503条(b)、阿部編著・粕谷・前掲注119）29頁。

465

第3章　債権者から見た事業再生

員会にフリーライドしようとするなどして）委員会のなり手がいなくなるという問題も指摘されている。

　確かに、法に定められた債権者委員会の権限を踏まえると、債権者委員会に債権者の代弁者としての役割を期待しすぎることは適切でない面もある。また、多様な債権者の意見をどこまで集約できるかという問題はある。

　しかし、多様な債権者といっても、弁済率の上昇が、債権者にとって利益となる点は、債権者の性質によって大きく変わるものではない。また、（大半の）債権者の性質に均一性がある事例や債権者間の利益対立の大きくない事例も十分存在し、実際に委員会がうまく機能した事例もあり、今後も、事例によって、債権者の意見を集約し、情報収集を円滑化する役割を果たし得る場面も存し得るため、１つのオプションとして認識しておくことは有用であると思われる[注122][注123]。

5　計画外事業譲渡に対する債権者の関与

(1)　計画外での事業譲渡の制度

　債務者企業の事業の全部または重要な一部については、更生計画や再生計画の定めによることなく、裁判所の許可を得て、譲渡することができる（会更46条１項、民再42条１項）。

　かかる手続を用いると、更生計画や再生計画の認可決定を経ることなく早期の事業譲渡が可能となり、法的倒産手続開始後に、時間の経過とともに、事業価値の劣化や資金繰りの悪化が進む問題を回避することができ、その結果、債権者への弁済可能性が高まるなどのメリットが認められるため、実務

注122)　Spansion Japanの更生手続では、更生担保権者委員会が設置され、相応の成果を上げたが（前掲・注111）参照）、１つのシローン団（更生担保権者総額の９割超を保有する）が更生担保権者委員会を組成した事案であり、適切な利益代表性の問題は生じにくい状況であった点が指摘されている（小林ほか・前掲注105）67頁参照）。

注123)　債権者関与のあり方について、事業再生迅速化研究会編・前掲注９）26頁では、ゴルフ場や消費者金融会社などが、債権者委員会を積極的に活用できる業種として挙げられている。

第4節　法的倒産手続における債権者の関与

では数多く用いられている［→**第2章第3節2(7)参照**］注124)。

(2)　債権者の対抗手段

一方で、計画外事業譲渡がなされる場合、債権者が、内容の是正等のためのアクションをしたいと考えても、その手段は限られている。

債務者企業の計画外事業譲渡の是非について、債権者は、議決権を行使できず、また、債務者企業の事業譲渡案に対抗した別案を提出する権限もなく、さらに、許可決定に対する即時抗告も認められていない。加えて、計画外事業譲渡手続を用いて債務者企業の事業の全部や大部分を譲渡する場合、配当原資の大部分は事業譲渡対価となることから、事業譲渡の内容がその後に提出される計画案の実質を事実上決めることになり、仮にその後提出される計画案に反対したとしても、事業譲渡が覆る可能性は少なく、また、事業譲渡は、原則として否認権の対象にもならないとされる注125)。

なお、裁判所が計画外事業譲渡を許可するに当たって、裁判所は、債権者（再生債権者、更生債権者および更生担保権者）の意見を聴かなければならない注126)（会更46条3項、民再42条2項）。そのため、債権者にとっては、かかる意見聴取期日までに、事業譲渡についての意見を表明すること（また、それを理由として、事業譲渡の内容の変更を求めること）が、数少ない是正手段となる注127)。そこで、かかる意見の表明を十二分に行うことが肝要となることは当然であるが、意見表明を行う意向を有する旨を債務者企業または管財人に事前に伝達しておくことにより、事業譲渡契約の内容その他に関する

注124)　2004年から2014年ごろの更生事件のうちの事業譲渡の約3分の2が計画外事業譲渡とされる（松下淳一＝事業再生研究機構編『新・更生計画の実務と理論』〔商事法務、2014〕135頁）。東京地裁における再生手続に関する2012年4月までのデータによれば、計画による事業譲渡に比べ、計画外事業譲渡が圧倒的に多い（鹿子木編著・前掲注59）198-199頁）。

注125)　全国倒産処理弁護士ネットワーク編・才口千晴＝伊藤眞監修『新注釈民事再生法（上）〔第2版〕』（金融財政事情研究会、2010）234頁［三森仁］。裁判所の許可の判断の前提となった重要な情報に虚偽があった等の例外的な場合でない限り、否認権行使の対象とはならないとされる。

注126)　債権者委員会等があるときはその意見を聴けば足りるとされる（会更46条3項1号・2号、民再42条2項）。

第 3 章　債権者から見た事業再生

適切な情報開示が行われるように促すことも重要となり得よう。

(3)　意見聴取期日のタイミング

　意見聴取の方法は、特に定められておらず、裁判所の裁量に委ねられているが、東京地裁における再生手続の場合、許可の申立てがあると、原則として、その約 2 週間後に意見聴取期日を開催し、債権者の意見を直接聴取することが通例となっている（なお、(4)にて後述するように実務運用上意見聴取期日とは別個に任意の説明会の開催が要求され、かつ、監督委員の判断の材料として財産評定書またはそのドラフトの提出が要求されるため、実際には、事業譲渡にかかる許可申立てからクロージングまで 1 か月程度の期間が必要となる）注128)。

　また、東京地裁における更生手続の場合、 2 ～ 3 週間程度の期間で書面による照会がなされるのが実務とされる注129)。

(4)　債権者への事前の情報提供

　東京地裁における再生手続では、意見聴取期日に先立って、債権者に対する情報提供がなされる。具体的には、①事業譲渡許可申立書の提出に際して、譲渡対象となる事業、承継される資産および負債、譲受会社の概要、事業譲渡代金、事業譲渡実行予定日などを記載した「事業譲渡概要」のメモの提出を再生債務者に求め、再生債権者に送付している。

　さらに、②裁判所主催の意見聴取期日に先立って、再生債務者に対し、事業譲渡の内容や経緯等について債権者に説明するため、監督員同席の債権者説明会の開催を求めている。かかる説明会において、事業譲渡の内容、事業譲渡の必要性、スポンサー選定過程の公正性、譲渡対価の適正性、事業譲渡を行った場合に再生計画案で予定する弁済の内容、当該弁済率が清算配当率

注127)　債務者案より明らかに有利な譲渡先（スポンサー）を用意できるような場合、対抗的な更生手続申立ての方法もあり得るとする（松嶋一重＝粟澤方智編著『金融機関のための倒産・再生の実務〔金融財政事情研究会、2013〕292頁）。
注128)　舘内ほか編・前掲注49) 297頁、鹿子木編著・前掲注59) 207頁。
注129)　東京地裁会社更生実務研究会編著・前掲注49) 212頁、東京地裁会社更生実務研究会編・前掲注62) 142頁。

468

を上回ること等について、債権者へ説明することを求めている。この説明内容については、監督委員と事前に十分協議し、使用する資料も、監督委員の確認を得ておくべきものとされる。監督委員は、再生債権者の意見等を踏まえて、意見聴取期日後の打合せにおいて、事業譲渡の許可の可否について、裁判所に意見を述べることになる[注130]。

債権者説明会において裁判所が債務者企業に開示を求めている情報はいずれも事業譲渡の評価に直結する重要な事項であり、債権者は、再生債務者主催の説明会に出席し、必要な情報を取得することが極めて重要となる。

債権者としては、疑問点等があれば、説明会等で（または後日に）、管財人、調査委員（DIP型更生手続）、監督委員（再生手続）、再生債務者ら（以下、「管財人ら」という）に質問し、是正すべきと思われる点があれば、その旨の意見を事前に管財人らや裁判所に表明することが有用である。

なお、更生手続・再生手続いずれにおいても、計画外事業譲渡の許可申立てから意見聴取期日までの期間は、上述の通り短期間であるから、問題点や是正点の確認は短期間でなされなければならない。

(5) 計画外事業譲渡の許可の要件・考慮要素

計画外事業譲渡の許可の要件として、条文上は、更生手続・再生手続いずれについても、「事業の更生・再生のために必要であること」と定められている（会更46条2項、民再42条1項）。裁判所の許可を得るためには、事業譲渡が早期（計画案の認可決定確定前）になされることの必要性に加えて、譲受人の選定過程の公正さ、譲渡価格や譲渡実行条件の適切性などの事業譲渡の相当性も重要な要素となると解される[注131]。

法的倒産手続に入ると、債務者に対する信用収縮が生じ、事業価値が劣化していくため、早期に信用力のある譲受人（スポンサー）へ事業を譲渡する

注130) 舘内ほか編・前掲注49）298頁。説明会の開催後に、再生債務者は、同説明会における説明内容、再生債権者等の意見や反応等について、裁判所への報告書の提出が求められている。

注131) 舘内ほか編・前掲注49）292頁、鹿子木編著・前掲注56）202頁、東京地裁会社更生実務研究会編著・前掲注49）212頁参照。

第3章　債権者から見た事業再生

必要性は、通常認められる。そのため、債権者としては、主として、①譲渡価格の適切性、②譲渡人の選定過程の公正さ、③譲渡実行条件の適切性など、事業譲渡の相当性を検証することが重要となる。

(6)　事業譲渡の相当性の確認

債権者として、計画外事業譲渡の相当性をどのような観点で検証するのかについて、以下、事業譲渡先選定のプロセスごとに概観する。

(i)　入札型

意見聴取期日ではじめて反対意見を述べると、スポンサー選定を遅らせることとなり、その結果、譲渡事業の事業価値の毀損を招く結果となりかねない。そのため、債権者としては、早期のタイミングから適時にスポンサーの選定状況を把握し、タイムリーに意見を述べることが望ましい。債務者企業が入札手続で事業譲渡を進めようとする場合は、債務者企業から入札要項を入手し、どのようなスケジュールでスポンサー選考が進むのか、どのような点を考慮要素とするのかを把握し、あらかじめ債権者の考えを説明して、債務者企業の考えともすり合わせておくことが有用である。

その後、スポンサーの絞り込みとともに、並行してスポンサー契約交渉がなされることが考えられるが、かかる交渉の状況は刻々と変わっていき、秘密情報も含まれるため、随時の情報開示は円滑な契約交渉の妨げとなり得る。そのため、債権者としては、再生債務者や管財人に債権者として望むポイント（例えば、確実なクロージング、価格の下振れがないことなど）を示しつつ、交渉は再生債務者や管財人に委ねて、停止条件付契約締結後、事業譲渡許可申立等の前に、一定程度抽象化したスポンサー選定までのプロセス、提案内容、譲渡価格（および弁済原資がいくらか）およびその根拠についての報告を受けることが合理的であると考えられる[注132]。

最終的には、意見聴取期日前までに、スポンサー契約や事業譲渡許可申立書およびその疎明資料の開示（閲覧制限部分を除く）を受け、債権者として

注132)　入札手続と情報開示については、鐘ヶ江洋祐「債権者への情報開示」山本＝事業再生研究機構編・前掲注49）83頁以下参照。

第4節　法的倒産手続における債権者の関与

の意見を表明することになろう。

(ii)　非入札型

入札等の競争的選定が行われない場合、①どのような理由で競争的選定がとられなかったか（資金繰りの問題で入札手続を進める時間がない、業種的に譲渡先が限定される、資金状況が入札を行うコストに見合わないなど）、②譲渡価格算定の根拠とかかる価格算定を根拠付ける財務資料の開示を求めることが考えられる。

譲渡価格やスポンサー選定プロセスが合理的でないと考える場合は、調査委員（DIP型更生手続の場合）・監督委員（再生手続の場合）や裁判所に対してあらかじめ意見を提示することで、再生債務者や管財人に働きかける方法もあり得る。

なお、債務者企業が、資金繰り（将来キャッシュ・フロー）等の情報の開示を望まない場合において、債権者として、譲渡価格の妥当性判断のためにかかる情報が重要であると考えることがあり得る。大口債権者であれば、他の債権者に開示しないことを口頭で約した上で、または、秘密保持合意を締結した上で、資料開示を受ける交渉を行うことも考えられる[注133]。

また、資金繰り（将来キャッシュ・フロー）等の情報を債務者企業が開示しなかった場合は、監督委員（再生手続）や調査委員（DIP型更生手続）の補助会計士に、非開示資料に基づき事業価値評価と妥当性の検証を委ねることも考えられる[注134][注135]。

注133)　法定情報の必要的開示を超えた情報については管財人等の裁量の範囲であるとする点、および特定の債権者のみ情報を開示する点が管財人や再生債務者の義務違反の問題を生じさせないと解される点については、4(2)参照。

注134)　「売却できなければ現状を維持すればよい平常時と異なり、倒産時は、交渉が決裂した場合、資金繰り状況次第で、やむを得ず破産清算の手段をとらざるを得なくなるなど、時間の経過による事業価値の毀損と破綻の危険を伴う。そのため、スポンサー候補者との交渉力は、平常時よりも弱い」との説得的な指摘がある（蓑毛良和「スポンサー選定における管財人または再生債務者の義務」山本＝事業再生研究機構編・前掲注49）119頁、田中亘「MBOにおける『公正な価格』」金判1282号〔2008〕21頁）。かかる見地からは、倒産状態の事業価値評価については、相当程度減価されても合理性を失わないと考えられる。

471

第3章　債権者から見た事業再生

6　債務者による計画案提出段階以降

(1)　計画案の作成義務・権限

　更生計画とは、「更生債権者等又は株主の権利の全部又は一部を変更する条項その他の……条項を定めた計画」である（会更2条2項）。再生計画とは、「再生債権者の権利の全部又は一部を変更する条項その他の……条項を定めた計画」である（民再2条3号）。再建型倒産手続（更生手続・再生手続）では、これらの計画案が、債権者らの決議の対象となり、計画案が可決され、裁判所の認可決定がなされると、計画の定めに従って更生債権・更生担保権・再生債権等の権利変更がなされ、弁済がなされる。その意味で計画案作成は、まさに、倒産手続の肝といえる。

　かかる計画案（更生計画案・再生計画案）は、更生手続では管財人が、再生手続では再生債務者（管財人が選任されている場合は管財人）が、作成し、裁判所に提出する義務を負っている（会更184条1項、民再163条1項・2条2号）。

　同時に、債権届出を行った債権者に（債権額の多寡によらず）、両手続における計画案（更生計画案・再生計画案）を提出する権限が与えられている（会更184条2項、民再163条2項）。

(2)　計画案の内容について不満を有する債権者の対応

(i)　計画案の修正・変更と限界

　債権者として、債務者作成の計画案の内容に不満がある場合、その対応と

注135)　再生債務者の事業が、入札手続なく、独立当事者といえない先に計画外事業譲渡された事案で、監督委員の補助者（公認会計士）による事業評価および監督委員の認識する問題点を再生債権者に開示するとともに、金融機関等の主要債権者から個別に意見提出を求め、再生債権者の意見を聴取して積極的に事業譲渡を肯定する意見の数を相当性判断の重要な要素として考慮した上で、おおむね半数の賛成が出されたことを主たる理由として、監督委員が計画外事業譲渡について「相当性」が認められる旨の意見を提出した事例が報告されている（木村圭二郎＝溝渕雅男「中小オーナー企業のスポンサー選定に関する考察（上）（下）」銀法769号〔2014〕27頁、771号26頁）。

して、計画案の修正を求めることがあり得る。ただし、計画案の修正は、当該計画案を決議に付する決定（付議決定）がなされる前でなければならない。すなわち、裁判所は、計画案が提出されると、一定の法定要件が存しないことを確認した上で付議決定を行う[注136]が、ひとたび付議決定がなされると、計画案は「修正」できなくなる（会更186条、民再167条）[注137]。

付議決定後は、計画案は、①議決権行使の方法として関係人集会や債権者集会によるとされた場合に、②債権者等に不利な影響を与えない変更である限り、③関係人集会・債権者集会で裁判所の許可を得て、「変更」することができるのみである（会更197条、民再172条の4）。

このように、計画案の修正は付議決定までであり、付議決定後は、計画案の変更を求めることとなるが、計画案の変更は上記①〜③の要件を満たさなければならず、集会が開催されない場合（書面投票方式のみの場合）は、その要件を満たさず、そもそも変更はできない。

(ii)　計画案の内容への早期の働きかけ、計画案作成権限を背景にした交渉

(i)の記計画案の修正の時期的制限等を踏まえれば、債権者は、管財人や再生債務者作成の計画案の内容にその意向を反映させるためには、より早いタイミング（計画のドラフト段階）で、具体的に働きかけることが重要となる。

また、早期の段階で、管財人や再生債務者作成の計画案の方針（方向性）に問題があると考えた場合において、計画案修正の働きかけがなかなか進まないときは、対応策の1つとして、独自に計画案の作成を進めることが考えられる。確かに、(3)で述べるように情報収集の点を含め、債権者の計画案作成には相応のハードルがあるが、管財人や再生債務者の計画案の方針（方向性）に修正を促しても、その方針が変わらない場合に、債権者（特に債権額等で影響力のある債権者）が別の計画案（代替案）を提出する用意があるとな

注136)　東京地裁の再生手続の場合、計画案提出から1週間程度（再生手続では監督委員の意見書が約1週間で提出され、その後、1日程度）で付議決定がなされる（舘内ほか編・前掲注49）406-407頁）。

注137)　また、計画案提出期間経過後は、当初の計画と本質的に異なる案への修正・変更は許されないと解される（東京地裁会社更生実務研究会編・前掲注116）271頁、鹿子木編著・前掲注59）349-350頁・353頁についても同旨）。

第3章　債権者から見た事業再生

ると、（債権者提出予定の計画案の実現可能性にもよるが）当該債権者の交渉力
は強くなり得る[注138] [注139]。

　さらに、進行中の手続が再生手続であった場合に、更生手続の債権者申立
てを行う方法も考えられる［→**3(2)**参照］。

(iii)　付議された計画案について不満がある場合

　債権者の意向を十分に反映させることができないまま、管財人や再生債務
者作成の計画案が裁判所に提出され、付議決定がなされた場合、債権者とし
ては、計画案作成者に、計画案変更の申入れを行うことが考えられるが、計
画案の変更は(i)の通り、相応のハードルがある。

　計画案の変更が決議の前になされなかった場合、債権者としては、集会で、
①計画案が否決され、手続が廃止されて牽連破産となるリスク（回収率がさ
らに悪化するリスク）を抱えつつ、反対票を投じるか、②不満をもちつつも、
破産リスクを回避するために妥協して、賛成票を投じるか、いずれにしても
満足できない選択を強いられることになる（そのため、上述の早期段階での計
画案作成者への働きかけが重要となる）。

(iv)　債権者の多数が計画案に反対した場合の帰結

　計画案が否決された場合は、原則、職権で手続が廃止される（会更236条3
号、民再191条3号）。ただし、一定の場合は、集会期日の続行が認められる。

　続行期日が認められれば、その間に、管財人・再生債務者が、一定の要件

注138)　仮に、議決権行使しかできない場合は、(iii)記載の通り、債権者としては、破産
　　　か、賛成かという、いずれも満足できない選択を迫られることとなるが、債権者
　　　に計画案作成権が付与されることにより、債権者が実際に計画案を作成するかは
　　　別として、（債権額等により）影響力を有する債権者であれば、計画案作成の可
　　　能性を梃子にして、管財人・再生債務者の計画案に影響を及ぼす交渉が可能とな
　　　る。

注139)　DIP型更生事件であったSpansion Japanの件では、更生担保権者が、更生担保権
　　　者委員会を組成し、管財人・委員会双方が計画案を提出して対立したが、調停手
　　　続を利用した結果、更生担保権者側が更生計画案を取り下げ、管財人側提出の更
　　　生計画を両者の合意に従って修正し、一本化した更生計画案が作成・提出され
　　　るに至った（坂井＝粟田口・前掲注114）33頁、井上聡「調停手続を利用して更
　　　生計画案をまとめた第1号案件——DIP型会社更生手続がこじれた場合の新たな
　　　方途」金法1902号〔2010〕49頁参照）。

474

第 4 節　法的倒産手続における債権者の関与

の下で、計画案を変更することが可能となるため、債権者の要望を踏まえた内容へ計画案が変更される余地が生まれる。期日の続行が認められるのは、以下の場合となる。

(a)　更生手続の場合

　関係人集会の期日における投票、または書面等投票との併用が定められ[140]、かつ、当該更生計画案が可決されるに至らなかった場合において、関係人集会の続行期日につき、①更生担保権者の組においては議決権の総額の2分の1を超える同意、②更生債権者の組においては議決権の総額の3分の1以上の同意、③株主の組においては議決権の総額の3分の1以上の同意（ただし、更生手続開始の時点で更生会社が債務超過であるため、株主が議決権を有しないときは、③は不要）がある場合は、裁判所は、管財人、更生会社もしくは議決権者の申立てによりまたは職権で、続行期日を定めて言い渡さなければならない（会更198条1項柱書本文）。ただし、続行期日において当該更生計画案が可決される見込みがないことが明らかである場合は、期日の続行はできず（同項柱書ただし書）、更生手続は廃止される（同法236条3号）。

(b)　再生手続の場合

　債権者集会が開催された場合で[141]、可決要件のうち頭数要件（過半数）または議決権要件（議決権総額の2分の1以上）のいずれかがあるときは、裁判所は、再生計画案提出者の申立てによりまたは職権で、続行期日を定めて

注140)　東京地裁の更生手続では、近時は、書面投票方式によることが多いとされている（東京地裁会社更生実務研究会編・前掲注62）251頁、東京地裁会社更生実務研究会編・前掲注116）291-292頁）。そのため、続行期日設定の可能性がある場合は、関係人集会と書面投票の併用方式に変更することを検討する必要がある。この点、DIP型更生手続において、書面投票期間内に更生計画案が可決される見込みがないことが確実になったことから、書面投票期間満了前に裁判所に対して、議決権の行使について、関係人集会と書面投票の併用方式とすることを申し立て、裁判所は書面投票により行う旨の決定を取り消した上、申立て通りの決定を得て、更生計画案を変更可能とした案件がある（澤野正明＝朝田規与至「日本綜合地所（3完）スポンサー選定と更生計画案をめぐる諸問題」NBL956号〔2011〕92頁）。

注141)　東京地裁の再生手続では、決議方法として、原則として集会決議・書面決議併用型を採用しており、債権者集会開催の要件は通常具備される。

475

第 3 章　債権者から見た事業再生

言い渡さなければならない（民再172条の 5 第 1 項柱書本文）。ただし、続行期日によっても再生計画案が可決される見込みのないことが明らかである場合注142）は、期日の続行はできず（同項柱書ただし書）、再生手続は廃止される（同法191条 3 号）。

可決要件のいずれも充足しない場合でも、債権者集会期日に出席した議決権者の過半数で、出席議決権総額の 2 分の 1 を超える者が、期日の続行について同意するときは、裁判所は、再生計画案提出者の申立てによりまたは職権で続行期日を定めて言い渡さなければならない（民再172条の 5 第 1 項 2 号）注143）。

(v)　続行期日による変更計画の提示

計画案は、(i)記載の要件を満たすことで変更が可能であるため、債権者としては、続行期日が指定された場合、管財人や再生債務者に対し、計画案に反対した理由や、計画案の問題点を挙げて、どのような変更であれば、計画案に賛成できるのか説明しておくことが有用である注144）。

計画案を変更する場合、債権者等に不利な影響を与えない変更であることについて裁判所の許可を得た上で、変更後の計画案について採決がなされる注145）。

なお、続行期日が認められるのは、(iv)(a)(b)記載の要件が具備された場合であり、①反対票を投じ、否決された場合に、常に続行期日が設定されるわけではなく、②続行期日が設定されたとしても、管財人や再生債務者が、債権者の納得できる計画案に変更するとも限らず、③仮に計画が変更されても他

注142）　債権額の過半数を占める再生債権者が期日を続行しても反対の意思に変更がないことを表明し、手続進行の経過から、そのような意見に相当な理由があると認められる場合などが挙げられる（鹿子木編著・前掲注59）375頁）。

注143）　再生手続では期日を続行する場合、再生計画案の可決は、当該再生計画案が決議に付された最初の債権者集会期日から 2 か月以内になされなければならない（会更198条 2 項、民再172条の 5 第 2 項）。必要があるときは、1 か月を超えない範囲で期間を伸長することができる（会更198条 3 項、民再172条の 5 第 3 項）。

注144）　管財人・再生債務者としても、認可決定の要件である①遂行可能性、②債権者一般の利益に反しない点等はクリアしなければならず、他の債権者からも種々の要請がなされ、債権者の要請がストレートに実現できるものではない点に留意が必要である。

の債権者が賛成するとは限らないため、債権者にとって納得できる計画へ常に変更されるわけではない。したがって、反対票を投じる場合には、手続廃止による牽連破産リスクが残る点は十分に留意する必要がある。

(3) 債権者による計画案提出

(i) 債権者が作成するに当たってのハードル

上述の(2)の通り、管財人・再生債務者の作成する計画案が満足できないと想定される場合、債権者側から計画案を提出することも、対応策の1つとして考えられるところである。

ただし、裁判所の現行実務の運用では、債権者が計画案を提出する期間は、原則として、再生債務者や管財人と同一か[146]、またはそれに先立つ時期に設定されるようであり[147][148]、管財人や再生債務者が提出した計画案の内容を確認した上で、その対抗案を出すことは容易でないことが多い。

また、債権者が計画案策定に必要な債務者の情報を十分には有していないという情報格差の問題がある上、重要情報に関しては、法定の閲覧謄写の範囲外の情報も少なくなく、管財人や再生債務者からどこまで情報の開示を得られるかという問題もあり、債権者が計画案を提出することには相応のハー

注145) DIP型更生事件の事例で、当初自主再建型での更生計画案を提出したが、更生担保権者の反対で否決されたため、期日を続行し、その間にスポンサーを選定し、スポンサー型の更生計画案に変更し可決認可された事案がある（澤野正明＝植村京子「日本総合地所(1)日本総合地所における会社更生手続」NBL954号〔2011〕84頁、澤野正明＝田汲幸弘「日本総合地所(2)経営責任との関係および担保変換」同955号88頁、澤野＝朝田・前掲注140）90頁）。

注146) 近時の再生手続の運用では、再生債務者・債権者の提出期間は共通とされる（全国倒産処理弁護士ネットワーク編・才口千晴＝伊藤眞監修『新注釈民事再生法（下）〔第2版〕』〔金融財政事情研究会、2010〕48頁〔小林信明〕）。

注147) 管財人が作成する更生計画案に債権者提出の計画案の内容を反映させることを可能とすることを推奨する見地から債権者案の期限を管財人案より早める見解として兼子一監修『条解会社更生法（下）』（弘文堂、1974）177頁。

注148) Spansion Japanの更生事件では、債権者等による更生計画案の当初提出期間は、2009年8月3日、管財人の同期は同年8月12日と指定され、その後、提出期限が2回伸長されたが、いずれも管財人と比べ債権者の提出期間が1週間程度早く設定された（坂井＝粟田口・前掲注114）27頁・29頁・32頁）。

第3章　債権者から見た事業再生

ドルがある[注149]。とはいえ、現在の事業形態を前提に、管財人・再生債務者案と異なる（かつ対象となる事業の運営を十分運営できるノウハウをもつ）スポンサーを前提にした、一括譲渡や出資・リファイナンス資金の貸付などによる一括弁済のスキーム等であれば、弁済の履行可能性、計画の遂行可能性の検証も十分可能と考えられる[注150]。

(ii)　複数の計画案が提出された場合の問題

(a)　一本化のすり合わせ

複数の計画案が提出された場合、まず、実務的には、両案のすり合わせの可能性を探り、計画案の一本化が可能か否かを検討することが多い[注151]。管財人や再生債務者が取り入れる債権者案の内容次第ではあるが、両計画案が付議された場合、共倒れになるリスクがある（(c)にて後述するように、特に再生手続においてはかかるリスクが顕著である）ことを考えれば、債権者としても、一定程度、管財人・再生債務者側の譲歩を引き出すことができるのであれば（譲歩の内容次第ではあるが）、一本化の提案は十分検討に値する。

(b)　一本化が困難な場合——債権者案は付議されるか

債権者案が提出された場合に、付議要件は認められるか、中でも、「更生計画の遂行可能性を満たさない」、「再生計画の遂行の見込みがないとき」に該当しないかが問題になる（会更189条1項3号・199条2項3号、民再169条1

注149)　スカイマークの案件では、債権者の計画案についても付議決定がなされた後に、債権者による計画案のスポンサー候補からデューデリジェンス（DD）を受け入れるよう要請され、他の大口債権者からもDDをするよう求められたが、スポンサー契約に基づき応じなかったとのことである（倉橋博文＝井田大輔「再生債権者から再生計画案が提出された場合の対応」事業再生と債権管理156号〔2017〕50頁）。

注150)　債権者として計画案の提出を検討する場面の考察については、松嶋英機ほか編『金融債権者から働きかける法的整理の実務（銀法749号）』（2012）65-66頁〔信夫大輔〕参照。

注151)　鹿子木編著・前掲注59）380頁。同書では、ゴルフ場経営会社の民事再生案件で、再生債務者が債権者案の提示条件を取り入れる代わりに、債権者案を取り下げ、再生債務者案に一本化した事例が紹介されている。Spansion Japanの更生手続でも、調停委員に入ってもらい、計画案を一本化した（坂井＝粟田口・前掲注114）33頁、井上・前掲注139）49頁）。

478

項3号・174条2項2号）注152) 注153)。特に、DIP型管財人や再生債務者が、債権者案が可決・認可されたとしても、債権者の計画案の実行をする意思がないことを表明しているような場合でも、計画の遂行可能性がある（遂行の見込みがある）といえるのかが問題となる。しかし、以下の理由から、上記のみで付議決定がなされないことはないと解される。

①遂行可能性がないとすると、DIP型管財人・債務者の一存で債権者案は排除されることになり不当であること、②債権者案が実際に可決・認可された場合に、DIP型管財人や再生債務者は、遂行の見込みがないとされ、牽連破産になるまで履行を拒絶するのかは、付議決定を判断する時点では未定といえること、③仮にDIP型管財人や再生債務者が履行を拒絶する場合、更生手続については管理型手続（監督委員兼調査委員が管財人とする手続）へ移行する方法、再生手続の場合は管理命令を発令し、管財人を選任する方法で、計画を履行する手段がないわけではないことなどが挙げられる注154)。

注152) スカイマーク社の再生事件においては、債権者提出の計画案について、再生債務者がすでにスポンサー契約を締結していたため、新たなスポンサー契約の締結ができるかが問題になったところ、スポンサー契約に、再生債務者計画案が否決された場合に契約解除する旨の条項が存したことから、計画遂行の見込みがないとはいえないとされた。また、約束しているわけではないスポンサー候補（インテグラル）の単独出資が債権者提出の計画案では前提とされていたが、それについても、同社が、すでに相当額の資金をスカイマーク社に貸し付けていたことから、債権者案も受け入れる可能性があるということで、計画遂行の見込みがないとまではいえないと判断されており（中山孝雄「複数計画案が提出された場合の民事再生手続上の諸問題」事業再生と債権管理156号〔2017〕58頁参照）、付議決定の判断は、比較的緩やかになされたとも評価され得る。

注153) エルピーダメモリ株式会社の更生手続においては、管財人提出の計画案以外に、一部の社債権者による更生計画案が提出されたが、遂行可能性がないとされ、東京地裁は付議に付さない旨を決定した（小林ほか・前掲注105) 69-70頁参照）。この点については、債務者の情報を十分にもたない債権者が遂行可能な更生計画案を作成するに当たっては、早期の十分な情報開示が前提となる旨を指摘する見解がある（井出ほか・前掲注103) 67頁）。他方で、「機密情報については開示制限を許し、債権者平等の範囲内でのみ閲覧・謄写を認める現行法のもとでは、このような範囲で開示された情報を元にしても独自の計画を策定することのできる債権者だけが計画を提出すればよいという制度だと解すべき」とする見解がある（須藤・前掲注90) 71頁）。

第 3 章　債権者から見た事業再生

(c)　複数の計画案が付議される場合の留意点

　複数の計画案が付議された場合の議決権行使の方法としては、選択方式（A案とB案のいずれか、またはいずれも反対かを選ぶ方式。1案のみ可決され得る。両案とも否決されることもある）か、個別方式（A案、B案それぞれついて、賛成か、反対かを選ぶ方式。両案とも可決されることもある）がある[注155]。いずれの方法をとるかは、専ら解釈ないし運用に委ねられている。

　再生手続では、従前から選択方式がとられるとされる[注156]。民事再生法上の認可は、可決された再生計画に認可事由があるか否かを示唆するもので、複数の再生計画のうち、より適切なものを選択することを予定するものでないからとされる[注157]。

　これに対し、選択方式による場合、票を食い合う結果となるため、いずれの案も可決に必要な要件をクリアせず、両案否決のリスクがあることから、妥当ではないとして、個別方式によるべきであるとの見解がある[注158]。実際の更生手続において、個別方式がとられた例があるとされる[注159]。しかし、個別方式による場合、（いずれの案にも賛成する債権者がいる等）票読みが難しく、両案可決の場合に裁判所の判断で一方の案が認可される点、裁判所の判断も読みにくいという問題点がある。

注154)　再生手続に関しては、鹿子木編著・前掲注59) 183-184頁参照。
注155)　全国倒産処理弁護士ネットワーク編・前掲注95) 242頁［粟田口太郎］。
注156)　舘内ほか編・前掲注49) 446頁。
注157)　舘内ほか編・前掲注49) 446頁。
注158)　井上・前掲注72) 186頁。
注159)　鹿子木編著・前掲注59) 385頁。

480

第4章

クロスボーダー事案および海外法制

第4章　クロスボーダー事案および海外法制

第1節　総論

1　事業のクロスボーダー化と事業再生への影響

　事業再生の手法の中核に位置付けられる倒産法や私的整理に係る準則など
は、いずれも、各国の主権の下、内国法として定められることもあり、事業
再生実務は属地的であって、ドメスティックな権利調整など国内で完結する
ことが長く想定されてきていた。

　しかしながら、企業経済の現実においては、中小企業を含めて、工場の海
外移転、海外における販売網の開拓、販売市場の拡大や海外企業との提携等、
さまざまなレベルにおいてグローバルに事業を展開するに至っており、各国
にグループ会社や販売または製造拠点等が存在することが一般化してきてい
る。このような企業活動のグローバル化に伴い、事業の再生が必要となった
場合には当然に国外のステークホルダーとの権利調整が必要となる等、日本
企業の事業再生であっても日本国内では完結しない事案が増加している。法
的整理であれ、私的整理であれ、事業を再生するには、国境を越えた権利調
整を経ることが必須の前提条件となる案件が増加しているのである。

　本章においては、このようなクロスボーダーでの権利調整が必要な事業再
生の場合に、どのように再生手法を選択し、日本国内で完結する場合とはど
のように異なる考慮・留意点が必要になるのかについて述べる。

2　クロスボーダーな事業再生の手法とその選択に際して

　日本国内における事業再生においては、事業再生の手法を選択するに当
たっては、窮境原因、資金繰りの状況、バランスシートの状況（債務超過等）、
窮境状況が事業価値に与えている影響、債権者構成やその意向等の事情を踏

482

まえて、当該状況下において最適と考えられる事業の再生を目的として、純粋私的整理、事業再生ADR等の準則型私的整理、再建型の法的整理手続である再生手続・更生手続、ひいては清算型の特別清算手続や破産手続まで、さまざまにある再生手法から最適なものを選択することになる。グループ企業の場合には、窮境原因が親会社にあったとしても、親会社だけではなく子会社も含めて、グループ企業としての事業再生を検討する必要が生じることが多いが、その際には、会社・グループの形態、事業のあり方や各社の窮境状況等によって、債務者企業グループとその外のステークホルダー（金融債権者、取引債権者、その他ステークホルダー）との間の利害関係は異なるし、グループ内でも、グループ会社間で経済的な意味（対立する債権債務がある等）やビジネスコンフリクト（どの生産拠点を残すか等）という意味での利害対立が生じ得る。こうしたグループ内・グループ外の利害対立を踏まえながら、事業を再生するために、親会社・子会社それぞれについて、純粋私的整理から法的整理までのさまざまな手法から最適なものを選択することになる。

　グローバルな事業再生（グローバルな事業の場合は、必然的に国内外の複数のグループ企業を擁したグループ企業を前提に検討することになるが）においても、基本的な発想（考え方）は同様である。しかしながら、再生手法の選択に当たり考慮すべき要素（留意点）にグローバルな事業再生に特有な要素が含まれることになる。

　すなわち、グローバルな事業再生の場合、国をまたがる各国のグループ企業について、窮境原因が事業価値に与えている影響の内容や程度、あるいは資金繰り・バランスシートの状況等の事情が当然にさまざまに異なり得ることに加え、為替規制からして各国において異なり得ることや文化的背景や取引慣行等の各グループ企業を取り巻く環境の違いから、目指すべき再生後の姿からして千差万別たり得る上、関連各国の倒産法や私的整理に係る準則など、事業再生の目的のために用いられるべきツールの内容が異なることはもちろん、手続に必要となる期間の違いや取引・市場慣行から生じる実務的な差異をも踏まえつつ、例えば親会社が選択した事業再生の手法が、他国に存在する子会社の事業再生に与える影響を勘案しながら、グループ各社の"事業"の再生を目指さなければならない。さらに付言すれば、例えば日本に親

第4章　クロスボーダー事案および海外法制

会社のある企業グループにおいて、一見すると海外子会社のみに窮境原因が
あると思われる場合でも、当該子会社のみの整理を前提に、該当する国の法
制度を検討すれば足りるとは限らない。すなわち、グループ企業間での契約
関係や財務的関係性を踏まえると、当該海外子会社以外の他のグループ企業
へ与える影響が大きい場合（例えば、当該海外子会社を整理するとグループ内
の他の健全な会社の契約違反を引き起こす場合や、保証等や多額のグループ内貸
付があり、他のグループ会社の財務状況を悪化させる場合）があり、グループ企
業間の財務関係・契約関係等をも踏まえ、海外子会社の整理に加え、影響を
受ける他のグループ企業（親会社を含み得る）について、再生を図る必要の
有無、（再生の必要があるとして）どのような手法を利用することがグループ
全体の事業価値の維持にとり有用となるかを検討することが必要となる場合
がある。

　そして、国内における事業再生の場合と同様に、グループ企業各社の再生
に当たっては、おのおのについて、負債（特に金融債務）の整理で足りるの
か、資本の注入が必要なのか、資産の売却が必要なのか等に応じ、またその
程度に従って、関連各国において用いることが可能とされている再生手法の
選択肢の中から最適なものを選択するわけであるが、その際にも、国内にお
ける事業再生とは異なる考慮要素が存在する。例えば、債務者企業グループ
とその外のステークホルダー（金融債権者、取引債権者、その他ステークホル
ダー）との間の利害対立や、グループ内での経済的な意味（対立する債権債
務がある等）やビジネス上の意味（どの生産拠点を残すか等）での利害対立も、
国をまたいで生じることとなるため、その調整に当たっては、1つの手法の
みを用いるというわけにはいかず、各国における手法の「組合せ」としての
最適解を模索する必要があることとなる。また、グループ会社間の親子関係
が原則として株主資本によるつながりを前提とする支配関係を基礎としてい
る中、事業再生が必要な窮境状況においては、株主資本がもはや価値を有さ
ず、完全子会社であったとしても債務者企業の取締役や管財人等としては親
会社の指示に従えば足りる状況にはなく、自らの債権者に対する善管注意義
務を負うがゆえに親子会社間であっても利害が正面から対立する場合もある
ことにも留意しなければならない。実務的には、以上に加えて、グループ企

484

業各社の再生の実務を支える倒産実務家の役割も考慮に入れなければならない。すなわち、各国における資格要件の違い等もあり、同一企業グループ内であっても、国が異なれば、各グループ企業を代理する弁護士や会計税務アドバイザーなどもおのおのが異なる者を選任する必要が生じる場合が大半であるし、上記の利害対立もあって、倒産実務家間の意見調整が実務的には極めて大きな意義を有する場合も多いといってよいであろう。

　さらに、単なる資本関係のつながりを超えて、グループが一体として事業を運営している場合（例えば、各子会社を製造拠点とし、親会社が販売拠点と本社機能を果たしていたり、各子会社が真に親会社の一部門であるかのように機能しているような場合）には、ビジネス上の切離しが難しい、あるいは一体処理することがグループ全体の事業価値を維持できる等の理由から、グループ会社を一体として処理することが（親会社のみならず、各子会社固有のステークホルダーの観点をも勘案する意味での）全体としての事業再生にとって最適解となることが想定される。この場合、グループ企業各社の所在地国の倒産法制、私的整理準則その他の選択肢およびそれらの実際の運用状況をも踏まえつつ、企業グループ全体の一体的処理による事業価値維持にとって、どの国でどのような手続（法的手続・私的整理手続）をとることが望ましいかを検討することが必要となる。

3　手法選択の組合せ

　グローバルな事業再生の観点から実施される企業グループの一体処理、あるいは国をまたがる複数のグループ企業の同時処理に際して選択される事業再生の手法の組合せは、世界各国におのおの選択可能な選択肢の組合せが数多に存在する以上、紋切り型に分類することは本来適切ではない面があるが、大別すれば以下が考えられる。なお、グローバルな事業再生を考えるに当たっては、親会社が日本法人の場合だけでなく、親会社が外国法人であり、日本にそのグループ企業がある場合も当然にあり得るが、本章においては日本法人が親会社である場合を主として念頭に置くこととする。

　①　親会社（日本法人）も子会社（外国法人）も法的整理を用いる場合

第4章　クロスボーダー事案および海外法制

② 親会社（日本法人）は法的整理、子会社（外国法人）は私的整理を用いる場合

（①・②のバリエーションとして、親会社〔日本法人〕は法的整理、子会社〔外国法人〕は国によって法的整理と私的整理を使い分ける場合もある）

③ 親会社（日本法人）も子会社（外国法人）も私的整理を用いる場合

④ 親会社（日本法人）は私的整理を用い、子会社（外国法人）は法的整理を用いる場合

（③・④のバリエーションとして、親会社〔日本法人〕は私的整理、子会社〔外国法人〕は国によって法的整理と私的整理を使い分ける場合もある）

⑤ 親会社（日本法人）が法的整理、親会社の在外資産保全の目的で、親会社が海外の法的手続（例えば、承認援助手続）を利用する場合

以上のパターンにおいて、子会社（外国法人）の再建手法を選択するに当たっては、純粋私的整理から法的整理まで、関連各国において選択可能とされる手続・手法の中から、それらの仕組みと特徴を踏まえ、状況や目的に応じて、あるいは日本国内において選択される再生手法との組合せとしての適性をも踏まえつつ、最適なものを使い分けることとなる。

もっとも、日本と同じように、純粋私的整理から、複数の準則型の私的整理、民事再生や会社更生、清算型（特別清算・破産）を利用した実質再建、というようにさまざまな手法の「メニュー」が存在するとは限らないことにも留意が必要である。日本のようなバリエーションのある選択肢が望めない国も少なくないのである。中には、そもそも再建型の法的手続がない国や存在はしていても十分に運用がなされていない国も存在する。そういった国の大半においては、その帰結として、法的整理を選択する場合、清算型手続しか選択し得ないが、当該国に所在するグループ企業と他国に所在するグループ企業の事業上の関係性（商流、財務的つながりその他の事業運営の実態等）や企業グループ全体としてまたは他のグループ企業の「再生」を考えた場合には、清算・撤退という選択肢は採用しがたい場合も当然に存在する。このような場合、清算・撤退をすることなく、グループの再生に寄与するための私的整理は可能か、どのような場合にそれが可能となるか、また、私的整理が頓挫した場合に、債務超過のままでの強制的清算手続は可能か、管財人の

選任される破産手続をとらざるを得ないのか、これらの場合の留意点は何か
などが問題となる。

　また、海外法制の中には、窮境状況にある（当該国に所在する）子会社に
対して親会社が資金を供与することを義務付けている（それを怠れば現地で
訴訟等が提起されるリスクがある）場合もあり、その対処（公正な仲裁地での紛
争解決等）が必要であったり、債権者と協力した上で行う担保権実行等の非
倒産手続を介した実務的な工夫による解決を経て別の形で子会社の再生を果
たすこと等も検討する必要があることになる。

　他方で、再建型の法的手続や私的整理の準則等が整備されている国でも、
その法制度や運用のあり方によっては、その帰趨のコントロールが困難で
あったり、予測可能性がつきにくい場合、あるいは、他国に所在する親会社
や他の子会社その他の関連会社の再生のために他国で選択し得る再生手法の
選択肢の幅を事実上狭めることとなってしまう場合もあるなど、他国に所在
する親会社や他の子会社その他の関連会社の個々または全体としての再生の
観点からは採用しがたい、または他国に所在する親会社等に係るステークホ
ルダー間の調整を別途行う必要が生じる場合もあり、再建型の法的手続や私
的整理の準則等が整備されていればよいというものでもない。

　このような問題を含め、日本企業がクロスボーダーの事業再生に取り組む
場合（特に、自分が再生局面にある場合と、子会社が再生局面にある場合につい
て）の留意点等について、**第2節**で詳述する。

4　諸外国の法制度の概要

　諸外国の法制度については、さまざまな文献等で詳述もされており、本書
においては各国制度の内容や実務的留意点等について詳述することは企図し
ていない。もっともわが国における事業再生実務の現状に照らし、クロス
ボーダーな権利調整やその他の再生処理が必要となることは既述の通りであ
るため、昨今のグローバルな事業再生において頻出する米国、英国、中国、
韓国、シンガポール、インドについて、前項までに述べた視座の下でグロー
バルな事業再生を検討するに当たって特に考慮すべき事項を**第3節**にて取り

487

第4章　クロスボーダー事案および海外法制

上げて紹介することとする。

　ここでは、まず、①各国において、再建型手続および清算型手続としてどのような手続があるか、特に、再建型手続（法的整理、私的整理）が存在するか、また実務運用上の留意点の有無が重要な情報となる。

　次に、②上記のような全体の制度のうち、債務者型でコントロール可能な再建型の手続があるか、ある場合は、日本との違い（違いから日本の手続に影響がある場合があるか）が重要となる。例えば、米国のChapter 11はいわゆるDIP型の再生手続であり、債務者側でコントロール可能な手続であるといえるが、日本の再建型手続との相違点も存し、また、裁判所の関与が強く、債権者委員会との交渉が必要という点で、予測可能性が乏しい側面もある。そこで、例えば日本で親会社の再生を行おうという場合に、米国において子会社をChapter 11を通じて再生させようとすることが、日本における再生にどのような影響を与えるか（単にスケジュールを調整すれば足りるのか、資産の売却等のタイミングなど再生実体面への影響が生じるのか等）を検討しておかなければならないこととなるのである。

　反対に、③一定のコントロール可能な再建型手続がある場合には、日本の手続との相違から、むしろ日本の手続よりも当該外国手続を積極的に利用したい場合もあり得る。例えば、米国のChapter 11については、広範かつ米国外にも効力が及ぶオートマティックステイや再建計画で債権のクラス分けが可能な点等の相違を利用する観点から、日本で海外子会社をも更生手続にて処理するよりもChapter 11を用いることがステークホルダー間の利害関係調整上有用である場合もあり得るのである。なお、海外資産の保全の場合に外国倒産手続の承認手続であるChapter 15を利用することも同様の類型として位置付け得る。

　以上に対し、④コントロール可能な再建型手続がない場合（原則清算型の場合）に、事業の再生を目指すのであれば、清算とならないようにコントロールしつつ、（私的手続で）事業・会社を生かすことが必要になるが、その際の各国制度上の制約の有無が重要となってくる。例えば、ドイツでは、法人が支払不能や債務超過の場合に、当該法人の取締役に倒産手続の申立てをすべき義務（倒産申立義務）が存在するため、役員の個人責任を回避できる

方法をとれなければ、私的整理を選択したくても法的倒産（さらには清算型）が強制されるおそれがある。

　上記を踏まえた上で、⑤各国の制度内の個別の手続上の留意点や他国に所在する関連会社等の再生手法への影響の有無、特に親会社の法的・私的手続との関係で調整が必要な事項がないかを検討することが重要となってくる。例えば、ドイツでは、計画外の事業譲渡にも債権者委員会の承認が必要であり、また、従業員との雇用関係も原則承継を強制されるため、予測可能性が乏しく、またスポンサーの意向との調整が必要となり得るように、各国の制度内容次第では、親会社による追加融資や出資に制約が生じたり、親会社を含む複数国にまたがる事業の一体的売却に制約が生じ得るためである。

　以上の視点で、各国の法制度について**第3節**で詳細を述べる。

第4章　クロスボーダー事案および海外法制

第2節　クロスボーダー事業再生における論点

1　はじめに

　経済的に窮境に陥ったまたは陥りそうな企業が、グローバルに展開するグループ企業である場合、かかるグループ企業につき、事業の再生を図るに当たって、実務上どのような点に留意すべきか。

　以下では、①日本に親会社があり、外国に子会社が存する場合、②外国に親会社があって日本に子会社がある場合のそれぞれについて、日本法人の立場で留意すべき頻出事項のうち主だったものを紹介するとともに、③グローバルに展開する企業について、複数国において再建型手続（法的倒産手続・私的整理手続）が並行して進行する場合[注1]に、手続間で調整を要する事項などについて主だったところを紹介する。

2　日本に親会社があり、外国に子会社がある場合の留意点

　親会社が日本法人で、外国に子会社を有するグループ企業が窮境に陥った場合に、一体として事業再生を進める上での実務上の留意点について、①親会社が法的倒産手続をとる場合と②親会社が私的整理手続をとる場合（または私的整理手続をとる前の段階）とに分けて、主として日本法人の立場から検討する。

注1)　　例えば、タカタ株式会社のケースだと、日本、米国およびメキシコの一部では法的倒産手続（再生手続、Chapter 11手続）、他の地域（欧州・メキシコ企業の一部・中国）では、私的整理手続が遂行された［TK Holdings Inc.らのChapter11 Plan参照］。

490

(1)　日本の親会社が法的倒産手続をとる場合

(i)　海外子会社の手続選択（法的倒産手続か私的整理手続か）

　親会社が法的倒産手続をとる場合に、海外子会社についても法的倒産手続をとるか、または私的整理手続をとるべきか、単に当該海外子会社の窮境状況の解消にとっての最適解という観点のみならず、親会社の再生を実現するための最適解を模索するためにも検討する必要がある。当該海外子会社が親会社の中核事業に欠かせない製造拠点であったり、トップライン向上のために必要と目される販売拠点であるような場合など、一体的事業運営やグローバルな事業の一体処理の観点も重要となる。

　一般的には、私的整理手続は、法的倒産手続に比べて、取引債権者を巻き込まないため、事業価値の毀損が少ないとされ、また、親会社が子会社をコントロールしやすいため、一体的事業運営や一体処理を実現しやすいと考えられる。

　また、海外子会社所在国において再建型法的倒産手続が整備されていたとしても、国によっては、管財人型手続しか存しない場合や、DIP型手続が存しても、手続進行の予測がつきにくいところがあるなどして、法的倒産手続を選びにくいケースもある。なお、再建型法的倒産手続のうちDIP型手続であれば、管財人型手続に比べると親会社のコントロールを及ぼしやすいが、DIP型手続であったとしても、法的倒産手続に入ると株主の権利は制限され、また、多くの国の法制度上、再生債務者（DIP）は、債権者利益の保護のために行動することが求められるところ[注2]、クロスボーダーともなれば、親会社と子会社とでは、主要債権者の顔ぶれですら異なるのが専らであり、両者の利害は必ずしも一致しないため、法的倒産手続に入る以上は親会社の子会社へのコントロールは限定的にならざるを得ない[注3]。

　そのため、事業価値維持や親会社のコントロールという見地からは、私的整理手続が望ましいのが通常といえよう。

注2)　日本の再生手続においても、再生債務者は、再生手続開始後、公平かつ誠実に、再生債権者の全体の利益のために権利を行使しなければならない（民再38条2項参照）。

第4章　クロスボーダー事案および海外法制

　他方で、多くの国において、制度化された準則型私的整理手続は存せず、日本の事業再生ADR手続のように一時停止通知により、私的整理の対象となる金融債権者が個別執行を控えることは期待できない。そのような場合、私的整理を選択すると、対象とする債権者すべてとの間で権利不行使の合意（Stand-Still Agreement）に至るまでは、債権者による個別執行リスクにさらされることになり、再生手法としては安定性に欠けることとなる。子会社の金融機関との間で締結されているローン契約上、親会社の倒産手続（申立てまたは開始）が期限の利益喪失事由となる場合があり[注4]、金融機関によっては、一気に回収を始めることもあり得ることも考えれば、安定性の欠如は大きな要素となり得る。加えて、私的整理の成立には、対象となる債権者全員の同意が原則として必要であり、成立までのハードルは相対的に高い。さらに、私的整理においては、準則型が整備されていたとしても、取引債権が対象債権となることまでは想定しがたいため、法的倒産手続に比べると当面は厳しい資金繰り状況が続く等の問題もある。

　そのため、まず、子会社が所在する国または地域における制度化された準則型私的整理手続の有無とその内容を確認するとともに、私的整理の対象とされるべき（金融）債権者の顔ぶれや契約条項を確認し、個別執行のリスクの程度を推測しながら検討を進めることが考えられる[注5]。また、子会社の（私的整理手続下での）将来の資金繰り状況と、資金不足の場合における資金調達の可能性を考慮した上で、当面、私的整理手続下での事業継続が可能な場合は、私的整理手続を進めつつ、個別執行リスクが高まった場合には、速やかに法的倒産手続に移行できるよう準備をしておくのが1つの進め方となる。

　これに対して、資金繰りの問題が解決できない場合、個別執行リスクが高

注3)　既述の通り、海外子会社には現地の弁護士が代理人として選任される（法的倒産手続を申し立てるとなれば必須といえる）など、事業再生を支える専門実務家間の意見調整も必ずしも容易ではないことにも留意が必要となる。

注4)　特に、親会社が子会社の金融機関に保証を差し入れている場合などには、子会社と金融機関との間のローン契約の内容を把握しておくことは必要である。

注5)　親会社の法的倒産手続申立ての直前または直後に、海外子会社の重要な債権者に対して協力を得られるかを水面下で打診することなどが考えられる。

492

い場合、または法的倒産申立義務の存する法制度の下で、同義務が生じ解消できない場合などには、子会社についても法的倒産手続を選択する（または選ばざるを得ない）こととなる。

この場合、上述の通り親会社の子会社に対するコントロールが及ぼしにくくなるが、親子一体再生が事業価値にとって重要な場合には、親会社と子会社との間で、一定の契約を結ぶこと（申立前に契約を締結した上で、双方未履行双務契約の履行選択を行うこと）で、当該契約を通じて、事業の一体的運営を継続できるような方策を考えておくことも重要になる。

(ii) 海外子会社の手続選択において考慮すべき要素

以上を踏まえると、親会社の法的倒産手続申立てに当たり、子会社についても法的倒産手続を申し立てるのか、あるいは（当面は）私的整理を進めるかは、主として以下の①から⑥までの点を考慮に入れて判断することが有用と思われる。

① 子会社の事業運営における親会社によるコントロールの必要性の度合い（事業における親会社と子会社のつながりの強弱）

② 海外子会社の資金繰り状況とそれに対する親会社の法的倒産手続の影響

③ 海外子会社のバランス・シート状況（債務超過であるか等）とそれに対する親会社の法的倒産手続の影響

④ 海外子会社が所在する国または地域の法的倒産制度の特徴（ⅰ再建型手続があるか、その中でもDIP型があるのか管財人型のみか、ⅱ法的倒産手続の中での資金調達の容易さ、ⅲ手続成立までに要する時間など）および私的整理の特徴（私的整理の運用および制度化された準則型私的手続の有無など）

⑤ 海外子会社の債権者の属性・状況（金融債権者と取引債権の割合、担保設定状況、債権者が事業の再建にどの程度協力的かなど）、

⑥ （親会社の法的倒産手続の）子会社の重要契約への影響（ⅰクロスデフォルト条項の有無とその影響の度合い、ⅱ親会社保証の有無とクロスデフォルト条項発動による影響の度合い、ⅲ親会社の法的倒産手続開始による契約解除条項の有無など）

そして、各国または各地域の倒産実務や私的整理手続に対する債権者の取組み（個別執行に積極的か等）については、現地の弁護士等の事業再生実務家等からあらかじめ情報を収集し、また、子会社内部のキーパーソンと打合せを行って、子会社債権者（取引債権者や金融債権者）の動向や、その結果生じ得る資金繰りの影響などを予測することで、海外子会社について、私的整理手続をとるか、法的倒産手続をとるか、当面は私的整理手続をとりつつ、一定の状況になったら法的倒産手続申立てをするかなどの選択をすることが有用である。

(iii) 海外子会社における資金繰りの確保の必要性とその方策

(a) 資金繰りへの影響（資金調達の必要性）

親会社の法的倒産手続開始による海外子会社の資金繰りへの影響の度合いは、グループ内での当該子会社の役割（製造子会社か販売子会社か等）によるところが大きい。このこと自体は国内における事業再生の場合と同様であるが、考慮されるべき要素にはクロスボーダー特有の要素も含まれる。

販売子会社の場合、通常、親会社に対する（仕入）債務はあっても、（売掛）債権を有することは少ないため、親会社の法的倒産手続開始によって、子会社の債権が倒産債権化することは少ない。親会社の倒産手続開始による売上げの低下等が生じ、その結果、資金繰りに影響が及ぶことはあるが、その影響は間接的で、まず倒産手続開始前の売掛債権の回収がなされるため、資金繰りへの影響には時間差が生じることが一般的である。他方で、製造子会社（親会社に製造した製品を納入する子会社）の場合、親会社に対する売掛債権が倒産債権化することにより入金が止まってしまう上に、グループ全体の信用力低下に伴い子会社の仕入先から支払サイトの短縮化や担保提供の要請がなされ、資金状況が一層厳しくなるのが一般的である。仕入先からの支払サイト短縮等の要請がどの程度強くなされるかを予測するに当たっては、当該海外子会社と仕入先との力関係（当該子会社は仕入先にとって大口の販売先か、仕入先は代替可能かなど）に加え、当該海外子会社の所在する国または地域における取引慣行や文化的背景（取引債権者の一般的な行動傾向等[注6]）が重要な考慮要素となる。

なお、子会社においても現地における法的倒産手続を選択する場合には、

手続開始前の債務が倒産債権化することが一般的であるため、私的整理手続を選択した場合と比べて、短期的には資金繰りに余裕が生じることが多いが、申立直後から、仕入先等との間において支払期限その他の取引条件の見直しが必要とされてしまう結果として、資金繰りが悪化していくリスクもある。もっとも、現地における法的倒産手続の制度内容や事業再生実務のあり方（倒産申立ての事実の仕入先等による受け止められ方を含めた取引慣行その他の債権者らの行動様式等を含む）によって、そのリスクの程度は異なり得るが、この点はクロスボーダー特有といえよう。

　また、子会社が借入金融機関に預金を有している場合、親会社の法的倒産手続開始を認識した金融機関が、相殺適状になったとして相殺を行う可能性がある（なお、子会社につき法的倒産手続申立てをしなければ、一般的に、相殺禁止には該当せず、相殺可能となる）。そのため、子会社において法的倒産手続を選択しない場合または当面は私的整理手続を試みる場合には、子会社の資金繰り確保の見地から、親会社の法的倒産手続開始前に、（子会社の）借入金融機関の預金については、一度、借入金融機関から非借入金融機関へ移動させておくことも検討すべき点となる[注7]。

(b) 資金調達の可能性

(ア) 外部（親会社以外）からの資金調達

　海外子会社の事業継続のために子会社自身による資金調達が必要であると想定される場合、資金調達が可能か、それはどのような方法によるべきか、子会社のとる手続によって変わるかが問題となる。

　子会社が独自に、親会社以外の外部から資金調達をすることが可能かどうかは、①親会社の法的倒産手続開始の子会社事業への影響、②子会社資産における担保余力（担保提供に資する資産の有無その他の状況）、③既存金融機関

注6）　国や地域によって、取引債権者は支払猶予に寛容であるが、金融債権者は極めて厳しく、躊躇なく保全手続をとる債権者が多い場合などもある。

注7）　海外子会社（別法人）ではなく、日本の親会社の海外支店が親会社の借入金融機関の海外支店に預金を行っている場合、日本の倒産法が適用されれば、親会社の倒産手続開始後は相殺禁止となるのが原則であるが、当該預金契約に係る準拠法上、倒産手続開始国（この場合では、日本）の法令が適用されるのか、預金契約に規定された準拠法が適用されるのかの問題が生じる。

借入れ（および親会社の法的倒産手続開始による失期条項やクロスデフォルト条項）の有無、担保設定状況、④当該子会社の所在する国または地域の金融情勢（金融機関借入れが比較的容易かどうか）などによる。

これに加えて、子会社が法的倒産手続をとる場合、当該国において倒産手続開始後の貸付に優先性が付与されるか、当該国の法的倒産手続下での資金調達（DIPファイナンス）がどの程度実務として確立されているかによって、資金調達の可能性の有無や程度は異なってくる。

他方で、子会社が私的整理手続をとる場合は、当該子会社が、いつ法的倒産手続に入り、その貸付が倒産債権化するか不明な状況にあるため、担保で完全にカバーされない限り、私的整理手続下での外部調達は難しいことが多いといえる。

なお、新規で資金調達を行えば（その場合には有担保調達となることが多いため）、既存の無担保債権者らの債権回収率に影響があり得ることに照らし、既存債権者から後に反発を受けないように、外部からの資金調達によって短期的に資金不足が補われ、その結果、事業価値が上昇し、既存債権者への弁済が増加することを客観的な資料等で説明する必要が生じることは国内における事業再生の場合と同様である。

(イ)　親会社からの調達

外部からの資金調達が見込めない場合には、親会社からの借入れ（例えば、親会社を中核とするCMSを介した貸付や親会社がDIPファイナンスを受けて子会社に資金供与する方法）や、親会社に対し販売取引に基づく売掛債権を有している場合にその前払を受けること等により、資金供与を受けることが考えられる。親会社が法的倒産手続（再生手続や更生手続）をとる場合には、上記親会社の資金供与が認められるためには、監督委員の同意（再生手続またはDIP型更生手続の場合）や裁判所の許可（非DIP型更生手続の場合）が必要となる場合が多い。これらはいずれも国内における事業再生の場合でも同様であるが、クロスボーダー事業再生の場合には特に留意すべき事項もある。

まず、かかる同意・許可を取得するには、国内における事業再生の場合と同様に、①親会社から資金供与を受けることにより、海外子会社の事業継続が可能となるのみならず、海外子会社の事業単体ではなくグループ事業全体

の価値が維持されることがひいては親会社単体としての事業価値の維持につながること（親会社にとっての子会社へ資金供与の必要性）、および②子会社に供与された資金が、グループ事業の中で、親会社に確実に返済されること（親会社にとっての資金供与の許容性）を具体的に示すことが重要となる。ここで、①に関しては、海外子会社自体が法的倒産手続または私的整理に服するのであれば、その手続の内容や特徴、さらには所要期間や見通しを含めた海外子会社の事業の帰趨に係る見立てをも具体的に示すことが必要となるほか、法的倒産手続や私的整理に服さないとしても、日本における親会社の法的倒産手続が、当該海外子会社の所在する国または地域においていかなる影響を及ぼし得るかといった観点からの検討も踏まえておかなければならない。また、②に関しては、海外子会社に担保余力がある場合、親会社のために担保提供することが1つの方法として考えられるが、当該海外子会社についても現地における法的倒産手続を選択しようという場合には、現地の管財人の同意や裁判所の許可等が必要となることが一般的と考えられ、かつ、管財人の同意や裁判所の許可等が迅速に得られないことも想定され得る。また、海外子会社について私的整理を選択する場合も、親会社への担保差入れは、子会社の既存金融債権者から反発を招き、同債権者により当該海外子会社の資産が保全（仮差押等）されて子会社の事業継続が困難になるリスクがあるのみならず、私的整理の成立が危ぶまれることにもつながり得る[注8]。

(iv) 債権者からの個別執行への対応策

　日本の親会社が法的倒産手続に入った場合に、海外子会社も、法的倒産手続を選択すれば、同子会社における既存債権者の個別執行・保全は当該所在地の倒産法制により禁じられることが期待できるのが通常といえよう[注9]。

　他方で、海外子会社については、私的整理を選択する場合（子会社の所在

注8）　そこで、いずれの場合においても、親会社に係る法的整理手続における監督委員の同意や裁判所の許可において担保差入れが条件とされないように努めておく必要がある場合もあり得よう。

注9）　もっとも、法制度が用意されていても、実務として定着していないような場合には、債権者が禁止に反して自力救済としての回収に踏み切ることも考えられないではない等、国や地域によっては実務運用上の問題まで確認しておくことを要する場合がある。

第4章　クロスボーダー事案および海外法制

する国または地域には法的整理手続が存在しなかったり、その倒産法制の下では法的整理手続の採用が実務的に困難であって私的整理をとらざるを得ないような場合を含む）には、まず、対象とすべき債権者（一般的には、金融債権者）全員注10）に、私的整理を進めることおよび一時停止（債権回収、担保設定、法的倒産手続申立ての停止等）を行うことに同意してもらい、個別執行・保全を回避することの検討から始めなければならない。そのため、対象となる債権者に、私的整理手続の経済合理性（対象債権者について私的整理手続を選択することが、法的倒産手続に比べ最終的に回収額が大きくなる可能性が高いこと）を理解してもらう必要がある点は、国内における私的整理手続と同様である。

　ただし、日本以外の国または地域においては、準則型の私的整理が整備されていない場合のほうが多い上、私的整理の実務としても、①そもそも金融債権者のみを対象とする私的整理が一般的でないところも少なくなく、②また、日本のように一時停止通知が送付されれば一旦個別執行を控えるとの実務的対応が、金融債権者にとって一般的でない国または地域も少なくない。

　そのため、私的整理手続を始めるに当たっては、金融債権者のみを手続対象とする場合でも、取引債権を保護したほうが結果として金融債権者の弁済率が上昇することや金融機関の弁済をやめることで、その後の事業継続が図られ、その結果、回収の最大化が図られることを示す専門家（公認会計士等）の報告書等を準備するなどして、対象となる債権者の理解を促す必要がある注11）注12）。

　また、対象債権者との間では、書面での一時停止合意を取り付けることを目指すことになるが、その際に、預金等の資金は、貸付金融機関以外の金融

注10）　多数決原理による私的整理手続（スキームオブアレンジメント）については、**第3節2**（英国）参照。

注11）　欧州における私的整理手続では、公認会計士等による事業状況や資金状況の報告書（Independent Business Review）を対象債権者に開示することが実務といわれている。

注12）　ただし、対象債権者すべてが、子会社の私的整理に同意するか不明な状況の中で、子会社の資産状況を含めてどのような内容の情報を開示するかについては、後述する債権者による個別執行や保全の誘発回避の観点から、十分な留意が必要となる。

機関に（少なくとも一時的に）移動することで、個別執行や相殺などを誘発しないようにすることも有用である（国内における私的整理の場合にも同様のリスクがあることはもちろんであるが、海外における私的整理の実務では、地域によっては、1つの債権者が権利行使・回収執行を始めてしまうと、日本におけるのとは比較にならないほどに他の金融機関その他の債権者による追従を食い止めることが実務的にも難しい場合もあるため、事前の備えが重要になるといえよう）。

　債権者による個別執行の可能性がどの程度存するかについては、①子会社が所在する国または地域の金融機関の私的整理手続に対する姿勢・傾向を、あらかじめ現地の弁護士その他の事業再生実務家に確認しておくことに加え、②当該国または地域における保全（仮差押え）や執行の要件、想定される手続の期間、裁判所で保全が認められるのに必要とされる保証金額（相場）、および先に保全手続や執行手続を行った債権者と後から当該手続に参加した債権者間の配当の優先関係、③個別執行（や保全）がなされた後に債務者が法的倒産手続に入った場合の当該執行（や保全）に対する否認（執行否認）制度の有無などを把握しておくことが有用である。例えば、執行否認が認められない法制度を有する国または地域（例えば、中国）においては、債権者は執行（預金差押等）後に、法的倒産手続が開始されたとしても、差し押えた資産を解放する必要がないため、かかる法制度下では、債権者は個別執行をすることを躊躇しない傾向が高いと思われる。

　④さらに、親会社の債権者と海外子会社の債権者の顔ぶれ（重複度合い）も、当該子会社の私的整理手続において、債権者から協力を得られるか（一時停止の合意に同意してもらえるか）に影響を与える。親会社の貸付金融機関やその同一グループの法人などが子会社の金融債権者である場合は、親会社と子会社の一体再生が全体の回収の最大化につながることについて理解を得やすい。また、子会社の金融債権者が親会社の貸付金融機関でない場合であっても、親会社が保証しているときは同様である[注13]。他方で、子会社のみに貸付を行っており、かつ親会社の保証もない債権者（金融機関）は、親会社の倒産手続の情報も十分得られず、グループの事業再生の全体像が十分

注13)　当該子会社について法的倒産手続を採用する場合でも同様のことは妥当しよう。

第4章　クロスボーダー事案および海外法制

把握できないことなどもあり、親会社が当該海外子会社に対して有する債権の劣後化を求め、親会社がこれに同意しなければ、当該子会社に対する個別執行・保全を強行しようとすることも散見される[注14]。

(v)　子会社の所在する国の法制度において倒産申立義務が課される場合の方策

　海外の倒産法制にあっては、法人の取締役に倒産手続の申立てを義務付けている場合がある[注15]。例えば、日系企業（親会社）の事業再生に際して頻出する国でもあるドイツにおいては、法人の取締役等は、法人が支払不能または債務超過となった時から3週間以内に、法的倒産手続を申し立てる義務（法的倒産手続申立義務）を負い、同義務を負う取締役等が当該義務に違反すると刑事罰が科されることがある[注16] [注17]。ところが、他方でドイツにおける法的倒産手続は、管財人が選任される管理型手続が原則であるため[注18]、法的倒産手続となった場合、親会社としては、ドイツ子会社へコントロールを及ぼすことが難しくなる。そのため、ドイツに子会社がある場合、申立義務があるからといって安易に法的倒産手続を選択するわけにもいかず、特に

注14)　なお、当該子会社について現地の法的倒産手続が採用されている場合には、劣後化の要求を親会社が受け入れない場合には、同手続中の計画案に反対すること等で対抗してくることがある。

注15)　日本においても、明治32年に制定された旧商法（174条2項）では、株式会社が債務超過の場合に、取締役に破産申立義務が課され、その違反に対しては、過料の制裁が定められていた（旧商262条6号）。しかし、株式会社の取締役がこの規定を遵守する例は少なかったことなどから、昭和13年の改正により、旧商法174条は削除された。

注16)　ドイツ倒産法（Insolevenzordnuug）15条a条。ドイツ倒産法に基づく倒産申立義務については、井出ゆり「ドイツの倒産手続の概要」事業再生と債権管理161号（2018）94頁参照。

注17)　イタリアにおいても法的倒産手続申立義務が規定されているが、同国では、支払不能の状態にもかかわらず、取締役等が、破産手続の申立てを遅らせたり、申立てを遅らせる目的で詐害的取引を行ったりした場合は、当該取締役等に刑事罰が科されることがあるとされる（菅野百合「イタリアの倒産手続の概要」事業再生と債権管理161号〔2018〕116頁）。

注18)　2012年の法改正により、債権者を害することがない限り裁判所はDIP型手続を許可するものとされ、DIP型も多く活用されるようになったとのことである（井出・前掲注16）95頁）。

第2節　クロスボーダー事業再生における論点

親会社とドイツ子会社（さらには他の海外子会社を含めた）の一体としての再生処理を図るためには、私的整理手続をとるほうが望ましいことが多い。

　そこで、ドイツやその他の倒産申立義務を課す法制度を有する国または地域に子会社を有するケースでは、当該子会社について私的整理手続を行うことを検討するに当たり、かかる倒産申立義務違反の問題を回避するために、以下の点に留意することが必要となる。

　まず、支払不能状態を解消できれば、倒産申立義務が解消される場合には、債権者との間で一時停止の合意をし、支払不能状態が生じないようにすることが考えられる。この場合、公認会計士等の専門家作成の報告書等により、対象債権者に対し、子会社において事業継続の見込みがあることを示す必要があるとされる。

　また、当該海外子会社が債務超過または支払不能になった後、法的倒産申立義務の履行までどの程度の期間の猶予を得られるか、当該子会社に適用される法令の規定や実務を把握しておく必要がある。特に法的倒産申立義務違反に関して取締役等に罰則が課されているときは、期間内に債権者の同意を得られない場合の対応をあらかじめ考えておく必要がある。

　次に、債務超過および支払不能がいずれも解消されなければ倒産申立義務が解消されない場合、上記一時停止合意のみでは問題が解決されないため、親会社が子会社に出資を行い、子会社の債務超過状態および支払不能状態を解消することで、法的倒産手続開始を回避することが考えられる。この場合、親会社は、子会社に対して資本的資金を投じることになるが、親会社が法的倒産手続に入っている場合、かかる出資については監督委員の同意（民事再生やDIP型会社更生の場合）や裁判所の許可（非DIP型会社更生の場合）が必要となる。これらの同意や許可を得るためには、①子会社の事業継続による一体再生が、親会社の出資額以上に親会社の回収を増大させること、および②当該子会社について、法的整理手続ではなく、私的整理手続をとることが一体再生に有用であり、そのために親会社出資が必要不可欠であることを具体的に示すことが有用となる[注19][注20]。

　親会社が法的倒産手続の中で、子会社へ出資することが認められるためのハードルは、親子会社間の貸付が認められる以上に高い。特に、親会社の債

権者と、子会社の債権者の顔ぶれが異なる場合、親会社の債権者としては、自らの配当原資が子会社の債権者のために費消されるということになりかねないとの認識を有する可能性が高い。そのため、親会社の出資による子会社の法的倒産手続回避が、子会社の事業価値の毀損を防ぎ、その結果、グループ企業全体の事業価値の維持とそれに伴う親会社の事業価値維持につながり、ひいては親会社の債権者の利益にもつながることを、親会社の債権者、管財人、監督委員や裁判所に対して具体的に示すことが求められる。

したがって、重要な子会社が法的倒産申立義務を有する国にある場合、そもそも親会社について法的倒産手続を選択するか、選択するとしても、どのタイミングで（子会社への資金供給前かどうか）法的倒産手続申立てを行うかは、十分に留意されるべき問題となる。

(vi) 海外子会社についての日本での手続申立て（国際倒産管轄）

日本の倒産法上、内外人平等の原則がとられ、外国法人は、内国法人と同一の地位が与えられており（民再3条、会更3条）、子会社が海外の法令に準拠して設立された法人（外国会社）であっても、法定の管轄要件を満たす場合には、法的倒産手続の開始が認められる。

再生手続においては、法人等の社団・財団の営業所、事務所または財産を有する場合には、外国法人であっても再生手続を行うことができる（民再4条）。これに対して、更生手続においては、営業所を有する場合に限り、更生手続を行うことができる（会更4条）。

親子会社いずれについても、日本の裁判所（多くの場合は、同一の裁判所）において、同じ倒産法の下で、再建型倒産手続が遂行されると、法制度の違いや手続進行の違いにより生じる問題を極小化し得るため、親子会社で一体

注19）　親会社が法的倒産手続に入っていない場合、債務超過に陥っている子会社への出資が、親会社取締役の善管注意義務に違反しないかという問題もある。また、子会社へ出資した後に、親会社において法的倒産手続を選択すると、当該子会社への出資が詐害行為として否認対象になり得るという問題が生じ得る。

注20）　債務超過状態では管財人等の選択なしに清算手続を行うことができない制度を有する国があるが、当該法制度を有する国に属する子会社の清算手続を行うに当たり、子会社に出資し、債務超過状態を解消した上で、当該子会社について清算手続を行うかどうかの判断をする際にも、同様の問題が生じる。

第2節　クロスボーダー事業再生における論点

となった事業再生を図りやすくなる。そのため、海外法人でも、日本に営業所があるなどして、上記要件に該当するケースであれば、日本での法的倒産手続申立てを行うことを選択肢とすることが有用な場合がある[注21]。

　ただし、海外子会社については、日本において（再建型）倒産手続が開始された場合でも、その子会社の設立された外国において、債権者申立等により当地の法的倒産手続が開始されるケースもあり得る。その結果、日本と外国において、子会社の倒産手続が並行する（並行倒産）状況になる。当該外国倒産手続において管財人が選任された場合には、当該外国手続を主手続として、日本に承認援助手続申立てがなされることもあり得る。このような場合、日本の外国倒産処理手続の承認援助に関する法律（以下、「承認援助法」という）上は、原則として、国内倒産手続が承認援助手続に優先し、一定の場合において、外国倒産手続の承認援助が優先して日本の倒産手続が中止される[注22]。

　したがって、海外子会社についても、日本において、親会社とともに法的倒産手続を申し立てることを検討する場合、①当該海外子会社が日本の倒産法上、日本で管轄が認められるかに加え、②当該子会社につき、他の法域において倒産申立てがなされる可能性はないか、③その場合、日本の承認援助法の下で、外国倒産手続が国内倒産手続に優先される要件を充足するか否かも事前に検討しておくことが有用である。なお、当然ながら、日本の再建型法的倒産手続が普遍主義［→4］をとっているとはいえ、海外子会社の資産が存在する国や地域において、日本における倒産手続の効力等が承認されるか否かは別途検討しておかなければならない。在外資産が子会社債権者の個

注21）　ラムスコーポレーション株式会社の会社更生開始申立てに当たって、同社の関連SPC（シンガポール法人）について、日本に登録・投棄された営業所の存しないものの、①代表者が住所地はラムス本社（日本）であると対外的に公表していたこと、②契約締結交渉がなされた場所もラムス本社であること、③契約に関する通知先などがラムス本社であることなどを示し、営業活動の実態から日本に営業所があるとして、更生手続を申し立て、開始決定がなされた。
　　　　また、日本海洋掘削株式会社も、2018年に、同社およびその子会社であるオランダ法人Japan Drilling（Netherlands）B.V.についても、更生手続開始決定がなされた。

503

第4章　クロスボーダー事案および海外法制

別執行・保全の対象とされてしまうようでは、親子会社で一体となった事業再生を図ることの意義が大きく後退し得るためである。

(2)　日本の親会社が私的整理手続をとる場合の海外子会社に関する実務上の留意点

(i)　総論

　窮境に陥った日本の親会社が、私的整理手続をとる場合（あるいは私的整理をとる前の段階にある場合）、海外子会社の手続選択に当たっても、まず、子会社においても私的整理手続をとることが検討されることが多い。事業価値の毀損が比較的少なく、子会社に対するコントロールを及ぼしやすく、事業の一体性を保ち、グループ全体の事業価値を維持しやすいためである。

　しかし、子会社において、①債権者（の一部）が強硬で個別執行のリスクが高まっている場合、②法的倒産手続開始により子会社と取引先との（一定の）契約関係を解消させることが有用な場合（例えば、日本の倒産法における

注22)　例外的に承認援助手続が優先する要件は、①承認される外国倒産手続が主手続（その外国に債務者の主たる営業所や住所等がある場合）であること、②国内債権者の利益が不当に侵害されるおそれがないこと、③外国手続の承認援助が債権者一般の利益に適合すること（例えば、③については、外国の事業と一体的に事業譲渡をしたり再建計画を立てたほうが譲渡価格が上がるなどが考えられる）のすべてを満たす場合である（承認援助法57条1項・59条1項）。

　　　　なお、外国手続間で承認申立てが競合したケースであるが、イタリアにおいて創業・発展した会社で、米国に設立した関係会社との合併を経て、米国内に登記上の本店を有することになった会社について、イタリアにおいて、債権者申立てにより破産手続が開始されたが、その約2か月後に、米国においても、Chapter11手続が開始された事案がある。同社が日本に財産を有していたため、日本の裁判所に、まず、米国経営陣により米国Chapter11手続の承認援助の申立てがなされ、承認決定がなされたが、その後、イタリアの裁判所により選任された管財人が、日本の裁判所に、イタリアの破産手続についての承認援助申立てを行った。この事案では、（日本の承認援助法上、イタリア手続が主手続とされると、米国手続の承認援助が中止されるため）米国とイタリアのいずれの手続が外国主手続であるかが争点となり、いずれが、日本の承認援助法上の「主たる営業所」（承認援助法2条1項2号）に該当するかが日本の裁判で争われた（東京高決平成24・11・2金法1970号118頁。福岡真之介＝湯川雄介「国際並行倒産における主たる利益の中心」（COMI）について、NBL987号〔2012〕56-63頁参照）。

504

双方未履行双務契約の解除類似の制度を用いることが有用な場合）、または、③法的倒産手続に入ることにより、（拡大していく）債務を確定させ信用悪化を食い止めたい場合など、子会社（のみ）にて法的倒産手続を選択することが有用な場合もある。さらに、④子会社の債権者から法的倒産手続申立てがなされるリスクが高まっている場合に、子会社の手続遂行をコントロールするために、債権者に先んじて、親会社が子会社について法的倒産手続申立てを行う場合も考えられる。

このような中、子会社について法的倒産手続申立てを選択するかどうかの判断に当たっては、①当該子会社の属する国の法的倒産手続の制度（DIP管財型手続があるかDIP型の手続があるか、管財人が選任されるのかなど）と手続遂行の予測可能性の有無、②子会社の法的倒産手続開始が、親会社の私的整理手続の継続を妨げるような問題の有無等を踏まえた上で、当該海外子会社につき法的倒産手続をとることが、親会社を含むグループ全体にとり有用たり得るかを検討する必要がある。

かかる検討に当たって、企業グループで事業が一体となって運営されている場合、子会社を一定程度コントロールできるDIP型手続が望ましいが、DIP型といっても、法的手続に入ると、親会社の株主としてのコントロールは原則として失われ、また、債権者委員会が設立される等により債権者の声がより大きくなるため、一定の限界がある点は留意が必要である。

(ii) 子会社においても私的整理手続を行う場合

親会社とともに、事業を一体として運営する子会社においても私的整理手続を行う場合、対象債権者の範囲（金融債権者のみか、一定の取引債権者もとり込む）を一致させることが望ましい。

倒産実務家国際協会（INSOL）により私的整理（Work Out）の原則（INSOL8原則[注23]）が提言されており、英国等の私的整理のルールとして多く用いられているとされる。日本法人以外で、私的整理をするに当たっては、かかるINSOL原則を指標として私的整理手続を進めることが考えられる。日本の制度化された準則型私的整理（例えば事業再生ADR手続）と、基本的な考え方は類似しており、いずれも対象債権者を金融機関とすることが原則であり、親和性がある。

第4章　クロスボーダー事案および海外法制

　しかし、INSOL8原則は、あくまで私的整理手続におけるガイドラインで
あり、法的拘束力はなく、また、既述の通り［→**2**(1)(iv)参照］、国や地域に
よっては、①金融債権者のみを対象とする私的整理が一般的でないこともあ
り、また、②一時停止通知が送付されれば、手続を尊重して一旦は個別執行
を控えるとの実務対応が一般的に定着しているとはいいがたく、債権者の個
別執行を誘発しかねない場合もあるなど、私的整理への理解や受容度には地
域差があることは当然ともいえよう[注24]。

　そのため、海外子会社における私的整理手続を進める場合、金融債権者の
みを手続対象とする場合も、金融債権者以外の債権（主には取引債権）を保
護したほうが結果として金融債権者への弁済率も上昇することが見込まれる
ことや金融機関への弁済を止めることで、その後の事業継続が図られ、その
結果、回収の最大化が図られることを、私的整理の対象となる金融債権者に
理解してもらうところから始めなければならない場合も少なくない。他方で、
日本の親会社の私的整理手続と異なり、金融債権者以外の債権者を対象債権
者に加える場合には、対象債権者に加えられた非金融債権者に対して、なぜ、
日本の親会社と対象債権者の範囲が異なるのか、その合理性を説明し、対象
となる債権者に納得させる必要が生じる。

　このような場合、日本の親会社について法的倒産手続を選択する場合と同
様に、対象となる債権者の理解を得るために、独立性を有した専門家（公認

注23)　INSOL8原則については、INSOL Internationalによる "Statement of Principles
　　　For A Global Approach to Multi-Creditor Workout Ⅱ" 参照。概要、第1原則
　　　「債権者は回収禁止期間を債務者に与える」、第2原則「回収停止期間中の債権者
　　　による権利行使、売却以外のエクスポージャー減の禁止」、第3原則「債務者に
　　　よる資産価値を減ずる行為の禁止」、第4原則「債権者委員会の組成、アドバイ
　　　ザーの任命」、第5原則「債権者（アドバイザー）に対する債務者の情報開示義
　　　務」、第6原則「債権者間の衡平性の確保（既存債権請求権・担保割合の維持）」、
　　　第7原則「債権者間での情報の共有・外部に対する守秘義務」、第8原則「回収
　　　停止期間中の新規融資の弁済優先性」である（河合祐子ほか「米国・英国の事業
　　　再生ファイナンス」事業再生研究機構編『プレパッケージ型事業再生』〔商事法
　　　務、2004〕75頁）。

注24)　日本において私的整理手続をとる場合に、対象債権者に、外国債権者（外国金融
　　　機関）が存する場合にも、同様の理解の温度差の問題は生じ得る。

506

会計士など）により、①私的整理手続を進める必要（中期的な資金不足）、②対象債権者への弁済を一時的にやめることで、当面の資金繰りは確保され、事業価値の毀損が防止されること、③法的手続をとるよりも私的整理を進めるほうが弁済率が上昇すること、④中でも、私的整理の対象を金融債権者に限定し、取引債権を私的整理の対象としないほうが、債権者への弁済率を上昇させる可能性を高めることなどについての報告書を準備することなどが有用となる[注25]。

ただ、私的整理手続は、全債権者の同意が原則となるため、常に頓挫するリスクがあり、対象債権者の顔ぶれにもよるが、一部の対象債権者の同意を得られない場合に、法的手続に移行できるよう準備しておくことが必要と思われる。

(iii) 親会社の保証契約、失期条項など

親会社について私的整理手続の段階までには至っていないかまたは私的整理手続中ではあるが、貸付契約の期限の利益を喪失しておらず法的倒産手続の申立てを回避できている状況下において、子会社につき（日本または外国における）法的倒産手続の開始申立てを検討する場合には、子会社の法的倒産手続が、親会社にどのような影響を与えるかを把握し、親会社についても法的倒産手続の開始を申し立てざるを得ないような事態に陥ることがないように留意する必要がある。

例えば、親会社の貸付契約上、子会社の法的倒産手続申立てが期限の利益喪失（当然失期または請求失期）事由となる条項が存する場合、子会社の法的倒産手続申立てが、親会社債権の期限の利益喪失につながってしまうリスクがある。また、貸付契約では、クロスデフォルト条項が存することが多いため、1つの金融機関の契約の期限の利益喪失に伴い、多くの借入債務が一斉に期限の利益を失い、その結果、親会社についても法的倒産手続を申し立てざるを得ない事態にまで発展する可能性も払拭しておかなければならない。

同様に、親会社が子会社の保証人となっている場合、主契約や保証契約に

注25）　欧州における私的整理手続では、独立した立場にある公認会計士等による事業状況や資金状況の調査報告書（Independent Business Review）を対象債権者に開示することが実務において行われている。

第4章　クロスボーダー事案および海外法制

よっては、子会社の法的倒産手続開始が失期事由となり、契約上、親会社に対する保証履行請求がなされたり、増担保請求を受けるリスクもある。親会社が、子会社のために、銀行に対してスタンドバイLCの発行依頼をしている場合も同様である。子会社による法的倒産手続の開始申立てに伴い、親会社が一定の支払や担保積増しなどを強いられることで、あるいは、クロスデフォルト条項に基づき、親会社までもが支払不能となるリスクはないかなどを十分確認し、把握した上で、子会社の債権者との間においては、支払の繰延、長期分割払、増担保の減額等の交渉を行いつつ、子会社に係る法的倒産手続の開始申立てが必要となる状況（あるいは子会社債権者により申立てがなされること）を回避すべく交渉することが必要となる場合もある。

(ⅳ)　親会社の対応

上記契約条項を十分把握していたとしても、子会社の債権者が私的整理による処理に対する態度を軟化させず強硬なままである場合など、子会社について法的倒産手続の開始申立てをせざるを得ないことも当然あり得る。かかる場合、クロスデフォルト条項により親会社も支払不能状態に陥り得るのであればクロスデフォルト条項について放棄してもらうべく関連債権者との間で交渉しなければ親会社についての私的整理を維持することは困難となろう。親会社の保証契約や借入契約の条項に基づき、債権者から、親会社に保証履行請求や増担保請求がなされる場合には、親会社としては、一時期にすべての請求に応じていたのでは、やはり資金繰り破綻を招き、自身についても法的倒産手続を申し立てなければならなくなるリスクが高まる。そのため、親会社としては、関連債権者との間において、支払の繰延、長期分割払、増担保の減額等の交渉を行うことが考えられる。いずれの場合においても、親会社について法的倒産手続の開始申立てがなされてしまえば、グループ全体の事業価値毀損が生じ、当該債権者への弁済がかえって少なくなるリスクを説明することが肝要となろう。

子会社の法的倒産手続の開始申立てが避けられない場合にあっても、申立てを行うに当たっては、このような親会社と金融債権者との交渉等も想定した上で、最悪の場合（親会社も法的倒産手続の開始申立てを行わざるを得ない場合）も想定し、その準備も十分に行っておくことが有用となるのである。

508

第2節　クロスボーダー事業再生における論点

3　子会社が日本法人の場合の留意点

(1)　総論——手続選択の基準

　子会社が日本法人で、親会社が外国法人の場合において、親会社が法的倒産手続に入ったときに、子会社についてどのような問題が生じ得るか、留意すべき点は何かにつき、子会社である日本法人の立場から検討する。

　まず、先に述べた通り法的倒産手続に比べ私的整理手続のほうが、一般的に、親会社（すなわち株主）としては、コントロールを及ぼしやすく、一体処理をしやすい上、事業価値の毀損も相対的に抑えやすいというメリットがある。ただし、当該企業グループの親会社の法的倒産手続が開始されれば、当該企業グループにおける日本子会社の位置付けにもよるが、親会社に対する売掛債権の倒産債権化などにより、子会社の資金繰りおよびバランスシートが影響を受け、子会社としても資金繰りを確保し事業を継続するため、または子会社債権者による個別執行（仮差押え）や担保権実行リスクを回避するために、（日本または親会社と同国における）法的倒産手続を申し立てる必要が生じる場合も少なくない。

　そのため、親会社が法的倒産手続を行うことを検討していることについての情報を得た後は、子会社も、速やかに企業グループの他の法人を含めた方針に関する情報収集を行い、①親会社のみならず、グループの他の会社の法的倒産手続申立ての予定、グループの他の会社と日本子会社との取引の有無・取引の内容・取引額、②日本子会社の金融機関借入れの有無、親会社や関連会社の保証の有無（親会社の法的倒産手続が金融機関にとって保証人の倒産手続申立てとなるのか）、③日本子会社の取引先（特に仕入先）との取引条件と取引条件変更の可能性、④親会社およびグループ会社の法的倒産手続申立てによる日本子会社の資金繰りへの影響（取引先の条件変更等による資金繰りへの影響を含む）、日本子会社のバランスシートや損益への影響、⑤日本子会社自身の債権者による個別執行や保全行為の対象とされ得る資産の有無等を踏まえて、日本子会社自身についても、法的倒産手続申立てを行うべきか、私的整理（純粋私的整理のみならず、準則型私的整理手続〔例えば事業再生ADR

509

第4章　クロスボーダー事案および海外法制

手続〕）の開始が事業価値維持等の観点から適切であるのか、あるいは当面
は現状維持を続けることができるのかなどを検討しなければならない。

(2)　子会社としてなすべき対応

　海外親会社と日本子会社が一体として事業を運営している場合、かかる事
業を一体として処理することが、事業価値の毀損を最小限にとどめ、債権者
への配当の最大化につながることが少なくない。そこで、(1)におけるような
検討を行うまでもなく、海外親会社から法的倒産手続の開始申立てや私的整
理の開始を命じられる場合もあろう[注26]。

　他方で、日本子会社が法的倒産手続に入れば同社は、親会社ではなく子会
社の総債権者の利益のために、公平かつ誠実に、業務遂行や財産管理処分権
を行使する義務を負うため（民再38条2項、会更80条）、親会社と子会社の利
害が結果として対立する可能性も生じることに鑑みれば、日本子会社自身に
法的倒産手続の開始原因が存在する状況に至っているのであれば、子会社と
しても必ずしも親会社の意向に沿った対応をすべきことにはならない。親会
社が日本子会社の債権者でもある場合、日本子会社の（日本における）法的
倒産手続においても十分な影響力を及ぼす余地はあるが、有する債権額（さ
らには担保権者であるか否か）等によってその程度は変わってくるし、また、
親会社債権は法的手続の中で劣後化される（その結果影響力が削がれる）可能
性もあるため、日本子会社としては、法的倒産手続の開始申立てや私的整理
の開始を海外親会社から命じられたからといって、直ちに命じられたままに
行動するのではなく、自らの再生にとっての最適解としての選択肢を模索す
ることも必要であるし、また、自らが法的倒産手続に入った後は、DIP型手
続だとしても、親会社の意向のみに従って以後の方針等を決定していくわけ

注26)　なお、日本子会社が日本における再建型法的倒産手続（再生手続や更生手続）に
　　　入れば、株主たる親会社の手続関与は大きく制限されることから、いわゆるプレ
　　　パッケージ型やプレネゴシエイテッド型の場合のほかは、外国親会社としては日
　　　本子会社に対して日本の倒産手続の開始申立てを行うように指示することについ
　　　ては躊躇することが想定される。親会社と同じ国における法的倒産手続の開始申
　　　立てか、私的整理の開始が命じられる場合のほうが想定しやすかろう。

510

第2節　クロスボーダー事業再生における論点

にもいかない。

すなわち、例えば海外親会社がそのグループ事業（日本子会社の事業を含む）を一体として新スポンサーに譲渡すること、すなわちグループ事業の一体処理を親会社の再建計画の中核・根幹として方針を定めているとしても、日本子会社としては、直ちに親会社の意向に沿うのではなく、独自に、親会社との一体的処理が、自らの事業価値の最大評価につながるのか、別の可能性はないか、子会社債権者の意向も踏まえて、検討しておく必要がある。検討に当たっては、子会社が一体処理を拒む場合、どのような問題が生じるか、解決可能か（親会社と一定の契約を解除する必要があるのか、法的倒産手続を申し立てることで解除は可能か）、子会社事業を親会社とは異なる買主に譲渡する場合、親会社との間で解決しなければならない事項はあるか（例えば海外親会社の商標権の使用）、親会社に譲歩をさせるための材料はあるかなどを具体的に検討することが有用となる。

また、仮に親会社と事業を一体処理することが事業価値の最大評価につながると考える場合でも、常に親会社の意向に沿うのではなく、親会社債権の劣後化の主張を行うことは可能かなども検討することが、債権者の意向を踏まえる上で、有用となる場合もある点は留意が必要である[注27]。

ところで、海外親会社が日本子会社を含むグループ事業を一体処理する意向であるような場合には特に、日本子会社自身の海外子会社（日本子会社の海外親会社からみれば孫会社）のコントロールという観点も考慮に入れなければならない。すなわち、日本以外の国や地域においても、事業再生局面、特に法的倒産手続に入ると、日本におけるのと同じように、株主たる親会社（ここでは日本子会社）のコントロールが及びにくくなり、他方で、その取締役は、当該法人の設立準拠法国における法制度上、自身の総債権者に対して

注27）　Spansion LLC（Chapter 11手続）の子会社の日本法人Spansion Japanでは、DIP型更生手続に入った後、同社の債権者が、更生担保権者委員会を組成し、更生管財人に強い働きかけをするなどした結果、①親会社との間の受託生産契約は解除され、②子会社がその事業（製造事業）を独自にスポンサーに譲渡し、また、③親会社債権は、和解により、実質的に完全に劣後化される結果となった（坂井秀行＝粟田口太郎「史上初の更生担保権者委員会とその意義——Spansion JapanのDIP型更生手続」金法1918号〔2011〕24-37頁参照）

511

第4章　クロスボーダー事案および海外法制

善管注意義務（あるいはfiduciary duty）を負う場合も多く、親会社たる日本
子会社とその子会社たる海外子会社は、結果として、対立する可能性がある
ため、日本子会社の指揮命令に応じるとは限らない。そして、日本子会社が
海外親会社とは異なる方針を採用しようとしても、日本子会社の海外子会社
（すなわち孫会社）は、海外親会社がグループ事業の一体処理を企図している
以上、一体処理の方針に追従しようとする場合もあり、その結果として日本
子会社自身の方針に影響を及ぼすことも考えられる点に、留意が必要である。

4　日本における法的倒産手続の効力・効果の海外へ の波及

(1)　総論

　日本における法的倒産手続については、いわゆる普及主義がとられ、管財
人および債務者の管理処分権は、日本国外の資産にも及ぶことが明記されて
いる（会更32条1項、民再38条1項）。しかし、かかる規定があるとしても、
各国が主権を有する以上、日本における倒産手続の効力が日本国外に当然に
及ぶというものではない。そこで、日本における法的倒産手続をとった場合
に、同手続の対象債務者の国外財産については、別途、差押防止を含め当該
資産を確保し、引き続き事業の用に供するための措置をとる必要がある。ま
た、日本の法的倒産手続で認可された計画（更生計画・再生計画）について
も、当然に外国居住者や外国所在の債権者らに外国においてまでその効力が
及ぶものではない。そこで、日本の法的倒産手続で認可された計画（更生計
画・再生計画）について外国において効力が生じるように措置を講じること
が求められる場合もある。

(2)　UNCITRALモデル法に準拠する承認手続が存在する国で ある場合

　日本における法的倒産手続をとった場合に、同手続の対象債務者の国外財
産について差押防止を含め当該財産を確保し、引き続き事業の用に供するた
めの措置としては、当該財産の存する国における承認手続が考えられる。す

512

なわち、日本における法的倒産手続に係る債務者の重要資産の存する外国において、（日本における承認援助法と同趣旨から制定された）外国における倒産手続の効力を国内に及ぼす手続を定めるための法律が存する場合[注28]、日本における倒産手続申立てと同時期に、当該外国で承認手続の申立てを行い、日本の手続が主たる倒産手続として当該外国の裁判所にて承認されれば、債権者が当該国に所在する資産につき強制執行や担保権実行等の対象とすることが認められなくなるのである。

なお、差押防止を確実にするためには、日本の倒産手続申立て（および保全命令発令）と同時に当該外国において日本の手続を主たる倒産手続と承認する旨の裁判所の決定（命令）が得られていることが望ましい。しかし、承認手続法制を有する国でも、承認対象たる外国倒産手続が（申し立てられたのみならず）現に開始されてからでなければ、手続の承認をしない運用をする国もあるので、留意が必要である[注29]。

また、日本における倒産手続が再生手続であった場合については、担保権に関連して留意が必要たり得る。すなわち、日本の民事再生法では、担保権

注28）　国連国際商取引法委員会（UNCITRAL）で、1997年に、各国の国内法のモデルとなる外国倒産処理手続の承認、並行倒産等を規律するモデル法が採択され、同年の国連総会において、加盟国に対して、モデル法を尊重した国内法を整備するよう勧告がなされた。その結果、日本を含め主要国がおのおのでUNCITRALモデル法を取り入れた承認援助法を制定している。
　　　　なお、UNCITRAL国際倒産モデル法では、外国手続が、主手続か従手続によって承認の効果を異にし、当該国の手続が、主手続（債務者の主たる利益の中心の国の手続）であるとされ、かつ、その手続が承認されたときは、①外国裁判所における債権者による差押え・競売手続の中止、②継続中の訴訟、仲裁手続の中止、③債権者による新たな訴訟提起、仲裁申立てを阻止する内容の命令を外国裁判所から取得できる（詳しくはUNCITRALのウェブサイト〔www.uncitral.org/uncitral/en/uncitral-texts/insolvency/1997Model.html〕UNCITRAL Model on Cross-Border Insolvency〔1997〕参照）。
注29）　第一中央汽船株式会社の民事再生案件では、米国では、日本における再生申立て・保全命令の段階で、承認手続（Chapter 15）の申請により強制執行禁止等の仮救済命令を取得できたのに対して、カナダやオーストラリアでは、日本において再生手続開始決定発令後の承認手続申立てとなったとのことである（福岡真之介ほか「第一中央汽船の民事再生について——海運会社の国際的倒産事件の事例」事業再生と債権管理156号〔2017〕133頁）。

第4章　クロスボーダー事案および海外法制

は、手続外での権利行使が認められ、再生手続開始の効果に担保権の実行禁止効は認められない。しかしながら、外国において日本の再生手続の承認の申立てを行った場合、国によっては、承認の効果として、担保権実行の禁止までが承認の効果に包含される場合があるとされる[注30]。

(3)　UNCITRALモデル法に準拠する承認手続が存しない国である場合

(i)　コモンローに基づく外国判決の承認制度の利用

まず、承認手続制度が、存しない国であっても、例えば、南アフリカ共和国では、コモンローに基づく外国判決の承認制度を利用して、承認の効果を得られたケースが報告されている[注31] [注32]。したがって、重要な資産の所在国については、外国倒産手続の承認制度がなかったとしても、上記のような外国判決の承認の制度を用いることを検討する余地がある点留意が必要である。

(ii)　並行倒産の利用とその問題

承認手続がない国や承認手続申立てがなされても承認されない国に重要資産が所在する場合にあって、当該資産に対する個別執行を止める必要性が高い場合には、当該国における法的倒産手続申立て（並行倒産）を行うことが考えられる[注33]。ただし、並行倒産がなされる場合、同一法人について、異なる法制下での倒産手続が進むため、日本の倒産手続と当該国の倒産手続との衝突が生じ、その調整を行う必要が生じることが当然に予想される[注34]。そのため、同一法人について、並行倒産をとることを検討する場合には、事前にどのような点についての調整が必要かを洗い出し、申立てを行う（予定の）各裁判所とも事前に調整方法について協議した上で、並行倒産を行うこ

注30)　福岡ほか・前掲注29) 133-134頁。
注31)　福岡ほか・前掲注29) 134頁。
注32)　同様に、Opti-Medix Ltd.（英領バージン諸島法人）について、日本において開始した破産手続が、シンガポールにおいて、コモンローに基づき承認されたケースがある。
注33)　日本の法的倒産手続各法制において、同一法人における並行倒産がなされることを想定した規定が置かれている（民再11章、会更10章参照）。

514

とのメリット（個別執行の回避）がそのリスクやデメリットを上回ることを十分確認しておくことが重要である[注35]。

(iii) 実務運用による回避

UNCITRALモデル法に準拠する承認手続や上記のコモンローのような現地法による独自の承認といった制度が一切存在せず、さらには並行倒産も実務的にハードルが高いような場合には、重要資産を当該国に所在させないように実務運用上の工夫が可能であるかが検討されるべきであろう。すなわち、例えば、海運会社の船が対象資産である場合には、そのような承認の効果が得られず、日本における倒産手続の効力を及ぼすことができない法域には、所有船ではなく、借船を運行させたり、倒産手続に入っていないSPC所有の

注34）　同一債務者について、日本と外国とで並行倒産の状況となった場合、日本法上は、国内手続が優先するものとされ、外国倒産手続について（外国管財人等により）承認手続の申立てがなされた場合でも、債務者について国内手続が係属している場合は、承認申立ては原則として棄却される（承認援助法57条1項）。ただし、例外的に、①外国倒産手続が主手続であり、②国内債権者の利益が不当に侵害されるおそれがない場合で、③外国倒産手続の承認援助が債権者一般の利益に適合する場合には、承認援助手続が優先し、国内手続が中止される（同条2項・59条1項）。日本法上では国内手続が優先されても、外国法上では別の結論となる場合もあるため、これらの規定は、同一法人の並行倒産手続が（意図せずに）始まった場合についての調整の役割を必ずしも果たすものではない点に留意が必要である。

注35）　外国倒産の承認援助法制定後に、同一法人について、日本の法的倒産手続と海外の法的倒産手続（米国Chapter 11手続）が並行して行われたケースとして麻布建物株式会社の案件がある（片山英二ほか「日米にまたがる麻布建物㈱にみる――承認援助手続と国際並行倒産」事業再生と債権管理127号〔2010〕67-102頁）。同ケースでは、先行する米国手続の計画（プラン）と後に開始する日本の更生手続の整合性を確保するかが最も重要であった。①米国プランは、債権者は清算トラストに対する受益権を付与され、清算トラストから受益権の償還を受ける建付けになっていたが、かかる内容が清算価値保障原則に反しないか、②米国プランでは、額や存否に争いのある債権の確定ついて、清算トラストに委ねることになっていたが、その適法性、③更生手続開始前に行われていた事業に関する債務についての弁済、米国租税債権や米国手続における専門家費用などを裁判所の許可なく支払えるか、④日米で届出債権額が異ならないようにするために日本の手続においてどのような対応をすべきか（例えば、米国のみしか届出を行わない債権者が存する場合に、外国管財人が当該債権者に代理して債権届出を行う）などが、米国手続との調整に関連して問題となった。

第4章　クロスボーダー事案および海外法制

船舶を利用するなどの工夫が考えられる[注36]。

(4)　配当に際しての調整（ホッチポッドルール）

日本において法的倒産手続に入った法人の外国における資産保全の方策は上述の通りであるが、それにもかかわらず、あるいは方策が間に合わなかった場合や奏功しなかった場合に、外国資産から債権者が独自に回収を行った場合、その弁済額の調整については、日本の倒産手続法上に別途対応するための規定がある。

具体的には、債権者が国内倒産手続開始後に債務者の外国財産に対する権利行使によって弁済を受けた場合、その債権者は、他の債権者が倒産手続において同一の割合による配当・弁済を受けるまでは、手続上、配当弁済を受けることができないとされており、ホッチポッドルールといわれる（民再89条2項、会更137条2項）。在外資産が多く存する法人の再建型倒産手続（再生手続・更生手続）においては、計画案において、上記ホッチポッドルールを確認的に規定することも少なくない。

ところで、特定の債権者の外国資産からの回収額が、日本の倒産手続における配当額の範囲を超える場合、かかる超過額を同債権者に対して不当利得として請求できるかについては、見解が分かれている[注37]。そこで、実務的対応としては、計画案（再生計画、更生計画）に、債権者が、①外国資産からの回収を行い、それが計画に基づく配当額を超過した場合や②計画に基づく配当の受領後に外国資産からの回収がなされた場合に、当該法人は当該債権者に返還を請求できる旨を明記しておくことにより、かかる権利行使の抑止を図ると同時に、現に回収行為がなされた場合には（例えば当該債権者が計画案に対して同意していればそれを根拠としつつ）返還の請求を行うことも考えられる。

注36)　ただし、国によっては、船舶内の燃料の差押えが認められる法制度や、申立対象外のSPC所有の船舶であっても申立対象会社と支配関係が共通する場合は差押えが認められ得る法制度が存する場合もある点、留意が必要である（福岡ほか・前掲注29）131-132頁）。

516

(5)　在外資産を有する企業の計画案の外国における承認

　国際的企業が日本で法的倒産手続を進めるに当たって、在外資産の保全の
ために外国で承認手続の申立てを行うことが有用である点は、すでに述べた
が、日本の法的倒産手続で認可された計画（更生計画・再生計画）について
は、かかる承認手続によって当然に外国に効力が及ぶものではない。他方で、
日本における法的倒産手続における計画案が裁判所により認可されたにもか
かわらず、かかる計画の効力が（在外資産等を有する）外国において効果が
及ばないということになると、計画が認可されたにもかかわらず、外国の承
認手続が終了した後に、債権者から計画による権利変更はなかったものとし
て、原債権について改めて請求を受けるなどのリスクが残る。そのため、日
本の倒産手続の計画に基づいて事業を譲り受けたスポンサー企業としても、
重要資産の存する外国において、日本の法的倒産手続の計画の効力が確実に
及ぶことを求める場合があり得る。

　ただし、承認手続により、かかる計画案の効力を外国にも波及させ得るか
は、（UNCITRALモデル法においても特段の定めがないこともあって）当該外国
の法制度によりまちまちであり、留意が必要である[注38]。

注37)　不当利得（として請求すること）を認める見解には、日本の倒産法が執行行為の
　　　否認を認めること等を理由とするもの、国際的レベルでの債権者平等確保のため
　　　にホッチポッドルールが設けられた趣旨を理由とするものなどがある（山本和彦
　　　『国際倒産法制』〔商事法務、2002〕152頁、伊藤眞ほか編『民事再生法逐条研
　　　究——解釈と運用』ジュリ増刊〔2002〕266-267頁〔松下淳一発言〕）。不当利得
　　　を認めない見解には、外国領域内で、当該外国のした国家行為の効力は承認され
　　　るべき点を理由とするもの、国家機関の助力を得た正当な権利行使（強制執行）
　　　と日本法の倒産手続下での個別権利行使禁止原則の調整ルールとして、ホッチ
　　　ポッドルールが定められており、それは配当調整のできる限度で是正されるものと
　　　するものなどがある（道垣内正人「国際倒産における債権者平等——外国で弁済
　　　を受けた債権者の扱い」金判1112号〔2001〕118頁、伊藤ほか編・前掲266-267頁
　　　〔深山卓也発言〕）。

第 4 章　クロスボーダー事案および海外法制

5　クロスボーダー企業の再生計画策定に際しての留意点

(1)　総論

　日本企業が親会社である場合であれ子会社である場合であれ、グローバルに複数の法人を有する企業グループでは、事業は各法人の垣根を越えて一体として（相互に関連して）運営されることが多い。このような場合、法人にかかわりなく、企業グループ全体が、一体とした事業体と評価され、事業再生の局面でも、グループ事業全体の一体譲渡等の処理を行うことにより、全体としての事業価値の維持、ひいては債権者への配当の最大化が企図されることが少なくない。

　他方で、事業再生の手続自体は、原則として法人単位でなされ、債権者への分配額も法人ごとに決定されることとなるため、事業が一体として評価された場合であっても、例えば事業を譲り受けるスポンサーから一括で支払われる譲受対価を、法人ごとに分配、配賦することが必要とされ、そのための

注38)　エルピーダメモリ株式会社の案件では、日本の更生手続で認可された更生計画が米国Chapter 15手続において承認された（小林信明ほか「エルピーダの海外対応をめぐる諸問題」NBL1026号〔2014〕63頁）。これに対して、麻布建物株式会社のケースでは、米国Chapter 11手続において認可された再生計画（具体的には同計画による債務免除の効力）を、日本にも確実に及ぼせないか問題となった。まず、日本の承認援助法により、米国Chapter 11手続で認可された計画の効力を日本国内に及ぼせるかが問題になった。この点、日本の承認援助法上、外国倒産手続による債務免除の効力を日本国内に及ぼす規定がなく、同法の適用は困難と解された。次に、民事訴訟法118条の外国判決の承認規定を類推適用できないか問題になったが、権利変更の対象となる債権者に送達条約に基づく送達がとられていないことなどから、同条2号の要件が満たされていない可能性があり、米国手続の計画の効力は、日本に及ぶのか不明確であるとされた。そこで、計画に基づく債務免除の効力を日本においても確実に生じさせたいとの麻布建物のスポンサーの意向に基づき、日本においても並行倒産手続（更生手続）が行われることになった（井出ゆり「麻布建物株式会社」アンダーソン・毛利・友常法律事務所編『クロスボーダー事業再生——ケース・スタディと海外最新実務』〔商事法務2015〕46-48頁）。

518

協議、交渉がグループ企業間で必要とされる。

　また、各債権者は、原則として、各法人経由で配当を受けることになるが、グループ企業間における商取引に係る売掛債権等の内部債権や、グループ会社に対する金融関連債権（例えば、保証履行請求権）が認められるのか、認められるとしてどのようなルールでどの程度の額が認められるか等の問題があり、これらについての定め方によって、各法人の財産額にも差異が生じる結果として債権者への配当額も異なり得る。そのため、各法人の手続で定められる計画案において、内部債権や保証履行請求権の取扱いについての調整規定が必要とされ、かつ、それらが法人間で調和がとれていることが求められる。

　これらは、国内における企業グループの事業再生においても生じる問題ではあるが、クロスボーダー型企業グループの場合には特に、法人ごとに適用される事業再生手法の根拠法規・準則も異なり、国内の企業グループのケースのように、同一ルール（日本法）の下で、1つの裁判所や管財人が手続を遂行するようなこともないため、グループ企業間における利害対立（背後にはおのおのの債権者間での利害対立）が顕在化しやすい。

(2)　グローバルに機能する事業計画

　クロスボーダー型の企業グループの場合、複数の国に法人が存するため、事業再生を進めるに当たって、各法人において、種々の事業再生手続（法的倒産手続と私的整理手続）が併存するようなケースが少なくない。

　上述の通り、事業再生の局面でも、グループ事業全体の一体譲渡等の処理を行うことにより、全体としての事業価値の維持、ひいては債権者への配当の最大化が企図されることが少なくない。この場合、事業を譲り受けるスポンサーからしてみれば、グループ全体を一体として評価しており、法人ごとに配賦される法人単位の事業価値評価額には、本来的に興味がないこととなる。結果、一体として事業の譲受がなされる場合の事業価値（譲受価格）を提示するにとどまり、法人ごとの評価は示さない（各法人に分けて譲り受けることは想定していない）ことが多くなる。

　他方で、事業再生の手続自体は、原則として法人単位になされ、債権者へ

第4章　クロスボーダー事案および海外法制

の分配額も法人ごとに決定されることとなるため、事業が一体として評価された場合であっても、事業を譲り受けるスポンサーから一括で支払われる譲受対価を、法人ごとに分配、配賦することが必要とされる。ただ、事業再生局面に至る前から法人の垣根を越えて一体として運営されていることもあって、法人単位で事業価値を配賦することは必ずしも容易ではない上、さらに、**2(1)**において既述の通り、事業再生局面においては株主資本を介したコントロールは後退し、各法人の取締役らはその総債権者に対して善管注意義務（あるいはfiduciary duty）を負うことが一般的と考えられ、法人間における配賦に係る協議は、各法人の債権者への分配額をおのおのが可及的に極大化することを求められる中、親会社による指揮命令ではなくおのおのの債権者の意向を踏まえつつ行われるため、複雑化する場合もある。

　ところで、企業グループを一体として譲渡する前提の場合であっても、当然ながら法人ごとに必要な内部手続や法令上求められる要件を充足する必要がある。ある法人が法的倒産手続に服していれば、当該手続上で事業譲渡の実現のために必要とされる要件が充足されなければならないのである[注39]。例えば、日本法人について、再生手続や更生手続において計画外で事業譲渡をする場合、日本法人の事業を譲渡することについて、裁判所の許可が必要となるし（民再42条、会更46条）、その際には、事業譲渡対価を特定することも必要となる。別法人について、私的整理手続が遂行されている場合には、当該法人の事業の譲渡について、債務カットや債務弁済繰延べの対象となる債権者全員の同意を得る必要が生じる。

　そのため、法人間における配賦額を決定するに当たっては、当該分配が合理性を有しているというだけではなく、各法人において、裁判所の許可や関連債権者の同意等の事業譲渡の実現に必要な前提条件の充足が見込まれることが必要となる[注40]。特に、債権カットが必要となる場合は、当該法人の債権者から同意を得ることが容易でない場合や債権者から分配額を増やすよう求められることもあるため、スポンサーから譲渡対価の提示を受けた場合、

注39)　スポンサーからも、クロージングの条件として、各法人の再建手続において事業譲渡が認められるために、必要な条件・手続が履践されていることが求められるのが通常である。

スポンサーとの譲渡契約締結前に、譲渡対価の各法人への分配方式について、法人ごとの債権者や（可能であれば）裁判所とすりあわせた上で、各法人の債権者から同意を得られる見込み（や裁判所の許可が求められる場合、裁判所の許可の見込み）を立てておくことが重要となる。

　企業グループについて、事業再生手続（法的倒産手続や私的整理手続）に入る前に、スポンサー選定を進められる場合は、プレパッケージ型またはネゴシエイテッド型手続をとって、事業再生手続前にスポンサーとの間で譲渡価格を決め、また、債権者の意向を確認しつつ、各法人間での分配額を決めることで、その後の手続を安定的に遂行することが可能となる。

　ただし、事業再生手続に入ることについては、水面下で秘密裏に行う場合も少なくなく、特に、各法人についての（手続の対象となる）債権者の顔ぶれが異なる場合には、法的倒産手続に入った後に、各法人間で利害関係の対立が先鋭化しやすい。その結果、スポンサー選定が遅れ、事業価値が毀損してしまうこともあり得るため、十分留意が必要である。

(3)　債権の調整規定

（i）　総論

　クロスボーダー型企業グループの事業再生における計画案においては、国内の企業グループの計画案と同様に、①関係会社間債権（または親会社債権）を消滅または劣後化させる旨の規定、②関係会社の保証付債権について、（関係会社間の）保証履行請求権を消滅または、主債務からの弁済額分縮減させる旨の規定、および③グループ企業について、各法人の債権者について、一律に弁済率を設定する規定（パーレート条項）が置かれることがある。

　債権者によっては、これら規定をとるかとらないかによって、配当額が大

注40)　タカタのケースでは、私的整理手続をとる各法人には、第三者専門家機関が評価した公正市場価値が分配され、法的倒産手続をとる各法人には、全事業の対価から上記公正市場価値を差し引いた金額を、調整後純資産に基づき、分配された。スポンサーによる事業譲渡後の事業計画の開示がなかったため、事業計画を基に算定した将来キャッシュ・フローに基づく分配が難しい一方で、客観性を有する評価が必要であったため、調整後の純資産に基づく分配がなされたとのことである［TK Holdings Inc.のChapter 11のPlan参照］。

第4章　クロスボーダー事案および海外法制

きく変わるため、再生計画においてかかる規定を置くかどうかについて、各法人の債権者間で対立が先鋭化するリスクがある。

　クロスボーダー事業再生においては、かかる規定を置くに当たって、各法人に係る事業再生手続が係属している裁判所の同意・許可[注41]や私的整理を行う各法人の債権者の同意が必要となる場合があり、導入に当たっては、どの債権者にどのような影響を及ぼすかの分析およびかかる規定を正当化する根拠を十分検討しておくことが有用である。

(ii)　関係者債権の劣後化規定

　関係者債権の劣後化規定が置かれると、例えば、子会社において、親会社債権や関係会社債権の割合が大きい場合、子会社債権者にとっては配当が増加する結果となるが、子会社からの親会社債権への配当がなくなるため、親会社債権者にとっては不利になり、親会社債権者と子会社債権者との間で対立が深刻になり得る。

　なお、米国連邦倒産法510条(c)では、衡平法上の劣後化原則（principles of equitable subordination）に基づき、債権の一部または全部を劣後的に取り扱うことができるとされており、米国では、内部者（子会社倒産手続における親会社や支配株主）による子会社の過小資本経営、不当な経営支配、不当な搾取などが認められる場合に親会社債権を劣後して取り扱う判例の蓄積がある。そのため、クロスボーダー型企業グループの事業再生で、米国で法的倒産手続（Chapter 11手続）がなされる場合は、過去の判例を踏まえ当該ケースで劣後化の主張が認められるかの検討をし、また、同手続における債権者の意向等を踏まえ、親会社債権（または関係会社債権）の劣後化の規定を計画案に置くことが有用となる場合がある[注42]。

　米国の法的倒産手続で劣後化規定を設ける場合のように企業グループの一部について劣後化規定が設けられる場合には、それと平仄を合わせて、他国における法的倒産手続（さらには場合によっては私的整理手続も）においても、関係者債権を劣後化させる規定を置くことが各法人の債権者間の衡平につな

注41)　なお、裁判所が、同意・許可の条件として、不利益を被る（例えば配当額が減少する）債権者すべてが同意することを求める場合もある。

522

がる場合があると思われる。ただし、法人によっては、当該国の親子ローン規制等により過小資本とはいえないような場合もあり、すべてのグループ企業について一律に劣後化条項を定めることが公平なのか、当該法域における取引の安全に係る債権者らの合理的な期待（判例の有無を含めた先例の積上げに基づく取引慣行等）の内容なども検討する必要はないのかなど、留意すべき問題もある[注43]。

(iii) 保証付債権の保証履行請求権の取扱規定（重複債権の処理問題）

　親子会社がともに法的倒産手続に服している場合、親会社保証のついた子会社債権者は、子会社に係る法的倒産手続上の配当を受けつつ、親会社からの配当を受けることになる。この点、親会社が子会社債権者の多くに保証をしているような場合、親会社の配当には、子会社債権者が多数参加することになり、親会社債権者に対する配当は希釈化されることになる。

　この点について、企業グループの実体を考えると、法人格の違いは大きな意味を有さず、また、子会社債権者の子会社に対する請求と、親会社に対する保証履行請求権は、実質的には同一の給付を目的とするものであるとして、①保証履行請求権については、重複債権として債権として認めない旨の規定を置く場合や、②少なくとも主債務者からの配当分についての満足は受けているので、保証履行請求権については、主債務からの配当分を差し引いた残額分のみの債権届出を認めるとの規定を計画案に設けることが考えられる。

　これに対して、③保証は、あくまでも主債務者の人的担保であり、担保を取得した債権者が多くの配当を得るのは当然であるとして、いずれの債権に

注42）　仮に米国手続で劣後化規定を置かなかった場合、劣後化規定を置かない計画案が違法であると債権者から争われるリスクがある。なお、リーマン・ブラザーズ・グループの日本法人において、再生計画の認可決定に対して、関係会社債権の劣後化処置がとられていない再生計画は違法であると即時抗告されたケースがあるが、劣後化義務が認められるのはこれを認めないと著しく正義に反するような例外的な場合に限られると債権者の主張を排斥した（東京高決平成22・6・30、東京高決平成23・7・4、いずれも判タ1372号228頁）。東京高裁が、限定的な場合とはいえ、劣後化義務が存する旨を認めた点には、留意が必要である。

注43）　例えば中国では、外資系企業が、外貨借入れ（例えば、外国親会社からの親子ローン）を行う場合には、外債枠の範囲内に抑える旨の法規が定められており、過小資本の問題が生じにくい点は留意する必要がある。

第4章　クロスボーダー事案および海外法制

ついても全額配当に参加できるのが原則であり、計画案で①②を規定するには、それによって不利益を受ける保証付債権者の同意が必要であるとの考えもあり得る。

親会社について日本での法的倒産手続をとる場合、日本の倒産法における倒産手続開始時の債権額を基準に配当額が決まるとの主義（開始時現存主義。破104〜107条、民再86条2項ほか）を形式的に適用すると③が原則となるが、一定の場合に、①や②に修正しても、債権者「間に差を設けても衡平を害しない場合」（同法155条1項ただし書）に当たり、個々の債務者の同意は不要な場合があるのではないかが問題となる。

以上は国内における企業グループの事業再生の場合にも生じる問題ではあるが［**→第2章第8節3参照**］、クロスボーダー事業再生の場合には、親子会社のおのおのが異なる法域の法制に服しつつ事業の再生を試みることから、上述の関係者債権の劣後化条項と同じように、企業グループの各法人に公平・平等となるようにすべての法人に係る計画案において平仄がとれるかというところが課題となってくる。

(ⅳ)　パーレート条項

企業グループが、一体として事業を遂行しているという経済的実体に即して、企業グループを1つの法人であるかのように扱い、各法人の弁済率を一律にする条項（パーレート条項）を規定することが考えられる。この場合、関係会社間の債権・債務は、（劣後化されるべき理由の有無にかかわらず）すべて消去し、かつ、保証付債権についても、いずれか債権者に有利なもののみを残すことになるのが通常といえよう。

米国では、倒産手続における判例上、①債権者が債務者に対して信用供与するに際して、複数の債務者を単一の経済主体として扱い、それの独立性に依拠していなかったこと、または、②債務者間の取引等の関係があまりにも混乱しており、併合することが全債権者の利益に適うことのいずれかを満たす場合、裁判所の裁量で、複数の法人から成る企業グループを一体として扱うことができる（実体的併合：Substantive Consolidation）とされており、裁判所の裁量で、計画案にパーレート条項を定めることができる^{注44)}。

クロスボーダー型の企業グループの倒産手続において、計画案において、

524

パーレート条項（実体的併合の規定）が定められるかについては、仮に米国の裁判所がかかる計画案を認めたとしても、他の法人が別の法域での法的倒産手続に入っている場合、その依拠する国がかかる条項を認めるのか、認める場合にはどのような条件か（裁判所の許可か、債権者の同意か）、さらに、どのようにして実現するのか（各法人が財産をどこかに拠出するのか）等、種々のハードルがある[注45]。

(4)　倒産手続間の情報共有プロトコルとその限界

グローバルな企業グループが、一体として事業を運営している中で、十分な事前の準備や法人間での連携をすることなく、各法人において倒産手続開始を余儀なくされる場合がある。ひとたび倒産手続が開始すると、各法人において、管財人やDIPは、各国の倒産法に基づき、各法人の債権者の利益のために手続を遂行することが求められる。そのような場合、例えば、関係会社間取引の債権債務関係の存否や金額をめぐり、グループ内の法人間で紛争が生じ、各法人の有する情報をグループ内の別法人に開示をしないなどの問題が生じる[注46]。その結果、企業グループ全体の利益の最大化という倒産手

注44)　井出ゆり「リーマン・ブラザーズ・グループの国際倒産処理手続——国境を越えたグループ企業の倒産処理手続がもたらした問題点」日本国際経済法学会年報20号（2011）39頁。

注45)　1991年に開始したBCCI事件では、清算型の手続ではあるが、ルクセンブルグ、英国、ケイマンの清算人が中心になって、1か所に回収した資金を送り（プールし）、それを、債権額に応じて債権者に配当しており、クロスボーダーでのパーレイト条項が実現されたとのことである（井出・前掲注44）42頁、石黒一憲ほか『国際金融倒産』〔経済法令研究会、1995〕128頁以下）。

注46)　リーマン・ブラザーズ・グループの国際倒産案件では、グループ全体の資金調達のために設立されたオランダ法人（LBT・オランダの破産手続中）の管財人の報告によると、同管財人が、リーマン・ブラザーズ・グループの欧州における業務統括会社（LBIE・英国のアドミニストレーション手続中）から帳簿や契約書類の一部を受領できたのは、LBTがオランダで破産手続を開始してから1年半以上後とのことである。かかる遅延の理由は、LBIEの管理人がLBTに管財人にLBTの事業に関する情報が他のリーマン・ブラザーズ・グループ関係会社の情報との選り分けができなかったためとされる（井出・前掲注44）33頁）。ここでは倒産手続が法人ごとになされることによる情報分断の問題が認められる。

525

第4章　クロスボーダー事案および海外法制

続開始前の目的は棚上げされ、倒産手続開始前に、企業グループの一体経営
により実現していたグループ企業おのおのの事業価値までもが失われかねな
い。

　このような問題への対応策として、各国での倒産手続間において、情報共
有、グループ間債権の処理などに関する協定（プロトコル）が結ばれること
がある。

　プロトコルは、各国手続間の調整の効果的なツールと考えられており、国
際倒産手続において用いられる頻度が高まっているとされている[注47]。ただ
し、このようなプロトコルは、各法人の管財人やDIPに、参加を強制できる
ものではなく、また、参加した場合でも、一般的には、拘束力や強制力を有
しない形式で結ばれる点に、留意が必要である。

　グループ企業の中心となる法人（親会社）としては、いち早くプロトコル
をデザインし、他のグループ会社の参加を促し、グループ間での対立が生じ
事業価値毀損が生じないよう活用することが考えられる。他方で、各法人に
とっては、プロトコルへの参加・締結に際しては、それが同法人にどのよう
な利益をもたらすのか、また、どのようなリスクが（潜在的に）存するのか
を具体的に検討することが求められる。

　ただ、プロトコルにグループ企業の法人が参加したとしても、それだけで
は、各倒産手続において、法人の垣根を越えて一体とした事業運営をしてい
たグループ企業が、法的倒産手続に入ると、各法人が各国倒産法の規律の下
に分断されるという問題に対する本質的な解決に必ずしもつながるわけでは
ない。企業グループを一体として処理するために、将来的には国をまたぐ複
数法人の複数手続について、共同の申立て、共同の管財人の選任、共同の再
生計画の作成などが志向されるべきと思われる[注48]。

注47）　リーマン・ブラザーズ・グループにおいて締結されたプロトコルについては、井
　　　　出・前掲注45）34-36頁。
注48）　UNCITRAL（国連国際商取引法委員会）におけるグループ企業の国際倒産に関
　　　　して統一的な国際規範作成に向けた議論の状況については、杉山悦子「グループ
　　　　企業の国際倒産について」NBL1125号（2018）60頁以下参照。

第3節　各国制度

1　米国（Chapter 11手続）

　米国における法的倒産手続であるChapter 11手続は、原則として、いわゆるDIP型の再生手続であり、債務者側で手続に一定のコントロールを及ぼすことが期待できる手続である。米国と日本は、ともに再建型の手続を有し、相当数の実例に基づき、運用を行っている。両者の手続に類似点は多いものの、一定の相違点は存在する。この相違点としては、米国の手続では日本の手続と比べてより債務者にとって利用可能性が高いといい得るものが存在する一方で、手続の予測可能性に乏しいという特徴を有するものもある。

　日本企業がChapter 11手続に（主体的に）関与する場面としては、例えば米国子会社がChapter 11手続を申し立てる場合や、自身がChapter 11（またはChapter 15）手続を利用して何らかの保護を受けようとする場合、日米で同時並行的に法的倒産手続を遂行する場合があり得る。このうち、米国子会社や自身がChapter 11手続のみを利用しようとする場合には、債務者にとって使いやすい特徴を考慮して手続の選択を検討することで足りるが、日米で同時並行的に法的倒産手続を利用するという場合には、Chapter 11手続の予測可能性に乏しいという側面が、日本の手続に影響を及ぼすことがあり、手続全体のコントロールを難しくすることも想定される。以上のような観点を踏まえ、日本企業がグローバルな事業再生を企図する場合に留意すべき点という観点から、以下、Chapter 11手続について概観する。

(1)　申立てに向けての留意事項等

　Chapter 11手続は、以下のような点で債務者にとって利用しやすい制度設計となっており、申立てのハードルも低い。その一方で、例えばいわゆる

527

第4章　クロスボーダー事案および海外法制

First Day Motion[注49] が必要な事項の選別・その準備、DIPファイナンスの準備、プレパッケージ型・プレネゴシエイテッド型の申立ての場合にはスポンサーとの協議・債権者との調整、さらには債権者とのプラン・サポート・アグリーメントの協議等のChapter 11手続を進めていくための実質的な事項についての交渉に、より注力することとなる。

(i)　債務者要件・管轄

Chapter 11手続の申立てを検討する際にまず問題となるのは、日本（あるいはその他の国）の企業がChapter 11手続を利用できるのかであるが、一般にその利用可能性は広いといえる。これはChapter 11手続の特徴の1つでもある。

まず、Chapter 11手続を利用できる「債務者」に該当するかという点については、米国に住所を有するか、米国に主たる事業所があるか、資産が米国に所在する場合には、これに該当する（Code §109(a)）。実務上は、この要件を充足するために、申立直前に、その州に銀行口座を開設して、一定の資産が米国に存在する状態を作り出すこともある。なお、Chapter 11手続の申立て・救済命令の発令においては、債務者自身が債務超過であること等は要求されず、「債務者」としての要件を満たせば足りる点も、申立てのハードルを下げ、債務者にとって利用しやすい制度であるという点で、Chapter 11手続の特徴の1つである。

また、管轄については、例えば、申立ての180日以前から住所や主たる事業所、主要な資産が所在する地区、関連企業の倒産手続が係属する地区の地方裁判所に認められるとされている（JUDICIARY AND JUDICIAL PROCEDURE §1408）。実際には、複数の管轄地を選択できる場合が多いため、特にクロスボーダーの再生案件や、複雑な案件等では、ニューヨーク南地区連邦倒産裁判所[注50] や米国デラウェア地区連邦倒産裁判所への申立てが

注49)　申立てとほぼ同時に、事業活動の継続のため、審問（ファーストデイ・ヒアリング）を経て、裁判所の許可を求める事項。典型例としては、DIPファイナンス、後記のクリティカル・ベンダーへの支払のほか、現金担保の使用、キャッシュマネジメントシステムの維持、一定の労働債務の支払に関する許可等がある。

注50)　http://www.nysb.uscourts.gov/sites/default/files/Chapter15Guidelines.pdf

多いといわれる[注51]。どの裁判所に申立てを行うか自体が、債務者と債権者、スポンサー候補者との交渉事項となることもある。

(ii) 手続のコントロールとChapter 11手続の主体

手続主体についても、Chapter 11手続については一定の特徴がある。

まず、債務者は、DIP（Debtor in Possession）として、財団の管理運営を行いながら自ら事業を継続する（Code §541(a)・1101(1)・1107(a)）。なお、財団の管理運営については、財団の管理者としての受託者責任（Fiduciary Duty）を負う。債務者の有する権限は広範であり、一定の例外を除き、管財人が保有し得るすべての権利義務を有することとなる。例えば、財産に対する管理処分権のほか、資金調達の権限、未履行契約を引き受け（Assume）たり拒絶する（Reject）こと、原則として当初120日間の再建計画の独占的提出権を有すること（Code §1107(a)）などが挙げられる。日本においても、再生手続では、従前の経営陣が従前通り経営を続けることが原則である[注52]。

これに対して、債務者の監督手段については、Chapter 11手続では、日本における監督委員・管財人に相当する機関（trustee）は原則として選任されず[注53]、裁判所の関与度合いが高いこと、債権者委員会の関与が原則必須とされていることといった点で差異がある。

すなわち、日本の再生手続においては、債務者が主体的に事業を継続するものの、一定の事項を行うには監督委員の同意を得ることが必要とされるが、裁判所の許可を得て行う事項はそれほど多くない。また、債権者委員会が組成されることは、民事再生・会社更生ともに稀である[注54]。

他方で、米国では、通常業務に属さない資産の売却等の一定の事項を行うには、裁判所での公聴会を経て裁判所の許可を得て行うことが必要となる。日本の再生手続においては、裁判所はどちらかというと消極的な関与にとど

注51）　https://www.skadden.com/insights/publications/2015/01/trends-in-chapter-11-filings-venue-and-propsed-reほか。

注52）　債務者は、公平かつ誠実に、業務遂行権、財産の管理処分権を行使し、再生手続を行う義務を負う（民再38条1項・2項）。

注53）　例外的にtrusteeが選任される場合もある（Code §1104(a)(b)）。

注54）　過去に（更生担保権）債権者委員会が組成された事例としては、いずれも更生手続下で、日米で同時に手続が進行していたSpantionとエルピーダの事案がある。

第4章　クロスボーダー事案および海外法制

まることが多いが、米国では裁判所の関与度合いが高い。例えば、通常事業の範囲外のDIPの行為（資産売却等）については、原則として事前通知と裁判所の審問手続が必要とされる（Code §363）など、裁判所による審問手続が求められる場面が非常に多い注55)。また、Code §105(a)において、衡平法の権限に基づき、裁判所は、この法律を実施するために必要または適切なあらゆる命令・手続または令状を発することができるとされており、実際にこの条文を踏まえた運用がなされているなど、裁判所に認められる裁量も大きい。そのため、（Chapter 11手続は債務者側でコントロール可能な手続、コントロールの余地が大きい手続であるといっても）債務者としては、裁判所の審問を経て許可を得ることを見据えて、各種手続を遂行することが極めて重要となる。

　さらに、米国では、（小規模事件のような例外事案を除き）債権者委員会の組成が原則とされている（Code §1102(a)(1)）。この債権者委員会は、債権者全体の利益を代表するものであり、原則として上位7名の無担保債権者が、連邦管財官（US Trustee）から選任される（Code §1102(b)(1)）。債権者委員会の権限は、DIPの監視を含めて広範（Code §1103(c)(1)〜(5)）に認められている。例えば、債務者との直接交渉も認められているし、DIPファイナンスやいわゆる363 Saleの適正性判断、計画案作成への関与、賛成・反対投票の推奨も行うこととなる。

　したがって、実務上、債務者としては、手続遂行上の特に重要な局面（例えばDIPファイナンス、スポンサー選定、計画案作成等）において、（裁判所へのMotionの提出前または審問の前に）債権者委員会との調整を行うことが重要・必要な事項となる。また、（特に多額の債権を有する）債権者にとっては、債権者委員会のメンバーになるか（あるいはある債権者を債権者委員会のメンバーにするかどうか）自体も、交渉・要考慮事項となる。

　(iii)　スケジュール

　Chapter 11手続の利用を検討する際の実務上の考慮要素としては、実際に

注55)　この審問手続は形式的なものではなく、裁判官からの具体的な質問や議論、変更の示唆がなされることが通常である。

第3節 各国制度

どの程度の期間を要するのかという点がある。この点、日本の再生手続は、例えば東京地裁では、債権届出、認否、計画案提出等の各種イベントごとに期限を設定した標準スケジュール（申立てから認可まで5か月）が設定されており、現実の事案でも、案件の大小・難易度等によっては一定の延長が認められることもあるが、大部分はこの標準スケジュールに沿った運用がなされているようである[注56][注57]。

他方で、Chapter 11手続におけるスケジュール管理は緩やかであり、手続のコントロールという観点からは、予測可能性が低い。

例えば、Chapter 11手続においては、債権届出期限については裁判所が決定するが、案件次第となる。また、債権届出に対して異議が提出された場合には、裁判所は、通知・審問を経て、申立日現在の債権の額を決定し、その金額を認容することになる（Code§502(b)）が、条件付または未確定の債権がある場合に、その債権の金額を決定するための手続を定めたCodeの規定はない。すなわち、オートマティックステイを解除して通常の裁判所での審理を行う場合もあるし、Mediationの手法がとられる場合もあり得るが、このような場合には、債権の金額を決定するための手法自体から争いになる。債権の全容が見えない段階では、計画案の策定や弁済スケジュールの策定も難しくなるため、多額の争いのある債権が存在する場合には、手続全体のスケジュールが見通せないことになる[注58]。債権確定に数年を要する事案では、弁済を完了して案件を終結するまでに、相当の年数を要することも起こり得る[注59]。

注56） 鹿子木康編著『民事再生の手引〔第2版〕』（商事法務、2017）7-8頁、舘内比佐志ほか編『民事再生の運用指針』（金融財政事情研究会、2018）16頁。更生手続でも、東京地裁の運用では同様のスケジュール管理がなされ、申立てから計画認可決定までは、約1年程度であることが多い。

注57） ただし、基幹産業に関わり海外にも多数かつ多様な利害関係人がいるような、長期の手続が想定される規模の事件については、再生債務者代理人、監督委員候補者および裁判所を交えた打合せで、具体的なスケジュールを個別に検討することもあるとされている（舘内ほか編・前掲注56）16頁）。

注58） なお、条件付または未確定の債権の金額を決定する手続によって、Chapter 11手続が不当に遅延する場合には、再建計画に対する議決権を定めるために、裁判所が債権の額を評価することを認める制度はある（Code§502(c)(1)）。

531

第4章　クロスボーダー事案および海外法制

　また、債務者が独占的に再建計画案を提出できる期間は、救済命令（すなわち、債務者申立ての場合は申立て）から120日と定められている（Code §1121(b)）ものの、この期間も裁判所の許可を得て延長可能であり、現実には、スポンサー選定の状況や、債権確定手続との関係などから、延長されることも多い。

　このような背景もあり、Chapter 11手続の遂行に必要な期間は、以前と比べると相対的に短くなりつつあるようではあるが、申立てから計画認可まで、伝統的なケースでは平均して約10か月から11か月前後、プレパッケージ型またはプレネゴシエイテッド型では平均して約3か月半～4か月前後を、それぞれ要する場合が多いようである。

　したがって、日米で同時並行的に法的倒産手続が係属するような再生案件では、日本の標準的なスケジュールに則った手続管理を米国で行うことができるように手続間の連携を図ることが必要になるが、難しい場合には、日本の手続進行が通常よりも遅れるという形で影響を受けることになり得る。その場合には、（標準的な処理を期待して行動する）日本の債権者への説明等を十分行うことが必要になろう。また、米国子会社がChapter 11手続を利用する場合には、例えば、親会社である日本側での損金処理等の関係上、一定期間内に計画が認可されていることが望ましいという場合もあるが、必ずしも具体的にスケジュールを見通すことができない場合もあるということを念頭に、申立てそのものの検討を行う必要がある。

(iv)　資金調達、363 Sale

　前記の通り、Chapter 11手続においては、債務者がDIPとして事業運営を行うことが認められており、通常の事業の範囲内で財産を使用、売却、賃貸することは、裁判所の許可等を要せずして行うことができる（Code §363(a)）。

　他方で、通常の事業の範囲外の行為については、通知・審問を経て、裁判所の許可を得て行うことが必要となる（Code §363(b)）。

　再生手続を遂行していく過程では、その間の資金の確保・調達が必要にな

注59）　例えば、リーマン・ブラザーズのChapter 11手続は、2008年9月15日の申立てから、計画認可までに約3年超を要し、本書執筆当時（2019年9月）においても、いまだ終結していない。

532

ることがあるが、例えば、現金担保の使用や、DIPファイナンスの獲得は、通常事業の範囲外の行為として裁判所の許可を得る（または現金担保の使用については担保権者の同意を得る）ことが必要となり得る[注60]。他方で、かかる裁判所の許可を得ることにより、Chapter 11手続では、DIPファイナンスに際して、通常の業務の範囲外の借入れを行うことができるほか、DIPファイナンスの債権者にスーパープライオリティ（すべての共益債権に優先する）、プライミング・リーエン（既存の担保権と同順位または優先する担保権）を付与したり、担保を設定することができる。裁判所の許可を得てこれらの扱いが認められる場合には、すでに資産の大半に担保設定済という債務者であっても、つなぎの融資を得て、事業の再生を図るということも可能となる。

また、事業譲渡についても、いわゆる363 Saleとして、裁判所の許可を得ることにより早期にfree and clearな状態での資産・事業の譲渡が可能となる、Good Faithの買主が保護される、Credit Bidでの入札が可能となる等のメリットが実現可能となる。なお、363 Saleについては、例えばニューヨーク南地区連邦倒産裁判所はガイドライン[注61]を示しており、ストーキングホースの保護条項[注62]を含む場合には、入札手続の概要についても、売却価格を最大化することが期待できるものであるかという観点から、許可の対象としている。また、売却自体の許可に際しても、取引の合理的な事業上の理由があるか（sound business reason）、売却努力が適切に行われたか、価格が最も高いか最も好ましい提案であり、公平かつ合理的な対価を提供するか、債務者の財団、債権者その他利害関係者の最も利益（best interest）になるものであるか、誠実（good faith）に提案され協議されているか、アームスレングスに合意に至っているか等を判断するとの基準を示している。

注60) 無担保で通常の業務の範囲内であれば、許可を得ずに行うことができる。
注61) UNITED STATES BANKRUPTCY COURT SOUTHERN DISTRICT OF NEW YORK "GUIDELINES FOR THE CONDUCT OF ASSET SALES" (http://www.nysb.uscourts.gov/content/guidelines-asset-sales)
注62) No-Shop条項やNo-Solicitation条項、ブレイクアップフィーの定め等。

第4章　クロスボーダー事案および海外法制

(2) オートマティック・ステイ（Automatic Stay）と適用の拡大

また、Chapter 11手続の特徴的な点としては、いわゆるオートマティック・ステイの制度がある（Code §362(a)）。この制度も、債務者にとっては日本と比べてより利用可能性の高い制度であるといえる。すなわち、オートマティック・ステイは、別途の保全処分の申立てが必要な日本の再生手続[注62]とは異なり、Chapter 11手続の申立てと同時に自動で効力を有する。相手方がChapter 11手続の申立てがあったことを知っているかどうかは問わない。そして、財団が売却されたり、ケースが終了した場合には、自動的に終了する（Code §362(c)(1)・(2)）。

また、オートマティック・ステイの対象は広範である[注64]。すなわち、債務者に対する訴訟、債務者や財団に対する強制執行、担保権の設定・実行、対抗要件の具備、財団財産の占有・支配、相殺、債権[注65]の取立て・回収のためのあらゆる手続（電話で支払の催促をする等の事実上の行為も、程度によってはオートマティック・ステイの対象となる）が禁止の対象となる[注66] [注67]。このオートマティック・ステイの効果を得ることも、Chapter 11手続の利用を検討する際の一要素となる。

他方で、債権者に対してオートマティック・ステイからの救済（Relief

注63)　ただし、東京地裁では、ほぼすべての法人の再生案件では、開始申立てと同時に保全の申立てがされ、監督命令と同時に発令されているとのことであり、この点につき、実質的な差異はそれほど大きくはないともいえる。

注64)　日本における保全処分の対象は、東京地裁の実務では、弁済禁止、担保提供禁止のみが原則である。また、保全処分は開始決定時に終了し、その後は法律の規定（再生手続では、一般債権への弁済や取立行為は禁止されるが、担保実行は禁止されない等）によることになる。

注65)　オートマティック・ステイの対象となるかを画する「claim」は、Chapter 11手続開始前に発生した債権である（Code §101(5)）。

注66)　ただし、一定の範囲内での対抗要件具備等の例外も認められている（Code §362(b)）。

注67)　違反した場合の効果としては、その行為が無効になる、故意に違反した場合には損害賠償や法廷侮辱罪（Code §362(k)または§105）の対象となるとされている。

534

from the stay）が認められる場合もある[注68]。担保権者等の債権者の権利につき適切な保護（Adequate Protection）[注69]が与えられていないなどの場合である（Code §362(d)）。したがって、債務者として、Chapter 11手続を利用し、債権者と調整を図る際には、Adequate Protectionが与えられているかについても留意が必要となる。

　また、オートマティック・ステイが及ぶ人的範囲、地理的範囲も問題となる。前者については、明文の規定はないものの、一定の場合には、債務者以外の第三者にその効力が及ぶことを認めた事例もある。後者についても、明文の規定はないものの、少なくとも理論上は米国外にもその効力が及び得るとされている。債務者（あるいは一定の関係性を有する第三者）としては、オートマティック・ステイの人的・地理的拡張を望む場合も多いとは思われるが、現状は、個々の案件の状況や裁判所の判断による面も多いと思われるため、これに強く依拠して案件を進めることは難しい。もっとも、一定の条件下では認められる可能性があるということは、案件処理に当たり、念頭に置いておくべきであろう。

(3)　商取引債権保護

　Chapter 11手続の特徴の1つとして、事業の継続価値を維持するのに不可欠な重要な取引先であるクリティカル・ベンダー（critical vendor）の申立前債権への支払、いわゆる商取引債権保護が認められやすいといわれることがある。このクリティカル・ベンダーへの支払との例外は、Bankruptcy Codeが明文で認めているものではないが、債務者がFiduciary dutiesのもと財団を維持し、事業の継続価値を維持するのに必要であるとして、すべての債権者の利益のため財団の価値を維持するのに必要な場合に、Code §105(a)に

注68)　実際に救済が認められるには、通知（notice）および裁判所のヒアリングを経ることが必要となる（Code §362）。

注69)　Adequate Protectionの例としては、条文上、担保物の価値の下落を伴う場合には、その下落分を現金で支払うことや追加担保または代替の担保の提供をすること、「indubitable equivalent」（疑いのない同等の価値）を実現するその他の措置をとることなどが列挙されている（Code §361(1)〜(3)）。

第 4 章　クロスボーダー事案および海外法制

よる裁判所の衡平法の権限等[注70]に基づき認められてきたとされている[注71]。どのような場合に、クリティカル・ベンダーへの支払が認められるかについて、先例とされるKマート事件[注72]では、単に必要性が高いことのみならず、①支払がなければそのベンダーは債務者との取引をやめるであろうこと、②そのベンダーに対して支払を行うことにより債務者は事業を継続でき、弁済を受けられなかったベンダーも利益を受けることを債務者が立証しなければならないという基準が示されていた。もっとも、実際には、債務者から類型ごとに必要性が説明された上で、支払を行わなければ支払金額以上の損失を被る、かかる支払を行わなければ直ちに損失を被るリスクがあると合理的かつ誠実に判断する場合や、金額上限を設定した上で通常の取引条件に従って物品やサービスの提供を継続することに同意した場合に限って支払う場合等にも認められる事例はあるようであり、実務上は比較的緩やかに認められ得るという印象を受ける。なお、支払に際して、債権者委員会の関与が求められることもある。

　これに対して日本では、民事再生法85条5項後段の「少額の再生債権を早期に弁済しなければ再生債務者の事業の継続に著しい支障を来すとき」として認められるかが問題となる[注73]。例えば再生手続では、「事業の継続に著しい支障」の判断については、債権者との取引継続の必要性の程度、代替的な取引先確保の可能性の有無、債権者が少額債権の弁済を求める合理性の有無等といった事情を総合して、早期に弁済を行わないと取引を継続できないなど事業継続に支障を来すか否か、他方で、当該債権を弁済することにより、事業価値の毀損防止または維持向上を図ることができ、弁済しない場合と比較して弁済率が高まり、債権者全体の利益になるか否かという観点から判断される等と説明されている[注74]。もっとも、実際の再生手続においては、個

注70)　Code §363が引用されることもある。

注71)　いわゆるFirst day motionの1つとして、債務者が裁判所に対してクリティカル・ベンダーへの支払を認めるよう申立てを行うことが通常である。

注72)　In re Kmart Corp., 359 F.3d 866（7th Cir. 2004）.

注73)　更生手続では、会社更生法47条5項後段の「少額の更生債権等を早期に弁済しなければ更生会社の事業の継続に著しい支障を来すとき」として認められるかが問題となる。

別取引ベースで慎重な判断がなされる傾向にあり、（最近は、商取引債権保護が認められる事例も現れつつあるが注75)）商取引債権保護が認められた例はそれほど多くない注76)。

このように、日本と米国手続とでは、商取引債権保護が認められる根本の要件はおおむね共通しているものの、現実に認められるかという観点では、米国のほうが緩やかに認められ得る場合が多いと思われる。

(4) Equityの概念により変容を受ける（親会社の）権利と、手続のコントロール

Chapter 11手続においては、親会社等の特定の関係者の権利が、Equity（衡平）の観点から変容を受ける場合がある。

まず、Chapter 11手続を申し立てた場合でも、株主の権利は直接は影響を受けない。会社の運営という観点からは、Chapter 11手続期間中に取締役の選任をすることも可能であり、株主としては、DIPを通じて、会社やChapter 11手続の運営を一定程度コントロールすることは可能である。他方で、再建計画案への投票という観点では、株主は債権者とは異なる組とされ、異なる取扱いを受けることになる。また、最劣後の株主までは配当がなされない場合が多いと思われるが、何らの財産も得られない場合には、その組は計画案に反対したとみなされ、投票をすることもできない（Code §1126(d)）。また、クラムダウンの要件との関係では、（株式が1種類である場合等においては）株主の組はクラムダウンの要件の1つ（その組に劣後する組が何らの財産も受領しないこと）も容易に満たし得る。したがって、株主は再建計画案

注74) 舘内ほか編・前掲注56) 176頁。
注75) 東京地裁において、（商取引債権保護を含む）少額債権保護の例外が認められた事案は、舘内ほか編・前掲注56) 178頁以下。更生手続では、私的整理から更生手続に移行した事例や、海外債権者が多く存在する航空機や船舶の事例で認められた例もある。
注76) なお、保全期間中については、開始決定までの期間が短い上、開始決定後に民事再生法85条5項後段の問題として弁済の可否を検討すれば足りることから、商取引債権全般を弁済禁止の対象外債務として認めた事例はほとんどないとされている（舘内ほか編・前掲注56) 178頁以下）。

537

第4章　クロスボーダー事案および海外法制

について、それほど強いコントロール・交渉レバレッジを有していないことが多い。

　次に、債権の取扱いについてみると、親会社等のインサイダーは、債権者委員会のメンバーとはなれないため、債権者委員会メンバーとして、Chapter 11手続へのコントロールを及ぼすことはできない。また、親会社等のインサイダーの債権者の議決権は、再建計画の認可要件の1つである、少なくとも1つの減損される組が計画に賛成しているかの判断において、賛成の議決権にカウントされない（Code §1129(a)(10)）。したがって、親会社等のインサイダーが多額の債権を有しているとしても、債務者との交渉においてそれほど強いレバレッジを有するわけではない。

　さらに、弁済を受ける権利という観点からは、合意がなくとも、裁判所がある債権者の債権の全部または一部を、Equity（衡平）の観点から（その損害を補償するために必要な限りで）他の債権に劣後させる場合が、「Equitable Subordination」（衡平上の劣後化）である（Code §510(c)）。いかなる場合にEquitable Subordinationが認められるかについては、専ら判例法により構築されてきたが、Equity概念に基づく取扱いであるため、個別の事案における事実・状況に応じ、裁判所が判断することとなる。先例において考慮されてきた主な要素は、①債権者が、詐欺や不法行為、忠実義務違反等の何らかの衡平でない行為（inequitable conduct）に荷担していたこと、②かかる行為が、他の債権者を害したか、債権者に不当に優位な効果を与えたこととされている。したがって、単に親子会社の関係があるというだけで、その保有する債権が劣後化されるものではないが、債務者が過小資本であるのに親会社があえて出資ではなく貸付の形をとったというような場合には、Equitable Subordinationが認められることがあるとされる。

　また、債権のRecharacterizationが認められることもある。これは、ある債権・取引について、その実質がどこにあるのかを判断し、それに沿って債権の性質を再決定する裁判所の衡平上の権限をいう。Recharacterizationも、判例法により構築されてきたが、主に、借入書類の形式や名称、満期や弁済スケジュールが定められているか、利率や利息が設定されているか、弁済減資、増資の適切性、担保の有無、外部金融機関からの調達の可否等の要素を

総合考慮して決めるとされている。Recharacterizationが認められる場合は、債権者間で（一部）劣後するのにとどまらず、（最劣後の）株主と同様に扱われることとなる。

このように、Chapter 11手続では、Equityの概念から一定の債権の劣後化や債権の性質が再決定される場合があり、また明確な基準はなく総合考慮で決定されること等、債権者である親会社にとって、不確実な要素が存在する点は、申立ての検討時に留意しておくべき事項である。また、申立後においても、債務者や他の債権者は、これらの要素を交渉ツールとして、親会社の取り分を減らすべく交渉してくることも想定される。そして実際にEquitable SubordinationやRecharacterizationが適用された場合には、親会社側では、より債権者としてのコントロールを及ぼしにくくなることとなる。

(5) 担保権・相殺権の扱い

(i) 担保権の行使

日本の再生手続において、担保権は別除権として、その行使につき、原則[注77]として制限されない。そして、別除権者との間では、裁判所の許可を前提とする和解的解決を企図して、手続外での個別の事情に応じた柔軟な交渉・解決が行われることが多い[注78]。

これに対してChapter 11手続では、担保権の行使は、原則としてオートマティック・ステイの対象として禁止され、計画によらなければ弁済を受けることができない（ただし、前記のとおりAdequate Protectionは与えられる）。

(ii) 相殺権の行使

また、相殺権の行使についても違いがある。すなわち、日本の再生手続においては、再生債権の届出期間の満了前に相殺適状となったときは、再生債権者は、その期間内に限って、相殺が認められる（民再92条）。他方で、開始決定後に負担した債務と開始前債権との相殺は認められない（同法93条）。これに対してChapter 11手続では、開始前債権に係る相殺権の行使もオート

注77）　例外的に担保権実行中止命令制度等は存在する。
注78）　他方で、更生手続では、更生計画に基づかない弁済は禁止され、取扱いは担保権の性質に応じて原則一律の取扱いになる。

第4章　クロスボーダー事案および海外法制

マティック・ステイの対象として禁止されるが、例えば、債権者たる金融機関が債務者の預金口座に対して把握している担保価値についてのAdequate Protectionは認められる。

このような相殺に係る法律制度の違いから、債権者の行動に差異が生じることもあり得る。例えば、米国では相殺が認められないことを前提に、Adequate Protectionを得た上で、議決権を確保するという選択もあり得る。他方で日本では、一定の相殺権の行使が認められることから、（得られる議決権が少なくなるとしても）回収の最大化を優先して、可能な範囲で相殺を行うことが多い。グローバルな事業再生を検討する債務者としては、このような法律制度の違いが債権者の行動に与える影響も踏まえ、対応を検討していく必要がある。

(6)　計画案の策定と、債権の確定・組分け等

(i)　債権の確定・組分け

Chapter 11手続における再建計画案の策定・投票の前提として、債権の組分けが行われる。そして、特定の組に属する債権の取扱い・権利変更の内容については、その債権者がより好ましくない取扱いを受けることに同意しているのでない限り、同じ取扱いをすることが求められ（Code §1123(a)(4)）、投票も組ごとに行われ、後記のクラムダウンにおいても「組」は重要な要素となる。

具体的な債権の組分けのルールについてみると、Chapter 11手続では、ある債権は、その組の他の債権と「実質的に類似する」（Substantially similar）債権である場合に限り、同じ組に分けることができる（Code §1122(a)）。各担保権者の組、無担保一般債権の組、株主の組など、法的権利の違いに基づいて組分けが行われるのが通常である。

もっとも、Codeは、実質的に類似する債権を、異なった組に分離することを明示的に禁止していないともされており[注79]、計画の認可を確実にする

注79)　ジェフ・フェリエル＝エドワード・J・ジャンガー／米国倒産法研究会訳『アメリカ倒産法（下）』（レクシスネクシス・ジャパン、2011）390頁。

ことや後記のクラムダウンも見据えて、より狭い組に分けることもある注80)。もっとも、いかなる場合に、実質的に類似する債権を、異なる組に分離できるかは明確ではない。

　また、計画案の作成との関係では、債権確定手続が日米で異なることから生じる留意点もある。例えば、条件付または未確定の債権は、日本の再生手続においては確定するまで支払われることはない。他方で、Chapter 11手続においては、それが認められた場合には、一部の支払を行うことも認められている。そのため、例えば同一法人が日米で同時に再生手続とChapter 11手続を申し立てた場合には、同一の条件付または未確定債権の確定手続（日本では規定された債権確定手続で争われるが、米国では争い方から倒産裁判所外の通常の手続で争いになっているような場合）やその弁済時期（米国では一部弁済を認めるのか、日本の手続を待つのか）をどのように調整するかが問題となり得る（事案によっては、米国でのみ債権を有する同様の債権者が存在する場合もあり得る）。また、親子会社がそれぞれ日本と米国で再生手続とChapter 11手続を申し立てているような場合で、債権者が重複している場合、例えば、親子会社それぞれ同一の原因による製造物責任に基づく債権者が存在するような場合には、同じ債権者でも、手続によって異なる取扱いを受けることになり得る。

(ii)　クラムダウン（Cramdown）

　また、Chapter 11手続が債務者にとって利用しやすいとされる特徴の１つとして、クラムダウンが挙げられることもある。

　クラムダウンとは、一定の条件を満たした場合には、再建計画案に反対する組があった場合でも、再建計画を認可できるという制度である（Code §1129(b)）。具体的な条件は、①「各組が再建計画に賛成している（か減損が発生していない）」という要件を除き、再建計画の認可に必要なすべての要件を満たしていること、（減損が発生する、再建計画に反対する組に対して）不公平な差別がなされないこと、再建計画に反対する組が公平かつ衡平（fair

---

注80)　手続の便宜のために合理的かつ必要な場合には、裁判所の許可を得て、少額債権を別の組とすることもできる（Code §1122(b)）。

第 4 章　クロスボーダー事案および海外法制

and equitable）に取り扱われることである。日本の制度とは異なり、負債を用いてのクラムダウンも可能である。

　日本の再生手続においては、クラムダウンとまったく同じ制度は存在しない[注81]。他方で、会社更生法200条 1 項は、更生計画案が可決されなかった組がある場合でも、裁判所は、同意が得られなかった組の権利者のために、権利保護条項を定めて、更生計画認可の決定をすることができるとされており、実際に認められた事例も存在する。この権利保護条項の定めとは、具体的には更生担保権者については、更生担保権の全部を被担保債権として存続させ、または担保物を公正取引価額以上で売却し、売却費用を控除した残金で弁済等すること、更生債権者については、破産した場合と同等の価値を弁済すること、その他「公平かつ衡平」に権利を有する者を保護すること等とされている。もっとも、Chapter 11手続とは異なり、債権での代物弁済等は権利保護条項としては認められないと解されている。

　このような要件の違いから、Chapter 11手続のほうが実質的にクラムダウンが認められやすく、また権利保護の内容をどのように定めるかによって、債権者の理解を得やすくすることも可能と思われる。実務上は、クラムダウンの制度は債権者の説得のために用いられ、クラムダウンにより再建計画が認可されることは多くなく、拒絶した組の賛成が得られるように再建計画案の修正が行われるのが普通ということである[注82]。このように、米国のクラムダウンの制度は、現にクラムダウンによって一部の債権者の反対があっても計画を成立させるという効果だけではなく、事前の債権者との交渉におけるツールとしての機能も有している。

(iii)　Substantive Consolidation

　Substantive Consolidationとは、Chapter 11手続において、判例法[注83]上

注81）　ただし、再生債権者と約定劣後債権者が存在する場合で、一方につき可決されなかった場合について、公平かつ衡平な権利保護条項を定めて、再生計画認可の決定をすることができるとする規定はある（民再174条の 2 ）。

注82）　中島弘雅「米国・英国の倒産手続の主要な特徴と相違点について──再建型企業倒産手続を中心に」事業再生研究機構編・前掲注23）10頁。

注83）　Substantive Consolidationを認める明文の定めはない。

認められてきた概念であり、裁判所が各法人がSubstantially Consolidated（実体的に併合）されていると認めた場合には、異なる法人の資産および負債があたかも1つの法人に帰属しているかのように取り扱われる。本来グループ会社であっても、その資産および負債は各法人ごとに把握され、債権者への配当も法人ごとになされるが大原則であって、この原則を変容させるSubstantive Consolidationは、あくまで例外的なEquity上のRemedy（Code§105(a)）である。なお、Substantial Consolidationの概念は、債権の評価や投票、配当の観点で用いられる。

Substantive Consolidationの近時の代表的な裁判例とされるOwens Corning事件[注84] [注85]では、Substantive Consolidationが認められるには、①申立前において債権者が各法人を1つの法人としてみていたか、②申立後において各法人の資産および負債が分離されることがすべての債権者を害することになるほどに混同しているかを証明する必要があるという厳しい基準を示した[注86]。

もっとも、実務上は、特に大規模事件においてSubstantive Consolidationの概念を用いたい要請があるとされ、Owens Corning事件の後も、いくつかの裁判所がSubstantive Consolidationを認めているとされる。また、グループ間の和解や資産のアロケーションの方法等によって、Substantive Consolidationと同じ効果を模索する事例もあるようである。

注84）　In re Owens Corning（419 F.3d 195〔3d Cir. Del. 2005〕）。一部の債務者に、多数のアスベスト被害者が存在した事案である。

注85）　これ以前の先例とされるAugie/Restivo事件（In re Augie/Restivo Banking Co., Ltd.〔860 F.2d 515（2d Cir. 1988）〕）では、債権者が各法人を1つの経済主体としてみており、個別の法人としては依拠していなかったこと、実体的併合がすべての債権者の利益になるほどに資産が一体化していることを満たした場合に、またAuto-Train事件（In re Auto-Train Corp.〔258 U.S. App. D.C. 151, 810 F.2d. 270（D.C. Cir. 1987）〕）では、実体的併合による利益が、それによる害を著しく上回る場合に認められるとしていた。

注86）　この基準によっては、ほぼ認められる場合はないのではとの批判もなされている。

第 4 章　クロスボーダー事案および海外法制

(7)　Chapter 15手続

　Chapter 15手続は、クロスボーダー倒産手続に関する国際倒産モデル法を連邦倒産法に取り込むとして設けられたものであり、外国倒産裁判所からの要請で米国内での援助を模索する場合、米国倒産事件に関連して外国での援助を模索する場合等に適用がある（Code §1501）。

　Chapter 15手続は、外国倒産手続の承認（recognition）を求める申立てにより開始されるが（Code §1504）、Chapter 11手続のメリットの1つであるオートマティック・ステイ（Code §362）や資産売却等に関する規定（Code §363）の適用を受けるには、裁判所による承認の決定がなされる必要がある（Code §1520(a)(1)(2)）。ただし、申立てから承認決定までの間において必要がある場合には、暫定的な救済として、債務者の資産等に対する強制執行の停止などにつき、裁判所の命令を求めることができる（Code §1519(a)）。加えて、承認が認められた場合でも、さらに必要がある場合には、裁判所に対し、適切な救済（appropriate relief, Code §1251(a)）や、追加の救済（additional relief, Code §1507）を求めることができる。

　クロスボーダー倒産手続における債務者としては、これらの命令を得ることにより、米国内にある資産の保護を図る、速やかな資産売却や各国で協調した資産売却を実施することによって価値の極大化を目指す、米国倒産手続と各国の倒産手続を協調性をもって進めていくこと等を目指すこととなる。

2　英国

(1)　制度の全体像[注87]

　英国[注88]における事業再生については、①純粋私的整理、②会社任意整理（Company Voluntary Arrangements。以下、「CVA」という）、③スキーム・オブ・アレンジメント（Schemes of Arrangement。以下、「SOA」という）および④会社管理（Administration）という手続が利用できる。

　純粋私的整理は、日本と同様、これを規律する特定の法律はなく、再建計画が債権者を拘束するには債権者全員の個別同意が必要である。英国の事業

544

第3節　各国制度

再生では、まずは純粋私的整理から始まり、その中で債権者調整が図られ、解決するという案件が少なくないといわれる。

　CVAは、英国倒産法（Insolvency Act 1986）に規定[注89]された再建型の手続である。DIP型の手続であり、会社の取締役が再建計画を提案し、これが債権者集会の多数決による決議で成立すれば、反対債権者を拘束することができる。成文法に基づく手続であるが、手続開始原因に支払不能またはそのおそれが不要である点や、再建計画の成立に裁判所の認可は不要である等、裁判所の関与が非常に限定的である点に特徴がある。

　SOAは、会社が債権者や株主との間で、和解または取決めをすることを目的とする手続であり、倒産法ではなく英国会社法（Companies Act 2006）に規定[注90]された手続である。しかし、和解や取決めの内容に特に限定がなく、債務の減免・リスケジュール等を定めることが可能であることから、組織再編だけではなく、事業再生の手法としてもよく利用されている[注91]。DIP型の手続である点、手続開始原因に支払不能またはそのおそれが不要である点、再建計画が債権者集会で決議されれば反対債権者も拘束することができる点はCVAと類似するが、手続の開始と再建計画の成立の2か所で裁判所の認可を受ける必要があり、CVAよりも裁判所の関与が強い。

　Administrationは、英国倒産法に規定された[注92]再建型の手続である。管

注87)　本稿では、Schemes of Arrangement – Theory, Structure and Operation–, Jennifer Payne, Cambridge University Press, Restructuring & Insolvency – Getting The Deal Through– 2019, England & Wales、『各国の事業再生関連手続について――米英仏独の比較分析』（内閣府産業再生機構担当室、2005）、株式会社野村資本市場研究所『各国の事業再生関連手続について――米英仏独の比較分析』（2011）、和田正＝松本渉「英国におけるワークアウトの実情」国際商事法務43巻10号（2015）を参照した。また、本稿作成に当たっては、Stephenson Harwood LLPのSusan Moore弁護士からの実務面の意見を参考にした。

注88)　本稿でいう英国とはイングランドおよびウェールズを指す。

注89)　英国倒産法PartⅠに規定されている。

注90)　英国会社法Part 26（sections 895-901）に規定されている。

注91)　SOAを利用できる会社（company）は、英国倒産法に基づき清算の責任を負う会社が含まれる（英国会社法895条(2)項）。"company"に含まれるかどうかについて、英国会社法に基づき設立・登録されていない団体や外国法人が含まれるかが論点となる。外国法人については、2(10)参照。

545

第4章　クロスボーダー事案および海外法制

理人（administrator）が選任され、債務会社の経営に当たる管理型の手続である。Administrationは、多くの場合、支払不能またはそのおそれがある企業について利用される[注93]。また、CVAおよびSOAとの大きな違いとしては、Administrationが開始すると、債権者による個別の権利行使を禁止するモラトリアム（一時停止効）が生じる。Administrationは、裁判所に申立てを行う裁判内（in-court）の手続であるが、管理人を選任するルートには、裁判外で選任される場合と、裁判所が選任する場合の2種類がある。

　以上の通り、英国の再建型手続は、会社法に基づくSOAが再建型手続として機能していること、英国倒産法に基づくCVAであっても裁判所の関与が非常に限定的で私的整理に近い性質を有すること、英国倒産法に基づくAdministrationについても、管理人が裁判内だけでなく裁判外で選任されることも認められていることから、裁判外と裁判内、私的整理と法的整理という日本における類型で制度の特徴を論じること自体にあまり実益がないといえる。

(2)　親会社によるコントロール

　日本企業が関与するグローバルな事業再生で、英国における事業再生の制度利用が問題となる場面としては、例えば、日本企業を親会社とする英国子会社について、親会社が日本で法的整理手続をとる場合に、①英国子会社の金融機関等からの借入れに親会社が保証している場合、②親会社の法的整理手続申立てが英国子会社の金融機関等からの借入れの期限の利益喪失事由となる場合、③親会社の金融機関等からの借入れに英国子会社が保証している場合が想定できる。また、親会社の資金状態が悪化し、英国子会社に対する資金支援が止まる、あるいは親会社の法的整理手続申立てにより英国子会社の利用するキャッシュマネジメントシステムが機能しなくなり、英国子会社の資金繰りが厳しくなるという場合も想定される。このような場合に、日本

注92)　英国倒産法および2002年企業法に規定されている。

注93)　後述する通り、適格浮動担保権者による申立ての場合は、債務会社が支払不能またはそのおそれがある状態にあるとの要件は不要である。

546

企業がグローバルな事業再生を企図する中で、グループ一体での再建を可能とするために、英国子会社について、債務者側（親会社側）で手続の一定のコントロールを及ぼすことができるかが問題となる。

　親会社（日本）からのコントロールに関係する要素は、①そもそも再建型の手続が存在するのか、②存在しても実務的に利用可能か、③実務的に利用可能でも、親会社がその手続に影響力を及ぼせるか、それとも子会社の手続だけ自律的に進行し、グローバル全体の再建方針と調整が困難か、である。

　この点、①および②の観点については、英国の事業再生の制度は、SOA、CVAおよびAdministrationの3つの再建型の手続が存在し、どの制度も実績のある実務的に機能する制度である。また、スケジュールの点でも、CVA、SOAについては、裁判所の関与が限定的であり、裁判所での手続に長期間要することはないため、一般的にも、再建計画が成立するまでに数週間程度しか要しないとされている（もっとも、準備期間も入れた手続の長さとしては、債権者との事前の交渉期間や手続期間中の交渉にどれだけ時間を要するかに左右される）。これに対し、Administrationについても、後述する通り、法定では、手続開始から10週間以内に計画案の可否を判断する債権者集会が開催され、延長がない限り、計画の履行も手続開始から1年以内に実施されるスケジュールであるため、日本の法的整理手続を含め親会社の手続と並行して手続をとる際に、親会社側がコントロールできないスケジュール上の問題があるとか、手続にかかる期間が長すぎて、グループ一体の再建を妨げるといった事情は見受けられない。その他、後述する通り、CVA、SOAおよびAdministrationで規定する計画には、法的な制限が少なく、柔軟性があるため、親会社（日本）の一体再生の計画策定ができない、といった目立った制約は見受けられない。

　次に、③の観点については、SOAおよびCVAはDIP型の手続であるため、手続主体という面で、親会社が英国子会社の経営および手続遂行をコントロールできるといえる。もっとも、SOAについては、手続開始に伴い債権者の個別の権利行使を禁止するモラトリアムが認められておらず、CVAについても、小企業を対象とする例外的な場合しかモラトリアムが認められていない。

第4章　クロスボーダー事案および海外法制

　そのため、英国子会社の再建に当たり、債権者による個別の権利行使を禁止することが必須となる場面では、モラトリアムの効力があるAdministrationを利用する必要が生じる。しかし、Administrationは、SOAやCVAのようなDIP型の手続と異なり、管理人が選任される管理型の手続であり、管理人は債権者全体の利益のために行動する義務があるため、親会社が管理人の行動をコントロールすることはできない。ただし、Administrationでは、後述する通り、裁判所外で管理人を選任することが可能であり、債務者が管理人を選任し、管理人と協働することで、実質的に債務者側からの経営・手続のコントロールを及ぼす余地はある。もっとも、債務者が管理人を選任した場合でも、管理人は債権者全体の利益のために行動する義務があるため、債務者が求める通りに行動する保証はない。さらに、適格浮動担保権者（holder of qualifying floating charge）[注94]が存在する場合には、債務者が管理人の選任をコントロールすることはより困難となる。浮動担保（floating charge）とは、不動産や機械設備等の特定の財産上に担保権を設定する固定担保（fixed charge）ではなく、棚卸資産や売掛金等などの時間の経過とともに変動する企業財産を担保とするものである。このうち、適格浮動担保権者として認められるためには、企業財産のすべてまたは実質的にすべてといえる財産に浮動担保を設定している担保権者である必要がある[注95]。適格浮動担保権者が存在し、これが債務者による管理人の選任に反対する場合には、対抗的に自らが管理人を選任し、適格浮動担保権者による管理人選任が優先される可能性がある。したがって、適格浮動担保権者が存在し、債務会社との利害対立が大きく、管理人の選任に反対することが想定される場合には、Administrationを債務者側（親会社）からコントロールすることはなおさら難しくなる。

　以上の通り、英国では、SOA、CVAおよびAdministrationという実務的に利用可能な複数の手続があり、債権者の個別の権利行使のリスクがなく（例えば、後述の通り、申立前に債権者・債務者間で債権者による権利行使を禁止

注94）　英国倒産法スケジュールB1第14条。
注95）　英国倒産法スケジュールB1第14条(3)。

するスタンドスティル・アグリーメント〔standstill agreement〕が締結できる場合)、SOAおよびCVAというDIP型の手続を利用できる限りでは、債務者側（親会社側）で手続の一定のコントロールを及ぼすことが可能となり、グループでのグローバルな一体再生も可能になるといえる。他方で、債権者による個別の権利行使のリスクが具体的にある場合には、モラトリアムを得るために管理型のAdministrationを選択する必要が出てくるが、その場合は、債務者側（親会社側）が手続をコントロールすることは制度的に保証されていない点に留意が必要である。

(3)　手続遂行主体

　CVAは、会社の取締役が再建計画を提案するDIP型の手続であり、債権者による申請は認められていない[注96]。CVAの申請に当たり、債務会社は、公認会計士や弁護士などの専門家のうち試験によって公に免許を与えられた倒産実務家（Insolvency Practitioners）を整理委員（nominee）に選任し[注97]、その助言を得つつ再建計画を作成する[注98]が、整理委員は手続を監督する役割[注99]であり、あくまでも手続の主体は会社経営陣である。

　SOAにおいても同様で、SOAを開始させる債権者集会開催の認可申請を含む手続の遂行や、再建計画の作成主体は、会社経営陣である。SOAの申請は、条文上は債務会社のみならず債権者によっても提案することができるが[注100] [注101]、債権者によるSOAの遂行は実務的な困難が伴い、債務会社に

注96)　英国倒産法Part1第 1 条(1)項。
注97)　英国倒産法Part1第 1 条(2)項。
注98)　整理委員は、会社が作成した再建計画の公正性や実行可能性に関する見解を裁判所に提出する。
注99)　CVAの計画案が債権者集会で可決し、成立すると、整理委員は監督委員（supervisor）として計画案の義務の履行を監督する。
注100)　英国会社法Section 896(2)。
注101)　債権者によりSOAの申請があった場合、裁判所は、債務会社がSOAに同意しないことが明白な場合は第 1 回の債権者集会を招集する権限がなく、また、債務会社の同意がなければSOAの再建計画を認可する権限もないと解されていることから、債権者主導の敵対的なSOAは実務的困難を伴うといえる（前掲注87）Jennifer31頁)。

549

第4章　クロスボーダー事案および海外法制

より利用されるのが通常である。

　これに対し、Administrationにおいては管理人が選任される。管理人の選任方法には、以下の通り①裁判所が管理人を選任する方法と、②裁判所ではなく、適格浮動担保権者（holder of qualifying floating charge）注101)、または会社もしくは取締役注103) が管理人を選任する2つの方法がある。管理人はいずれの場合も倒産実務家から選任される。

　Administrationにおける裁判内・裁判外の管理人の選任手続・要件は以下の通りである。

（i）　裁判内の選任手続

　申立権者である会社、取締役注104)、債権者、適格浮動担保権者が管理人予定者を提案し、管理人選任の申立てをすることができる。裁判所は通常、申立人が提案した管理人予定者を管理人に任命するが、適格浮動担保権者以外の者が申立てをした場合、申立てに関する審問において適格浮動担保権者は別の管理人を任命するよう裁判所に要請することができ、裁判所はこの要請に応じる傾向にあるとする。

（ii）　裁判外の選任手続

　適格浮動担保権者、または債務会社（もしくは取締役）は、裁判所へ申立てをすることなく、裁判所への通知によって管理人の選任を行うことができる。

　ただし、会社（または取締役）が裁判外で管理人を選任するには、適格浮動担保権者に5日前までに通知し、2日前までに管理人任命の通知を裁判所に提出しなければならない注105)。適格浮動担保権者がいて、債務者による管理人選任に反対する場合は、通知を受けて自ら管理人の選任に動くことになる。債務者のほかに、適格浮動担保権者も管理人を選任した場合、裁判所は適格浮動担保権者による選任を優先する傾向にあるとする。

注102)　英国倒産法スケジュールB1第14条。
注103)　英国倒産法スケジュールB1第22条。
注104)　ここでいう「取締役」とは、取締役単独ではなく、取締役の過半数と解釈されており、「会社」を申立権者とする場合と大きな違いはないといわれる。
注105)　英国倒産法スケジュールB1第26条・27条。

550

Administrationにおいては、管理人である倒産実務家が、会社経営権と財産の管理処分権を取得し、従来の経営陣は権限を失う。もっとも、裁判内で債務者が提案した管理人が選任された場合、あるいは裁判外で適格浮動担保権者による反対もなく債務者が自ら管理人を選任できた場合は、管理人を通じて手続および経営を実質的にコントロールすることも不可能ではない。また、債務者が事業継続する場合は、従来の経営陣が管理人から業務の一部の受託を受け、経営を継続することも少なくないとされる。ただし、適格浮動担保権者がいる場合は、管理人の選任の実質的な決定力は適格浮動担保権者にあるため、適格浮動担保権者が債務者の再建方針について賛同していない限り、Administrationを実質的にコントロールすることは難しい。

また、適格浮動担保権者がいない場合や、適格浮動担保権者が債務者の再建方針に賛同している場合であっても、管理人は債権者全体の利益のために行動する義務があるため、債務者側（親会社側）が手続にコントロールを及ぼすことは制度的に保証されていない。Administrationにおいて再建計画を反対債権者に及ぼすには、無担保債権者の債権額の50％超の承諾が必要であることから、管理人は無担保債権者の意向を反映しつつ手続を遂行するインセンティブがある。また、管理人の手続遂行を不当と考える債権者は、裁判所へ異議申立てをすることが可能であるため、この観点からも、管理人に広範な権限があるといっても、多数債権者の賛同を得つつ、債権者全体に納得感のある進め方とする必要がある。言い換えれば、債権者の意向と債務者側（親会社）の意向が合わない場合に、債務者側の意向に従わない行動を管理人がとる可能性は否定できない。

(4) モラトリアム

(i) CVA・SOA

CVAが開始しても、原則としてモラトリアムの効果は生じない[106]（ただし、小企業[107]については28日間の支払猶予が与えられる）。また、SOAにもモラトリアムがない。

注106）　英国倒産法Part 1 Section 1A Schedule A1。

第4章　クロスボーダー事案および海外法制

　これらの対策として、実務的には、事前交渉期間中に、債務者が個別の債権者との間で、手続中の権利行使を留保するスタンドスティル・アグリーメント（standstill agreement）を締結することが考えられる。他方で、対象となる債権者全員との間でstandstill agreementが締結できるのであれば、CVAやSOAを利用せずに純粋私的整理で債務整理が可能な事案も少なくないのではないかと考えられる。とすれば、CVAやSOAが生きてくる場面とは、CVA・SOA申請の前段階で債権者全員からstandstill agreementの同意の見込みはあるが、再建計画の内容については、多数の債権者とは事前合意が可能でも、全員との合意を調整するのが難しく、多数決による拘束を図りたい場合、あるいは、債権者全員からstandstill agreementの合意ができなくても、多数債権者からは再建計画の賛同を得られる見込みがあり、standstill agreementおよび再建計画に賛同しない少数債権者も、積極的な権利行使はしてこないとの見通しが立てられる事情がある場合となるのではないかと考える。

　これに対し、債権者全員とのstandstill agreementの合意成立が難しく、さらに、特定の債権者と債務者との間の利害対立が激しく、特定の債権者が個別的に権利行使をしてくる具体的なリスクが存在する場合には、モラトリアムの制度がないCVA・SOAの利用は原則として困難といえる[注108]。

(ii)　Administration

　裁判内で管理人が選任される場合は、裁判所の開始決定と同時に裁判所が管理人を選任し、その時点でモラトリアムの効果が生じる。裁判外で管理人が選任される場合、管理人の任命通知が裁判所に提出された時点でモラトリアムの効果が発生する。モラトリアムにより、裁判所の許可または管理人の

注107)　英国会社法382条(3)の規定する小企業とは、①売上高650万ポンド以下、②総資産326万ポンド以下、③従業員数50名以下のいずれか2つの要件を満たす企業をいう。

注108)　SOAにおいて、債権者の個別の権利行使を禁じる裁判所の命令が出たケースはある（Sea Assets Ltd. V. PT Garuda Indonesea、Bluecrest Mercantile BV; FMS Wertmanagement AĐR v. Vietnam Shipbuilding Industry Group）、前掲注87）Jennifer 234頁。もっとも、Susan Moore弁護士によれば極めて例外的なケースであるとのことである。

第3節　各国制度

同意がない限り、担保権の実行・資産の差押え・訴訟提起の禁止・停止等の効果が生じる[注109]。

(iii)　CVA・SOAとAdministrationの併用

モラトリアムの制度がないCVA・SOAと、モラトリアムのあるAdministrationを併用する方法も実務的に存在するが、頻繁に利用される方法ではないようである。Administrationは、モラトリアムがある点ではメリットがあるが、他方で、SOAやCVAよりも「倒産手続」であるとの世間の認識が強く、倒産手続に入ったことによる信用毀損が大きいため、事業価値を毀損するリスクがある。また、Administrationの開始前に生じた債権は倒産債権として支払が停止するところ、商取引債権の保護として申立前の債権を支払うことは、偏頗弁済として管理人の善管注意義務違反となるおそれがあるため、管理人が積極的にそのリスクを負う行動に出ないという問題もある。こうした理由から、Administrationを選択することには通常消極であり、CVA・SOAとの併用のケースも多くないとのことである[注110]。

(5)　手続開始原因

CVAおよびSOAについては、支払不能（insolvent）やそのおそれがあることは手続開始原因として要求されていない。このように開始原因が緩やかであり、早期再生にも利用できる制度であるから、親会社である日本企業が法的整理手続に入る場合に、手続開始原因が狭いため親会社手続と時期を合わせた申請が困難であるといった事情はなく、柔軟な対応が可能であるといえる。

これに対し、Administrationにおいて、裁判所が管理人を選任する場合、または債務会社が管理人を選任する場合は、会社が支払不能であるか、そのおそれがある状況（the company is or is likely to become unable to pay its debts）でなければならない[注111]。支払不能は、キャッシュ・フローおよび

注109)　英国倒産法スケジュールB1第43条。

注110)　例外的にAdministrationとCVA・SOAが併用されたケースとしてはT&NGroupのケースがある。

注111)　英国倒産法スケジュールB1第11条・27条。

553

第4章　クロスボーダー事案および海外法制

バランスシートの両方の観点から定められる。

なお、CVA、SOAおよびAdministrationのいずれについても、会社が倒産状態に入った場合に取締役に倒産手続の申立てを義務付ける、いわゆる倒産手続申立義務を定める規定はない。

(6)　スケジュール

CVAの手続では、債権者集会の開催に当たってのみ裁判所が関与し、開催された債権者集会で、議決権を行使した債権者のうち額面の75％を保有する債権者が再建計画に賛成し、可決すると、可決した計画は反対債権者にも強制力をもち、権利が変更される。再建計画が効力を有するための裁判所の認可は不要である。したがって、CVAのスケジュールで考慮すべきは、①再建計画の作成のための債権者との事前交渉（さらには整理委員〔候補者〕とも事前に交渉することが多いという）に要する期間のほかは、②債権者集会開催に必要な期間となる。債権者集会開催のためには、整理委員から、再建計画の合理性、可決および実行の見込み、債権者集会を開催すべきか否か、その日時についての報告書が裁判所に提出されなければならない。この報告書の提出は、整理委員が再建計画案の通知を受けてから28日以内（裁判所の許可があれば延長できる）に行われる[注112]。報告書が提出され、裁判所が債権者集会の開催を認めれば、整理委員が債権者集会を招集する。以上からすると、CVAの法的なスケジュールが親会社の手続との平仄で問題になることは通常考えがたい。

SOAの手続は、①SOAの申請により裁判所が債権者集会を招集し、②クラス分けについて審査するfirst hearing（クラス・ヒアリングとも呼ばれる）が開催され、③債権者集会で再建計画の決議が行われ、④裁判所が可決した計画を認可する、という流れで進む。これら各手続について特に法的な期限は設定されておらず、SOAの手続に要する期間はケースバイケースであるが、一般的には、SOAの手続が正式に開始してから再建計画が認可され効力を生じるまで、8週間程度といわれている[注113]。もっとも、手続が正式

注112)　英国倒産法Part1第2条(2)項。

554

第3節　各国制度

に開始する前にも、会社は主要な債権者に再建計画の主要な条件を提案し、おおむね合意を取り付けてから手続に入るため、手続に要する期間としてはこの事前交渉の期間も考慮する必要がある点はCVA同様である。したがって、SOAについても、親会社手続との平仄について法的なスケジュールが問題となることは通常考えがたい。

　Administrationについては、管理人の任命期間は12か月である。最初の1年については、債権者の合意があれば半年間の延長が可能である。また、裁判所の命令があれば、裁判所が定める期間、何回も延長することができる[注114]。また、Administrationでは、管理人は、裁判所から別途命令がない限り、手続開始から8週間以内に再建計画案を作成して、債権者に提示し[注115]、手続開始から10週間以内に計画案の可否を判断する債権者集会を開催する。したがって、Administrationも、計画案成立まで短期間であり、親会社手続との平仄について法的なスケジュールが問題となることは通常考えがたい。

(7)　再建計画の内容

(i)　対象債権者の選別とクラス分け

　CVAでは、無担保債権者はすべて手続の対象となり、1つのクラスとして平等に取り扱われ、クラス分けは認められていない。また、CVAでは、担保権者を多数決で拘束することができず、担保権者の権利を変更するには、対象となる担保権者全員の同意を取得する必要がある。この点がCVAを利用するか否かを判断する最も大きな要因になる（担保権者がいる場合には、CVAではなく、担保権者も拘束できるSOAを選択する傾向にあるという）。

　これに対し、SOAでは、無担保債権者のみならず担保権者もSOAに取り込むことができ、SOAによって担保部分の減免を含めた権利変更をすることも可能である。また、SOAでは、債権者を選別し、対象債権者から除外

注113)　前掲注87) Jennifer 234頁
注114)　英国倒産法スケジュールB1第76条。
注115)　ただし、ここでいう再建計画案は完全なものではなく、実際には管理人の実行方針を示す概要書のようなものが提出されているとのことである。

555

したり（例えば、商取引債権者は除外するのが一般的である）、事業のバリュエーションを行い、バリュエーションに基づけば弁済可能性のない下位の債権者はSOAに関与する経済的利益がないとして、手続から除外することが認められている。また、再建計画では、同類の債権を同じ組（クラス）に分類し、クラスによって異なる取扱いを定めることができる。例えば、担保付債権者は無担保債権者とは別のクラスに、社債権者も他の債権者とは別のクラスに分類されるのが通常である。もっとも、クラスの分類が適切かどうかは裁判所の審査の対象となる。同じクラスに属するべきか否かは、権利の性質が「共通の利益の視点をもって協議することが不可能な程度に異質でないか否か」という基準によって判断される。ここでいう「権利」は、再建計画によって免責あるいは変更される権利と、再建計画で新しく付与される権利の2つの観点でみる。「利益」とは経済的な利益ではなく、法的な権利の差異が重視される。SOAにおけるクラス分けは、債務者が単独で決めることができ、債権者による同意や債権者との協議は強制されない。もっとも、実際には、クラス分けについても主要な債権者との事前交渉の対象となり、SOAに入ってからクラス分けが債権者から厳しく争われることを避けるような実務上の対応がなされているようである。

　次に、SOAにおける再建計画は、①債権者集会での可決と②裁判所の認可（sanction）を経てはじめて効力を有する。計画にクラスの分類がある場合は、すべてのクラスにおいてこの可決要件が満たされなければならず、クラスの分類が増えるほど、1つのクラスの否決による計画不成立のリスクが高まるため、クラス分けには戦略的な考慮も必要となる。また、計画認可のための裁判所の審理は、ⅰ関連する法令を遵守しているか、ⅱクラスの分類が適切か、ⅲ債権者集会の出席者は各クラスを公正に代表し、多数債権者は誠実に行動したか、ⅳ計画に合理性があるかの観点から判断され、ここでもクラス分けの適切性が審査される。ただし、裁判所は、再建計画に合理性があるかどうかを内容面で一から審査するのではなく、債権者が合理的に決議を下したかどうか、つまり、十分な情報があり検討に十分な時間的猶予があったかという手続的な観点から判断し、可決したという債権者の判断を覆すことには謙抑的であるとされる。

Administrationでも、債権の組分けや担保権の権利変更が認められない。このため、Administrationにおいて、債権の組分けや担保権の権利変更を含んだ再建計画が必要となる場合は、SOAを併用することになる。もっとも、この場合は、管理人がSOAを申し立てることになるため、前述の通り、SOAで提出する再建計画の内容が完全には債務者側（親会社）でコントロールできないことに留意しなければならない。

(ii) 再建計画の内容・プレパッケージ

CVAにおいても、Administrationにおいても、クラス分けおよび担保権の権利変更が認められないという点は、上記の通り再建計画の内容に関するSOAとの大きな違いである。

他方で、それ以外は、CVAもAdministrationも再建計画の内容に特に制限はない。SOAにおいても、対象となる和解または取決めが何らかの「互譲」の要素がある限り広く許容される。したがって、再建計画では幅広い内容を定めることが可能であり、既存の債権に関する返済条件の変更、債務免除、デット・エクイテイ・スワップ等のさまざまな内容を規定することができる。ただし、清算価値保障は必要である。

加えて、SOAでは、債権者を株主とする新会社に当該債権者の債務とその弁済原資となる債務会社の事業や資産を承継させるプレパッケージ・セールや、既存株主や新規の投資家からの新規の資金調達を計画に盛り込むことも行われている。計画外事業譲渡という概念はないが、そもそもSOAの手続が迅速でスケジュールも柔軟なため、早期の事業譲渡が必要であれば、債権者集会までの期間を短く設定することで対応が可能ではないかと推測する。

これに対し、Administrationにおいては、事業譲渡や資産譲渡は管理人の専権で行えるため、再建計画に載せる必要はない。このため、Administrationでは、手続開始前にスポンサー選定を完了し、管理人選任と同時あるいは直後に資産・事業の売却を完了する、といったプレパッケージ型が利用されることも少なくないとされる。プレパッケージ型についての法律上の規律はないが、倒産実務家の監督官庁である倒産サービス局が定める行動規範（Statement of Insolvency Practice 16）において、プレパッケージを行う際に債権者に対し情報開示が必要な事項が定められている。再建計画の

第4章　クロスボーダー事案および海外法制

内容の柔軟性に関連して、Administrationの利用には一定のメリットがある。管理人は、裁判所の代理人（officer of the court）として、債権者全体の利益のために行動するとされ、その権限には限定がなく、会社の事業の全部または一部の譲渡、代替性のない重要な無担保商取引債権者への優先弁済、会社の清算等の管理人の行為について、原則として裁判所の許可は不要とされている注116)。

　また、Administrationにおいては、担保目的物を担保権者の同意なく処分することが可能である（裁判所の許可は場合により必要となる）。この場合、担保権者は処分により得た対価について優先的な権利を有するにとどまる。したがって、Administrationにおいては、事業譲渡型であれば、事業継続に必要な資産を担保権者の同意なくスポンサーに譲渡し、後は優先債権化した担保権者の債権を旧会社にて処理するという方法をとることで、担保権者の影響力を小さくすることが可能となる。以上の通り、Administrationでは、管理人の裁量の大きさから、他の手続では再建計画を通じて行うべき内容も、管理人の専権で行うことができるため、管理人に一定のコントロールが及ぼせる場合は、Administrationの利用に一定のメリットがあると言い得る。

　以上の通り、いずれの手続についても、再建計画の観点からは、英国の再建型手続がグループ一体再生を妨げるものではないと考えられる。

(8)　債権者の関与の程度

　CVAにおける債権者の関与としては、再建計画の成立を判断する債権者集会での議決権の行使が最も大きな場面となる。再建計画の成立には総債権額の50％超の債権者の同意が必要である。担保権者は、上記の通り、担保権者の同意がない限りは権利変更されないため、計画の決議に参加しても、可決要件にはカウントされない。計画案の可決に不服のある債権者は、当該計画が一部の当事者を不当に害することや重大な不正があることを理由として、裁判所に異議申立てを行うことができる注117)。

注116)　ただし、債権者または株主から管理人による職務遂行に対する異議申立てがなされた場合には、裁判所が当該職務遂行について審査を行う。

第3節　各国制度

　SOAでも、再建計画の成立を判断する債権者集会での議決権の行使が、債権者にとって最も大きな関与の場面となる。SOAの可決要件は、出席債権者の頭数の過半数かつ債権額の75％以上の賛成であり、すべてのクラスでこの可決要件を満たす必要がある[注118]。また、クラス分けについての審査のためのクラス・ヒアリング、および、計画認可のための裁判所の審問において、反対する債権者は異議申立てができる。

　SOAにおいては、法律上は債権者委員会の制度は設けられていない。もっとも、債権者間の調整のために、任意の債権者集会が組成されることも珍しくない。社債権者が存在する場合には、社債権者集会を開催する前に、任意の社債権者委員会が組成されることも珍しくない。債権者委員会の役割は、債務会社から情報を入手して債権者に提供すること、対象会社と交渉し、場合によっては再建計画を提示すること等であるが、任意の機関であるため、法律上の権限はない。債権者委員会が自らのアドバイザー（FAや弁護士）をつけることもあるが、そのコストを債務者が負担することは法的に強制されないため、コストを誰が負担するかは、債務者と債権者との交渉により、ケースバイケースであるとのことである。

　Administrationでは、再建計画の成立には、債権者集会で出席債権者の債権額の50％超の賛成を得なければならない。債権者は、管理人が提案した計画案そのものを決議の対象とすることも、自ら修正を付して採決することもできる。第1回の債権者集会で計画案が否決された場合、管理人が修正した計画案を再度提示するか、債権額の10％以上の債権者が要求する場合には、再度債権者集会が開催される。もっとも、かかる再建計画には、会社運営や

注117）　CVAでは、再建計画を受領し債権者集会での議決権のある債権者のみならず、債権者集会の通知を受領していれば議決権をもつであろう債権者に対しても、実際には通知がなされていなくとも効力が及ぶため、債権者集会の通知を受領しなかった債権者には、それを知ってから28日以内にCVAの効果に異議を申し立てる権利がある。もっとも、実際にはこのような異議申立ては稀であり、裁判所も、異議を申し立てた少数債権者が決議に加わっていたとしても決議の結果が変わらなかったであろう場合には、CVAの効果を覆す可能性は低いとされる。

注118）　ただし、清算中の会社財産に利害関係のないクラスは例外とされる。英国会社法425条(2)項。

559

第4章　クロスボーダー事案および海外法制

資金調達の方法が記載されるものの、債権者の権利変更を行うことはできない。そのため、前記の通り、Administrationで、多数決にて債権者の権利変更を行いたい場合は、SOAを併用することになる。

　また、Administrationでは、法律上、債権者委員会の制度があるが、債権者委員会の設立は必須ではない。債権者委員会は、債権者集会で選任される3名から5名の債権者によって構成される。通常は、無担保権者のうち、債権金額が一番多い債権者が債権者委員会を代表する。債権者委員会は、管理人に対し情報提供を求めたり、債権者集会への出席を求めることもできる。重要な役割としては、債権者委員会は、管理人の報酬の確定方法を決定する。もしこれにより管理人の報酬が確定しなければ、裁判所が管理人の報酬を定めるため、管理人には、債権者委員会の意向を聴くインセンティブが生じる。

　さらに、Administrationでは、管理人に広範な権限を与える代わりに、債権者には、管理人の行為に対し異議申立てができる幅広い権限が付与されている。債権者は、裁判所に①管理人が、申立人（またはその他株主や債権者も含めて）の利害を損ねる行動を現在とっている、または過去にとった、②管理人が申立人の利害を不当に損ねる行動を提案していることを理由に異議申立てができる。

　以上の通り、CVA、SOAおよびAdministrationでは、手続内で与えられた債権者のパワーは主に債権者集会での議決権の行使と異議申立権であり、Administrationでは債権者委員会の制度もあるが、特に強い権限が与えられているわけでもなく、実際上も債権者に強いパワーが与えられている事情は見受けられない。そもそも、CVAやSOAにおいては、債権者との事前交渉と多数債権者との事前合意を経て手続に入るのが通常であるため、手続に入ってから、債権者集会を通じた熾烈な対立が生じるということは一般的ではないとのことである（そのため、米国Chapter 11と比較し、SOAは手続コストが低いともいわれる）。したがって、手続内で債権者に与えられた権限のために、親会社手続との平仄がとれないとか、グループ一体再生への妨げになるといった傾向は見当たらない。

560

(9) 承認援助制度

　英国は、EUの倒産規則およびUNCITRALモデル法を採用している。モデル法を具体化したCross Border Insolvency Regulations（CBIR）では、外国倒産手続における代表者は、英国裁判所で外国倒産手続の承認援助を申請することが認められている。また、外国倒産手続における代表者は、英国裁判所で英国の倒産手続を申請することや、英国の倒産手続に参加することが認められている。

　当該外国倒産手続が、COMIのある国で開始していると認められる場合、外国主手続として承認され、自動的にオートマティックステイの効果を得ることができる。

(10) 欧州子会社によるSOA利用可能性

　SOAを利用できる会社（company）とは、英国会社法に基づき設立され登録された会社[注119]、および、英国倒産法に基づき清算の責任を負う会社（any company liable to be wound up under the Insolvency Act 1986）である（英国会社法Section 895(2)）。後者の「英国倒産法に基づき清算の責任を負う会社」の意味が広く、不明瞭のため、ここでいう会社に外国企業が該当するかが問題となり、議論されてきた[注120]。英国倒産法においては、清算手続の対象となる会社には、英国会社法に基づき設立され登録された会社に加え、英国にCOMI（center of main interest）がある会社が含まれる[注121]。もっとも、英国裁判所は、外国企業に清算手続の管轄を認めるためには、英国と「十分な関連性」（sufficient connection）を必要としてきた。もともとは、「十分な関連性」が認められるには、英国内に資産や重要な拠点がある必要（COMIと重なる部分があるがそれだけではない）があったが、外国企業によるSOA利用のニーズが高まったことから、英国裁判所は近年この「十分な関連性」を緩やかに解釈している。例えば、対象債権のファイナンス契約の準拠法が英

注119）　英国会社法Section 1(1)。
注120）　前掲注87）Jennifer 26頁。
注121）　前掲注87）Jennifer 28頁、英国倒産法Section 220・221。

第4章　クロスボーダー事案および海外法制

国法である場合や裁判管轄が英国裁判所である場合も「十分な関連性」を認め、さらに、SOA開始前にファイナンス契約の準拠法や裁判管轄を英国のものに変更した場合でも「十分な関連性」があるとしている^{注122)}。そのため、英国以外のEU企業の多くもSOAを利用し、英国裁判所はSOAの管轄を認めている^{注123) 注124)}。Brexit前の段階では英国でSOAが成立すれば、EU倒産規則によりEU圏内では自動承認され、EU圏内でも効力が及ぶことも、SOAの利用を促す事情となっていた。

　以上から、日本企業を親会社とし、英国を含む欧州に子会社があるグループ企業の事業再生について再建型の手続が必要となった場合に、英国子会社だけでなく、その他の欧州子会社も「十分な関連性」があれば、SOAの管轄があるとして、一体としてSOAを利用した再生を行うことも考えられる。もっとも、Brexitによって、英国にEU倒産規則の適用がなくなり、これを補完する他の取決めがなされなかった場合は、従来のようなEU企業によるSOA利用が難しくなる可能性がある。

3　中国

(1)　はじめに

(i)　中国における法的倒産手続

　中国における法的倒産手続については、中華人民共和国企業破産法^{注125)}（2006年8月27日に全国人民代表大会にて成立し、2007年6月1日から施行。本章

注122)　こうした緩やかな関連性でSOAの利用が認められた例としては、TeleColumbus、Rodenstock、PrimaCom、Metrovacesa、Vietnam Shipbuidingなど多数ある。

注123)　もっとも、英国企業以外の企業がSOAを利用する場合、認可された計画が当該会社が設立された国の裁判所で承認される見込みがあることが、認可を受けるための要件とされていることに留意が必要である。

注124)　過去、SOAを利用した外国法人の設立国としては、ロシア、ポーランド、ドイツ、ギリシャ、アイルランド、イタリア、ルクセンブルグ、デンマーク、オランダなどがある。

注125)　企業破産法の「破産」には、再建型と清算型のいずれの手続も含まれており、日本における「倒産」に近いニュアンスを有し、日本における「破産」に対応する同法上の用語は、「破産清算」である。

562

では以下、「企業破産法」または「法」という）が定められ、法人格を有する企業法人[注126]（国有企業、私営企業、外商投資企業を問わない）を対象に、再建型手続（重整手続および和解手続）と清算型手続（破産清算手続）の３手続が整備されている[注127]。

重整手続および和解手続は、手続開始決定後も事業継続することを前提とした再建型手続であるが、破産清算手続は、裁判所により選任された管財人が企業の財産を換価し清算させる清算型手続で、日本の破産手続と類似している。

破産清算手続が受理された後も、一定の要件を満たせば、重整手続や和解手続へ移行することができ、反対に、重整手続や和解手続から破産清算手続へ移行することもできる。

(ii) 中国における私的整理手続

中国においても、金融機関の主導による私的整理手続は試みられていたが、制度化された手続は存せず、異議のある債権者に対する制度的配慮が欠け、利益調整が困難で、必ずしも成功していなかったとのことである[注128]。

その後、2017年になって、中国における金融機関の監督機関である中国銀行業監督管理委員会（CBRC）が、正式に債権者委員会制度を導入したことから、今後は、特に過剰債務の問題を抱える国有企業などについて、金融機関による債権者委員会主導で、私的整理の実務が積み重ねられていくことが期待される。

以下では、中国における再建型の倒産手続（法的倒産手続、私的整理手続）について、**第2節**で述べた点と関連する事項を中心に概説する。

注126)　企業破産法の対象は企業法人であるが、その他の法律において企業法人以外の組織の倒産手続について定めがある場合、企業破産法の手続が準用され（企業破産法135条）る。そのため、例えば組合は、企業法人ではないものの、企業破産法が準用される。なお、中国においては、個人に適用される破産手続法令は定められていない。

注127)　1章から7章および11章・12章で3つの手続に共通の事項が規定され、8章で重整手続、9章で和解手続、10章で破産清算手続について規定されている。

注128)　胡利玲「法廷外私的整理の困難な状況――問題点及び解決策」（2016年第8回東アジア倒産再建シンポジウム・スピーチ資料）。

第4章　クロスボーダー事案および海外法制

(2)　再建型法的倒産手続

(i)　手続概要──重整手続と和解手続

　再建型法的倒産手続には、重整手続と和解手続があるが、重整手続は、担保権者も手続に組み込み、手続開始決定後、担保権の実行が禁じられ（法75条1項）[注129]、担保権者への配当も原則として事業計画に基づいてなされる手続であり、日本の更生手続に類似している。

　これに対して、和解手続は、無担保一般債権者のみを対象とする簡易な手続で、債務者のみに申立権限があり、手続開始申立ての際に、債務者は対象債権者との和解条件を提示する必要があるなど日本の旧和議手続に類似している。

　ただし、重整手続も、和解手続も、いずれも、人民法院により管財人が選任され（法22条1項）、手続中は、原則として、管財人が、債務者企業の事業運営を行う[注130]。

　以下、再建型法的倒産手続、中でも、主たる再建型倒産手続である重整手続を中心に、その特徴を述べる。

(ii)　手続遂行の主体とその権限

(a)　管財人選任のタイミング

　重整手続を含む倒産手続開始の申立てがなされると、人民法院[注131]は、手続開始原因、債務者の倒産能力、申立人資格の有無等を審理し、まず、申立てを受理するかどうかの判断をし、受理後に、開始決定をするかどうかの判断を行うという2段構えになっているが、管財人は、申立ての受理決定がなされた段階で選任される（法13条）[注132]。

注129)　ただし、担保目的物の毀損または顕著な減価により担保権者に損害を及ぼすことが明らかな場合、担保権者は、裁判所に担保権実行禁止の解除を求めることができる（法75条1項）。

注130)　重整手続では、後述するように、人民法院の許可を得た場合、例外的に、債務者企業が事業運営を行い、管財人はそれを監督するDIP型も存する。

注131)　人民法院は、日本の裁判所に相当する司法機関である。最高人民法院、高級人民法院、中級人民法院、基層人民法院の4階層に分かれ、訴額や案件の性質により、どの人民法院が第1審を管轄するのか異なる。

564

倒産手続申立ての受理決定と開始決定には一定の間隔が置かれることが前提となっているが、債権者により破産清算手続申立てがなされた場合で、人民法院の受理がなされた場合、その後の破産手続開始決定までに、債務者等が重整手続または和解手続の申立てをする（法70条2項・95条1項）こと（で債務者が清算型の破産清算手続へ進むことを阻止すること）を可能とするためとされる。そのため、再建型の重整手続および和解手続は、受理決定と同時に手続開始決定がなされると解されている[注133]。

(b) 管財人の選任方法

中国の倒産手続において、管財人は、法律上、個人または団体いずれも就任できるが、実際は、団体が選任されることが多い。管財人となり得る団体は、清算委員会、法律事務所、会計事務所、破産清算事務所等とされている（法24条1項）[注134]。選任方法は、管財人名簿に掲載されているリストから順番、抽選、くじ引き等の無作為方式による方法と、重大事件については公募の上で、人民法院の審査で選任される競争方式があるとされるが、公募と人民法院の審査で3社程度に絞って抽選する場合が多いとされており、大型の事件の場合、倒産手続に精通した事務所が管財人に選任されるとされる。

(c) 例外的にDIP型が認められる場合

重整手続では、例外的に、債務者の申立てについて、人民法院が許可した場合、債務者自身が財産の管理処分権を有し、事業経営すること（DIP型）が認められる[注135]。この場合、管財人は、債務者の財産の管理処分および事業経営を監督する立場になる（法73条1項）。また、人民法院がDIP型の許

注132）　倒産手続申立受理の効果として、①管財人の選任以外に、日本の倒産手続開始決定の効果と同様の以下の効果が生じる。②受理後の債務者からの弁済の無効（法16条）、③第三債務者は管財人に対する弁済義務の発生（法17条）、④双方未履行双務契約について、管財人に履行または解除の選択権の発生（法18条）、⑤債務者財産に対する保全処分の執行、強制執行手続の中止（法19条）、⑥債務者財産に対する係属中の民事訴訟手続・仲裁手続の中止・解除（法20条）。

注133）　福岡真之介＝金春『中国倒産法の概要と実務』（商事法務、2011）28頁・85頁・116頁。破産清算手続の債権者申立ての場合のように債務者に再建型手続に移行する猶予を与える必要がないためとされる。

注134）　日本も、法律上、個人も法人も破産管財人・更生管財人となり得るが、実際は、個人（特に弁護士）が多いのと対照的である。

第4章　クロスボーダー事案および海外法制

可を出した場合、管財人は、着手済みの財産管理処分権および事業運営権を債務者に移転することが求められる（同条2項）。

　人民法院が、どのような場合に、DIP型とする許可を与えるかは明文の規定がなく、明確ではないが、DIP型の件数は少ないといわれている[注136]。

　なお、中国の重整手続のDIP型は、債務者が手続開始前と同様に事業経営権をもち、管財人はあくまでも債務者を監督する立場となる。そのため、手続遂行の点では、日本の再生手続に近く[注137]、更生管財人が財産管理処分権・事業遂行権を維持しつつ、債務者の経営陣から事業家管財人を選出するという日本の更生手続におけるDIP型手続とは、建付けが異なる点、留意が必要である。

(d)　管財人の権限

　管財人は、日本法の更生管財人と同様に、財団財産の管理処分、事業の運営を行う権限を有する（法25条1項）。重整手続の場合、管財人は、債務者の経営者に、事業の経営を担当させることができる（法74条）。和解手続には、債務者の経営者に経営を担当させる規定はない。

(e)　管財人の負う義務

　管財人は、債権者集会に出席し、職務の状況を報告し、質問に回答する義務を負う（法23条2項）とともに、債権者集会および債権者委員会による監督を受ける（同条1項）。具体的には、管財人は、債権者集会に出席し、職務遂行状況について報告し、質問に回答する義務を負い（同条2項）、債権者集会には、管財人の解任申立権が付与されている（法22条2項）。日本の破産管財人・更生管財人は、いずれも裁判所の監督に服し、裁判所はそれぞれ

注135)　福岡＝金・前掲注133）51頁では、DIP型が採用された場合でも、否認権の行使主体が管財人となるのか債務者になるのかについては、明文の規定がなく、見解が分かれるが、監督の役割を果たす管財人に与えるべきとする見解が多数であるとされる。

注136)　DIP型の重整手続事案を紹介した日本語の文献として、加藤文人「中国の更生手続事例」国際商事法務40巻3号（2012）445-450頁（DIP型手続に関する言及は448頁）。

注137)　重整手続では担保権の実行を禁じるため、担保権が原則行使可能な再生手続とは異なる面もある。

566

を解任することができる（破75条1項・2項、会更68条1項・2項）のと比較すると、中国法の管財人は、より直接的に債権者からのコントロールを受ける建付けとなっている。

(f) 親会社によるコントロール

中国子会社について、再建型の法的倒産手続をとると、管財人が選任され、事業の運営を行う。重整手続については、例外的に、人民法院の許可を得た場合、債務者自身が、事業運営を行う手続（DIP型手続）をとることが可能であるが、人民法院がどのような場合に許可を与えるのか、明文規定がなく、不明である。加えて、DIP型をとった場合にも、管財人の監督を受けるため、日本の親会社が（法的倒産手続をとりつつ）子会社へのコントロールを及ぼすことは難しい注138)。

担保権者を拘束しないもう1つの再建型手続である和解手続でも、財団財産の管理処分や事業運営は、管財人が行う（法98条）。さらに、和解手続においては、債務者が例外的に裁判所の許可を得て事業を経営する規定も設けられておらず、親会社が債務者企業をコントロールすることはいっそう困難といえる。

ただし、債権者委員会や債権者集会は、管財人に対する監督権限（および解任権）を有するため、親会社が最大債権者であるような場合、債権者として管財人に働きかけを行うことで、一定のコントロールを及ぼすことは可能と思われる。

(iii) 債権者の関与の度合い──議決権行使・債権者集会・債権者委員会

(a) はじめに

中国の再建型倒産手続において、債権者がどのような権限を有し、どのような役割を果たすのかを概観する。

注138)　中国において、以前は、外商投資企業（外資企業）については、地方政府が外商投資企業の破産清算を嫌う傾向があるため、受理されにくい旨の指摘があった（董輝「日中間に跨る親子会社の倒産処理」事業再生と債権管理132号〔2011〕159-160頁）。ただし、近時は、外商投資企業の破産清算手続も受理されるようになり、日本法人を親会社とする中国子会社についても破産清算手続が開始されたケースもある。ただし、再建型の重整手続や和解手続については、手続が開始されるのか、管財人の対応がどのようになるのか等、現状では不明な点も多い。

第4章　クロスボーダー事案および海外法制

(b)　議決権の行使と強制認可の制度

重整手続において管財人（またはDIP型の場合債務者）が作成する計画（重整計画）案は、債権者集会における決議に付されるが、①担保付債権、②労働債権（経済補償金請求権[注139]を含む）、③租税債権、④一般債権などの組に分けられ、それぞれの組で議決権行使がなされる[注140]。

また、重整計画において株主の権利を変更する条項が定められたときは、⑤株主等の組を設け、当該組で決議がなされなければならないとされる（法85条2項）。日本の更生手続では、更生会社が債務超過の場合、株主は議決権を有さない（会更166条2項）のとは異なり、議決権が付与されない場合は特に規定されていない[注141]。

重整計画案が可決されるためには、上記①から⑤までの各組は、組ごとに、集会において議決権を行使できる出席債権者の過半数が賛成し、各組における確定債権総額の3分の2以上の債権者の賛成が必要となる（法84条2項）。

なお、計画案を否決した組がある場合は、管財人または債務者は、否決した組の債権者と協議して再議決を試みることができる（法87条1項）。それでも、否決されたときは、管財人または債務者の申立てに基づき、一定の要件を具備する場合、人民法院が重整計画の認可をすることができる強制認可（クラムダウン）の制度が認められる。

ただし、労働債権、租税債権については、強制認可ができる要件として、全額弁済がなされることとなっており、これら債権は全額弁済されることが前提となっている（法87条2項2号）。また、担保権者の組については、全額

注139)　経済補償金とは、労働者と労働契約を解除する際に、従業員に対し支払うべき補償金をいい、算出基準は法定されている（中国労働契約法46条3号。詳細は、董輝＝陳軼凡「中国事業の再編・撤退に伴うリストラの法的根拠及び実務的問題点」ジュリ1494号〔2016〕35-41頁を参照されたい）。

注140)　一般債権については、必要があると認められるときは、さらに少額債権の組を設けて、議決権行使をさせることができる（法82条2項）。

注141)　福岡＝金・前掲注133）96頁によると、債務超過の場合も株主に議決権が付与された理由として、①発展途中である株式市場の安定化を図るためと②再建型手続の場合、債務超過であっても既存株主の権利もゼロでないと考えられるためとされている。

568

弁済を受けるか、分割弁済を受ける場合は、その損害について公平な補償を受けることが要件とされる（同項1号）。

なお、和解手続の可決要件も、重整手続同様に、無担保債権者のうち出席債権者の過半数が賛成し、債権総額の3分の2以上の債権者の賛成が必要となる（法97条）。ただし、債権の組分け[注142]や強制認可の規定はない。

(c) 債権者集会

債権者集会は、債権届け出をした債権者を構成員として、法61条1項に規定する種々の権限（債権調査、人民法院に対する管財人の解任・再選任の申出、管財人の監督、債権者委員会の構成員の選任・解任、債務者事業の継続または中止の決定、重整計画・和解計画の決議、破産財団の換価計画に関する決議、破産財団の配当表に関する決議、その他）を有する機関である。

債権届出をした債権者は、債権者集会の構成員として、債権者集会に出席し、議決権を行使できる。また、債権者集会では、人民法院が議決権を有する債権者の中から議長を選任し、その議長が、議事を司る。

第1回債権者集会の開催は必要的なもので、債権届出期間満了日から15日以内に人民法院により招集される（法62条）。第2回目以降の債権者集会は、人民法院が必要と認める場合、または、管財人、債権者委員会［→(d)］、債権総額の4分の1以上の債権額を有する債権者から議長に対して提案があった場合に招集される。

日本の更生手続における関係人集会は任意的な会議であり、裁判所により招集される集会であるのに対して（会更114条1項）、中国では、法律上も債権者集会の開催は第1回集会は必要的であり、上述の通り議長は、債権者から選任され、日本に比べ、債権者がより主体的に権限を行使し得る集会といえる。

また、債権者集会には、管財人を監督する権限があり、さらに、管財人の解任申立権が付与されており（法23条1項・22条2項）、債権者集会の管財人への監督はより直接的といえる。

注142）　重整手続のような組分けの規定は存しないものの、和議手続においても労働債権および租税債権は100％弁済が一般的とされる（福岡＝金・前掲注133）66-67頁）。

第 4 章　クロスボーダー事案および海外法制

　また、中国の倒産手続においては、インターネットを通じた集会への参加や投票なども認められており[注143]、実際にも、インターネットを通じての参加も含め相応の数の債権者が参加するとされており、債権者の手続参加は積極的であるとされる。

(d)　債権者委員会

　債権者集会は任意に債権者委員会を設置することができる（法67条1項）。債権者集会が常設機関でなく、随時招集ができないため、債権者集会を代表して、常時、手続進行と財産管理を監督できる常設機関として債権者委員会を設置することには意義があり、重整手続や破産清算手続において債権者委員会が設置される例は少なくない[注144]。日本においても、債権者委員会の制度はあるが、あまり活発な利用がなされていないこととは対照的である。

　債権者委員会の設立には、債権者集会の決議で可決され、かつ人民法院の書面による認可を得る必要がある（法67条2項）。職務としては、財団財産の管理処分の監督、財産の配当の監督、債権者集会招集に対する提言、債権者集会が委託するその他の権限となる（法68条1項）。また、管財人に、その職務権限内の事項に関する説明や関連文書の提出を求めることができる（同条2項）。

　また、管財人は、重大な財産処分行為をするに当たっては、遅滞なく債権者委員会に報告する必要がある（法69条1項）。

　なお、人民法院の許可を得てDIP型の重整手続がとられる場合は、債権者集会および債権者委員会の監督の対象は、債務者（DIP）となる（法73条2項参照）。

(e)　小括

　以上のように、中国において、債権者が議事を司る債権者集会には、管財人の解任申立権を含めた監督権が付与されるなど、重要な権限が付与されている。また、債権者委員会も任意的機関ではあるが、管財人への監督等につ

注143)　川畑和彦「中国倒産手続の概要――日本法との比較とともに」事業再生と債権管理158号（2017）130-131頁。

注144)　債権者委員会は、債権者集会で選任された債権者の代表および債務者の労働者の代表または組合の代表者1名により構成される（法67条）。

いて積極的に活用されているとされ、債権者は積極的な役割を果たしているといえる。

(iv) 手続開始原因の広さ・破産申立義務の問題

(a) 手続開始原因

(ア) 清算型・再建型に共通の要件

清算型・再建型いずれについても共通する手続開始原因は、①「期限の到来した債務を弁済できず」かつ「資産が全ての債務の弁済に不足する場合」、または②「期限の到来した債務を弁済できず」かつ「明らかに弁済能力の欠如している場合」のいずれかの場合である（法2条1項）。

まず、①②に共通の前段の要件は、2011年司法解釈[注145]では、債務について履行期がすでに到来しているが、債務の全額を弁済しない場合を指すとされており、日本の破産法の支払不能と近い概念と考えられる[注146]。

次に、①後段の要件（資産がすべての債務の弁済に不足する場合）は、2011年司法解釈では債務超過に陥っていることを指すとされ、その判断においては、貸借対照表の記載に加えて、監査報告および資産評価報告等が考慮され、証拠をもって反証できれば債務超過を認定しない場合もあるとされる。

なお、②後段の「明らかな弁済能力の欠如」については、2011年司法解釈において、ⅰひどい資金不足、ⅱ代表者の行方不明かつ財産管理責任者の不在で、債務弁済が困難な場合、ⅲ強制執行によっても債務弁済できない場合、ⅳ長期の赤字経営で黒字転換も困難な場合、ⅴ債務者の弁済能力を喪失させるその他状況が認められる場合などが、具体的に示されている。

日本の破産手続開始原因が、支払不能または債務超過であるのに対して、中国では、支払不能に加えて、債務超過または弁済能力欠如が要求されており、若干要件が厳格のようにも思われる。ただし、中国における支払不能に

注145) 最高人民法院は、1981年の全国人民代表大会常務委員会の決議により、裁判業務における法律の具体的適用の問題について有権解釈を行うことが認められたため、同法院による司法解釈は、実質的な法源と認められると解される（森川伸吾ほか『中国法務ハンドブック』〔中央経済社、2013〕13-14頁）。

注146) 福岡＝金・前掲注133）18-19頁によると、日本の支払不能と同義とする考え方と、日本の支払不能に要求される一般性・継続性（破2条11号）は不要とする考え方と両説あるとのことである。

第 4 章　クロスボーダー事案および海外法制

ついては、一般性・継続性が文言上必ずしも要求されておらず、日本法と比べ認められやすいと考えられることを踏まえると、結果的には、大きな違いは生じないと思われる。

㈣　重整手続のみに認められる手続開始原因

重整手続については、上述の共通の開始原因に加えて、明らかに弁済能力の欠如する「おそれ」がある場合も開始原因とされ（法2条2項）、要件が緩和され、早期に申立てができ得る建付けとなっている。日本の会社更生法や民事再生法の開始原因が、破産手続開始の原因となる事実が生じる「おそれ」とされ破産手続より要件が緩和されていることとパラレルに考えられる。

㈥　債権者申立ての場合の手続開始原因

債権者が倒産手続開始を申し立てる場合、2011年司法解釈6条では、債権者は、債務者が期限の到来した債務を弁済できないことを証明できれば足り、債務超過や明らかな弁済能力欠如の要件は不要とされ、債務者が、一定の期間内に、債権者の申出に対し異議を述べないか、異議が認められないときは、人民法院は、申立てを受理する決定をしなければならないとされている[147]。債権者申立ての際に、倒産手続開始要件の立証責任を一部転換することで、債務者の財務状況について十分把握できずに債権者が申立てを断念せざるを得なくなることのないような配慮がなされている。

(b)　申立権者

重整手続については、債権者、債務者および債務者の登録資本における10分の1以上の出資額を占める出資者が申立てできる。和解手続については、債務者のみが申立てできる。日本の更生手続と異なり、重整手続は、債権者申立てに必要な保有割合は要求されていない。

(c)　倒産手続申立義務

企業法人が解散した場合で、当該法人が債務超過の場合、法律の規定に基づき清算の義務を負う者（取締役や人民法院が指定した清算委員会など）は破産清算手続申立義務を負う（法7条3項）。

注147)　阿麗莎「第79回中国『破産法』に関する司法解釈」国際商事法務39巻12号（2011）18-19頁。

中国においては、清算手続を行うことができる前提として、当該法人が債務超過になっていないことが必要である。清算手続を進めるに当たり、清算委員会[注148]が会社の財産を整理し、資産負債表および財産リストを作成した後、会社の財産が債務超過したことを発見した場合、清算委員会は、人民法院に対して破産清算手続申立てを行わなければならない（公司法187条)[注149]。

　そのため、窮境に陥った中国子会社法人について、スポンサー企業等に、事業を譲渡しようと考える場合も、事業譲渡後の法人を解散し、清算するためには、事前に、債務超過が解消されるような方策を考える必要がある。何ら方策をとらず、そのまま清算手続を進めると、清算委員会により破産清算手続申立てがなされ、管財人が選任され、場合によっては、中国子会社の事業譲渡の価格の妥当性等が再検証され、否認権行使などがなされる危険が生じ得る。

　他方で、中国の子会社を適切に清算するために、親会社が債務超過解消のための資金供給（増資等）を行おうとすると、親会社の取締役が当該資金供給を決定した判断についての適切性（善管注意義務違反とならないか）の問題が生じることになり、いずれの判断をとるべきか、悩ましい状況になる点、留意が必要である。

(v)　倒産手続下における資金調達

　法42条によると「その他経営維持のため生じた債務」については共益債権とされ、法43条によると、共益債権は、「債務者の財産から随時弁済することができる」とされている。また、法75条1項によると、「重整手続中に、債務者が特定の財産に対する担保権の実行をすることは禁止とされる」とともに、「重整手続中に、債務者又は管財人が事業継続のために新たに資金の

注148)　中国において、外資系企業を解散する場合、解散申請に必要とされる書類を準備して所轄の商務部門に提出し、解散に関する認可を取得する。会社は同部門の認可を受けてから15日以内に清算委員会を設立し、清算を開始しなければならない（「外資系企業解散・清算作業を法により貫徹することに関する指導意見」2条3項）。外資系企業の清算に関しては、張和伏＝陳宏「現地法人の解散・清算の実務とその留意点」ジュリ1494号（2016）28-34頁参照。

注149)　張＝陳・前掲注148）33頁。

573

第4章　クロスボーダー事案および海外法制

借入れをするときは、担保を供与することができる」（法75条2項）とされる。これらの規定からは、重整手続中の融資（DIPファイナンス）を行うことを認めるとともに、かかる融資については、共益債権として、優先弁済権が付与されていると解される[注150] [注151]。

　倒産手続申立受理後にDIPファイナンスを行う場合、第1回債権者集会の間までに行う場合には、裁判所の許可が必要となる（法26条）。第1回債権者集会後には、事前に債権者委員会に報告しなければならず、また、債権者委員会が設置されていない場合は、裁判所に報告しなければならない（法69条1項・2項）。

　なお、実務上は、再建型倒産手続に入った後に、裁判所の許可を得るなどしてDIPファイナンスがなされた実例はあまりないとされる[注152] [注153]。

(vi)　計画外事業譲渡の制度

(a)　中国における事業譲渡

　中国においては、事業譲渡（事業を包括的に譲渡する行為）は会社法などに法定されていない。ただし、日本における事業譲渡と同様の効果をもたらすために、実務上、事業譲渡の対象となる財産（資産、債権・債務）を特定し、それらを契約により譲渡することが行われている[注154]。

(b)　企業破産法上の規定

　他方で、企業破産法には、「営業譲渡」という記載で、事業譲渡についての規定がなされている。

注150)　DIPファイナンスが共益債権として取り扱われる旨の規定はないが、申立受理後に債務者の事業継続により生じた労働者の賃金債権、社会保険料債権およびその他の関連債権は共益債権として取り扱われることから（法42条4号）、申立受理後に債務者が事業継続のために借り入れたDIPファイナンスは共益債権とされるとの見解が一般的とされる（福岡＝金・前掲注133）88頁参照）。

注151)　法31条で新たな借入れのための担保供与は、否認の対象外とされている。

注152)　福岡＝金・前掲注133）88頁参照。

注153)　尹秀超「DIPファイナンス」（2011年第3回東アジア倒産再建シンポジウム・スピーチ資料）。

注154)　従業員を承継する場合は、譲渡側で一旦労働契約を解除し、譲受側で労働契約を締結する必要がある点は、日本における事業譲渡手続と同様である。なお、労働契約を解除する際に、経済補償金の支払問題が生じる点に留意が必要である。

まず、法69条３号に、管財人（DIP型の場合、債務者が）が、債権者委員会に事前に報告すべき事項の１つとして、「営業譲渡」が規定されている。さらに、法26条において、法69条の行為は、第１回債権者集会の招集前においては、裁判所の許可を得て行うことができるとされている。

そのため、企業破産法の規定振りからすると、重整手続において、計画によらずに、事業譲渡を行うこと（計画外での事業譲渡）が、認められていると解される。

(c) 具体的手続

まず、管財人（DIP型の場合、債務者）は、第１回債権者集会の招集前であれば、裁判所の許可を得て、（上記(a)記載の方法を用いて）事業譲渡を実行することができる（法26条）。また、第１回債権者集会の招集後は、管財人（DIP型手続の場合、債務者）が、債権者委員会へ事前に報告することにより、事業譲渡が実行されることになる（法69条１項）。

かかる事業譲渡の実行に当たっては、管財人（またはDIP型の場合、債務者）は、債権者委員会へ説明し、関連文書の提出などを含め、債権者委員会の監督に服することになる（法68条２項）。

また、債権者集会において、債権者委員会が組成されていない場合、管財人（DIP型の場合、債務者）は、事業譲渡の実行に当たって、裁判所へ事前に報告することになる（法69条２項）。

(d) 日本における手続との比較

計画外での事業譲渡を行う場合、日本の倒産法下では、裁判所の許可を得て行われ、債権者は事前の意見聴取手続において意見を表明するにとどまる（会更46条３項、民再42条２項）。これに対して、中国においては、債権者委員会が組成された場合は、事業譲渡手続を含め、債権者委員会が、直接、管財人（DIP型の場合債務者）を監督するため、債権者の意向が直接的に反映されることになる。したがって、例えば、日本の親会社が主要債権者でもある場合、債権者委員会を組成し、そのメンバーの１人となることで、その意向を及ぼすことが考えられる[注155]。

(vii) グループ企業に関して

中国においても、複数の企業を有する企業グループについて、重整手続が

第 4 章　クロスボーダー事案および海外法制

開始された場合に、裁判所が複数のグループ企業について、同一事件として、倒産手続を遂行されたケースは存する[注156]。

　この点、グループ会社について、関係者間債権の劣後化や実体的併合などの論点については、法律上の根拠規定も存しないが、複数の法人によりなる企業グループについて、企業グループ間の結びつきの強さを踏まえ、実体的併合を進めた例が複数認められるとされる[注157]。今後の実務の積み重ねが待たれる。

(3)　私的整理手続

(i)　最近の展開

　中国においては、法定された私的整理手続は存しないものの、これまで金融機関による私的整理手続は試みられており、多くの場合、主要な貸付金融機関により債権者委員会が設立され、同委員会が、担保権者との交渉、債務者の弁済計画を検討し、各債権者への弁済順位、弁済比率、利益の分配などを定めるなどにより、私的整理が行われてきた。ただし、これまでは、債権者委員会に制度上の保証がなく、対象とすべき債権者の参加が得られなかったり、また、異議のある債権者に対する制度的配慮が欠け、利益調整が困難で、私的整理は必ずしも成功していなかったとのことである[注158]。

　その後、2017年になって、中国政府の過剰債務の削減方針の下、金融機関の監督機関である中国銀行業監督管理委員会（CBRC）が、企業の過剰債務の解消のための取組みとして、正式に債権者委員会制度を導入した。そのため、今後は、特に過剰債務の問題を抱える国有企業などについて、金融機関による債権者委員会が組成され、主要金融機関主導で、金利の引下げ、債務

注155)　債権者委員会には、債務者の労働者代表または組合の代表者が1名は選任され（法67条1項）、また、債権者委員会の組成に当たっては、裁判所の認可も必要となるため（同条2項）、親会社が主要債権者であるとしても、その意向をすべて及ぼせるわけではない点、留意が必要である。

注156)　王衛国「中国における企業倒産制度の新たな進展」4-6頁（2018年第10回東アジア倒産再建シンポジウム・スピーチ資料）。

注157)　王・前掲注156)　9頁。

注158)　胡・前掲注128)　31-32頁。

576

第3節　各国制度

繰延などを債務者企業と合意する私的整理手続が増え、実務が積み重ねられていくものと考えられる注159)。

(ii)　金融機関による債務者情報の共有

　中国の銀行は、貸付先の債権を、その返済能力に応じて、貸付債権を「正常類（正常先）」、「関注類」、「次級類（要注意先）」、「可疑類（破綻懸念先）」、「損失類（破綻先）」の5段階に分類し、そのうち、次級・可疑・損失を不良債権と位置付けている。

　各銀行は、かかる債権者についての信用情報を中国人民銀行に報告するが、同時に、中国人民銀行のシステムを通じて、当該システムに参加している他の金融機関が各債権をどのように分類しているかを確認できる。

　そのため、債務者企業が、特定の銀行に対してのみ、その窮境状況を説明したとしても、その金融機関が当該企業の債権分類を格下げした場合、他の金融機関は、上記システムを通じて、当該企業の債権が不良債権等として扱われていることを確認できる。

　このような場合、債務者企業から情報の開示がなされていない銀行は、水面下で資産保全措置を講じることもあり得、その結果、リスケ交渉などを経ることなく、意図せずに法的倒産手続に進まざるを得なくなることもあり得る。

　そのため、中国において、債務者企業が窮境状況に陥った場合で、私的整理を進めることを前提で、同窮境状況を銀行に報告するような場合、銀行間では、債務者企業の信用情報が（少なくとも）債権分類の範囲で共有されることを踏まえた対応をとることが必要となる。

(iii)　執行否認の存しないことのリスク

(a)　中国における否認制度

　中国の企業破産法には、日本の倒産制度と同様の否認制度が存し、倒産手

注159)　中国・山東省の採炭会社肥城礦業集団において、債権者委員会が設置され、2017年12月に中国農業銀行が主導する銀行10行と、同社との間で、融資の金利を引き下げて期間を延長することなどを盛り込んだ債務再編計画の合意がなされ、かかる合意において、債権者委員会が重要な役割を果たしたとのことである（2018年3月8日ロイター通信）。

577

第4章　クロスボーダー事案および海外法制

続申立受理前の1年以内になされた①から⑤の行為（①財産の無償譲渡、②財産の不当な廉価譲渡、③既存の債務に対する担保供与、④弁済期到来の債務についての弁済、⑤債権の放棄）について管財人は取消（否認）請求ができるとされる（法31条）。また、申立受理前6か月以内に債務者の行った債権者への本旨弁済のうち、破産清算開始原因（例えば支払不能および債務超過）が生じた後になされた弁済行為が否認対象とされる（法32条）。

日本の倒産手続における否認のような、主観要件（破産者の詐害意思や受益者の悪意）などは要求されておらず、また、否認対象となり得る時期も、日本の場合、支払不能後が原則となるが、本法では申立受理前1年までと明確な基準となっている。

(b)　執行否認が存在しないこととその帰結

ここで、最高人民法院による2013年司法解釈[注160]15条において、「債務者が訴訟、仲裁、執行手続を経て債権者に個別の弁済をしたときについては、否認を認めない。ただし、債務者が債権者と悪意で共謀した場合は否認が認められる」と規定され、執行行為については原則否認が認められていないことが明確になっている。

そのため、債務者企業が窮境に陥ったことを知った場合、債権者は、訴訟手続や執行手続の中で、弁済を受けることで、弁済を確保しようとするインセンティブが存することになる。例えば、訟提起前の財産保全制度（中国民事訴訟法101条）[注161]を用いて、訴訟を提起する前に、まず、預金債権を保全することが考えられる。1つの金融機関の保全措置が功を奏し、預金債権が

注160)　最高人民法院による司法解釈は、実質的な法源と認められると解される点、前掲注145）参照。

注161)　中国民事訴訟法101条において、①緊急の状況により直ちに保全の申立てをしなければ、その者の適法な権益について補てんすることが困難な損害を受けるおそれがある場合、②訴訟の提起または仲裁の申立前に、③管轄権を有する人民法院に対して、④保全措置を申し立てることができるとされ、この場合、申立人は担保を提供しなければならないとされる（同条1項）。また、人民法院は、申立後48時間以内に裁定を下さなければならず（同条2項）、人民法院が保全措置を講じた場合、申立人が30日以内に訴訟提起または仲裁申立てをしない場合、保全は解除される（同条3項）。

578

保全されると、債務者企業の資金繰り維持が困難となり、さらに、他の債権者も保全手続や訴訟等に進むことが考えられる。

このように、中国においては、執行否認が原則認められないことから、債権者が、債務者の窮境状況を把握した場合、債権者にとって、私的整理ではなく、資産の保全措置に進むことが合理的判断となり得る。この点は、その後の中国子会社の再建へ重要な影響を及ぼすために、十分な留意が必要となる。

(4) 国際倒産手続

(i) 中国倒産手続の外国財産に対する対外的効力

企業破産法によると、同法に基づいて開始された倒産手続の効力は、債務者の中国国外にある財産に対しても及ぶとされる（法5条1項）。

ただし、外国において、中国における倒産手続の効力を承認かするかどうかは、別であり、当該外国が外国倒産手続を承認するのか、承認する場合どのような要件に基づくのかの問題となる。

(ii) 外国倒産手続の中国財産に対する効力

外国法人について、外国の裁判所において法的倒産手続が開始した場合、当該法人の資産が中国に存する場合、外国法人の倒産手続の効力を中国における財産に及ぼすことができるか、中国における承認手続が、次に問題となる。

企業破産法5条2項では、外国倒産事件における判決・決定の承認または執行の申立てがなされたときは、中国が締結または参加している国際条約や相互主義の原則に基づいて試算を行い、①中国の法律の基本原則に反しないこと、②中国の主権、安全ならびに社会および公共の利益を侵害しないこと、③中国国内の債権者の法的権利および利益を侵害しないことが認められるときは、当該判決・決定の承認または執行を決定することができると規定される。ただし、承認手続の細則や承認の効果等は規定されておらず、承認の要件も原則的で抽象的であり、申立てが認められるかについては、予測が難しいといわれる[注162]。

第 4 章　クロスボーダー事案および海外法制

4　韓国

(1)　法的倒産処理手続

(i)　再建型・DIP型の法的手続としての回生手続

韓国における法的倒産処理手続は、債務者回生及び破産に関する法律（2006年4月1日施行。以下、「回生法」という）に規定されている。同法第2編に、いわゆる再建型の法的手続として、債務者回生手続（以下、「回生手続」という）が定められている。

(a)　開始申請

回生手続は、事業の継続に著しい支障を伴わずには弁済期にある債務を弁済できない場合や、債務者に破産の原因となる事実（支払不能、債務超過）が生じるおそれがある場合に開始申請が可能とされている（回生法34条1項）。この点は日本の民事再生法と類似しているといえる。

他方で、手続開始申請権者については、債務者、（資本金の10分の1以上に相当する債権を有する）債権者のほかに、（資本金の10分の1以上に相当する株式または出資持分を有する）株主・持分権者も定められている点については留意が必要である（回生法34条2項）。

管轄については、債務者の主たる事務所または営業所の所在地を管轄する回生法院の専属管轄となるが、債権者の数が300人以上で500億ウォン以上の債務を負う法人に対する回生事件については、ソウル回生法院[注163]にも管

注162)　福岡＝金・前掲注133）148-150頁参照。同書では、下級審裁判所が中国最高人民法院からの回答に基づいて、日本の裁判所が下した判決の承認および執行が認められなかった事例もあるとする（中国大連市中級人民法院1994年11月5日決定。最高人民法院公報1996年第1期29頁）。日本においても、強制執行に関する命令を対象とする事案において、相互の原則がないとして、中国裁判所の判決の承認および執行は認められないとした事例（大阪高判平成15・4・9判時1841号111頁）が指摘されている。これらは、倒産手続の承認の事例ではないが、上記先例が、倒産手続における承認の判断に影響を及ぼすことが考えられる。

注163)　従前のソウル中央法院の破産部が、2017年3月1日に倒産専門法院として改組された。

580

轄が認められる（回生法３条）。

(b) 管理人の取扱い

回生手続は、法形式上は、原則として裁判所（法院）が管理人を選任する管理型の手続である（回生法74条１項）。しかしながら、破綻が財産の流出または隠匿や重大な責任を負うべき不良経営に起因していない限り、裁判所は会社の代表者を管理人に選任しなければならないと定められており（同条２項）、実務上も、従前の代表者が管理人として引き続き財産管理等を行うDIP型の手続を原則とする形で運用されている[注164]。

なお、債権者委員会の要請がある場合には、相当な理由があれば第三者を管理人に選任することができるとされているが（回生法74条２項２号）、実務上、債権者委員会の要請があっても受け入れられず、従前の代表者が管理人に選任されることが多いとの指摘がある[注165]。

(c) 債権者委員会

回生手続においては、回生手続申請後に、10名を超えない主要債権者により構成される債権者委員会が組織される（回生法20条）。

債権者委員会は、①再生手続全般および管理人の選解任に関する意見の具申を行うほか、②裁判所と共同でCRO（Chief Restructuring Officer。回生企業の資金収支の点検、回生手続に関する諮問、回生企業と債権者委員会との間の連絡窓口となる等の役割を果たす）を推薦することや、③債権者委員会の所属職員を資金管理委員として債務者に派遣すること等により、回生手続に関与していくこととなる。

債権者委員会による回生手続の主導は、2011年３月からソウル中央地方裁判所において導入された回生手続のFast-Track運用の中核をなすものである。すなわち、債権者委員会が指名するCROに、債権者・株主間の調整、債務者の監督と再生計画の作成・実行に当たらせることによって、債権者委員会主導の下で債務者の財務改善を行い、従前は１年余りを要したとされる

注164）　呉守根「韓国新倒産法制の概要」国際商事法務36巻６号（2008）727頁、林治龍「韓国の倒産・再建制度と最近の動向」事業再生と債権管理158号（2017）178頁参照。

注165）　林・前掲注164）178頁参照。

第4章　クロスボーダー事案および海外法制

回生手続申請から計画認可までの期間を6か月以内にまで短縮する迅速な進行が可能になっているのである[注166]。また、債権者委員会の手続関与について、回生手続期間中の債務者の事業運営の観点から積極的に評価するものもある[注167]。

他方で、債権者委員会が債務者に係るさまざまな調査権限を有していること（回生法21条1項）が、親会社による回生企業のコントロールを一定程度制限し得ることには留意が必要である。また、特に日本法人の債権者と回生企業の債権者との利害が相反し得る場合においては、グループ全体の再建方針を、回生企業の事業価値の維持や回生企業の債権者による回収の増大等に結び付けつつ、債権者委員会やCROに対して説明することが、場合によっては必要になることも考えられる。

(d)　小括

以上のように、日本の会社の韓国子会社について回生手続を利用することを想定した場合においても、従前の代表者を通じて当該韓国子会社の回生手続中の運営等に対する親会社のコントロールを一定程度維持しながら、法的手続に基づく債務整理を図ることが可能な場合が実務上一般的であるといえる。

他方で、上述の通り破綻が財産の流出または隠匿や重大な責任を負うべき不良経営に起因していると認定された場合には管理人の選任が必要的とされることになるほか、債権者委員会および裁判所が推薦するCROによる手続関与といった制度も存在することから、手続について完全にコントロール可能とまではいえず、限界も存する点には留意が必要である。

(ii)　回生手続におけるM&A

回生手続においては、M&Aが積極的に活用されていると指摘されている。

注166)　小杉丈夫＝福岡真之介「韓国のファースト・トラック企業再生手続の紹介」NBL993号（2013）10頁参照。

注167)　鄭晙永「企業再生手続の迅速な処理方法（上）——韓国におけるファースト・トラック企業再生手続について」NBL993号（2013）11頁においては、債務者と債権者委員会との協力によって資金調達のための施策（保有資金の活用、資産売却、仮差押えの取消等）を実現したり、商取引債権の早期弁済等によって協力業者からの援助を得たりした事例が報告されている。

①M&Aを前提とする（増資金や事業譲渡代金等を弁済原資とする）回生計画の策定を行うために、回生計画の認可前にM&Aを行うことがある一方で、②いわゆる自主再建型の再建計画が成立したものの計画に基づく弁済が困難となった場合に、破産・清算ではなく弁済資金の調達のためにM&Aを進める機会が与えられることもあるとのことである。

なお、回生手続におけるM&Aは、事業譲渡の方法で行われることもあるものの、回生計画に基づく減資および第三者有償増資によって引受人に債務者の新株を割り当てるいわゆる増資型が採用されるケースが大半であるとの指摘がある[注168]。その理由としては、事業譲渡方式では、①各資産に関する特定承継手続を経る必要があり第三者有償増資方式に比べて複雑な手続を伴うこと、②譲渡税、取得税、登録税などが課せられること、③回生会社としても、譲渡対象外の資産を処分するのに相当な期間を要し回生手続を直ちに終えることができないこと、④譲渡対象とならない事業に属する労働者の承継が行われないこと、といった点が指摘される。

(iii) 回生計画に関する留意点

回生手続の概要としては、関係人集会の決議に基づいて権利変更等を内容とする回生計画を成立させて債務者の経済的再生を目指すものであり、上述の通りDIP型の手続が原則とされていることを考慮すると、日本の民事再生法と類似しているといえる。

他方で、日本の再生手続との差異および近時の法改正等に関連して、以下のような点に留意する必要があるものと考えられる。

(a) 担保権の取扱いにおける差異

回生手続においては、回生債権または債務者が物上保証している回生手続開始前の原因に基づく財産上の請求権（回生担保権）については、回生手続開始後は、回生計画の規定によらなければ弁済を受けることはできない（回生法141条２項が準用する同法131条)[注169]。

回生計画の可決には、回生債権者の議決権総額の３分の２以上の同意、お

注168) 法務法人（有限）太平洋『韓国ビジネス最新「法律」ガイド』(2018) 161頁参照。

第 4 章　クロスボーダー事案および海外法制

よび、回生担保権者の議決権総額の 4 分の 3 以上の同意（ただし、清算または営業譲渡等を内容とする場合は 5 分の 4 以上の同意）が必要とされ、担保権者については独自の組分けがなされる建付けになっている（回生法237条）。

これらの規律は、日本の再生手続において、担保権が別除権として、原則として再生手続外における権利行使が認められていることと対照的であり、韓国の回生手続においては、（回生債権者の多数の同意が得られていても）回生担保権者の反対によって回生計画が可決されない場合があり得ることとなる[注170]。

(b)　近時の法改正

(ア)　改正計画案の事前提出制度

回生法においては、回生計画案の事前提出制度[注171] が定められており、2016年 5 月に改正がなされ、ソウル回生法院も活発な利用を推進している。

回生計画案の事前提出制度とは、債務者の負債の 2 分の 1 以上に相当する債権を有する債権者またはかかる債権者の同意を得た債務者が、回生手続開始の申請後回生手続開始前までに、回生計画案を裁判所に提出するものである（回生法223条 1 項）。事前計画案を提出しまたはその事前計画案に同意する意思を表明した債権者は、原則として、決議のための関係人集会においてその事前計画案に同意したものとみなされる（同条 7 項）[注172]。

このような制度により、債務者および債権者の間での事前の交渉が促進されることによる回生手続の迅速な進行が期待されるとともに、過半数債権者

注169）　このため、韓国の実務上は、倒産リスクに備えて（回生担保権に該当しないよう）、信託法上の信託および資産流動化の方法による担保設定が広く活用されているとの指摘がある。

注170）　なお、回生法には権利保護条項の制度（いわゆるクラムダウン）が定められており、特定の組において多数決要件が具備されなくても、一定の場合においては、当該具備されなかった組の権利を保護する条項を設けて認可されることがあり得る（回生法244条）。

注171）　米国連邦破産法のPre-Packaged Planに由来する、「P-Plan型回生手続」との略称も存在する。

注172）　なお、事前計画案の内容がその債権者に不利になるよう修正され、または著しい事情変更があり、もしくはその他重大な事由があるときには同意を撤回することができるが、その場合には法院の許可が必要となる。

が同意する計画案が手続開始前の時点で示されることによって手続開始後の債務者に対する信用不安を可及的に抑止することができるという効果が期待されるものである。

(イ)　清算価値と継続企業価値の位置付け

2014年12月30日の回生法改正によって、清算価値が継続企業価値を上回ることが明らかな場合であっても、回生手続の廃止が必要的ではなくなった（裁判所が廃止を決定することができるという規定になった。回生法286条2項）注173)注174)。

この点では、回生手続において回生計画が可決・認可される余地は広がっているものと考えられる。

(ウ)　重大な責任のある取締役に関する規制

他方で、2014年4月に起きたセウォル号事件をきっかけに、企業の経営に重大な責任のある元オーナーが回生手続を利用して巨額の債務免除を受けた上で、会社の経営権を回復するような行為に対し、社会的な非難が相次いだ。そこで、2015年1月16日施行の改正法において、上記のような行為を防ぐための規定が新設された。すなわち、債務者の取締役等の重大な責任のある行為により回生手続開始の原因が発生し、債務者の営業等を引き受けようとする者が、重大な責任のある取締役等を介して当該引受等に必要な資金を準備し、または、重大な責任のある取締役等と事業の運営に関し経済的利害関係をともにするもしくは配偶者・直系血族等、特殊な関係にあるときは、裁判所が回生計画案の決議をせずに、回生計画不認可の決定をすることができることとされた（回生法243条の2・231条の2）注175)。

注173)　李鎮萬「韓国の倒産制度の現状と洞察」国際商事法務44巻12号（2016）1774頁。

注174)　従来は、清算価値が継続企業価値を上回ることが明らかな場合には、必要的に回生手続を廃止することとされていたところ、韓国の実務上、①清算価値が継続企業価値よりわずかに大きい場合等を想定すると、画一的な基準で企業の存続の可否を決定するのは好ましくないのではないか、②継続企業価値は確実でない未来予測を基準とする点で、主観的かつ不正確なものにならざるを得ない、といった批判があった。このような批判を受けて、本文において記載したような改正がなされたとする指摘がある（柴原多「韓国の倒産手続の概要と日本の倒産手続との比較」事業再生と債権管理158号〔2017〕136頁）。

当該改正法に基づく規制は、「債務者の取締役等の重大な責任」という要件に基づいて適用されるところ、当該要件の認定基準は必ずしも一義的なものではないことから、企業不祥事に起因するようなケースにおいて韓国の回生手続を用いることには、手続の予測可能性という点において不透明感があるものと思われる。

このように、近時の特定の事件の発生によって比較的大きな法令や手続運用の変更が起こっているのも韓国の倒産手続の特徴と考えられ[176]、法改正および手続の運用に関しては注視する必要があると考えられる[177]。

(ⅳ) 韓国に所在する資産の保全

(a) 外国倒産手続の承認制度

日本法人について日本で法的倒産手続を申し立てた場合に、当該日本法人が韓国国内に保有する資産の保全に関しては[178]、韓国はUNCITRALモデル法を採用しており、外国倒産手続の承認制度が規定されている（回生法631条）。

裁判所は、外国倒産手続の承認申請がなされた場合には、申請日から1か月以内に承認決定を行うかどうか判断するものとされる（回生法632条1項）[179]。裁判所は、①費用の予納がない場合、②提出書類に不備がある場合、または、③当該外国倒産手続を承認することが韓国の公序良俗に反する

注175）　李・前掲注173）1775頁。

注176）　なお、韓国における近時の大型倒産事件として、2016年に申し立てられた韓進海運の回生手続があるが、当該会社の回生が成立せずに結局のところ破産に至ったことについては、政府および金融機関による支援が得られなかった（ないしは支援が遅れた）ことが要因であるとの指摘も存在するところである（黄仁庸「韓進海運倒産事件の概要と意義」国際商事法務44巻12号〔2016〕1850頁参照）。

注177）　2011年に導入された回生手続のFast-Track運用や、2014年に導入された倒産手続の電子的処理運用等、倒産処理手続の迅速化・効率化のための先進的な取組みが積極的に導入されている点も、日本の倒産処理制度との比較という観点から特筆に値する。

注178）　アンダーソン・毛利・友常法律事務所編『クロスボーダー事業再生——ケース・スタディと海外最新実務』（商事法務、2015）235頁参照。

注179）　外国倒産手続の承認および支援に関する事件は、ソウル回生法院合議部の専属管轄となる。

場合には、承認申請を棄却する（同条2項）。なお、外国倒産手続の承認申請に当たっては、当該外国倒産手続の開始を証する書面が要求されている点に留意が必要である（同法631条1項2号）。

(b) 援助のための処分

　もっとも、回生法による外国倒産手続の承認決定は、当該外国倒産手続に基づく援助の処分の適格性を付与する効果を有するにすぎず、それのみによって当該外国法人が保有する韓国国内の資産に関して何らかの法的保護が与えられるものではない。外国倒産手続の承認決定がされると、裁判所は、利害関係人の申立てまたは職権により、援助のための処分（①債務者財産等に係る訴訟手続の中断、②強制執行手続等の中断・禁止、③債務者による財産処分・弁済の禁止、④国際倒産管財人の選任、⑤その他債務者財産の保全および債権者利益の保護のための処分）をすることができる（回生法636条1項）[注180]。

(2) 準則化された私的整理手続としてのワークアウト手続

　韓国には、法的整理手続を用いずに債務者企業を再建するための制度として、企業構造調整促進法（以下、「企促法」という）に基づく債権金融機関による共同管理の手続（ワークアウト）も存在する[注181][注182]。

(i) 管理手続の申請および一時停止

　債務者に対する貸出金額が最も多い金融機関（主債権金融機関）が、債務者の信用危険を認知して「不実兆候企業」（外部からの資金支援または別途の借入れなくしては金融機関からの借入金返済が難しいと認められた企業）であると判断した場合には、企促法に基づく管理手続開始を申請する可能性がある

注180）　実務上は、外国倒産手続の承認申請と同時に、援助のための処分に係る申請も行われることが一般的である。なお、韓国において日本の法的倒産手続が承認された事例として、2012年の三光汽船株式会社（更生手続）および2015年の第一中央汽船株式会社（再生手続）等がある。

注181）　当該法律は時限立法であるが、2005年の制定以降数次の立法を経て有効に存続しており、現在は2018年10月16日付けで制定および施行された第6期法に基づいて、2018年10月16日から5年間の時限法の下でワークアウトが運用されている。

注182）　呉守根「韓国における企業構造調整促進法」高橋宏志ほか編『伊藤眞先生古稀祝賀・民事手続の現代的使命』（有斐閣、2015）733-751頁。

587

第4章 クロスボーダー事案および海外法制

ことを債務者に通知する（企促法4条1項）[注183]。当該通知を受けた債務者は、主債権金融機関に対して、事業計画書等を添付して、企促法に基づく管理手続の開始を申請することができる（同条3項）。

主債権金融機関は、債務者から上記の申請があった場合には、申請を受けた日から7日以内に、管理手続を開始するかどうかを決定するための債権金融機関協議会の招集を通知しなければならない（企促法4条4項）。

上記協議会を招集する場合には、主債権金融機関は、その事実を金融監督院長に通知する。通知を受けた金融監督院長は、債務者に対して債権を有する金融機関（債権金融機関）に対して、上記招集通知から第1回の協議会が招集される日までに、債務者に対する債権行使（担保権行使を含む）を猶予するように要請することができる（企促法6条1項）。そして、債権金融機関は、上記招集通知から7日以内に招集される債権金融機関協議会において、債権行使の猶予期間を猶予開始日から1か月（資産負債の調査が必要な場合には3か月）以内で定め[注184]、当該期間中に後述する債権の調整を目指すことになる。

このように、企促法においては、金融監督院長の関与の下で債権金融機関に対して一時停止を求める制度を設けている。他方で、管理手続開始後においても債務者または債権金融機関による回生手続の申請は制限されないことから（企促法4条5項）、場合によっては、回生手続申請の準備も並行して進める必要があるものと考えられる。

(ii) **管理手続における債権調整等の手続**

管理手続においては、対象企業のメイン銀行が主管する債権金融機関協議会の議決によって、対象企業との間で、債権再調整や新規信用供与を内容とする「経営正常化計画の履行のための約定」を締結することが目指されることとなる（企促法10条）。当該約定の締結のための債権金融機関協議会における可決には、与信総額の4分の3以上の債権者の賛成が必要であり（同法18

注183）　なお、主債権金融機関でない金融機関が債務者を不実兆候企業であると判断した場合には、当該事実を遅滞なく主債権金融機関に通知しなければならない（企促法4条2項）。

注184）　なお、1回限り、1か月以内で猶予期間を延長することが可能である。

条）、債権再調整と新規資金の供与を決定する場合には担保債権総額の4分の3以上の賛成を必要とする（同法10条）。

このような多数決に基づく成立が想定されたワークアウトの制度が存在することは、全員同意を原則とする日本の私的整理手続と比較して、企業再建の観点からは有用であるといえる。なお、債権再調整または新規信用供与を内容とする約定に反対する債権金融機関は、賛成する債権金融機関に対して、自己の債権を買収するよう請求することができ、請求を受けた債権金融機関は6か月以内に連帯した該当債権を買い取らなければならないとされ（企促法20条）、反対債権者への配慮もなされている注185)。

5　シンガポール

(1)　シンガポールにおける再建型の法的倒産手続

シンガポールにおける再建型の法的倒産手続としては、倒産・リストラクチャリング・清算法（Insolvency, Restructuring and Dissolution Act。以下、「統合倒産法」という）注186) に規定される、スキームオブアレンジメント（以下、「SOA」という）および、更生管財手続（Judicial Management）がある。

注185)　この場合、買取価格は金融債権者協議会の協議によって定められるが、実務上、買取請求時点の清算価値によるのが慣例とされている。もっとも、買取価格について合意に至らなかったときには、賛成債権者または買取請求債権者の申立てに応じて債権金融機関調停委員会が買取価格を決定することができ（企促法23条・24条）、当該価格にも不服のある当事者は裁判所に変更の申立てをして争うこととなる。

注186)　統合倒産法は、2018年10月31日に大統領の署名により成立した。これまでシンガポールの倒産法は、個人の破産について規定する破産法と、会社のリストラクチャリングおよび清算等に関する会社法の規定というように2つの法令に分かれて規定されていたが、2つの法令に分けて規定することにより相互に参照している2つの法令相互に矛盾が生じたり、適用関係に不明確な場合があることなどから個人と法人の倒産法制を1つの倒産法に統合することとなった。統合倒産法の施行に伴い、従前の破産法は、廃止され、会社法におけるリストラクチャリング、清算等に関する規定は修正または削除されることとなった。2019年6月30日現在、統合倒産法の施行時期は未定である。施行までの間は、旧法（コモンローを含む）に従うが、SOAや更生管財手続の大部分は旧法下でも同様の内容である。

第 4 章　クロスボーダー事案および海外法制

このうち、更生管財手続は、裁判所が任命する更生管財人（Judicial Manager）が、一時的（裁判所が更生管財人の申請により延長を行う場合でない限りは、180日間のみ有効）に資産の管理を行う手続であるのに対し、SOAは、その手続遂行のために管財人や管理人が選任されることはなく、会社の経営は従前の経営陣がそのまま継続して行ういわゆるDIP型の倒産手続と評価することが可能である。また、更生管財手続は、債務を支払うことができないか、債務を支払うことができなくなる可能性がある場合にのみ申立てを行うことができるのに対し、SOAについては、支払不能や債務超過などの手続開始原因は求められていない。したがって、本5では、日本の親会社が法的倒産手続とシンガポールの子会社の倒産手続を併行して手続を進める場合に、日本の親会社の側で手続をコントロールすることについての制約が少ないと思われるSOAに絞って論じることにする。

(2)　再建型・DIP型倒産手続としてのSOA

(i)　SOAの手続概要

　SOAの手続は、①裁判所に対し、債権者による回収行為活動を一切禁止するモラトリアム命令を求める申立てを行う段階、②債権者集会を招集する場面、③債権者集会における決議の場面、④裁判所による認可のステージに分けられる。

　②の債権者集会の招集は、通常は債務会社が裁判所に債権者集会の開催を申し立てることによって開始する。③では、招集された債権者集会において、債権者集会に出席し、議決権を行使した債権者の頭数の過半数かつ、債権額・価値の4分の3以上の賛成があれば、計画案（SOA案）が可決する。④では、可決されたSOA案について、裁判所は債権者間の平等や手続の適正等の観点から審査し、要件を満たすと判断した場合に認可する。認可されたSOA計画は、SOA計画に反対した債権者や債権者集会に参加しなかった債権者も含めてすべての対象債権者を拘束することになる。

590

第3節　各国制度

(ii)　並行倒産においてシンガポール子会社がSOAを選択する場合の留意点

(a)　オートマティック・モラトリアムおよびモラトリアム

　SOAを選択する場合、債権者の個別執行を防ぐため、オートマティック・モラトリアムおよび裁判所によるモラトリアム命令を利用することができる。すなわち、SOA案の提案を行おうとする債務会社は、裁判所に対するモラトリアム命令の申立てを行うことによりSOA案を債権者に対して行っていない段階であっても、当該申立てから30日間、自動的にモラトリアムが付与され、裁判所が一定の条件を付する場合を除き、債権者は、債務会社に対する法的手続および執行手続の開始・継続、債務会社の資産に対する担保権の実行を含む一切の債権回収行為を行うことができないことになる（統合倒産法64条(8)・(14)）[注187]。

　上記モラトリアム命令の申立てに基づき、裁判所によるモラトリアム命令が得られた場合は、上記の自動的に付与される30日間の期間を超えて債権者の回収行為を停止させることができる[注188][注189]。日本の親会社による日本における私的整理手続と並行して、または法的倒産手続の申立てと同時に、シンガポール子会社についてモラトリアムの申立てを行うことにより、債権者のシンガポール子会社の資産への個別執行を防ぐことができる。

注187)　オートマティック・モラトリアムの制度は、2017年の法改正の際に、米国のChapter 11のオートマティック・ステイの制度を参考に導入された。

注188)　裁判所により債務会社に関するモラトリアム命令が発せられる場合に、当該債務会社の子会社、持株会社、または最終持株会社（以下、「関係会社」という）から裁判所に対するモラトリアム命令の申立てがあった場合は、裁判所は、当該関係会社の債権者を対象とするモラトリアム命令を発することもできる（統合倒産法65条）。モラトリアム命令の対象を、手続を利用する債務会社の債権者との関係だけではなく、その関係会社の債権者にも拡大する明文上の制度は、米国Chapter 11手続にもなく、シンガポールのスキームにユニークな制度といえる。

注189)　近時のHyfluxの事例では、債務会社の申立てに基づいてモラトリアムの期間がたびたび延長され、当初のモラトリアム命令の申立てから、1年以上経過した2019年6月30日現在においても、SOA案を承認するための債権者集会が行われていないという状態にある。

591

第4章　クロスボーダー事案および海外法制

(b)　倒産解除条項（ipso facto clause）の取扱い

　統合倒産法では、会社が倒産状態になったことまたは再生型の倒産関連手続が開始されたことのみを理由に、契約の相手方が、倒産に関連する手続の開始から終了までの間に、以下の行為を行うことはできないとされており（統合倒産法440条1項）、かかる制限に反する契約上の規定は効力がないこととされている（同条3項）[注190]。

①　会社との契約を解除もしくは変更し、または契約に基づいて返済期限を繰り上げた支払の請求を行い、もしくは規定を失効させること

②　会社との契約上の権利義務を終了または変更すること

　したがって、SOAの手続の申立て、または前記アのモラトリアム命令の申立てを行ったとしても、債権者は、SOAを含む倒産関連手続が継続している間、倒産解除条項に基づく契約解除や期限の利益の喪失条項に基づく請求を行うことができない。もっとも、親会社が法的倒産手続を申し立てたことに伴って、シンガポール子会社との間の契約上のクロスデフォルト条項に該当することを理由に、契約解除や期限の利益を喪失する場合に上記の倒産解除条項の適用があるのかについては、統合倒産法上は明らかではなく、今後の実務や裁判所の判断の集積を待つ必要がある。

(c)　救済融資に対する優先的な取扱い

　救済融資に関する債権について、裁判所の命令により、他の債権者の債権よりも優先させ、または、既存の担保権に劣後するもしくは優先する担保権を付与することができるとされており、スポンサーが救済融資を躊躇しないような仕組みが整えられている。救済融資に関する債権については、裁判所が申立内容に応じて、概要、以下のいずれか1つ以上の優先権を付与することが可能とされている（統合倒産法67条1項）。

注190)　倒産解除条項に基づく権利行使の制限は、「適格金融契約」や傭船契約などの一定の類型の契約に基づく権利行使には適用されないこととされている（統合倒産法440条5項）。適用除外される「適格金融契約」の範囲についてエドウィン・トン法務担当上級国務大臣は、国会において米国のポジションと同様に、買戻契約、スワップ契約、および先物契約が含まれる見込みである旨を説明しているが、2019年6月30日現在、具体的に「適格金融契約」にいかなる契約が含まれるかについては、下位規則が公表されていないため明らかではない。

① 清算の場合の「費用」と同順位

② 清算の場合の「費用」などの優先する債権、および、すべての無担保
債権者に優先する順位

③ 担保権の付与

④ 担保付債権者と同順位かそれより優先する担保権の付与

ただし、かかる優先権の対象となる「救済融資」に該当するためには、当
該「救済融資」が、⒤会社またはその事業の全部もしくは一部を継続事業体
として存続するために必要であること、⒤⒤清算に比して資産の有利な実現を
達成するために必要であることの以下のいずれかまたは双方の条件を充たす
必要がある（統合倒産法67条9項）。また、近時の上訴裁判所（Court of
Appeal）の判断において、「救済融資」に関する優先的な取扱いを認めるか
については裁判所の完全な裁量であり、かかる裁量の行使に当たっては、か
かる優先的な取扱いを必要としない救済融資を得るための合理的な努力を果
たしたことが必要であり、かかる努力を果たしたことについての証拠の提出
が必要であるとの判断が示されている[注191]。

(d) プレパッケージ型SOA

裁判所における正式な手続開始前に、SOAの対象となる債権者に対し
SOA案を提示し、債権者との間で交渉を行い、合意を取り付けた上で行う
プレパッケージ型のSOAについて、債権者集会を開かずとも裁判所がSOA
案を認可することが認められている（統合倒産法71条1項）。これにより、申
立前の債権者との交渉が成功すれば、時間のかかる通常の債権者集会を実施
することなくSOA案の認可を得られ、手続を迅速化することが可能である。
すなわち、シンガポールの子会社についてのSOAを検討する際に、債権者
が日系金融機関を含む日系企業だけであるなどの事情により、これらの債権
者との間で交渉を行い、合意を取り付けることが可能な場合には、債権者集
会の開催を開かずに子会社のリストラクチャリングを実行することができる
余地が生じることになる。

注191) Re Attilan Group Ltd［2018］3 SLR 898、Re Attilan Groupでは、上訴裁判所は、
本文記載の合理的な努力を果たしていないことなどを理由に救済融資に係る優先
債権としての取扱いを否定している。

第4章　クロスボーダー事案および海外法制

　債権者集会の開催なく裁判所の認可を得るためには、債務会社は、SOA
案の対象となる債権者に対し、①会社の資産、事業活動、財務状況およびそ
の見込み、②SOA案の条件が債権者の権利に与える影響に関する情報、お
よび、③債権者が賛成するかどうかの判断を可能とするために必要なその他
の情報を説明した書面を提供しなければならない（統合倒産法71条3項）。さ
らに、裁判所が、仮に債権者集会が招集された場合には、SOA案の可決要
件（債権者集会に出席し、議決権を行使した債権者の頭数の過半数かつ、債権
額・価値の4分の3以上の賛成）が満たされるであろうと判断できることが必
要となる（同条3項(d)）。

　　(e)　計画外事業譲渡

　統合倒産法には、米国Chapter 11類似の計画外譲渡に関する規定は存在し
ない。なお、(d)記載の通り、SOAについては、プレパッケージ型のSOA案
の場合は、債権者集会を経ずに裁判所の承認を得ることにより、SOA案を
実現することが可能であり、手続自体を簡略化することが可能である。

　　(f)　債権の組分け

　SOAにおける債権の組分けについては、シンガポールの裁判所は、法的
権利の相違を基準に判断するとの立場（Dissimilarity Principle）を採用して
いる。上訴裁判所（Court of Appeal）の判断において、SOA案の条項のみを
理由として、SOA案が承認されていない場合における最もあり得べきシナ
リオ[注192]と比較して、他の債権者に対する差を改善し、または減少させる
立場にある場合には、当該他の債権者とは別の組にすべきである旨の判断が
示されている。

　また、上記の上訴裁判所の判断では、関係当事者である債権者（例えば、
子会社債権者、親会社債権者）の場合は、関係当事者であることのみをもって
別の組を構成しないとされる一方、関係当事者である債権者の投票は、提案

注192)　例えば清算のシナリオの場合がこれに該当すると考えられる。そして、清算の場
　　　合に、株主の配当に係る債権については劣後して取り扱われることからすると
　　　（統合倒産法121(1)(g)）、当該株主の配当に係る債権については、他の一般債権者
　　　に比べて劣後することになるから他の一般債権者とは別の組とする必要があると
　　　考えられる。

594

されたSOA案を支持するその特別な利害関係からその投票はディスカウントされる場合があるとされている[注193]。例えば、子会社が債権者である場合は、当該子会社の議決権は、ゼロとなる[注194]。もっとも、SOAの手続において、制定法およびコモンロー上、関係当事者の債権について、議決権以外の点で他の債権者に当然に劣後して取り扱われることが義務付けられているわけではない。

(g) クラムダウン

シンガポールの統合倒産法上も、米国のChapter 11と同様クラムダウン制度が認められている。すなわち、再建計画としてのSOA案について、ある特定の債権者の組について法定多数の承認を得られなかったとしても、債権者全体として頭数の過半数かつ債権額の4分の3以上を有する債権者の議決権者集会への出席およびSOA案への賛成が得られた場合には、反対する債権者の組に対してSOA案が公正・公平であると認められることなどを条件に、SOA案に反対する債権者に対しSOAの効果を及ぼすことが認められている（統合倒産法70条3項）。統合倒産法成立以前の、会社法の規定では、クラムダウンの条件として、反対する債権者が無担保債権者の場合は、SOA案が、①当該反対する債権者の債権の価値と同価値の資産を受領するか、あ

注193) The Royal Bank of Scotland NV（formaly known as ABN Amro Bank NV）and others v TT International Ltd and another appeals［2012］2SLR213.

注194) 直近の上訴裁判所の判断では、①債権者が債務会社をコントロールしている場合（またはその反対）、または債務会社と債権者に共通の支配株主（すなわち、株主が債務会社と債権者の双方の50％以上の株式を保有する場合）が存在する場合、②債権者と債務会社に50％未満ではあるが無視できない程度の持分を保有している共通の株主が存在する場合、③債権者と債務者の共通の取締役が存在する場合、④共通の株主は存在しないが、債務会社と債権者の支配株主の間に、血縁、婚姻または養子縁組の関係がある場合、または支配株主が会社の場合は、血縁、婚姻または養子縁組の関係がある者により支配される場合、⑤債権者と債務会社の株主または取締役との間に血縁、婚姻または養子縁組の関係がある場合のうち1つまたは複数に該当する場合やこれらに類似する事情がある場合は、かかる議決権が否定される利害関係がある場合に該当し得るとの判断が示されている（SK Engineering & Construction Co Ltd v Conchubar Aromatics Ltd［2017］SGCA 512 SLR 898）。親会社が債権者である場合は、上記①に該当すると考えられるため、債権者集会における議決権がゼロになる可能性が高いと思われる。

第4章　クロスボーダー事案および海外法制

るいは②当該反対する債権者の組に劣後する債権者または株主がいかなる財産も受領しまたは保持しないことが挙げられていた。もっとも、上記②の要件については、無担保債権者を対象とするクラムダウンを行う場合には、株主は、株主としての権利（すなわち株式）を放棄しなければならないようにも読める規定になっているという問題点があったため、統合倒産法は、上記②の条件について、「会社の」という文言を追加することにより（すなわち、株主が「いかなる『会社の』財産も受領し又は保持しない」という文言に修正）、SOAを行う会社の株主が株式を喪失することは、無担保債権者を対象とするクラムダウンの要件ではなく、クラムダウンは株主の権利に影響を与えないことを明確化している（統合倒産法70条(4)項(ii)(B)）。したがって、無担保債権者に対するクラムダウンの条件として、株主の権利の喪失は条件とはされていない。

(h)　SOA案における債権の調整条項

米国の裁判例で認められているような企業グループを一体として扱う実体的併合（Substantive Consolidation）について判断した裁判例、および、関係当事者の債権の劣後化について正面から扱ったものは見当たらないように見受けられる。したがって、SOA案の債権者集会における承認が得られる限りにおいては、SOA案における特段の制約はないようと思われる。

(i)　設立国を日本とする会社によるシンガポールのSOAの利用可能性

統合倒産法法上、会社法上の登録を行っていない外国会社であっても、シンガポールとの間に「実質的関連性（substantial connection）」を有する場合にはSOAの申立てを行い得る。このことは、例えば、シンガポールに重要な資産を有する日本企業や、シンガポールにおいて事業を営む日本企業については、シンガポール法人である子会社についてSOAを利用するだけでなく、本体である日本を設立国とする日本企業についても、シンガポールにおいてSOAを通じたリストラクチャリングを行うことを検討する余地が出てくることになる。

シンガポールと「実質的関連性」を有するか否かの判断に当たっては、以下の事項が考慮される（統合倒産法246条1項(d)・3項）。「実質的関連性」を有するか否かの判断は、下記の①〜⑥の総合考慮であって、①〜⑥の事実の

596

うち1つが認められることによって直ちに「実質的関連性」が認められる、ということにはならない。

① シンガポールが、当該会社の主たる利益の中心地（COMI）であること

② シンガポールにおいて事業を行っていること（Carry on Business）、またはシンガポールに事業の場所を有していること

③ 登録を行っている外国会社であること

④ シンガポールに実質的な資産（Substantial Assets）を有していること

⑤ シンガポール法をローンまたはその他の取引の準拠法とし、またはローンもしくはその他の取引により生じもしくは関連する1つ以上の紛争の解決のための準拠法として選択していること

⑥ ローンもしくはその他の取引により生じもしくは関連する1つ以上の紛争の解決に関し裁判所の管轄地に提出していること

(3) 準則化された私的整理手続としてのワークアウト手続

シンガポール銀行協会（The Association of Banks in Singapore）は、金融機関が、経済的窮境下にある債務会社に関し、唐突な倒産手続を避けるための一定の行動指針を定めており（Principles & Guidelines for Restructuring of Corporate Debt The Singapore Approach)[注195]、シンガポール子会社の私的整理に当たってもかかるガイドラインが一定の指針になり得るように思われる。例えば、同ガイドラインでは、Lead Bankを任命すること、ステアリングコミッティーを設置すること、また、独立財務アドバイザーを関与させることができるとしている（同ガイドライン2.4・2.4・2.6)。また、金融機関による債務会社の救済に当たっては、貸主の全員一致によるべきである旨が謳われている（同ガイドライン2.2)。同ガイドラインは法的拘束力はないものとされているが、私的整理を行う場合には、債務会社としても同ガイドラインを踏まえた対応が必要になる場合もあると考えられる。上記のほか、準則化された私的整理手続としてのワークアウト手続は、存在していない。

注195）　https://www.abs.org.sg/industry-guidelines/consumerbanking

第 4 章　クロスボーダー事案および海外法制

(4)　シンガポールに所在する資産の保全

シンガポールでは、国連国際商取引法委員会（UNCITRAL）の提供するクロスボーダー倒産のモデル法が倒産法制の一部として法令に組み込まれている（統合倒産法252条・253条。Third Schedule）。したがって、シンガポールにおいて承認を得ることにより、日本で行った倒産手続の効果を、シンガポールにおいても及ぼすことにより、シンガポールに所在する財産を保全することが可能である[注196]。

6　インド（Insolvency and Bankruptcy Code, 2016）

インドにおける法的倒産手続は、Insolvency and Bankruptcy Code, 2016（以下、「破産倒産法」という）に規定されており、2016年12月にその大部分が施行された。従前、インドには日本の破産法に相当するような統一的な基本法がなかったところようやく立法に漕ぎつけた新規の法制度である[注197]。

以下に述べるような特徴から、日本企業がインド子会社の再建手続に関与する場合であれ、日印で同時並行的に法的倒産手続を遂行しようとする場合であれ、現状の制度では日本から手続をコントロールすることは極めて困難であるといわざるを得ない。

注196)　外国の倒産手続の承認については、2017年5月のモデル法の導入前の事案として、Opti-Medix Ltd（英領バージン諸島法人）について日本において開始した破産手続がシンガポールにおいて承認された事例（Re Opti-Medix Ltd［2016］4 SLR 312）、および、韓進海運について、韓国において開始した回生手続が承認された事例（Re Taisoo Suk〔as foreign representative of Hanjin Shipping Co Ltd〕［2016］SGHC 195）がある。また、モデル法導入後の事例としては、Zetta Jet Pte Ltd について、米国のChapter 7 の手続が一部承認された事例（Re Zetta Jet Pte Ltd and others［2018］SGHC 16）がある。

注197)　インドの近時の立法の傾向として、施行後に実務上顕在化する制度の不備は大統領令や改正法で補っている状況であり、破産倒産法も例外ではなくすでに数度の改正が行われている。直近では、Insolvency and Bankruptcy Code（Amendment）Act, 2019（以下、「2019年改正法」という）が2019年8月5日に公布され、同月16日に施行されている。

598

(1) 手続の選択

　破産倒産法においては申立時の入口においては再建型手続と清算型手続の選択がなく、まずResolution Professionalと呼ばれる管財人の下で再建を試み、それが失敗した場合に清算手続に移行するのが基本構造となっている[注198]。

　また、私的整理に相当する制度については、インドの中央銀行であるインド準備銀行（Reserve Bank of India〔RBI〕）による金融機関向けのガイドラインとして存在する。以前は、Corporate Debt Restructuring（CDR）、Strategic Debt Restructuring（SDR）、Scheme for Sustainable Structuring of Stressed Assets（S4A）といった私的整理スキームがあり、現在破産倒産法下で再建手続に入っている会社の中でも、上記の私的整理スキームを経て、いわば法的整理に至った案件も少なくない。しかし、RBIは、2018年2月12日付けで"Resolution of Stressed Assets – Revised Framework"（以下、「改訂私的整理スキームガイドライン」という）を発出した。これは、従前の私的整理スキームの制度を廃止し、代わって、不良債権の早期把握を図り、私的整理スキームの中での再建計画の策定のタイムラインを引いて、これに間に合わない会社について破産倒産法下での処理に誘導しようとするものである[注199]。ただ、改訂私的整理スキームガイドラインは、貸付人に再建手続開始の申立てを強制する点で、2019年2月、最高裁判所により無効とされ、現在は2019年6月7日付けの"Prudential Framework for Resolution of Stressed Assets"が私的整理の有効なガイドラインとなっている。当該ガ

注198)　再建手続は後記(6)のような法定期限の規定があり、清算に移行した場合には清算手続開始の日から1年以内に清算を終えるべきことになっているが、延長自体は可能でありその上限も明確に規定されていないので、再建手続ほど厳格な期限ではない。

注199)　その一部を紹介すると、2018年3月1日以降に支払不能額が200億ルピー以上の大口不良債権先である会社は、支払不能に陥った日から180日以内に再建計画を実行することが求められ、それができない場合、貸付人は当該会社について当該期限の満了から15日以内に破産倒産法に基づく再建手続開始の申立てを行わなければならない、というものであった。

第4章　クロスボーダー事案および海外法制

イドラインにおいては、貸付人に不良債権先の再建手続開始の申立てを強制する規定はなく、180日の再建計画実行期間の前に30日間のReview Period が置かれ、かつ再建計画の実行が遅れた場合には貸付人に追加引当金の計上を強制する仕組みとなった[注200]。

(2)　申立要件

わずか10万ルピー以上の債務の不払により申立要件としてのデフォルトとなることから、債務者が申立てを行うことはもちろん、債権者による申立自体のハードルが低く、かつ実務上も債権者申立ての割合は多い。したがって、会社が債務者申立ての準備をしている間にアグレッシブな債権者がいち早く申立てを行い、債権者が候補者として立てた管財人候補がそのまま管財人として選任されることが現実的にあり得る。

(3)　手続の開始

開始決定とともに管財人が選任され会社の経営権は管財人に移行するためいわゆるDIP型ではない。また、いわゆる保全処分であるmoratoriumは開始決定時に発令されるため、申立てから開始決定までの期間の保全の手当てをすることができない[注201]。

(4)　債権者委員会の権限

再建計画案の承認権限は実質的に債権者委員会にあり、再建手続中も重要

注200)　もっとも、個別事案に応じてRBIは貸付人に対して特定の不良債権先について再建手続開始の申立てをすべきことを命令する権限を留保している。

注201)　しかも、破産倒産法上、手続を主宰するNational Company Law Tribunal（以下、「会社法審判所」という）は申立てから2週間以内に開始決定をするかどうかの判断をしなければならないことになっているが、これは義務ではなく目安の期間にすぎないという趣旨の会社法審判所の決定が出たことから、申立件数の増加に伴い現在2週間で開始決定が出される事案は皆無であり、申立てを行ったものの停滞させられている案件が多く、問題視されていたが、2019年改正法により、会社法審判所は2週間以内に開始決定の判断ができない場合には理由を記録すべきこととされた。これにより、合理的理由があれば会社法審判所は開始決定を遅らせることが明確に認められたともいえる。

600

な事項は管財人の裁量のみで決定することはできず、債権者委員会の承認が必要である[注202]。したがって、再建手続における債権者委員会の権限が強く、また債権者委員会は原則として金融債権者のみで構成されることから、銀行等金融債権者主導の手続設計となっている。

なお、例えば親会社である日系企業が貸付や親会社保証の履行による求償権の取得により形式上金融債権者になったとしても、親会社は関連当事者であるため、債権者委員会に加わって議決権を行使することができない。

(5) 担保権実行

破産倒産法ではいわゆる別除権に相当する考え方がなく、moratoriumが発令されれば債務者の資産に対して手続外で担保権を実行することができないと解されている。また、担保権者に対して担保見合いの弁済を行うということも特段認められず、手続中の弁済には債権者委員会の承認を要する。この点は担保権者にとって早期かつ確実な回収に当たっての障害となる。

(6) 法定期限

破産倒産法では再建手続の期間が法定されており、開始決定から原則として180日以内、また最大90日の延長が認められた場合では合計270日以内に、債権者委員会が再建計画案を承認し会社法審判所に提出しなければ、清算手続に移行することが義務付けられる。

もっとも、現実的にはこれまで開始決定から270日以内に再建計画の成否が決まる事案は限定的である。特に実務ではさまざまな利害関係人が自己の権利保護を求めてappeal（上申）を行い会社法審判所も柔軟に審理を受け付けるため、その決定に対する異議を唱えて上訴が行われることと相まって手続が遅延する傾向にある[注203]。また、入札手続を経て債務者会社のスポンサー候補が選定された場合でも入札価格に納得のいかない銀行団がより高い弁済率を期待して入札手続のやり直しを求める[注204]などしてスポンサー選

注202) 施行当時の決議要件は債権額ベースでの議決権で75%であったが、改正により原則として過半数、再建計画案の承認など一定の重要事項については66%と緩和された。

第4章　クロスボーダー事案および海外法制

定に時間がかかるばかりか、結局スポンサーの選定ができず清算に移行してしまうケースも現実に生じている。

(7)　再建計画案の策定

　日本と異なり、実務上再建計画案を債務者自らが策定し債権者委員会に諮るということは多くない。特に入札によるスポンサー選定手続を経る場合、スポンサー候補は再建計画案そのものを提出しそれが債権者委員会で審議される。破産倒産法の施行当初、再建計画案の提出資格に制約はなかった。しかし、倒産に責任のあるプロモーターと呼ばれる大株主や経営陣が自ら再建計画案を策定し再起を図ることが問題視され、改正によりそうしたプロモーター等の再建計画案提出資格が制限されることになった注205)。したがって、日本企業が破産倒産法を活用してインド子会社を再建させようとする場面においては、特定のスポンサー候補と組んで再建計画案の策定に関わる場合であればともかく、再建計画案の策定過程においてもコントロールがききにくいと考えるべきである。

　なお、再建計画案の承認権限は前記の債権者委員会にあり、会社法審判所は形式要件のみを審査することが原則であるが、インドはコモン・ローの法体系であることから、例えば、金融債権者の間での弁済の配分や金融債権者と商取引債権者の間の弁済の配分といった再建計画の内容が衡平（equitable）でない場合に、債権者委員会の承認を経た再建計画案といえども会社法審判所が内容の見直しを求めることがあり得る。

　以上のように、破産倒産法は一部の大口金融債権者を除く債権者のみなら

注203)　2019年改正法により、再建手続に関する争いに係る法的手続が生じている場合には当該法的手続に係る期間を含めて開始決定から最長330日となることが明確化された。これに伴い、従前の解釈上の疑義は解消されたということができ、再建手続がむやみに遅延することのないよう、手続上の争いも当該期限を意識して早期に判断、解決されることが期待される。

注204)　銀行としても中央銀行であるインド準備銀行からの監視の目もあり、弁済率については非常に厳しい態度で判断する傾向にある。

注205)　その結果、今度はスポンサー候補同士で相互に提出資格のないことを会社法審判所で争う事態が生じ手続がいっそう遅延するという影響も生じている。

602

ず債務者側からのコントロールが難しい法的倒産制度である。近時、いわゆる国際倒産に関するUNCITRALモデル法を採用する方向での改正案が公表されパブリックコメントが募集され、倒産法委員会（Insolvency Law Committee）はさらなる改正案を公表しているが、まだ導入時期は未定である。仮に導入されたとしても、例えば日本の再生手続が外国の倒産手続として承認された場合に、会社法審判所および現地の実務家の間でどのように運用がなされるのか予測可能性は乏しいのが現状である。

　したがって、グループ会社にインド企業のある日本企業の法的倒産に当たっては、インドの法的倒産手続に対するコントロールの困難性、不確かさを前提に裁判所を含めた利害関係人との調整および説得を試みることを念頭に置く必要がある。そのため、早い段階でインド子会社の株式を処分するなどして切り離すという判断ができるのであれば、そのような対応も検討に値する。

第**5**章

特殊な業態の事業再生

第5章　特殊な業態の事業再生

第1節　金融機関の破綻処理

1　はじめに

　金融機関の破綻処理[注1]（事業再生）については、業態の特殊性（業務の公共性等）から、一般事業会社等と異なる各種の制度・措置が整備されている。すなわち、①銀行その他の預金取扱金融機関については、ⅰ破綻時において預金者を保護するための預金保険制度、および、ⅱいわゆる不良債権型の金融危機に対し、預金取扱金融機関の全債務を保護することにより、預金者等の信用不安を解消するとともに、健全な借り手を保護するための金融危機対応措置が、②保険会社については、破綻時において保険契約者を保護するための保険契約者保護制度が、③証券会社については、破綻時において顧客資産を保護するための投資者保護基金制度が、それぞれ整備されている。また、2013年の預金保険法改正により、これらの制度・措置に加え、④いわゆる市場型の金融危機に対し、重要な市場取引等を履行させることにより、市場参加者間の連鎖を回避し、金融市場の機能不全を防止し、金融システムの安定を確保するための新たな危機対応措置として、金融機関の秩序ある処理の枠組みが整備された。金融機関の破綻処理は、これらの制度・措置と倒産手続とを連携・協働させることにより、または、これらの制度・措置のみによって行われることとなる。前者の場合における金融機関の倒産手続については、業態の特殊性から、金融機関等の更生手続の特例等に関する法律（以下、「更生特例法」という）により、各種の特例が定められている。

注1)　金融機関については、法令上も、また、一般にも、「破綻」、「破綻処理」という語が用いられることが通常であるため、本節においても、基本的に、（事業再生という意味も含まれ得ることを前提として、）「破綻処理」という語を用いている。

606

2　預金取扱金融機関の破綻処理[注2]

　預金取扱金融機関の破綻処理については、預金等の一部を預金保険制度によって保護し、それ以外の預金等を含む債務等は倒産手続によって清算・処理する「定額保護」が原則となっている[注3]。ただし、例外的に、金融危機対応措置が講じられた場合においては、預金等の「全額保護」も可能となっている。

(1)　預金保険制度

　預金保険制度は、預金取扱金融機関が万一破綻した場合において、預金者等の保護および資金決済の確保を図ることにより、信用秩序を維持することを目的としている。

　預金保険制度の対象となる金融機関および預金等は、それぞれ以下の通りであり、これらの預金等のうち、決済用預金は全額、それ以外の預金等（一般預金等）は1金融機関ごとに預金者1人当たり元本1000万円までおよび破綻日までの利息等が、預金保険制度によって保護されることとなる。このように預金保険制度によって保護される預金等を、付保預金という。

金融機関	銀行法に規定する銀行、長期信用銀行法に規定する長期信用銀行、信用金庫、信用協同組合、労働金庫、信金中央金庫、全国信用協同組合連合会、労働金庫連合会、商工組合中央金庫。ただし、海外支店は対象外。また、外国銀行の日本支店も対象外。
預金等	預金、定期積金、掛金、元本補てん契約のある金銭信託、金融債（保護預り専用商品に限る）。ただし、外貨預金、譲渡性預金、オフショア

注2)　預金取扱機関の破綻処理については、佐々木宗啓編著『逐条解説預金保険法の運用』（金融財政事情研究会、2003）も参照。

注3)　かつては、預金保険法附則16条に規定されていた特別資金援助や、金融再生法に基づく特別公的管理、当局の指導等を前提とした救済合併等により、預金等の全額保護がされてきたものの、いわゆるペイオフ解禁（定期預金等については2002年、普通預金等については2005年）後においては、その定額保護が原則となっている。

第5章　特殊な業態の事業再生

> 預金、日本銀行からの預金等（国庫金を除く）、対象金融機関からの預金等の一部、募集債である金融債および保護預り契約が終了した金融債、受益権が社債、株式等振替法の対象である貸付信託または受益証券発行信託、無記名預金等は対象外。また、仮名・借名預金および導入預金等も対象外。

　預金保険制度による付保預金の保護（定額保護）の方式には、預金保険機構が破綻した預金取扱金融機関（破綻金融機関）の預金者等に対して保険金の支払をする「保険金支払方式」、および、破綻金融機関の付与預金を事業譲渡等（合併等）によって受皿金融機関等に引き継ぎ、預金保険機構から当該受皿金融機関等に対して資金援助を行う「資金援助方式」の2つがある。

　預金保険制度における保険事故には、①金融機関の預金等の払戻しの停止（第一種保険事故）、ならびに、②金融機関の営業免許の取消し[注4]、破産手続開始の決定または解散の決議（第二種保険事故）の2つがある。第二種保険事故が発生した場合においては、資金援助方式をとることはできず、当然に保険金支払方式がとられることとなるのに対し（預金保険53条1項本文）、（破綻処理の典型的な場面と考えられる）第一種保険事故が発生した場合においては、預金保険機構は、保険事故の発生から1か月以内に、保険金支払方式をとるか、資金援助方式をとるかを決定しなければならない（同法56条）。後者の場合において、保険金支払方式と資金援助方式のいずれをとるべきかについては、1999年12月の金融審議会答申「特例措置終了後の預金保険制度及び金融機関の破綻処理のあり方について」において、「金融機関の破綻処理方式としては、破綻に伴う損失負担により預金の一部がカットされることは同じであるが、譲受金融機関が破綻金融機関の金融機能を引き継ぐことになる一般資金援助方式の適用を優先し、金融機能まで消滅させることになる保険金支払方式（ペイオフ）の発動はできるだけ回避すべき」とされており、金融機関の破綻に伴う混乱を最小限に止め、破綻処理コストがより小さいと見込まれる処理方法を選択する観点から、資金援助方式を優先すべきものと

注4)　信用金庫、信用金庫連合会、労働金庫および労働金庫連合会については事業免許の取消し、信用協同組合および信用協同組合連合会については解散の命令（預金保険49条2項2号）。

608

第1節　金融機関の破綻処理

されている。

　保険金支払方式による定額保護がされた事例は、いまのところ存在しない。他方、資金援助方式による定額保護がされた事例としては、日本振興銀行の事例[注5] が存在する。

　なお、債務超過等（債務超過・債務超過のおそれ[注6] または支払停止・支払停止のおそれ）の金融機関が、次に掲げる要件のいずれかに該当すると認めるときは、内閣総理大臣は、当該金融機関に対し、金融整理管財人による業務および財産の管理を命じる処分（管理を命ずる処分）をすることができ（預金保険74条）、当該処分がされたときは、当該金融機関の業務遂行権および財産の管理処分権は、金融整理管財人に専属することとなる（同法77条）。

① 　当該金融機関の業務の運営が著しく不適切であること。

② 　当該金融機関について、合併等が行われることなく、その業務の全部の廃止または解散が行われる場合には、当該金融機関が業務を行っている地域または分野における資金の円滑な需給および利用者の利便に大きな支障が生ずるおそれがあること。

　第一種保険事故が発生するような場合においては、実務上、あらかじめ管理を命ずる処分をし、破綻金融機関の業務遂行権および財産の管理処分権を金融整理管財人に専属させた上で、破綻処理を進めることが想定されている。日本振興銀行の事例においても、まず、内閣総理大臣が管理を命じる処分をして金融整理管財人に預金保険機構を選任し、金融整理管財人である預金保険機構が再生手続開始の申立てをし、当該申立てによって第一種保険事故が発生している。

(i)　保険金支払方式

　保険金支払方式がとられる場合においては、預金保険機構は、第一種保険事故が発生したときは、保険金支払方式をとる旨の決定をした後、速やかに、保険金の支払期間、支払場所、支払方法、請求の必要書類等を定め、公告する（預金保険57条1項）。そして、当該支払期間内に保険金の支払を請求し

注5)　日本振興銀行の破綻処理については、遠藤伸子ほか「日本振興銀行の破綻処理——預金者保護を中心として」預金保険研究15号（2013）99頁も参照。

注6)　債務超過のおそれについては、金融機関からの申出が必要である。

609

第5章　特殊な業態の事業再生

た注7)破綻金融機関の預金者等に対し、その請求に基づき、保険金の支払を
する（預金保険53条1項・5項）。預金者等に対して保険金の支払をした場合、
預金保険機構は、当該預金者等が破綻金融機関に対して有していた保険金の
額に対応する債権を取得し（同法58条）、当該債権を破綻金融機関の倒産手
続において行使することとなる。

　保険金の支払をする前提として、前記の通り、付保預金は、決済用預金は
全額、一般預金等は1金融機関ごとに預金者1人当たり元本1000万円までお
よび破綻日までの利息等であるため、1人の預金者が破綻金融機関に複数の
預金等の口座を有している場合においては、それらを合算して付保預金の額
を算定することとなる（いわゆる「名寄せ」）。この名寄せは、破綻金融機関
から提出された預金者データ等に基づき、預金保険機構が行うところ、預金
保険制度の対象となる金融機関には、預金者データ等の整備が義務付けられ
ている（預金保険55条の2）。

　付保預金以外の預金等については、破綻金融機関の倒産手続（破産手続等）
によって清算・処理され、破綻金融機関の財産の状況に応じて配当・弁済を
受けることになる。

　もっとも、倒産手続による配当・弁済を受けるまでには時間を要するため、
預金保険機構は、付保預金以外の預金等の一部の買取りをすることができる。
このような預金等債権の買取りをする場合においては、預金保険機構は、破
産手続における配当の見込額を考慮して「概算払率」を定め、当該決定につ
いて内閣総理大臣および財務大臣の認可を受けた後、速やかに、買取期間、
買取場所、概算払額の支払方法、請求の必要書類等を定め、公告する（預金
保険71条1項・2項・72条1項）。そして、当該買取期間内に買取りを請求し
た破綻金融期間等の預金者等が有する預金債権等を、その請求に基づき、概
算払額に相当する金額で買い取る（同法70条2項）。預金保険機構は、買い
取った債権を破綻金融機関の倒産手続において行使することとなるところ、
倒産手続における実際の回収額から買取りに要した費用を控除した金額が、

注7)　預金者が公告された支払期間内に保険金の支払を請求しなかった場合において
　　は、付保預金についても、付保預金以外の預金等と同様に破綻金融機関の倒産手
　　続によって清算・処理されることとなる。

概算払額を超えるときは、超過額を預金者等に対して支払うものとされている（精算払。同項）。

　また、倒産手続における債権届出についても、更生特例法により、一定の特例が定められている。すなわち、預金保険機構は、倒産手続開始決定後、遅滞なく、知れている倒産債権である預金等債権について預金者表を作成し、預金者等の縦覧に供した上、裁判所に提出しなければならない（金融更生特391条・392条・462条・463条・503条・504条）。預金者表に記載された預金債権等については、債権届出期間内に債権届出があったものとみなされ、預金保険機構が預金者等を代理して倒産手続に属する行為をするものとされている（同法393条・395条・464条・466条・505条・507条）。もっとも、預金者等は、裁判所への届出により、自ら倒産手続に参加することもできる（同法394条・465条・506条）。

(ii)　資金援助方式

　資金援助方式がとられる場合においては、破綻金融機関の付保預金を事業譲渡等（合併等）によって受皿金融機関に引き継ぎ、預金保険機構から当該受皿金融機関に対して資金援助を行うことにより、付保預金の保護が図られることとなる。この資金援助の額は、保険金支払方式の場合において見込まれる費用（保険金支払コスト）を超えてはならないとされている（預金保険64条2項）。

　資金援助方式の場合においても、保険金支払方式の場合と同様に名寄せが行われる。日本振興銀行の事例においては、管理を命じる処分・再生手続開始の申立ての2日後には、名寄せが完了している。

　また、受皿金融機関に引き継がれるもの以外の債務等は、破綻金融機関の倒産手続（再生手続等）によって清算・処理されることとなる。日本振興銀行の事例においては、倒産手続として、再生手続[注8]がとられている。

注8)　日本振興銀行の事例において、更生手続ではなく再生手続がとられた理由の1つとして、当時の法令上、預金保険機構は、更生管財人に就任することができなかったことが挙げられている。もっとも、この点については、2013年の預金保険法改正により、預金保険機構の業務範囲が拡大され、預金保険機構が更生管財人に就任することも法令上は可能となっている。

第5章 特殊な業態の事業再生

なお、倒産手続との関係では、付保預金も倒産債権となるのが原則であるところ、預金保険機構が破綻金融機関に対して決済債務の弁済および預金等の払戻しのための資金の貸付けを行う旨の決定（預金保険69条の3第1項・127条）をしているときは、裁判所は、付保預金である決済債務の弁済および預金等の払戻しを許可することができ（金融更生特402条・473条・513条）、日本振興銀行の事例においても、当該許可がされている。

資金援助方式の場合においても、保険金支払方式の場合と同様に、預金保険機構は、付保預金以外の預金等の一部の買取りをすることができる。預金保険機構の事例においても、概算払率25％での買取りがされ、付保預金以外の預金を有する預金者等約3400名のうち、約3100名が買取りを請求している。また、日本振興銀行の再生計画に基づく第1回弁済の弁済率は39％であったこと等から、後日、精算払もされている。

倒産手続における債権届出について更生特例法によって特例が定められている点も、保険金支払方式の場合と同様である。

合併等の方法としては、吸収合併、新設合併、事業の譲渡または譲受け、付保預金移転、株式取得、吸収分割、および新設分割がある（預金保険59条2項）。

受皿金融機関等としては、金融機関その他の民間スポンサーのほか、預金保険機構の子会社として設立されたブリッジ金融機関（承継金融機関）を受皿金融機関とすることもできる（預金保険91条等）。

資金援助の方法としては、金銭の贈与、資金の貸付または預入れ、資産の買取り、債務の保証、債務の引受、優先株式等の引受等、および損害担保がある（預金保険59条1項）。受皿金融機関から預金保険機構に対して資金援助の申込みを行うためには、当該申込みに係る合併等につき、あらかじめ内閣総理大臣の認定（適格性認定）を受けなければならない（同法61条）。

日本振興銀行の事例においては、まず、付保預金等を事業譲渡によって預金保険機構の子会社である日本第二承継銀行に引き継ぎ、その際、日本第二承継銀行に対して約460億円（当初約1041億円であったものの、調整によって約581億円の減額がされた）の金銭の贈与がされた。その後、最終スポンサーに選定されたイオン銀行に対して日本第二承継銀行の株式が譲渡され、その際

612

にも、イオン銀行に対して資産の買取りの方法によって資金援助がされた。

資金援助方式においては、合併等によって受皿金融機関に破綻金融機関の付保預金とともに、健全な資産（適資産）を引き継ぐことが可能・通常であるところ、このような適資産の引継ぎにより、破綻金融機関の倒産手続における弁済率が低下することも想定される。そのような場合においては、預金保険機構は、破綻金融機関の債権者間の衡平（受皿金融機関に引き継がれた債権者と、破綻金融機関に残った債権者との間の衡平）を図るため、破綻金融機関に対して資金援助を行うこともできる（衡平資金援助。預金保険59条の２）。日本振興銀行の事例においても、日本第二承継銀行への事業譲渡の際、日本振興銀行に対して約751億円（当初約656億円であったものの、調整によって約95億円の増額がされた）の金銭の贈与がされた。

(2)　金融危機対応措置

前記の通り、預金取扱金融機関については、預金保険制度に加え、いわゆる不良債権型の金融危機に対し、預金取扱金融機関の全債務を保護することにより、預金者等の信用不安を解消するとともに、健全な借り手を保護するための金融危機対応措置が整備されている。

金融危機対応措置においては、内閣総理大臣は、金融機関について一定の措置が講じられなければ、日本または当該金融機関が業務を行っている地域の信用秩序の維持に極めて重大な支障が生じるおそれがあると認めるときは、金融危機対応会議の議を経て、当該措置を講じる必要がある旨の認定を行うことができるところ、この措置には、当該金融機関の財務状況等に応じ、①資本増強（第一号措置）、②保険金支払コストを超える資金援助（第二号措置）、および③特別危機管理・一時国有化（第三号措置）の３つがある（預金保険102条１項）。

(i)　第一号措置（資本増強）

第一号措置は、破綻金融機関または債務超過の金融機関を除く金融機関について講じられる（預金保険102条１項１号）。金融機関について第一号措置を講じる必要がある旨の認定が行われた場合においては、経営健全化計画の確実な履行等を通じて経営合理化ならびに経営責任および株主責任の明確化

のための方策の実行が見込まれること等の一定の要件に該当するときに限り、内閣総理大臣の決定を受け、預金保険機構から当該金融機関またはその持株会社に対し、当該金融機関の自己資本の充実その他の財務内容の改善のために資本増強（株式等の引受等）を行うことができる（預金保険105条）。この資本増強によって当該金融機関の財務内容が改善され、預金等の全額保護が可能となる。

　第一号措置が講じられた事例としては、りそな銀行の事例が存在する。りそな銀行の事例においては、預金保険機構がりそな銀行の親会社であるりそなホールディングスの株式１兆9600億円（普通株式57.0億株、2964億円、優先株式83.2億株、１兆6636億円）を引き受けた。これらの資金は、2014年までに完済されている（なお、りそな銀行は、別途、金融機能の早期健全化のための緊急措置に関する法律〔早期健全化法〕に基づく資本注入も受けているところ、この資金についても、2015年までに完済されている）。

(ii)　第二号措置（保険金支払コストを超える資金援助）

　第二号措置は、破綻金融機関または債務超過の金融機関について講じられる（預金保険102条１項２号）。金融機関について第２号措置が講じられる場合においては、資金援助の額が保険金支払コストを超えてはならないとする預金保険法64条２項は適用されず、預金保険機構は、当該資金援助が当該金融機関の財務の状況に照らし当該資金援助に係る合併等が行われるために必要な範囲を超えていないと認めるときは、保険金支払コストを超える資金援助を行うことができ（同法110条３項）、これにより、預金等の全額保護が可能となる。

　合併等の方法および資金援助の方法については、通常の資金援助方式と同様である。

　また、第二号措置が講じられる場合においては、当該金融機関に対し、金融整理管財人による業務および財産の管理を命ずる処分が必要的にされる（預金保険110条２項）。

　第二号措置が講じられた事例は、いまのところ存在しない。

(iii)　第三号措置（特別危機管理・一時国有化）

　第三号措置は、対象金融機関が破綻金融機関であって債務超過の銀行であ

り、保険金支払コストを超える資金援助だけでは、日本または当該金融機関が業務を行っている地域の信用秩序の維持に係る支障を回避できないと認められる場合に限って講じることができる（預金保険102条1項3号・4項）。

金融機関について第三号措置が講じられる場合、預金保険機構は、金融庁長官の決定に基づき、当該金融機関の株式を取得するとともに（預金保険111条・112条）、金融庁長官の指名に基づき、当該金融機関の取締役、監査役等を選任する（同法114条）。

また、金融機関について第三号措置が講じられる場合においては、資金援助の額が保険金支払コストを超えてはならないとする預金保険法64条2項は適用されず、預金保険機構は、当該資金援助が当該金融機関の財務の状況に照らし当該資金援助に係る合併等が行われるために必要な範囲を超えていないと認めるときは、保険金支払コストを超える資金援助を行うことができ（預金保険118条）、これにより、預金等の全額保護が可能となる。

資金援助の対象となる合併等の方法は、合併および株式取得に限られる。資金援助の方法については、通常の資金援助方式と同様である。

なお、特別危機管理は、合併、事業譲渡または株式の譲渡により、可能な限り早期に終了させるものとされている（預金保険120条）。

第三号措置が講じられた事例としては、足利銀行の事例が存在する。足利銀行の事例においては、預金保険機構が選任した新経営陣[注9]の下で特別危機管理が進められ、スポンサーに選定された足利ホールディングス[注10]に対して足利銀行の株式が1200億円で譲渡され、その際、足利銀行に対して約2600億円の金銭の贈与および約17億円の資産の買取りの方法によって資金援助がされた[注11][注12]。

3　生命保険会社・損害保険会社の破綻処理

保険会社の破綻処理は、保険契約の一部を保険契約者保護制度によって保

注9)　　新頭取は、横浜銀行出身の池田憲人氏である。
注10)　　野村グループおよび地銀連合によって設立された新会社。
注11)　　なお、これらの資金援助の額は、結果的に、保険金支払コストを超えていない。

第5章　特殊な業態の事業再生

護した上、保険業法に規定する破綻処理手続（保険業法手続）、または、更生手続[注13][注14]によって行われる。保険契約者保護制度による保護の主眼は、破綻した保険会社（破綻保険会社）の保険契約を受皿保険会社等に引き継ぎ、保険契約を維持・継続することにある[注15]。

(1)　保険契約者保護制度

保険契約者保護制度の実施主体である「保険契約者保護機構」は、保険会社が万一破綻した場合において、破綻保険会社の保険契約の移転等（移転、合併および株式取得）における資金援助等を行うことにより、保険契約者等の保護を図ることを目的として、生命保険会社・損害保険会社別に設立されている（生命保険会社については、生命保険契約者保護機構、損害保険会社については、損害保険契約者保護機構）。

注12)　なお、第三号措置が講じられる前に足利銀行の親会社であった旧足利ホールディングスについては、第三号措置によって足利銀行の株式を失った後に更生手続がとられている。旧足利ホールディングスの破綻処理については、松下淳一「銀行持株会社の破綻処理のケーススタディ」金融法務研究会『金融法務研究報告書⒀金融規制の観点からみた銀行グループをめぐる法的課題』（金融法務研究会事務局、2013）43頁も参照。

注13)　生命保険の保険契約者には先取特権が認められている（保険業117条の2）。したがって、生命保険の保険契約者の権利は、再生手続においては優先的破産債権となり、再生手続による権利の変更（契約条件の変更）はできないため、生命保険会社の破綻処理を再生手続によって行うことは、実務上困難と考えられる。現に、生命保険会社の破綻処理を再生手続によって行った事例は存在せず、更生特例法上も、保険会社の再生手続については特例が定められていない。

注14)　保険会社の多くは相互会社であるところ、更生特例法により、相互会社も更生手続をとることが可能となっている。

注15)　保険会社が破綻した場合において、仮に破綻保険会社の保険契約を引き継ぐ会社等が現われず、破綻保険会社が清算等されることとなったときは、破綻保険会社の保険契約者は、破産手続等によって一定の配当等を受けることはできるものの、保険契約を維持・継続することはできないこととなる。その場合、これらの保険契約者の年齢、健康状態等によっては、それまでと同様の条件で他の保険会社との間で新たに保険契約を締結することは困難となる等、これらの保険契約者に重大な不利益が生じることも想定される。保険契約者保護制度の目的は、そのような事態を回避し、保険契約者の保護を図ることであり、したがって、保険契約の維持・継続に主眼を置いた保護がされる。

保険契約者保護制度の対象となる保険契約は、日本における元受保険契約（保険契約のうち、再保険契約を除いたもの）のうち、以下のものであり、これらの保険契約に係る責任準備金（将来における保険金等の支払のために積み立てられているべき準備金）の一定割合（補償割合は保険種目ごとに設定されており、例えば、死亡保険および生存保険の補償割合は原則90%）が、保険契約者保護制度（具体的には、破綻保険会社の保険契約の移転等における資金援助等）によって保護されることとなる。

① 死亡保険、生存保険

② 損害保険

　ⅰ　自動車損害賠償責任保険、地震保険、自動車保険

　ⅱ　火災保険、その他の損害保険（賠償責任保険、信用保険等）（個人等に限る）

　ⅲ　疾病・傷害に関する保険

　　ⓐ　短期（保険期間1年未満）傷害保険、特定海外旅行傷害保険

　　ⓑ　その他の疾病・傷害保険（年金払型積立傷害保険、医療・介護〔費用〕保険等）

このような保険契約者保護制度による保険契約の保護を前提とした保険会社の破綻処理の手続には、保険業法手続および更生手続の2つがある。保険業法手続による保険会社の破綻処理がされた事例としては、生命保険会社については、日産生命の事例、東邦生命の事例、第百生命の事例および大正生命の事例、損害保険会社については、第一火災海上の事例が存在する。また、更生手続による保険会社の破綻処理がされた事例としては、生命保険会社については、千代田生命の事例、協栄生命の事例、東京生命の事例および大和生命の事例、損害保険会社については、大成火災海上の事例が存在する。

(2)　保険業法手続

内閣総理大臣は、保険会社等の業務もしくは財産の状況に照らしてその保険業の継続が困難であると認めるとき、またはその業務の運営が著しく不適切でありその保険業の継続が保険契約者等の保護に欠ける事態を招くおそれがあると認めるときは、当該保険会社等に対し、①業務の全部もしくは一部

第5章　特殊な業態の事業再生

の停止等を命じ（業務停止命令）、または②保険管理人による業務および財産
の管理を命ずる処分（管理を命ずる処分）をすることができる。管理を命ず
る処分をされたときは、破綻保険会社の業務遂行権および財産の管理処分権
は、保険管理人に専属することとなる（保険業242条）。また、内閣総理大臣
は、保険契約者等の保護のため破綻保険会社に係る保険契約の存続を図るこ
と等が必要であると認めるときは、保険管理人に対し、破綻保険会社の業務
の整理および合理化に関する方針、ならびに、破綻保険会社に係る合併等を
円滑に行うための方策を含む業務および財産の管理に関する計画（保険契約
の移転等の計画）の作成を命ずることができる。

　保険業法手続による保険会社の破綻処理がされた過去の事例においては、
いずれも、まず業務の一部の停止が命じられ、その後速やかに（日産生命の
事例および第一火災海上の事例においては当日、東邦生命の事例、第百生命の事
例および大正生命の事例においては翌日）、管理を命ずる処分[注16]がされ、保険
管理人に対し、保険契約の移転等の計画の作成が命じられている。

　これらの命令・処分を受け、保険管理人は、スポンサー（保険契約の移転
先会社）の選定作業を進め、保険契約の移転等の計画を作成することとなる。
日産生命の事例においてはあおば生命[注17]、東邦生命の事例においては
ジー・イー・エジソン生命、第百生命の事例においてはマニュライフ・セン
チュリー生命、大正生命の事例においてはあざみ生命がスポンサーとして選
定され、これらのスポンサーへの保険契約の移転を主な内容とする計画が作
成された。他方、第一火災海上の事例においては、スポンサーの選定作業が
難航し、最終的に、損害保険契約者保護機構への保険契約の移転を主な内容
とする計画が作成された。

　保険管理人は、保険契約の移転等の計画を作成したときは、内閣総理大臣
の承認を得なければならない。そして、内閣総理大臣の承認を得た保険契約
の移転等の計画に従って①保険契約の全部または一部の移転をするときには、

注16)　保険管理人は、日産生命の事例においては、生命保険協会、それ以外の事例にお
　　　　いては、保険協会（生命保険会社については、生命保険協会、損害保険会社につ
　　　　いては、損害保険協会）、弁護士、公認会計士。
注17)　生命保険協会によって新たに設立された受皿保険会社。

618

移転先会社との間の契約において（保険業250条1項2号）、②合併するときには、合併契約において（同法254条1項2号）、③他の保険会社等または保険会社等に株式を取得されることによりその子会社となるときには、契約条件変更契約を作成して、保険契約について契約条件の変更を行うことができる。いずれの場合においても、契約条件の変更の対象となる保険契約者による異議申立てが認められており、頭数ベースおよび金額ベースの両方で、異議を述べた保険契約者が契約条件の変更の対象となる保険契約者の10分の1を超えたときは、契約条件の変更はされない（同法251条2項・255条2項・255条の4第4項等）。他方、超えなかったときは、異議を述べた保険契約者を含む対象となるすべての保険契約者との関係で契約条件の変更がされる（同法252条・255条2項・255条の4第5項等）。

　保険業法手続による保険会社の破綻処理がされた過去の事例においては、大要、以下のような契約条件の変更が行われている。

　　(i)　日産生命
①　責任準備金等の縮減：削減ゼロ
②　予定利率：2.75%に引下げ
③　早期解約控除：6.5年間

　　(ii)　東邦生命
①　特定責任準備金等の削減：法令に基づき、特定責任準備金等を原則として90%確保する一方、個人年金、財形保険、財形年金保険については100%確保する。
②　予定利率等基礎率の見直し：予定利率を1.5%へ引き下げるとともに、予定死亡率を東邦生命の最新の水準に、予定事業費率を保有契約の平均的な水準に変更する。
③　早期解約控除の設定：解約払戻金等の支払については、保険契約移転後から約8年間、一定の控除を行う早期解約控除を設定する。

　　(iii)　第百生命
①　特定責任準備金等の削減：責任準備金を原則として90%確保（特例期間補償により個人年金保険、財形保険、財形年金保険については100%確保）。
②　予定利率等基礎率の変更：予定利率を1.0%へ引き下げるとともに、

予定死亡率を最新の水準に、予定事業費率は毎年配当型の保有契約の最新の水準に変更する。

③ 早期解約控除の設定：解約返戻金等の支払については、保険契約移転後から10年間、早期解約控除を設定する。

(iv) 大正生命

① 特定責任準備金等の削減：責任準備金を原則として90％確保（特例期間補償により個人年金保険、財形保険、財形年金保険については100％確保）。

② 予定利率等基礎率の変更：予定利率を1.0％へ引き下げるとともに、予定死亡率を最新の水準に、予定事業費率は有配当型の保有契約の最新の水準に変更する。

③ 早期解約控除の設定：解約返戻金等の支払については、保険契約移転後から10年間、早期解約控除を設定する。

(v) 第一火災海上

① 特定責任準備金等の削減：以下の通りにそれぞれの保険種目の特定責任準備金等を確保する。

＊ 特定責任準備金等を100％補償／自賠責保険／地震保険

＊ 特定責任準備金等を90％補償／その他の保険種目

② 予定利率の見直し：予定利率を積立式長期保険および介護費用保険については以下のように見直しを行う。

＊ 積立式長期保険

満期日（年度）	利率
～ H15	0.3%
H16～ H17	0.5%
H18～ H19	0.7%
H20～ H21	1.0%
H22～	1.3%

＊ 介護費用保険：すべてについて2％

③ 早期解約控除の設定：解約払戻金等の支払については、保険契約移転後から7年間、一定の控除を行う早期解約控除を設定する。

破綻保険会社から受皿保険会社等への保険契約の移転等に際しては、保険

契約者保護機構から当該受皿保険会社等に対して資金援助を行うことが可能となっている（保険業266条以下）。保険契約の移転等の方法としては、保険契約の移転、吸収合併および株式取得がある（同法260条 1 項）。資金援助の方法としては、金銭の贈与、資産の買取りおよび損害担保がある（同条 4 項）。受皿金融機関等から保険契約者保護機構に対して資金援助の申込みを行うためには、当該申込みに係る保険契約の移転等につき、あらかじめ内閣総理大臣の認定（適格性認定）を受けなければならない（同法268条）。保険業法手続による保険会社の破綻処理がされた過去の事例のうち、東邦生命の事例においては約3663億円、第百生命の事例においては約1450億円、大正生命の事例においては約267億円の資金援助がそれぞれ行われている。また、日産生命の事例は、保険契約者保護機構設立前の事例であるが、当時の保険契約者保護基金から2000億円の資金援助が行われている。

　また、破綻保険会社は、民間の受皿保険会社等が現れる見込みがないことその他の理由により保険契約の移転等を行うことが困難な場合には、保険契約者保護機構に対し、保険契約者保護機構の子会社として設立された承継保険会社が保険契約の移転または合併によって破綻保険会社の保険契約を引き継ぐこと（保険契約の承継）、または、保険契約者保護機構自身が破綻保険会社から保険契約の全部または一部の移転を受けること（保険契約の引受け）を申し込むことができる（同法267条 1 項）。これらのうち、保険契約の承継については、併せて保険契約者保護機構から承継保険会社への資金援助の申込みを行うことも可能となっている（同条 3 項）。これらの保険契約の承継および資金援助、ならびに、保険契約の引受けについても、あらかじめ内閣総理大臣の認定（適格性認定）が必要とされている（同法270条）。

　保険契約の承継が行われた事例は、いまのところ存在しない。他方、前記の通り、第一海上火災の事例においては、損害保険契約者保護機構による保険契約の引受けが行われている。

(3)　更生手続

　保険会社の更生手続においては、裁判所が選任した更生管財人が、スポンサーの選定作業を進め、スポンサーによる支援および保険契約の条件変更等

第5章　特殊な業態の事業再生

を主な内容とする更生計画案を作成することとなる。千代田生命の事例にお
いてはアメリカン・インターナショナル・グループ（AIG）、協栄生命の事
例においてはザ・プルデンシャル・インシュアランス・カンパニー・オブ・
アメリカ、東京生命の事例においては太陽生命および大同生命（T&D保険グ
ループ）、大和生命の事例においてはジブラルタ生命、大成海上火災の事例
においては安田火災および日産火災がスポンサーに選定され、大成海上火災
の事例においてはスポンサーとの合併等により、それ以外の事例においては
スポンサー（またはその子会社等）による破綻保険会社の株式取得により、
保険契約の維持・継続のための支援が行われている。

　また、更生手続による保険会社の破綻処理がされた過去の事例においては、
大要、以下のような契約条件の変更が行われている。

　　(i)　**千代田生命**

①　責任準備金等の縮減：原則90%に削減

②　予定利率：1.5%に引下げ

③　早期解約控除：10年間

　　(ii)　**協栄生命**

①　責任準備金等の縮減：原則92%に削減

②　予定利率：1.75%に引下げ

③　早期解約控除：8年間

　　(iii)　**東京生命**

①　責任準備金等の縮減：削減ゼロ

②　予定利率：2.6%に引下げ

③　早期解約控除：10年間

　　(iv)　**大和生命**

①　責任準備金等の縮減：原則90%に削減

②　予定利率：1.0%に引下げ

③　早期解約控除：10年間

　　(v)　**大成海上火災**

①　保険金等の削減

　＊　保護機構による補償対象契約のうち、掛捨ての保険契約および積立

622

型保険契約の補償部分に係る保険金および返戻金等については、全額を保障し、契約条件の変更は行わない。

* 補償対象契約のうち積立型保険契約の積立部分については、払戻積立金および契約者配当準備金を10%削減する。

* 補償対象外契約の責任準備金および支払備金については、欠損率に従って23.0%を削減する。

* 積立保険等の予定利率（現行0.75~5.5%）は、損保ジャパンの新契約の利率と原則同一水準（契約の残期間に応じ、0.25%~1.05%）まで引き下げる。財形貯蓄傷害保険の予定利率は1.5%（据置）とする。

② 早期解約控除： 7年間

保険会社の破綻処理が更生手続によって行われる場合においても、破綻保険会社から受皿保険会社等への保険契約の移転等に際しては、保険契約者保護機構から当該受皿保険会社等に対して資金援助を行うことが可能であり（保険業266条以下）、また、破綻保険会社は、民間の受皿保険会社等が現れる見込みがないことその他の理由により保険契約の移転等を行うことが困難な場合には、保険契約者保護機構に対し、保険契約の承継または保険契約の引受けを申し込むことができる（同法267条1項）。もっとも、保険会社の更生手続において保険契約の承継または保険契約の引受けがされた事例はいまのところ存在せず、また、資金援助についても、大和生命の事例および大成海上火災の事例においては一定の資金援助が行われているものの、千代田生命の事例、協栄生命の事例および東京生命の事例においては、資金援助は行われていない。

更生手続における債権届出については、更生特例法により、一定の特例が定められている[注18]。すなわち、保険契約者保護機構は、更生手続開始決定後、遅滞なく、知れている更生債権である保険契約に係る権利について保険契約者表を作成し、保険契約者の縦覧に供した上、裁判所に提出しなければならない（金融更生特428条・429条）。保険契約者表に記載された保険契約に

注18) 保険会社の破産手続についても同様の特例が定められているが、再生手続については定められていない。

第5章　特殊な業態の事業再生

係る権利については、債権届出期間内に債権届出があったものとみなされ、保険契約者保護機構が保険契約者を代理して更生手続に属する行為をするものとされている（同法430条・432条）。もっとも、保険契約者は、裁判所への届出により、自ら更生手続に参加することもできる（同法431条）。

4　証券会社の破綻処理

証券会社の破綻処理は、必要に応じて顧客資産の一部を投資者保護基金制度によって保護した上、倒産手続によって行われる[注19]。投資者保護基金制度による保護が必要となるのは、破綻した証券会社に分別管理義務の違反等があり、顧客資産を返還できない場合である。

(1)　分別管理制度

証券会社は、顧客から預託を受けた有価証券を、確実にかつ整然と管理する方法として金融商品取引業等に関する内閣府令（以下、「金商業府令」という）136条で定める方法により、自己の固有財産と分別して管理しなければならず（金商43条の2第1項）、また、顧客から預託を受けた金銭につき、金融商品取引業を廃止した場合その他金融商品取引業を行わないこととなった場合に顧客に返還すべき額として内閣府令（金商業府令138条）で定めるところにより算定したものに相当する金銭を、自己の固有財産と分別して管理し、内閣府令（同府令141条）で定めるところにより、国内において、信託会社等に信託をしなければならない（金商43条の2第2項）。このように分別して管理された有価証券および金銭については、証券会社の倒産手続において顧客に取戻権が認められ、これらの資産は顧客に返還されることとなると考えられる。しかし、金銭については、信託財産の元本の評価額が顧客分別金必要額に満たない場合における不足額に相当する額の信託財産の追加は週に1回以上行われれば足るものとされており（金商業府令141条1項・7項）、適法な

注19)　証券会社については、（後記5の金融機関の秩序ある処理の枠組みを除き、）金融危機対応措置のような全債務保護を可能とする制度・措置や、保険業法に基づく破綻処理手続のような業法上の特別の破綻処理手続は、整備されていない。

分別管理がされていたとしても不足額が生じる可能性があり得る。また、破綻した証券会社に分別管理義務の違反があれば、顧客に取戻権が認められず、資産が顧客に返還できない可能性がある。

(2)　投資者保護基金制度

投資者保護基金制度は、証券会社が万一破綻した場合において、当該証券会社が顧客から預かった財産を返還できないときに、顧客に対する補償を行うことによって投資者の保護を図り、証券取引等に対する信頼性を維持することを目的としている。

投資者保護基金制度の対象となるのは、「一般顧客」の「顧客資産」である。一般顧客とは、大要、金融商品取引業者の国内の営業所または事務所の顧客であって、当該金融商品取引業者との間で分別管理の対象となる有価証券関連取引等をする者であり、適格機関投資家および国、地方公共団体その他の政令で定める者は除かれる。また、顧客資産とは、大要、有価証券関連業等に係る取引に関し、一般顧客から預託を受けた、または、一般顧客の計算に属する金銭、有価証券等である。

このような一般顧客の顧客資産につき、証券会社が万一破綻した場合において、当該証券会社がその返還ができないときに、投資者保護基金が顧客1人当たり1000万円まで補償を行うこととなる[注20]。このように投資者保護基金制度によって保護される顧客資産を、補償対象債権という。

投資者保護基金による補償が行われた事例としては、南証券の事例[注21]および丸大証券の事例が存在する。

投資者保護基金は、破綻した証券会社等から倒産手続開始の申立てを行ったこと等の通知を受けた場合、投資者の保護に欠けるおそれがないことが明らかであると認められるときを除き、当該証券会社につき、顧客資産の返還に係る債務の円滑な履行が困難であるかどうかの認定を、遅滞なく、行わな

注20)　なお、この補償は、投資者保護基金が顧客に直接行うものであり、預金保険制度における資金援助方式のような補償の方式はない。

注21)　南証券が破綻したのは2000年であるところ、当時は、投資者保護基金の補償に1000万円という上限は設定されていなかった。

けなばならない（金商79条の54）。当該証券会社が分別管理を適法・適切に
行っており、「顧客資産の返還に係る債務の円滑な履行が困難でない」との
認定が行われた場合、投資者保護基金による補償は不要となる。他方、当該
証券会社が分別管理を適法・適切に行っておらず、「顧客資産の返還に係る
債務の円滑な履行が困難である」との認定が行われた場合、補償対象債権の
支払の請求の届出期間、届出場所、必要書類等を公告する（同法79条の55第
1項）。そして、当該届出期間内に補償対象債権の支払を請求した一般顧客
に対し、その請求に基づき、補償対象債権の支払をする（同法79条の56第1
項・3項）。南証券の事例においては、総額約35億円、丸大証券の事例にお
いては、約1億7200万円の補償対象債権の支払がされている。一般顧客に対
して補償対象債権の支払をした場合、投資者保護基金は、補償対象債権を取
得し（同法79条の57第4項）、当該債権を破綻した証券会社等の倒産手続にお
いて行使することとなる。

　倒産手続における債権届出については、更生特例法により、一定の特例が
定められている。すなわち、投資者保護基金は、倒産手続開始決定後、遅滞
なく、知れている倒産債権である顧客債権について顧客表を作成し、顧客の
縦覧に供した上、裁判所に提出しなければならない（金融更生特410条・411
条・479条・480条・520条・521条）。顧客表に記載された顧客債権については、
債権届出期間内に債権届出があったものとみなされ、投資者保護基金が顧客
を代理して倒産手続に属する行為をするものとされている（同法412条・414
条・481条・483条・522条・524条）。もっとも、顧客は、裁判所への届出によ
り、自ら倒産手続に参加することもできる（同法413条・482条・523条）。

5　金融機関の秩序ある処理の枠組み[注22]

（1）　立法経緯等

（i）　リーマン・ショックに端を発する国際的な金融危機の発生

　リーマン・ブラザーズの破綻等に端を発した先般の国際的な金融危機の中
で、システム上重要な金融機関の破綻等が金融市場を通じて伝播し、実体経
済に深刻な影響を及ぼすおそれのあることが明らかとなった。その経験を踏

まえ、2008年11月のG20ワシントンDC・サミットの行動計画において、「各国および地域当局は、大規模かつ複雑な国境を越えて活動する金融機関の秩序だった整理が可能になるように、破綻処理制度および破産法を検討する」とされ、また、2009年9月のG20ピッツバーグ・サミットの首脳声明においては、「我々は、金融機関の倒産による混乱を軽減し、将来のモラル・ハザードを減少させることに資するよう、金融グループの効果的な破たん処理のための手法と枠組みを策定すべきである」とされる等、金融機関が万一破綻に至るような場合においても秩序ある処理を可能とする枠組みを整備するための議論が国際的に進められることとなった。

(ii) FSBにおけるKey Attributesの策定

その後、2011年10月には、金融安定理事会（Financial Stability Board〔FSB〕）において、「金融機関の実効的な破綻処理の枠組みの主要な特性」（Key Attributes of Effective Resolution Regimes for Financial Institutions〔Key Attributes〕）が策定され、同年11月のG20カンヌ・サミットにおいて、国際的に合意されるに至った。

Key Attributesは、金融機関が万一破綻に至るような場合においても秩序ある処理を可能とする枠組みが備えるべき主要な特性を定めたものであり、具体的には、以下のような内容が定められている。

目的	・株主や無担保債権者に損失を吸収させることを可能とするメカニズムを通じ、 ・重要な経済的機能を確保し、 ・納税者負担を回避しながら、 ・深刻な金融システムの混乱を回避しつつ、 ・金融機関を破綻処理することを可能とする。
対象となる金融機関	Key Attributesを備えた破綻処理制度は、あらゆるシステム上重要な金融機関に対して適用されるべき。

注22) 金融機関の秩序ある処理の枠組みについては、梅村元史「金融機関の秩序ある処理の枠組み（預金保険法等の一部改正）」金法1978号（2013）46頁、村松教隆「預金保険法の一部改正の概要」預金保険研究16号（2014）1頁。

当局の権限	破綻処理を行う当局は、以下を行う権限を含む、広範な権限を有するべき。 ・経営陣の選解任、破綻金融機関を管理する者の任命 ・破綻金融機関の財産の管理処分（契約の解除・資産の売却等） ・（破綻金融機関の重要な機能を維持するため）ブリッジ（承継）金融機関の設立 ・「ベイルイン」（無担保債権のカットまたは株式化）の実行等
早期解約条項の発動の停止	破綻処理を行う当局は、デリバティブ契約等の早期解約条項の発動を一時的に（例えば、2営業日以内）停止する権限を有するべき。
破綻処理のための基金	秩序立った破綻処理のためになされる一時的な資金提供のコストを賄うため、民間資金で賄われる預金保険、破綻処理基金、または業界から事後徴収するメカニズムが設けられるべき。 　当局による一時的な資金供給は、モラル・ハザードを防止するため、厳格な要件の下でなされるべき。

(iii)　諸外国における破綻処理枠組みの整備

　主要国においては、このような国際的な議論の進捗と並行し、金融機関の実効的な破綻処理に関する新たな包括的な枠組みが整備されている。まず、米国においては、秩序立った破綻処理を可能とする制度を整備したドッド・フランク法が2010年に成立し、施行されている。また、英国においては、2009年銀行法において、ユニバーサルバンキング制の下、実効的な破綻処理制度が整備され、2013年金融サービス（銀行改革）法においても、一定の制度が整備されている。さらに、欧州連合においては、銀行再建・破綻処理指令（BRRD）が採択されており、各加盟国において、BRRDの実施に必要な国内法の整備が進められている。

(iv)　日本における議論

　日本においても、このような国際的な流れを踏まえ、2012年8月から、金融審議会「金融システム安定等に資する銀行規制等の在り方に関するワーキング・グループ」において、金融機関の秩序ある処理の枠組みのあり方等に関する検討が行われた。そして、2013年1月には、同ワーキング・グループ

の報告書「金融システム安定等に資する銀行規制等の見直しについて」がと
りまとめられ、同報告書は、同年2月、金融審議会に報告された。同報告書
においては、市場等を通じて伝播するような危機に対し、金融機関の秩序あ
る処理に関する枠組みとして、以下の制度を整備する必要があるとされてお
り、同報告書の内容等を踏まえ、同年4月、預金保険法の一部改正を内容に
含む「金融商品取引法等の一部を改正する法律案」が第183回通常国会に提
出され、同年5月に衆議院において、同年6月に参議院においてそれぞれ可
決され、成立に至った。

対象となる金融機関	金融業全体（預金取扱金融機関、保険会社、金融商品取引業者、金融持株会社等）
認定の手続	金融危機対応会議の議を経て内閣総理大臣が、金融機関の秩序ある処理の必要性を認定
発動要件と措置内容	市場の著しい混乱の回避のために必要と認められる場合 ⇒預金保険機構による監視 ⇒流動性供給・資金援助等の措置 　※債務超過でない場合、必要に応じ、資本増強も可能 →金融システムの安定を図るために不可欠な債務等の履行・継続を確保しながら、市場取引等の縮小・解消 →市場の著しい混乱を回避しつつ、金融機関の秩序ある処理を実現 （注）措置を発動する場合には、契約上のベイルイン（無担保債権のカットまたは株式化）を発動
資金調達・費用負担	預金保険機構による資金調達に政府保証を付す。 万一損失が生じた場合の負担は、金融業界の事後負担を原則。 例外的な場合には、政府補助も可能。預金保険機構の危機対応勘定で経理。

(2)　金融機関の秩序ある処理の枠組みの概要

　金融機関の秩序ある処理の枠組みにおいては、内閣総理大臣は、金融機関
等について一定の措置が講じられなければ、日本の金融市場その他の金融シ
ステムの著しい混乱が生じるおそれがあると認めるときは、金融危機対応会
議の議を経て、当該措置を講じる必要がある旨の認定（特定認定）を行うこ

第 5 章　特殊な業態の事業再生

とができるが、この措置には、金融機関等が債務超過でないことを前提として講じられる特定第一号措置と、金融機関等が債務超過等の場合において講じられる特定第二号措置の 2 つがある（預金保険126条の 2 第 1 項）。

(i)　特定第一号措置

　債務超過でない金融機関等について特定第一号措置を講じる必要がある旨の特定認定が行われた場合においては、預金保険機構から当該金融機関等に対し、日本の金融システムの著しい混乱が生じるおそれを回避するために必要な資金の貸付または債務の保証を行うことができる（預金保険126条の19）。

　また、当該金融機関等が支払停止の状態にないときは、経営健全化計画の確実な履行等を通じて経営合理化ならびに経営責任および株主責任の明確化のための方策の実行が見込まれること等の一定の要件に該当する場合に限り、内閣総理大臣の決定を受け、預金保険機構から当該金融機関等に対し、当該金融機関等の自己資本の充実その他の財務内容の改善のために資本増強（特定株式等の引受等）を行うことができる（預金保険126条の22）。

　金融機関等について特定認定が行われた場合においては、当該金融機関等の業務遂行および財産の管理処分は、預金保険機構によって監視（特別監視）されることとなる。預金保険機構による特別監視がされる場合においても、当該金融機関等はその業務遂行権および財産の管理処分権を失うものではないが、預金保険機構から当該金融機関等に対し、その業務遂行および財産の管理処分につき、必要な助言、指導または勧告をすることができる（預金保険126条の 3 ）。

　このように、金融機関等について特定第一号措置が講じられる場合においては、預金保険機構による特別監視の下、システム上重要な取引の縮小・解消を図りつつ、預金保険機構から当該金融機関等に対して流動性を供給し、システム上重要な取引を約定通り履行させることを確保すること等を通じ、市場の安定が図られることとなる。

(ii)　特定第二号措置

　債務超過等（債務超過・債務超過のおそれまたは支払停止・支払停止のおそれ）の金融機関等について特定第二号措置が講じられる場合においては、当該金融機関等（特定破綻金融機関等）のシステム上重要な取引を事業譲渡等

630

（特定合併等）によって受皿金融機関等に引き継ぎ、預金保険機構から当該受皿金融機関等に対して資金援助（特定資金援助）を行うことにより、当該受皿金融機関等において特定破綻金融機関等から引き継いだシステム上重要な取引を約定通り履行させること等を通じ、市場の安定が図られることとなる。

　また、受皿金融機関等に引き継がれるもの以外の債務等は、特定破綻金融機関等の倒産手続によって清算・処理することが想定されている（預金者、保険契約者および顧客資産は、預金保険制度、保険契約者保護制度および投資者保護基金制度により、従前と同様の保護を受けることとなる）。

　特定合併等の方法としては、吸収合併、新設合併、事業の譲渡または譲受け、債務引受、株式取得、吸収分割、および新設分割がある（預金保険126条の28第2項）。

　受皿金融機関等としては、金融機関その他の民間スポンサーのほか、預金保険機構の子会社として設立されたブリッジ金融機関（特定承継金融機関等）を受皿金融機関等とすることもできる（預金保険126条の34等）。また、整理回収機構（RCC）も、ブリッジ金融機関としての機能を有している。

　特定資金援助の方法としては、金銭の贈与、資金の貸付または預入れ、資産の買取り、債務の保証、債務の引受、特定優先株式等の引受等、および損害担保がある（預金保険126条の28第1項）。受皿金融機関等から預金保険機構に対して特定資金援助の申込みを行うためには、当該申込みに係る特定合併等につき、あらかじめ内閣総理大臣の認定（特定適格性認定）を受けなければならない（同法126条の29）。

　金融機関等について特定第二号措置を講じる必要がある旨の特定認定が行われた場合においては、内閣総理大臣は、当該金融機関に対し、預金保険機構による業務および財産の管理（特定管理）を命じる処分をすることができ、当該処分がされたときは、当該金融機関等の業務遂行権および財産の管理処分権は、預金保険機構に専属することとなる（預金保険126条の5）。

　特定第二号措置を講じる必要がある旨の特定認定を受けた金融機関等が発行する、いわゆる実質破綻時損失吸収条項（Point of Non-viability条項〔PON条項〕）注23）等が付された社債または株式等については、当該特定認定によってPON条項等が発動され、元本削減、消却または転換等が行われることと

第 5 章　特殊な業態の事業再生

なる（契約上のベイルイン）。その場合、内閣総理大臣は、金融危機対応会議
および特定認定と併せ、PON条項等の発動を確認する趣旨の決定を行うこ
ととされている（預金保険126条の 2 第 4 項）。

　また、前記の通り、金融機関等について特定第二号措置が講じられる場合
においては、受皿金融機関等に引き継がれるもの以外の債務等は、特定破綻
金融機関等の倒産手続によって清算・処理することが想定されている。

　金融機関の秩序ある処理の枠組みにおいては、この契約上のベイルインお
よび倒産手続による債権カット等を通じ、株主および債権者にも負担を求め
ることとなる。

(iii)　措置発動の認定手続

　金融機関の秩序ある処理の必要性の認定については、金融危機対応措置の
必要性の認定と同様、高度な判断を必要とするため、金融危機対応会議（構
成員は、内閣総理大臣、官房長官、金融担当大臣、財務大臣、日本銀行総裁、金
融庁長官）の議を経て、内閣総理大臣が認定することとされている（預金保
険126条の 2 第 1 項）。

(iv)　措置の対象となる金融機関等

　金融機関の秩序ある処理の枠組みは、いわゆる市場型の金融危機に対し、
重要な市場取引等を履行させることにより、市場参加者間の連鎖を回避し、
金融市場の機能不全を防止し、金融システムの安定を確保するためのもので
あり、金融市場・金融業全体についてセーフティネットを構築しようとする
ものである。このような制度趣旨等を踏まえ、金融機関の秩序ある処理の枠
組みにおいては、（金融危機対応措置とは異なり、預金取扱金融機関だけでな
く、）市場参加者である金融業全体（銀行・銀行持株会社等、保険会社・保険持
株会社等、一定の金融商品取引業者・指定親会社等）が措置の対象とされてい
る（預金保険126条の 2 第 2 項等）。

(v)　デリバティブ取引等の早期解約条項の発動停止

　多数のデリバティブ契約等を締結している金融機関について秩序ある処理

注23)　バーゼル合意において、その他Tier1資本調達手段（優先株等）またはTier2資本
　　　調達手段（劣後債・劣後ローン等）の要件とされている。

が行われる場合において、特定認定に関連する措置が講じられたことを理由としてデリバティブ契約等が一斉に早期解約されると、ヘッジ取引等を行っているカウンター・パーティにも影響が及び、金融市場の不安定化につながる可能性がある。また、デリバティブ取引等の早期解約により、金融機関の資産価値が急速に毀損してしまうこと等を通じ、金融機関の秩序ある処理が困難になる可能性もある。

　そこで、金融機関等について特定認定が行われる場合においては、内閣総理大臣は、金融危機対応会議の議を経て、当該金融機関等につき、特定認定に関連する措置（関連措置等。特定認定に関連する倒産手続上の措置も含まれる）が講じられたことを理由とする契約の早期解約等を定めた条項は、日本の金融システムの著しい混乱が生じるおそれを回避するために必要な範囲において、必要な措置が講じられるために必要な期間として内閣総理大臣が定めた期間（措置実施期間）中は、その効力を有しないこととする決定を行うことができる（預金保険137条の３）。

　この決定は、あくまで早期解約条項の発動を一時的に停止するためのものであり、早期解約条項の発動停止の対象となったデリバティブ契約等につき、措置実施期間中に約定の履行期が到来する場合においては、債務等は約定通り履行されることとなる。

　また、早期解約条項の発動停止の対象となる取引については預金保険法137条の３第１項等に、特定合併等の対象となる業務または債務については同法126条の29第３項にそれぞれ規定されており、早期解約条項の発動停止の対象とするか否かおよび特定合併等の対象とするか否かは別個に判断されることになるが、早期解約条項の発動停止の対象とされた取引については、原則として特定合併等の対象として受皿金融機関等に承継されることになると考えられる。

　さらに、早期解約条項の発動停止に係る措置実施期間中は、その対象となる契約については、関連措置等が講じられたことを理由とする契約の早期解約等を定めた条項は効力を有しないこととなるが、その具体的な期間については、FSBのKey Attributesの趣旨も踏まえつつ、（事業譲渡等およびこれに伴う資金援助を含む）実効的な破綻処理を可能とする観点から、実際に金融

第 5 章　特殊な業態の事業再生

機関の秩序ある処理を行う場合において適切に判断される必要があると考えられる。

（参考）Key Attributes付属文書Ⅳ

2.1（ⅱ）早期解約条項の発動停止の期間は厳しく制限される（例えば、2営業日を超えない期間）。

(vi)　費用負担

　金融機関の秩序ある処理に伴う費用負担については、金融市場・金融業全体でセーフティネットを構築するという考え方の下、金融危機対応措置と同様に、万一損失が生じた場合の負担は、金融業界の事後負担を原則としている（預金保険126条の39）。

　ただし、金融業界の事後負担のみによって金融機関の秩序ある処理等に伴う費用を賄うとしたならば、日本の金融市場その他の金融システムの著しい混乱が生じるおそれがあると認められるときに限り、例外的に、政府から預金保険機構に対し、費用の一部を補助することができる（預金保険125条1項）。

(3)　G-SIBs等の処理戦略

(ⅰ)　Single Point of Entry（SPE）・Multiple Point of Entry（MPE）

　金融グループ（特にG-SIFIs）の処理戦略としては、①単一の当局が、金融機関グループの最上位の持株会社等についてのみ破綻処理を行うことにより、当該金融グループを一体的に処理するSPE（Single Point of Entry）アプローチと、②複数の当局が、金融グループの各法人についてそれぞれ破綻処理を行うことにより、これらの法人を個別に処理するMPE（Multiple Point of Entry）アプローチが国際的に議論・検討されている。2013年には、FSBから「再建・破綻処理計画の策定に関するガイダンス」が公表され、2012年から2013年にかけては、米国連邦預金保険公社（FDIC）、イングランド銀行（BOE）、スイス連邦金融市場監督機構（FINMA）が、それぞれ自国のG-SIFIsのSPEアプローチによる処理戦略の概要を公表している。

　日本においても、2016年4月に金融庁から公表され、2018年4月に改訂された「金融システムの安定に資する総損失吸収力（TLAC）に係る枠組み整

634

備の方針について」において、日本のG-SIBs等の処理戦略は、「金融グループの組織構造（グループ内の相互連関性や相互依存性を含む。）を踏まえた処理可能性を考慮し、いずれも原則としてSPEアプローチを選択することが望ましい」とされている[注24]。

(ii) Total Loss-absorbing Capacity（TLAC）

SPEアプローチを実効的に実現するためにあらかじめ構築しておくことが必要な資金調達・分配構造に関する規制として、Total Loss-absorbing Capacity（TLAC）規制がある。TLAC規制は、万一G-SIBが危機に陥った場合において、当該G-SIBの株主および債権者に損失を負担させ、かつ、資本の再構築を行うことにより、当該G-SIBの重要な機能を維持したまま、納税者負担によることなくシステミック・リスクを回避する秩序ある処理を行うことを目的としており、具体的には、当該G-SIBグループにおいて、当局が破綻処理を行う対象となる会社（破綻処理対象会社）が外部から調達した損失吸収力・資本再構築能力（損失吸収力等）をあらかじめグループ内部の主要な子会社に配賦しておき、当該子会社が破綻の危機に瀕していると関連当局が判断した場合、生じた損失を破綻処理対象会社に集約して処理する一方、当該子会社は通常どおり営業を継続することが想定されている。

TLAC規制については、2015年11月、FSBにおいて策定された「グローバルなシステム上重要な銀行の破綻時の損失吸収及び資本再構築に係る原則」（TLAC合意文書）が、G20アンタルヤ・サミットにおいて、国際的に合意されるに至っており、日本においては、バーゼル合意に基づく金融機関の自己資本比率を定める告示の改正により、TLAC規制が導入されている。

TLAC合意文書においては、G-SIBsにおける破綻処理対象会社につき、

注24）　ただし、「実際にどのような処理を行うかについては、個別の事案毎に関係する当局が当該本邦TLAC対象SIBの実態を考慮のうえで決定すべき問題である。したがって、SPEアプローチに基づき国内処理対象会社について特定第二号措置を講じる以外の処理として、内閣総理大臣が、預金保険法に基づき、国内処理対象会社について特定第一号措置に係る特定認定（預金保険法第126条の２第１項第１号）を行うことや、国内の主要子会社について特定第一号措置に係る特定認定又は第一号措置に係る認定（同法第102条第１項第１号）等を行うことがあり得る」との注・留保が付されている。

第5章　特殊な業態の事業再生

損失吸収力等を有する「TLAC適格商品」を一定水準以上確保することが求められている。「TLAC適格商品」の要件としては、破綻処理時における元本削減または資本転換に関し、「契約上の損失吸収事由」または「当局に対してかかる権限を付与する法的な仕組み」のいずれかが求められている。また、TLAC合意文書においては、破綻処理対象会社につき、確保した損失吸収力等を、当該G-SIBにおいて一定の要件を満たす主要な子会社（子会社グループを含む）に対し、その規模等に応じて分配することが求められている（内部TLAC）。分配対象となる子会社については、TLAC合意文書においては、原則として破綻処理対象会社の属する法域外において設立された子会社から選定されることとされているが、これに加え、破綻処理対象会社を管轄する各国当局が国内の子会社に対しても同様の損失吸収力等の分配を求めることが認められている。

　このようなTLAC合意文書の内容を踏まえ、日本のTLAC規制においては、日本のG-SIBs（FSBによる選定を踏まえて金融庁がG-SIBsとして指定した金融機関）を規定の対象とし、また、日本のD-SIBs（日本の金融システムにおける重要性を踏まえて金融庁がD-SIBsとして指定した金融機関）のうち、国際的な破綻処理対応の必要性が高く、かつ破綻の際にわが国の金融システムに与える影響が特に大きいと認められる金融機関も規制の対象とする方針とされている。そして、これらのG-SIBsおよびD-SIBsの日本の破綻処理対象会社に対し、損失吸収力等を有すると認められる資本・負債の最低所要水準[注25]を満たすよう求める方針とされている。また、内部TLACについては、これらのG-SIBsおよびD-SIBsにつき、TLAC合意文書に定める選定基準も踏まえつつ、国内に所在する子会社を主要子会社として選定し、国内の主要子会社が調達する、損失吸収力等を有すると認められる資本・負債を一定の水準以

注25）　　G-SIBs：2019年3月31日以降においてはリスク・アセットの16％およびレバレッジエクスポージャーの6％、2022年3月31日以降においてはリスク・アセットの18％およびレバレッジエクスポージャーの6.75％。
　　　　　D-SIBs：2021年3月31日以降においてはリスク・アセットの16％およびレバレッジエクスポージャーの6％、2024年3月31日以降においてはリスク・アセットの18％およびレバレッジエクスポージャーの6.75％。

上引き受けるよう、国内処理対象会社に対して求める方針とされている。

(iii) 日本のG-SIBsの場合

　金融庁が公表している「金融システムの安定に資する総損失吸収力（TLAC）に係る枠組み整備の方針について」においては、以上のようなTLACを利用した秩序ある処理の具体例として、以下のような処理が示されている。

(a) 持株会社による主要子会社の損失吸収

　日本のG-SIBsの秩序ある処理を実行する場合、損失が発生した主要子会社に分配されている内部TLACについて、当局の関与の下、持株会社が当該主要子会社の損失を吸収することを目的とする措置が講ぜられる。

(b) 内閣総理大臣による特定認定

　(a)の場合において、主要子会社から損失を吸収した持株会社が預金保険法に規定する特定第二号措置の適用要件を満たす場合には、当該持株会社に対して、金融危機対応会議の議を経て、内閣総理大臣により特定第二号措置に係る特定認定および特定管理を命ずる処分が行われる。

　この場合、破綻持株会社が発行済みのその他Tier1資本調達手段・Tier2資本調達手段（いずれもバーゼルⅢ適格であるものに限る）について、当該資本調達手段の条件（社債要項等）に従い、破綻持株会社の他の負債（外部TLAC適格性を有する社債等を含む）に先立ち、元本の削減等（元本の削減または普通株式への転換をいう。以下同じ）が行われる。

　また、破綻持株会社の業務に係る動産または債権のうち、後記(c)において特定承継金融機関等に対して譲渡されるもの（内閣総理大臣が指定するものに限る）は差押えが禁止される（預金保険126条の16）。

(c) 事業等の譲渡

　特定認定を受けた破綻持株会社は、内閣総理大臣による特定事業譲受等を行うべき旨の決定（預金保険126条の34第1項2号）の下、株主総会の特別決議に代わる許可を裁判所から得た上で（同法126条の13第1項3号）、預金保険機構が設立した特定承継金融機関等に対し、その事業等の譲渡を行う。このとき、外部TLAC適格性を有する社債等に係る債務は、特定承継金融機関等が引き受けることなく、破綻持株会社が引き続き負担することが想定される。

第5章　特殊な業態の事業再生

(d)　破綻持株会社の法的倒産手続

　事業等の譲渡を行った破綻持株会社について、預金保険機構が法的倒産手続開始の申立てを行う。破綻持株会社は、再生型の法的倒産手続ではなく、清算型の法的倒産手続（具体的には破産手続）によって処理されることが想定される。

　この場合、破綻持株会社の債権者（外部TLAC適格性を有する社債等の債権者を含む）は、破産法等に従い破産財団の範囲で配当を受けるため、当該破産手続において損失を吸収することとなる。

第2節　病院の事業再生

1　はじめに

　病院をはじめとする医療機関は、わが国において医療の提供という公共性・社会性の強いサービスを担い、地域社会を支える重要な存在である。しかしながら、業界を取り巻く環境は厳しさを増す傾向にあり、経営状況の悪化が進んで事業再生を必要としている医療機関も少なくない。そこで、本節では、医療機関の運営主体として重要な地位を占める医療法人を対象として[注26]、①医療法人の経営状況について概観した後、②経営に問題が生じた医療法人の事業再生への取組み、③医療法人の民事再生における論点、④医療法人の破産における論点について述べることとする[注27]。

2　医療法人の経営状況

(1)　医療法人を取り巻く外部環境

　わが国は高齢化の進展が著しく[注28]、特に高齢者向けを中心に医療・介護

[注26]　病院の開設主体には、個人、医療法人、社会福祉法人、国、地方公共団体、独立行政法人、株式会社等がある。このうち、法人数が多く、実務的に取扱いの中心になるのは医療法人であることから、本節では医療法人を取り上げることとする。

[注27]　医療法人や病院の再生全般に関する文献として、永石一郎法律事務所ほか編『医療機関再生の法務・税務』（中央経済社、2010）、佐藤鉄男「病院倒産」高木新二郎＝伊藤眞編集代表『講座倒産の法システム(4)倒産手続における新たな問題・特殊倒産手続』（日本評論社、2006）、阿部賢則ほか『病院再生――戦略と法務――医療事業再構築のマネジメント』（日経メディカル開発、2005）、「特集・医療機関の再編・再生と債権管理上の諸問題」事業再生と債権管理139号（2013）26頁、『病院経営の再生と実務』（経済法令研究会、2003）等。

第5章　特殊な業態の事業再生

サービスへの需要が今後ますます増加することが見込まれており、医療分野は、わが国における成長分野・戦略分野の1つであるといわれている[注29]。しかしながら他方で、高齢者人口の増加により医療・介護給付費などの社会保障費用が大幅に増加するいわゆる「2025年問題」も指摘されている[注30]。わが国は、国民皆保険制度を堅持しつつ医療介護の公的保険制度の持続可能性をいかに確保し、また、急激な人口減少に直面する地方においていかに医療介護サービスを持続的かつ効率的に提供していくかという困難な課題に直面しているのである。

　このような状況において、医療法人の経営は国の政策動向の影響を大きく受ける状況となっている。

　まず第1に挙げられるのは、医療・介護の機能分化と連携による効率的な医療の提供という方向性である。2014年の医療法改正により[注31]、都道府県

注28)　2015年にはいわゆる団塊世代が前期高齢者（65歳〜74歳）に達しており、さらに2025年には団塊世代が後期高齢者（75歳以上）に達し、国民の約3.3人に1人が65歳以上、約5.6人に1人が75歳以上になるといわれている（国立社会保障・人口問題研究所「日本の将来推計人口（平成29年推計）」の出生中位・死亡中位仮定による推計結果）。

注29)　政府の成長戦略においても、医療は成長分野と位置付けられている。「日本再興戦略」（2013年6月14日閣議決定）は、「医療・介護・保育などの社会保障分野や、農業、エネルギー産業、公共事業などの分野は、民間の創意工夫が活かされにくい分野と言われてきた。このことは、これらの分野はやり方次第では、成長分野へと転換可能であり、また、良質で低コストのサービスや製品を国民に効率的に提供できる大きな余地が残された分野であることを意味する」（3頁）と述べる。その後、「日本再興戦略改訂2014」（2014年6月24日閣議決定）、「日本再興戦略改訂2015」（2015年6月30日閣議決定）、「日本再興戦略改訂2016」（2016年6月2日閣議決定）においても、引き続き医療は成長分野と位置付けられ、さらに「未来投資戦略2017」（2017年6月9日）、「未来投資戦略2018」（2018年6月15日）においても、医療を戦略分野として具体的施策が掲げられている。

注30)　医療・介護給付費は、2018年度：49.9兆円（医療39.2兆円、介護10.7兆円）から、2025年度：62.9〜63.3兆円（医療48.3〜48.7兆円、介護14.6兆円）、2040年度：92.9〜94.7兆円（医療68.3〜70.1兆円、介護24.6兆円）に増加するとの推計がある（内閣官房・内閣府・財務省・厚生労働省「2040年を見据えた社会保障の将来見通し（議論の素材）」（2018年5月12日）による現状の年齢別受療率・利用率を基に機械的に将来の患者数や利用者数を計算した場合の推計値）。

640

は「地域医療構想」を定めるものとされ、医療機関による「病床機能報告制度」が導入された。地域医療構想は、2025年に向けて、病床の機能分化と連携を進めるために、医療機能[注32]ごとに2025年の医療需要と病床の必要量を推計し、定めるものである[注33]。また、病床機能報告制度とは、地域医療構想の策定に当たり、地域の医療機関が担っている医療機能の現状把握、分析を行う必要があることから、医療機関がその有する病床（一般病床および療養病床）において担っている医療機能を自ら選択し、病棟単位を基本として都道府県に報告する仕組みである。このような仕組みによって、2025年に向けて病床の機能分化と連携が推進されることが企図されている。

　2つ目の重要な政策動向として挙げられるのが、厚生労働省による地域包括ケアシステムの構築という方向性である。これは、2025年を目途に、高齢者の尊厳の保持と自立生活の支援の目的の下で、可能な限り住み慣れた地域で、自分らしい暮らしを人生の最期まで続けることができるよう、地域の包括的な支援・サービス提供体制（地域包括ケアシステム）の構築を推進するというものであり、介護分野の強化と在宅医療の促進を意味するものであって、治療からケアへ、施設から在宅へと患者を誘導するという政策の方向性を示すものである。

　このように、医療・介護の機能分化と連携、地域の包括的な支援・サービ

注31)　地域における医療及び介護の総合的な確保を推進するための関係法律の整備等に関する法律（いわゆる「医療介護総合確保推進法」）による改正。

注32)　病床の医療機能は、次の4つに区分される。①高度急性期（急性期の患者に対し、当該患者の状態の早期安定化に向けて、診療密度の特に高い医療を提供するもの）、②急性期（急性期の患者に対し、当該患者の状態の早期安定化に向けて、医療を提供するもの）、③回復期（急性期を経過した患者に対し、在宅復帰に向けた医療またはリハビリテーションの提供を行うもの〔急性期を経過した脳血管疾患、大腿骨頚部骨折その他の疾患の患者に対し、ADL（日常生活における基本的動作を行う能力をいう）の向上および在宅復帰を目的としたリハビリテーションの提供を集中的に行うものを含む〕、④慢性期（長期にわたり療養が必要な患者〔長期にわたり療養が必要な重度の障害者（重度の意識障害者を含む）、筋ジストロフィー患者、難病患者その他の疾患の患者を含む〕を入院させるもの）。

注33)　2016年度中に全都道府県で策定済みである。

第5章　特殊な業態の事業再生

ス提供体制の構築といった政策動向がある中、医療分野は市場としては拡大傾向にあるとはいえ、国の政策に適合した医療サービスの提供を継続することができない医療機関は次第に地域医療における存在意義を失い、経営状況が苦しくなることが予想され、現にすでにそのような状況に陥っている医療機関も少なくない。

(2)　診療報酬制度による影響

　診療報酬制度も医療法人の経営成績に大きな影響を与えるものとして重要である。診療報酬は、医療機関が行う保険診療に対する公定価格であって、2年に1度改定されるが、診療報酬は医療サービスに要する人件費や仕入等のコストの増減とは関係なく、一定のルールに従って一律に決まるものであるため、診療報酬の増減は医療機関の利益の増減に大きなインパクトを与えることになる。なお、近年は診療報酬の改定が全体としてマイナスになることも少なくなく[注34]、また、全体改定率の変動とは別に、病床の機能分化と連携を強力に推進するために、急性期病床を減らし病床再編を誘導するような改定がなされる傾向にあるため、医療法人としては、診療報酬の削減に応じたコスト削減などの経営改善を実施したり、診療報酬改定に応じて診療報酬収入を維持するために病床転換を行う等の経営努力を継続しなければ生き残りが図れないのが現実となっている。

　また、診療報酬制度との関係で考慮から外すことができないのが消費税増税による医療法人経営への影響である。診療報酬の大半は非課税売上げであることから、消費税が増税された場合、医療法人としては、医薬品や医療機器等の仕入れや施設整備にかかる消費税の支払が増加する一方で、増加した消費税を診療報酬に転嫁することも、そのまま税額控除することもできないのが現実となっている。つまり、消費税増税は医療法人の業績悪化に直結するという構造となっているのである[注35]。

　さらに、2015年の医療法改正により外部監査が導入されたことも、一部の

注34)　診療報酬の全体改定率は、2004年：-1.0%、2006年：-3.2%、2008年：-0.8%、2010年：0.2%、2012年：0.0%、2014年：0.1%、2016年：-0.8%、2018年：-1.2%と推移している。

医療法人にとっては経営に影響を与えかねない問題である。この医療法改正により、医療法人の経営の透明性確保とガバナンスの強化の観点から、一定規模以上の医療法人に、医療法人会計基準に従った貸借対照表および損益計算書を作成し、公認会計士等による監査を実施することが義務付けられた[注36]。外部監査の実施により、不良資産や簿外債務等が顕在化するなどして財務状況が悪化し、金融機関の与信上も問題を生じるようなケースが見受けられるのが実情である。

(3) 医療法人経営における個別課題

　医療法人の経営をめぐる外部環境は厳しさを増しているが、これに加えて個別の経営課題を抱える医療法人も少なくない。その代表例として挙げられるのが病院施設の建替えや高額医療機器の導入等の設備投資が課題となっているケースである。病院施設の建替えについては、病院や介護施設の機能再編に伴う施設の建替え（例えば、地域において病床が過剰である急性期病床を中心とする病棟から、病床が不足している回復期病床を中心とする病棟や介護サービス中心の施設への建替え）や、施設の老朽化のための建替え[注37]、施設の耐震性強化のための建替[注38]等が避けて通れない課題となってきており、また、良質な医療サービスを提供して患者を誘因するためには、高度先進医療用の

注35)　2014年は、診療報酬改定が0.1％とわずかにプラスであったが、同年度は消費税増税が行われたため、実質的な改定率はマイナスといわれている。

注36)　医療法51条2項・5項。外部監査の対象となるのは、負債50億円以上または収益70億円以上の医療法人と負債20億円以上または収益10億円以上の社会医療法人である（医療則33条の2）。なお、社会医療法人の多くは外部監査の対象となるといわれている。

注37)　近年、老朽化による病院の建替えが増加している背景事情として、1985年の第1次医療法改正の際に医療計画の1つとして病床数を規制する「基準病床数制度」が導入されたが、それ以前の1970年代後半から1980年代にかけて、駆け込み的に病院の建設ラッシュがあり、この時期に建てられた多数の病院が築30年以上経過して老朽化しているという事情が指摘されている。

注38)　建築基準法に基づく現行の耐震基準は1981年に導入されたため、それ以前に建築された建物は新基準を満たしておらず、耐震補強をしなければ耐震性が十分でないという事情がある。

643

第 5 章　特殊な業態の事業再生

高額医療機器の購入や、医療ICT化のための電子カルテ導入等も検討する必要があり、その設備投資資金の調達も課題となっている。

　また、病院経営者の後継者や事業承継の問題もよくみられる課題である。病院の開設者や法人の代表者は高齢化が進んでおり[注39]、事業戦略と事業承継戦略の両立に苦慮している病院も多く、事業承継の見通しが立たないために理事長が高齢化し、経営戦略も明確に決められずに経営状態が悪化していくパターンも指摘されている[注40]。

3　経営に問題が生じた医療法人の事業再生への取組み

　これまで述べた通り、医療法人をめぐる経営環境はさまざまな点から厳しさを増しており、赤字経営を強いられている医療法人も少なくない。一方、近年病院の施設数自体が減少傾向にあることや[注41]、金融円滑化法の実質的な延長措置による金融支援の効果などもあり、病院の倒産件数自体は低水準で推移している。また、そもそも病院は地域医療の確保の観点から事業の継続性が強く要請されることや入院患者が存在する中で突然事業を停止すると人命に関わりかねないといった事情から、通常は医療法人の法的整理が極力避けられる傾向にある。2001年以降の医療機関の法的整理の件数は、以下の表の通りである[注42]。

注39)　厚生労働省「平成28年医師・歯科医師・薬剤師調査」によれば、病院の開設者・法人の代表者の平均年齢は、1994年：59.7歳から2016年：64.2歳に増加している。

注40)　株式会社川原経営総合センター「〔平成29年度〕医療施設経営安定化推進事業——医療施設の経営改善に関する調査研究報告書」（2018）4頁。

注41)　厚生労働省「〔平成28年〕医療施設（動態）調査」によれば、病院数は1996年：9490施設、2008年：8794施設、2016年：8442施設と減少傾向にある。

注42)　株式会社帝国データバンク「特別企画：医療機関・老人福祉事業者の倒産動向調査」（2018年1月16日）。

	民事再生	破産	計
2001年	2	1	3
2002年	2	4	6
2003年	6	2	8
2004年	4	3	7
2005年	4	4	8
2006年	3	2	5
2007年	11	7	18
2008年	3	4	7
2009年	7	3	10
2010年	5	8	13
2011年	2	3	5
2012年	1	2	3
2013年	3	5	8
2014年	2	3	5
2015年	0	1	1
2016年	2	4	6
2017年	2	0	2

(1) 医療法人の法人形態の特殊性

　医療法人の経営改善や事業承継等を検討する場合、その前提として医療法人の法人形態の特殊性を理解する必要がある。医療法人は、病院、医師もしくは歯科医師が常時勤務する診療所、介護老人保健施設または介護医療医を開設しようとする社団または財団で、医療法の規定に基づき設立された法人をいい（医療39条1項）、以下のように分類される。

(i) 社団たる医療法人と財団たる医療法人

　医療法人は、最も基本的な区分として、「社団医療法人」と「財団医療法人」に区分される。社団とは人の集まり、財団とは財産の集まりのことである。なお、法人数としては社団医療法人が大多数を占めていることから[注43]、以下では、社団医療法人を中心に論じるものとする。

645

第 5 章　特殊な業態の事業再生

(ii)　出資持分のある医療法人と出資持分のない医療法人

　社団医療法人は、出資持分の有無の観点から、「出資持分のある医療法人」
と「出資持分のない医療法人」に区分される。出資持分のある医療法人とは、
その定款に出資持分に関する定め（社員の退社に伴う出資持分の払戻しおよび
医療法人の解散に伴う残余財産の分配に関する定め）を設けているものをい
う[注44]。2006年の第 5 次医療法改正により、出資持分のある医療法人の新規
設立はできなくなったが、既存の出資持分のある医療法人については、当分
の間存続する旨の経過措置がとられている[注45]（「経過措置医療法人」と呼ばれ
る[注46]）。

　また、出資持分のある医療法人の中には、「出資額限度法人」という類型
がある。これは、社員の退社に伴う出資持分の払戻しや医療法人の解散に伴
う残余財産分配の範囲について、払込出資額を限度とする旨を定款で定めて
いるものをいう[注47]。出資額限度法人は、医療法人の財産評価額や社員の出
資割合にかかわらず、出資持分払戻請求権および残余財産分配請求権の及ぶ
範囲が、その社員が実際に出資した額に限定される点に特徴がある。

　他方、出資持分のない医療法人の中には、「基金制度を採用した医療法人」
という類型がある。これは、法人の資金の調達手段として、定款の定めると
ころにより、基金の制度を採用しているものをいう（「基金拠出型法人」と呼
ばれることもある）。2006年の医療法改正で新たに導入された類型である。基
金の拠出者は、医療法人に対して劣後債権に類似した権利を有するにすぎな
い点に特徴がある。

注43)　厚生労働省「種類別医療法人数の年次推移（平成31年 3 月31日現在）」によれば、
　　　　2019年 3 月31日現在の医療法人数は 5 万4790法人であり、そのうち 5 万4416法人
　　　　（99.3％）が社団医療法人である。
注44)　出資持分は、医療法上は「持分」と呼ばれ、「定款の定めるところにより、出資
　　　　額に応じて払戻し又は残余財産の分配を受ける権利」と定義されている（医療法
　　　　附則〔平成18年 6 月 2 日法律第84号〕10条の 3 第 3 項）。
注45)　医療法附則（平成18年 6 月 2 日法律第84号）10条 2 項。
注46)　医療法附則（平成18年 6 月 2 日法律第84号）10条の 2 。
注47)　厚労省医政局長通知（医政発第0813001号平成16年 8 月13日）「いわゆる『出資額
　　　　限度法人』について」第 2 。

646

(iii)　医療法や税法に基づく特別な類型

　医療法人の類型として、医療法を根拠とする「社会医療法人」、租税特別措置法を根拠とする「特定医療法人」という特別な類型がある。これらは、医療法や租税特別措置法が要求する厳格な要件をクリアした医療法人のみがなることのできる類型である。いずれも社団医療法人の場合は出資持分のないことが必要となっている。社会医療法人の認定を受けると、本来業務である病院、診療所および介護老人保健施設から生じる所得について法人税が非課税になるとともに、直接救急医療等確保事業に供する資産について固定資産税および都市計画税が非課税になるなど、税制上の優遇措置を受けることができる。また、定款または寄附行為の定めるところにより、厚生労働大臣の定める一定の収益業務を行うことも認められる（医療42条の２第１項柱書）。特定医療法人は、国税庁長官の承認を得られれば、法人税の軽減税率が適用されるなど、税制上の優遇措置を受けることができる。

　以上のように、医療法人にはさまざまな分類があるが、特に事業承継を検討する局面においては、出資持分のある医療法人であるかどうかが１つの重要なポイントとなる。出資持分の譲渡に関しては後述する。

　次に、医療法人制度の特殊性として理解しておかなければならないのが、社員制度である。社団医療法人は、社員総会を開催しなければならず、社員総会においては、医療法に規定する事項および定款で定めた事項について決議をすることができる（医療46条の３第１項）。医療法の規定により社員総会の決議を必要とする事項について、理事、理事会その他の社員総会以外の機関が決定することができることを内容とする定款の定めは無効とされている（同条２項）。また、社員総会は、理事・監事の選任権を有する（同法46条の５第２項）とともに、定款変更、基本財産の設定・処分、事業計画の決定・変更、収支予算・決算の決定・変更、重要な資産の処分、借入金額の最高限度の決定、社員の入社・除名、社団の解散、他の医療法人との合併・分割契約の締結または分割計画の決定その他重要な事項について決議する。

　このように、社員総会は医療法人の最高意思決定機関として位置付けられているが、社員は、社員総会において１人１個の議決権を有しており（医療46条の３の３第１項）、出資額や持分割合にかかわらず[注48]、社員は１人１個

第5章　特殊な業態の事業再生

の議決権しか有しない点に留意が必要である。すなわち、医療法人の経営を
コントロールするためには、社員の頭数の過半数を押さえる必要がある。

(2)　私的整理による医療法人の事業再生

医療法人の私的整理は、手続それ自体について株式会社の場合と特に異な
るところはない[注49] [注50]。ただし、一般的に債務免除を伴う私的整理を行う
場合、経営者については、経営責任をとって退任することが求められる場合
が多いところ[注51]、医療法人の場合、理事長は原則として医師であることが
必要であること（医療46条の6第1項）、また、理事長は医師として診療行為
においても中心的な役割を果たしている場合が多いことから、理事長が退任
する前提で自主再建を行うことは困難な場合も少なくない。そのため、医療
法人において債務免除を伴う抜本的な私的整理を行う場合、一般の事業会社
のケース以上に、スポンサーへの事業承継が有力な選択肢となる。

注48)　出資持分のある社団医療法人において、社員は出資者である必要はなく、社員た
　　　る地位と出資者たる地位は切り離されている。

注49)　中小企業再生支援協議会は従前医療法人を対象としていなかったが、2015年2月
　　　に、中小企業再生支援協議会事業が対象とする「中小企業者」に「常時使用する
　　　従業員数が300人以下の医療法人」が追加されている。

注50)　私的整理は原則非公開であるため公開情報は少ないが、地域経済活性化支援機構
　　　と企業再生支援機構の再生支援事例について、地域経済活性化支援機構のウェブ
　　　サイト（http://www.revic.co.jp/examples/index.html）参照。医療法人や病院の
　　　再生支援事例として、地域経済活性化支援機構4件（医療法人社団東華会、社会
　　　福祉法人宇治病院、医療法人清風会、社会医療法人恵愛会）、企業再生支援機構
　　　9件（医療法人養生院、医療法人社団全人会、財団法人大原綜合病院、医療法人
　　　博悠会、医療法人社団白銀会、医療法人社団惠仁会、医療法人社団三栄会、医療
　　　法人盛全会、医療法人真木会）が紹介されている。なお、医療法人の私的整理に
　　　ついて述べるものとして、REVICヘルスケアチーム『医療・介護事業者の事業性
　　　評価と再生実務』（経済法令研究会、2019）、羽田雅史「企業再生支援機構におけ
　　　る病院再生の取組み──ハンズオン型病院再生」事業再生と債権管理139号
　　　（2013）85頁、中村弘樹「病院の再生への取組み──医療法人社団白銀会の案件
　　　を中心に」銀法752号（2012）26頁等参照。

注51)　「経営者保証に関するガイドライン」（2013年12月、経営者保証に関するガイドラ
　　　イン研究会）に従った保証債務の整理がなされる場合も多い。

第 2 節　病院の事業再生

(3)　事業承継の手法

　医療法人の事業承継の手法としては、①出資持分譲渡と社員交替、②合併、③分割、④事業譲渡が考えられる。株式会社の場合に認められている株式移転・株式交換は利用できない。

(i)　出資持分譲渡と社員交替

　出資持分譲渡と社員交替は、出資持分のある医療法人の場合に利用できる方法であるが、医療法上、特に明文で定められた手続ではない。出資持分の譲渡とは、出資持分譲渡契約により出資者の出資持分を譲受人に承継するものである。出資持分の譲渡により、譲受人は退社時の出資持分の払戻請求権や解散時の残余財産分配請求権という経済的利益を確保することができる。また、株式会社における株式と異なり、出資持分には法人に対する経営権が付随していないため、出資持分の譲渡に加えて、医療法人の社員の交替[注52]を行う必要がある。なお、社員総会は医療法人の最高意思決定機関であるが、医療法人の日常の運営は理事および理事会によって行われるため、経営の把握のために、必要に応じて、旧理事の辞任と新理事の選任の手続を行う必要がある[注53]。

　出資持分譲渡と社員交替の手法のメリットとしては、病院を運営する法人格が変わらないため、許認可の承継の問題が生じない点にある。

　他方、デメリットとしては、法人をそのまま引き継ぐため、偶発債務を承継するリスクがある点が挙げられる。また、社員は自然人と非営利法人に限られているところ[注54]、医療法人等の非営利法人がスポンサーとなる場合は、当該非営利法人に関係する自然人を社員とすることにより経営権を把握する方法が考えられるが、そのような人的関係を基礎とする方法によってスポン

注52)　法人との関係で旧社員の退社と新社員の入社の手続を行い、新社員が総社員数の過半数を占めて社員総会の多数決決議を可能とすることにより、医療法人の経営を実質的に新社員に移転する形で行われる。

注53)　理事長は、原則として医師または歯科医師であることが必要とされている（医療46条の6第1項）ことに留意が必要である。

注54)　厚生労働省医政局長通知（医政発0325第3号平成28年3月25日、最終改正医政発0330第33号平成30年3月30日）「医療法人の機関について」第1の2(5)③。

649

第5章　特殊な業態の事業再生

サーとしての目的を確実に達することができるかどうかという点で慎重な検討が求められる。さらに、営利法人は社員になることができない上、当該営利法人に関係する自然人を社員とすることにより経営に関与することについては、医療法人の非営利性の観点からさらに慎重な検討を要する。なお、医療法人の事業再生の局面における株式会社の関与については、後記(5)を参照されたい。

(ii)　合併

医療法人の合併の種類としては、吸収合併（医療法人が他の医療法人とする合併であって、合併により消滅する医療法人の権利義務の全部を合併後存続する医療法人に承継させるもの）と新設合併（2以上の医療法人がする合併であって、合併により消滅する医療法人の権利義務の全部を合併に伴い新設する医療法人に承継させるもの）がある。なお、以前は合併できる法人の組み合わせが社団医療法人同士、財団医療法人同士に限られていたが、2014年10月1日施行の第6次医療法改正により、社団医療法人と財団医療法人の合併も可能となった。

合併の手続としては、①合併契約の締結（医療58条・59条）、②総社員の同意（社団医療法人の場合。同法58条の2第1項）または理事の3分の2以上の同意（財団医療法人の場合。同条3項）、③都道府県知事による合併の認可（同条4項・59条の2）、④債権者保護手続（同法58条の4・59条の2）、⑤合併登記（同法58条の6・59条の4）が必要となる。また、都道府県知事は、合併の認可または不認可の処分をするに当たり、あらかじめ都道府県医療審議会[注55]の意見を聴かなければならない（同法58条の2第2項・59条の2・55条7項）。なお、合併後は病院の運営主体が異なることになるため、病院開設許可の変更届等が必要になる点には留意が必要である。

合併のメリットは、医療法上に規定があり、必要な手続が明確であること、包括承継である（医療58条の5・59条の3）ことから権利義務の移転手続が簡便であること、許認可の承継が可能であること、法人の経営統合が可能であ

注55)　都道府県医療審議会とは、医療法72条に基づき、都道府県知事の諮問に応じ、都道府県における医療を提供する体制の確保に関する重要事項を調査審議するために設置された都道府県の附属機関である。

ることなどにある。

　他方、デメリットとしては、偶発債務を承継するリスクがあること、合併の認可や債権者保護手続等に時間がかかることが指摘できる。

　(iii)　**分割**

　2016年9月1日施行の第7次医療法改正により、医療法人の分割制度が創設された。分割の種類としては、吸収分割（医療法人がその事業に関する権利義務の全部または一部を分割後他の医療法人に承継させるもの）と新設分割（1または2以上の医療法人がその事業に関する権利義務の全部または一部を分割に伴い新設する医療法人に承継させるもの）がある。なお、社会医療法人、特定医療法人、持分の定めのある医療法人は、分割元の医療法人となることができない（医療60条、医療則35条の6）。

　分割の手続としては、①吸収分割契約の締結（医療60条）または新設分割計画書の作成（同法61条）、②総社員の同意（社団医療法人の場合。同法60条の3第1項）または理事の3分の2以上の同意（財団医療法人の場合。同条3項）、③都道府県知事による分割の認可（同法60条の3第4項・61条の3）、④債権者保護手続（同法60条の5・61条の3）、⑤分割登記（同法60条の7・61条の5）が必要となる。また、都道府県知事は、分割の認可または不認可の処分をするに当たり、あらかじめ都道府県医療審議会の意見を聴かなければならない（同法60条の3第5項・61条・55条7項）。なお、分割に伴い、病院開設許可の変更届等が必要になる点は合併と同様である。

　分割のメリットは、許認可の承継が可能であること、承継対象を選択することが可能であること、偶発債務の承継を回避できることである。

　他方、デメリットとしては、分割元の法人が持分の定めのない医療法人（社会医療法人、特定医療法人を除く）に限られること、分割の認可や債権者保護手続等に時間がかかることが挙げられる。

　(iv)　**事業譲渡**

　病院の運営に必要な資産・負債・契約関係を事業譲渡により承継する方法であるが、医療法上、特に明文の規定は置かれていない。事業譲渡の手続としては、定款の定めにより、「その他重要な事項」として社員総会の普通決議が必要とされるのが一般的である。なお、事業譲渡に伴い、既存の運営主

651

第5章　特殊な業態の事業再生

体による病院の廃止届と新規の運営主体による病院の開設許可取得が必要に
なる点は合併と同様である。

　事業譲渡のメリットとしては、承継対象を選択することが可能であること、
偶発債務を当然に承継しなくてもすむことが挙げられる。

　他方、デメリットは、契約関係の承継に契約相手方の個別承諾が必要なこ
とや、譲受人において許認可の取得（病院の開設許可、保険医療機関の指定等）
が必要になることである。また、各都道府県が設定する基準病床数[注56]を超
える既存病床数が地域に存在する場合には病院開設や増床が許可されないと
ころ、事業譲渡により譲渡人の病床数が当然に譲受人に承継されるものでは
ないため、譲受人において必要な病床数を確保することができるように行政
との間で事前相談・協議することが重要である。

(4)　出資持分譲渡に関する問題

　事業承継の手法について出資持分譲渡の方法が考えられることは上述の通
りであるが、出資持分の取扱いについては以下のような点が問題となり得る。

　まず、そもそも非営利法人である医療法人の出資持分を譲渡することがで
きるかという点も一応問題になり得る。この点については、医療法には出資
持分の譲渡に関する規定はないものの、実務上、出資持分の譲渡について、
定款に反しない限りは、有効に譲渡することが可能と解されている[注57]。

注56)　基準病床数制度とは、病院・診療所の病床について、病床過剰地域から非過剰地
　　　　域へ誘導することを通じて、病床の地域的偏在を是正し、全国的に一定水準以上
　　　　の医療を確保するという目的で、全国統一の算式により基準病床数を算定し、既
　　　　存病床数が基準病床数を超える地域（病床過剰地域）では、公的医療機関等の開
　　　　設・増床を許可しないことができるという制度である（医療7条の2）。

注57)　裁判例では、「社団法人である当該医療法人の社員が社員の地位ないし社員とし
　　　　ての出資に基づき法人に対して有する権利（出資持分）を他人に譲渡すること
　　　　も、医療法人の存立運営を害するものといえず、当該法人の定款に反しない限り
　　　　これを許さないものと解すべきいわれはない」、「明浩会の社員としての出資持分
　　　　の財産性を否定することはできず、新社員の加入を招来する社員以外への出資持
　　　　分の譲渡が当然に許されるか否かはともかくとして、社員間における出資持分の
　　　　譲渡……は、右法人の定款の趣旨にも反しない」と判示したものがある（浦和地
　　　　判昭和57・6・28判タ477号202頁）。

第2節　病院の事業再生

　次に、出資持分を譲渡する場合、その価額をどのように評価するかが問題
となる。この点、判例は、医療法人の定款に当該法人の解散時における出資
者に対する残余財産の分配額の算定について「払込出資額に応じて分配す
る」旨の規定がある場合において、同定款中の「退社した社員はその出資額
に応じて返還を請求することができる」旨の規定は、出資した社員は、退社
時に、同時点における当該法人の財産の評価額に、同時点における総出資額
中の当該社員の出資額が占める割合を乗じて算定される額の返還を請求する
ことができることを規定したものと解するのが相当であると判示してい
る[注58]。一般的に、出資持分のある医療法人は、定款において「本社団が解
散した場合の残余財産は、払込済出資額に応じて分配するものとする」、「社
員資格を喪失した者は、その出資額に応じて払戻しを請求することができ
る」旨を規定しており、上記判例の解釈が妥当することになると考えられ
る[注59]。事業承継時の出資持分譲渡に当たっては、上記判例の考え方を踏ま
えて、医療法人の純資産額を基準に評価することが一般的となっている。

　なお、社員の退社に伴う出資持分払戻しに対しては、みなし配当課税が生
じ、退社した者は多額の税金を支払うことになる可能性が高いこと、および、
医療法人側では源泉徴収義務が発生することに留意が必要である。

(5)　株式会社による医療法人への関与

　医療法人の事業承継の局面においては、資金的な観点、もしくは、経営効
率化の観点等から、株式会社のノウハウや資金が求められる可能性もある。

注58)　　最判平成22・4・8民集64巻3号609頁。
注59)　　出資持分の払戻しが認められる場合でも、出資持分返還請求権の行使が権利濫用
　　　　に当たり、許されないことがあり得る。すなわち、前掲・最判平成22・4・8は、
　　　　出資持分返還請求権の額、医療法人の財産の変動経緯とその過程において出資者
　　　　が果たした役割、医療法人の公益性・公共性の観点等に照らすと、その請求が権
　　　　利の濫用に当たり許されないことがあり得ると判示している。もっとも、同判例
　　　　は、権利濫用の判断要素を複数挙げているものの、どのような場合に、どのよう
　　　　な範囲において（請求のすべてか一部か）請求が権利濫用とされるかは、今後の
　　　　事例の集積を待たざるを得ないと評されている（柴田義明「判解」最高裁判所判
　　　　例解説民事編平成22年度（上）265頁）。

653

第5章　特殊な業態の事業再生

この点から、株式会社が医療法人を実質的にコントロールできるか、また、株式会社が経営に関与できるかといった点が問題となる。まず、医療法人は、地域で質の高い医療サービスを効率的に提供する目的を実現するために存在するものであることから、医療法人の対外的活動による収益を構成員に分配することを目的としないことが求められており、このような「非営利性」は、医療法人の根本原則となっている[注60]。そして、非営利性の帰結として剰余金の配当禁止が定められており（医療54条）、さらに、厚生労働省の通知により、医療機関の運営上生じる利益を役職員や第三者に配分しないことが定められている[注61]。したがって、基本的に、医療法人の事業を株式会社が承継したり、医療法人の経営を株式会社がコントロールすることは想定されていないということになるが、一方で、株式会社のノウハウや資金が求められる可能性も否定できないことを踏まえ、以下では株式会社による医療法人への関与について考察する。

(i)　株式会社による医療法人の経営への関与

　社団医療法人は、その機関として、社員総会、理事、理事会および監事を置かなければならないとされているところ（医療46条の2第1項）、社員総会が医療法人の最高意思決定機関であって、各社員が社員総会において1人1個の議決権を有していることから、社員総会をコントロールするためには、社員の頭数において過半数を確保する必要があることはすでに述べた通りである。また、理事会が医療法人の業務執行の決定、理事の職務の執行の監督、理事長の選出および解職を行うものとされており、理事長が医療法人の日常の運営を行う役割を果たしている。

　このような経営の仕組みにおいて、医療法人が経営不振となった場合、株

注60)　営利目的があることは、医療機関開設の不許可事由とされている（医療7条6項）。

注61)　平成5年2月3日付（最終改正平成24年3月30日）厚生省健康政策局総務課長・指導課長連名通知「医療機関の開設者に関する確認及び非営利性の確認について」において、非営利性を判断するために、医療機関の開設主体が営利を目的とする法人でないこと、医療機関の運営上生じる剰余金を役職員や第三者に配分しないこと、医療法人の場合は、法令により認められているものを除き収益事業を経営していないこと等を確認することとされている。

式会社が経営に関与する方法は考えられるであろうか。まず、医療法人の社員は自然人および非営利法人に限定されているため、株式会社は社員になることはできない。また理事も自然人であることが前提となっているため、株式会社が理事になることもできない。そこで、株式会社が社員総会や理事会をコントロールするために社員総会や理事会の過半数を確保する方策として、株式会社の役員、従業員もしくは何らかの関係者を、医療法人の社員もしくは理事とすることが考えられる。

　この点、厚生労働省の通知[注62]により、医療法人の役員は、医療法人の非営利性の観点から、利害関係のある営利法人等の役職員を兼務することが原則として禁止されており、例外的に、一定の要件を満たした場合に限り兼務が認められている。かかる例外要件は、次頁の表の通りである。

　以上のような役員兼務に係る規制を踏まえると、株式会社がその役職員を理事として出向させることができるのは、例外的な場面に限られる点に留意が必要である。医療法人の事業再生の局面で、株式会社が関与するケースとしては、資金支援（貸付や不動産のセール・アンド・リースバック取引等）や経営支援（コンサルティング）などが考えられるが、そのようなケースでは、株式会社と医療法人との間の取引関係が前提となることから、株式会社は「利害関係のある営利法人」に該当することになり、その株式会社の役職員が医療法人の役員となることは原則として許されないことになる。

　例外の要件については、利害関係の内容が企業再生支援機構や東日本大震災事業者再生支援機構からの専門家派遣の場合（例外3）は、その要件該当性が比較的明確であるが、利害関係の内容が営利法人からの物品の購入・賃貸・役務提供（例外1）・土地建物の賃借（例外2）の場合や営利法人との取引額が少額である場合（例外4）は、その要件該当性を明確に判断することは難しい面があることから、慎重な検討が必要である。特に、「営利法人等の規模が小さく、役職員の変更が直ちには困難であること」という要件は、当該通知が発令された当時においてすでに利害関係のあった営利法人を想定

注62)　「医療機関の開設者の確認及び非営利性の確認について」・前掲注61) 第一の1(2)④。

第5章　特殊な業態の事業再生

	利害関係の内容	共通の要件	個別の要件
1	営利法人等から物品の購入・賃貸をしているまたは役務提供を受けている場合	①営利法人等の役職員が医療法人の役員（監事を除く）の過半数を兼務していないこと②医療機関の非営利性に影響を与えることがないこと	以下のいずれも満たす場合①営利法人等の規模が小さく、役職員の変更が直ちには困難であること②契約の内容が妥当であること③営利法人等の役職員を兼務している医療法人の役員が理事長でないこと
2	営利法人等から土地または建物を賃借している場合		以下のいずれも満たす場合①営利法人等の規模が小さく、役職員の変更が直ちには困難であること②契約の内容が妥当であること
3	株式会社企業再生支援機構法または株式会社東日本大震災事業者再生支援機構法に基づき支援を受ける場合であって、両機構等から事業の再生に関する専門家の派遣を受ける場合		両機構等の役職員を兼務している医療法人の役員が理事長でないこと
4	営利法人等との取引額が少額である場合	なし	なし

しているとも解されること、そのような想定ではなく通知後に利害関係を有することになった営利法人を含むとしても、役職員の変更が可能になるまでの暫定的な例外措置にすぎないとも思われることから、この例外要件の充足については特に慎重な判断を要するものと思料する。

　他方、株式会社がその役職員を医療法人の社員とすることについては、法

令上明文の規制はなく、役員兼務を規制する厚生労働省の通知にも形式的には抵触しない。しかしながら、厚生労働省の通知が非営利性の観点から役員兼務を規制していることに鑑みると、医療法人の経営における重要な機関である社員総会を構成する社員について、その兼務禁止の趣旨がまったく及ばないとは考えにくいところである[注63]。したがって、株式会社がその役職員を医療法人の社員とすることについては、医療機関の非営利性に影響を与えることがないようにとの観点から、慎重に検討する必要があると思料される。

(ii) 出資持分の取得

株式会社が医療法人に対する何らかの権利を取得する方法として、出資持分のある医療法人の出資持分を取得することが考えられる。その場合に問題となり得る論点は以下の通りである。

まず、株式会社が医療法人の出資持分を取得することが、医療法人の非営利性との関係で許されるかという問題がある。この点、前述の通り、医療法には出資持分の譲渡に関する規定はなく、実務上、出資持分を譲渡することについては、定款に反しない限りは、有効に譲渡することが可能と解されている。また、出資持分のある医療法人の新規設立が認められなくなった2006年の医療法改正以前の解釈ではあるが、株式会社その他営利法人が出資持分の定めのある医療法人に対して出資をすることは可能であると解されている[注64][注65]。したがって、株式会社が医療法人の出資持分を取得することも、定款に反しない限りは許されると解するのが合理的である。

第2に、株式会社が医療法人の出資持分を取得した後、その出資持分の払戻しを受けることができるかが問題となる。出資持分は、定款の定めるところにより、出資額に応じて払戻しまたは残余財産の分配を受ける権利である。厚生労働省の旧モデル定款[注66] では、社員は退社により社員の資格を失うものとされ（7条1項3号）、「社員資格を喪失した者は、その出資額に応じ

注63) 厚生労働省の事務連絡でも、「社員」、「社員及び役員の親族」等が営利法人等の役職員を兼務することにより、開設者が実質的に医療機関の開設・経営の責任主体でなくなるおそれがある場合は、指導の対象とすることが適当であるとされている（平成24年3月30日付厚生労働省医政局指導課事務連絡「『医療法人の役員と営利法人の役員の兼務に関するQ&A』の送付について」）。

第5章　特殊な業態の事業再生

て払戻しを請求することができる」（9条）とされている。したがって、この旧モデル定款と同様の規定がある場合には、社員である出資者は、退社することにより出資持分の払戻しを受けることができる。しかしながら、株式会社は出資持分を有していても社員となることができないため、社員資格を喪失することに伴って出資持分の払戻しを受けるということはできないことになる。つまり、出資持分を有する株式会社は、医療法人が解散した場合の残余財産分配しか受けられないことになる。

　一方、株式会社が有する出資持分を第三者に譲渡することは定款に反しない限り有効であると解されていることから、株式会社は、窮境状態に陥った医療法人の出資持分を譲り受け、経営改善を図った後に出資持分を譲渡するという形で医療法人に関与する可能性はあることにはなるが、そのような関与のスキーム全体で見た場合に医療法人の非営利性の観点から疑義を投げかけられるリスクがあり、また、出資持分自体には医療法人の経営に関与する権能が付随していないため、株式会社は経営にまったく関与できないことに留意が必要である[注67]。

注64)　厚生労働省の疑義照会で、株式会社その他営利法人が出資持分の定めのある医療法人に対して出資者となり得るかとの照会に対して、「医療法第7条第4項において『営利を目的として、病院、診療所又は助産所を開設しようとする者に対しては、都道府県知事は開設の許可を与えないことができる。』と規定されており、医療法人が開設する病院、診療所は営利を否定されている。そのため営利を目的とする商法上の会社は、医療法人に出資することにより社員となることはできないものと解する。すなわち、出資又は寄附によって医療法人に財産を提供する行為は可能であるが、それに伴っての社員としての社員総会における議決権を取得することや役員として医療法人の経営に参画することはできないことになる」と回答したものがある（平成3年1月17日指第1号東京弁護士会会長宛厚生省健康政策局指導課長回答「医療法人に対する出資又は寄附について」）。

注65)　なお、出資持分のある医療法人の新規設立が認められなくなった趣旨に鑑みると、2006年医療法改正以降は、医療法上医療法人に対する追加出資は許容されていない可能性がある。

注66)　厚生労働省のウェブサイト「旧制度（平成18年改正前）の持分の定めのある社団医療法人定款例」（https://www.mhlw.go.jp/file/06-Seisakujouhou-10800000-Iseikyouku/0000205250.pdf）。

注67)　出資持分の取得に合わせて、株式会社の役員もしくは社員等が医療法人の社員、理事等に就任することにリスクがあることは前述の通りである。

第2節　病院の事業再生

4　医療法人の民事再生における論点

　医療法人が法的整理手続をとる場合、会社更生は手続主体が株式会社に限定されていることから利用できず、専ら法的整理による事業再生の手法は民事再生に限られることになる。以下、医療法人の民事再生における主な論点および実務的な留意点について述べる[注68]。

(1)　再生手続における診療報酬債権の取扱い

　診療報酬債権とは、保険医療機関が被保険者およびその扶養者に対して保険診療を行ったことの対価として、診療報酬の審査支払機関である社会保険診療報酬支払基金および国民健康保険団体連合会に対して有する債権である。医療法人における医業収入は、患者から支払われる保険診療の被保険者負担分や自由診療の報酬等の窓口収入もあるが、保険者から支払われる診療報酬がその大半を占める。診療報酬は、毎月末日締切で、翌月10日までに診療報酬請求書および診療報酬明細書（いわゆるレセプト）を保険者に提出し、翌々月下旬に振込入金される。

　診療報酬債権は、病院不動産や医療機器と並んで医療法人における重要な資産を構成し、一般の売掛金と違って、回収金額や回収時期が確実な債権であり、担保資産としての価値が非常に高い。そのようなことから、経営状態の悪化した医療法人においては、診療報酬債権がファクタリングに供されていたり、譲渡担保が設定されているケースが非常に多い。他方、医療法人にとって、診療報酬債権はキャッシュ・フローを支える重要な収入源であり、まさに資金繰りの生命線ともいえる。そのため、医療法人の民事再生を申し立てる場合には、診療報酬債権に関するファクタリングや譲渡担保の有無を

注68)　医療法人や病院の民事再生について述べるものとして、縣俊介「病院倒産にまつわる諸問題──民事再生を中心に」事業再生と債権管理139号（2013）95頁、村松謙一「体験的病院再建の実務」清水直編著『企業再建の真髄』（商事法務、2005）655頁、澤田有紀「民事再生法を活用した病院経営の再建手続」『病院経営の再生と実務』前掲注27）137頁等参照。

659

第 5 章　特殊な業態の事業再生

確認し、その有無や内容に応じた資金繰りを検討することが重要な課題となる。

　診療報酬債権にファクタリングや譲渡担保が設定されている場合、既発生の診療報酬債権のみが担保対象であれば将来の診療に係る診療報酬の入金が見込まれるが、将来の診療報酬債権がすべて担保対象とされていることも多く、その場合経営状態の悪化が進んでいるケースでは再生手続申立後の資金繰りを自力で維持する見通しを立てることは困難である。そこで、再生手続申立前に、申立後の運転資金についてDIPファイナンスの検討をすべき場合が少なくない。ただし、DIPファイナンスを受けるに当たり、新たに提供すべき担保財産が見当たらないケースが多く、そのような場合には、新規の借入れによって診療報酬債権に設定された既存の譲渡担保の被担保債権を弁済すると同時に、新規の借入れについて新たな譲渡担保を設定することも選択肢の1つとして検討される。また、申立前にスポンサー候補を選定しておくプレパッケージ型の申立ての場合には、スポンサー候補からDIPファイナンスを供与してもらうことも有力な選択肢となる。

　他方、DIPファイナンスによる資金調達が難しい場合、ファクタリング業者や譲渡担保権者との交渉により別除権協定を締結することが考えられる。医療法人側としては、民事再生によって事業を継続することができなくなり、事業停止して破産に移行すれば、将来の診療に基づく診療報酬債権が発生しないことや、すでに行われた診療に基づく診療報酬に関しても未請求分については診療報酬請求事務が遂行できなければ回収できない可能性もあることなどを前提として協議の上、事業の継続に対する理解を求め、一定の担保評価の下で事業の継続に必要な資金の使用を可能とする別除権協定の締結を求めることが考えられる。また、そのような別除権協定の締結の見通しが不透明な場合や別除権者との協議に時間を要することが見込まれる場合には、交渉のための時間を確保するため、申立てと同時に担保権実行中止命令の申立てを行うことも検討される。

(2)　診療報酬の不正請求・不当請求

　医療法人において、診療報酬の不正請求や不当請求が行われているケース

がある。不正請求とは、診療報酬の請求のうち、架空請求、付増請求、振替請求、二重請求等、詐欺や不法行為に当たるものである[注69]。不当請求とは、診療報酬の請求のうち、算定要件を満たしていない等、その妥当性を欠くものである。診療報酬の不正請求や不当請求が行われている場合、行政による指導や監査が行われ、その結果、保険医療機関の取消し、戒告、注意等の行政上の措置がとられることがあり得る。また、保険者は、保険医療機関が偽りその他不正の行為によって診療報酬の支払を受けた場合、その支払額を返還させるほか、その返還額に100分の40を乗じた加算金を支払わせることができる（健保58条3項、国健保65条3項）。診療報酬の不正請求や不当請求に基づく返還金や加算金の額は多額になるケースもあり、それが医療法人の窮境原因となる例も散見される。

　ここで、保険者の保険医療機関に対する診療報酬の返還請求権や加算金の請求権は再生手続においてどのように扱われるだろうか。以下では、わが国の医療保険制度[注70]のうち重要な地位を占める健康保険と国民健康保険について述べる。

注69）　厚生労働省「平成29年度における保険医療機関等の指導・監査等の実施状況」によれば、不正請求の例として次のような例が挙げられている。①架空請求（実際に診療を行っていない者につき診療をしたごとく請求すること）、②付増請求（診療行為の回数〔日数〕、数量、内容等を実際に行ったものより多く請求すること）、③振替請求（実際に行った診療内容を保険点数の高い他の診療内容に振り替えて請求すること）、④二重請求（自費診療を行って患者から費用を受領しているにもかかわらず、保険でも診療報酬を請求すること）、⑤その他の請求（ⅰ医師数、看護師数等が医療法の標準数を満たしていないにもかかわらず、入院基本料を減額せずに請求した場合、ⅱ入院患者数の平均が基準以上であるにもかかわらず、入院基本料を減額せずに請求した場合、ⅲ施設基準の要件を満たしていないにもかかわらず、虚偽の届出を行った場合、ⅳ保険診療と認められないものを請求した場合〔患者の依頼のない往診、健康診断、無診察投薬、自己診療等〕等）。
注70）　わが国の医療保険は、サラリーマン等の被用者を対象とした被用者保険制度（健康保険〔健康保険法〕、共済保険〔国家公務員共済組合法その他の共済保険法〕、船員保険〔船員保険法〕等）と、自営業者等を対象とした国民健康保険制度（国民健康保険法）とに大きく二分される。高齢者については、後期高齢者医療制度（高齢者の医療の確保に関する法律）が適用される。

第 5 章　特殊な業態の事業再生

　健康保険法は、「保険料等は、この法律に別段の規定があるものを除き、国税徴収の例により徴収する」と定めており（183条）、「保険料等」は、同法180条 1 項により「保険料その他この法律の規定による徴収金」と定義されている。したがって、健康保険法の規定による徴収金は、一般優先債権に当たることになる。これに対し、診療報酬の不正請求・不当請求がなされた場合の健康保険法58条 3 項の規定による診療報酬の返還金および加算金は、民法上の不当利得（民704条）の特則として定められているものであり、同項の規定がなければ民法が適用される私債権であって、健康保険法180条 1 項に定める「この法律の規定による徴収金」に当たらないと解されている注71)。したがって、健康保険における診療報酬の返還請求権や加算金の請求権は、一般優先債権には当たらないものと解される。

　一方、国民健康保険法は、「市町村が徴収する保険料その他この法律の規定による徴収金は、地方自治法第231条の 3 第 3 項に規定する法律で定める歳入とする」と定めており（同法79条の 2 ）、これを受けた地方自治法の同条項は、「普通地方公共団体の長は、分担金、加入金、過料、法律で定める使用料その他の普通地方公共団体の歳入につき第 1 項の規定による督促を受けた者が同項の規定により指定された期限までにその納付すべき金額を納付しないときは、当該歳入並びに当該歳入に係る前項の手数料及び延滞金について、地方税の滞納処分の例により処分することができる」と規定している。そして、地方税の徴収金の滞納処分については、税目ごとに「国税徴収法に規定する滞納処分の例による」と定められている（例えば、法人の道府県民税について、地税68条 6 項参照）。したがって、国民健康保険法の規定による徴収金は、一般優先債権に当たる。これに対し、国民健康保険法65条 3 項は、診療報酬の不正請求・不当請求がなされた場合の診療報酬の返還金と加算金について、「〔返還金〕（筆者注）につき返還させるほか、……〔加算金〕（筆者注）を支払わせることができる」と規定している。この点、国民健康保険法65条 3 項が同条 1 項と異なり「徴収することができる」と規定していないことに加え、健康保険法に基づく返還金等が民法上の不当利得の特則と解さ

注71)　　法研『健康保険法の解釈と運用〔平成29年度版〕』（法研、2017）453頁。

662

第2節　病院の事業再生

れていることと別異に解する理由も見当たらないことからすると、国民健康保険における診療報酬の返還請求権等も、一般優先債権に当たらないものと思料する。

　以上より、診療報酬の不正請求や不当請求がなされた場合の保険者の保険医療機関に対する診療報酬の返還請求権や加算金の請求権は、それが再生手続開始前に生じたものであれば、再生債権に当たることになると考えられる。もっとも、診療報酬の不正請求や不当請求を原因として保険医療機関の指定の取消しがなされると、医療法人は保険診療を実施することができず、事実上事業の継続が困難になる。そのため、民事再生の申立てに当たり、診療報酬の不正請求や不当請求により保険医療機関の指定取消しの措置がとられるおそれがある場合には、行政との間で事前相談や事前協議を行うことも検討する必要がある。また、医療法人において診療報酬の不正請求や不当請求がある場合やその疑いが認められる場合、事業再生の方針を検討するに当たり、保険医療機関の指定取消等の行政上の措置がとられるリスクがあり得ることを考慮する必要がある。特に、保険医療機関の指定取消しがなされる可能性が高い場合、自主再建やスポンサーの支援を受けて医療法人を存続させる方針をとることは困難であり、スポンサーとなる医療法人への事業譲渡のスキームが有力な選択肢となるであろう。その場合も行政との事前相談や協議が重要事項となる。

(3)　補助金の取扱い

　医療法人において、病院等の施設を建設する際に国や地方公共団体から補助金の交付を受けている場合がある。民事再生を申し立てる場合、補助金の返還の要否や補助金返還請求権の再生手続上の取扱いについて留意する必要がある[注72]。

注72)　なお、破産手続における補助金の取扱いについて、岡伸浩ほか編著『破産管財人の財産換価〔第2版〕』（商事法務、2019）571-572頁［南賢一＝金山伸宏］参照。また、国の補助金返還請求権が破産者の破産宣告前の原因に基づいて生じた財団債権であるとされた事例として、名古屋高判平成5・2・23判タ859号260頁参照。

第 5 章　特殊な業態の事業再生

　国の交付する補助金については、補助金等に係る予算の執行の適正化に関する法律が適用される。同法は、「各省各庁の長は、補助事業者等が、補助金等の他の用途への使用をし、その他補助事業等に関して補助金等の交付の決定の内容又はこれに附した条件その他法令又はこれに基く各省各庁の長の処分に違反したときは、補助金等の交付の決定の全部又は一部を取り消すことができる」と規定し（同法17条 1 項）、さらに、「各省各庁の長は、補助金等の交付の決定を取り消した場合において、補助事業等の当該取消に係る部分に関し、すでに補助金等が交付されているときは、期限を定めて、その返還を命じなければならない」と規定している（同法18条 1 項）。そして、返還命令を受けた補助金・加算金・延滞金は、「国税滞納処分の例により、徴収することができる」とされている（同法21条 1 項）。そのため、補助金返還命令を受けた場合、補助金の返還請求権や加算金・延滞金の請求権は、民事再生において一般優先債権として扱われることになる。

　国の補助金には各種のものが存在するが、例えば、その交付要綱において、補助金交付の条件として、①事業内容のうち、建物の設置場所や建物の規模、構造または用途を変更する場合には、厚生労働大臣の承認を受けなければならない、②事業を中止し、または廃止する場合には、厚生労働大臣の承認を受けなければならない、③事業が予定の期間内に完了しない場合または事業の遂行が困難となった場合には、速やかに厚生労働大臣に報告してその指示を受けなければならない、④事業により取得し、または効用の増加した不動産およびその従物については、厚生労働大臣が別に定める期間を経過するまで、厚生労働大臣の承認を受けないでこの補助金の交付の目的に反して使用し、譲渡し、交換し、貸し付け、担保に供し、または取り壊してはならないといった定めが設けられているケースがある[注73]。この場合、民事再生の申立てそれ自体が補助金交付の条件等の違反となることは考えにくいが、民事再生申立後に、病院等の施設の一部を閉鎖せざるを得ない場合や、スポンサーに病院等の施設を譲渡する場合等には、補助金交付の条件に違反するか

注73)　医療施設等施設整備費補助金交付要綱（厚生省発医第137号昭和54年 7 月27日、最終改正厚生労働省発医政0509第 5 号平成30年 5 月 9 日）。

第2節　病院の事業再生

否かが問題となり得る。仮に補助金交付の条件に違反し、補助金返還命令を受けるとなると、その返還額にもよるが、これを一般優先債権として優先的に弁済することを前提として再生計画案を策定することが困難となる場合がある。

　他方、地方公共団体の交付する補助金については、一般的に、補助金等に係る予算の執行の適正化に関する法律21条1項の「国税滞納処分の例により、徴収することができる」といった定めが置かれていないようである。したがって、地方公共団体の補助金については、補助金交付決定が取り消されて、補助金返還命令を受けた場合でも、再生手続開始前の原因に基づくものであれば、その補助金返還請求権は再生債権となると考えられる。

　以上を踏まえると、医療法人が補助金の交付を受けている場合には、民事再生の申立てに当たり、補助金の返還の要否や補助金返還請求権の法的性質について検討することが非常に重要である。また、必要に応じて、補助金を交付した各省庁や地方公共団体との間でその取扱いについて相談・協議することが望ましい。

(4)　スポンサーに関する留意点

　医療法人の民事再生におけるスポンサーの支援のうち、事業承継の手法に関しては、前述の通りであり、私的整理の場合と基本的に異なるところとはない。以下では、民事再生におけるスポンサーの支援に関し、実務的に留意すべき点について述べる。

(i)　合併や分割の利用に関する留意点

　事業承継の手法のうち、医療法人の合併や分割については、医療法上の手続である都道府県知事による認可に一定の時間を要する点に留意が必要である。都道府県知事は、合併等の認可に当たり、あらかじめ都道府県医療審議会の意見を聴かなければならないとされているところ、医療審議会の開催は年に数回程度であるため、その開催スケジュールに左右されることになる。再生手続が申立てから再生計画案の認可確定まで一般的に約6か月程度である[注74]ところ、資金繰りの状況次第では、時間的に合併や分割の手法を採用することが難しい場合もあると考えられる。

665

第 5 章　特殊な業態の事業再生

(ii)　代替許可制度の利用の可否

　医療法人の事業譲渡の場合に、代替許可制度が利用できるかどうかが問題
となる。民事再生法上、株式会社である再生債務者がその財産をもって債務
を完済することができないときは、裁判所は事業譲渡について株主総会の決
議による承認に代わる許可を与えることができるとされている（民再43条 1
項）。医療法人において事業譲渡を行うには、定款の定めにより社員総会の
決議が必要になるケースが多いと思われる。そこで、社員の地位の帰属に争
いがある場合など、社員総会の決議を取得することが難しい場合に、民事再
生法43条 1 項の代替許可の類推適用が認められるかどうかが問題となる。

　この点、民事再生法43条 1 項が代替許可制度を設けた趣旨は、経済的に破
綻に瀕している株式会社の株主は会社の経営に必ずしも十分な関心をもつと
は限らないこと、および人的会社等と異なり株式会社においては株主が不特
定多数の者で所在が拡散していることがあり得ることから、定足数要件を満
たさない等の理由により株主総会の特別決議の成立が困難となり得る事態が
生じること、また、会社が債務超過に陥っていれば、その株主は会社財産に
対して実質的な持分権を失っていることから、会社の重要事項について株主
総会を通じた決定権限も失わせることが正当化できることにあると解されて
いる[注75]。ところが、医療法人の社員は出資や出資持分とは切り離された社
員固有の地位に基づいて社員総会の議決権を有するものであり、債務超過状
態にあることにより出資者の出資持分が実質的に価値を失った場合に、株式
会社における株主の場合と同様に当然に社員がその議決権を失うと考えられ
るかどうかについては明確ではない。また、特別法上、例えば、農水産業協
同組合の再生手続の特例等に関する法律は、農業協同組合や水産業協同組合
の事業譲渡について、民事再生法43条 1 項と同様、総会の決議または議決に
代わる許可の規定を設けているのに対し（農水産業協同組合の再生手続の特例
等に関する法律 8 条 1 項）、医療法人については、このような規定がない。こ
れらの点からすれば、医療法人への民事再生法43条 1 項の類推適用について

注74)　東京地裁の標準スケジュールでは約 6 か月とされている。

注75)　園尾隆司＝小林秀之編『条解民事再生法〔第 3 版〕』（弘文堂、2013）234頁［松
　　　　下淳一］。

666

消極的な見解に傾きそうである[注76]。一方で、株式会社と同様、医療法人の民事再生という局面において、社員が医療法人の経営に対する関心を失ったり、社員が多数に上る、あるいは所在不明の社員がいるため社員総会の特別決議の成立が困難となるという事態はあり得る。また、事業譲渡を行わなければ事業の継続が困難であるという必要性が認められる場合において、株式会社では代替許可により事業譲渡を実施することができるのに対し、医療法人においてこれを実現する途がないとすれば、事業の再生を図る民事再生の趣旨が失われることにもなりかねない[注77]。このような点から、実際の案件では、社員の動向やスポンサーの意向も踏まえつつ、対応方針について裁判所と協議することが必要になるであろう。

(iii) 新たな出資の可否

医療法人の場合、株式会社の場合におけるスポンサーによる減増資と同様のスキームをとることができるかどうかが問題となる。出資持分のある医療法人において、既存の出資持分を消滅させるためには、社員である出資者が退社し、退社による出資持分の払戻しを行うか、出資者が出資持分を放棄す

注76)　医療法人への民事再生法43条1項の代替許可の類推適用について、管財人による事業譲渡の場合に積極的に解する見解として、縣・前掲注68）102頁。消極的に解する見解として、永石一郎法律事務所ほか編・前掲注27）233頁。なお、民事再生法43条1項の代替許可の類推適用について、手続的な瑕疵を帯びてしまう可能性が理論上否定できないことに加え、スポンサーから事業譲渡の実行手続について瑕疵なく迅速に進めたいとの意向が示されていたことから、再生管財人として、やむを得ず牽連破産して破産管財人に就任し、その管理処分権に基づいて確実に事業譲渡する道を選択したという事例を紹介するものとして、岡伸浩「管理命令と牽連破産を利用した医療法人の再生」事業再生と債権管理149号（2015）28頁（鹿子木康編著『民事再生の手引〔第2版〕』〔商事法務、2017〕517頁も参照）。

注77)　なお、園尾＝小林編・前掲注75）234頁注1［松下］は、再生債務者である株式会社が債務超過になっていることで当然に株主の権利が消滅するというわけではないことを指摘した上で、事業譲渡という重要な事項についての株主の決定権の喪失は、債務超過状態が主たる正当化根拠であるが、民事再生法43条1項ただし書が定める必要性（当該事業の全部の譲渡または事業の重要な一部の譲渡が事業の継続のために必要である場合に限る）も付加的な正当化根拠と考えるべきであると述べる。かかる見解を踏まえると、財産権をもたず議決権しか有しない医療法人の社員については、後者の正当化根拠のみで足りると解することも一定の理由があるように思われる。

第 5 章　特殊な業態の事業再生

ることが考えられる。民事再生を行う医療法人は債務超過であることが多く、純資産額により算定すれば出資持分の払戻額はプラスとならず、実際には出資持分の払戻しが不要な場合が多いと思われる。他方、新規の出資が可能かどうかが問題となるが、2006年の第 5 次医療法改正により出資持分のある医療法人の新規設立ができなくなったことや、出資持分のない医療法人に移行した後に出資持分のある医療法人に後戻りすることが許されていないこと[注78]からすれば、医療法上新規の出資や追加出資が許されるかどうかは疑義があるところであると考えられる。したがって、出資持分のある医療法人において、スポンサーが資金支援を行う場合には、出資以外の貸付や不動産のセール・アンド・リースバック等の方法を検討する必要があると考えられる。

5　医療法人の破産における論点

医療法人の破産事件において、破産管財人の業務は一般事業者の場合と基本的に異なることはないが、医療法人固有の問題として特に実務上留意すべき点について、以下述べる[注79]。

注78)　定款変更は都道府県知事の認可を受けなければその効力を生じないところ（医療54条の 9 第 3 項）、出資持分のない医療法人に移行した後は、出資持分について規定した定款変更は認可されないものと考えられる。

注79)　医療法人の破産について論じたものとして、永島正春「特殊な債権者を擁する破産事件(6)——病院の破産」園尾隆司ほか編『新・裁判実務大系(28)新版破産法』（青林書院、2007）380頁、中本和洋「特殊な債権者を擁する破産事件(4)——病院の破産」園尾隆司＝中島肇編『新・裁判実務大系(10)破産法』（青林書院、2000）393頁、道下徹ほか「特殊問題を擁する破産事件(2)——病院・学校」道下徹＝高橋欣一編『裁判実務大系(6)破産訴訟法』（青林書院、1985）367頁、川瀬庸爾「医療法人の破産——精神科病院廃止における諸問題」事業再生と債権管理153号（2016）111頁、岡・前掲注76）28頁、佐藤鉄男「病院の清算型倒産手続」『病院経営の再生と実務』前掲注27）132頁、中島弘雅「病院倒産法に関する総論的研究」法学57巻 6 号（1994）145頁、宮川知法「病院・診療所の倒産と医療法」法学57巻 6 号（1994）186頁、林伸太郎「破産手続による病院再建——ある医療法人病院の事例をめぐって」法学57巻 6 号（1994）221頁参照。

(1)　入院患者の転院

　医療法人の破産に伴い病院や診療所の事業を停止する場合、外来患者については外来窓口を閉鎖し、入院患者については受入れを停止することになるが、すでに入院している患者については、他の病院や診療所の受入先を探して転院させることが必要である。また、医療法人が介護老人保健施設等の介護施設を運営している場合には、入居者の移転先を確保することが必要である。

　入院患者のうち、生命に危険のない患者は、適切な受入先の病院が見つかれば搬送をすれば転院が実現する。しかし、入院患者の数や近隣の病院の病床の空き状況などにもよるが、適切な受入先が直ちに確保できるとは限らない。また、精神病院の入院患者や認知症患者などは、受入先の病院が限られる上、退院して在宅生活を送ることが可能であるとしても、在宅での受入先が見つからないケースも少なくない。

　そこで、破産管財人としては、病院の所属医師の出身大学や医局、地域医師会、保健所その他の医療行政機関、医療アドバイザー等と最大限の連携を図りつつ、転院を実現することが必要となる。

(2)　事業の継続

　医療法人の破綻に際し、事業の継続が可能である場合は、一般的には破産手続ではなく再生手続が利用されることから、破産手続において事業の継続を検討するケースは少ないものと思われる。

　この点、例えば、自力での再生は明らかに困難であるがスポンサー候補がいるようなケースで、スポンサーへの事業承継の可能性があるものの、滞納租税が多額であるなどの理由で、再生計画案の作成を可能とするような事業承継の対価が得られる目途が立たないような場合があり得る。このようなケースで、やむを得ず破産を選択する場合、保全管理命令を受けて保全管理人が保全管理期間中に事業を継続し、破産手続開始決定と同時に破産管財人がスポンサーへの事業譲渡を行うことや、破産手続開始決定後に破産管財人が事業継続の許可を受けて事業を継続し、その後スポンサーへの事業承継を

第 5 章　特殊な業態の事業再生

行うことなどが考えられる。また、医療法人が病院・診療所・介護老人保健
施設や介護事業所など複数の施設を運営している場合において、スポンサー
への事業承継が一部の施設のみに限定され、他の施設は閉鎖せざるを得ない
場合もあり得る注80)。

　このように事業を継続する場合においては、第1に、病院事業が患者の生
命身体に関わるものであるという点に留意が必要である。一般事業者の場合
と同様、事業を継続することにより破産財団の減少を招いてはならないこと
はもちろんであるが、それに加えて、病院機能が低下した状況で無理に事業
を継続し、その結果患者の生命身体を危険にさらすようなことは避けなけれ
ばならないという点も極めて重要である。そのため、病院事業を継続するに
当たっては、病院機能を維持するために必要な医薬品・医療材料の仕入代金
や医師・看護師等の職員の人件費等の支払のための資金を確実に確保できる
見通しが必要である。また、病院機能の中核である適切な医療の提供を支え
る医師や看護師等の職員の協力が得られることが重要であることはいうまで
もない。

　第2に、病院に入院患者がいる場合には、入院患者の転院に時間がかかる
こと、よって即時の事業停止が困難であることに留意が必要である。例えば、
一旦事業を継続する方針をとった後に、当初の想定と異なる事態が生じて事
業の廃止が必要になったからといって、すぐに事業を停止することは困難で
ある。病院事業を停止するためには、外来を閉鎖し、入院患者の受入れをや
めることに加え、入院患者をすべて転院させることが必要である。入院患者
がいる間は、医師や看護師などの職員の協力が必要であるほか、入院患者に
応じた医薬品・医療材料が必要であるし、給食も継続する必要がある。また、
入院患者の転院には受入先が必要であるが、受入先がすぐに見つかる保証は
なく、転院が完了するまでにどの程度の期間を要するかは不透明である。こ
れはすなわち、事業停止までの期間と費用の見通しが立てにくいことを意味
する。このように即時の事業停止が困難であることから翻って考えると、そ

注80)　　民事再生法の施行前であるが、破産手続を利用して、病院の不動産を実質的にそ
　　　　の患者および従業員とともに新しい経営者に売却し、病院の再建を果たした事例
　　　　を紹介するものとして、林・前掲注79) 221頁。

670

もそも事業継続を判断する際に慎重にならざるを得ないであろう。

　第3に、第2の点と関連して、病院を廃止するケースでも入院患者がいる場合には、廃止までの一定期間、最低限の事業の継続を行わなければならない点に留意が必要である。これは、破産申立てと同時にすべての施設を閉鎖するケースもそうであるし、一部の施設のみ事業を継続し、他の施設を閉鎖するケースでも同様である。後者の場合、事業の一部継続を検討するに際して、閉鎖する施設の閉鎖プランを検討することになると思われるが、特に、前者の場合は、施設閉鎖のプランが十分に立案されないまま破産申立てを迎えるケースもあると思われる。その場合、施設の閉鎖を前提としつつ施設の運営を継続することは、事業継続を前提として施設を運営する場合と状況がまったく異なり、その運営は極めて困難な舵とりを余儀なくされるものと考えられる。医師や看護師等の職員については、明確な時期を示しにくい入院患者の転院が完了した段階での解雇を予定しつつ、勤務継続に対する協力を得なければならない。また、資金繰り次第では医薬品の供給や給食の継続等に支障が生じる可能性もある。そのような状況下で、医療スタッフのモラルの高さや人命保護の観点から任意の協力が期待される面もあるが、資金繰り上給与や賞与の支払資金が確保されていなければ、その協力確保は困難を極めるものと思われる。

(3)　カルテの保管

　病院が作成する診療録（いわゆるカルテ）等の書類については、法令上の保存義務が課されている。主要なものとして、まず、医師法によりカルテの保存義務が定められており、病院の場合、保存義務者は病院の管理者、保存期間は5年間である（医師24条2項）。次に、医療法上、診療に関する諸記録（病院日誌、各科診療日誌、処方せん、手術記録、看護記録、検査所見記録、エックス線写真、入院患者および外来患者の数を明らかにする帳簿ならびに入院診療計画書）の保存義務が定められており、その保存義務者は病院、保存期間は2年間である（医療21条1項、医療則20条10号）。さらに、保険医療機関および保険医療養担当規則により、保険診療報酬請求に関する帳簿等の保存義務が定められており、保存義務者は保険医療機関、保存期間は3年間である

第5章　特殊な業態の事業再生

（保険医療機関及び保健医療養担当規則 9 条）。そこで、病院が破産した場合、これらの書類をどのように保管すべきかが問題となる[注81]。病院を廃止した場合、医師法の定めるカルテについては、医師法上特段の定めはないが、行政解釈により、通常は病院の廃止時点における管理者において保存するのが適当であると解されている[注82]。次に、医療法上の書類や保険医療機関および保険医療養担当規則に基づく書類については、行政解釈も出されていないため、厚生労働省や保健所とも協議の上、保存者を決めることが望ましいと思料する。

　なお、事業譲渡等により他の医療法人に病院を承継する場合、承継前の病院の廃止届を行い、承継後の病院の開設許可を受けるため、原則論としては、承継前の病院やその管理者がカルテ等の保存義務を負うことになるものと考えられる。もっとも、カルテ等の書類が承継先の医療法人に引き継がれなければ、継続的な医療の提供に支障を生じることが懸念される。そのため、実務上は、書類の引継ぎについて各患者の同意を取得するともに、行政との協議を経た上で、承継先の病院やその管理者に書類を引き継ぐことを検討する必要があると思われる。

注81)　カルテ等の法令上の保存義務と破産の場合の取扱いについて、実務的な観点を交えて解説するものとして、川瀬・前掲注79) 118頁。

注82)　昭和47年 8 月 1 日医発第1113号厚生省医務局長薬務局長回答。

672

第3節　仮想通貨と事業再生

1　はじめに

　近年、仮想通貨の利用が急速に広まっている。ビットコイン（Bitcoin）をはじめとして世界では1500種類を超える仮想通貨が存在するといわれており、仮想通貨の時価総額・取引量も年々拡大傾向にある。もっとも、2017年12月には1ビットコイン当たり230万円超を記録したのに対し、約1か月で半値以下にまで急落する等、価格のボラティリティが非常に高いため、決済・送金手段としてのみならず、投資・投機の対象としても普及している。これら仮想通貨は原則として取引所を介して売買されており、取引所が乱立する状態となった。これに対し、資金決済に関する法律（以下、「資金決済法」という）の改正（2017年4月施行）によって、仮想通貨や仮想通貨交換業者の定義付けがなされ金融規制法の整備が進むとともに、金融庁による監督が強化され、システム管理、マネーロンダリング防止体制、コンプライアンスへの意識、ガバナンス等が不十分な業者な業者に対する行政処分が相次いでおり、取引所にとっては許認可等の維持・規制遵守対応に係るコストが増大してきている。また、取引所はハッキングによる巨額のコインの不正流出と損害賠償リスクに日常的にさらされており、実際にコインチェック、Zaif、Mt.Goxが巨額の数十億円から数百億円といわれる損害を受けている。

　そのような中で日本で破綻した取引所としてMt.Goxのケースがある。同社の再生手続、破産手続、2度目の再生手続の過程では、これまで議論がされたことがなかった、または進んでいなかった理論的問題が数多く登場し、仮想通貨をめぐる議論が発展をみせている。本節では、仮想通貨およびその取引所について簡単に説明した後、Mt.Goxのケースで発生した理論的問題について紹介したい。

673

第 5 章　特殊な業態の事業再生

2　仮想通貨および仮想通貨の取引所

(1)　仮想通貨

　仮想通貨は、法定通貨と異なる単位によって表示される通貨類似の機能を有するデジタルな価値の表象である。このうち、仮想通貨の代表例であるビットコインは、ブロックチェーンと呼ばれるP2Pネットワーク上の分散台帳への記録によってノード間での送付（トランザクション）を行うことができる。ビットコインの保有者は、秘密鍵を用いてデジタル署名を行うことで当該秘密鍵に係るアドレスから他の特定のアドレスへのビットコインの送付を行うことができる。送付者によってネットワーク上にブロードキャストされたトランザクションは、一定量ごとにブロックにまとめられた上でタイムスタンプ処理を伴う「承認」を受け、そのブロックが既存のブロックの連鎖（ブロックチェーン）に新たに追加されることで、記録される。「承認」が行われるには、ブロックに含まれるトランザクションの情報等を基礎とする一定の計算を説くことが必要な仕組みとなっている（プルーフ・オブ・ワーク）[注83]。

　仮想通貨の私法上の取扱いとしては、コンピュータのアルゴリズムに従って記録された電子記録、つまり電磁的記録（改正民151条4項）と位置付けられる[注84]。資金決済法2条5項の定義を要約すると、「不特定の者に対する支払手段で換金性があり、通貨および通貨建資産以外のもので、コンピュータで処理される電子記録」となる。仮想通貨の保有とは、この電子記録を支配することができる権限があることを意味する[注85]。かかる権限に財産的価値があることは明白であり、一定の法的保護を受けるべき地位にあるといえるが、さらに積極的に仮想通貨を財産権の対象として認められないかが論点

注83)　西村あさひ法律事務所編『ファイナンス法大全（下）〔全訂版〕』（商事法務、2017）839頁、有吉尚哉ほか編著『FinTechビジネスと法25講――黎明期の今とこれから』（商事法務、2016）175頁。

注84)　片岡義広「仮想通貨の私法的性質の論点」LIBRA17巻4号（2017）12頁。

注85)　片岡・前掲注84）12頁。

674

となっているも、仮想通貨自体を財産権の客体と解する法解釈は現時点では確立されていない。

　財産権の客体となることを肯定する見解として、①仮想通貨を動産類似の「モノ」と捉え動産と同様の取扱いを求める見解[注86]、②目的者の利用を独占する権利という意味で広義の所有権の対象とすべきとする見解[注87]、③仮想通貨を権利の対象とし、その帰属については物権法のルールに従うべきとする見解[注88]、④仮想通貨の保有者団体を観念し、社員権類似の財産権が存在すると考える説[注89]、⑤採掘における試行錯誤の必要性を根拠に著作権で保護された著作物と解する説等が存在する。しかし、①～③の見解については物権法定主義（民175条）に照らし採用することが困難である、④の見解については認められる請求権の内容が不明である上、法的な意味での団体が存在しない、⑤については、仮想通貨に思想が創作的に表現されていると解することは困難である等の批判がある[注90]。

(2)　仮想通貨交換業者

　仮想通貨の交換業者には大きく分けて2種類の役割がある。1つは証券取引所と同様に売り手と買い手を結び付けることであり（取引所としての役割）、もう1つは交換業者自身が保有する仮想通貨を売買し、売買差益を得ること（交換所としての役割）である。

　資金決済法上、「仮想通貨交換業」とは、仮想通貨の売買または他の仮想

注86)　田中幸広＝遠藤元一「分散型暗号通貨・貨幣の法的問題と倒産法上の対応・規制の法的枠組み（上）——マウントゴックス社の再生手続開始申立て後の状況を踏まえて」金法1995号（2014）59頁以下。

注87)　Koji Takahashi Ownership dispute in the aftermath of the bankruptcy of Mt. Gox, BLOCKCHAIN, CRYPTOCURRENCY, CRYPTO-ASSET AND THE LAW（NOV,2016）。

注88)　森下哲朗「講演録FinTech時代の金融法の課題」資本市場374号（2016）63頁以下、同「FinTech時代の金融法のあり方に関する序説的検討」黒岩悦郎＝藤田友敬編『江頭憲治郎先生古稀記念・企業法の進路』（有斐閣、2017）807頁。

注89)　荒牧裕一「暗号通貨ビットコインの法的規制に関する諸問題」京都聖母女学院短期大学研究紀要44集（2015）46頁以下。

注90)　以上の整理について、西村あさひ法律事務所編・前掲注83）843頁も参照した。

第5章　特殊な業態の事業再生

通貨との交換、前号に掲げる行為の媒介、取次ぎまたは代理、その行う前2号に掲げる行為に関して、利用者の金銭または仮想通貨の管理をすることのいずれかを業として行うことをいうものとされており（同法2条7項）、当該事業を行うためには金融庁への登録手続が必要である。2018年8月時点で仮想通貨登録業者は16社となっているが、100社を超える業者が新規審査のための順番待ちをしているといわれている。

3　取引所の倒産をめぐる法的問題点

　以下では、Mt.GOXの事例で問題となった論点を中心に取引所の倒産をめぐる法的問題点について述べる。

　この点、Mt.GOXを含む多くの取引所の取引では、取引所がユーザーの仮想通貨をユーザーごとのアドレスで個別に管理せず、ユーザー用の取引所のアドレスで複数の顧客分の仮想通貨をまとめて管理しており、以下でもこれを前提に議論を進める。

(1)　仮想通貨の返還請求権の法的性質

　Mt.GOXのような取引所が倒産した場合、まず第1にユーザーが取引所に対して有する権利の法的性質が問題となる。

(i)　取戻権の主張

　まず、債権者は取引所に対して預託した仮想通貨について取戻権を有するとする見解がある。しかし、株式会社Mt.Goxの元顧客が同社の破産管財人に対し、預託したビットコインに対する取戻権の行使として、所有権に基づく返還請求を行った事件（東京地判平成27・8・5平成26年(ワ)33320号）注91）において、同裁判例では、所有権として認められるためには有体性・排他的支配可能性が必要とされるところ注92）、「ビットコインには空間の一部を占め

注91）　株式会社Mt.Goxの元顧客が同社の破産管財人に対し、預託したビットコインに対する取戻権の行使として、所有権に基づく返還請求を行った事件である。

注92）　所有者は、法令の制限内において、自由にその所有物の使用、収益および処分をする権利を有する（民206条）。

676

るものという有体性がないことは明らかである」とし、「ビットコイン取引とは送付されるビットコインを表象する電磁的記録の送付により行われるのではなく、その実現には、送付の当事者以外の関与が必要である」として排他的支配可能性も否定し、ビットコインが所有権の客体となることを否定し、結論として返還請求を認めなかった。

もっとも、取戻権は必ずしも所有権に限定されるものではなく、ユーザーの排他的支配性の有無には議論があると思われ、事案次第では別の結論もあり得るのではないかと考えられる。

(ⅱ) 信託と構成する考え方

(1)の通りユーザーが仮想通貨に対する所有権を有していないとしても、取引所の財団の中に含まれるビットコインについて、ビットコイン債権者のために信託が成立していると認定される場合には、その倒産隔離機能により、単なる一債権者としてではなく、自らが信託財産であるビットコインの受益者であることを主張できると考えられる。

2(1)の通り、仮想通貨自体を財産権の客体と解する法解釈は現時点では確立されていない。しかし、こうした財産権の議論と他の法律との関係で仮想通貨が「財産」として法的保護に値するかは別の問題といえる。そこで、仮想通貨が信託法上の「財産」として観念できないかとの議論がなされており、この議論については、信託の対象として観念できるのではないかという見解が有力に主張されている[注93]。信託の対象は「財産」（信託2条1項等）であるが、「財産」は積極財産で委託者の財産から分離可能であれば足り、具体的名称で呼ばれる等の成熟性までは不要と考えられている[注94]。そうであれば、財産的価値を有し、分別可能な仮想通貨が「財産」に該当すると解することは可能と考える。

なお、仮想通貨には登記・登録による対抗要件の具備手続が存在しないため、信託財産に属することについて第三者対抗要件の具備は不要と解されて

注93) 小林信明「仮想通貨（ビットコイン）の取引所が破産した場合の顧客の預け財産の取扱い」金法2047号（2016）44頁、西村あさひ法律事務所編・前掲注83）855頁。

注94) 寺本昌広『逐条解説新しい信託法〔補訂版〕』（商事法務、2008）32頁。

いる（信託14条参照）。もっとも、信託財産に属しており倒産隔離が認められることを第三者に主張するためには、（信託法上の信託の定義や成立要件とはなっていないものの）学説や判例上、分別管理・特定性をもってこれを保管することが必要と解されている[注95]。具体的な分別管理方法としては、信託法上、計算を明らかにする方法（同法34条1項2号ロ）、別途信託行為に定める方法（同項ただし書）等が規定されている[注96]。

Mt.GOXの事例ではこのように信託構成を認める取扱いはなされていないが、仮想通貨の管理状況等によっては信託構成が認められるケースも生じ得ると考えられる。

(iii) 破産債権／再生債権説

Mt.GOXのように、取引所がユーザーの仮想通貨をユーザーごとのアドレスで個別に管理せず、ユーザー用の取引所のアドレスで複数の顧客分の仮想通貨をまとめて管理する場合、個別の取引はブロックチェーンの記録に反映されず取引所の顧客帳簿の上で管理されており、ユーザーが取引所に要請して自らのアドレスに仮想通貨を送付してもらったときにはじめて、ブロックチェーンに記録される取引が行われる。

このように、取引所のユーザーは取引所の顧客帳簿のシステムを介してしかビットコインの返還を請求できないため、この場合のユーザーの取引所に対する権利は、取引所との契約に基づく仮想通貨の返還請求権と位置付けられ、当該請求権は破産債権／再生債権として取り扱われることになる。

Mt.GOXの事例においてもユーザーのMt.Goxに対する債権は破産債権／再生債権として取り扱われている。

注95) 中村也寸志「判解」最高裁判所判例解説民事篇平成14年度（上）（2005）25頁、田原睦夫＝山本和彦監修・全国倒産処理弁護士ネットワーク編『注釈破産法（上）』（金融財政事情研究会、2015）419頁［髙山崇彦］。最判平成14・1・17民集56巻1号20頁でも、公共工事のための前受金が、使途を限定された普通預金口座において、特定性をもって分別管理されていたという事実関係の下で、信託の成立を認定した。

注96) 小林・前掲注93）44頁では、取引所が破産した場合における顧客の預け財産について、信託による倒産隔離を認める可能性について検討している。

(2)　破産債権の金銭化・固定化の問題

（i）　ビットコイン価格の高騰と破産手続における金銭化・固定化によって生じた問題点

　破産手続において、非金銭債権は、破産手続開始時における評価額を破産債権の額として、破産手続に参加できるとされており（破103条2項1号イ）、Mt.Goxのケースでは、破産手続が開始した2014年4月24日の時点の評価額は約5万円であった。

　しかし、その後、ビットコインの価格が高騰し、2017年11月には約90万円、同年12月には230万円にまで高騰することとなった。もっとも、先ほど述べた通り、破産手続において、ビットコイン返還請求権の額は破産手続開始時、つまり1ビットコイン5万円で評価され、ビットコインの額が高騰しても、各ユーザーがもつ破産債権の額は5万円で固定化してしまうという事態に陥った。他方で、Mt.Goxの管財人が保有するビットコインを売却し、1ビットコイン5万円でビットコイン債権者に100％弁済した後でも、膨大な金額の余剰金が発生し、当該余剰金が株主に分配されることが想定された。Mt.Goxの株式のうち88％は、元代表者が株式の100％を保有する会社が保有しており、経営責任のある元代表者（同人による顧客から預かった資金の着服や取引データの改ざん行為等について刑事手続が進行中である）が、膨大な金額の余剰金（2017年11月21日時点の1ビットコイン92万円という金額で計算すると、その額は1.6billion USD〔約1800億円〕）について配当を受ける可能性があるという事態に陥った。

（ii）　解決方法としての再生手続申立て

　他方、再生手続においては、破産手続のように非金銭債権を一定時点の評価額で金銭債権化しなければならないという規定はなく、また、一定の時点で金銭評価するとしても、再生計画において時点を定めればよいため、破産手続開始時の1ビットコイン5万円という低い金額に縛られる必要がなかった。さらに、再生手続では、ビットコイン返還請求権を有するユーザーに対するビットコインによる弁済（配当）も可能と考えられ、当該方法によれば、Mt.GOXが保有する大量のビットコインを売却することでビットコインの市

第5章　特殊な業態の事業再生

場に影響を与える可能性も回避できるというメリットもあった。

　そこで、非金銭債権が破産手続開始時における評価額で金銭債権に変わるという拘束を逃れるため、債権者の一部が再生手続開始を申し立てるに至った。

(3)　再生手続への移行に関する問題点

(i)　事業停止後の再生手続開始の可能性

　再生手続申立てから開始決定を得るまでの問題としてMt.Goxが取引所を閉鎖し、事業を停止している段階で、手続開始要件を満たしているのか（いわゆる清算型民事再生の問題）という問題があった。しかし、再生手続の開始には積極的な要件が必要ではなく、棄却事由がなければ開始されるという消極的な要件であり、必ずしも清算型民事再生を否定する必要はないと考えられる[注97]。東京地裁民事第20部において完全な清算型民事再生が認められた実例もあり、本件においても当該問題点はクリアされた。

(ii)　金銭債権者と「破産手続によることが債権者の一般の利益に適合するとき」要件の問題

　上記の通り、ビットコイン返還請求権を有する債権者にとっては、再生手続を利用することにメリットがあるものの、手続間で評価額に変動が生じない金銭債権者にとっては、逆に再生手続に入ると破産手続における100％弁済が得られないかもしれないという逆転現象が生じる可能性があり、「破産手続によることが債権者の一般の利益に適合するとき」という棄却要件（民再25条2号）との関係で問題となった。

　この点、実際にはビットコイン返還請求権と金銭債権を両方有する債権者が大半であり、（ビットコインの評価額や弁済率によるものの）大半の債権者にとっては再生手続のほうが破産手続によりも受領する経済的価値の合計額が大きいことが予想された。そこで、当該要件の判断について債権者からは、特定の債権者グループのみを対象とするのではなく、債権者全体にとって利

注97)　清算型再生手続を許容する見解として、上谷清ほか『新倒産法の実務』（第一法規、2001）第2巻205の24頁、須藤英章『民事再生の実務』（新日本法規出版、2005）514頁［宮川勝之］。議論の詳細については、**第1章第2節2(4)**を参照。

680

益になるか判断すべきとの見解や、一部の金銭債権者が再生手続において不利益を被らないための代償措置は少額弁済手続や再生計画の内容において考慮されるべきであり開始決定時点で判断すべきではない等の見解が述べられた。

しかし、最終的には、再生手続における破産管財人は、ビットコインの一部を換価した上で、委託者兼受益者として、金融機関たる受託者との間で信託契約兼保証契約を締結し、金融機関が信託財産を引当てとして、破産手続における金銭債権に係る債務を保証することとし、解決が図られ、開始決定が出されるに至った。

(4) 再生手続の開始後の再度の債権届出の要否

債権届出の関係では、破産手続で債権確定手続が終了しているのに、再生手続で再度債権届出が必要かという論点も問題となった。しかし、破産手続における届出をした再生手続に移行した現在とでは債権者の利益状況が異なるため、再度の届出を行うことになった。

また、顧客帳簿に載っているが、破産手続でも届出をしていない債権者が、再生手続でも届出をしてこなかった場合に、再生手続との関係で自認すべきかという論点も生じている。

(5) 派生コインの取扱い・換価の方法

ハードフォークによって、財団に帰属する既存の仮想通貨が分裂して新たな派生コイン（ビットコインの場合、ビットコインキャッシュ、ビットコインゴールド等）が生じた場合、当該派生コインの取扱いについても問題になる。この点については、既存の仮想通貨が財団に帰属するのであれば、派生コインについても財団に属すると考えるのが自然である。また、財団に属する既存の仮想通貨についてユーザーのために信託を認定する場合には、派生コインについても信託財産に含まれると考えるのが自然である。

また、アルトコインの中には、市場で価値がつかないようなものもあるため、その換価方法も問題となり得る。

第5章 特殊な業態の事業再生

(6) ビットコイン配当・取引所を介した配当の可否

ビットコインを取引所に預託していた債権者としては、その換価時期に関する投資判断の機会を保持するべくビットコインによる弁済を希望することも自然である。もっとも、相場価格が急落する局面では、早期換価を望む債権者も存在すると考えられる。

この点、Mt.Goxの事例では、再生手続の管財人が、債権届出や債権者集会の場合において、債権者の意見を聴取しており、大半のビットコイン債権者は仮想通貨での弁済を希望していたようである。

また、ビットコイン配当をする場合には、管財人が直接、債権者のビットコインアドレスにビットコインを移転するのではなく、取引所を介して弁済することができないかという実務的な問題も生じる。

682

第**6**章

労働法／労働者と事業再生

第6章　労働法／労働者と事業再生

1　はじめに——事業再生における労働者と労働法

　従来、倒産法と労働法の交錯する「倒産労働法」という観点は、法的倒産手続のみを念頭に議論され[注1]、主に、①再生債務者や更生管財人の使用者性といった労働規範の名宛人の問題や、②労働契約関係および団体的労使関係への影響という面で、ⅰ労働債権の保護、ⅱ労働関係の存否・変更（解雇および労働条件変更）、ⅲ労働組合・従業員代表の手続関与といった点でどのような「変容」を受けるかの観点から論じられてきた[注2]。

　これは、私的整理においては、平時の労働法的な規律が「変容」されず、基本的には平時と同様の適用を受けるからであるといえる。もっとも、経済的な窮境にある企業が事業の再建を図るに当たって、労働者は再建の「人的資源」として極めて重要な要素であり、有意な人財を確保する（そのために相応の処遇を確保する）必要性がある反面で、コストカットの必要性から生産性の低い労働力層について人員を削減したり、処遇の引下げを行わざるを得なくなることもあり、そのような差異を設けることが労働法上許容されるかの問題も出てくる。また、経済的な窮境の要因として、年金債務などのレガシーコストがある場合には、企業の事業再生と年金減額などレガシーコストの削減の問題とは直結する関係となる。

　さらに、私的整理において、とりわけ債権カットを含む再建計画案に金融債権者の同意を得るために、経営者の責任はいうまでもないが、債務者会社の内部者と見られる従業員側にも（人件費削減や人員削減等の形で）一定の負担を求められることもあり、そのこと自体が再建計画の一内容をなすこともある。他方で、企業の維持・存続の目的の中には、労働者保護の側面もあり、

注1）　上江洲純子「再建型倒産手続における労働者の処遇」東京弁護士会倒産法部編
　　　『倒産法改正展望』（商事法務、2012）157頁によれば、「倒産労働法」との用語
　　　は、谷口安平『倒産処理法』（筑摩書房、1976）193頁に「倒産労働法とも呼ぶべ
　　　き分野の成熟が望まれる」と記されているのが初出と思われるとされている。

注2）　荒木尚志「倒産労働法序説——再建型倒産手続における労働法規範と倒産法規範
　　　の交錯」「倒産と労働」実務研究会編『詳説倒産と労働』（商事法務，2013）5頁
　　　以下）。

684

スポンサー選定等に際して雇用の維持が債務者側から条件として提示されることも間々ある[注3]。

近時は法的整理よりもむしろ（準則型）私的整理が志向される傾向にあるところ、本章では、まず、私的整理のリストラクチャリング場面における種々の労働者にからむ問題に関して述べた上で、法的整理におけるさらなる倒産法的「変容」を述べることとする。

2　私的整理と労働法

(1)　実体法的規律との関係

(i)　背景としての実体法的優先権

労働債権には、先取特権（民308条）があり、債務者の総財産に対して担保権の行使が可能である。そのため、未払の労働債権がある場合、労働者は、判決などの債務名義を得ることなく、「担保権の存在を証する文書」を提出することで債務者の財産の差押えをすることができる（民執181条・190条・193条）。

また、社会保険料が滞納している場合、社会保険料債権にも先取特権があり（労保徴29条等）、国税徴収の例により徴収される（同法30条等）。

そのため、労働債権の未払はそのまま差押リスクとなり、金融債権の期限の利益喪失事由ともなり得る。

(ii)　労働法的秩序と事業再生的な観点のズレ

労働法的秩序と事業再生・倒産的な観点とはさまざまな差異があるが、例えば下記のような根本的なアプローチの相違があり、私的整理に当たっては留意を要する。

例えば、有期労働契約における期間途中の解雇事由は「やむを得ない事由」がある場合に限り認められるのに対して（民628条）、無期労働契約の解雇は「客観的に合理的な理由を欠き、社会通念上相当であると認められない

注3)　　フランス倒産法では、制度目的に労働者保護も含まれるとされている（池田悠「再建型倒産手続における労働法規範の適用——再建と労働者保護の緊張関係をめぐる日米比較を通じて(1)」法学協会雑誌128巻3号〔2011〕565頁参照）。

第6章　労働法／労働者と事業再生

場合」でない限りは認められる（労契16条参照）。法的には「やむを得ない事由」は「合理的な理由」よりも極めて限定的なものであって、そのため、契約社員・嘱託社員・アルバイトなどの有期契約の労働者の期間途中の解雇のほうが、正社員として無期契約を締結している労働者の解雇より厳しいということになる。事業再生を企図する債務者会社としては、非正規雇用者には雇用調整弁としての側面を期待することが想定できるし、事業の再建を図る上で、通常は長期的雇用を前提とする無期雇用契約者の保護を優先的に検討するのが通常であろうが、労働法的な秩序では必ずしもそうなっていないのである。

　また、労働法の観点からすれば、賃金はもとより退職金や年金債権を含めてすでに発生している労働債権については、債権者個々人の同意を得ない限り、減額はできない。他方で、将来にわたる労働条件の変更は、個々人の同意がなくても、労働組合・労働者代表との協議を経るなど手続の相当性があり、変更後の就業規則の内容が相当で、変更の必要性が労働者の受ける不利益の程度を上回る場合には、切下げも認められる（労契10条）。事業再生の観点からは、過去の債務についてはカットを行いたい反面で、再生の担い手である労働者の将来にわたる処遇については可能な限り確保したいのが通常であって、このような面でも労働法的の秩序とは相異なる要請がある。

　以下このような点を踏まえて、私的整理における労働問題に関して個別の論点について述べる。

(2)　人員削減

(ⅰ)　事業再生局面における人員削減

　人員削減は、一般的に、希望退職・早期退職の募集→個別の退職勧奨→整理解雇の順で行われる。すなわち、まずは従業員の自主的な退職を募り、また、退職を迫る場合もまずは合意による退職の途を模索し、その上で、解雇という順になるし、いわゆる整理解雇の4要件（4要素）との関係でも「解雇回避努力」としてこのような手順を踏んでいるかどうかは重要な判断要素となってくる。

　しかるに、自主退職や合意退職を得るプロセスにおいて、事業再生との関

686

係では、いかに生産性の高い層には残ってもらいつつ、労働生産性・生産効率の低い層を減らすことができるかということが重要になってくる。このことは平時の企業の人員削減でも当てはまるが、事業再生が問題となるような経済的窮境にある企業では、生産性の高い層は現状の処遇条件は当該労働者の市場価値（他社で働いた場合の処遇条件）より低くなっていることが多く、転職のインセンティブが存在する上に転職先も相対的に見つかりやすいのに対して、生産性の低い層は現状の処遇条件は当該労働者の市場価値に比べて相対的に高く、転職するインセンティブに乏しい上に転職先も相対的に見つかりにくいからなおさらである。

　そのため、事業再生における人員削減に際しては、①生産性の相対的に低い層への退職についてのインセンティブ、②生産性の高い層への残留（特にキーパーソンのリテンション）についてのインセンティブをどのようにもたせるかが課題となる。より具体的には、①の観点では、ⅰ割増退職金の支給や転職先のあっせん、ⅱ残留した場合の職位・労働条件の切下げ等が措置として考えられ、②の観点では、ⅲリテンション／慰留のための措置が経済的に困難な状況の中でいかに図ることができるかが問題となる。

(ii)　希望退職・早期退職制度の活用等における留意点

　このうち、ⅱおよびⅲについては後述するが、①との関係では、いわゆる希望退職・早期退職制度の活用が考えられる。

　希望退職・早期退職制度とは、一般的に、会社が定めている退職金・退職年金制度の下で支給される金額に加えて上乗せの給付[注4]を行う等の優遇条件を提示することにより、従業員の自発的な応募による退職を働きかけ、人員削減を行うものである。希望退職・早期退職制度においては、割増退職金のほか、職探しのための有休休暇の付与や未消化の有休休暇の買取り、再就

注4)　「上乗せ」として提示される金額は、個別具体的事情に応じてさまざまであり、一般的に依拠できる実務慣行は存在しないが、48か月分以上にもなる高額の例もある一方、中小企業では平均支払月数2.51か月となっているようである（東京都産業労働局労働相談情報センター「中小企業の賃金・退職金事情〔平成20年度版〕」、玉井裕子編集代表『合併ハンドブック〔第3版〕』〔商事法務、2015〕390頁）。

第6章　労働法／労働者と事業再生

職の支援サービスを受けられるよう会社がそのようなサービス提供者と契約するなどの措置がとられることもある。

　希望退職・早期退職制度を活用する場合に、まず留意すべき点としては、その建付けである。すなわち、希望退職・早期退職の募集を退職合意の「申込み」として位置付けるのでなく、「申込みの誘引」と位置付け、応募があった場合に直ちに退職合意の成立と位置付けずに、会社が適当と認める者を「申込者」として選べるように、その告知段階ではあくまで「誘引」にとどめることで、会社にとって有意な人材まで希望退職・早期退職制度で辞めてしまうようなことのないように手当てを行うのが適切である注5)。

　次に、対象者の範囲である。いわゆる「年功序列」の賃金制度がとられている場合、賃金の高いのに比して生産性の必ずしも高くない高齢層を念頭に置いて、一定の年齢以上の者を対象にする扱いがしばしばみられる。また、特定の範囲の事業から撤退する場合や特定の事業所・工場などを閉鎖するような場合に当該事業の担当部署・部門や当該事業所・工場を対象に希望退職・早期退職を募集する扱いもみられる。もとより、希望退職・早期退職制度はあくまで退職のインセンティブをもたせるために、通常の自主退職の場合に比べて優遇的な措置をとる扱いのものであるから、対象者を職域・職種・年齢、さらには人事考課・成績評価等で対象範囲を区切ること自体は問題はない注6)。もっとも、自主退職の促しを超えて、退職勧奨までわたる場合に、対象範囲の設定が明らかに特定の者を狙い撃ちにするようなものであると、後日に争われて訴訟等となった場合に、退職勧奨の態様やその目的と相まって、不法行為と判断されたり、あるいは、退職の「任意性」が否定されて従業員としての地位確認が認められるということもあり得る。さらに、労働組合があるような場合に、ことさらに（実質的にみて）組合員だけを対象にするような希望退職・早期退職制度の設定と退職勧奨の実施をすれば、

注5)　　裁判例上は、希望退職募集は合意退職の申込みの誘引であって申込みそのものではなく、したがって優遇条件の適用には労働者による申込みに対する使用者の承諾が必要であるとされているが（大阪地判平成12・5・12労判785号31頁〔大和銀行事件〕等）、無用な紛争を避ける観点からは、使用者である会社の承諾した者のみが優遇条件の適用を受ける旨を明示することが望ましい。

不当労働行為（労組7条1号または3号）に当たるとされることもあり得る。

さらに、労働協約において人員削減に関する条項がある場合にはその条項に従った手続も必要となる。すなわち、労働協約で、希望退職・早期退職制度の実施や人員削減について、対象者・対象範囲について労働組合と協議すること（さらには労働組合の同意を要するとすること）が定められていることがあるが、そうした場合にこれを行わなければ、不当労働行為に当たり[注7]、あるいは組合との関係で債務不履行となる。そのため、このような条項の存在が人員削減を進める上で支障になるおそれがある場合には、あらかじめ労働組合と合意の上で条項を変更するか、あるいは、労働協約の期限到来時に内容の見直しをしたり、解約することを検討する必要が出てくる（労組15条参照）。

最後に、否認権との関係も一応問題となり得る。すなわち、私的整理から仮に法的手続に移行した場合、希望退職・早期退職制度の中で支払われる上乗せ退職金は債務者会社にとって本来負っている債務ではなく、労働の対価的な性質は乏しい。そのため、法的手続に移行した場合にこれが無償否認（民再127条3項、会更86条3項、破160条3項）の対象にならないかという問題が生じ得る。この点、通常の希望退職・早期退職制度における上乗せ退職金の範囲であれば、退職による人件費削減効果と比して合理性があり、希望退職・早期退職の誘因・見返りとしての性質からも、無償否認に該当しないの

注6)　いかなる者を対象とするかについては、その内容が法律、労働協約等による制限や公序良俗に違反する場合（かかる場合としては、「国籍、信条又は社会的身分」による差別、「男女の性別による差別」〔労基3条・4条、雇均6条4号〕または「組合員の差別」〔労組7条〕による場合が挙げられるであろう）でない限り、原則として会社の広汎な裁量に委ねられており、全従業員を対象としなかったことだけで直ちに違法とすることはできないとされている（大阪地判平成15・9・12労判864号63頁〔NTT西日本事件〕）。業績評価が一定以下の従業員のみを対象とする希望退職者募集も違法ではないとされた例もある（東京地判平成23・12・28労経速2133号3頁〔日本IBM事件〕）。もっとも、合理性を欠いた対象範囲の設定を行った場合、後記する整理解雇との関係でも、会社側に不利な事情になるとの指摘がなされている（玉井編集代表・前掲注4）390頁以下）。

注7)　事前協議協約違反などの事情から破産申立後の解雇を不当労働行為とした事例として大阪地労委昭和62・8・18労判508号78頁（田中機械事件）参照。

689

第6章　労働法／労働者と事業再生

は無論のこと、詐害性・有害性はなく、否認の対象とならない。他方で、役員に対して退職に際して多額の金員が支払われる、いわゆるゴールデンパラシュートや、同様に従業員に多額の退職金を支払うことで買収コストを上げることを企図するティンパラシュートのようなケースでは、無償否認の対象となる場合もあり得ると考えられる。

(iii)　退職勧奨

退職勧奨をする場合も、従業員の自由な意思決定を妨げるような態様での退職勧奨は許されず、その回数・内容・手段等に照らし、社会的相当性を逸脱するような態様での半強制的ないし執拗な退職勧奨が行われた場合には不法行為（民709条）を構成し、当該従業員に対する損害賠償責任が発生し得る[注8]。また、退職の任意性が否定されれば、退職自体が無効とみなされ、従業員としての地位にとどまっている扱いとされる。

そのため、退職勧奨に当たっては、あくまで本人の自発的な意思による退職であるということがいえるように留意して進める必要がある。この点、例えば、いわゆるパワーハラスメントにも当たるような精神的な攻撃（脅迫・侮辱・ひどい暴言）、人間関係からの切離し（隔離・仲間はずし・無視）、業務上の過大な要求（業務上明らかに不要なことや遂行不可能なことの強制）、過少な仕事のアサイン（業務上の合理性なく、能力や経験とかけ離れた程度の低い仕事を命じることや仕事を与えないこと）等をした場合は当然不法行為になるおそれがあるほか、退職の効力にも疑問がもたれる可能性があることはいうまでもない。また、退職を説得するに当たり、同意しない限り解放しないというような姿勢で臨まれたり、あるいは役職者が数名で長時間取り囲んで説得したというような状況があれば、やはり退職の任意性には疑問がもたれかねない。さらに、解雇をする意思もないのに解雇を示唆したり、あるいは残った場合の処遇について事実と異なる説明をするなど、虚偽の説明の下で退職意思を示させたような場合は当然退職の効力が問題となるほか、不法行為の

注8)　最判昭和55・7・10判タ434号172頁（下関商業高校事件）等。労働者が自発的な退職意思を形成するために社会通念上相当と認められる程度を超えて、当該労働者に対して不当な心理的威迫を加えたりその名誉感情を不当に害する言辞を用いたりする退職勧奨は不法行為となる（日本IBM事件〔前掲注6）〕）。

成否も問題になる。

　基本的には、会社に残った場合にもその後の処遇（給与面や役職面）が厳しいものとなったり、実際に整理解雇の実施が想定されるのであればそのような状況を示しつつ、上乗せ退職金の提示や就職先のあっせんなど退職へのインセンティブをもたせる「アメとムチ」を本人の自主的な選択をさせる上で材料として提示するという形で進めるのが、一般的には適切である場合が多いと思われる。

　なお、退職勧奨を受けたもののこれを拒否した従業員についてその後出向命令を出した事例について、当該出向命令が退職勧奨を拒否したことに対する報復的・退職誘導的措置として権利濫用であり無効とされた事例もあるため[注9]、退職勧奨後の出向や転籍命令については慎重に検討する必要がある。

(iv)　整理解雇

　希望退職募集・退職勧奨を実施したものの目標人数を達成できず、なおも人員削減の高度の必要性がある場合や、そもそも退職金の支払原資の調達すら困難であるなど希望退職募集・退職勧奨を実施できない場合は、Last Resortとしての整理解雇の実施を検討することとなる。

　労働契約法16条において、「解雇は、客観的に合理的な理由を欠き、社会通念上相当であると認められない場合は、その権利を濫用したものとして、無効とする」といういわゆる解雇権濫用法理が明文化されているが、整理解雇の場合も当然この規制に服する[注10]。それのみならず、一般に整理解雇は経営上必要とされる人員削減のために行われる解雇であり、非違行為などの

注9)　　東京地判平成25・11・12判時2210号113頁（リコー事件）。

注10)　　労働契約法16条は、最判昭和50・4・25民集29巻4号456頁（日本食塩製造事件）以降確立した判例法理としての解雇権濫用法理を明文化したものである。なお、野川忍「経営上の理由による解雇──新たな判断枠組みの可能性」山口浩一郎ほか編『安西愈先生古稀記念・経営と労働法務の理論と実務』（中央経済社、2009）131頁以下では、労働契約法の制定について検討した研究会報告書において、経営上の理由に基づく解雇については4要件を法に明記した上で、その具体的内容を規則で示すという案が提示されていたが、労政審における審議の迷走がたたって、成文化は労働契約法16条のみにとどまったもので、かかる経緯からは、同条が経営上の理由に基づく解雇を想定しているとはいいがたいが、さりとて同条の適用がないというのも困難であるとされる。

第 6 章　労働法／労働者と事業再生

労働者の責めに帰すべき事由による解雇ではないため、解雇権濫用法理の適用においてより厳しく判断すべきものと考えられている[注11]。そのため、判例上古くから[注12]、①人員削減の必要性があること、②人員削減を実現する前に、配転、出向、転籍、希望退職募集などの他の方法によって、解雇回避の最善の努力を尽くしたこと（人員削減の方法として整理解雇を選択することの必要性）、③整理解雇の対象となる労働者の選定が客観的・合理的でかつ公正に行われること、④整理解雇に至る手続・過程が公正であることの 4 つの要件が必要であるとされており、近時でもこれらの 4 要素を総合考慮して、整理解雇の有効性を厳格に判断しているとされている[注13]。

　このうち、①については、倒産必至の状況にあることまで求められるものではないが、不況、斜陽化、経営不振などによる企業経営上の十分な必要性に基づいていることや、企業の合理的な運営上やむを得ない措置と認められることが必要とされている[注14]。②については、残業規制、中途採用中止、配置転換、転籍・出向、新規採用停止、有期契約労働者の雇止め、希望退職

注11)　菅野和夫『労働法〔第11版補正版〕』（弘文堂、2017）745頁。

注12)　代表的なものとして、東京高判昭和54・10・29労民集30巻 5 号1002頁（東洋酸素事件）等。

注13)　菅野・前掲注11）749頁、荒木尚志『労働法〔第 3 版〕』（有斐閣、2016）283頁。なお、労働契約法16条の「合理的理由」を欠くか、「社会通念上相当」であるかといった「規範的要件」については、そのような規範的評価を基礎付ける事実が主要事実と解されており（山口幸雄ほか編『労働事件審理ノート〔第 3 版〕』〔判例タイムズ社、2011〕 6 頁以下）、整理解雇の場合については、①人員削減の必要性、②解雇回避努力、③人選の合理性、④解雇手続の妥当性の 4 つの要素に該当する事実が解雇権濫用の評価障害事実ないし評価根拠事実として、主要事実になると解されている（山川隆一『労働紛争処理法』〔弘文堂、2012〕213頁以下、山口ほか編・前掲34頁参照）。
　要件でなく「要素」として判断した裁判例としては、東京地決平成12・1・21労判782号23頁（ナショナル・ウェストミンスター銀行〔第 3 次仮処分〕事件）、大阪地判平成12・12・1 労判808号77頁（ワキタ事件）、東京高判平成18・12・26労判931号30頁（CSFBセキュリティーズ・ジャパン・リミテッド事件）、東京地判平成24・2 ・29労判1048号45頁（日本通信事件）、札幌地判平成25・12・2 労判1100号70頁（専修大北海道短大事件）、大阪地判平成26・2 ・25労判1093号14頁（学校法人金蘭会学園事件）等がある。

注14)　菅野・前掲注11）746頁。

募集、退職勧奨等の他の手段によって解雇回避の努力を行うことが必要であり、解雇回避措置を試みることなくなされた整理解雇は解雇権の濫用として無効とされる。③については、客観的で合理的な基準を設定し、かつ、これを実際に公正に適用して行うことが必要であり[注15]、労働組合員や共働きの女性を対象とする等の法令違反（労組7条、雇均6条4号）の基準を設定しないことは当然として、会社側の恣意的選択を排除する基準を設定し適用する必要がある。④については、会社は、労働組合や労働者集団に対して整理解雇の必要性、その時期・規模・方法等につき説明・協議を行う信義則上の義務があるとされている[注16]。

近時はこれらの4要件を部分的に緩和する裁判例[注17]が増加する傾向にあるとも指摘されているが[注18]、係争となれば依然としてその有効性は厳格に審査され無効とされるリスクも相当程度高い上に、これを行うこと自体によるレピュテーションリスクも考慮する必要がある。

(3) 労働条件の切下げ

私的整理においても、法的手続におけるのと同様に、事業継続と雇用の維持のために賃金のカットなど労働条件の切下げが避けられないことも間々ある。

もっとも、労働契約法9条本文は「使用者は、労働者と合意することなく、就業規則を変更することにより、労働者の不利益に労働契約の内容である労働条件を変更することはできない」と定めている。この点、同法10条本文で

注15)　菅野・前掲注11）747頁。

注16)　菅野・前掲注11）747頁、荒木・前掲注13）306頁。裁判例としては、大阪地決昭和62・10・21労判506号41頁（ミザール事件）等。

注17)　例えば、企業が全体として経営危機に陥っていなくとも、経営合理化や競争力強化のために行う人員整理に必要性を認め、解雇回避措置が困難な場合には経済的補償や再就職支援措置で足りるとするもの（前掲・東京地決平成12・1・21）や、希望退職募集によって有能な労働者の退職や労働者に無用の不安をもたらす場合には、当該募集の必要性を否定するもの（大阪地判平成12・6・23労判786号16頁〔シンガポール・デベロップメント銀行（本訴）事件〕）等がある。

注18)　菅野・前掲注11）749頁。

第6章 労働法／労働者と事業再生

は、労働者との合意によらない場合でも、「使用者が就業規則の変更により労働条件を変更する場合において、変更後の就業規則を労働者に周知させ、かつ、就業規則の変更が、労働者の受ける不利益の程度、労働条件の変更の必要性、変更後の就業規則の内容の相当性、労働組合等との交渉の状況その他の就業規則の変更に係る事情に照らして合理的なものであるときは、労働契約の内容である労働条件は、当該変更後の就業規則に定めるところによるものとする」として、いわゆる“就業規則の不利益変更”の認められる場合について規定しているが、労働契約法の建付けとして原則は合意による変更とされている点には留意が必要である。

また、労働条件が労働協約で定められている場合には、労働協約を労働組合法の手続に則って解約しない限りは（労組15条3項・4項）、労働条件の切下げは一方的に行うことができない。労働協約による労働条件不利益変更は、労働者が被る不利益の程度、協約締結に至る経緯、会社の経営状況、協約内容全体の合理性などの諸事情からみて、著しく不合理な点がなければ、変更の効力は肯定される[注19]。

そのため、労働条件の切下げのためには、まずは労働者との合意および労働組合（特に過半数組合）がある場合は労働組合との合意を模索し、労働者側への十分な説明と理解を得る努力をすることが望まれる。そのような方策を検討した上で、従業員全員から同意が得られればそれに越したことはないが、現実にそれが難しければ、就業規則の不利益変更（および労働協約に定めがあれば労働協約の変更）によることとなる。

なお、労働者側・労働組合との協議に際しては、会社側の提示案を一切変更しないというスタンスで臨んではならず、あくまで目的を達成できる範囲であれば合理的提案は聞き入れる姿勢で臨むことが肝要であり、さもなくば実質的な協議がなされていないとして、不利益変更の効力にも影響してくる。

注19) 最判平成8・3・26民集50巻4号1008頁、最判平成9・3・27集民182号673頁参照。

⑷　リテンション

　事業再生においては、コスト削減が必要な反面で、再生のために必要な人員の確保も課題となる。前記の通り、必要な人材については希望退職・早期退職の対象からは外し、退職へのインセンティブをもたせないことは可能であるが、通常の自主退職を申し入れられれば退職の効果は生じてしまう[注20]。

　そのため、必要な人材確保のために会社に残ってもらうインセンティブをもたせる必要性があるが、他方で、コストカットの必要性から労働条件の切下げや人員削減を進めていると、特定の者について優遇的な扱いをすることで、そのようなコストカット策の合理性に疑問をもたれるおそれもある。

　この点、米国倒産法においては、KERP（Key Employee Retention Plans/Program）として倒産状態にあるにもかかわらず特定の従業員に高い報酬を支払うことを認める扱いもされる。しかしながら、一般に日本の倒産手続においてはそのような扱いを正面から認めるようなことはほとんどなく、私的整理場面においても、他の従業員の人員削減や給与・賞与の切下げをする場合には、不公平感からそのような施策を労働者の理解を得ながら進めていくことが困難になることが想定されるため、そのような扱いをするのは容易ではない。

　そこで、慰留の策としては、重要な仕事やポジションを与え、仕事のやり

注20)　民法627条１項において「当事者が雇用の期間を定めなかったときは、各当事者は、いつでも解約の申入れをすることができる。この場合において、雇用は、解約の申入れの日から２週間を経過することによって終了する」とされており、基本的には退職の申入れから２週間が経過すれば退職の効力は生じ得る。就業規則でそれ以上前の期間の予告を求めている場合もあるが民法の規律が優先するものと解されている（東京地判昭和51・10・29判時841号102頁〔高野メリヤス事件〕）。なお、現行の民法627条２項では「期間によって報酬を定めた場合には、解約の申入れは、次期以後についてすることができる。ただし、その解約の申入れは、当期の前半にしなければならない」となっており、月給の場合は当月の前半までにすべきことになっているが、この規定は2020年施行の民法改正で使用者側からする場合に限られ、労働者側からの退職申入れは２週間で効力を生じることになる。

第6章　労働法／労働者と事業再生

がいをもってもらうとともに、責任あるポジションにあることで責任感から辞めにくくなるという立場に置くことが考えられ、一般的にもしばしばそのような措置はとられていると思われる。また、職位・職責に応じた報酬で労働条件面でも一定の報いを与えたり、さらには成果主義的な報酬体系に移行する、あるいはインセンティブボーナスを設けるなどの措置を併せて講じることも有効な場合はあると思われる。

(5)　退職金・年金の減額

退職金・退職年金については、退職給付引当金の形で貸借対照表上債務として認識されるため、財務体質改善のために退職金カットを検討することもある。また、年金については、積立不足を補うための特別掛金の負担が損益を圧迫することもあり、その減額を検討する必要が出てくる場合がある。

さらに、人員削減を行う場合に、将来にわたって退職金を減額する措置を講じることは、現時点で退職するメリットを増加させる側面もあり、結果的に人員削減を促進する効果が上がることもあり得る。

退職金については、一般的に、賃金の後払的な性質があることから、すでに蓄積されている部分のカットは従業員側の合意なくして行うことができないと解されている[注21]。そのため、私的整理の枠組みの中で、退職金について就業規則の不利益変更で行うことができるのは、将来にわたって蓄積していく部分に限られる。不利益変更の場合の留意点等は、前述した賃金等の労働条件の切下げと基本的に同様である。労働者の合意を得てする場合にはその自由意思に基づいて合意される必要があり[注22]、退職金給付が就業規則（退職金規程）や労働協約に基づく場合には、これらの変更も要する。

また、退職年金の場合は、給付期間が長期にわたるものであり、受給権者は基本的に退職済みの者である。そのため、年金がレガシーコストとして会社に大きな財政的負担となっている場合も間々ある反面で[注23]、退職者は会社の将来にわたる再生・再建について利害・関心が現役の従業員よりも希薄

注21)　菅野・前掲注11) 422頁。札幌地判平成14・2・15労判837号66頁（ドラール事件）参照。

注22)　最判昭和48・1・19民集27巻1号27頁参照。

であることが通例であるため、年金の減額について同意を取り付けるのが一層困難となる。

　年金の減額手続に関しては、（後記**3**(3)(ii)で特別掛金について若干触れるほかは）ここでは詳述しないが[注24]、企業年金の減額の場合、概略、「実施事業所の経営の状況が悪化したことにより、給付の額を減額することがやむを得ないこと」等の理由要件（確定給付企業年金法施行規則5条）のほか、①加入者給付の減額の場合は、3分の2以上で組織する労働組合の同意取得（または3分の1以上で組織する労働組合の同意および加入者の3分の2以上の同意取得）、②受給権者給付の減額の場合は、受給権者の3分の2以上の同意取得および希望者に対する最低積立基準額の支払確保措置を講じるなどの手続的要件（同規則6条）を満たす必要がある。この際、減額改定を実施しても、受給権者には最低積立基準額の支払を確保する措置を講じなければならないため、会社には相当な資金負担が生じる[注25]。

注23)　確定給付企業年金（規約型・基金型）や厚生年金基金による年金は、資産運用の結果と関係なく、一定の年金支給額が約束される「給付建て」の年金であり、将来支払う年金のために原資として確保されるべき金額（または将来支払が予想される年金総額の現在価値）に対して年金資産が不足していると「積立不足」の状況にあることになり、これを解消するための追加の掛金（補足掛金）を支払わなければならなくなる。

注24)　年金減額については、森倫洋ほか「企業年金の積立不足への対応策——年金減額を中心に（上）（下）」ビジネス法務10巻9号（2010）68頁および10巻10号（2010）96頁以下、下向智子「事業再生・倒産手続における年金制度の取扱い」「倒産と労働」実務研究会編・前掲注2）384頁以下参照。

注25)　そのため、日本航空の再建では、年金減額への同意の取得と合わせて、この「最低積立基準額」の一時金の選択権の放棄の意思表示を取得していた。なお、企業年金の場合は解散時に積立不足を補てんする必要があるが、厚生年金基金においては、一定の場合、いまある資産だけを分配して制度を終了させる「あるだけ解散」が可能とされ、カネボウの事例のように厚生年金基金の解散により「積立不足」を解消するという方法もとられた（特例解散制度については、森戸英幸「企業倒産・再編と厚生年金基金——事業所脱退と基金解散をめぐる実務上の論点」「倒産と労働」実務研究会編・前掲注2）406頁以下参照）。

697

第6章　労働法／労働者と事業再生

3　法的整理と労働法

(1)　法的倒産による変容

　私的整理における労働者との関係については、前述の通りであるが、これらは再建型の倒産手続（民事再生・会社更生）においても基本的に当てはまる。債務者企業と労働者の雇用関係は解雇等の局面でなければ継続し、労働法規の規律を受けることに変わりはないからである。

　他方で、倒産手続場面では、①手続開始前の原因に基づく債権は原則として倒産債権と扱われ、個別の権利行使が禁止されて計画による按分弁済に服する、②（通常の契約解除権のほかに）双方未履行双務契約に関する解除権が認められるといった相違点が生じるほか、③労働者代表・労働組合に一定の手続関与権が認められているという特色もある。

　加えて、必ずしも法的倒産に限られるものでもないが、④（事実上の倒産も含めた）倒産企業の従業員に社会政策的観点から特別に認められる保護制度の適用もあるという側面もあり、労働者健康安全機構（旧労働者健康福祉機構）による未払賃金の立替えがその典型といえる。

　以下では、これらの点を踏まえて倒産手続における労働債権の扱いや労働契約関係に与える影響、労働組合との関係等について述べる。

(2)　労働債権の扱い

(i)　総論

　倒産手続（破産、民事再生、会社更生）が開始すると、手続開始前の原因に基づく財産上の請求権は原則として倒産債権（破産債権、再生債権、更生債権）となり、個別的な権利行使が禁止される（破2条5項・100条、民再84条1項・85条1項、会更2条8項・47条1項）。

　もっとも、労働債権については、手続開始後の労務に対する対価について財団債権・共益債権となる（破148条1項2号・7号・8号、民再49条4項・119条2号、会更61条4項・127条2号）ほか、過去3か月分（破産の場合）または6か月分（会社更生の場合）の賃金については、労働者保護の観点から、

698

財団債権または共益債権とされ、倒産手続開始後も随時支払を受けることができる（破149条1項、会更130条1項）。退職金についても、後述の通り、一部が共益債権として扱われる。

　また、労働債権には、一般先取特権がある（民308条）ため、民事再生では一般優先債権となって賃金退職金とも全額随時弁済を受けられ（民再122条）、また、破産・会社更生でも、倒産債権となる部分は、それぞれ優先的破産債権・優先的更生債権となる（破98条、会更168条1項2号）。

(ii)　賃金・賞与等の扱い

　再生手続では、一般優先債権でも手続外での権利行使が可能であり、随時弁済を受けられる（民再122条）。そのため、再生債務者企業は未払賃金については、平時と変わりなく支払を行うべきこととなるし、逆に支払を行わなければ、担保権実行として財産差押えを受けるリスクがあることになる。民事再生ではこのように随時弁済の扱いになるために、手続開始前の労働債権について特別に共益債権として扱うものとはされていない。もっとも、手続開始後の労務に対する対価については共益債権となるところ（同法49条4項・119条2号）、この共益債権部分については牽連破産により破産手続に移行した場合にも、財団債権となり（同法252条6項）、破産手続開始後も随時弁済を受けられるという点で、一般優先債権部分と異なる扱いとなる。

　他方、更生手続では、手続開始前6か月間の給料の請求権が共益債権とされ（会更130条1項）、その他の部分は優先的更生債権になる。この「給料」の債権には、賃金、給料、手当、賞与その他名称のいかんを問わず、労働の対価として使用者が使用人に対して支払うすべてのものが含まれる。この点、破産法についての「給料」の範囲に関して、解雇予告手当がこれに含まれるかには争いがあり、含まれないとする見解もあるものの、実務上これを含むという扱いもされている[注26]。もっとも、解雇予告手当はこれを支払った場合に予告期間が短縮できるというものであり（労基20条2項参照）、支払わなければ本来解雇の効力は予告期間経過後に発生するだけのことであるから、

注26)　　岩知道真吾「民法上の優先権と倒産法における保護の関係」「倒産と労働」実務研究会編・前掲注2）46頁。

第6章 労働法／労働者と事業再生

少なくとも再建型手続において予告に代えて解雇予告手当を支払う場合にこれを倒産債権と扱う余地はないと思われる。また、更生手続開始後に、雇用を継続して労務提供を受けた場合や新規に雇用した場合に発生する賃金債権も共益債権となる（会更61条4項・127条2号）。そのほかの賃金債権は優先的更生債権となり（同法168条1項2号）、権利行使は制限されるが、更生計画においては一般の更生債権に比べて優先的に弁済を受けられる。

　破産手続においては、破産手続開始前3か月間の給料の請求権が財団債権とされる（破149条1項）。また、破産手続開始後に、雇用を継続して労務提供を受けた場合や新規に雇用した場合に発生する賃金債権も財団債権となる（同法148条1項4号・7号）。さらに、破産管財人が破産手続開始前から継続している雇用について解約の申入れをした場合の破産手続開始後契約の終了に至るまでの間に生じた請求権も財団債権となる（同条8号）。そのほかの賃金債権は優先的破産債権となる（同法98条）。

(iii) 退職金の扱い

　退職金については、各手続で次のように扱いの差異がある。

　再生手続においては、手続開始前の退職の場合、退職金は全額一般優先債権になることに疑いを容れる余地はない。他方で、手続開始後に退職した場合については、事由のいかんを問わず、手続開始後の労務提供に相当する部分のみが共益債権となり、残りは一般優先債権となるという見解と、会社都合で退職した場合には全額共益債権となる（民再119条2号）が、自己都合退職・定年退職の場合には手続開始後の労務提供に相当する部分のみが共益債権となるという見解がある[注27]。

　また、更生手続では、更生計画認可前の退職の場合、退職が開始決定の前か後かを問わず、退職前6か月間の給料の総額に相当する額もしくは退職金総額の3分の1のいずれか多い額の退職金について、共益債権とされ（会更130条2項。なお、同条3項参照）、残額については、自己都合退職した場合や定年退職の場合、優先的更生債権となる（同法168条1項2号）[注28]。また、更生計画認可後に退職した場合、会社更生法130条2項の適用はないので、全

注27)　岩知道・前掲注26) 50頁。

額が優先的更生債権になるものの、認可後であるため全額弁済を受けられるとされる。他方で、手続開始後に、会社都合で退職した場合には、（認可決定前後を問わず）全額が共益債権となる（同法127条2号・130条4項）。

　さらに、破産手続においては、破産手続終了前の退職である限り、開始決定前の退職かどうかや退職事由のいかんを問わず、退職前3か月間の給与の総額に相当する額（その総額が破産手続開始前3か月間の給料の総額より少ない場合は、破産手続開始前3か月間の給料の総額）が財団債権となる。それ以外の部分については、破産手続開始後に新たに雇用された場合[注29]でない限りは、優先的破産債権となる。

(3)　年金・年金掛金の扱い

(i)　年金の扱い

　企業年金制度を制度の実施主体の観点から分類すると、①「基金」という事業主と別途の法主体が掛金徴収、受給権裁定、給付を行う厚生年金基金・確定給付企業年金基金型（以下、合わせて「基金型」という）と、②事業主が

注28)　手続開始後に定年退職になった場合について、従前、会社都合退職の場合と同様に、退職金は共益債権になると解されていたが、東京地裁民事第8部（商事部）では、更生手続開始後の定年退職により発生した退職手当請求権は会社更生法127条2号の共益債権には該当しないものとして扱われるようになった。そして、①東京高決平成22・11・10金判1358号22頁および②東京高決平成22・11・11金判1358号28頁も、かかる扱いを是認し、会社都合の退職の場合と異なり、定年退職は「雇用契約上の終了原因に基づくものであり、更生手続開始前にその発生原因が生じたものである」上に「実質的にみても定年退職は更生債権者等に対する計画弁済を増加させる可能性があるものとはいえず」（①決定）、「定年退職に伴う退職手当請求権は、更生手続の開始とは無関係に、従業員が定年を迎えることにより生じるものであり、本来予定されていた弁済期に債権が発生するにすぎず、更生手続の開始によって事態が変化したわけではない」（②決定）として、会社更生法127条2号の「更生会社の事業の経営並びに財産の管理及び処分に関する費用」には該当しないと判断している。

　　　　なお、これとの平仄からすると、倒産手続開始後に、整理解雇・会社都合退職でなく、従業員側の事由に基づき解雇された場合にも、整理解雇の場合とは異なり、共益債権とならないと解すべきではないかは問題になり得るように思われる。

注29)　この場合は破産法148条1項4号で全額財団債権になる。

掛金の納付、受給権裁定を行い、事業主からの通知に基づき信託会社・生命保険会社等の資産管理運用機関が給付を行う確定給付企業年金規約型（以下、「規約型」という）、③事業主が掛金を納付し、事業主が選任した運営管理機関により給付決定がされ、当該運営管理機関の指示に基づき資産管理機関が給付を行う企業型確定拠出年金に分類される。

基金型の場合、年金の受給権は基金に対して有することになり、基金が給付を行うため、事業主である会社の倒産は直接には年金受給権に効力を及ぼさない。他方で、規約型の場合は、給付は資産管理運用機関からされるものの、年金の支払債務は事業主である会社に帰属すると考えられるため、退職金と同様に一部が共益債権となるほかは優先的倒産債権（優先的破産債権・優先的更生債権等）とならないかが問題となる。この点、拠出済みの年金支払原資については、基金型の場合は無論のこと、規約型の場合であっても、信託財産として破産財団・債務者資産とは隔離されていることから、基本的には、事業主の倒産による制限は直接受けないものと解することもできる注30)。

(ii) 年金掛金の扱い

年金掛金は、事業主が年金の原資として拠出義務を負う。公的年金（厚生年金）については日本年金機構の管轄の年金事務所が徴収権をもち、国税徴収の例により強制徴収が可能なもので、租税に次ぐ先取特権の順位が付与されている（厚年88条・89条）。

他方で、企業年金については、基金型では、基金が事業主に対して掛金請求債権を有しており、当該債権に基づき徴収した掛金を原資として、基金が、受給権者に給付を行うこととなる。また、規約型では、事業主が毎月自ら契約を締結した信託会社・生命保険会社等に掛金を支払い、事業主が受給権の裁定や給付を実施するものであり、実際には、事業主から資産管理運用機関である信託会社・生命保険会社等に通知がされ、資産管理運用機関から受給者に対する給付が行われるが、これは支払を資産管理運用機関が行っている

注30)　実務上も、債務者企業が直接支払う部分のみが弁済禁止の対象になり、信託銀行等からの支払には及ばないため、結果的に規約型でも年金については別途に扱う運用になるとされる（下向・前掲注24）387頁）。

だけで、受給権者は、基金型の場合と異なり、事業主に直接給付請求債権を有していると解される。そのため、規約型の場合、資産管理運用機関が債権をもつものでなく、規約に基づき事業主が受益者（過去および現在の従業員の総体）に対して掛金拠出義務を負うものと解される。

　再生手続や更生手続において企業年金制度を継続する場合、更生手続開始後に発生する標準掛金はいずれも共益債権となる（民再119条2号・121条1項、会更127条2号・132条1項）。他方、手続開始前に発生した掛金は、再生手続であれば一般先取特権の付与されるものであれば一般優先債権として随時弁済されることになるが、先取特権がなければ再生債権として弁済禁止の対象になる。また、更生手続においても、優先的更生債権となるのか一般更生債権になるのかの差異が生じる。

　この点、規約型の場合の掛金については、上記の通り会社が受益者に掛金拠出義務を負うものと解されるところ、会社と使用人との間の雇用関係に基づき生じる債権として一般先取特権があると解することができる（民306条2号・308条）。他方で、基金が事業主に対して有する特別掛金請求債権に、「雇用関係に基づく」債権と整理して優先性を認めるかについては、否定論・肯定論ともに存在するところである[注31]。とりわけ、運用低迷等を原因とする積立不足を埋めるための特別掛金請求債権については、過去および現在の従業員に対する年金給付の原資確保のために負担されるもので、実質的には制度加入者が積立不足解消の恩恵を受ける関係にあるが、過去の運用結果等に基づき発生しているもので極めて多額の負担となることがあるため、その扱いが問題となる。この点、基金型であった日本航空の更生事件においては、特別掛金は一般更生債権として扱われた上で、計画案において「衡平な差」（会更168条1項）を設ける扱いがをされた。

注31）　否定説として山本和彦「JAL更生手続に関する若干の法律問題——日本における本格的な事前調査型会社更生手続きの幕開きへ」事業再生と債権管理128号（2010）8頁、肯定説として森戸英幸「事業再生と企業年金——受給者減額を中心に」ジュリ1401号（2010）44頁。

第6章　労働法／労働者と事業再生

(4)　労働条件の変更

労働条件の変更に関しては、倒産法上は特則はなく、むしろ再建型倒産手続においては労働協約に双方未履行双務契約の解除権の適用がないことが明示されている（民再49条3項、会更61条3項）[注32]。

もっとも、私的整理に比して、再建型倒産手続に入っていれば、コストカットを果たせず再建の見込みが立てられなかったり、賃金・退職金の支払原資との関係でキャッシュ・フローの確保ができなければ牽連破産となって債務者企業自体が解散してしまう現実の危険性があるほか、労働条件変更ができなければ（破産に至るのを回避等すべく）人員削減・解雇等に及ばざるを得ないという場面も考えられることや、（労働条件切下げ自体に監督を受けるものではなくてもキャッシュ・フローや再建計画との関係で）裁判所や監督委員の監督下で手続が進められることから、相対的に、労働条件変更が認められやすい状態にあるとは考えられる[注33]。

例えば、新潟鐵工所事件では、スポンサー候補との交渉状況等に応じてさらに原資が確保できたときは退職加算金として上積みするという条件の下、最低限確実に支払うことができる限度として8割もの退職金減額をしたことについて合理性があるとされている[注34]。

(5)　労働者健康安全機構による立替払

未払の賃金・退職金については、会社が倒産した場合、労働者健康安全機構による立替払制度により弁済を受けられる（賃確7条参照）。

立替払の要件としては、①使用者が1年以上事業活動を行っていた後、倒産したこと（法的倒産手続が開始された場合のほか事実上の倒産も含まれる）と、

注32)　この点、米国倒産法においては、労働協約の解除・変更の手続が定められている（堀内秀晃ほか『アメリカ事業再生の実務——連邦倒産法Chapter11とワークアウトを中心に』〔金融財政事情研究会、2011〕110頁以下参照）。

注33)　解雇を背景に労働条件変更を迫る場合に、いわゆる「変更解約告知」の問題が生じ得るが、この点については、菅野・前掲注11）761頁以下を参照されたい。

注34)　新潟地判平成16・3・18労経速1894号10頁、東京高判平成16・12・16労経速1894号50頁、東京地判平成16・3・9労判875号33頁。

704

②労働者が倒産について裁判所への申立等（法的倒産の場合）または労働基準監督署への認定申請（事実上の倒産の場合）が行われた日の6か月前の日から2年の間に退職した者であることである。

立替払の対象となる未払賃金は、労働者が退職した日の6か月前から立替払請求日の前日までに支払期日が到来している定期賃金と退職手当のうち、未払となっているもので、賞与は立替払の対象とはならない。また、未払賃金の総額が2万円未満の場合も対象とはならない。

立替払の額は、未払賃金の額の8割であるが、退職時の年齢に応じて上限額が設定されている。

労働者健康安全機構が立替払した場合、同機構は求償権を取得し、原債権者に代位する。この点、最判平成23・11・22（民集65巻8号3165頁）および最判平成23・11・24（民集65巻8号3213頁）で、賃金が全額立替払された場合は、原債権が財団債権・共益債権である部分について財団債権・共益債権として代位行使できることが確認されている[注35]。

(6)　倒産手続における解雇

(i)　整理解雇

法的倒産手続においては、管財人または再生手続における再生債務者の権限として、双方未履行双務契約の解除権が認められており、労働協約と異なり、労働契約は除外されていないため、この解除権の行使が労働契約についても認められることとなる（破53条、民再49条、会更61条）。

この倒産法上認められる双方未履行双務契約の解除権は、使用者がもともと平時からもつ解雇権とは、①期間の定めのある契約の解除について「やむを得ない事由」を要しない[注36]、②解雇が契約・就業規則に定められた解雇事由に限定されない反面で[注37]、③解雇により（倒産債権ではあるが）損害賠

注35）　未払賃金の一部のみが立替払された場合に財団債権・共益債権部分について代位行使できるかどうか、できるとしてどの範囲なのかは未解決の問題となっており、見解も分かれている。

注36）　期間の定めのある契約については、そもそも「やむを得ない事由」があるときに解約をなし得るにとどまる（民628条）。

第6章　労働法／労働者と事業再生

償請求権を相手方に生じる、④裁判所の許可（民再41条1項4号、会更72条2項4号。なお、破78条2項9号参照）または監督委員の同意（民再54条2項）を要することがあるといった点で違いがある。

　そのため、倒産企業において解雇を行う場合にはいずれによるかを検討した上で解雇を行うべきものと思料される[注38] [注39]。

　倒産解除権の行使として解雇がされる場合であっても、一般的に、解雇権濫用の規制（労契16条）や、解雇予告義務（労基20条）等の規制は及ぶと解されており、ことに労働契約法16条のいわゆる「解雇権濫用法理」との関係で整理解雇の4要素について異なる見方がされるのかが論じられている[注40]。

　この点については、別稿[注41]に譲りここでは詳細に立ち入らないが、少なくとも通常の解雇権行使の枠組みで解雇を行い、倒産法上の双方未履行双務契約の解除権行使によらない場合であれば、枠組み自体を平時と異にすべき理由はなく、裁判例においても、整理解雇事案において、基本的にいわゆる整理解雇の4要件・4要素に従って判断を行っている[注42] [注43]。そのため、

注37)　就業規則の定めに解雇の事由を列挙した場合、使用者が労働契約上自ら解雇の自由を制限したものとして、列挙された以外の事由による解雇を認めないという見解（限定列挙説）があり、それによると、就業規則に解雇事由が定められている場合には規定上の解雇が必要となる。

注38)　一般的にはあまりその区別の意識なく、通常の解雇権の行使によっており、双方未履行双務契約の解除として監督委員の同意や損害賠償が問題とされる場面はあまりないと解される。これはそもそも民法上は期間の定めのない労働契約については「解雇自由の原則」が定められ（民627条1項）、各当事者はいつでも解約の申入れをすることができ、申入れから2週間の経過により労働契約は終了するものであるからで、倒産場面では「解雇権濫用」に当たるという意識が相対的に希薄になるからではないかと思われる。

注39)　管財人が選任されている場合には、業務遂行権や財産の管理処分権は管財人に専属する（破78条1項、民再66条、会更72条1項）ため、解雇権の行使主体は、債務者会社経営陣ではなく、管財人になる。

注40)　森倫洋「倒産手続における解雇（整理解雇及び普通解雇）」「倒産と労働」実務研究会編・前掲注2）131頁に所掲の各文献参照。

注41)　森倫洋「再建型倒産手続（民事再生・会社更生）における解雇について——整理解雇を中心に」金融財政事情研究会編『田原睦夫先生古稀・最高裁判所判事退官記念・現代民事法の実務と理論（下巻）』（金融財政事情研究会、2013）646頁以下参照。

再建型倒産手続に入った企業が解雇を行う場合も、（双方未履行双務契約解除ではない）整理解雇の枠組みで行う以上は、解雇回避努力も一定限度は求められるため、前記**2(2)(iv)**で述べたことがこの場合も基本的には当てはまることになる[注44]。

なお、破産手続の場合も、会社は解散する（会社471条5号）が、破産手続終了までは清算の目的の範囲内において法人として存続するため、労働契約は、当然には終了せず解雇は必要である。もっとも、破産手続においては、倒産解除権の行使に損害賠償が伴わず（民631条後段）、解雇の場合に裁判所の許可も不要であるほか（破78条2項9号参照）、通常の解雇権行使も基本的に濫用とはなりにくく、そもそも解雇目的の破産申立てであるというような

注42）　東京高判平成26・6・3労経速2221号3頁（日本航空〔客室乗務員・整理解雇事件〕。原審：東京地判平成24・3・30判時2193号107頁）、東京高判平成26・6・5労経速2223号3頁（日本航空〔運航乗務員・整理解雇事件〕。原審：東京地判平成24・3・29労判1055号58頁）、名古屋高判平成18・1・17労判909号5頁（山田紡績事件。原審：名古屋地判平成17・2・23判タ1236号209頁）など。なお、事業継続をしない場合に人員削減の必要性と手続的相当性を中心にした判断枠組みとするものとして、大阪地判平成18・9・20労判928号58頁（更生会社フットワーク物流ほか事件）があるとされる（池田悠「再建型倒産手続における解雇の特殊性と整理解雇法理の適用可能性」「倒産と労働」実務研究会編・前掲注2）160頁参照）。

注43）　実際に再生手続中の会社においてした解雇について解雇権濫用として無効とした事例として、名古屋高判平成18・1・17労判909号5頁（山田紡績事件）参照。

注44）　私見では、仮に整理解雇について、平時の解雇の枠組みと双方未履行双務契約の解除とで基本的な差異がないとすれば、双方未履行双務契約の解除権が倒産法で認められている意味がなく、後者については損害賠償も伴うことも踏まえて別異に解すべきものと解する。そもそも、双方未履行双務契約は相手方に非がない場合も事業の再生を図るために特別の解除権を認めるものであるから、相手方の非がないために解雇を厳格に解するという整理解雇法理をそのまま当てはめるべき基礎を欠くものであって、倒産場面における解雇の効力が否定される場面を限定して法的安定性を図るためにも、双方未履行双務契約の解除権行使の場合は整理解雇の4要件・4要素の考え方は適用されないと解すべきではないかと思料する。ただし、実務上は、いずれにせよ解雇に及ぶよりも、むしろ、希望退職・早期退職制度の活用や退職勧奨等によって、合意ベースで人員削減を行うことが通常と思われ、解雇権行使の法的安定性はまずは適切な合意形成を促すことに意義が見出せるべきものと思料される。

第 6 章　労働法／労働者と事業再生

特別な事情でもなければ解雇としては有効になると考えられる。

(ii)　普通解雇

　倒産手続の中の解雇でも、整理解雇以外にも、①勤務成績の不良、②私傷病、③非違行為など従業員本人側の事情に基づく普通解雇もあり得る。

　こうした事由による普通解雇は、あくまで対象従業員の労務提供能力・適格性の欠如・不足の観点または非違行為に対する企業秩序維持の観点から行われるのであり、使用者である債務者会社の経営状況等とは関係がないから、使用者が倒産状態にあることまたは管財人等による行使であるがゆえに、権利濫用の判断基準が緩和されたり、濫用該当性を否定する要素が推定されるということは基本的にはないものと考えられる。

4　企業再建・再編や倒産と労働組合

(1)　企業再建・再編と労働組合

　事業再生場面では、特に債務者企業に労働組合・労働協約がある場合に、スポンサー企業がさまざまな懸念・不安をもつことがあったり、逆に、労働組合側からスポンサーに対して不信感がもたれる場合がある。一般論としていえば、特に債務者企業に過半数労働組合がある場合にはその意向を無視して再生を図ることは困難であり、実際に労働組合の反対でスポンサーによる支援・組織再編が実行できなくなることもある[注45]。また、労働組合の存在を嫌忌して、ことさらに労働組合の解体を企図して事業譲渡で個別の労働契約を承継したり、ことさらに組合員である者について事業譲渡先が受け入れないということがあれば、不当労働行為に当たることにもなる（労組7条3号または1号）。

　そもそも、労働組合法にいう「使用者」は労働契約の直接的な当事者に限られず、労働契約関係に近似する関係あるいは隣接する関係をもつ者も含まれ[注46]、事業譲受企業が採用後の労働条件について団体交渉を拒否した場合

注45)　　事例については、西濱康行「組織再編における労働組合の影響力・協力取付けの重要性」「倒産と労働」実務研究会編・前掲注2）447頁以下参照。

にも不当労働行為となることがある[注47]。

支援企業と債務者企業の双方に労働組合があり、組織再編が行われる場合に、労働組合自体が企業の帰趨に従って組織再編がされるわけではない。もとより使用者側が労働組合の再編に介入すれば支配介入として不当労働行為に当たることになる（労組7条3号）。労働組合の再編は組合自体の合同や分会の形式でされることになる[注48]。例えば、労働組合のある債務者企業が会社分割で一部の事業を支援企業に移した場合、これによって労働契約関係が支援企業に移った従業員が元の労働組合の組合員資格を保持し続けるかどうかは当該労働組合の規約によることになり、規約に照らして組合員資格をもち続けるのであれば引き続き当該労働組合に属するものとして扱われることになる。さらに、当該組合員である従業員らで組成される組織が規約・執行機関・決議機関の点で独立の支部・分会としての組織をもてば、それ自体が単位組合として扱われる[注49]。

労働組合と会社との間の契約としての労働協約も、合併・会社分割などの包括承継の場合に、いわゆる規範的部分は労働契約の内容としてそのまま再編先の会社に承継されるほか、債務的部分もその性質上承継が予定されないものでなければ基本的に再編先に承継される。

なお、労働組合法17条により、同一事業所の同種の労働者の4分の3以上が労働協約の適用を受ける場合は、当該事業所の他の同種の労働者にも労働協約の適用が及ぼされる（一般的拘束力）ため、再編後人事交流を図る場合には、当該規定の適用にも留意する必要がある。

(2) 労働者・労働組合の手続関与等

(i) 倒産債権者としての関与

民事再生においては、労働債権は一般優先債権として手続外で弁済され、

注46) 菅野・前掲注11) 952頁以下。
注47) 菅野・前掲注11) 961頁参照。
注48) 奥川貴弥「組織再編における労働組合の統合」「倒産と労働」実務研究会編・前掲注2) 459頁以下。
注49) 奥川・前掲注48) 462頁。

709

第6章　労働法／労働者と事業再生

労働債権に関して労働者が倒産債権者として権利参加するものではない。

他方、更生手続や破産手続では手続前の原因に基づく労働債権のうち、共益債権または財団債権とされる部分（会更130条1項、破149条1項）以外のものは、優先的更生債権または優先的破産債権となり、手続に参加して、手続の中で弁済または配当を受けることになる。そのため、債権を有する労働者は、破産手続・更生手続に参加し、債権者集会・関係人集会や債権者説明会・関係人説明会に参加し、議決権行使や書面投票をすることができる（破136条・138条・139条、会更85条・115条・136条・189条等）。また、債権者であるため「利害関係人」として、倒産手続における種々の裁判に対する不服申立権も認められる。

なお、破産手続においては、労働者が未払賃金の額などを把握することが困難な場面も想定されるため、破産法86条では破産管財人が「給料の請求権又は退職手当の請求権を有する者に対し、破産手続に参加するのに必要な情報を提供するよう努めなければならない」と定められている。

(ii)　労働組合・労働者代表者の手続関与権

労働者は、債権者の立場だけでなく、特に再建型手続においては、事業の維持更生を支える人的リソースとしての側面もある。労働者の理解と協力なくしては再建は困難であり、そのため、再建を図る上でさまざまな局面で意見聴取・意見陳述権やその権利行使の機会を確保すべく、倒産手続の中で、労働者代表者、すなわち、従業員の過半数で組織する労働組合があるときはその労働組合、そのような労働組合がないときは従業員の過半数を代表する者（これらを合わせて「労働組合等」という）に手続への関与が認められる。

例えば、倒産手続においては管財人は裁判所の許可を得さえすれば事業譲渡を行うことができるが、その許可をするかどうかの判断に際しては、労働組合等の意見を聴くことが必要とされている（破78条4項、民再42条3項、会更46条3項3号）。また、再生手続開始・更生手続開始決定をするに当たってはあらかじめ労働組合等の意見聴取を行う必要があり（民再24条の2、会更22条1項。なお、民再246条3項）、破産手続開始決定がなされたときには労働組合等に通知がされる（破32条3項4号）。さらに、労働組合等には、債権者集会・関係人集会期日や債権者説明会・関係人説明会期日の通知（破136条

710

3項、民再115条3項・212条3項、民再則63条2項、会更115条3項、会更則25条3項2号）がされ、財産状況報告集会での意見陳述権も認められており（民再126条3項、会更85条3項）、財産状況報告書の要旨書面の送付もされる（民再則63条2項、会更則25条3項1号）。加えて、再生計画案・更生計画案の提出があった場合、計画案について労働組合等に関する意見聴取を行うこととなっているほか（民再168条、会更188条）、労働組合等には計画を認可すべきかどうかについて意見陳述権（民再174条3項、会更199条5項）が認められており、認可・不認可決定がなされた場合は通知がなされる（民再174条5項、会更199条7項）。

(3) 団体交渉における留意点

(i) 再建型手続の場合

私的整理や再建型倒産手続においては、労使関係は基本的にそのまま継続するため、団体交渉事項や団体交渉応諾義務も基本的には平時と変わりない。

もっとも、管財人がある場合は、業務遂行権は、管財人に専属する（民再66条、会更72条）。そのため、団体交渉応諾義務も管財人に課されることになる。

また、優先的更生債権となる部分のように倒産債権者として権利行使される部分については、弁済が禁止され、団体交渉で解決できる事項でなくなるので、そうした事項は団体交渉応諾義務の範囲外と解される。他方で、共益債権となる労働債権への弁済や、更生計画案における優先的更生債権となる労働債権の扱い等については、団体交渉事項となり、これらについての交渉を拒絶すると不当労働行為（労組7条2号）となる。

なお、債務者会社がスポンサーの支援を受けて再建するケースで、管財人や管財人代理の一部にスポンサー側の者が入る場合があるが、労働条件や労働者の処遇について誠実に協議する姿勢でなく、スポンサー側の意向を一方的に伝えたり、あるいは（決定事項でないものをすでに決定された事項のように伝えるなど）虚偽ないしミスリーディングな情報をもって対応した場合には、その意図・目的・態様等により不当労働行為とされることがあるため留意を要する[注50]。

第6章 労働法／労働者と事業再生

(ii) 破産の場合

破産においては、破産手続開始により会社は解散し（会社641条）、事業継続許可を得ない限りは事業は廃止され（破36条参照）、雇用関係も（期間の定めがある場合も含めて）解除できるものとなる（同法53条）。もっとも、解雇されない限り雇用契約は残っており、破産手続が開始された場合、債務者の業務の遂行ならびに財産の管理および処分をする権利は、管財人に専属する（同法78条1項）ため、管財人が使用者としての地位に立つことになる。

そのため、破産手続開始後にも労働契約関係が継続する場合においては、団体交渉応諾義務も破産管財人に課されることになる。もっとも、破産債権者の個別的権利行使は禁止され（破100条）、破産管財人は債権者一般に対する善管注意義務を負い（同法85条）、情報提供範囲も労働債権についての特に手続に参加するのに必要な情報提供が求められたり（同法86条）、生活維持のために特に必要な場合に弁済許可の制度が認められている（同法101条）ほかは、他の債権者と同様に扱われるものであるため、例えば優先的破産債権部分への配当率等の問題については団体交渉事項とならないと解される。また、破産財団に関連しない事項、例えば、破産会社の組織法的な行為に関する事項は、破産者（破産会社元代表者）に団体交渉応諾義務があり、破産管財人との団体交渉事項にはならない。

他方で、財団債権として扱われる部分に関する支払等に関しては、破産手続開始による権利行使の制限を受けず、随時権利行使できるため、破産管財人としても団体交渉事項として扱う必要がある。また、優先的破産債権たる給料債権の弁済許可や、中間配当の時期、破産管財人による再生・更生手続開始の申立て（民再246条1項、会更246条1項）等についても団体交渉事項となり得ると解される。

注50）　東京高判平成27・6・18労判1131号72頁（日本航空〔不当労働行為〕事件）参照。

第7章

紛争解決手続と事業再生

第7章　紛争解決手続と事業再生

1　事業再生と紛争解決（総論）

⑴　序説

　事業再生の生命線は再建のスピードにあるといっても過言でないが、事業再生に関連する事項をめぐり紛争が生じた場合にそれを解決するための重要な手段の1つである訴訟は長い時間を要するという実情がある。

　事業の再生・再建に支障を生じさせないためには、①紛争を早く解決するか、②問題の解決に左右されない再生スキームをとる、③さもなくば問題を一旦棚上げにして後の判断に委ねる形にしたまま再生を進めるといった方策を検討する必要が出てくる。

　また、スポンサーの支援を受ける上で、資金支援を行おうとする者の目線からすれば、対象企業に重要な紛争がある場合には、①それがどのくらいのリスク・インパクトのあるものであるのか、②どのくらいのタイムスパンで解決しそうなものなのか、③どういった結果が見込まれるかを検討した上で、支援金額やスキームの決定を行うこととなる。

⑵　事業再生における紛争の局面と類型

　企業において、紛争が問題になる相手方としては、⑴外部者との関係として、①債権者、②取引先・第三債務者、③金融機関、④スポンサー・スポンサー候補者、⑤労働組合（外部組合）、⑥年金基金、⑦行政機関、⑧株主、⑨顧客・エンドユーザーその他第三者、⑵内部者との関係として、①役員・旧役員、②従業員・元従業員、③労働組合（企業内組合）などがあり得、それぞれ請求者側・被請求者側の立場に立つことが考えられる。

　このうち、それらの関係に対応して事業再生局面で問題になるものとしては、⑴①債権の存否および額の確定、②取引の解消＝倒産解除特約や不安の抗弁の有効性、③期限の利益喪失事由の有無（クロスデフォルトを含む）、④ブレークアップフィーの約定の有効性や双方未履行双務契約解除・入札のやり直し[注1]、⑤団体交渉応諾義務・団体交渉事項をめぐる紛争や「使用者性」をめぐる争い、⑥強制脱退やそれに伴う特別掛金の賦課、⑦許認可をめぐる

714

紛争や組織再編税制をめぐる紛争、⑧投資家による証券訴訟、⑨製品・サービスをめぐる集団訴訟・被害者訴訟、⑵①経営責任の追及・（旧）役員への損害賠償請求、②解雇・労働条件の変更をめぐる紛争、③労働協約をめぐる紛争など多岐にわたるものがある。

これらの各紛争類型における個別の問題についてここで子細に検討するものではないが、紛争解決に当たり、事業を再建する上でどのような点に留意を要するかについて、以下、概括的に説明する。

2　私的整理場面における処理

⑴　事業の再建をめぐる当事者との紛争

事業の再建を図る上で、当事者となる債務者と金融債権者、事業の取引先、スポンサー、労働者・労働組合との紛争は、再建計画の策定・成立および遂行の上で解決の必要性がある。そのため、まず、これらの紛争に関しての留意点等を述べる。

⑴　再建計画の承認主体となる債権者（金融債権者）との関係

⒜　保有債権の確定

私的整理場面では法的手続の場合と異なり、債権確定について特別な手続はない。そのため、再建計画に同意を得るべき債権者の債権の存否・額に争いがあったり、あるいは担保による保全の範囲に争いがある場合には、訴訟または裁判外の交渉等により解決を図るほかない。

しかしながら、訴訟による解決は時間がかかるほか、任意交渉での解決が困難であったり、あるいは、（保証債権や保全範囲などについて）自主解決では他の債権者の納得が得られないこともある。

そのような場合、①中立な第三者を介在させる調停・ADR等で解決を図る、②確定させないまま事業再建計画では存否・額等について債権者の主張が認められた場合と認められない場合の両様で作成し、債権者集会での承認

注1)　各種契約条項の倒産手続における有効性・拘束力の有無については、森倫洋「民事再生手続における各種契約条項の拘束力の有無」事業再生研究機構編『民事再生の実務と理論』（商事法務、2010）76頁参照。

715

第7章　紛争解決手続と事業再生

を得て、後の訴訟等の結果に従い処理することとするといった方策をとることが考えられる。

　もっとも、⒤否認権行使を必要とする場合や⒤確定しない限り再建計画が立案できない場合などは、法的倒産手続を経て、否認・査定手続等を利用することも選択肢となってくる。

(b)　期限の利益喪失等との関係

　信用状況悪化に伴う期限の利益喪失など、債権回収に付随する問題については、その効力いかんにかかわらず、再建計画の中で、期限の利益の再度付与・リスケジュールという形で解消されることが想定されるものであるので、これをめぐって直接紛争をするというよりは、再建計画への理解を得るプロセスで問題として取り上げられるにすぎず、解決も再建計画への了解の取付けの形で図ることになるのが通常と考えられる。

(ii)　取引先との関係

　事業再生場面では、経済的窮境にあることが明るみになることで取引先の信用不安を招き、取引先から取引停止を申し出られることがある。

　取引停止の根拠としては、将来にわたる売買に関して基本的契約の不存在等を理由に供給停止を行ったり、契約があっても契約上の解除事由や（経済状況の悪化を理由に）不安の抗弁を主張して履行提供を拒むこと等が考えられる。これらの主張に対しては、継続的契約の法理を主張したり、取引サイトの短縮・現金払により信用不安を取り除く形での取引継続を申し入れたりすることが考えられるが、一旦取引停止になってしまうと、仮処分申立てなど法的措置をとったとしても、その回復・継続は事実上極めて難しくなってくる。

　そのため、私的整理場面では取引先を相手に訴え等をしてまで取引継続を確保するのは通常想定しがたく、交渉による解決が重要となる。

(iii)　スポンサーとの関係

　スポンサー・スポンサー候補との関係では、①入札・スポンサー決定過程をめぐる紛争、②契約交渉過程での紛争、③契約後クロージングまでの紛争、④クロージング後の紛争があり得る。このうち、①は、私的整理においてももめることがあったとしても、顕在的紛争にはなりにくく、また、②について

716

は契約締結上の過失の問題は生じ得るがこれも私的整理場面で直接問題になることは少ないと思われる。他方、③および④については、紛争となることがあり得るが、クロージング条件の成否や表明保証違反の有無など、通常のM＆Aにおける契約の問題と同様の事項となると考えられる。

　もっとも、事業再生場面では、スポンサーとの間でクロージング段階で紛争になった場合には、再建計画の成立・遂行に支障を生じることが考えられる。そのため、紛争が見込まれる場合はあらかじめ債権者と調整した上で時間的猶予を得て解決を図るか、それとも、クロージングさせることを優先してスポンサーに対応するかを決めた上で、臨む必要性が出てくる。

(iv)　労働組合等との紛争

　労働組合との団体交渉応諾義務についていえば、労働者の地位・処遇に影響するものでない限り、スポンサー支援自体や組織再編自体については（労働協約に定めがなければ）義務的団体交渉事項に当たらず[注2]、また、労働協約に定めがある場合についても、期間の定めがなければ90日前予告で解約できる（労組15条3項・4項）。しかし、多くの労働者や労働組合の反対があるようでは事業の再生はできず、現に労働組合の反対により事業再生局面でスポンサーによる組織再編が図れなかった例も間々ある[注3]。そのため、事業再生局面では、労働組合等とは紛争解決手続をとって争うというより、理解・協力を得られるよう十分な協議・説明を尽くす必要がある。

　なお、年金に関しては、再編の態様やその際の年金資産運用状況いかんによって、基金からの脱退等に伴い多額の特別掛金が賦課されることがあり、第1次的にはそのような状況を回避するのが望ましいことはいうまでもないが、解決をみなかった場合には、審査請求など不服手続をとる一方、賦課の負担に関してスポンサー等ともあらかじめ協議・決定しておく必要がある。

注2)　菅野和夫『労働法〔第11版補正版〕』（弘文堂、2017）852頁参照。なお、小林讓二「倒産法における労働組合との協議・意見聴取」「倒産と労働」実務研究会編『詳説倒産と労働』（商事法務、2013）422頁は、経営状況や倒産手続を申し立てるかどうかも義務的団体交渉事項とする。

注3)　事例について、西濱康行「組織再編における労働組合の影響力・協力取付けの重要性」「倒産と労働」実務研究会編・前掲注2）447頁以下参照。

第 7 章　紛争解決手続と事業再生

(2)　株主、第三者等との紛争

　他方で、事業再生の遂行上解決が不可欠でない紛争、例えば、第三者との間の係争や株主からの提訴については、紛争の解決の見込みが立っていればともかく、そうでない場合、第 1 次的には組織再編スキームの中で対応の検討がされることが多い。

　すなわち、単なる過去の債務や事業の再生にとって不可欠でない契約関係に伴う債務に関しては、事業再生局面では、潜在的債務または回収困難・不確実な資産として、紛争に係るコストと見込まれるリスク・リターンを考慮して対応を検討するのが合理的であり、むしろ潜在的リスクが事業再生に影響を及ぼさないようにすることが重要となる。

　そのため、まずは、事業再生のスキームにおいて、潜在的リスクを遮断すべく（事業譲渡や会社分割等により）再生を図る事業と別法人に分離して、紛争解決と残資産・残債務の整理を時間をかけて図るなどの処理を検討するのが先決問題となる。

(3)　(旧) 経営陣の経営責任をめぐる紛争

　私的整理においても、債権者の理解を得るために、(旧) 経営陣の責任追及・私財提供が求められることがしばしばある。この場合、もとより (旧) 経営陣の任意の協力が得られれば問題はないが、責任をめぐって紛争になる場合には、ADRや調停、さらには訴訟提起を必要とすることもある。訴訟の方法としては、債務者会社からする役員の損害賠償責任（会社423条）や違法配当等の場合には不当利得返還請求（民703条・704条）が考えられるが注4)、その場合、早期に解決を図るべくまずは和解の道を探るというよりも、債権者の納得を得られるように、中立な第三者の介在した透明性の高い手続の中で、公正公平な立場から厳に責任追及を行っていく姿勢が求められることになる。

注4)　　会社が提訴しない場合には、株主からの代表訴訟（会社847条）や詐害行為取消訴訟（民424条）もあり得るが、事業再生局面では債務者会社側から責任追及を行う必要性があることが通常であると考えられる。

なお、後述の法的手続における役員責任査定手続のような簡易迅速な手続はないため、訴訟に当たっては重要な点に絞るなど、再建に支障のない合理的な期間で解決が図られるように工夫する必要はある。

(4) 準拠法と管轄

私的整理場面では、準拠法について特別な規律を受けるものではないため、法の適用に関する通則法に基づいて決定され、契約関係は基本的に合意された契約準拠法によることになり（法適用7条）、不当利得は原因発生地（同法14条）、不法行為に基づく損害賠償は加害行為の結果発生地（同法17条）の法律に基本的に従うこととなる。

また、仲裁合意の効力や国際裁判管轄を含めた管轄についても、それぞれ仲裁法（13条以下）や民事訴訟法（3条の2～3条の12・4条～22条）に従うこととなる。

3 法的倒産手続における処理

(1) 概要

法的倒産手続固有の紛争解決処理手続としては、財団形成・資産回復手段として、①否認権行使、②役員責任査定があり、債権者との債権確定をめぐる紛争処理として、③債権査定手続・更生担保権の担保目的物の価額決定手続、④担保権消滅許可請求に伴う担保目的物の価額決定手続がある。

これらの紛争がある場合、もとより再建計画案（再生計画案・更生計画案）の策定前にすべての解決が図られればよいが、紛争解決には時間を要するところ、そのような時間軸とならない場合が多くある。他方で、否認権行使や債権査定・価額決定は、債権者のもつ議決権の額に影響するほか、役員責任査定手続を含め、これらの手続を通じて適切な解決が図られるかどうかが債権者の再建計画案の賛否に対して影響を与えることもある。

そのため、これら法的倒産手続固有の紛争解決処理手続について、事業再生全体の観点から考察する。

第7章　紛争解決手続と事業再生

(2)　否認権行使

(i)　否認権行使の主体

否認権は、再生手続・更生手続における管財人または民事再生の監督委員において行使する（民再135条1項、会更95条1項）。

再生手続では、DIPにおいて否認権行使ができず、再建計画の立案者／業務・財産管理者の立場と否認権行使主体がずれることになる。そのため、再建計画案での調整や和解による早期解決について困難を生じる場面もあり得[注5]、否認権行使が重要な場合には、手続選択の要素ともなる。

(ii)　否認権行使の方法

否認権は訴えまたは否認の請求により行使する。管財人がある場合は抗弁によっても行使できるとされる（民再135条3項、会更95条1項）[注6]。

東京地裁の破産・再生では、否認請求は1回の審尋期日で迅速に処理されているとされており[注7]、訴訟まで争われることが見込まれるのでなければまずは否認請求によることを検討することとなる。

上記の通り管財人は抗弁としても行使できるため、例えば、保証債権の債権届出があった場合に、保証債務の負担行為を無償行為否認（民再127条3項、会更86条3項）するときは、債権者からの保証債権届出自体を否認し、債権査定手続の中で否認権行使を行うこととなる。

後記3(4)(ii)の通り、更生担保権の査定手続の中では、担保権の有無および額を踏まえて担保権の被担保債権の範囲が確定されるが、否認請求と査定手

注5)　再生手続が終結した場合（民再188条参照）、管財人が提起した否認訴訟は中断し、再生債務者が受継することとなる（同法68条2項・3項）が、監督委員の提起した否認訴訟については現行法には明文の規定はない。この点、①管財人が提起した否認訴訟と同様に、中断と再生債務者による受継を認める見解（松下淳一「再生手続から破産手続への移行と係属中の訴訟」島岡大雄ほか編『倒産と訴訟』〔商事法務、2013〕565頁参照）と、②当然に終了するという見解（伊藤眞『破産法・民事再生法〔第4版〕』〔有斐閣、2018〕998頁）がある。

注6)　DIP型で進められる再生手続において、抗弁として否認権行使したい場合は、監督委員が再生債務者と否認相手方との間の主張に訴訟参加して行使することになる（民再138条1項）。

注7)　進士肇＝影浦直人「否認訴訟」島岡ほか編・前掲注5）5頁。

続は別々に進行するため、否認の判断と査定の裁判またはその異議の訴えの判決とで齟齬を生じることもあり得る。実際に東京地決平成23・11・24（金法1940号148頁）では、先行する否認請求事件[注8]で対抗要件否認がされたはずの担保権について、更生担保権査定決定の中では、担保権が存在する前提で査定の判断がされているもので、否認の判断とは逆の判断がされている[注9]。

(iii) 否認権行使の効果

　否認権は、形成権であり、否認対象行為の結果として逸出した財産は、債務者財産に復帰する（民再132条1項、会更91条1項）。復帰の具体的方法として、給付が相手方に残っている場合には目的物の返還を求め、目的物がすでに処分されているなど現物の返還が受けられないときは価額償還を求めることとなる。

　否認権の効果は、債務者財団との関係でのみ生じ、第三者に影響を及ぼさない相対的なものであり（人的な相対的効力）、否認訴訟中に倒産手続が終了した場合も否認の効果が生じなくなる手続相対的なものである（民再139条、会更98条）。

　また、詐害行為否認または無償行為否認の否認対象行為の相手方が債務者に対して反対給付を行っている場合は、給付が現存している場合はその返還、現存しなければ共益債権者としてその価額の返還を請求できるが、債務者が反対給付として受けた財産の隠匿意思があり、そのことについて相手方が悪意であったときは返還・価額償還の範囲は現存利益に限られ、それを超える部分は倒産債権となる（民再132条の2第2項、会更91条の2第2項）。他方、

注8)　東京地決平成23・8・15判タ1382号349頁。

注9)　対抗要件否認の判断においては、保証債務の存在を理由に物的担保提供をした会社も実質的危機にあったと認定していたが、更生債権の確定手続の中では同会社に対する保証債務の届出に対して（保証債務自体の否認はせずに保証債権の査定の手続の中で抗弁として否認がされることとなり）管財人が認めず、査定となったところ、その後、和解により保証債務については手続上行使できない旨の確認がされ、残った更生担保権査定申立手続の中では保証債務の不存在を前提に他の債務の状況からは実質的危機時期にはなかったとして担保権が存在する前提で査定決定がされたという経緯である。

偏頗行為否認の場合、相手方が受けた給付の返還または価額償還を行ったときは相手方の債権が原状に復帰し（民再133条、会更92条）、倒産債権となる。

さらに、相手方が反対給付の目的物の返還請求権または価額償還請求権を行使できるときは、管財人は財産の返還請求に代えて、財産価額から反対給付の目的物の価額またはその価額償還請求額を控除した額の償還を請求できる（差額償還請求。民再132条の2第4項、会更91条の2第4項）。

なお、登記の原因である行為が否認されたときまたは登記が否認されたときは、職権で否認の登記がされる（民再13条1項、会更262条1項）。

(iv) 否認権行使のための保全処分

否認権を保全するために必要があると認められる場合は、裁判所は、利害関係人の申立人よりまたは職権で、仮差押え、仮処分その他の必要な保全処分を命じることができる（民再134条の2第1項、会更39条の2第1項）。

ただし、相手方の地位の不安定さを解消するために、管財人または否認権限をもつ監督委員により手続開始後1か月内に手続の続行がされない限り、保全処分は効力を失うものとされている（民再132条の3第1項・2項、会更94条1項・2項）。

(v) 和解による処理

上記の通り、偏頗弁済の否認がされたときは債権者の債権が原状に復帰する。また、詐害行為否認や無償否認の場合にも相手方の給付について一部が倒産債権となることがある。

さらに、債権確定手続の中で抗弁として否認権を行使した場合は、直接に倒産債権の存否および額にかかわる。債権査定手続と否認に関する手続が並行して行われることも当然あり得る[注10]。

そのため、実務的対応として、否認対象行為に係る返還・価額償還手続に代えて、またはそれとともに、倒産債権の有無および額についての合意、さらには（再建計画案に対する）議決権行使に関する合意も含めて和解を行う

注10）　林原グループの会社更生事件では、担保設定行為や（仮）登記具備行為について一部の否認請求が認められたが、認容された部分について、異議の訴えが提起され、決定は確定せず、その間更生担保権および更生債権の査定が申し立てられ、査定の手続の中でも、否認の可否が争われることとなった。

のが望ましい場面もあり、一括和解を図るほか、手続を一元化して整合的な判断を確保すべく段階的和解で処理を図ることも考えられる[注11]。

(vi) 対抗要件具備行為の否認

対抗要件具備行為についても、責任財産を逸失させる行為として否認対象となり得るが、どのような場合に否認が認められるかには2004年の倒産実体法改正[注12]前から争いがあり、同改正後も疑義を残していた。

この点について、前掲・東京地決平成23・11・24は、①対抗要件否認に関するいわゆる制限説か創設説かという著名な論点につき、対抗要件否認は（旧破産法下での）危機否認を制限したもので故意否認を制限したものではないと判断した上で、②故意否認と危機否認の区別を廃止した破産法改正後の新会社更生法下では、偏頗行為否認（会更86条の3第1項1号）と詐害行為否認の一部（同法86条1項2号）は危機否認に対応するので対抗要件否認は制限されるが、詐害行為否認のうち担保供与・債務消滅行為以外の財産処分行為を対象とする危機否認と直接関係しない部分（同項1号）については対抗要件具備行為の否認は制限されないとし、③後者に当たるかは原因行為との関係で考えざるを得ないところ、①主債務者との関係では原因行為が担保供与行為であるのでこれに当たらず、ⅱ物上保証との関係では他人のために資産を流出させる財産処分行為であるので後者に当たるとしている[注13]。このような判断枠組み自体は基本的には支持されているようである[注14]。

(vii) 会社分割の否認

会社分割が否認権行使の対象になるかについては従来争いがあったが、最

注11)　伊藤眞「否認権行使を巡る紛争解決のあり方──紛争解決に関する統一的判断の実現を求めて」島岡ほか編・前掲注5)454頁以下、高橋洋行ほか「林原グループ案件における否認請求等」金法1952号（2012）24頁以下参照。

注12)　現行破産法（平成16年法律第75号）による破産法の全部改正、破産法の施行に伴う関係法律の整備に関する法律（平成16年法律第76号）による民事再生法、会社更生法等の一部改正。

注13)　上記の対抗要件否認の問題となった更生会社のうち1社は、当該主債務について連帯保証をしており（ただし、後に否認されている）、物上保証ではなく、当該保証債務の担保だった場合にはどうかという問題はあり得るが、本件決定の中ではこの点は特に問題とならなかった。

注14)　笠井正俊「判批」事業再生と債権管理138号（2012）17頁。

第 7 章　紛争解決手続と事業再生

判平成24・10・12（民集66巻10号3311頁）により、取消しの効力が新設分割
による株式会社の設立の効力にまで影響を及ぼすものでないことを前提に、
詐害行為取消しの対象となることが認められたことから、現在では（吸収分
割の場合を含めて）会社分割が否認権行使の対象となること自体にはほぼ争
いがない[注15]。

　他方、会社分割を否認する場合の否認の類型として、詐害行為（破160条）、
相当対価を得てした財産処分行為（同法161条）、偏頗行為（同法162条）のい
ずれによるべきかについてはさまざまな見解がある[注16]。また、会社分割の
否認の対象行為を何と捉えるかについて、新設分割の場合にこれを、①新設
分割自体とする考え方、②新設会社の設立を除外して分割計画書における
個々の権利義務（資産負債）の移転部分とする考え方、③分割計画書におけ
る個々の資産（権利）の移転部分のみとする考え方に分かれている[注17]。否
認権行使の効力が倒産手続との相対的なものであり、破産財団の回復という
否認の目的に照らしても、会社の設立自体を対象にする必要はなく、権利義
務の移転（②）または資産移転（③）を対象にすれば足りると解される[注18]。
裁判例も、新設分割のうち権利（資産）承継部分を詐害行為として否認し価
額償還を命じた裁判例や不動産の現物返還を命じた裁判例があるほか[注19]、

注15)　否定説として、東京地判平成17・12・20金法1924号58頁、岡伸浩「濫用的会社分
　　　　割と民事再生手続」NBL922号（2010）6頁等。

注16)　各見解については、松下淳一「濫用的会社分割についての覚書」事業再生と債権
　　　　管理138号（2012）146頁、服部明人＝岡伸浩「会社分割と破産法上の否認権の類
　　　　型」第一東京弁護士会総合法律研究所倒産法研究部会編著『会社分割と倒産
　　　　法――正当な会社分割の活用を目指して』（清文社、2012）76頁参照。

注17)　岡伸浩「濫用的会社分割と倒産法上の否認権」第一東京弁護士会総合法律研究所
　　　　倒産法研究部会編著・前掲注16）68頁以下。

注18)　伊藤眞「会社分割と倒産法理との交錯――偏頗的詐害行為の否認可能性――責任
　　　　財産の割合的減少をどのように捉えるか」NBL968号（2012）12頁以下、岡・前
　　　　掲注17）69頁参照。これらの文献は②の見解に立っている。ただし、岡・同74頁
　　　　では個々の資産移転の一部否認も可能としており、③の処理も可能と解している
　　　　とみられる。

注19)　価額償還を命じた裁判例として福岡地判平成21・11・27金法1911号84頁、東京高
　　　　判平成24・6・20判タ1388号366頁。不動産の現物返還を命じた裁判例として福
　　　　岡地判平成22・9・30判タ1341号200頁。

詐害行為取消権については、取消しの対象につき、ⅰ新設分割とするものとⅱ個々の資産の権利の移転行為とするものとがある[注20]。

否認権行使の結果、否認対象となった権利義務または資産は原状回復され、または価額償還されるが、この場合、否認権行使の効果が倒産手続との関係での相対的なものであって組織法上の行為を否定しないことから、価額償還を広く認めるべきとする考え方が提唱されている[注21]。また、相手方から受けた反対給付としては、債務の承継と新設会社の株式が考えられるが、前者については新設会社に承継された債務の「実価」と新設会社に承継された資産額との差額償還（破168条4項）の処理によることが考えられ、後者についても株式自体の返還に代えて交付株式の価額に相当する金銭の返還によるものとすることが考えられる[注22]。

会社法の改正により、詐害的会社分割については、残存債権者に承継会社・設立会社に対する直接請求権が認められ[注23]、一定の立法的解決が図られたが、倒産場面では直接請求権は認められず、当面は管財人・監督委員による否認権行使に委ねられることとなった。そのため、濫用的会社分割が疑われる場合には、否認権行使や、さらには価額償還請求その他の債権に基づき承継会社・設立会社に対する倒産手続の債権者申立ての検討が必要となる。

ⅷ 外国でなされた行為の否認

外国でなされた行為を否認するには、否認権行使に係る準拠法という困難な問題に直面する[注24]。否認権の準拠法については、UNCITRAL国際倒産モデル法でも日本の倒産法上も明文の規定は置かれず解釈に委ねられている

注20) 新設分割とするものとして東京地判平成22・5・27判時2083号148頁、東京高判平成22・10・27金法1910号77頁、名古屋地判平成23・7・22判時2136号70頁。個々の資産の権利の移転行為とするものとして大阪地判平成21・8・26金法1916号113号、大阪高判平成21・12・22金法1916号108頁、福岡高判平成23・10・27金法1936号74頁。

注21) 伊藤・前掲注18) 27頁。

注22) 伊藤・前掲注18) 28頁。

注23) 株式会社に権利義務を承継させる吸収分割について改正会社法759条4項、持分会社に権利義務を承継させる吸収分割について同法761条4項、株式会社を設立する新設分割について同法764条4項、持分会社を設立する新設分割について同法766条4項。

が注25)、種々の見解に分かれている。大別しても、ⓐ手続開始国法の要件の
みで行使できるという見解、ⓑ否認対象行為の準拠法ないし否認対象財産所
在地の倒産実体法の否認要件のみで行使できるという見解、ⓒ手続開始国法
のほか財産所在地法または否認対象行為の準拠法の要件の両方を満たしては
じめて行使できる（累積的適用）という見解がある注26)。なお、手続開始国
によるとする場合に、複数の法的倒産手続開始国があるときは、外国主手続
の開始国法を準拠法とすべきであるとされている注27)。

　いずれの見解に立つにしても、管財人としては、当該外国で否認の効力が
認められなければ意味がないため、当該外国における否認準拠法の解釈を踏
まえた上で、（外国倒産手続の承認により）当事者適格を得た上で否認対象財
産や受益者の所在国の裁判所で否認訴訟を提起するか、日本において否認請
求または否認訴訟をした上でその裁判の承認執行を求めるべきか等を判断
し注28)、その上で、手続に見込まれるコスト・時間と得られるメリットを比
較衡量した上で、否認権を行使するかどうかを決定する必要がある。

注24)　否認権や双方未履行双務契約の解除の準拠法等については、森倫洋＝田中研也
「国際取引契約と倒産」「現代型契約と倒産法」実務研究会編『現代型契約と倒産
法』（商事法務、2015）129頁以下、事業再生迅速化研究会編『事業再生の迅速
化』（商事法務、2014）266頁以下［那須健人ほか］参照。

注25)　高木新二郎「国際倒産における否認権の準拠法」金判1060号（1999）166頁、深
山卓也編著『新しい国際倒産法制——外国倒産承認援助法等の逐条解説＆一問一
答』（金融財政事情研究会、2001）22頁参照。

注26)　深山編著・前掲注25）参照。①ⓐ説については、倒産手続における一元的・画一
的処理という要請には適うものの、取引の安全性・当事者の予測可能性を害する
おそれがある、②ⓑ説は、取引の安全性・当事者の予測可能性には資するが、否
認権対象行為の種類によっては当事者において任意に準拠法を選択することがで
きるため、否認権行使を当事者の合意によって意図的に回避することが可能とな
るという問題がある、③ⓒ説については、ⓑ説と同様の問題のほか、累積的適用
によって否認権行使の対象がより狭くなるといった問題があるとされる。

注27)　福岡真之介「国際倒産(1)——準拠法と承認」ジュリ1450号（2013）86頁、山本和
彦「国際倒産に関する最近の諸問題」法の支配170号（2013）14頁等参照。

注28)　この場合、国によっては、倒産手続の下での否認権行使に係る裁判の非訟的性格
を重視して、関係する契約の準拠法国においても否認権行使が許されることを条
件とする場合や、法廷地国特有の否認要件の充足を承認執行の条件とする場合も
考えられるので注意が必要となる。

なお、その際、偏頗弁済のような問題の場合には、計画弁済場面における配当調整（ホッチポットルール[注29]。民再89条2項、会更137条2項）により一定の調整を図ることは可能であることから[注30]、それを踏まえて否認権行使の要否の判断を行うこととなる。

(3)　役員責任査定

　経済的窮境企業においては、粉飾決算が行われ、その中で違法配当が行われていたり、乱脈経営・放漫経営の中で経営陣や関係会社への不当な資金流出がなされたりすることがある。

　そうした経営陣の責任追及について、訴訟に代えて簡易迅速に損害賠償債務の有無・額を決めるため役員責任査定制度が設けられている（民再143条、会更100条）。このような役員責任査定は、再生債務者・管財人のほか、管財人が専任されていない場合には、再生債権者も申立てができる。

　査定申立てには時効中断効が認められるが、査定の裁判に至る前に再生手続・更生手続が終了した場合には査定手続は終了する（民再143条5項・6項、

注29）　外国で弁済を受けた債権者は、他の倒産債権者が自己の受けた弁済と同一の割合の弁済を受けるまでは、再生手続により、弁済を受けることができないとされるルール。

注30）　更生債権者等が、他の同順位の更生債権者等以上の弁済を受けた場合には、管財人等が、当該更生債権者等に対して不当利得返還請求権を行使できるかについては、学説上、肯定・否定の双方の考え方がある（道垣内正人「国際倒産における債権者平等——外国で弁済を受けた債権者の扱い」金判1112号〔2001〕116頁以下、山本和彦「UNCITRAL国際倒産モデル法の解説（8完）」NBL638号〔1998〕54頁、松下淳一「民事再生手続および外国倒産処理手続の対外的効力」事業再生と債権管理105号〔2004〕118頁、澤木敬郎＝道垣内正人『国際私法入門〔第8版〕』〔有斐閣、2018〕390頁以下、山本和彦『国際倒産法制』〔商事法務、2002〕146頁以下等参照）が、不当利得法の準拠法は原因事実の発生地の法とされる（法適用14条）ところ、外国における仲裁・訴訟に基づき回収された金員を「法律上の原因を欠く」と見られるかどうかには疑問が残る。なお、これに対して、倒産手続の開始決定の効力が弁済原資となる外国財産に及んでいることを前提に弁済地の法律に基づいて不当利得が認められるか否かを考えるべきであるから、不当利得返還請求権は原則として認められるべきであるとの見解もある（田村陽子「制限普及主義に基づく国際倒産法制度の構築（2完）」上智法学論集43巻4号〔2000〕127頁、道垣内・前掲118頁等参照）。

会更100条4項・5項）。

査定の裁判に対しては、不服があれば申立人（職権でされた場合は再生債務者または管財人）および当該役員を当事者として異議の訴えを提起できる（民再145条、会更102条）。

再生手続の場合には、再生債務者が経営陣の責任査定の申立てをすることが想定されるところ、再生手続の申立代理人弁護士が、再生手続申立てに当たって役員の個人責任について相談を受けて一定の見解を示したり助言を行うと、弁護士職務基本規程27条1号の「相手方の協議を受けて賛助し、又はその依頼を承諾した事件」に当たったり、同規程32条の「複数の依頼者……の相互間に利害の対立が生じるおそれ」があることもあり得るため、再生手続申立てまたは役員責任査定申立てに当たっては同規程に抵触しないように留意が必要となる[注31]。

(4) 債権査定手続・更生担保権の担保目的物の価額決定手続

(i) 債権査定手続

(a) 概要

民事再生・会社更生などの法的倒産手続においては、倒産債権を簡易迅速に確定するための債権査定制度が設けられている（民再105条、会更151条）。すなわち、債権調査期間に届出債権が認否書で認められず、または他の債権者から異議を述べられると、調査期間の末日から1か月の不変期間内に、異議者等の全員を相手方として、債権の査定の申立てをすることができる。査定の申立てがあった場合、審尋がされ[注32]、不適法却下される場合を除き、

注31) 岡伸浩＝島岡大雄「役員責任追及訴訟」島岡ほか編・前掲注5）224頁以下、日本弁護士連合会弁護士倫理委員会編著『解説「弁護士職務基本規程」〔第3版〕』（2017）79頁・113頁参照。

注32) 再生事件では、東京地裁では通常書面審尋により行われるとされる（酒井良介＝上甲悌二「債権確定訴訟」島岡ほか編・前掲注5）112頁参照）。

注33) 存在しない場合も棄却でなく、存在しない旨の査定決定がされる。査定の裁判の主文については、例えば、森倫洋「再生債権の調査・確定」高木新二郎＝伊藤眞編集代表『講座倒産の法システム(3)再建型倒産処理手続』（日本評論社、2010）403頁参照。

債権の存否および額を査定する裁判がなされる[注33]。

査定の裁判に不服がある場合、決定の送達がされてから1か月の不変期間内に査定異議の訴えを提起することができる（民再106条、会更152条）。判決においては、不適法として却下される場合を除き、査定決定を認可し、または変更する判断がされる。

なお、債権の一部を認め、一部を認めないとされた場合、認められた範囲で確定するが[注34]、東京地裁破産再生部では、査定手続が係属しているときは認められた部分も査定の審理対象とし[注35]、未確定債権として扱い、弁済等は確定時まで行わないものとされる[注36]。

(b) 主張制限

査定手続においては、債権者は債権表に記載されている事項のみを主張できる（民再108条、会更157条）ため、債権額の増額変更、原因の変更、優先権の追加主張などが許されない。そのため、査定手続において、債権の法的構成に関する主張が変更される場合は、債権の同一性を害しない範囲での変更かどうかが問題になるが、権利の実質的関係が同一であるときは比較的広く変更が許容されるとされている[注37]。もっとも、債権者としては、疑義のないようあらかじめ予備的な法的構成も含めて、後々になって額・範囲や同一性に問題を生じないよう広く届出をしておく必要がある。

(c) 共益債権性を主張する場合

共益債権については、手続外で行使可能であるが、再生債務者・管財人が共益債権性を争う場合は、債権者としては届出期間内に予備的に倒産債権として届出をした上で、共益債権かどうかは通常訴訟を提起して主張することとなる。

また、共益債権に当たる債権を立替払する場合、求償権自体は倒産債権であっても、弁済により代位する原債権を共益債権として行使できないかが問

注34）　優先権のみ争いがあるのであれば一般債権の範囲で確定するとされる（竹下守夫編集代表『大コンメンタール破産法』〔青林書院、2007〕511頁〔橋本都月〕）。

注35）　鹿子木康編著『民事再生の手引〔第2版〕』（商事法務、2017）166頁。

注36）　酒井＝上甲・前掲注32）127頁。

注37）　酒井＝上甲・前掲注32）119頁。

第7章　紛争解決手続と事業再生

題となるが注38)、そのような場合、求償権を倒産債権として届け出しつつ、原債権の代位行使を共益債権として求めることになる注39)。

査定手続は、再生事件・更生事件を扱う裁判体が扱うのに対して、共益債権に関する訴訟は当該債権の管轄裁判所の訴訟を所管する裁判所が扱う。そのため、両者は異なる裁判体が異なる手続で判断することとなり、合一確定が図られるとは限らない。そこで、予備的届出としてされた債権の査定については、①主位的請求に対する判断を待ち、査定の決定の判断を保留するか、②査定の裁判をした上で異議訴訟になった段階で併合して審理をすることが考えられる。もっとも、後者については異議が出されるとは限らないため、実務的には前者で処理されているようである注40)。

民事再生における一般優先債権の代位弁済についても同様のことが当てはまる。

(d)　内部債権の扱い

親子会社間の債権、支配株主の債権、旧経営者の有する債権など、内部者の有する債権の扱いが問題となることがしばしばある。

親子会社間であっても、それぞれ外部者から与信を受けている場合などは、関係会社間の債権もそれぞれの責任財産として扱う必要があることもあり、一律に存在を否定したり、劣後的扱いをすることが許容されるものではない。

他方で、旧経営者や支配株主に、経営悪化についての経営責任が認められるような場合には、それらの内部者からの届出債権に対しては、損害賠償請求権との相殺を主張したり、貸付等の実態の不存在を主張して、存在を認め

注38)　財団債権となる給料債権の弁済による代位について、原債権を共益債権として行使することを認めたものとして最判平成23・11・22民集65巻8号3165頁、請負人に対する前渡金返還請求権の代位弁済で、共益債権として返還請求を認めたものとして最判平成23・11・24民集65巻8号3213頁。なお、租税債権の弁済については、共益債権として代位行使できるかについて争いがある。

注39)　この場合は、手形債権と原因債権を届けるように選択的な関係での届出となると解される。東京地判平成20・9・19金法1861号33頁は、選択的関係にある複数の債権について別個に債権届出をすることを許容しつつ、そのうち1つの債権が確定した場合はその余の債権の確定を求める実益がないから、他方の倒産債権はゼロ円と査定すべきであるとしている。

注40)　酒井＝上甲・前掲注32) 129頁。

ないとする扱いもあり得る。そのような債権の査定手続の中では、役員責任査定を先行させたり、和解により一括解決を図ることが実務的対応として考えられる。

(e) 債権の内容に関する準拠法（国際取引の場合）

国際取引では、通常、契約内容の確定・解釈に関する準拠法についての規定が置かれるが、その場合、債権の内容自体は、原則として当該債権の準拠法に従って定められる[注41]。

もっとも、内容の確定した債権が手続上どのように扱われるか、倒産債権の該当性ないし共益債権・財団債権の該当性や優先性の有無は、「手続法は手続地法による」との原則に則り、日本の倒産法により判断されることになると解される[注42]。

例えば、契約上の債務不履行により生じた損害賠償請求権については、当該契約の準拠法により債権の内容を決することになり、当該契約の準拠法により当該債権につき先取特権があると判断される場合、それが特別先取特権の性格をもつとみられるときは、当該債権は倒産手続において担保付債権として扱われることとなる[注43]。

(ii) 更生担保権の担保目的物の価額決定手続

(a) 概要

更生担保権の確定は、被担保債権の有無および額を確定する更生担保権の査定手続（会更151条）のほか、担保権により担保されている部分の確定のために担保目的物の価額決定手続（同法153条）が設けられている。

価額決定手続は、非訟事件として、更生事件を扱う裁判体が評価人の評価

注41）　準拠法国では債権が認められる場合であっても、当該債権の内容が手続開始国の公序良俗に反する債権である場合には債権の存在が認められないことがある。例えば、懲罰的賠償請求権については、日本の法体系の下では、公序に反するとして存在ないし権利行使が否定されることがあり得る（最判平成9・7・11民集51巻6号2573頁、石川明＝小島武司編『国際民事訴訟法』〔青林書院、1994〕150頁等参照）。

注42）　高桑昭『国際商取引法〔第3版〕』（有斐閣、2011）403頁参照。

注43）　事業再生迅速化研究会第5PT「倒産実務の国際的側面に関する諸問題（上）」NBL994号（2013）81頁。

第7章　紛争解決手続と事業再生

に基づき決定手続により簡易迅速に定めるもので注44)、不服申立ても即時抗
告によるものとされる（会更154条3項）。確定した価額決定は、裁判所を拘
束するものとされ（同法155条2項1号）、更生担保権の査定申立てまたはそ
の異議の訴えが係属する裁判所は、独自に価額を算定することはできず、価
額決定手続がある場合は価額決定手続により定められた価額を前提として、
それがないときは異議等のない価額により更生担保権を定めることとなる
（同条）。

(b)　評価基準としての「時価」

　価額決定の申立てがあった場合、裁判所は、これを不適法として却下する
場合を除き、評価人を選任し、担保目的物の評価を命じなければならない
（会更154条1項）。

　評価は更生手続開始時における「時価」で行うものとされ（会更2条10項）、
評価人は、財産が不動産である場合には、その評価をするに際し、当該不動
産の所在する場所の環境、その種類、規模、構造等に応じ、取引事例比較法、
収益還元法、原価法その他の評価の方法を適切に用い、財産が不動産でない
場合についても、同様に資産の状況に応じた適切な評価方法を用いなければ
ならない（会更則48条、民再則79条2項・4項）。

　この点、会社更生法では、財産評定においても、資産の評価は更生手続開
始時の「時価」によるものとされ（会更83条2項）、財産評定の基準と更生担
保権の目的の価額の決定の基準とは基本的に一致する注45)。この点、継続事
業価値をめぐる紛争を避けるために更生担保権の担保目的の評価を「時価」

注44)　旧会社更生法下では、更生担保権の目的物の価額について「会社の事業が継続す
　　　るものとして評定した更生手続開始の時における価額」とされていたところ
　　　（177条）、これが「継続事業価値」すなわちゴーイングコンサーンバリューを指
　　　すものと解され、事業収益力の低下した更生会社の資産価値評価において、この
　　　継続事業価値をめぐり、担保権者と管財人との間でしばしば紛争を生じ、更生手
　　　続が長期化する要因となっているとされたことから、目的物の価額については
　　　「時価」を基準とするものであることを明らかにした上で（会更2条10項）、簡易
　　　迅速な評価手続が設けられたものである（深山卓也編著『一問一答新会社更生
　　　法』〔商事法務、2003〕34頁・177頁参照）。
注45)　事業再生研究機構財産評定委員会編『新しい会社更生手続の「時価」マニュア
　　　ル』（商事法務、2003）76頁。

732

とした経緯に照らしても、更生会社の収益力から対象資産の「時価」評価を行うべきでなく、更生担保権の目的の価額の全額の支払が難しい場合は、当該担保権者の同意を得て減額した支払を行うか（同法168条1項ただし書)[注46]、計画上更生担保権の減免を受けること（同法196条5項2号）で対処すべきであって、「時価」の額自体は更生会社の収益状況いかんにかかわらず算定されるべきものと考えられる。

　この「時価」は、会計上の概念や不動産鑑定評価の概念と必ずしも一致するものでないとする見解もあるが[注47]、財産評定の目的は更生会社の資産状況を正確に把握して会計の具体的基礎を与えることにあり、会社更生法施行規則1条1項においても財産評定の結果として貸借対照表・財産目録に記載・記録すべき財産評価については会社計算規則5条および6条によるものとしているところ、財産評定上の「時価」＝更生担保権の目的の評価基準である「時価」も会計上の基準に従うべきことを想定しているとみられる。もっとも、会計上の時価についても、①当該資産を購入する視点からの評価（現在価値、取替価値）、②当該資産を売却するとの視点からの評価（正味実現可能価額）、③当該資産を利用するとの視点からの評価（将来キャッシュ・フローの割引現在価値）の3つの視点からの評価が可能であり[注48]、担保権の評価としては②の視点からの価値を中心に評価を行うとすることは考えられる[注49]。

　なお、更生担保権の目的の評価に関する争いを回避する方策として、いわゆる処分連動方式がとられることがあるが[注50]、この場合も更生担保権の査定の中で一定の合意を行う必要がある[注51]。

注46)　担保権設定の経緯や全体の弁済条件等から、他の更生担保権者との「衡平を害しない」範囲の差（会更168条1項ただし書）として財産評定上の時価評価と異なる弁済が正当化される場合もあり得ると考えられる。

注47)　田原睦夫「更生担保権とその評価基準」山本克己ほか編『新会社更生法の理論と実務』（判例タイムズ社、2003）202頁。

注48)　事業再生研究機構財産評定委員会編・前掲注45）83頁参照。

注49)　松下淳一「更生手続における『時価』について」事業再生研究機構財産評定委員会編・前掲注45）231頁参照。

第7章　紛争解決手続と事業再生

(c)　非典型担保の扱い

(ア)　集合債権譲渡担保の扱い

　集合債権譲渡担保の効力が手続開始決定後に発生する将来債権に及ぶかについて見解が分かれている[注52]。更生担保権確定のための担保目的物の評価は開始決定時の時価評価によるが、将来債権に及ばないとする見解（固定化説）によれば既発生の債権のみが評価対象となり、開始時に存在する債権だけでなく開始後の将来債権に及ぶとする見解（累積説）によれば将来発生が見込まれる債権の現在価値も含めて評価対象となる。他方、担保権実行により固定化するものとし、実行時までの担保対象債権の入替えを認める見解[注53]によれば、開始時において想定される、一時点における平均的な対象

注50）　処分連動方式とは、「処分予定の担保物件について、更生計画認可後に売却し、その売却代金から売却費用等を控除した費用控除後代金を当該担保権者に一括弁済し、その際、費用控除後代金が確定更生担保権額を下回る場合の不足額については一般更生債権と同じ内容の弁済を行い、費用控除後代金が確定更生担保権額を上回る場合の超過額については、当該更生担保権者にその有する更生担保権の基礎である担保権の被担保債権のうち確定更生債権となっている部分について、前記超過額を限度として100％弁済を行うという弁済方式」をいう（東京地裁会社更生実務研究会編『最新実務会社更生』〔金融財政事情研究会、2011〕190頁）。**第2章第4節**も参照。

注51）　三森仁「更生担保権の存否を巡る訴訟」島岡ほか編・前掲注5）351頁は、処分連動方式の場合は価額決定の申立ての利益が認められないと解する余地があるとする。しかし、その場合、更生担保権額は（他の更生債権者等からの異議も含めた）異議等のない価額によることになってしまい、管財人の認否と一致するとも限らなければ（認否・異議時と作成時点の異なる）更生計画案の基礎となっている価額と一致するとも限らない。そもそも、処分連動方式でも一定の額を基準として減免の判断がされるのであり、その基準となる額は異議等の撤回によるか、評価に基づき決定される必要があると考えられる。なお、更生担保権の目的の価額決定手続の中でも和解は可能であるが、更生担保権の目的の価額は更生担保権の存否・額を判断する上での一要素にすぎないところ、処分連動方式で合意するのであれば（処分額が確定更生担保権額を下回る場合に当該部分が更生債権の弁済率となることも含めて）更生担保権の扱い全体について合意をすべきものと解される。

注52）　見解の状況については、森・前掲注1）81頁参照。

注53）　伊藤眞「集合債権（将来債権）譲渡担保と倒産処理手続」金法1819号（2007）1頁等。

734

債権総額が評価対象になると考えられる。

(イ) リース料債権の扱い

いわゆるフルペイアウトのファイナンス・リースについては更生担保権として扱われているが[注54]、リース対象物の所有権はリース業者にあり、担保目的物は所有権ではなく、リース物件の利用権（使用収益権）である。実際に利用権についてどのような評価を行うかは困難な面もあるが、少なくともリース資産の処分価値ではなく、（転リースをした場合のリース料合計の現在価値など）使用価値相当額で評価されることとなる[注55]。

(iii) 仲裁合意がある場合の扱い

当事者間に仲裁合意や外国裁判所を専属管轄裁判所とする旨の合意がある場合、債権確定手続については査定決定の制度が設けられているところ、債権の内容の確定を査定手続においてすべきか、契約上合意された仲裁または合意に係る外国裁判所で確定すべきかが問題となる。

これについては、①簡易な債権確定制度の導入の趣旨等を重視し、倒産手続開始により（仲裁合意等は失効し）管財人や再生債務者は何ら仲裁合意等に拘束されず、倒産手続開始決定時に日本で訴訟が係属しておらず、新たな仲裁合意も締結されない限りは、査定手続において債権を確定すべきとする見解（査定一元化説）[注56]、②手続開始時にすでに仲裁手続・外国訴訟が係属している場合や債権者が仲裁手続の申立て・外国訴訟の提起をした場合は、管財人や再生債務者もこれに応じなければならないとする見解（仲裁・外国訴訟優先説）[注57]、③外国仲裁・外国訴訟による解決と日本における倒産手続

注54)　最判平成7・4・14民集49巻4号1063頁参照。

注55)　東京地裁会社更生実務研究会編・前掲注50) 207頁。

注56)　伊藤眞ほか『条解破産法〔第2版〕』（弘文堂、2014）885頁参照。査定一元化説の場合、異議訴訟についても日本の倒産法に従って行うとするのか、訴訟になれば外国手続でも可能なのかは、必ずしも明確に記載されていないが、査定決定を前提にする以上は、訴訟になった場合も日本での異議訴訟によるという帰結になるものと考えられる。なお、仲裁が訴訟障害事由となることとの関係では、かかる見解では（日本での仲裁を定めている場合には）仲裁法13条1項にいう「法令に別段の定めがある場合」に該当すると解している。

注57)　伊藤・前掲注5) 688頁、兼子一監修『条解会社更生法（中）』（弘文堂、1973）729頁838頁参照。

第 7 章　紛争解決手続と事業再生

における債権確定との間に齟齬を生じることを回避するため、外国の仲裁・訴訟に一元化して債権を確定すべきであるとする見解（仲裁・外国訴訟一元化説）注58) がある。

　もっとも、この点について現在のところ確定した判例・実務上の扱いがあるわけではなく、債権者としては、仲裁・外国訴訟優先説（①説）や仲裁・外国訴訟一元説（③説）をとったとしても、国内で査定申立てをしておかなければ、裁判所が査定一元化説（①説）をとった場合に、国内倒産手続において失権する可能性がある注59)。他方で、管財人や再生債務者としては、査定一元化説（①説）をとったとしても、外国の仲裁・訴訟については、当該外国の裁判所での中止命令等が出なければ中止せずに進められることが想定され注60)、また、外国においては当該仲裁・訴訟の結果に従った権利実現がされる可能性が高いことから、管財人等としてもそれに対応せざるを得ない。

　そのため、両手続の調整を図るために、管財人等としては、①国内倒産手続での査定決定等が出るまで外国での仲裁・訴訟の手続の事実上の中断を求め、矛盾のない判断を求めるようにするか、②逆に、外国での仲裁・訴訟を進め、その結果を踏まえて認否の変更等を行うか、あるいは、③（上記①②とも並行しつつ）債権者との和解により債権内容を確定し、認否の変更や外国での仲裁・訴訟の取下げ等で対処すること等を検討し、外国における仲

注58)　事業再生迅速化研究会第5PT・前掲注43) 83頁参照。なお、外国援助処分により中断した仲裁手続の再開を裁判所が認めた事例があり、また、国際並行倒産の事案において、外国倒産手続における債権確定の結果を会社更生手続における債権確定の判断に反映させた事例もあるとされる（全国倒産処理弁護士ネットワーク『会社更生の実務Q&A120問』〔金融財政事情研究会、2013〕256頁［井出ゆり］、片山英二ほか「日米にまたがる麻布建物㈱にみる──承認援助手続と国際並行倒産」債権管理127号〔2010〕91頁等参照）。

注59)　ただし、その反面で、債権者が期限内に査定申立てを行わなかった場合であっても、日本の倒産手続上生じた失権効が外国において効力を有しない可能性もある。

注60)　訴訟手続の中断・受継を定める日本の倒産法上の規定（民再40条1項・107条1項、会更52条1項・156条1項）における「訴訟」には、外国の訴訟は含まれず、これらの条項の適用により、倒産手続開始により当然に外国の訴訟を中断・受継することはないものと解されている（伊藤ほか・前掲注56) 359頁参照）。

裁・訴訟と日本の倒産手続における債権確定手続の結果との間に矛盾が生じないように調整を図ることが考えられる。

また、結果として、外国における仲裁・訴訟で国内の査定決定等と異なる判断がなされた場合、（国外での強制的権利行使を控えてもらう代わりに可能な範囲での支払等を行うこと等を内容とする）和解や（担保権がある場合には）別除権目的物の受戻しやその他の指定行為等として裁判所の許可または監督委員の同意を得て弁済しつつ、配当調整（ホッチポットルール）の範囲で調整を図ることは考えられる[注61]。

(5) 担保権消滅許可請求に伴う担保目的物の価額決定手続

再生手続においては、担保権は別除権となり、手続外で行使が可能であるが、事業の再生を図るために不可欠な資産については、担保権実行により事業の継続が困難になることを避けるために、担保権消滅許可請求制度が認められている（民再148条）。

他方、更生手続では、手続の開始により担保権の行使は禁止され（会更50条1項）、事業継続のために必ずしも担保権を消滅させる必要性はないものの、事業譲渡を行う場合など事業の一体的処分や事業の円滑な再建のために担保の存在が妨げになることがあることから、事業の更生のために必要であるときは、管財人は裁判所に担保権消滅許可決定を申し立てることができる（同法104条）。

担保権消滅許可の担保目的物の価額について、申立書に記載された価額に異議があるときは、担保権者は担保目的物の価額決定を請求することができ

注61）　外国における仲裁・訴訟で認められた判断について外国仲裁判断・外国判決の承認・執行を求められた場合、査定一元化説（A説）に立てば、判断権者によらない判断として承認要件を否定する余地もあると解される（民訴118条3号、外国仲裁判断の承認及び執行に関する条約5条2項(b)参照）。他方、仲裁・外国訴訟優先説（B説）や仲裁・外国訴訟一元化説（C説）に立てば、判断内容が公序に反するものでない限りは単に査定決定等の内容と異なるからといって承認要件を否定するのは困難と思われ、承認がなされればそれに従った倒産法上の権利行使が国内倒産法上も認められると解される（松下淳一「倒産法制と仲裁(2)」JCAジャーナル41巻5号（1994）17頁等参照）。

第7章　紛争解決手続と事業再生

る（民再149条1項、会更105条1項）。この場合も、更生担保権の目的の価額決定の申立ての場合と同様に、裁判所は不適法却下する場合を除き、評価人を選任して、その評価に基づき価額を決定することになるが（民再150条、会更106条）、その評価基準は更生担保権の目的とは異なり、「財産を処分するものとしてしなければならない」とされ、処分価額とされている（民再則79条1項、会更則27条）。

この場合の処分価額については、①競売での売却により実現するであろう価額（競売価額）とする見解、②早期売却を前提として一定の市場性減価を考慮した任意売却価額（早期処分価額）とする見解、③通常の市場価格とする見解があるが[注62]、実務はおおむね②の見解によっている。

なお、民事再生の担保権消滅許可をめぐっては、事業に不可欠な資産かどうかなど担保権消滅許可請求の要件についても争いが生じ得る。

4　私的整理から法的整理への移行における否認権行使の問題

私的整理においては、通常、債務者は債権者集会に先立って個別に金融機関に経済的窮境の状況の説明と再建への協力依頼を行うものであるが、そのように順次説明に回る中で、一時的に金融機関の間で情報格差が生まれることがある。さらに、そのような説明以前から、債務者会社への出向者の派遣の有無や徴求する情報の内容・程度・徴求頻度いかんにより、債務者の置かれた経営状況の把握の程度は債権者ごとに異なる。

そうした中で、いち早く情報を得ていた金融機関により債権の回収がされたり、人的・物的な担保徴求がされ、あるいは登記留保のされていた担保への対抗要件具備行為がされると、債権者間の公平感を害し、ひいては私的整理の妨げになる。そのため、私的整理における再建計画の中で、保全債権・非保全債権の範囲を決めるに当たってそのような状況で新規に徴求された担保を保全範囲から除外したり[注63]、弁済に当たって抜け駆け的にされた回収

注62)　全国倒産処理弁護士ネットワーク編『新注釈民事再生法（上）〔第2版〕』（金融財政事情研究会、2010）867頁［木内道祥］。なお、早期売却価額の算定方法としては、時価を基準として一定の減価をすることとなると思われる。

について持ち戻し計算をするなどの対応をとることが考えられる。

　もっとも、法的手続に移行した場合に備えてそのような抜け駆け的な回収・保全行為がされるのであるから、私的整理におけるかかる抜け駆け的な行為を抑制するには、法的手続に移行した場合にこのような行為の効力が否認される必要性が出てくる。

　他方で、支払停止は期限の利益の喪失事由となるため、私的整理における一時停止通知等は支払停止事由に該当しないと解されている[注64]。

　そのため、各金融機関への支払猶予の申入れや事業再生ADRの正式申請に伴う一時停止の通知が会社更生法86条1項2号の「支払の停止」に当たるかが問題となる。

　この点、東京地決平成23・8・15（判タ1382号349頁）では、「支払の免除又は猶予を求める行為であっても、合理性のある再建方針や再建計画が主要な債権者に示され、これが債権者に受け入れられる蓋然性があると認められる場合には、一般的かつ継続的に債務を弁済できない旨を外部に表示する行為とはいえないから、『支払の停止』ということはできない」と判示し、各金融機関への支払猶予の要請行為や事業再生ADRの申請は支払停止に当たらないと判断されている[注65]。

　もっとも、私的整理の着手・開始に伴う支払猶予の要請・一時停止の通知の段階で支払停止を認めないとするのが債権者平等の観点から問題がないかは議論もあり得るところである[注66]。この点、制度論として、事業再生ADRの利用申請または正式申込みを支払停止と並んで対抗要件否認の基準時に加

注63)　もっとも登記留保の担保がある場合については、私的整理においては保全債権として扱うことが通常と思われ、その場合、対抗要件具備行為をもって非保全扱いとする実質的な理由はないように思われる。

注64)　伊藤眞「債務免除等要請行為と支払い停止概念」NBL670号〔1999〕15頁。

注65)　伊藤・前掲注64）15頁。なお、伊藤教授はさらに進んで、事業再生ADRにおける債務者の一時停止の要請通知は、事業再生実務家協会により事業再生の見込みがあり、債権者全体の利益保全に資するとの判断で同協会の連名の下されるもので、支払停止とみなすべき理由はないとする（伊藤眞「第3極としての事業再生ADR——事業価値の再構築と利害関係人の権利保全の調和を求めて」金法1874号〔2009〕146頁）。

注66)　髙橋ほか・前掲注11）32頁。

第7章　紛争解決手続と事業再生

えるという提言もあるが^{注67)}、粉飾による借入れをしていたことが発覚した
ケースでの支払猶予の求めは、支払の猶予の求めが支払停止に当たると解す
る余地もあるのではないかとする見解もある。

　なお、取引債権者の受けた弁済については、事業継続のために必要な取引
の弁済で、動産売買の先取特権の存在もあり得るところ、通常は否認の有害
性・不当性を欠き、また、支払不能・支払停止についての悪意も認められな
いことが多いと解される。

注67)　　高橋ほか・前掲注11) 32頁、田頭章一「事業再生ADRと法的整理の関係につい
　　　　て──最近の裁判例を手掛かりとして」法の支配170号（2013）45頁。なお、田
　　　　頭・前掲は、利用申請は加えるべきでないが、正式申立てについては否認の基準
　　　　時として加えることも「一考に値する」としている。

第**8**章

地方中小・中堅企業と
事業再生

第8章　地方中小・中堅企業と事業再生

1　地方中小企業の再生における留意点

(1)　自力再生が困難な地方中小・中堅企業の特徴と対処

　地方で事業を展開する中小・中堅企業（以下、「地方中小企業」という）の事業を再生するに当たっては、首都圏その他大都市圏の大企業の事業再生とは異なった配慮が必要な場合が多い。地方中小企業とはいえ、株式会社を中心とした営利事業を営んでいるという点において、首都圏の大企業とは変わらず、事業再生の基本的な手法について、多くの部分は共通した要素があることは当然である。しかしながら、地方中小企業の多くは、そもそも経営資源の基盤が相対的に弱いという中小企業の特質があることに加え、その拠点とする地域そのものが力を失いつつあるという外部環境のディスアドバンテージと高齢化する内部人的資源という2つの課題を抱えており、その事業再生を考えるに当たっても、一筋縄ではいかないケースが多いことも現実である。現在の事業再生の考え方は、バブル崩壊後の金融調整を背景に発展したところもあり、その根本的な発想は、選択と集中、すなわち企業の不良債権部分をbad company（不採算事業）とともにgood company（再生可能事業）から切り離し、good companyに対して新たな資源を投入することにより健全な市場に戻す取組みというところにある。ただ、市場環境により体力が失われた地方中小企業においては、理想的な事業再生パッケージを当てはめることが非常に困難であることが多い[注1]。

　困難性の理由は、下記のような環境下において、一旦経営に失敗した企業が、短期的・中長期的、いずれの意味においても説得力のある事業再建計画を策定しにくくなっているというところにある。

　地方を主要な活動拠点とする企業が、中長期的に維持・発展していくことは難しい。かつての日本の中小製造業は、大きなサプライチェーンの中に組み込まれ、いわば有力メーカーのよき下請として共存してきた。しかしなが

注1)　地方コングロマリット企業グループについて、選択と集中の考えが適用しがたいことについて、西村あさひ法律事務所=フロンティア・マネジメント㈱編『私的整理計画策定の実務』（商事法務、2011）189頁参照。

らアジアを中心とした新興国の発展に伴い、自動車、家電、アパレルなどわが国の主要産業を担う大規模メーカーの多くは製造拠点を海外に移転し、地方中小企業に対してかつての生産量を委託することはできなくなった。地方中小製造業は、その一部は海外に活路を求め、またある企業は脱下請のスローガンのもと独自の強みを生かしてユニークな製品開発に経営の舵を切っている。ただ、そのような路線も、目まぐるしく変化するグローバルなコスト価格競争や技術革新の流れに対応できることが大前提となっている。

　ローカル色の強い産業はより厳しい環境にさらされている。長年地元住民の消費とコミュニティーを支えてきた駅前商業地や地元商店街など小売業群は、1990年代の規制緩和の流れで急ピッチで郊外ロードサイドに布陣したGMS（General merchandise store）、パワーセンター（カテゴリーキラー）と呼ばれる巨大資本を背景とした業態によって、その多くは廃業を余儀なくされている。商店街のような「生態系」は、その存立基盤である環境が大幅に変化した場合には、その構成要素にすぎない一企業（一店舗）の努力によって再度活性化させることがきわめて難しい。地方のサービス業も厳しさは変わらない。かつては相対的にコストが低い環境下で安定的な経営が可能であったが、地方における人的資源の先細り傾向が、サービス業の事業性に甚大な影響を与えている。外食産業や介護サービス業などを例に挙げるまでもなく、サービス業は現場のサービスプロバイダーが付加価値の多くを創出しているが、人を確保できない（外食産業でいえば店長が採用できない）ということが主な要因で倒産や廃業に追いやられる企業も稀ではなくなっている。

　さらに、この地方における人的資源の問題は、サービス業のみならず地方経済全体の活性化を阻んできた要因として重要である。この問題は、日本の人口全体の減少というよりも、地方における人口の急激な高齢化が本質である。それをもたらす要因は、若年労働人口の大都市圏への流出と「戻らない若者たち」であり、その背景は、地元に職が不足していることと、将来的なさらなる経済地盤沈下への不安である。政府は産官学金労の力を結集してその課題の解決に当たっているが、根深い問題であるため、急激な環境改善は期待できない。

　地方中小企業の事業再生計画は、このような地方の経済環境を踏まえて策

743

第 8 章　地方中小・中堅企業と事業再生

定されなければならないところに難しさがある。

　地方中小企業の事業再生に取り組むに当たっては、上に述べた人口動態的
な環境問題や経済問題に留意するだけでなく、中小企業の事業再生ならでは
の固有の特性も踏まえておかなければならない。以下(2)から(6)では、その典
型的ないくつかの点を紹介する。

(2)　中小企業金融に関連する論点

(i)　信用保証協会制度

(a)　信用保証協会の位置付け

　地方中小企業の事業再生を行うに当たり、公的機関である信用保証協会が
実質的な債権者として相当な信用残を抱えていることが多いことに留意する
必要がある。

　信用保証協会は、中小企業の資金調達の円滑化を目的に、中小企業者等が
金融機関に対して負担する借入等に基づく債務の保証を主たる業務とする機
関である。信用保証協会法に基づき設立された法人であり、各都道府県に1
協会ずつ存在する[注2]。

　信用保証協会による保証には、地方公共団体などが行う個々の施策に対応
する制度融資に係る保証（制度保証）と、一般の金融機関からの融資に係る
保証（一般保証）が存在する。信用保証協会と株式会社日本政策金融公庫
（以下、「日本公庫」という）との間には、包括保証保険約款が存在しており、
信用保証協会が中小企業からの委託に基づき同約款が定める要件を満たす保
証を行うと、信用保証協会と日本公庫との間で自動的に保険関係が成立する。
信用保証協会が代位弁済を行う際には、日本公庫が信用保証協会に対して代
位弁済額に一定割合（70〜90%）を乗じた額の保険金の支払を行うこととな
る。保険金の支払を受けた信用保証協会は、債務者に対して求償権を行使し、
回収できた場合にはその一部（以下、「回収納付金」という）を日本公庫に納
付する義務を負う（中小企業信用保険法8条）。

注2)　都道府県単位とは別に、横浜市、川崎市、名古屋市、岐阜市にも設置されてい
　　　る。

いわゆるリーマンショックを背景とした金融仲介機能の不全により、数多くの地方中小企業が倒産の危機に陥った。政府は、金融円滑化法の制定と金融検査マニュアルの改訂により、金融機関が中小企業からのリスケジュール要請に柔軟に対応できる環境を整備し、かつ信用保証協会の信用補完機能も強化し[注3]、中小企業の倒産の防止に努めた。その結果、信用保証協会の保証債務残高が激増し、2011年度には、34兆円を超えるに至った。その後、金融緩和状態の継続により企業倒産数の減少傾向が続き、2017年度における保証債務残高は22兆円強にまで落ち着いたが、依然高水準の状態にある[注4]。

地方中小企業が債権放棄を伴う事業再生計画を実施しようとする場合、原則として取引金融機関は信用保証協会に対して代位弁済要請を行うことになるため、信用保証協会は求償権者として事業再生計画の対象債権者となる。近時では代位弁済後の求償権の金額が、当該債務者企業のメインバンクの債務残高に近いことも多く、場合によっては最大の債権者となることも稀ではない[注5]。地方中小企業の事業再生に取り組むに当たっては、信用保証協会の制度の枠組みや組織としての特質を十分踏まえておく必要がある。

(b) 私的整理の場合——事前求償権者であることの特殊性

金融機関が債務者に対して有する債権の中に信用保証協会の保証付債権（以下、「協会保証付債権」という）が存在する場合、いかなる配慮が必要であろうか。通常、債務者が準則型私的整理手続に入る段階では、協会保証付債権を有する金融機関から信用保証協会に対する代位弁済請求はなされていない。代位弁済前の信用保証協会は、法律上は事前求償権者にすぎない。しか

注3)　リーマンショックにより中小企業を取り巻く環境が極端に悪化したため、政府は
　　　いわゆる「セーフティネット5号保証」の適用対象を最大限拡大し、中小企業の
　　　倒産の防止に努めた。セーフティネット5号保証とは、中小企業信用保険法2条
　　　5項に根拠をもつ業況の悪化している業種に属する中小企業者を支援するための
　　　措置で、信用保証協会が特別保証枠を設定し、業況が悪化した中小企業を対象に
　　　金融機関からの融資を促進させる制度である。リーマンショック直後は約1200種
　　　類のほとんどの業種がこの制度を利用できたが、景況の回復に伴い対象業種の数
　　　は減少傾向にある。

注4)　一般社団法人全国信用保証協会連合会のウェブページに信用保証実績の推移が随
　　　時更新の上掲載されている（http://www.zenshinhoren.or.jp/document/hosho_
　　　jisseki.pdf）。

第 8 章　地方中小・中堅企業と事業再生

しながら、債務者の事業再生計画案が金融機関に対し債権放棄を要請する内容である場合、協会保証付債権を有する金融機関は、いずれかの段階で必ず信用保証協会に対し代位弁済請求を行うことになる。すなわち、金融機関間の衡平の観点からは、信用保証協会が代位弁済により取得する求償権も債権放棄の対象とする必要性が高い。そのことはとりもなおさず、信用保証協会を当初の段階から準則型私的整理手続の対象債権者として手続に参加してもらう必要性が高いことを意味する。

　この点に関して、かつての私的整理手続においては、信用保証協会は債務者に対して直接与信を行っている立場にないこと、予算等の観点から信用保証協会が私的整理手続において求償権の放棄に応じることが困難であること等の理由により、信用保証協会は対象債権者に含めない取扱いも存在していた[注6] [注7]。

注5)　金融庁が2016年 6 月27日に公表した調査結果によれば、2015年 9 月時点での「長期条件変更先」（2015年 9 月時点で、初回条件変更から 5 年以上経過した企業を指す）への貸出残高に占める担保・保証による保全額および信用保証による保全額の割合を算出したところ、保全率が100%の事例が全体の48.9%に及ぶとされている。保全率の平均も78.8%とかなり高い数値である。この保全率の高さが、金融機関に抜本再生に向かわせるインセンティブを不十分にしているなどの指摘がある（「抜本的な事業再生への課題について　貸付条件の変更先の現状及び金融機関による支援状況に関する調査、並びにサービサーへ債権譲渡された企業へのアンケート調査の結果概要」）（https://www.fsa.go.jp/singi/kinyuchukai/siryou/20160627/01.pdf）。

注6)　田中亀雄ほか編『私的整理ガイドラインの実務』（金融財政事情研究会、2007）237頁。

注7)　なお、以前、信用保証協会の制度運用上、私的整理手続において求償権放棄ができないものとされていた時代があった。しかしながら、2006年 1 月より、いわゆる準則型私的整理手続を利用する等の場合には、求償権放棄が認められることとなった。ただ、求償権の放棄が可能になった後も、当面の間は、求償権の直接放棄ではなく、事業譲渡や会社分割を行い、譲渡会社の金融債務は裁判所が関与する特別清算手続で処理するいわゆる「第 2 会社方式」が行われることが多かったようである。その 1 つの要因として、各地の信用保証協会におけるモラルハザードに対する警戒心があったことにつき、加藤寛史「中小企業再生支援協議会における中小企業の再生手法としての事業譲渡・会社分割について」事業再生と債権管理120号（2008）100頁。

しかしながら、仮に信用保証協会を私的整理手続における対象債権者とせず、事業再生計画案において協会保証付債権を全額保全扱い（金融支援の対象からは除外する）とした上で、かつ代位弁済後に信用保証協会が債務者に対して有する事後求償権を放棄の対象にしないのであれば、必要かつ十分なバランスシート改善ができないばかりか、債権放棄に応じる金融機関との間の平等性が維持できない。そのような事業再生計画は金融機関からの納得は得られないであろう。

　したがって、近時において、協会保証付債権が存在する私的整理手続では、代位弁済前においてもあらかじめ当該保証協会を対象債権者として手続の最初から関与させることが一般的と思われる。

(c)　私的整理の場合――代位弁済実行のタイミング

　上記の通り、信用保証協会に準則型私的整理手続の対象債権者として手続に参加してもらう場合でも、事業再生計画が成立するまでの間、信用保証協会は、代位弁済前の事前求償権者たる地位のまま手続に参加してもらうことが望ましい。信用保証協会と協会保証付債権を有する金融機関との間では、特約により、金融機関は、自己が有する貸付債権と債務者の預金債権との相殺等を行うことにより、協会保証付債権について最大限の回収を図った後でなければ、信用保証協会に対して代位弁済請求できないこととなっているのが一般的であり[注8]、計画成立前に代位弁済請求を求めることは、当該金融機関が債務者に対する預金相殺等をはじめとする各種の債権回収行為を行わせることを意味し、通常、一時停止通知の内容に違反してしまうことになるからである。

(ii)　いわゆる「制度融資」の問題

　日本公庫との関係では、準則型私的整理手続あるいは法的整理手続において策定された事業再生計画に基づいて信用保証協会が求償権を放棄することが認められている。ただし、同じく協会保証付債権であっても、地方公共団体が経済的リスクを負ういわゆる「制度融資」の場合には、その求償権の放

注8)　　関沢正彦＝江口浩一郎監修『信用保証協会の保証〔第5版〕』（金融財政事情研究会、2015）270頁。

棄を求める事業再生計画を検討するに当たり、別途の配慮を要する。

(a) 制度融資の概要

制度融資とは、中小企業への資金供給の円滑化を目的に、都道府県および市町村等の地方公共団体が、金利・期間・担保等の融資条件を設定し、民間金融機関の協力の下に実施する融資制度である。制度融資の具体的内容は、これを実施する各地方公共団体によって異なるが、民間金融機関を窓口として行われること、原則として信用保証協会の保証を付すということは共通している。仮に、債務者企業が債務不履行状態に入った場合には、一旦信用保証協会が金融機関に対して代位弁済するものの、その後、あらかじめ地方公共団体と信用保証協会との間で締結された損失補償契約、あるいは損失補償を行うことを内容とする条例等に基づいて、日本公庫から支払われる保険金でカバーされない部分について、地方公共団体が信用保証協会に対して補償金を支払うという制度設計になっている。信用リスクの一部を「公供」がとることによって、中小企業への信用供与がより促進されることが企図されており、実際に多額の信用供与が行われている。

制度融資については、地方公共団体が中小企業の信用リスクをとる、すなわち公金である財源によってそのリスクを補てんする構造をとる。具体的には、事業再生の局面において、信用保証協会が制度融資に関する求償権の放棄に応ずると、地方公共団体が回収不能部分の一部を経済的に負担するため、(b)の通り、通常の信用保証協会の債権放棄に対する意思決定とは異なる意思決定過程を要する。

(b) 条例の有無による取扱いの違い

信用保証協会が私的整理手続において求償権を放棄する場合には、地方自治体が直接保有する債権の放棄と同様、地方自治法96条1項10号の規定に従い、原則として当該地方自治体の議会の承認を得る必要がある。しかしながら、議会に諮るとなれば、会期との関係上、速やかに求償権放棄に応ずることができない可能性がある。そればかりか、議会に上程するためには一定程度事業再生計画案等が公になることは避けられないことから、債務者企業が風評被害に合い、ひいては事業価値の毀損が発生する可能性が高い。かかる理由から、制度融資が存在する案件では、事業再生の過程で信用保証協会に

748

その債権の直接放棄を依頼することは事実上困難とされている[注9]。

そのような問題を回避するため、地方公共団体によっては、信用保証協会が求償権を放棄するに当たり知事の承認を得ることで足りるとする条例や、地方公共団体の有する回収納付金を受け取る権利について知事の権限で放棄できる等の内容を規定する条例を制定するという対応策を講じている都道府県もある。このような条例が制定されている場合、債務者から提出された事業再生計画案について信用保証協会が知事に対して確認を求め、知事の承認が得られれば、信用保証協会が求償権の直接放棄に応ずることが可能となる。

各自治体はこのような条例の整備を進めてきており、2018年7月現在において、条例未整備の自治体は18にまで減少してきている。

(iii) 補助金を導入している場合

地方中小企業は、技術革新による費用逓減、新製品開発、生産性向上、新規事業展開など、さまざまな理由から積極的に新規投資を行うニーズがあるものの、資本力が薄いため、民間の金融機関からそのような資金需要を満たしてもらえないこともある。そこで各自治体は、地元経済の活性化の目的から、地元の中小企業に対してさまざまな補助金制度を設け、地方中小企業の信用力の補完を行っている。補助金は、ひとたび交付がなされれば、原則として返還する必要がない資金である。

ただし、補助金が交付される際には通常は使途制限が設けられている。補助金の交付を受けた中小企業が、その補助金を用いて取得した設備や機械の使用を一定の期間内に放棄したり、あるいはこれらの資産を第三者に譲渡した場合には、補助金の使途制限に違反して、過去に交付された補助金を返還しなければならない場合があることに留意すべきである（補助金等に係る予算の執行の適正化に関する法律22条・17条・18条）。

債権放棄を内容とする事業再生計画では、有力な企業をスポンサーとして招聘し、そのスポンサーの経営力、資本力等を裏付けに事業の再生を推進するものが多い。債務者の事業の支配権をスポンサーに承継させる場合、いわ

注9) この議会承認の問題を解決するため、第2会社方式が採用される傾向にあるという指摘につき、前掲注7）参照。

ゆるM&Aの手法によって事業再生計画を成立させる場合には、対象債務者企業が過去に補助金を受けているかどうか、またその補助金の使途制限がどのような種類のものかを確認することが非常に重要になる。

(iv) 協同組織金融機関の特質

地方中小企業の私的整理案件を行うに当たり、多くの場合、取引金融機関の中に協同組織金融機関、すなわち信用金庫（以下、「信金」という）または信用協同組合（以下、「信組」という）が存在する。

信金および信組の取扱商品や業務内容は銀行のそれと大きく変わるところはない。信金・信組は、株式会社の組織形態を取る銀行と異なり、地域の事業者・住民から会員・組合員としての出資を受け、地元会員・組合員の経済的地位の向上の目的とする非営利・相互扶助組織の金融機関という点に特質を有する。比較的限定されたエリアで営業を行い、銀行に比して相対的に小規模な組織が多い点から、地元の取引先との緊密な人的関係を前提に、「フレンドリーでキメ細かな」サービス提供を事業上の強みとするところが多い。

地方中小企業を取り巻く厳しい環境下において、協同組織金融機関こそ、自らの健全かつ中長期的な事業継続を目指すためには、地域の活性化や事業再生・事業承継を経営の重要課題として捉えるべきであり、実際にそのような組織が多い。しかしながら、いわゆる「内科的治療」ではなく、大幅な債権放棄を伴う私的整理に協同組織金融機関を巻き込む場合には、一定の配慮を要する場合がある。以下は、これまでの経験上何度か遭遇した局面である。

まず、信金および信組の取引先は、銀行に比して相対的にその数と地域が限定されているため、債権放棄を伴う抜本的私的整理手続を深く理解する部署や人員が限られている場合が多いということがある。例えば、事業再生ADRなどは、組織的に経験したことがない（あるいはしばらく経験していない）という金融機関も珍しくないことから、手続の特性や金融機関としてどのタイミングでどのような判断が求められるかということも、債務者側のアドバイザーが手続の当初より丁寧に説明していないと、思わぬ認識ギャップから手続が停滞することもあり得るので留意を要する。

また、信金および信組の多くは、銀行に比して相対的に資本的基盤が薄いこと、長期の金融緩和傾向と地方の借り手の数に限界があり、激しい金利競

争環境にさらされ収益性が薄くなっていることから、スピーディに多額の債権放棄に対応することが難しい場合がある。債権査定の基準がメガバンクや地方銀行と異なっていることも稀ではなく、客観的には不芳の取引先に対する債権についても引当てが十分積まれていないことがあり、1つの案件で当該金融機関の当期の利益を完全に食いつぶすような事態も発生する可能性がある。そのような場合において、私的整理手続の中で任意に債権放棄に応じることが経営的判断として難しいという意見を聴くことがある。

加えて、協同組織金融機関の業態に基づく特殊性という点も留意点として挙げられる。信金および信組は、基本的に会員・組合員の相互扶助的な共同体であり、投資家である株主や預金者と融資先が分離している銀行と異なり、融資先が原則として出資者自体であるという構造をとっている。営業地域も限定されていることも相まって、出資者と金融機関、あるいは出資者間に緊密な関係を有していることも多い。そのような特性から、ある一部の取引先に対して債権放棄を伴う支援を行うことが、他の取引先にも情報として伝達され、金融機関にとって負の波及効果を招くのではないかとの懸念の下、債権放棄に踏み切ることが難しいとの意見を聴くことも多い。

債権放棄を伴う事業再生計画の合意要請先に、協同組織金融機関が存在する場合には、上記のような留意点を考慮し、事前の説明の内容、スケジュールの引き方、金融支援依頼事項の内容など、大企業に対するものとは異なる配慮をすることが重要である。

(3) 経営責任論

現在の準則型私的整理手続の原型となった、私的整理ガイドライン手続において対象債権者に対して債権放棄を内容とする事業再生計画案を求める場合には、原則として経営者が退任することが明示的に求められている。このルールは事業再生ADR手続においても同様である。

他方、地方中小企業においては、再生のドライバーを買って引き受けてくれる経営人材が不足しており、小規模企業ではそのような人材を得ることが難しいため、現経営者の退任を条件とすることにそぐわない場合も考えられる。また、地域での業歴が非常に長く、経営者一族の地域経済における影響

第8章　地方中小・中堅企業と事業再生

がきわめて強い場合には、あえて経営者を企業にとどめておくことが、その企業を取り巻くステークホルダーの納得につながることもあり得る。

　この点、地方中小企業の事業再生を典型的に扱う、中小企業再生支援協議会のスキームでは、債権放棄を伴う事業再生計画の場合を含め、経営者交代が明示的には求められていない。実際に、中小企業再生支援協議会のスキームでの債権放棄案件においては、30％近い割合で経営者の続投が認められている。

(4)　スポンサー選定に関する留意点

　抜本的な自力再生を必要とする地方中小企業が、合理的かつ説得的な再建計画を策定するためには、しばしば第三者スポンサーの力を必要とする場合が多い。

　ただ、地方の中小企業の場合、債務超過のみならず損益が赤、資金繰り破綻寸前という状況においてスポンサー選定にも特殊な配慮が必要なことが多い。資金繰りに窮した中小企業、特に零細な企業の場合、複数のスポンサーに声をかけ慎重にスポンサー選定する時間もない場合がある。また、そもそも複数のスポンサーがうまく現れる期待値が極めて低い場合もある。そのようなケースでは常にビッドをしなければならないというのは硬直的すぎる。そのような場合に、どのような手法、プロセスでスポンサー選定を行うべきであるかという点は、常に議論があり得るところである。

　この点について一般化は難しい問題ではあるものの、複数のスポンサーに声かけをする時間的な余裕がない場合、あるいは複数のスポンサーが現れるような期待値が低い場合（例えば小規模企業でかつ営業赤字の場合など）には、必ずしも入札のように複数の候補者にスポンサーとなる機会を与える必要はなく、債務者企業の相対交渉でスポンサーを選定すること自体を否定する必要はないと考える。もちろん、複数のスポンサー候補に打診する余裕があるのであれば、対象債権者の回収の極大化の観点からより有利なスポンサーを探索する試みをすべきである。しかしながら、事業価値毀損が進んだ地方中小企業の場合、必ずしもそのような余裕がない場合は珍しくない。入札手続など、時間的・経済的な負担がかかる手続にこだわっていると、折角のスポ

752

ンサーが検討を断念したり、もしくはスポンサーに承継するための手続的時間が切れ、事業停止せざるを得なくなる事態もあり得る。また、そもそも企業としての体力が消耗しているため、時間をかけて複数の候補者に事業の承継を打診しているうちに、情報が地元に拡散し、信用不安、風評被害により一瞬にして企業の継続性を奪う自体も懸念しなければならない。時間的・経済的猶予が許されないようなケースでは、スポンサー選定プロセスの公正性、厳格性という事前のハードルを高くするのではなく、スポンサーへ事業を譲渡することによる経済的合理性や地域経済にとっての有用性など、本質的な問題に絞ってその適否を判断すべきと考える。そして、この経済的合理性やその他の有用性があるかどうかは、なるべく準則的私的整理手続あるいは再建型法的整理手続において客観的な第三者が検証し、相対によるスポンサー選定の合理性を担保することが望ましい。また、準則的私的整理手続を経る時間的余裕すらない場合には、事業譲渡を先行させた後、事後的に破産手続に入ることにより、当該事業譲渡の合理性を担保することすらも考えられる。先行する事業譲渡が不適正であるかどうかは、破産手続の中で破産管財人が客観的に検証することになり、仮に不適正な事業譲渡が行われたとすると事後的な救済、例えば破産手続内での否認により経済的な不均等を是正することが可能であるからである（スポンサー選定に関する一般論については、**第2章第6節2**も参照）。

(5) 不適切な会計処理（粉飾決算）

不芳な経営環境に長年さらされている中小企業において、しばしば決算書、特に貸借対照表および損益計算書の数値が実態の金銭価値と乖離している場合がみられる。そもそも、中小企業の大多数は法律上公認会計士による監査が強制されていないことから、税務上許容される最低限の範囲で決算を行うことも多く、貸借対照表に計上されている資産の数値が、実態の価値と一致していないことは不自然とはいえず、かつ不適切とまではいえない場合も多い。しかしながら、収益性が悪化し、かつ短期的にその改善が図れる見込みがない企業が、主に金融機関を中心としたステークホルダーに対し、取引の継続を目的として、実態よりも経営成績をよく見せようと決算数値を不適切

第8章　地方中小・中堅企業と事業再生

に操作する事例に触れることも珍しくない。具体的な手段としては、損益計
算書の収益（売上高など）の過大計上、あるいは費用（商品原価、製造原価、
貸倒損失など）の過少計上が行われることが多く、その結果営業損益が実態
よりも良好に示されることになる。その操作を複数年度、複数回にわたって
継続すると、貸借対照表の資産の部が不相当に過大計上され、あるいは負債
の部が不相当に過少計上されるため、その企業のステークホルダーに対する
投資判断に不健全な悪影響を与えることになる。事業再生を目指す中小企業
は、取引金融機関に対し、返済条件変更（リスケジュール）や債権放棄など
さまざまな要請を行わなければならないことがある。しかしながら、そのよ
うな企業が不適切な会計処理を行っていた場合、下記の点に留意しなければ
ならない。

(i)　経営責任のあり方

　財務諸表が不正確な状態で金融機関との取引を継続していた場合、その事
実が発覚した時点で、取引金融機関からの支援姿勢は一気に後退することが
多い。その不信状態を長く放置することは、事業再生の可能性を致命的に下
げる要因になることから、可及的速やかに適切な対応を図る必要がある。

　まず第1に、不適切な会計処理の具体的な内容、開始された時期と経緯、
そのような会計処理に関与した人物を調査し、報告することが重要である。
調査に関しては、会社自身ではなく、客観性を担保するために専門家アドバ
イザーが実施することが望ましい。

　第2に、上記の調査報告で明らかになった不適切な会計処理の実態を踏ま
え、これに関与した経営者の責任を明らかにすることが必要である。不適切
な会計処理を行っていた期間が短く、金融機関に対する影響が軽微である場
合には、役員を退任するなど、抜本的な事業再生の局面で求められる通常の
経営責任の取り方ですむ場合もあろう。他方、実態の数字との乖離が激しく、
かつ手口も巧妙かつ悪質な場合（金融機関からの借入金額を実際より過少に計
上し、かつその事実を糊塗するために金融機関ごとに財務諸表を作成し提出した
上で新規借入を行う場合がその一例として挙げられる）は、詐欺的であると認
識される可能性が高いので、単純な退任だけでなく、私財の提供による損害
のてん補や自己破産手続を申し立てるなど、より厳しい責任の取り方が求め

754

られることを想定しなければならない。

(ii) 実態の財政状態および経営成績の把握

抜本的な事業再生とは、企業が金融機関に対して実現可能かつ抜本的な事業改善を伴う事業再生計画を提示し、これに対して合意を得るプロセスである。再生計画が実現可能であるかどうかは、計画スタート段階での実力が客観的に評価されていることが必要不可欠である。損益項目について不適切な会計処理を行っている場合、当該企業の収益性が実力よりも過大に表示されていることから、まずは財務デューデリジェンスにおいて過去の客観的な収益性を検証することが計画の出発点になる。この点、中小企業の事業再生であったとしても、周到かつ精密な検証が行われるべきことは言をまたない。加えて、損益計算書について不適切な会計処理が行われると、貸借対照表の資産の部が過大計上され、あるいは負債の部の過少計上されることにつながるので、財務デューデリジェンスの一環としての実態バランスシートの策定も専門家アドバイザーを用いて慎重に行う必要がある。実態バランスシート、またそれを基礎とする清算バランスシートは、金融機関に対していかなる金融支援を求めるかを決定するに当たり決定的に重要な情報になるためである。

(iii) その他の配慮事項（仮装経理の是正および還付など）

業績不振の企業が不適切な会計処理を行う動機は、利益を過大に計上するということであるため、本来支払うべきでなかった過大な税金を支払っていることがあり得る。その場合はこれを取り戻すことを検討しなければならない。また、仮装経理を放置したままでは、金融支援（債権放棄）を要請する事業再生計画の中で債務免除益等が発生する場合、その益金に充てる繰越欠損金が不足し、債務免除益課税がなされる可能性もある。それゆえ、適切な是正を行うためには、その是正を行おうとする各事業年度に関し、税務申告上の過大申告部分を修正経理を行い（法税129条1項）、その後、税務署長に対し更正の請求を行うことが必要となる。

還付に至る一般的な手続ルールは次の通りである。法人税については、本来のあるべき利益に基づいた更正の請求を行い、それが認められた場合においても、その時点で即時法人税の還付を受けることができないことになっている。即時還付を認めていない代わりに、仮装経理により過大に納付した税

755

第 8 章　地方中小・中堅企業と事業再生

額を翌期以降の税額から 5 年間にわたって控除をし、5 年を超えた時点で控除しきれていない税額については、その時点で還付を受けられることとなっている。ただし、法人税については特例として、減額更正の日の属する事業年度開始の日前 1 年以内に開始する事業年度の法人税の額で、その更正の日の前日において確定している金額までは即時還付を受けることができる。

2　地方中小企業の再生フォーラム

(1)　中小企業再生支援協議会

　中小企業再生支援協議会は、産業競争力強化法128条に基づき経済産業大臣の認定によって設置された組織であり、中小企業の再生への取組みを支援する公的な機関である。通常、各都道府県の商工会議所に併設されている。地方中小企業の事業再生において最も典型的に用いられているのが、中小企業再生支援協議会が実施している私的整理手続（以下、「協議会スキーム」という）である。

　協議会スキームは、協議会基本要領に従って進められる[注10]。中小企業再生支援協議会は、事業再生に関する知識と経験を有する専門家（税理士、公認会計士、弁護士、中小企業診断士、金融機関出身者など）である統括責任者と統括責任者補佐が常駐して、常時、中小企業者からの相談を受け付け（第 1 次対応）、一定の要件を満たす債務者企業に対しては再生計画策定支援（第 2 次対応）を実施している。加えて、手続を主宰する中小企業再生支援協議会に対する報酬は発生せず、デューデリジェンス費用の一部についても国の補助を得られる場合があるなど、経済面で地方中小企業にとって利用しやすい特色も有している。

　また、2012年 5 月の協議会基本要領の改訂により、従来の手続よりも簡易迅速な手続が新設されるとともに、再生計画策定支援にかかる標準処理期間は原則として 2 か月とすることが明記された。ただし、この期間は2018年 9 月の再改訂により 6 か月（検証型の場合は 4 か月）とされている。これは従

注10)　https://www.chusho.meti.go.jp/keiei/saisei/2018/180925saisei1.pdf

来型の手続を排除するものではなく、ケースバイケースでの柔軟な手続運用が可能である。このことはメリットである一方、スケジュールに縛りがないため、手続の予測可能性の確保や迅速な処理が図りにくくなるといったデメリットも生じ得るとされている。

(2)　REVIC特定支援（特定債権買取り）

株式会社地域経済活性化支援機構（以下、「REVIC」という）の特定支援業務とは、REVICが金融機関等から経営者保証のついた貸付債権等を買い取り、事業者（主債務者）の債務整理を行うと同時に、経営者の保証債務についてガイドラインに従った整理手続を行うREVICの業務である[注11]。本業務の目的は、保証債務の存在がネックとなり転廃業等が困難であった経営者への支援を通して、経営者の「再チャレンジ」を実現することにある。具体的にはREVICが、事業者および経営者保証人の「弁済計画」を策定支援し、その弁済計画につき取引金融機関全行の同意を取り付けるよう調整を行うこととなる。その弁済計画は、原則として事業者が現在有する資産を換価して弁済原資とすること、同様に経営者保証人が現在有する資産を評価して、ガイドラインに則り、その一部を保証履行に充て、残部（インセンティブ資産）を保証人の手元に残した上で、保証責任の解除を要請することを内容とする。事業者は弁済計画を履行した後、清算手続（特別清算手続）により清算することが多い[注12]。REVICの事業再生支援や上記２つのフォーラムと異なり、事業者が廃業・清算する場合にも、事業者の債務と保証人の債務を一体整理できる点に特色を有する。

(3)　特定調停

特定調停は、民事調停の特例として、「特定債務等の調整の促進のための特定調停に関する法律」（以下、「特定調停法」という）により規定される手続である。その目的は、支払不能に陥るおそれのある債務者の経済的再生に資

注11)　http://www.revic.co.jp/business/
注12)　REVIC特定支援の実務上の要点については、倉本大樹「REVIC特定支援型事業承継の具体的事例と実務ポイント」税務弘報64巻13号（2016）21頁に詳しい。

第 8 章　地方中小・中堅企業と事業再生

するため、裁判所が関与する手続の中で金銭債務に係る利害関係の調整を促進することである（同法 1 条）。手続に裁判所が関与するものの、利害関係の調整に対象債権者の合意を基礎としている点において、いわゆる準則型私的整理手続に位置付けられる。

　特定調停という手続自体は2000年から存在しており、事業再生の一手段として認知されていた。ただ、いくつかの理由から、事件数はあまり伸びなかった。

　「ポスト金融円滑化法」の流れの中、それまでは金融機関との間で、中規模以下の中小企業が、中立な第三者機関の関与の下で負債処理を協議する私的整理の手続は、中小企業再生支援協議会・地域経済活性化支援機構しかないという問題意識の下、特定調停を規模の小さな中小企業の再生にフィットした手続としてリモデルしようという機運が高まった。その結果、最高裁判所、日本弁護士連合会、中小企業庁等の関係団体の調整を経て、2013年12月から、特に中規模以下の中小企業の再生を図るプラットフォームとして、これまであまり中小企業の再生には利用されていなかった特定調停の新しい運用が開始されることとなった。この新しい運用は、日本弁護士連合会のウェブページに「金融円滑化法終了への対応策としての特定調停スキーム利用の手引き」として公開されている（注13）。

　新しい特定調停の運用の特徴は以下の点にある。

①　地方裁判所本庁併置の簡易裁判所にて実施する。

②　申立前段階において、申立代理人が主体的に金融債権者と調整を実施し、その後の特定調停によって同意が得られる一定の見込みがあることを前提としている（事前調整型）。

③　原則として、特定調停手続内において財務デューデリジェンスや事業デューデリジェンス等を実施せず、1 ～ 2 回の期日での成立を目指す。

　特定調停の特徴のうち、他の私的整理手続にないものとして、いわゆる「17条決定」による解決ができるという点がある。17条決定は、当事者において、意見がほとんどまとまっていながら、細部において一致できない場合

注13）　https://www.nichibenren.or.jp/news/year/2017/141226.html

や、債権放棄を伴う事業再生計画に積極的に賛成できないものの積極的に反対しないという対象債権者が存在する場合に、存在意義を有する[注14]。17条決定とは、裁判所が、調停が成立する見込みがない場合において、一定の要件の下において職権で事件の解決のために行う必要な決定である（民調17条）。裁判所から17条決定による調停条項案が示され、告知日から2週間以内に異議が出されなければ、当該調停条項案は裁判上の和解と同一の効力が生じる（同法18条5項）。

(4) 代替手段

上記はいわゆる準則型私的整理手続として、第三者専門家の関与の下、すべての取引金融機関の参加を前提として進める私的整理手続である。

(i) 地域企業再生ファンドの利用

金融支援を伴う事業再生計画の内容として、再生企業のその後の経営を支えるスポンサーが投融資を行うことが定められることが多い。地方中小企業の場合、そのスポンサーの選択肢の1つとして地域企業再生ファンドが存在する。地域企業再生ファンドという言葉に明確な定義はないが、特定の地域に本拠（あるいは営業所）を有する中小企業が、債務過剰等を理由に業績不振である場合に、新規の投融資を含め幅広い経営支援を行う枠組みということができよう。ファンドであるため、コアとなる民間企業が無限責任社員（GP）として投融資判断や支援実行をリードするが、地域の有力企業、特に地銀などの地域金融機関が有限責任社員（LP）として出資している場合も多い。また、GPの会社の設立にも地域金融機関が密接に関わっていることが多い[注15]。

投融資の手法は、再生会社の株式を引き受けるエクイティアプローチをとることも当然ある。ただし、地方中小企業の場合、その規模の小ささから株

注14） そのほか、単独型の経営者保証ガイドラインのケースにおいて、遠隔地の債権者に交通費など過大な負担をかけないようにするという配慮から17条決定を利用した例（神戸俊昭＝塚田学「法人の代表者およびその配偶者について特定調停手続を利用し『経営者保証ガイドライン』に基づく保証債務の整理を行った事案」事業再生と債権管理146号〔2014〕121頁）がある。

第8章　地方中小・中堅企業と事業再生

式の流通市場が限定されておりエグジットストーリーが描きにくいことがあること、ファンドに完全に経営支配されることに対して旧オーナー経営陣から懸念されることがあるなどの理由から、より柔軟なデットアプローチもとれるようになっている場合が多い注16)。この場合のデットアプローチとは、直接の融資、社債の引受けのほか、既存取引金融機関からの債権の買取り注17)も含まれる。

　地域事業再生ファンドは人的にも資本的にも地域の金融機関とのリレーションが強い場合が多いため、特定の局面において強みを発揮する場合がある。特に、メインバンクの側では一旦債権をオフバランスするニーズはあるものの、地域では重要な企業であるため、事業再生計画通りの再生を果たした暁にはリファイナンス資金を提供する意思がある場合には、このような地域再生ファンドと連携して、一旦貸出債権をファンドに譲渡した上、協働して再生支援を密接に行っていくことができる。再生企業の旧オーナーとしても、経営責任または株主責任の一環として一旦自らは支配権を失うものの、数年後適切な後継者に事業が戻るという期待感をもつことができるというメリットがある。

(ii)　サービサーの活用

　いわゆるサービサーとは、主に金融機関が保有している貸付債権等を、金融機関からの委託を受け、あるいは譲り受け、当該債権の管理および回収を行うことを業とする会社である。弁護士法の特例として位置付けられている業種であり、業務を行うためには「債権管理回収業に関する特別措置法」

注15)　2004年3月に金融庁が策定したリレーションシップバンキングの機能強化に関するアクションプログラムに「地域の中小企業を対象とした企業再生ファンドの組成について検討を要請」と明記されたことが、地域金融機関の地域事業再生ファンドへの出資の後押しとなった。

注16)　再生ファンドが中小企業に対してエクイティアプローチをとる際の課題として、増田知晴「地域企業再生ファンドによる中小企業再生」金融財政事情研究会編『企業再生事例選──プレーヤー別にみる再生の実務』(金融財政事情研究会、2004) 285頁。

注17)　ファンドが金融機関から債権を買い取った後、再生計画に従い債権放棄を行い、また一部デット・エクイティ・スワップとして株式化することがある。

760

（いわゆるサービサー法）に基づく許可を得る必要がある。サービサー業務は、主要行を中心とした不良債権処理に対する社会的要請が強かった1999年に解禁されたものである。

　当初は、金融機関から譲り受けた不良債権を回収し、債権の売買価格と回収額の差をもって利益とする狭い意味での回収業務を行うサービサーが中心であった。しかしながら、市場の成熟とともにサービサーによる債権投資の観点が多様化し、事業再生の視点でサービサー業務を行う事例が増えてきている。かつては、債権をサービサーに対して譲渡した原債権者（金融機関）は、債権の譲渡後に債務者会社に関与することは必ずしも多くなかった。しかしながら、近時は、あらかじめ金融機関がサービサーや債務者（アドバイザー）と密接に協議し、事業再生計画の検証やエグジットの方向性を定めた上で債権譲渡価格を設定し、債権の譲受後にも当該債務者企業の再生に積極的に関与する事例が現れている。具体的な手法の例としては、債権の譲受けの直後に一定の債権放棄（またはデット・エクイティ・スワップ）を行い、ワンタッチでスポンサー企業にその債権を譲渡する、あるいは債権の譲受後にサービサーも債務者企業に対しハンズオン支援を行い、事業再生計画達成後に地域金融機関からリファイナンスを受けエグジットを迎える、などの事例が報告されている[注18]。

　サービサーを活用した事業再生の手法は、上述した地域企業再生ファンドによるデットアプローチの再生手法に近似する。ただ、あくまでも相対的なものであるが相違点を見出すとすると、よりスピードが速く、コストも安価で抜本的な事業再生に取り組むことができるという期待値がある点である。地域企業再生ファンドによる再生は、金融機関からの債権放棄を求める場合には、当該債務者の取引金融機関の全行からの同意を求めることが多い。ファンドの設定によっては、債務者が法的整理手続、あるいは準則型私的整理手続を利用して、事業再生計画に対して第三者の検証を経ることを要件としている場合もある。他方、サービサーの場合、必ずしも全行から債権を買

注18）　例えば佐藤武夫「サービサーによる事業再生の事例集──セットアッパー役として『共存共栄』を目指す」金融財政事情3211号（2017）18頁、岡川秀毅「再生型回収による再生支援」金融財政事情研究会編・前掲注16）324頁など。

第8章　地方中小・中堅企業と事業再生

い取ることまでを必須の条件とするものではなく、少額の債権を保有する金融機関は残置したまま再生に取り組むことも可能である[注19]。事業再生計画も、必ずしも第三者からの検証を経る必要はない[注20]。

　また、サービサーは事業再生計画を柔軟に成立させるためにも活用可能である。例えば、債権放棄を伴う抜本的な事業再生計画を策定する局面において、対象金融機関の中で、放棄額を抑える代わりに長期分割弁済を許容するグループと、放棄額が上がったとしても短期での回収（ディスカウントペイオフ）を希望するグループに分かれたとする。そのような場合に、事業再生計画は原則として長期分割弁済の計画としつつ、あらかじめサービサーをセットして、短期での回収を望む金融機関には相応な金額で即時に債権譲渡ができるオプションを与えることにより、事業再生計画の同意取得を促進させることなども考えられる。

(iii)　清算型手続を利用してスポンサー譲渡型事業再生を果たす方法

　金融支援を伴う準則型私的整理手続の再生計画案は、当然のことながら対象となる金融機関全行からの同意を得なければその効力を発しないのが原則である。債権者の多数決のみで債権放棄などの効果を企図する場合には、再生手続等いわゆる再建型法的整理手続を利用するのが本筋であろう。

　しかしながら地方中小企業の再生の局面では、上記の原則を貫くのが困難なケースが存在する。例えば、事業を引き受けてもよいというスポンサーが現れたとしても、その経済条件が私的整理計画を成立させるための清算価値保障原則をクリアできない場合がある。その場合には私的整理による再生は断念せざるを得ない。他方、民事再生を利用できるかというと、手続資金を捻出する余裕すらない、あるいはスポンサーが再生手続が長期化することによる事業価値毀損を懸念し、再生手続を望まないこともあり得る。そのよう

注19)　逆に非主力銀行が早期に事業再生の枠組みから離脱しようとする場合に、サービサーがその被主力銀行の債権を購入し、主力銀行とともに一枚岩の再生を進めることができるという側面について、穂刈俊彦「債権回収と両立する再生の構想と実行」金融財政事情研究会編・前掲注16）342頁参照。

注20)　ただし、例えば信用保証協会がその保有する求償権を「不等価譲渡」するためには、準則型私的整理手続を経て策定された再生計画に従ったものである必要があるなど、多少の例外が存在することに留意が必要である。

762

な状況では、早急に事業を停止し破産手続を選択するということも考えられるところである。ただ、経済規模が大きい地域はともかく、人口や事業者数の減少にあえいでいる地域において、ヒト・モノという経営資源が事業停止に伴い地域外に離散することは、その地域における金融機関やその他のステークホルダーにとって好ましくない場合もある。極論すれば、その企業から受け取れる配当額、すなわち短期的な意味での経済合理性をなかば犠牲にしても、その企業が有する経営資源を地元に維持し、スポンサーがその経営資源を活用することによって成長のドライブにする、という意味での中長期的な経済合理性を追求すべき場合すらあり得る。

そのような場合、スポンサーへの事業譲渡を先行させ、金融債務の処理は後の清算型債務整理手続で行う、あるいは清算型債務整理手続の中でスポンサーへの事業譲渡を実現する方法が考えられる。具体的な方法としては次のようなものが考えられる。

(a) 事業譲渡先行 (→特別清算手続)

準則型私的整理手続や再生手続等を利用することなく、スポンサーとの間で事業譲渡契約を締結かつ実行し、事業譲渡後の抜け殻になった法人格を特別清算手続で処理する方法である。(b)から(e)までのごとく、第三者検証機関である破産管財人等の検証を得ることを想定していないため、事前に大多数の金融債権者からの納得を得られていることが必要になる。「納得」の対象は、スポンサーおよび拠出する事業譲渡代金が適切であること、経済合理性が満たされていること、準則型私的整理手続や再生手続等を利用しないことに合理的理由があることなどである。

(b) 事業譲渡先行 (→破産手続)

何らかの理由で準則型私的整理手続や再生手続等を利用できず、かつ(c)から(e)までのように破産手続内での事業譲渡を行うことも困難である場合に、まずはスポンサーとの間で事業譲渡契約を締結かつ実行し、事業譲渡後の抜け殻になった法人格を破産手続で処理する方法である。(a)と異なり、事後的であっても、第三者である破産管財人が事業譲渡の合理性 (スポンサー選定経緯や事業譲渡対価の合理性など) を検証し、違法である場合は否認権の行使など是正措置が想定されている。それだけに、かかる方法で事業譲渡を実行

763

第8章　地方中小・中堅企業と事業再生

する場合には、後の破産管財人への説明責任を果たせるよう、事前にスポンサー選定経緯や事業譲渡対価の合理性などを慎重に検証し、かつ金融機関に対しこれらの点について納得が得られるようできる限りの説明を行っておくことが無難であろう。

　破産管財人が事業譲渡の合理性を認めず、後日スポンサーに対して否認権の行使を前提とした請求がなされるリスクを避けるため、破産の申立前に会社分割により譲渡対象事業をあらかじめ破産を予定している会社から切り出して（子会社化して）おき、破産手続開始後に、破産管財人が同子会社の株式を第三者に売却するという方法も考えられる[注21]。

(c)　契約締結＋業務委託先行（→破産手続内譲渡）

　(b)のように破産手続前に事業譲渡（会社分割）を先行させるのではなく、事前にスポンサー契約（あるいは事業譲渡契約等）を申立前に締結しておき、事業譲渡の実行自体は破産管財人が破産手続内で裁判所の許可を前提に行うこともある。いわゆる再生手続等で行われるプレパッケージ型の破産版といえる。裁判所の許可決定は即時抗告の対象にならないので法的な安定性が確保されるメリットがある。他方、裁判所の許可を得て事業継続がなされるといえども、事業の譲渡人（候補）が破産したという事実は広く知れ渡ってしまうため、速やかに事業譲渡の実行が行われないと甚大な事業価値毀損が生じてしまう可能性がある。

(d)　契約締結先行（→破産手続内譲渡）

　(c)の事業価値毀損のリスクを可能な限り避けるために、破産手続前にスポンサー契約（あるいは事業譲渡契約等）を締結するだけでなく、スポンサーとの間で譲渡事業について業務委託契約を締結し、破産手続中の事業は実質的にスポンサーが行っていくという方法もある。この方式であれば、破産手続中の仕入れなどは業務委託先のスポンサーが行うことになるため、事業価値毀損の度合いが低まることが期待でき、かつ破産手続中に破産管財人が事業譲渡を実行するかの選択権をもつため、公平性や透明性を確保できるという

注21)　南賢一「事業継続中の会社と破産管財――N電機の件を題材に」事業再生と債権管理165号（2019）128頁。以下の(c)(d)(e)の方式も、同所の記載を参考にしている。

764

メリットがある。

(e) 保全管理型

事業を継続しながら、事業譲渡を保全管理人が行うことも考えられる。破産手続開始が営業免許等の取消事由になっている場合[注22]等に有効な手段とされる。

3 経営者保証ガイドラインと利用上の留意点

(1) 経営者保証ガイドライン

2014年2月1日から、「経営者保証に関するガイドライン」（以下、「ガイドライン」という）が運用されることとなった[注23]。ガイドラインは、①経営者保証を所与の前提としない融資の慣行化を促すための合理的なルールを示すとともに、②主たる債務の整理局面における保証債務の整理を公正かつ迅速に行うための準則を明確化することを目的としている。地方中小企業の再生の局面では、②の準則をいかに適用するかが重要となることが多い。

窮境に陥った中小企業が債権放棄を伴う抜本的な再建、あるいは転廃業を実施する際、ほぼすべてのケースにおいて、経営者の保証債務の処理の問題を伴う。中小企業に対する融資は、8割以上が経営者保証付きで行われており、主債務の放棄を依頼することは、すなわち、経営者の保証債務の履行トリガーを引くことを意味するからである。通常、経営者個人の資産で保証債務のすべてを履行することはできないため、従来は、経営者は破産手続を覚悟しなければならない場合が多かった。しかしながら、ガイドラインに則った主債務および保証債務の整理手続を実施した場合は、経営者保証人は破産手続を回避しつつ保証債務を整理し、経済的更生を図ることができるように

注22) 市場の仲卸業の事業譲渡につき、進士肇「保全管理命令下での、大田市場花き部における仲卸業務許可および施設利用権の譲渡に関する実例の報告」事業再生と債権管理149号（2015）17頁。

注23) ガイドラインは、日本商工会議所のウェブページ（http://www.jcci.or.jp/news/2014/0116130000.html）および全国銀行協会ウェブページ（https://www.zenginkyo.or.jp/adr/sme/guideline/）において公開されている。

765

第8章　地方中小・中堅企業と事業再生

なった。また、破産手続であれば原則として99万円までの現金しか残存資産として手元に残せなかったものを、ガイドラインを利用すれば、当面の生活に必要な限度でそれを超える金額の資産を残存資産として認められるという効果もある。そしてその効果として、経営者保証人による早期事業再生または転廃業の決断を促進させる、ということがガイドラインの期待するところである。

ガイドラインを利用することによるメリットはさまざま考えられるところであるが、経営者保証人の立場からすると、主に、下記が挙げられる。

① 破産手続を回避しつつ保証責任から解放されることとなる。
② 一定の条件下で、破産手続を行った場合よりも多くの資産を手元に残せる可能性がある。
③ 信用情報登録機関に報告、登録されないので、再チャレンジのチャンスが拡大する。

反面、取引金融機関の立場からすると、下記のメリットがある。

① 業界的にコンセンサスを得た明確かつ合理的なルールが存在することにより、私的整理による保証解除の判断がより容易になる。
② 保証解除の可否につきある程度事前の予測可能性が立つため、経営者保証人に対し早期の事業再生または転廃業の決断を促しやすくなる。
③ 保証解除に伴う税務上の疑義が解消される。

(2) ガイドライン利用方法──準則型債務整理手続

ガイドラインを利用するためには、主債務者（事業者）および経営者保証人の債務整理のために法的整理（民事再生、破産等）または「準則型私的整理手続」を用いる、という原則がある。わが国には準則型私的整理手続と目されている制度が複数存在する。そのうち、全国で利用可能であり主に地方中小企業の利用を想定した典型的な手続として、以下の3つの手続が挙げられる（それぞれの手続に関する特徴については**2**を参照）。

① REVICの「特定支援（特定債権買取）制度」[注24]
② 中小企業再生支援協議会が実施する「中小企業再生支援協議会等の支援による経営者保証に関するガイドラインに基づく保証債務の整理手

続」

③　日本弁護士連合会が公表した「経営者保証に関するガイドラインに基づく保証債務整理の手法としての特定調停スキーム」（以下、「特定調停スキーム」という）

(3)　ガイドライン利用の要件──経済合理性、その他

ガイドラインを利用するためには、ガイドラインに基づく手続における債権者に対する弁済金額が、主債務者および保証人の破産手続の配当よりも多くなること、すなわち経済合理的であることが必要である。例えば、保証人が主債務者の債務を全部連帯保証しており、主債務者が再生した場合の弁済原資が15、破産した場合の弁済原資が10、保証人の私財が３である場合には、たとえ保証人の私財をすべて「残存資産」として手元に残したとしても主債務者が再生したほうが経済合理的となり、このような場合にガイドラインが利用可能となる。この経済合理性は保証人の手元に残せる資産（インセンティブ資産）の上限を画する概念にも利用され、上記の例を用いれば、主債務者が再生した場合の債権者のメリットは５（再生した場合の弁済原資15マイナス破産した場合の配当原資10）であり、保証人は私財を上限５（本設例では実際に私財として保有している３）の範囲内で手元に残すことが可能となる。ただし、(4)で述べる制約があることに留意が必要となる。

ガイドライン利用の主要なその他の要件として、次のようなものがある。

①　保証人に免責不許可事由のおそれ[注25]がないこと。

②　主債務者が中小企業であること。中小企業の定義は中小企業基本法で

注24)　厳密にはREVICの特定支援制度はガイドライン７項(1)ロに定義される「準則型私的整理手続」に含まれていないが、実務上はこれに含めて運用されている（廣瀬泰文「REVIC法改正に係る特定支援業務開始に向けた取組み」金法2006号〔2014〕29頁）。

注25)　免責不許可事由の「おそれ」とあるが、端的に免責不許可事由の該当性を問題にすればよいと考えられている。小林信明ほか「座談会・経営者保証ガイドラインの現状と課題──経営者保証ガイドライン開始１年でみえてきたもの（第２部）債務整理時（出口）における現状と課題」銀法787号（2015）17頁〔小林信明発言〕。

第8章　地方中小・中堅企業と事業再生

　定められており、例えば製造業であれば従業員300人以下または資本金
　3億円以下など、業種ごとに若干の違いがある。
③　主債務者、保証人双方が弁済について誠実であり、財産状況等の適時
　開示がなされていること。

⑷　インセンティブ資産の考え方

　ガイドラインの重要なメリットは、経営者保証人が破産手続を回避できる
とともに、破産手続をとるよりも多くの資産を手元に残すことができる、と
いうところにある。ガイドラインには、経営者の事業継続または事業清算後
の新たな事業開始等のため、「一定期間の生計費に相当する額」や「華美で
ない自宅」等を経営者保証人の残存資産に含めることができる旨が記載され
ている。

　ガイドラインの事案では「一定期間の生計費に相当する額」の具体的金額
が論点となるが、一応の目安はガイドライン（7項⑶③）およびガイドライ
ンQ&A（Q7-14）に記載されている。それによれば最大460万円程度の金額
を手元に残すことができるとされている。ただ、具体的事案においては、経
営者保証人の状況（年齢、体調、家族構成、経営責任の度合い、誠実性）に
よって個別に検討がなされている。

　より悩ましい問題が、「華美でない自宅」の該当性である。「華美」という
必ずしも客観的でない概念をいかに具体的事案に適用するか、という点であ
る。実務上、多額の住宅ローンが残っている場合には、住宅の価値からロー
ン残額を控除した上で華美性の判断をする（例えば、オーバーローン物件の場
合には残存資産とする）ことは行われているようである。また、高齢の経営
者のケースで、経営者が自宅の評価額と同額の主債務を免責的債務引受した
上でこれを被担保債権として自宅に新たに抵当権を設定し、生存中は利息の
支払だけで自宅を継続使用し、死亡時に売却処分して債務を返済する計画を
作成するなど、よい工夫がなされた実例も存在する。

⑸　経営者保証人に保証債務以外のプロパー債務がある場合

　ガイドラインは経営者保証人の保証解除のためのルールを提示するもので

あるため、ガイドラインの対象となる債権者は、原則として保証債権者としての金融機関となる。経営者保証人が、保証債務以外にプロパー債務（例えば自宅の住宅ローン、カードローンなど）を負担している場合、そのプロパー債権者は原則としてガイドラインの対象債権ではない。このようなプロパー債権者が存在する場合であっても、そのプロパー債権者を巻き込まずにガイドライン手続を利用することは可能である。ただし、プロパー債権者を除外して弁済計画を作成し、弁済することが当該債権者との関係で偏頗的な弁済になるおそれが高い場合や、逆に残存資産を多く残すこと（プロパー債権者にとっての責任財産が増えることを意味する）が、債権者間の衡平という観点から問題となる場合があるため、弁済計画を作成するに当たりこのような点を配慮する必要がある。

(6) ガイドラインの利用が困難なケース

2014年以降、ガイドラインの適用例は全国で着実に積み重ねられ、金融機関の現場担当者も適用経験が増えてきたところである。今後も、中小企業の抜本的事業再生の局面ではガイドラインの利用が一体として行われる実務慣行が常態となることが望まれるところである。他方、事案の中にはさまざまな理由でガイドラインの利用が難しいケースもある。典型的には次のような事情がある場合である。

(i) 資金繰りのショートが近い場合

ガイドラインも企業の私的整理と同様、保証債権を有しているすべての金融債権者から弁済計画の同意をとる必要がある。金融機関としても相応の検証を経た後でないとガイドラインに基づく計画への同意を出せないことは当然である。主債務者（事業者）と一体型の手続の場合、私的整理の準備を含めて手続成立まで5〜6か月（あるいはそれ以上）の期間がかかるのが通常である。資金繰りが極端に厳しく、私的整理およびガイドラインの成立までに資金破綻する可能性が高い場合には、私的整理ではなく法的整理を選択すべきものと考える。なお、主債務者が法的整理（再生手続や破産手続）を利用しても、経営者保証人の保証債務はガイドラインで処理することは可能である[注26]。

第8章　地方中小・中堅企業と事業再生

(ii)　多額のプロパー債務がある場合

ガイドラインは主に金融機関に対する保証債務の整理を対象とするものである。経営者保証人に個人債務、例えば個人の住宅ローンやカードローンを対象とするものではなく、それらの債務は将来にわたり弁済し続けることが必要である。これら個人の債務が多額に上っている場合、これを現在経営者保証人が保有する責任財産から優先弁済をする前提でガイドラインの弁済計画を策定しようとすると、金融機関にとっての経済合理性がなくなってしまう可能性がある。これに対しては、これらの債務を債権者との合意でガイドライン手続後に長期分割弁済していくという方策もあるが、分割とはいえ月々の弁済額が多額に及ぶと経営者保証人の経済的更生を果たすというガイドラインの趣旨に反することになりかねないので留意が必要である。

(iii)　直前に経営者保証人が不適切な資産移転などをしている場合

このような場合には、保証人に弁済についての誠実性がない、あるいは破産法の免責不許可事由に該当するとみなされ、ガイドライン適用の前提を欠くと判断される可能性がある。ガイドラインの手続開始までにそのような資産移転を巻き戻す、あるいは移転された資産の価額に相当する金銭を外部から調達し、これを保証債務の弁済原資にするなど、保証債権者の納得を得るための特別の配慮が必要な場合があろう。

(iv)　金融機関との間で深刻な争いがある場合

ガイドラインは、あくまでも保証債権を有する金融機関全行の同意を成立条件としている。特定の金融機関が経営者保証人に対し、その誠実性について極めて重大な疑義を有している場合には、まずはそのような状態を解消しなければガイドラインの手続に入ることは困難である。例えば、主債務者が粉飾経理を行っており、これを前提とした決算書を用いて直近に新規借入を行った先の金融機関などは、そのような見方をしている可能性が高い。

注26)　ただし、主たる債務の整理手続が終結してしまった場合には、インセンティブ資産として残存資産を残すことができなくなることに注意が必要である（ガイドライン7項(3)③）。

770

4 廃業支援

(1) 廃業支援の必要性

2009年12月に中小企業金融円滑化法が施行されて以降、多くの中小企業が金融機関から借入金の返済猶予を受けた。その結果、わが国における倒産件数は大幅に減少したが、その裏で、事業の収益性・将来性が乏しいにもかかわらず補助金や金融機関からの資金繰り支援により倒産予備軍の企業が温存されているのではないか、と懸念する声も聞こえる。その懸念の根拠は、効率的な事業に対する経営資源（ヒト・モノ・カネ）の再分配を妨げるという、マクロ的な不経済である。さらに、ミクロ的に見ても、事業性の低い事業がそのまま継続することにより、経営者や従業員の再スタートの機会が奪われることになる。

政府は、2011年4月のコンサルティング監督指針の公表以来、金融機関に対し貸出先に対するコンサルティング機能の発揮を求め、特に事業の持続可能性が見込まれない貸出先に対して、自主廃業に向けた協力等のソリューションの実施を求めている。また、2013年6月に公表された「日本再興戦略」では、わが国の廃業率を現在の4.5％から10％台に引き上げることが明確な目標として掲げられており、かかる方針を踏まえ、金融庁は各金融機関に対し、貸出先の中小企業について転廃業を含めた抜本的な企業再生に取り組むよう促す方針に転換するとの報道もなされているところである[注27]。しかしながら、経営者が独力で廃業を決意し、これを完遂することは心情的にも実務的にも難しい。そこで、企業の円滑な廃業に向けて、取引金融機関や外部専門家からの廃業支援が、いっそう強く求められているのである。

注27) 金融庁が2016年に公表した「金融仲介機能のベンチマーク」においても、選択ベンチマークとして「転廃業支援先数」という項目が用意されている。

第8章　地方中小・中堅企業と事業再生

(2)　廃業支援における留意点とプロセス

(i)　廃業に対する経営者の納得

　支援先企業の経営者が廃業の必要性を納得し、廃業を決意することは、廃業支援の絶対条件である。しかしながら、経営者（特に創業者）が、事業に対する強い愛着から廃業に踏み切れないことはしばしばみられる。廃業につき支援先企業の経営者から同意を得ることは、決して容易なことではない。廃業支援を行うに当たっては、支援先企業の置かれている状況を丁寧に説明し、事業継続の困難性について経営者と認識を共有することが重要な鍵となる。具体的には、そのまま事業を継続し損失を拡大させると、自己や取引先、従業員により大きな迷惑をかける可能性があることを説明し、経営者に廃業の必要性について十分に納得してもらうことが必要である。また、場合によっては、経営者に目標を立ててもらい、それが達成できなかったときには廃業に踏み切ってもらうというプロセスを踏むなど、時間をかけて納得してもらうことも必要である。

　このとき、経営者が自己に対する連帯保証責任の追及をおそれているようであれば、**3**で前述したガイドラインに従った形での債務整理を金融機関との間で行うこと[注28]で、一定の財産を手元に残したまま債務免除を受けられる可能性があることを説明することも有益である。

(ii)　支援先企業の現状の精査

　通常の事業再生の場合と同様、支援先企業の廃業に向けたロードマップを考える上でも、資金繰りに行き詰まり「突然死」を招かないよう、当面の資金繰りの状況を把握することが非常に重要である。その資金繰りを前提に、廃業への具体的なスケジュールを立案することとなる。

　具体的な廃業の方法を検討する上では、支援先企業の資産・債務の実態の把握や、営んでいる事業の内容の精査が求められる。例えば、支援先企業の

注28)　廃業の局面においてガイドラインにより経営者の保証債務を処理することによる、金融機関のメリットを詳細に解説するものとして、佐々木宏之「経営者保証ガイドラインを絡めた廃業支援の取組み（試論）」事業再生と債権管理154号（2016）68頁参照。

事業に他の事業への転用可能性や別の経営主体の下での改善可能性があるのであれば、転業やM&Aによる事業の整理を行うことも考えられる。そのような事情がなく、かつ、資産・債務の実態を精査した結果、実態債務超過状態にあることが判明したような場合には、資金繰り破綻をする前に早急に法的整理手続（特別清算手続や破産手続が想定される）の申立てに向けた準備を進める必要がある。

(iii) 利害関係人（従業員・取引先）への対応

円満な廃業を行うに当たっては、支援先企業の廃業に利害関係を有する者、具体的には従業員や取引先への対応を事前に検討することも重要である。従業員についていえば、廃業までの給与および退職金を支払うだけの資金を用意することができるか否かを検証する必要がある。このとき、十分な資金を確保することが困難なようであれば、従業員が労働者健康福祉機構から未払賃金の立替払を受けられるよう、なるべく速やかに事業の閉鎖および法的整理手続の申立てをするよう勧めるべきである。また、可能な限り、従業員の再就職を支援すべきであり、求職活動を行う期間の確保の観点から、基本的には早期に廃業の見通しを伝えるほうが望ましいが、従業員の間に不安が広がり当面の業務継続に支障が出たり、期せずして外部に廃業予定が伝わってしまう可能性もある点には十分な留意が必要である。

従前の取引先についても、徐々に取引の規模を縮小していき、最終的には、代替取引先等を紹介した上で取引を停止し、買掛金を事業停止前にすべて支払ってしまうことが穏当な廃業の観点から望ましい。もっとも、この点は、不用意に廃業予定を取引先に対し伝えたことにより急激な信用不安が生じてしまう可能性もあるので、支援先企業の置かれた状況を踏まえ慎重に対処する必要がある。

(iv) 各種専門家との連携

廃業を円滑に行うためには、各種の専門家と連携し、廃業スキームの立案や実際の廃業手続の進行に合わせて適切なタイミングで助言を得られる体制を構築することが必要である。例えば、支援先企業が実態債務超過状態であることが疑われるような事案においては、将来的な法的整理手続の申立てを見据えたアドバイスを受けるべく、なるべく早いタイミングで、支援先企業

第8章　地方中小・中堅企業と事業再生

側のアドバイザーとして弁護士の関与を求めることが望ましい。また、実質的に資産超過の状態にあって通常清算により廃業を行う場合には、清算に伴う税務処理について税理士のアドバイスを受けることが有益である。さらに、廃業に伴い退職金等の取扱いをめぐって従業員との間で紛争が生じることが予想される場合には、事前に弁護士や社会保険労務士との間で十分な協議を行っておく必要がある。

　支援先企業を顧客とする金融機関には、支援先企業に対するソリューションの提案の一環として、必要に応じてこのような外部専門家との間の連携体制の構築を提案する役割が期待されているといえる。

(3)　廃業を支援する制度

　企業が実態債務超過である場合、連帯保証責任を追及されることにより生活の基盤を失うことを恐れ、経営者が廃業に躊躇することが考えられる。この点については、**3**に前述した通り、2013年12月にガイドラインが公表されており、一定の要件の下で、一定程度の生活費や自宅等を残した形で金融機関から債務免除を受けることが可能となっている。また、当該ガイドラインの公表に合わせて、中小企業基盤整備機構がガイドラインに基づいた債務整理に関する専門家の派遣を行っているほか、地域経済活性化支援機構も、法改正により経営者保証付貸付債権を買い取った上でガイドラインに沿った債務整理を行う「特定支援」を新たに行うことが可能となった。さらに、日本弁護士連合会は、特定調停を利用して主債務者の廃業と経営者保証人の保証債務整理を一体的に行うことを促進する目的で、2018年1月27日、「事業者の廃業・生産を支援する手法としての特定調停スキーム利用の手引き」を公表している[注29]。

注29)　同手引きの概要、要件、手続などを解説するものとして、髙井章光ほか「経営者保証ガイドラインと廃業支援型特定調停」事業再生と債権管理156号（2017）100頁がある。また、手引きの公表前の事案であるが、髙井章光＝犬塚暁比古「清算型スキームの中で主債務を特定調停手続で整理するとともに、保証債務についても『経営者保証ガイドライン』に則り特定調停手続にて一体的に処理した事案」事業再生と債権管理153号（2016）99頁の報告がある。

廃業に伴う従業員の再就職については、労働施策の総合的な推進並びに労働者の雇用の安定及び職業生活の充実等に関する法律26条に基づき、再就職支援（民間職業紹介事業者に対する従業員の再就職支援の依頼、求職活動を行うための休暇付与等）を行う企業に対し、一定の基準の下に助成金を支払う労働移動支援助成金制度を厚生労働省が設けている。さらに、民間金融機関の取組みとしては、大垣共立銀行が、廃業予定の取引先に対し廃業に至るまでの資金繰り支援を行う事業整理支援ローンを取り扱っているほか、一部地方銀行においては、貸付先の廃業に向けた支援方針をまとめた内部マニュアルの整備が進められているとされている。

(4)　単独型

　廃業の局面において、主たる債務について法的整理手続が開始された場合は、経営者保証人についてガイドラインを用いて保証債務を整理する必要があるとしても、主たる債務と保証債務を一体的に整理するのが手続的に困難である。また、中小企業再生支援協議会の再生スキームは、原則として主たる債務者たる事業者の再生計画策定支援を目的としており、主たる債務者が廃業・清算の支援は行わない。そのような場合には、保証債務のみを協議会スキームあるいは特定調停スキームで整理する「単独型」を利用することになる[注30]。

　協議会スキームおよび特定調停スキームでは、単独型においても基本的にガイドラインに定められる手順と条件に従って保証債務の整理がなされる。

注30)　協議会の支援により、主債務者が破産（廃業）したケースで連帯保証人については単独型の債務整理を行った事案につき、大西雄太「経営者保証ガイドラインを用いて、中小企業再生支援協議会の支援により、単独型の債務整理を行い、非保全債権について全額免除を受けた事案」事業再生と債権管理155号（2017）112頁。廃業の局面ではないが、主債務者である事業者につきスポンサー型の民事再生により事業再生を図り、代表者保証人の債務整理を単独型のガイドラインの手続として特定調停を利用し、保証人の残存資産として500万円が認められた事例が、野村剛司「民事再生の申立てを行った法人の代表者につき、『経営者保証に関するガイドライン』を利用した特定調停が成立した事例」事業再生と債権管理156号（2017）116頁で報告されている。

第8章　地方中小・中堅企業と事業再生

ただし、主たる債務の整理手続が終結した後に単独型の保証債務整理手続に入る場合には、「対象債権者は主たる債務の整理終結時点で、保証人からの回収を期待できる状況にあり、このような場合においては、自由財産（原則として99万円の現金）の範囲を超えて保証人に資産を残すことについて対象債権者にとっての経済合理性が認められないことから、残存資産の範囲は自由財産の範囲に限定され」ることに留意する必要がある。

　ガイドライン7項(3)③は、「早期の事業再生等の着手の決断について、……対象債権者としても一定の経済合理性が認められる場合」には、「保有資産等の劣化防止に伴う回収見込額の増加額……を上限」として、法定自由財産を超えた資産の残存を可能としている。この点、主債務者清算型の手続における「回収見込額の増加額」の算出の考え方に関するガイドラインQA（Q7-16）は、「①現時点において清算した場合における主たる債務及び保証債務の回収見込額の合計金額」から、「②……清算手続が遅延した場合の将来時点……における主たる債務及び保証債務の回収見込額の合計金額」を控除して計算するとされている。また、これに加え、「準則型私的整理手続を行うことにより、主たる債務者又は保証人の資産の売却額が、破産手続を行った場合の資産の売却額に比べ、増加すると合理的に考えられる場合は、当該増加分の価額も加えて算出することができます」とされている。単独型の場合、すでに主債務者において清算手続が開始されており、上記「清算手続が遅延した場合の将来時点」の回収見込額という概念が観念できないことから、残存資産の上限を画する「回収見込額の増加額」が存在しないためである。

(5)　廃業前に事業譲渡が行われた場合——ガイドラインの適用

　廃業のプロセスとしてはさまざまなタイプがあるものの、単純に事業をすべて停止するのではなく、事業を停止する前に価値のある事業部分を先行して事業譲渡を行い、その後に会社を清算させるという方法がとられることがある。資産超過の会社であれば、株主に対して残余財産の分配を行い、清算を結了させればよい。逆に債務超過の会社の場合は、廃業するに際して法的

な整理（例えば破産手続）を利用することが考えられる。

　その際には、廃業会社の代表者の保証責任をガイドラインで処理することが考えられるが、その場合の残存資産（インセンティブ資産）はどのような基準で考えるべきかという点が論点となり得る。

　ガイドラインを形式的に適用すると、(4)と同様、残存資産は99万円となってしまう。会社清算（破産）前に事業譲渡を行った場合には、破産以前に事業のうち価値がある部分はすべて金銭化されているため、「事業譲渡後に金銭が流出することは想定されない」あるいは「準則型私的整理手続内で事業譲渡したわけではない」ため、「回収見込額の増加」が生じないという考え方に帰着するからである。しかしながら、ガイドライン策定の経緯・趣旨に鑑みれば、「早期の事業再生等の着手の決断」に経済合理性が求められており、単純に廃業・破産するのではなく、「早期に事業譲渡を行ったうえで破産するという決断」に経済合理性があれば、「破産前に事業譲渡を行ったうえで破産するという清算手続に早期に着手したことによる、保有資産等の劣化防止に伴う回収見込額の増加額を上限」として、法定自由財産を超えた資産を残存させられると考えるべきであろう。

第9章

事業承継と事業再生

第9章　事業承継と事業再生

1　事業承継と事業再生

(1)　少子高齢化の進展と事業承継の必要性

　わが国において、急速に少子高齢化が進展しており、企業の経営環境にも大きな影響が生じている。

　企業は法人であって自然人ではないが、実際に企業を経営している経営者は自然人であるため、企業の経営環境は少子高齢化の影響を色濃く受けることとなる。特に、企業の大部分を占める中小企業は、わが国の経済・社会の基盤を支える極めて重要な存在であるが、所有と経営が分離していない[注1]オーナー企業である場合が多いため、よりいっそう、少子高齢化の影響を受けやすい。

　特に近年は、中小企業の経営者の年齢の高齢化が進んでおり、年代別に見た中小企業の経営者年齢の分布は2018年において69歳がピークとなっている[注2]。このような経営者の高齢化に伴い、将来における経営者の死亡リスクに対応するため、オーナー保有の株式を誰に相続させるか、また、オーナー死亡後の経営陣の構成をどのように考えるかをあらかじめ決めておかなければならない一方で、少子化の影響によって後継者不足に陥ってしまっている状態にある。また、そもそも論として、①少子化によって国内のマーケットが縮小している状態に加え、②価値観の多様化に伴い、事業の承継を好まない家族が増加し、③また少子化ゆえに事業を承継できる候補者自体が減少している状態にある。

　このままでは、これまで中小企業が独自に培ってきた技術やノウハウといった貴重な経営資源が散逸してしまうため、後継者不在の企業や廃業予定の企業の経営資源を次世代に引き継いでいくために事業承継を円滑に進めていくことが、わが国経済全体の生産性向上のための喫緊の課題となっている。

　日本政策金融公庫総合研究所が2016年に公表した調査によれば、調査対象

注1)　具体的には、オーナー一族が株式の全部またはその大部分を保有し、経営陣も全員またはその大部分がオーナー一族である状態をいう。

注2)　中小企業庁「中小企業白書〔2019年版〕」76頁。

780

となった企業約4000社のうち、60歳以上の経営者の約半数が廃業を予定していると回答している。同調査では、廃業予定企業であっても、約3割の経営者が、同業他社よりも良い業績を上げていると回答し、今後10年間の将来性についても約4割の経営者が少なくとも現状維持は可能と回答している[注3]。

このように、廃業を余儀なくされた企業であっても、必ずしも業績悪化や将来性の問題のみから廃業を選択しているばかりではない。もちろん、業績悪化により大きな負債を抱えて廃業を余儀なくされる企業もあるが、そのような企業も個性的かつ魅力的な技術やノウハウをもっている場合がある。そのような企業も含めて、廃業させることなく、次世代に円滑かつ確実に承継させ、もって事業を再生させる必要がある。

(2) 事業承継の手法

このため、中小企業庁は、2016年12月に事業承継ガイドラインを制定し、中小企業の円滑な事業承継に取り組んでいる。

同ガイドラインでは、事業承継を、親族内承継、役員・従業員承継（以下、「従業員承継」という）、社外への引継ぎの3つの類型に区分している。

(i) 親族内承継

親族内承継は、現経営者の子をはじめとした親族に事業を承継させる方法である。一般的に他の方法に比べて、内外の関係者から心情的に受け入れられやすいこと、後継者の早期決定により長期の準備期間の確保が可能であること、相続等により財産や株式を後継者に移転できるため所有と経営の一体的な承継が期待できることといったメリットがある[注4]。

もっとも、少子化の進展によって承継する子がいない場合があるだけでなく、子がいたとしても、事業の将来性や経営の安定性等に対する不安の高まりや、家業にとらわれない職業の選択、リスクの少ない安定した生活の追求等、子側の価値観の変化によって、子が事業を承継しない場合もある。この

注3)　中小企業庁「事業承継ガイドライン」（2016年12月。以下、「事業承継ガイドライン」という）9頁、日本政策金融公庫総合研究所「中小企業の事業承継に関するインターネット調査」（2016年2月）。

注4)　事業承継ガイドライン15頁。

ため、現経営者には、事業承継を行う前に、経営力の向上に努め、経営基盤を強化することにより、後継者が安心して引き継ぐことができる経営状態まで引き上げることが求められている。

また、事業承継を円滑に進めるためには、現経営者が自らの引退時期を定め、そこから後継者の育成に必要な期間を逆算し、十分な準備期間を設けて、後継者教育（技術やノウハウ、営業基盤の引継ぎを含む）に計画的に取り組むことが重要である。

(ii) 従業員承継

従業員承継は、親族以外の役員・従業員に事業を承継させる方法である。経営者としての能力のある人材を見極めて承継させることができること、社内で長期間働いてきた従業員であれば経営方針等の一貫性を保ちやすいことといったメリットがある[注5]。

もっとも、事業承継をするに当たっての従業員の資金力の問題を解決する必要があるだけでなく、現経営者のリーダーシップの下で早期に株主である親族間の調整を行い、関係者全員の同意と協力を取り付け、事後に紛争が生じないように、しっかりと道筋をつけておくことが重要である。

(iii) 社外への引継ぎ

社外への引継ぎは、株式譲渡や事業譲渡等（以下、「M&A等」という）によって事業の承継を行う方法である。親族や社内に適任者がいない場合でも、広く候補者を外部に求めることができ、また、現経営者は会社売却によって金銭的な利益を得ることができる等のメリットがある[注6]。

もっとも、社外への引継ぎを成功させるためには、本業の強化や内部統制（ガバナンス）体制の構築により、企業価値を十分に高めておく必要がある。

また、M&A等によって最適なマッチング候補を見つけるまでの期間は、M&A対象企業の特性や時々の経済環境等によって大きく左右され、数か月から数年と大きな幅があることが一般的である。相手方が見つかった後も数度のトップ面談等の交渉を経て、最終的に相手方との合意がなされる必要が

注5)　事業承継ガイドライン16頁。
注6)　事業承継ガイドライン16頁。

あるため、十分な時間的余裕をもって臨むことが重要である。

(3) 相続手続との一体的解決の必要性

　近時、少子化により後継候補者の絶対数が減少しているだけでなく、価値観の多様化等により子が事業を承継しない場合も増え、他方で、そもそも親としても不採算な事業や保証債務を子に承継させることを希望しない場合もあるため、親族内承継の割合は減少し、親族外承継の割合が増加しているといわれている。このため、企業の内情をよく知っている従業員承継や外部の有力資本を活用するM&A等は中小企業にとっても魅力的な事業承継方法であるといえよう。

　もっとも、中小企業においては、所有と経営が分離していないオーナー企業である場合が多く、親族内承継の割合は依然として高い。実際にも、2015年に中小企業庁が実施した調査によれば、現経営者の在任期間が35年以上40年未満の層では、9割以上が親族内承継、すなわち現経営者は先代経営者の息子・娘その他の親族であると回答している。現経営者の在任期間が短いほど、親族内承継の割合が減少し、従業員や社外の第三者による承継が増加する傾向にあるが、現経営者の在任期間が5年未満の層であっても約35％は親族内承継である[注7]。

　また、親族内承継を望む経営者が多いことも事実である。その理由は一概には述べにくいが、概括すると、①中小企業経営者にとって企業は自分の子のようなものであり、外部への承継を好ましく思わないこと、②中小企業経営者においてもプライドの観点から、従業員承継を良しとしない場合も散見されること、③中小企業経営者においては従業員および取引先との関係が密接な場合が多く、外部へのM&A等に際しては、かかる密接な関係が承継されるかに対して危惧感を抱く場合も少なくないこと等が挙げられる。

　そのようなオーナー企業において事業承継を実施するに当たっては、結果として、親族内承継を選択するケースも多く、経営権の承継手続と経営者個人の相続手続とが密接に関連することとなる。

注7)　　事業承継ガイドライン11頁。

第9章　事業承継と事業再生

　また、後継者のいないオーナー企業、特に経営者がワンマン社長である場合においては、不慮の事故や極めて早期に進行する病気等によって経営者が突然死亡してしまうことが、しばしばある。

　そのような場合には、何らの事業承継の対策もなされていないことが多く、事業が生きている間のごく短期間のうちに経営権の承継をしなければ事業が毀損してしまうリスクが大きい。なぜならば、死亡後短期間のうちであれば、いま手続中であるとの言い訳も取引先に通用するし、取引先も死亡直後に事を荒立てることは回避する傾向にあるといい得るのに対し、死亡後一段落したのに企業の承継方針が決まっていないと、取引先としても将来に不安を覚える傾向にあるといい得るからである。実際に、後者のような場合に取引先が取引関係から離脱してしまうケースも散見される。

　このため、場合によっては経営権の承継手続と経営者個人の相続手続を並行して行わなければならない場合もある。

　このように、特に中小企業においては、廃業させずに次世代に円滑かつ確実に承継させ、もって事業を再生することと、経営者個人の相続手続とは切っても切り離せない関係にあり、両者の一体的な解決が求められる。

2　事業承継に関連する相続手続

(1)　基本構造

　わが国において、相続は、被相続人の死亡によって開始するものとされている。相続の手続は、民法第5編（現行民882条以下）に規定されている相続法制に基づいて進められる。また、相続開始があったことを知った日の翌日から10か月以内に相続税の申告をしなければならないものとされている（相税27条）。

　もっとも、不慮の事故や極めて早期に進行する病気等によって、事前に死期が予測ができない場合もある。また、事前に予測できていたとしても、経営権の承継についてまで手が回らないことも、しばしばある。このため、先代の経営者が死亡し事業承継の必要に迫られた場合において、何らの事業承継の対策もなされていないことが多い。

特に、そのような事業承継が必要となった企業が経営不振であった場合は、相続開始後に早急に手当てをしなければ事業が急速に毀損してしまい、次世代に承継することができなくなってしまう。

　しかしながら、遺された経営者の相続人は、被相続人を喪って精神的に疲弊している中で、経営権の承継と親族間の相続手続の双方を早急に進めなければならないので、その負担は極めて大きい。

　このため、事業承継に携わる専門家は、遺された相続人を法的にのみならず精神的にも支える必要があり、かつ、M&A等の経営権の承継手続、遺産分割等の相続手続、相続税申告等の税務手続を早急に遺漏なく行うため、そのような業務に慣れた他士業と円滑に協働していくことが求められる。

　相続人は、自己のために相続の開始があったことを知った時から、原則として3か月の熟慮期間内に、①相続について単純承認をするか、②限定承認をするか、③相続放棄をしなければならないものとされる（民915条1項）。

　熟慮期間の起算点は、相続人が相続開始の原因となる事実を知り、かつ、そのために自己が相続人となったことを覚知した時を指すものとされ（大決大正15・8・3民集5巻679頁）、被相続人に相続財産がまったく存在しないと信ずるにつき相当な理由があると認められるときには、本来の熟慮期間は、相続財産の全部または一部の存在を認識したときまたは通常これを認識し得べき時から起算するものとされている（最判昭和59・4・27民集38巻6号698頁）。

　相続人は、相続の承認または放棄をする前に、相続財産の調査をすることができるが（民915条2項）、当該調査によっても相続の承認または放棄を決定できないときは、利害関係人または検察官の請求によって、家庭裁判所において熟慮期間を伸長することができる（同条1項ただし書）。

　相続人が単純承認をしたときは、無限に被相続人の権利義務を承継するものとされる（民920条）。これは日本の民法においては、相続は一般承継と考えられ、被相続人の人格が相続人に承継されると考えられていることが前提にある。

　また、相続人が、自己のために相続の開始があったことを知った時から3か月以内に限定承認または相続放棄をしなければ、単純承認をしたものとみ

第9章　事業承継と事業再生

なされる（民921条2号）。そのほか、相続人が相続財産の全部または一部を処分する等の行為をしたときも、単純承認をしたものとみなされるので注意が必要である。

これに対し相続人が限定承認をしたときは、相続によって得た財産の限度において被相続人の債務および遺贈を弁済することとなる（民922条）。

その意味で、被相続人の資産を負債が上回っている場合（債務超過の場合）には、限定承認は有益な制度であるといえる（ただし限定承認の利用等を失念しているケースも多い点に留意が必要である）。

もっとも、相続人が数人いるときは、共同相続人の全員が共同して限定承認をしなければならないものとされる（民923条）。また、限定承認をしようとするときは、相続人において相続財産の目録を作成して、家庭裁判所に提出し、限定承認をする旨を申述しなければならないものとされる（同法924条）等、一定の手続的煩雑さが存在することには理解が必要である。

相続人が相続放棄[注8]をしたときは、その相続に関しては、はじめから相続人とならなかったものとみなされる（民939条）。もっとも、相続放棄をしようとするときは、その旨を家庭裁判所に申述しなければならないものとされる（同法938条）。

なお、相続を放棄した者は、その放棄によって相続人となった者が相続財産の管理を始めることができるまでは、自己の財産におけるのと同一の注意をもって、その財産の管理を継続しなければならないものとされる（民940条1項）。相続人全員が相続放棄をし、相続人がいなくなってしまった場合は、家庭裁判所は、利害関係人または検察官の請求により、相続財産管理人を選任しなければならないものとされる（同法952条1項）。

相続財産中に企業の支配株式が含まれている場合において、相続人全員が相続放棄をしたときは、当該企業の支配権が浮いてしまう可能性がある。このため、相続放棄をした相続人が当該企業の株式を管理しているときは、速やかに家庭裁判所に相続財産管理人の選任の申立てをし、企業の支配権の帰

注8)　相続財産の承継を希望しない代わりに、相続債務の承継もしないものとすることをいう。

属を明確にしておく必要があると考えられる。

(2) 法定相続による事業承継

(i) 法定相続分

相続が開始すると、各共同相続人は、その相続分に応じて被相続人の権利義務を承継するものとされる（民899条）。

わが国における相続は、被相続人の死亡により当然に開始するものとされるが、死亡した企業の経営者が何らの事前の準備もしていない場合は、民法に定められた相続分に応じて、各共同相続人が相続財産を共有することとなる。

具体的には、子（実子と養子を問わず、嫡出子と非嫡出子を問わない）と配偶者が相続人であるときは、配偶者の相続分は2分の1、子全体の相続分も2分の1とされる（民900条1項1号）。

子が複数いる場合は、子全体の相続分である2分の1を、子の人数に応じて均等に承継するものとされる（民900条1項4号）。

子が存在せず、配偶者と直系尊属（つまりは親等）が相続人であるときは、配偶者の相続分は3分の2、直系尊属全体の相続分は3分の1とされる（民900条1項2号）。

子も直系尊属も存在せず、配偶者と兄弟姉妹が相続人であるときは、配偶者の相続分は4分の3、兄弟姉妹全体の相続分は4分の1とされる（民900条1項3号）。

なお、被相続人と父母の一方のみを同じくする兄弟姉妹は、被相続人と父母の双方を同じくする兄弟姉妹の相続分の2分の1となる（民900条4号ただし書）。

このように、被相続人の死亡時において、配偶者が生存しているときは、配偶者は必ず相続人になる。

しかし、子が相続人となる場合には、直系尊属および兄弟姉妹は相続人とはならず、子がおらず直系尊属が相続人となる場合には、兄弟姉妹は相続人とはならない。また、相続人の配偶者は、直接的には相続人とはならない[注9]。

第9章　事業承継と事業再生

法定相続は民法に基づく相続分の実現にすぎないので、ある意味公平性は確保されている。

(ii)　**遺産分割**

相続開始後の相続財産は、相続を承認した相続人により共有されている状態となる。このため、相続の承認後、相続を承認した共同相続人間で、遺産分割協議をする必要がある。

共同相続人が遺産分割協議をした場合、相続開始の時にさかのぼってその効力が生じるものとされる（民909条）。

もっとも、遺産分割協議は、共同相続人間の利害が先鋭に対立する場面であるため、相続人ではない親族をも巻き込んで大いに紛糾することが実務上極めて多い。

この点、すべての相続財産が共有になるため、被相続人が経営した企業の株式および不動産等の企業の基礎となる財産まで共有となることから、遺産分割協議が長期化する場合には当該企業の経営にも支障が出かねない。このため、企業の経営者（特に所有と経営が分離していないオーナー企業の経営者）は、企業の株式および不動産等の企業の基礎となる財産を遺産分割協議の対象としないために遺言を作成しておくことが望ましい。また、遺言がない場合は、早急に専門家を入れて、円滑かつ迅速に合理的な内容の遺産分割協議を進めることが望ましい。

(iii)　**実例**

事業再生に関連して、具体的に問題となった例として、次のような事案が挙げられる。

(a)　**単純相続＋金融機関交渉の事例**

当該事案では、バブル期の投資の失敗により多額の負債を抱えた企業（資

注9)　このため、例えば相続人の妻が、被相続人である夫の父の療養看護等をしていたとしても、相続人の妻自身は相続人ではないため相続ができないという不公平が生じている。そこで、今回の相続法改正において、そのような療養看護等をし、被相続人の財産の維持または増加について特別の寄与をした被相続人の親族（前述の相続人の妻等が想定される）には、その寄与に応じて、相続人に対して特別寄与料の支払を請求することができるとする制度が設けられた（改正民1050条）。

産なし）とその負債を連帯保証した企業（資産あり）と細々と収益の上がる企業（資産なし）の３社の株式を経営者が保有している状態で、当該経営者が急死するに至った。経営者の自宅は、当該負債の担保に供されていた。

当該事案では、バブル期の投資の失敗により生じた多額の負債の処理をする必要がある一方で、高齢であった経営者の妻の自宅居住権の確保が問題となった。

幸い、共同相続人間で争いがなかったことから、共同相続人全員が単純承認をした上で、早急に遺産分割協議を進め、負債に関連する２社の株式と自宅不動産を妻に承継させ、負債に関連しない１社の株式を子の１人に承継させる遺産分割協議を行った。そして、遺産分割協議と並行して負債に関連しない１社を第三者に譲渡する手続を進め、同企業を第三者に承継させた。

そして、当該負債の債権者が１社の金融機関であったことから、当該金融機関と交渉し、当該負債を連帯保証した企業をスポンサーに譲渡し、その代金を当該金融機関に一括弁済するとともに、当該負債の残額の一部について、残る１社の収益で長期分割弁済をし、残部の免除を受ける合意をした。

当該合意により、当該負債が約６分の１に圧縮され、返済が現実的に可能となるとともに、経営者の自宅には当該金融機関の担保権が残るものの、経営者の妻の自宅居住権を確保することができた。

(b) 相続放棄＋民事再生の事例

当該事案では、債務超過企業の株式を経営者が保有している状態で急死するに至った。本来であれば、経営者の株式を誰が相続するかを協議した上で、新しい株式保有者が企業の経営者を選任するべきであるが、経営者は企業の借入れを個人保証していたため、経営者自身も債務超過であり、相続人が単純相続に懸念を示した。

そこで、企業の取締役会において既存の取締役の１名を代表取締役に選任し、同人の判断の下、企業については再生手続の申立てを行い、スポンサー企業に事業譲渡を行った。

他方で、相続人全員は相続放棄を選択するも、経営者の自宅の処分が問題となったため、相続財産管理人を選任の上、同管理人が自宅をスポンサー企業に売却し、スポンサー企業が相続人らに自宅を賃貸することで、相続人ら

第9章　事業承継と事業再生

の住居権を確保した。

(c)　単純相続＋事業譲渡破産の事例

当該事案では、過去に大企業に買収された子会社において、株式は保有していないものの当該子会社をワンマン的に支配していた子会社経営者が死亡した。当該子会社は、毎年赤字であっただけでなく、買収前から実態のない多額の資産を計上しており、実質的には債務超過に陥っていた。

親会社である大企業は、子会社経営者が死亡したこともあり、当該子会社へのこれ以上の支援は打ち切る意向であったが、当該子会社は多数の消費者顧客を抱えていたことから、資金繰りがショートする前に早急に当該子会社の同業他社に当該子会社の事業を譲渡し、事業譲渡の実行後、当該子会社については破産手続の申立てを行った。

他方で、当該子会社経営者は当該子会社の株式を保有していなかったことから、その相続手続は相続人に任せることとしたが、単純承認をしたようである。

(3)　遺言による事業承継

(i)　遺言の種類

以上のように、法定相続による事業承継にはいくつかの問題があるため、企業の経営者（特に所有と経営が分離していないオーナー企業の経営者）は、遺言による事業承継手続を検討しておくことが望ましい。この場合は、親族に対する承継が多いと考えられる。

遺言を作成しておくことで、共同相続人による遺産分割協議を経ることなく企業の株式および不動産等の企業の基礎となる財産を相続人に承継させることができるため、遺言の作成は、間断なく事業承継を実施することができる有力な手段といえる。

遺言には自筆証書遺言（民968条）、公正証書遺言（同法969条）、秘密証書遺言（同法970条）が存在する。

このうち、改正前民法の下では、自筆証書遺言は「全文、日付及び氏名」をすべて自書しなければならないとされていた（改正前民968条1項）。財産が多数ある場合は、遺言書に財産目録を添付する場合が多いが、そのような

場合であっても、財産目録も含めて、すべて自書でなくてはならないものとされていた。

しかし、高齢者等にとって全文を自書することはかなりの労力を伴うものであり、大きな負担である。このため、この点が自筆証書遺言の利用を妨げる要因となっているものと考えられた。

そこで、今回の相続法改正において、改正後民法968条2項として、自筆証書遺言を作成する場合において、自筆証書にこれを一体のものとして相続財産の全部または一部の目録を添付する場合には、その目録については、自書することを要しないものとする規定が追加された。そして、この自筆証書遺言の要件緩和に関する法改正は、他の相続法改正の施行に先立ち、2019年1月13日に施行された。これにより、自筆証書遺言に、財産目録としてパソコンで作成した一覧表を添付したり、預貯金通帳のコピーを添付したりすることができるようになり、特に財産が多数ある場合の自筆証書遺言作成の負担が軽減されることとなった。

また、これまでは、自筆証書遺言の保管方法は特に定められていなかった。このため、遺言書原本が公証役場で厳重に保管されている公正証書遺言と異なり、トラブルが生じることが多く、トラブル回避のために自筆証書遺言ではなく公正証書遺言が利用されることが多かった。また、そもそも自筆証書遺言は被相続人によって作成されるので、相続人がその存在を知らず、遺言発覚時に「そんな遺言を被相続人が作成するはずがない」とか「その遺言作成時に被相続人に遺言作成に必要な意思能力がなかった（例えば「認知症にかかっていた」）」等の主張がなされるなど、自筆証書遺言の作成の真正等をめぐって深刻な紛争が生じる場合があった。

そこで、自筆証書遺言の保管方法等を定めるため、法務局における遺言書の保管等に関する法律（以下、「保管法」という）が定められた[注10]。

しかしながら、いずれの遺言方式を採用しようと、①後になされた遺言が先になされた遺言に優先すること（民1022条・1023条）、②遺言の作成を繰り

注10）　なお、保管法は2020年7月10日に施行するものとされている（法務省ホームページ）。

第9章　事業承継と事業再生

返した場合には法律関係が不安定になること、③後日になって、遺言時の被相続人の意思能力が争われる可能性があること、等の問題が存在する。

また、相続法の改正前は、④遺言による事業承継が効力を発生しても遺留分減殺請求権の行使によって法律関係が共有状態になるという問題があった。

(ii)　遺留分の侵害とその対応策

遺留分とは、遺言によっても侵害し得ない相続人の潜在的持分のことをいう。遺言の内容によっては、相続人の遺留分を侵害することとなるため、相続人間の利益を適切に調整する必要がある。

この点、従前は、相続人の遺留分が遺言等によって侵害された場合に、物権的効果をもつ遺留分減殺請求権（改正前民1031条）の行使が認められていた。もっとも、遺留分減殺請求権には物権的効力があると解されているため、その結果、被相続人が経営した企業の株式および不動産等まで、遺留分権利者との共有に復帰し、権利関係が複雑化してしまうというデメリットがあった。

この問題に対する解決方法はいくつか存在するが、1つは民法の特例制度（中小企業における経営の承継の円滑化に関する法律〔以下、「経営承継円滑化法」という〕）を利用して[注11]、遺留分減殺請求権の行使を抑制する方法である。しかし、特例制度を利用するには、利用するための要件が厳しくまた手続も煩雑であるという問題がある[注12]。

もう1つの方法は、共有物分割請求制度を利用する方法である。共有物分割請求制度は共有物の分割を裁判所に対して申し立てる制度であり、最終的には裁判所の判決によって共有物の分割方法を決定するというものである。

分割方法としては①現物分割（文字通り共有財産を分割して、共有者間で共有財産を分け合う制度である。例えば100坪の不動産であれば、これを50坪ずつに分けて、共有者A・Bで分け合うことをイメージするとわかりやすい）、②価格賠

注11)　具体的には、生前贈与株式等を遺留分の対象から除外する合意と、生前贈与株式等の評価額をあらかじめ固定する合意が定められている。

注12)　例えば、当該制度を利用するためには、後継者を含めた現経営者の推定相続人の全員の書面による合意が必要であるだけでなく、経済産業大臣の確認および家庭裁判所の許可が必要となる。

償（価格賠償の方法もさまざまあるが、最も極端なケースは共有者Aが100坪の不動産全部を取得し、共有者Bが50坪相当分の金銭を取得する方法が考えられる）、③競売による分割（100坪の不動産を競売に供し、その競売代金を共有者A・Bで分割する方法である）等が存在する。

　もっとも判決によって解決を図ったとしても、敗訴者等から控訴がなされ、紛争が長期化するリスクがある。例えば①現物分割の判決をもらっても、そもそも関係の悪化しているA・Bで隣同士の関係になったからといって関係が改善するわけではないし、②ましてや一方のみが金銭をもらうような解決であれば、その金銭の多寡については当然に不満を抱くケースが多い。このため、現実的な解決方法としては共有分割訴訟内で和解をすることも有用である。和解であれば、①共有不動産の一部を、別個の不動産と交換したり、②共有者が、お互いに納得した方法で、共有不動産を任意売却することも可能だからである。

　実際にいままでの相続をめぐる事件においても、まず遺留分減殺請求権が行使され、共有状態になった状況で、いかにしてこの共有状態を解消するかについて、無用な時間が費やされることとなっていた。

　このような不毛な結果を改善するには、遺留分という概念自体を排斥することも考えられたが、今回の相続法改正では、①遺留分および減殺請求権という制度自体は残しつつ、②その効力を変更するという制度が採用された。

　すなわち、

①　改正前民法における遺留分制度は、遺留分権利者の生活保障や遺産の形成に貢献した遺留分権利者の潜在的持分の精算等を目的とする制度であるところ、

②　その目的を達成するためには、必ずしも物権的効果まで認める必要はなく、

③　遺留分権利者に遺留分侵害額に相当する価値を返還させる（具体的には金銭の支払を要求する）ことで十分であると考えられる。

　そこで、今回の相続法制の改正において、遺留分減殺請求権の効力および法的性質が見直されることとなった。

　具体的には、物権的効果を有する「遺留分減殺請求権」が、金銭債権とし

第9章　事業承継と事業再生

ての「遺留分侵害額請求権」に改められることとなった。

そして、遺留分権利者およびその承継人は、受遺者又は受贈者に対し、遺留分侵害額に相当する金員の支払を請求することができるものとされた（改正後民1046条1項）注13)。

このため、①同改正によって共有物分割請求がなされるケースは減少することが想定される。共有物分割請求は、物権的効果によって強制的に共有状態になるがゆえに発生するケースが多かったが、今回の改正によってこのような状態の発生は解消されることになるからである。一方で、②遺留分侵害額請求権の債務者は、いままでと異なり（逆にいえばいままでは物権的効果による共有状態による不都合を放置すれば金銭的支払は発生しなかった）、遺留分権者に対する金銭的支払が必要となるため、資金調達に追われることとなるという可能性が指摘されている。

(iii)　**実例**

事業再生に関連して具体的に問題となった例としては、次のような事案が挙げられる。

(a)　**経営の資産を1人に集約したことにより遺留分減殺請求を受けている事例**

被相続人は不動産賃貸業を家業として経営していたが、当該賃貸不動産を相続人の1人に相続させる旨の公正証書遺言を遺して死亡した。他の相続人は、遺留分減殺請求をするとともに、当該公正証書遺言の有効性を争って訴訟となった。当該訴訟の結果、当該公正証書遺言は有効とされたが、遺留分減殺請求を受けた遺産分割調停が新たに提起され、当該賃貸不動産以外の相続財産を適切に分配することで解決された。

(b)　**遺言がある場合に競売対応をした事例**

不動産について相続人の1人に専属的に相続させる旨の被相続人の遺言が存在した。遺留分権利者からの遺留分減殺請求の結果、建物は共有になったが、従前から当該建物を管理することによって収益を上げている企業が存在

注13)　なお、遺留分減殺請求権から遺留分侵害額請求権への法改正は、2019年7月1日に施行されている（法務省ホームページ）。

した。

　当該企業は債務超過であったが、事業を継続していたため、将来における不動産の売却については同意するものの、直ちに競売の手続を進めることには抵抗感を示した。

　そこで協議の結果、一定期間については任意売却を模索するものの、一定期間経過後は競売を受諾することとし、早期売却および債務名義の取得を希望する共有者と建物管理および任意売却の機会を模索する企業とのバランスを図った。

⑷　信託による事業承継

（ⅰ）　基本構造

　2006年に改正された信託法の立法過程において事業承継の円滑化のための信託の活用ニーズが主張されたことを踏まえて、遺言代用信託（信託90条）や後継ぎ遺贈型受益者連続信託（同法91条）をはじめとする中小企業の事業承継の円滑化に活用可能な信託の類型が創設または明確化された。

　信託による事業承継については、すでに多くの論文が発表されており、かつ、中小企業庁も「信託を活用した中小企業の事業承継円滑化に関する研究会における中間整理」を発表している。

　確かに信託方式による場合、信託契約によって事業承継の中身を多様に設定できるとされる[注14]。

　例えば、被相続人Aが、自分が死亡した後に財産を妻である相続人Bに相続させ、相続人Bが死亡したときには子である相続人Cに相続をさせたいというケースがある。これを遺贈（民964条）で実現しようとしても、相続人Bの受ける遺贈利益の内容が不明確であることや、相続人Bの所有権の終期をその死亡時までとする期限付きの所有権が民法上認められないこと等から、当該遺贈の効力は認められないという見解が有力であるとされている[注15]。

注14)　具体的には、①オーナー生存時に信託銀行等に株式を信託し、受益者はオーナー生存時はオーナー、オーナー死亡後は後継者とする遺言代用信託や、②オーナー生存時に信託銀行等に株式を信託し、受益者は後継者とするものの、議決権行使指図権はオーナーに付与する他益信託スキーム等がある。

第9章　事業承継と事業再生

　これに対し、信託を利用する場合、相続人Aが自分の財産を信託し、自分が死亡した後に受益権を相続人Bに設定し、相続人Bが死亡したときはその受益権が消滅し、相続人Cが新たな受益権を取得する旨の定めをすることができるものとされている（信託91条。後継ぎ遺贈型受益者連続信託）。

　後継ぎ遺贈型受益者連続信託は、例えば以下のような場合に活用することができるとされている[注16]。

①　子供がいない被相続人が、先祖から承継した財産を、自分が死亡したら妻に遺したいが、妻の死亡後は、妻の兄弟に相続させないで、自分の兄弟または甥に承継させたい場合

②　後妻との間に子供のいない被相続人が、居住用の土地建物を後妻の生存中は後妻に与え、後妻の死亡後は、先妻との間の子供に相続させたい場合[注17]

③　知的障害のある息子Aをもつ被相続人が、自分の死亡後のAの生活を保障するために、遺産からAに毎月必要な生活費を支給し、Aの死亡後は、Aの世話をする他の相続人に全財産を取得させるようにしたい場合

④　会社を経営する被相続人が、自分の死亡後について、会社の経営（具体的には自社株）を第1次的には妻に承継させるが、妻の死亡後は長男ではなく、経営手腕のある次男に承継させたい場合

　しかしながら、後継ぎ遺贈型受益者連続信託は、残念なことに実務的に十分に浸透しているとまではいいがたいように思われる。

　その理由としては、①信託という方式自体が（金銭信託や不動産信託といった個別の方法は別として）日本社会においては浸透していないこと、②信託と遺留分減殺請求権の関係が不透明であること（(ii)参照）、③日本の信託銀行においては実務上取り扱える信託の範囲に限定があること等が挙げられる。

注15)　愛知県弁護士会法律研究部編『Q&A遺留分の実務〔改訂版〕』（新日本法規出版、2011）33頁。

注16)　愛知県弁護士会法律研究部編・前掲注20) 34頁。

注17)　もっとも、この場合は、被相続人が、今回の相続法改正によって導入される配偶者居住権（改正後民1028条）を後妻に遺贈しつつ、土地建物を先妻との間の子供に相続させれば、同じ目的が達成できるものと考えられる。

もっとも近時は民事信託の活用を積極的に提唱する意見も存在し、件数も急増しているが、東京地判平成30・9・12（金法2104号78頁）等のように、当事者間で紛争となるケースも生じている。

(ii) 信託と遺留分

従前は、相続人の遺留分が遺言等によって侵害された場合に、物権的効果をもつ遺留分減殺請求権（改正前民1031条）の行使が認められており、信託によって相続人の遺留分が侵害された場合にも遺留分減殺請求の対象となるものとされていた。もっとも、財産の所有者と受益者が分離するという信託の特徴を踏まえた特則が規定されていないため、多くの問題が生じている。

例えば、遺留分減殺請求の相手方は、財産の所有者である受託者であるか、それとも受益者であるかという問題が生じている。

この点、原則として、遺留分減殺請求の相手方は受託者であるというべきであるが、事案により受託者と受益者の両者が相手方になるという見解と、受託者または受益者のいずれをも相手方とすることができるという見解に分かれている[注18]。

また、遺留分減殺請求の対象は、法律行為としての信託行為であるが、「受託者への財産権の移転」であるとする見解と「受益者による受益権の取得」であるとする見解があり、その両面を捉える必要があるとされる[注19]。なお、前掲・東京地判平成30・9・12では、遺留分減殺請求権の対象は受益権である旨が判示されている。

受託者は、法律行為としての信託の相手方であり、信託財産の所有権を取得し、その管理処分権を有することから、相続財産の管理処分権を有する遺言執行者に類似する地位にあると考えられる。また、受益者が不特定または未存在である場合の相手方となり得ること、遺留分減殺請求後の信託事務処理の便宜の観点から、受託者を遺留分減殺請求の相手方とする必要があると考えられる。

他方で、受益者は、信託行為によって直接利益を享受するものであるから、

注18）　愛知県弁護士会法律研究部編・前掲注20）36頁。
注19）　信託を活用した中小企業の事業承継円滑化に関する研究会「中間整理——信託を活用した中小企業の事業承継の円滑化に向けて」（2008年9月）11頁。

第9章　事業承継と事業再生

信託行為の「受益権の取得」という面を捉え、受益者も遺留分減殺請求の相手方とすることができると考えられる。

　もっとも、今回の相続法改正により、物権的効果を有する遺留分減殺請求権が、債権的効果を有する遺留分侵害額請求権に改められることになった。

　改正前は、遺留分減殺請求がされると、原則として現物を返還しなければならないものとされ、例えば対象となる信託財産が株式であった場合には、受託者が相手方の場合は信託財産たる株式が、受益者が相手方の場合は受益権が返還されることとなり、株式が分散してしまうという事態が生じ得た。

　しかし、改正後は、信託によって遺留分が侵害されたとしても、遺留分権利者は遺留分を侵害している者に対し債権としての遺留分侵害額請求を有するだけなので株式自体が分散するという事態は生じなくなった。

　これにより、信託契約自体が遺留分権利者の遺留分を侵害するものであったとしても、株式の分散を防止して事業承継を円滑化するという信託契約の目的は達しやすくなったものと考えられる。

(iii)　事業再生との関連

　信託を使っても、事業再生の局面における債権者平等原則に対する留意は必要である。そのことは信託法上明らかであり、信託法11条1項本文は「委託者がその債権者を害することを知って信託をした場合には、受託者が債権者を害すべき事実を知っていたか否かにかかわらず、債権者は、受託者を被告として、民法……第424条第1項の規定による取消しを裁判所に請求することができる」と規定している。

(5)　家族憲章[注20]

(i)　必要性

　事業承継が問題となりがちな中小企業は、所有と経営が分離していないオーナー企業である場合が多く、そこでは会社法が原則としている所有と経営の分離よりも、所有と経営の一致が重視される傾向にある。

注20)　なお、この点の詳細については、柴原多「事業継承で『家族内マグマ』爆発を防ぐための『家族憲章』」（法と経済のジャーナル2018年1月3日。https://judiciary.asahi.com/outlook/2017122700002.html）参照。

もっとも、この基本的構造を維持するに当たっては、オーナー経営者一家の中に家族間の人間的葛藤（以下、「家族内マグマ」という）が眠っている可能性がある点に留意が必要である。

なぜなら、所有と経営が一致しているということは、多数株主たるオーナー経営者が株式の大部分および経営全般を掌握しているということであり、その結果、①少数株主の意見は反映されにくく、かつ軽視されやすいこと、②経営者の能力が適切かどうか判断しにくい状態にあること等の問題点が背景事情として存在するからである。

もちろん、オーナー経営者、特に創業者は「自分が作った会社であるから自分が株式の多数を握るのは当然であるし、経営者も自分で決められる」と考えがちであるが、かかる考え方が企業価値等に及ぼす影響には注意が必要である。すなわち、オーナー経営者としては、①会社は株主全員の資産であること、②会社は社会的公器としての側面も有すること、③会社の成長においては家族の協力も当然に存在したこと、④仮に家族内マグマが爆発した場合には企業価値を損ねかねないこと、といった諸点に特に注意する必要がある。

そこで、このうち特に④の「家族内マグマ」が爆発することを未然に防ぐためには、家族憲章を事前に作成し、家族内のトラブル発生を回避するとともに、仮にトラブルが発生した場合の解決ルールを定めておくことが肝要である。この点、海外においてはこのような仕組みが長年機能している。

(ii) 家族憲章のポイント

家族憲章を作成するに当たって重要なことは、「所有と経営」という概念に加えて「家族」という概念が加わることである。つまり、企業は「家族の理念」を実現する存在であり、その実現のために、株主たる家族は所有権（株主権）を適切に行使し、また、時にはその実現のためにふさわしい人物が経営を司るべき場合がある、ということである。

そのため、家族憲章の策定に当たっては、以下のコンセプトを家族としての共通理解としておくことが望ましい。

①　経営者には家族以外の者が就任することもあること（家族の理念を実現し、会社の企業価値を高めるためには、外部の経営者に委ねることもある

第9章　事業承継と事業再生

こと）

② 家族が経営者になるとしても長男の家系がなるとは限らないこと（ただし、当然のことながら本人の意向や能力にもよる）

③ 逆に、その他の家族も経営者の成長を促すような教育・協力を行うべきであること（事業を承継した経営者は時に道を誤ることもあるので、そのようなことが起きないよう、常日頃からの教育・協力が必要である）

④ 家族は必要以上に会社の経営に関与するべきではない場合もあること（逆にいえば、必要なときには関与するし、その前提として、経営者は適宜に少数株主にも必要な情報開示を行うべき場合もある）

それでは、そのような家族憲章を具体的にどのように作成すべきであろうか。

この点、1つの方法としては、株主間協定をベースに作成することが考えられる。株主間協定は、会社法の定めにない任意の契約であるが、実務上は頻繁に使われており、一般的には、①議決権の行使に関するルール、②役員の選解任およびモニタリングに関するルール、③株主間協定を解除する場合の各当事者の保有持分の処分に関するルール、④紛争が起きた場合の解決ルール等が定められることが多い。

家族憲章を作成するに当たっては、これらに加えて、⑤家族の理念に関する共有、⑥家族メンバーの教育に関するルール、⑦家族と企業との関わりに関するルール（ファミリーオフィスを含む）等を規定しておくことが考えられる。

(6)　財産の承継と税負担への対応

親族内承継においては、先代経営者から後継者に対し、株式や事業用資産を贈与・相続により移転させる方法が一般的に用いられている。この場合、贈与税・相続税の負担が発生するが、事業承継直後の後継者には資金力が不足していることが多く、場合によっては会社財産が後継者の納税資金に充てられることもある。この場合、事業承継直後の会社に多額の資金負担が生じることとなり、事業承継の大きな障害となっている[注21]。

注21）　事業承継ガイドライン41頁。

このため、可能な限り速やかに、税務面に関しては税理士に、資金調達については金融機関等に対して相談するなど、専門家の適切な助言を仰ぐ必要がある。

(i) 暦年課税贈与

財産を生前贈与する場合、贈与税が課税される。もっとも、いわゆる暦年課税贈与を活用する場合、年間110万円の基礎控除を受けることができる。一方で、相続税の税率は10〜55％の累進課税であるため、株式の評価額が高い場合には贈与税も非常に高額となり、後継者に多くの株式を贈与することが困難となる場合がある。

(ii) 相続時精算課税贈与

生前贈与を行う場合、暦年課税贈与によることが原則であるが、受贈者の選択により、「相続時精算課税制度」の適用を受けることができる。

「相続時精算課税制度」を選択できるのは、贈与者が60歳以上の父母または祖父母であり、受贈者が20歳以上かつ贈与者の推定相続人である子または孫に該当する場合である。当該制度が適用された場合、贈与税は、特別控除により累積で2500万円までは課税されないものとされる。2500万円を超えた場合は、その超えた部分について一律20％の贈与税が課税される。そして、贈与者に相続が発生したときに、贈与財産の価額は相続財産の価額に合算され、相続税において精算される（贈与時に贈与税を納付していた場合、納付すべき相続税額から控除される）。

なお、一旦「相続時精算課税制度」を選択すると、その後同一の贈与者からの贈与については同制度が強制適用され、暦年課税制度によることができないため、注意を要する。

(iii) 事業承継税制

2008年に成立した経営承継円滑化法に基づき、2009年度税制改正によって、「非上場株式等についての相続税及び贈与税の納税猶予・免除制度」（事業承継税制）が設置された。

相続税の納税猶予・免除制度は、後継者が相続または遺贈により取得した株式（ただし、相続開始前から後継者がすでに保有していた完全議決権株式を含めて会社の発行済み完全議決権株式の総数の3分の2が上限となる）に係る相続

税の80％の納税が猶予される制度である。

贈与税の納税猶予・免除制度は、後継者が贈与により取得した株式（ただし、贈与前から後継者がすでに保有していた完全議決権株式を含めて会社の発行済完全議決権株式の総数の3分の2が上限となる）に係る贈与税の100％の納税が猶予される制度である。

これらの制度の適用を受けるためには、経営承継円滑化法に基づく経済産業大臣の認定を受け、5年間に平均8割の雇用維持等の要件を満たす必要がある。要件を満たせなかった場合には、猶予中の税額を納付しなければならない。

また、後継者が死亡した場合、会社が倒産した場合、後継者が次の後継者へ贈与を行った場合、同族関係者以外に株式を全部譲渡した場合には、猶予された相続税・贈与税の一部または全部が免除される。

なお、贈与税の納税猶予・免除制度の適用を受けている間に、贈与者である先代経営者が死亡したときは、後継者の猶予されていた贈与税は免除され、代わりに相続税が課税されることとなる。ただし、一定の手続（切替確認）を受けると、相続税の納税猶予・免除制度に移行することとなる。

(iv)　小規模宅地等の特例

一定の宅地等[注22]を相続した場合には、相続税の課税価格から一定の割合を減額する制度である。

被相続人等の事業の用に供されていた宅地等（特定事業用宅地等）は、申告期限まで事業を継続すること等の条件を満たした場合、400㎡まで評価額の80％が減額される。一定の要件を満たす同族会社の事業を承継する場合についても同様の減額がある（特例同族会社事業用宅地等の特例）。

被相続人の居住の用に供されていた宅地等については、330㎡までの評価額の80％が減額される。

(v)　退職金

一般に、退職金はその支給を受けた人の所得税等の課税対象となるが、被相続人の死亡後3年以内に支給が確定した退職金（いわゆる死亡退職金だけで

注22）　相続の開始の直前において被相続人等の事業の用に供されていた宅地等または被相続人の居住の用に供されていた宅地等をいい、借地権も含まれる。

なく、死亡後確定した生前退職金も含む）は、相続税の課税対象となる。

この退職金のうち、被相続人のすべての相続人が取得した退職金の合計額が非課税限度額（500万円×法定相続人の数）の枠内であれば、課税されない。

3　株式譲渡による事業承継

(1)　基本構造

株式譲渡は、実務的には多いと思われる事業承継方法の1つで、単純に現在のオーナーからその親族または従業員らに対して株式の譲渡がなされる方法である。

この方法の問題点は、株式の評価価値が高額な場合、低廉譲渡であれば贈与に対する課税が重くなり、適正価格であればその購入資金の調達に支障が生じることがあるが、最近ではファンド等を交えて、買い手側が資金調達を行う方法も増加している。

もっとも事業承継における株式譲渡においては相続法上の問題および中小企業特有の会社法上の問題に留意が必要である。

(i)　相続法上の問題

相続法との関係では、株式譲渡の時期によっては、オーナー死亡時に特別受益（民903条）との関係が問題となることにも留意が必要である。

(ii)　ガバナンスの問題

中小企業の株式譲渡に際しては、株式や総会等が適切に管理運営されているかに留意する必要がある。中小企業の場合、名義株等の方法を利用している場合が多く、株主名簿上の株主が真の株主か慎重な判断が必要となる。また、従前の株式譲渡に瑕疵がある場合も多く、その点の治癒が必要な場合も少なくない。さらには、株主総会や取締役会が適切に開催されていない場合も少なくなく、譲渡実行前にその点の瑕疵の治癒が問題となる場合も多い。

(iii)　種類株を利用する方法

種類株を利用する方法としては、典型的には議決権のある株式と議決権のない株式に分け、議決権のある株式は経営を引き継ぐ相続人に、議決権のない株式は経営を引き継がない相続人に相談させる、あるいは事前に譲渡する

803

第9章　事業承継と事業再生

方法が考えられる。

　この場合、留意すべきは無議決権株式の評価方法であり、この点を誤ると遺留分権者の遺留分を侵害してしまう等の問題が発生する可能性がある。

(2)　事業再生との関連

(i)　旧オーナーの人脈獲得を目的とした事例

　元請会社からの受注減が見込まれ、今後経営状態の悪化が見込まれる下請会社について、オーナーが引退をしたいと考えていた。そこで、別事業を営んでいる上場会社が、対象会社が有している特殊な人脈を手に入れる目的で、株式を譲り受けた。その結果、オーナーは引退したが、上場企業の支援の下事業は継続されることとなった。

(ii)　同業種のロールアップを目的とした事例

　単独店舗では今後経営状態の悪化が見込まれる薬局について、オーナーが引退をしたいと考えていた。そこで、投資ファンドが、薬局のロールアップを進めるため、株式を譲り受けた。その結果、オーナーは引退したが、事業は継続され、投資ファンドにより経営改善が図られることとなった。

4　その他M&A等の手法による事業承継

(1)　M&A等の手法による事業承継

　中小企業の事業承継をする手法として、相続または株式譲渡のほか、一般的に用いられているM&A等の手法を用いることも考えられる。

(i)　事業譲渡

　事業譲渡とは、譲渡企業が有する事業の全部または一部を譲受企業に譲渡する手法である（工場、機械等の資産や負債に加え、ノウハウや知的財産権等を含む）。事業譲渡では、当該事業に関わる資産、負債、契約等が個別に譲受企業に移転される。このため債権債務、契約関係、雇用関係、許認可を、1つひとつ同意を取り付けて切り替えていかなければならず、手続が煩雑になりがちである。他方で、事業の一部を切り出すこともできることから、譲渡企業は事業の一部を手元に置いておく対応も可能であり、他方で、譲受企業

804

は、特定の事業部門（資産負債等）のみを買収できるため、効率的であるというメリットがある。

(ⅱ) 合併（吸収合併）

合併とは、2つ以上の会社を1つの法人格に統合する手法をいう。合併では、会社の全資産負債、従業員等が譲受企業（合併存続会社）に移転し、譲渡企業（合併消滅会社）は消滅する。譲渡企業の株式は、原則として、譲受企業の株式に一定の比率で交換されることとなる。合併では2つの法人が1つの法人に包括的に統合されるので、債権債務、契約関係、雇用関係、許認可もそのまま承継することができる。他方で、会社全体を包括的に承継することとなるため、潜在債務や偶発債務を承継してしまうおそれがあるほか、事業の一部を切り出せないデメリットがある。

(ⅲ) 会社分割（吸収分割）

会社分割とは、譲渡企業（分割会社）が自らの事業の一部を切り出し、譲受企業（承認会社）に包括的に承継させる手法をいう。会社分割は、労働契約承継法によって分割事業の雇用が保障されるため、従業員の現在の雇用がそのまま確保されるメリットがある。また、原則として、契約関係がそのまま譲受企業に移転し、許認可についても移転される。譲受企業にとっては、事業譲渡と同様に特定の事業部門のみを買収できるため効率的であるというメリットがある。

(2) 事業再生との関連

2つの病院を保有する医療法人について、資金状況が悪化したために再生手続開始を申し立てた。

当該再生手続において、当該医療法人が保有する病院のうち、1つはオーナー一族が引き続き経営を継続させることとする一方で、もう1つは第三者のスポンサーである医療法人に事業譲渡する旨の再生計画を立案した。

病院を第三者に承継させる手法として、当該医療法人については医療法上分割手続をとることができなかったことから、事業譲渡の手続によることとし、再生計画に基づいて事業譲渡を実施し、第三者のスポンサーである医療法人に当該病院の経営権を承継させた。

第9章　事業承継と事業再生

5　事業承継後の会社のウォッチ

(1)　債務・保証・担保の承継

　従来、金融機関は、経営への規律付けや信用補完の観点から、経営者に連帯保証を求めることが多かった。また、経営者においても、会社の運転資金を調達するため、自己資金を会社に貸し付けたり、自己の資産を会社の債務の担保として差し入れている事例が多い[注23]。

　このため、中小企業経営者においては、事業承継を行うに当たり、債務・保証・担保等の円滑な承継にも留意が必要となる。会社が負っている債務は事業承継にかかわらず会社が負い続けるものの、経営者個人が借入れを行って会社に貸し付けている場合や、自己所有の不動産等を担保に提供している場合等には、これらの処理を検討しなければならない。

　また、事業再生の局面においては、親族等の保証の処理にも留意する必要がある。問題なのは、中小企業においては経営者のみならず、金融機関が経営者の親族からも幅広く保証を取得している場合がある点である。このようなケースにおいては、経営者保証ガイドライン［→第8章3］が適用されない点に留意が必要である。そのため、経営者以外の保証の処理については、十分に留意する必要がある。具体的には、保証を行うに至った経緯を確認の上、資産の有無、債務超過の状態、今後の生活計画等を確認の上、金融機関との任意交渉、債権のサービサーへの売却依頼、特定調停あるいは個人破産手続等を選択する必要がある。

　なお、現経営者について相続が発生した場合、現経営者の会社に対する貸付については、たとえ会社が債務超過であり実際の回収可能性がなかったとしても、当該貸付債権は相続財産として原則として相続税の課税対象となることに留意が必要である。

　また、現経営者が会社の債務について連帯保証をしており、会社が債務超過のため保証債務の履行を求められる可能性があったとしても、その不確実

注23)　事業承継ガイドライン55頁。

性のために相続財産について債務控除の対象とならない場合が多いことにも
留意が必要である。

(2) 債権者による経営のウォッチ

事業再生の局面においては、債務超過状態の企業が多いため、株式価値の
評価が高くなることは少ない。むしろ、この場合には金融機関として株式譲
渡後の経営をどのようにウオッチするかが問題となることが多い。

この点、実務的には、①金融機関と対象会社の間でコベナンツ・ファイナ
ンスに関する合意を締結する方法、②金融機関が（DES等を通じて）種類株
を保有して株主としてガバナンスをウオッチする方法、③事業を承継する後
継者との間で保証契約を締結する方法等が存在する。

このうち、①に関しては、どのようにコベナンツを定め、どのようにモニ
タリングを行っていくかが問題となる。

ところがリスケジュールの場合、経営者は厳しいコベナンツに対して拒否
的反応を示す場合がある。もちろん、金融機関としても、企業価値が回復す
れば、経営者の自由な経営を尊重する必要がある。他方で対象会社の企業価
値が回復しない場合で、財務コベナンツに抵触するような場合には、次の再
生手法を実践すべき場合もある。

ここで問題なのは、どの程度の次善策をあらかじめ定めておくかである。

再生の確実性を重視するのであれば、新株予約権をスポンサー候補に付与し
ておくことも考えられるが、対象会社にそこまで求めることも厳しい場合がある。

しかしながら、そこまで厳しいコベナンツでもなくとも、コベナンツは経
営者と金融機関の対話のツールとしては有用である。

特に財務コベナンツの対象である事業計画の作成に経営者が関与していれ
ば、当該計画をクリアできなかった場合には、経営者に計画の再考あるいは
スポンサー等の関与について真摯な検討を求めやすいとの利点は存在する。

また③については経営者保証ガイドラインとの関係で疑義が述べられるこ
とがある。しかしながら、経営者保証ガイドラインは安易な保証に依存した
融資慣習の見直しを要求しているにすぎず、事業再生かつ事業承継の局面と
いう状況下において保証を依頼することは差し支えないものと解される。

807

●執筆者紹介●

◆上野　元（うえの　はじめ）※

西村あさひ法律事務所パートナー　弁護士

【主な職歴等】1997年、東京大学法学部第一類卒業。1999年、弁護士登録。2004年、ハーバード・ロー・スクール卒業（LLM）、Skadden Arps（NY）にて研修勤務。2005年、ニューヨーク州弁護士登録、西村ときわ法律事務所（現：西村あさひ法律事務所）に復帰。2017年〜慶應義塾大学法科大学院LLM非常勤講師（倒産法）。

【主な著書・論文等】『The International Comparative Legal Guide to：Securitisation 2018（Japan Chapter）』（Global Legal Group, 2018）〔共著〕、『新株予約権ハンドブック〔第4版〕』（商事法務、2018）〔共著〕、『Practical Law Finance Global Guide 2017/2018（Japan Chapter）』（Thomson Reuters, 2017）〔共著〕

◆後平　真輔（うしろびら　しんすけ）

執筆担当：第2章第4節3(5)、第5章第1節

西村あさひ法律事務所　弁護士

【主な職歴等】2004年、東京大学法学部卒業。2006年、東京大学法科大学院修了。2007年、弁護士登録。2013年〜2015年、金融庁総務企画局企画課信用制度参事官室出向。

【主な著書・論文等】『金融機関の法務対策5000講Ⅰ−Ⅴ』（金融財政事情研究会、2018）〔共著〕、『Cash Pooling and Insolvency：A Practical Global Handbook, Second Edition（Japan Chapter）』（Globe Law and Business、2016）〔共著〕、『法的整理計画策定の実務』（商事法務、2016）〔共著〕、『金融債権者から働きかける法的整理の実務』（経済法令研究会、2012）〔共著〕、「事業家管財人が活躍した民事再生事例──経営体制刷新の手段としての管理命令の活用」金法1942号（2012）〔共著〕など

◆川畑　和彦（かわばた　かずひこ）

執筆担当：第3章第1節、第4節、第4章第2節、第3節3

西村あさひ法律事務所カウンセル　弁護士

【主な職歴等】1989年、東京大学教養学部卒業。銀行勤務を経て、1995年、コロンビア大学経営学大学院卒業（MBA, Beta Gamma Sigma）。2004年、弁護士登録。2004年〜2015年、ビンガム・坂井・三村・相澤法律事務所（外国法共同事業）。2015年〜西村あさひ法律事務所。

【主な著書・論文等】「中国倒産手続の概要──日本法との比較の視点とともに」事業再生と債権管理158号（2017）、『私的整理の実務 Q&A140問』（金融財政事情研

究会、2016)〔共著〕、「日米にまたがる麻布建物㈱にみる——承認援助手続と国際並行倒産」事業再生と債権管理127号（2010）〔共著〕、『Q＆A 動産・債権譲渡特例法解説』（三省堂、2006）〔共著〕

◆桑形　直邦（くわがた　なおくに）
執筆担当：第4章
パナソニック株式会社　弁護士（執筆時　西村あさひ法律事務所カウンセル　弁護士）
【主な職歴等】1998年、東京大学法学部第一類卒業。2011年、デューク大学ロースクール卒業。2004年、弁護士登録。2011年〜2012年、ニューヨークのシュルティ・ロス・アンド・ゼイベル法律事務所。2012年〜2013年、バークレイズ証券株式会社出向。2014年、インドのコーポレイト・カタリスト・インディア・ピーヴィティ・エルティディ出向。2016年〜第二東京弁護士会国際委員会副委員長。
【主な著書・論文等】『インドにおける私的整理手続について（国際商事法務47巻9号（2016）〔共編著〕、『法的紛争処理の税務（下）——会社・倒産・国際税務〔第3版〕』（民事法研究会、2009）〔共編著〕、『病院再生—戦略と法務—医療事業再構築のマネジメント』（日経メディカル開発、2005）〔共編著〕など

◆桑田　寛史（くわた　ひろし）
執筆担当：第2章第4節
西村あさひ法律事務所　弁護士
【主な職歴等】2007年、京都大学法学部卒業。2009年、京都大学法科大学院修了。2010年、弁護士登録。
【主な著書・論文等】『IoT・AIの法律と戦略〔第2版〕』（商事法務、2019）〔共著〕、『金融機関の法務対策5000講I‐V』（金融財政事情研究会、2018）〔共著〕、『債権管理・保全・回収の手引き』（商事法務、2016）〔共著〕、『注釈破産法（下）』（金融財政事情研究会、2015）〔共著〕、『業界別事業再生事典』（金融財政事情研究会、2015）〔共著〕、『倒産法改正への30講——倒産実務の諸問題と改正提言』（民事法研究会、2013）〔共著〕

◆郡谷　大輔（こおりや　だいすけ）※
執筆担当：第2章第1節、第8節
西村あさひ法律事務所パートナー　弁護士
【主な職歴等】1993年、東京大学工学部卒業。1993年、通商産業省（現　経済産業省）入省。2000年、法務省出向。2007年、弁護士登録。
【主な著書・論文等】『会社法の計算詳解——株式会社の計算書類から組織再編行為まで〔第2版〕』（中央経済社、2008）〔共編著〕、『会社決算ハンドブック〔第2版〕』（商事法務、2008）〔共編著〕、『論点解説　新・会社法——千問の道標』（商事

執筆者紹介

法務、2006）〔共編著〕など多数

◆後藤　泰樹（ごとう　やすき）
執筆担当：第2章2節1
西村あさひ法律事務所パートナー　弁護士
【主な職歴等】1997年、東京大学法学部第一類卒業。1997年～2003年、会社勤務。2004年、弁護士登録。2010年、ノースウェスタン大学ロースクール卒業（LL.M./Kellogg Program）。2011年、ニューヨーク州弁護士登録。
【主な著書・論文等】『ファイナンス法大全（上）〔全訂版〕』（商事法務、2017）〔共著〕、『法的整理計画策定の実務』（商事法務、2016）〔共著〕、『会社更生の実務Q&A120問』（金融財政事情研究会、2013）〔共著〕、「金融債権者から働きかける法的整理の実務」銀法749号（2012）〔共著〕

◆桜田　雄紀（さくらだ　ゆうき）
執筆担当：第4章第3節5
西村あさひ法律事務所カウンセル　弁護士　（執筆時）
【主な職歴等】2002年、慶應義塾大学法学部法律学科卒業。2007年、弁護士登録。2011年、ソウルの金・張法律事務所研修。2015年、カリフォルニア大学ロサンゼルス校ロースクール卒業（LL.M.）。2016年、ニューヨーク州弁護士登録。2015年～2019年、シンガポール事務所勤務。
【主な著書・論文等】『企業労働法実務相談』（商事法務、2019）〔共著〕、『社債ハンドブック』（商事法務、2018）〔共著〕、『ミャンマー新投資法・改正会社法──最新実務を踏まえて』（有斐閣、2018）〔共著〕、「アジア4か国（中国・韓国・シンガポール・インドネシア）における事業再生・倒産手続の近時の動向」事業再生と債権管理158号（2017）〔共著〕、『アジア進出・撤退の労務──各国の労働法制を踏まえて』（中央経済社、2017）〔共著〕

◆柴原　多（しばはら　まさる）※
執筆担当：第2章第10節
西村あさひ法律事務所パートナー　弁護士
【主な職歴等】1996年、慶應義塾大学法学部法律学科卒業。1999年、弁護士登録。2008年～2014年、慶應義塾大学湘南藤沢キャンパス非常勤講師。2019年、東京弁護士会倒産法部会副部長。
【主な著書・論文等】「コンプライアンス違反を原因とする破産手続」事業再生と債権管理160号（2018）、「親会社の事業再生と中国子会社の処理」事業再生と債権管理155号（2017）、「権利変更の効果（失権効の例外を中心に）」小林信明＝山本和彦編『実務に効く事業再生判例精選』（有斐閣、2014）など

◆新保　勇一（しんぼ　ゆういち）
執筆担当：第5章第2節
西村あさひ法律事務所カウンセル　弁護士
【主な職歴等】1996年、東京大学教養学部卒業。1996年～1999年、会社勤務。2005年、弁護士登録。
【主な著書・論文等】『ファイナンス法大全（上）〔全訂版〕』（商事法務、2017）〔共著〕、『病院・高齢者住宅の事業評価・デューデリジェンス資料集〔新版〕』（綜合ユニコム、2017）〔共著〕、『業界別事業再生事典』（金融財政事情研究会、2015）〔共著〕など

◆菅野　百合（すがの　ゆり）
執筆担当：第4章第1節
西村あさひ法律事務所パートナー　弁護士
【主な職歴等】2001年、京都大学法学部卒業。2003年、弁護士登録。2003年～2007年、弁護士法人大江橋法律事務所。2012年、ニューヨーク大学ロースクール卒業（LL.M.）。
【主な著書・論文等】「仮想通貨と債権保全・回収に関する実務的考察」NBL1131号（2018）〔共著〕、「欧州各国の倒産手続の概要と近時の動向」事業再生と債権管理161号（2018）〔共著〕、「アジア4か国（中国・韓国・シンガポール・インドネシア）における事業再生・倒産手続の近時の動向」事業再生と債権管理158号（2017）〔共著〕、『Failing Birds in the Sky: Dealing with Airlines in Financial Distress and Beyond』（Thomson Reuters, 2017）〔共著〕、「第一中央汽船の民事再生について──海運会社の国際的倒産事件の事例」事業再生と債権管理156号（2017）〔共著〕、『Collection of Practical Issues Important to Small Practitioners-Japan』（INSOL International, 2016）〔共著〕、『Pensions and Insolvency』（INSOL International, 2015）〔共著〕、『業界別事業再生事典』（金融財政事情研究会、2015）〔共著〕、「米国クラスアクションと日本の破産手続──Mt. Gox事件を題材として」NBL1038号（2014）〔共著〕、『あるべき私的整理手続の実務』（民事法研究会、2014年）〔共著〕など

◆鈴木　学（すずき　がく）
執筆担当：第8章
西村あさひ法律事務所パートナー　弁護士
【主な職歴等】1992年、慶應義塾大学法学部卒業。1996年、弁護士登録。2000年、フォーダム大学ロースクール卒業（LL.M.）。2012年、中小企業診断士登録。2013年～2015年、株式会社地域経済活性化支援機構（REVIC）常務取締役。2019年～第二東京弁護士会倒産法研究会代表幹事。
【主な著書・論文等】『破産管財人の財産換価〔第2版〕』（商事法務、2019）〔共著〕、

811

執筆者紹介

『私的整理の実務Q&A140問』（金融財政事情研究会、2016）〔共著〕、『事業再生ADRのすべて』（商事法務、2015）〔共著〕、『業界別事業再生事典』（金融財政事情研究会、2015）〔共編著〕、など多数

◆園尾　隆司（そのお　たかし）
執筆担当：第1章第2節
西村あさひ法律事務所オブカウンセル　弁護士
【主な職歴等】1972年、東京大学法学部卒業。1974年、東京地裁判事補。1998年、東京地裁破産再生部総括判事。2003年、最高裁民事局長。2009年、東京高裁部総括判事。2014年、弁護士登録。2015年〜事業再生研究機構理事。
【主な著書・論文等】『債権管理・保全・回収の手引き』（商事法務、2016）〔共編著〕、『条解民事再生法〔第3版〕』（弘文堂、2013）〔共編著〕、『大コンメンタール破産法』（青林書院、2007）〔共編著〕など

◆髙田　和貴（たかだ　かずき）
執筆担当：第5章第3節
西村あさひ法律事務所　弁護士
【主な職歴等】2009年、東京大学法学部卒業。2011年、東京大学法科大学院修了。2012年、弁護士登録。2019年、Harvard Law School 留学。
【主な著書・論文等】「仮想通貨と債権保全・回収に関する実務的考察」NBL1131号（2018）〔共著〕など

◆髙橋　洋行（たかはし　ひろゆき）
執筆担当：第2章第4節、第7節
西村あさひ法律事務所　弁護士
【主な職歴等】2004年、東京大学法学部第一類卒業。2007年、弁護士登録。2013年〜2016年、株式会社地域経済活性化支援機構地域活性化支援部ディレクター。2016年、西村あさひ法律事務所に復帰。
【主な著書・論文等】『金融機関の法務対策5000講Ⅰ−Ⅴ』（金融財政事情研究会、2018）〔共著〕、「事業再生実務における信用保証制度の課題——求償権放棄を容易とする制度整備を」金融財政事情3193号（2016）、『私的整理の実務Q&A140問』（金融財政事情研究会、2016）〔共著〕、「地域経済活性化支援機構（REVIC）の特長とケーススタディ」事業再生と債権管理154号（2016）、『倒産・再生訴訟』（民事法研究会、2014年）〔共著〕、『事例でわかる旅館・ホテル・ゴルフ場の再生実務』（中央経済社、2013年）〔共著〕、「追加融資を得る2つの方法——DDS、ABLの活用」ビジネス法務2013年2月号（2013）、「金融債権者から働きかける法的整理の実務」銀法749号（2012）〔共著〕、「林原グループ案件における否認請求等」金法1952号（2012）〔共著〕など

執筆者紹介

◆田中　研也（たなか　けんや）
執筆担当：第2章第3節、第6節
西村あさひ法律事務所パートナー　弁護士
【主な職歴等】1997年、早稲田大学法学部卒業。2002年、弁護士登録。2011年、デューク大学ロースクール卒業（LL.M.）。2009年～2010年、三井物産株式会社法務部出向。2011年～2012年、ニューヨークのサリヴァン・アンド・クロムウェル法律事務所に勤務。2012年～2013年、サンパウロのピネイロ・ネト法律事務所に出向。
【主な著書・論文等】『M&A法大全（上）（下）〔全訂版〕』（商事法務、2019）〔共著〕、『現代型契約と倒産法』（商事法務、2015）〔共著〕、「金融機関と事業承継における留意点」銀法781号（2015）〔共著〕、『会社法実務解説』（有斐閣、2011）〔共著〕など

◆田中　麻理恵（たなか　まりえ）
執筆担当：第2章第3節、第4章第3節1
西村あさひ法律事務所　弁護士
【主な職歴等】2006年、東京大学法学部卒業。2008年、東京大学法科大学院修了。2009年、弁護士登録。2016年、バージニア大学ロースクール卒業（LL.M.）。2017年、ニューヨーク州弁護士登録。
【主な著書・論文等】「濫用的会社分割における残存債権者の保護」神田秀樹＝武井一浩編『実務に効く　M&A・組織再編判例精選』（有斐閣、2013）〔共著〕、「倒産手続における会社分割をめぐる諸問題」金法1957号（2012）〔共著〕、『金商法大系Ⅰ——公開買付け⑴⑵』（商事法務、2011、2012）〔共編著〕、「林原グループの更生計画案策定とその前提としてのスポンサー選定その他の諸問題」金法1952号（2012）〔共著〕、「詐害的会社分割の実態と是正——会社法制見直しに求められる視点」金融 2012年4月号（2012）〔共著〕

◆千明　諒吉（ちぎら　りょうきち）
執筆担当：第2章第2節2、第2章第4節3⑸
西村あさひ法律事務所パートナー　弁護士
【主な職歴等】2005年、京都大学法学部卒業。2006年、弁護士登録。2017年、デューク大学ロースクール卒業（LL.M. cum laude, Dean's Award in the Bankruptcy & Corporate Reorganization）。
【主な著書・論文等】『法的整理計画策定の実務』（商事法務、2016年）〔共著〕、『会社法実務解説』（有斐閣、2011年）〔共著〕など

◆築留　康夫（つきとめ　やすお）
執筆担当：第2章第5節、第8節
西村あさひ法律事務所カウンセル　弁護士

執筆者紹介

【主な職歴等】2005年、京都大学法学部卒業。2006年、弁護士登録。2015年、デューク大学ロースクール卒業（LL.M.）。2016年、ニューヨーク州弁護士登録。2015年〜2016年。シャープ・エレクトロニクス・マレーシア出向。2016年〜2017年、オリックス株式会社出向。

【主な著書・論文等】『法的整理計画策定の実務』（商事法務、2016）〔共著〕、「事業再生ADR手続中の会社分割と信用保証協会の求償権への対応」事業再生と債権管理140号（2013）〔共著〕、「金融債権者から働きかける法的整理の実務」銀法749号（2012）〔共著〕など

◆土佐林　真琴（とさばやし　まこと）
執筆担当：第2章第4節
西村あさひ法律事務所　弁護士
【主な職歴等】2006年、慶應義塾大学法学部法律学科卒業。2008年、慶應義塾大学法科大学院修了。2009年、弁護士登録。

◆原田　伸彦（はらだ　のぶひこ）
執筆担当：第2章第4節
西村あさひ法律事務所パートナー　弁護士
【主な職歴等】2001年、慶應義塾大学法学部卒業。2004年、弁護士登録。2010年、デューク大学ロースクール（LL.M.）卒業。2011年、ニューヨーク州弁護士登録。2010年〜2011年、ノートン・ローズ・フルブライト法律事務所（ロンドン）。2012年〜2014年、駿河台大学法科大学院　非常勤講師。
【主な著書・論文等】『ファイナンス法大全（上）〔全訂版〕』（商事法務、2017）〔共著〕、「国際倒産(3)——シンガポールにおける企業再生関連法制の改正と日本企業による手続利用可能性」N&Aニューズレター2017年6月号（2017）〔共著〕、『法的整理計画策定の実務』（商事法務、2016）〔共著〕、『事例でわかる　旅館・ホテル・ゴルフ場の再生実務』（中央経済社、2013）〔共著〕、『私的整理計画策定の実務』（商事法務、2011年）〔共著〕、「業績不振先へのM&A提案に伴う株式購入と売却」ファイナンシャルコンプライアンス38巻9号（2008）〔共著〕、『債権・動産・知財担保利用の実務』（新日本法規出版、2008）〔共著〕、『電子記録債権の仕組みと実務』（金融財政事情研究会、2007）〔共著〕

◆俣野　紘平（またの　こうへい）
執筆担当：第9章
西村あさひ法律事務所　弁護士
【主な職歴等】2004年、東京大学法学部卒業。2008年、東京大学法科大学院修了。2009年、弁護士登録。2013年、東京大学法科大学院非常勤講師。
【主な著書・論文等】『相続法改正と銀行実務 Q&A——変わる相続・事業承継の仕

814

組みと実務』（銀行研修社、2018）〔共編著〕、「相続法制改正のポイントと銀行実務」銀行実務48巻7号（2018）〔共著〕、『金融機関の法務対策5000講Ⅴ』（金融財政事情研究会、2018）〔共著〕、『債権管理・保全・回収の手引き』（商事法務、2016）〔共著〕、『注釈破産法（下）』（金融財政事情研究会、2015）〔共著〕、『倒産と担保・保証』（商事法務、2014）〔共著〕、『倒産法改正150の検討課題』（金融財政事情研究会、2014）〔共著〕、『倒産法改正への30講——倒産実務の諸問題と改正提言』（民事法研究会、2013）〔共著〕、「金融債権者から働きかける法的整理の実務」銀法749号（2012）〔共著〕など

◆松嶋　英機（まつしま　ひでき）
執筆担当：第1章第1節
西村あさひ法律事務所顧問　弁護士
【主な職歴等】1966年、中央大学法学部法律学科卒業。1971年、弁護士登録。2003～2013年、事業再生実務家協会代表理事、2013年〜現顧問。2013年〜株式会社地域経済活性化支援機構　社外取締役・地域経済活性化支援委員長。
【主な著書・論文等】『ゼロからわかる事業再生』（金融財政事情研究会、2013）〔共編著〕、『企業倒産・事業再生の上手な対処法〔全訂二版〕』（民事法研究会、2011）〔共編著〕、『民事再生法入門〔改訂第3版〕』（商事法務、2009）〔共編著〕、『良い倒産・悪い倒産』（講談社、2002）など多数

◆南　賢一（みなみ　けんいち）※
西村あさひ法律事務所パートナー　弁護士
【主な職歴等】1987年、早稲田大学法学部卒業。1997年、弁護士登録。2017年〜事業再生実務家協会 理事。2018年〜2019年、東京弁護士会倒産法部部長。
【主な著書・論文等】「事業継続中の会社と破産管財——N電機の件を題材に」事業再生と債権管理165号（2019）〔共著〕、「事業再生ADRの更なる発展のために」NBL 1140号（2019）〔共著〕、「スポンサー選定手続の妥当性（上）（下）」NBL 1085、1086号（2016）〔共著〕、『法的整理計画策定の実務』（商事法務、2016）〔共著〕、『事業再生におけるスポンサー選定のあり方』（商事法務、2016）〔共著〕、『破産申立マニュアル〔第2版〕』（商事法務、2015）〔共著〕、『倒産判例百選〔第5版〕』（有斐閣、2013）〔共著〕、『私的整理計画策定の実務』（商事法務、2011）〔共著〕、『民事再生の実務と理論』（商事法務、2010）〔共著〕など多数

◆南　勇成（みなみ　よんそん）
執筆担当：第2章第4節
西村あさひ法律事務所　弁護士
【主な職歴等】2006年、東京大学法学部卒業。2008年、東京大学法科大学院修了。2009年、弁護士登録。

執筆者紹介

【主な著書・論文等】『金融機関の法務対策5000講Ⅰ-Ⅴ』（金融財政事情研究会、2018）〔共著〕、『法的整理計画策定の実務』（商事法務、2016）〔共著〕、『破産申立マニュアル〔第2版〕』（商事法務、2015）〔共著〕、『事業再生ADRのすべて』（商事法務、2015）〔共著〕、『倒産と担保・保証』（商事法務、2014）〔共著〕、『倒産法の判例・実務・改正提言』（弘文堂、2014）〔共著〕など

◆宮良　麻衣子（みやら　まいこ）
執筆担当：第3章第1節、第2節、第3節
西村あさひ法律事務所　弁護士
【主な職歴等】2008年、東京大学法学部第一類卒業。2010年、東京大学法科大学院修了。2011年、弁護士登録。2017年、ヴァンダービルト大学ロースクール卒業（LL.M.）。2019年、ニューヨーク州弁護士登録。
【主な著書・論文等】『法的整理計画策定の実務』（商事法務、2016）〔共著〕、「事業再生ADR手続中の会社分割と信用保証協会の求償権への対応」事業再生と債権管理140号（2013）〔共著〕

◆村上　達明（むらかみ　たつあき）
執筆担当：第4章第3節4
西村あさひ法律事務所　弁護士
【主な職歴等】2009年、早稲田大学法学部卒業。2012年、東京大学法科大学院修了。2013年、弁護士登録。2019年～西村あさひ法律事務所バンコクオフィス。
【主な著書・論文等】『会社の法律キーワードWEB』（第一法規、2019）〔共著〕、『ビジネス法体系　企業組織法』（第一法規、2018）〔共著〕など

◆本柳　祐介（もとやなぎ　ゆうすけ）
執筆担当：第2章第9節
西村あさひ法律事務所パートナー　弁護士
【主な職歴等】2001年、早稲田大学法学部卒業。2003年、弁護士登録。2010年、コロンビア大学ロースクール（LL.M.）卒業。
【主な著書・論文等】『ファンド契約の実務Q&A〔第2版〕』（商事法務、2018）、『ファイナンス法大全（上・下）〔全訂版〕』（商事法務、2017）〔共編著〕、『資金調達ハンドブック〔第2版〕』（商事法務、2017）〔共著〕、「ICO（Initial Coin Offering）と法律上の論点」法と経済のジャーナル Asahi Judiciary 2017年10月25日（2017）、『種類株式ハンドブック』（商事法務、2017）〔共著〕、『ファンドビジネスの法務〔第3版〕』（金融財政事情研究会、2017）〔共著〕、「ファンド投資家がファンドに投資するに際して留意すべき事項とファンド契約への反映」法と経済のジャーナル Asahi Judiciary 2017年1月18日（2017）、「株式投資型クラウドファンディング業者に関する法的論点と実務」商事法務2112号（2016）、『FinTechビジネ

スと法25講──黎明期の今とこれから』（商事法務、2016）〔共編著〕、『投資信託の法制と実務対応』（商事法務、2015）〔共著〕、他多数

◆森　倫洋（もり　みちひろ）
執筆担当：第6章、第7章
AI-EI法律事務所　代表弁護士（執筆時　西村あさひ法律事務所パートナー　弁護士）
【主な職歴等】1993年、東京大学法学部第一類卒業。1999年、ハーバード大学ロースクール卒業。1995年、東京地裁判事補。2000年、最高裁事務総局民事局付（倒産法担当）。2003年、福岡地裁判事補。2005年、弁護士登録。2011年～2015年、第一東京弁護士会総合法務研究所倒産法部会 副部会長。2018年～ Singapore International Mediation Centre, Mediator 候補者。
【主な著書・論文等】『注釈破産法（上）』（金融財政事情研究会、2015）〔共著〕、『現代型契約と倒産法』（商事法務、2015）〔共著〕、『事業再生の迅速化』（商事法務、2014）〔共著〕、『詳説 倒産と労働』（商事法務、2013）〔共編著〕、『倒産判例百選〔第5版〕』（有斐閣、2013）〔共著〕など

◆横山　兼太郎（よこやま　けんたろう）
執筆担当：第2章第6節、第7節
西村あさひ法律事務所パートナー　弁護士
【主な職歴等】2003年、東京大学法学部第一類卒業。2005年、東京大学大学院法学政治学研究科修士課程修了。2007年、弁護士登録。2016年、カリフォルニア大学ロサンゼルス校ロースクール卒業（LL.M. with a Specialization in Business Law-Bankruptcy Track）。2016～2017年、ニューヨークのDavis Polk & Wardwell LLP。2019年～一般社団法人事業再生実務家協会常議員。
【主な著書・論文等】『法的整理計画策定の実務』（商事法務、2016）〔共著〕、『破産申立マニュアル〔第2版〕』（商事法務、2015）〔共著〕、『倒産法改正150の検討課題』（金融財政事情研究会、2014）〔共著〕、『倒産法の判例・実務・改正提言』（弘文堂、2014）〔共著〕、『ゼロからわかる事業再生』（金融財政事情研究会、2013）〔共著〕など

※が表記されている執筆者は、本書の編者を担当しています。

●事項索引●

【あ行】

アーリー・ステージ…………*82, 399, 407*
アセット・ファイナンス……………*55*
アメンド…………………………*412*
意見聴取期日……………………*468*
意見陳述…………………*462, 464*
遺言代用信託……………………*797*
遺産分割…………………………*790*
遺贈型受益者連続信託……………*797*
一時国有化………………………*613*
一時停止…………………*147, 426*
一括弁済…………………*178, 235*
一般保証…………………………*746*
遺留分……………………*794, 799*
医療介護総合確保推進法…………*641*
医療法……………………………*647*
医療法人…………………………*639*
　基金制度を採用した──………*646*
　出資持分のある──……………*646*
　出資持分のない──……………*646*
　──の破産………………………*668*
　──の法人形態…………………*645*
インサイダー（取引）規制…*351, 363, 364*
インセンティブ資産………………*770*
インドにおける破産倒産法………*598*
ウェーブ…………………………*412*
受皿金融機関……………………*611*
英国倒産法………………………*545*
エクイティ・コミットメントライン……*74*
エクイティ・ストーリー…………*67*
エクスチェンジ・オファー………*217*
　──の手続………………………*222*
閲覧・謄写等…………………*457 ～*
オートマティック・ステイ………*534*
オートマティック・モラトリアム……*591*
お台場アプローチ………………*274*

【か行】

外国でなされた行為の否認…………*727*
外国倒産処理手続の承認援助に関する法律
　………………………………*503*
解雇権濫用法理…………………*708*
解雇予告手当……………………*701*
開始時現存額主義………………*347*
会社任意整理→スキーム・オブ・アレンジ
　メント
会社の財産状況が著しく悪化していて事業
　継続に緊急の必要があるとき………*132*
会社分割の否認…………………*725*
会社法 206 条の 2…………*132, 136*
　私的整理（事業再生 ADR）と──……*137*
解除事由…………………………*286*
買取請求権………………………*104*
価格決定の請求…………………*204*
価格調整条項……………………*285*
価額決定手続……………………*739*
仮想通貨…………………………*675*
　──の返還請求権………………*677*
仮想通貨交換業…………………*676*
仮想通貨交換業者………………*676*
家族憲章…………………………*800*
課徴金等に対する対応……………*384*
株式売渡請求……………………*250*
株式会社による医療法人への関与……*653*
株式の発行………………………*66*
株式発行に係る株主総会の特別決議……*249*
　──の排除………………………*251*
株主、第三者等との紛争…………*720*
株主割当増資……………………*70*
仮通常実施権……………………*302*
仮登記……………………………*193*
カルテの保管……………………*672*
簡易再生…………………………*160*
監査………………………………*366*
監査意見の内容と上場廃止事由………*368*

監査報告書等における意見不表明……368
監査報告書等における不適正意見等……355
監督命令……445
管理型手続……440
管理人（administrator）……545
管理命令申立て……451
企業型確定拠出年金……704
企業グループ……308
　──の再生……319
企業構造調整促進法……587
企業再生支援機構……657
企業年金……163
議決権額の確定……461
議決権行使……461
擬似 DES……179
既存株式の処理……247
既存株主への権利付与……73
既存株主を保護するための措置……103
寄付金課税……100
希望退職・早期退職制度……689
キャッシュマネジメントシステム（CMS）
　………311, 341
吸収分割……90
求償権者……152
旧拓銀特別背任事件上告審決定……413
共益性の高い支出に係る債権……161
協会保証付債権……747
強制取得条項……251
協同組織金融機関……752
業務および財産の管理を命じる処分……609
協力条項……286
許認可等の利用……128
記録・資料の収集……457
銀行再建・破綻処理指令……628
金融円滑化法……5
金融機関の判断基準……410
金融危機対応措置……613
金融検査マニュアル……168
金融債権者と商取引債権者の違い……403
金融整理管財人……609
金融デリバティブ取引……228

クラムダウン（Cramdown）
　………200, 541, 568, 584, 595
クリティカル・ベンダー……535
グループ
　──会社が負う保証債務……241
　──間金融……341
　──内資金の有効利用……40
　──内の貸付債権等……322
　──内の資金融通的取引……311, 319
　──内の商取引……310, 319
　──内の信用補完的取引……317, 327
クレジット・ラン……400, 408
クローズアウト・ネッティング条項……228
グローバルに機能する事業計画……519
クロスライセンス契約の取扱い……306
経営者等以外の個人が負う保証債務……244
経営者等が負う保証債務……242
経営者の海外資産からの回収……389
経営者保証ガイドライン……153, 767
　──単独型……777
経営陣の経営責任をめぐる紛争……720
経営責任論……753
経営判断の原則……410
計画案提出期限……270
計画案の分類……178
計画外事業譲渡……123, 466, 594
　──の許可要件・考慮要素……469
経過措置医療法人……646
経済合理性確保……396
継続企業の前提に関する注記
　………58, 351, 357
契約上の地位の移転等に係る同意取得
　………117
決議成立・応募確保のための方策……223
欠損金その他の税効果……128
結論の不表明……368
原因究明調査の留意点……373
厳格な基準……272
限定承認……787
限定付結論……368
限定付適正意見……368

現物出資型‥‥‥‥‥‥‥‥‥‥‥‥‥*179*
権利保護条項‥‥‥‥‥‥‥‥‥‥‥*200*
公開買付けによる支配株主移動‥‥*140*
更生担保権‥‥‥‥‥‥‥‥‥‥‥‥*197*
　──に係る届出・調査・確定‥‥*198*
　──の意義‥‥‥‥‥‥‥‥‥‥*197*
　──の担保目的物の価額決定手続‥‥*733*
更生担保権者委員会‥‥‥‥‥‥‥*463*
更生特例法‥‥‥‥‥‥‥‥‥‥‥*606*
公的債権‥‥‥‥‥‥‥‥‥‥‥‥*165*
衡平考慮条項‥‥‥‥‥‥‥‥‥‥*47*
衡平資金援助‥‥‥‥‥‥‥‥‥‥*613*
衡平（法）上の劣後化原則‥‥‥*522, 538*
公募債の発行‥‥‥‥‥‥‥‥‥‥*55*
公募社債‥‥‥‥‥‥‥‥‥‥‥‥*210*
公募増資‥‥‥‥‥‥‥‥‥‥‥‥*67*
合理性の基準‥‥‥‥‥‥‥‥‥‥*272*
子会社たる海外企業の役員に対する責任追
　及‥‥‥‥‥‥‥‥‥‥‥‥‥‥*389*
国際倒産管轄‥‥‥‥‥‥‥‥‥‥*502*
国際倒産モデル法‥‥‥‥‥‥‥‥*544*
固定額方式‥‥‥‥‥‥‥‥‥‥‥*232*
個別の同意に基づく不利な取扱い‥‥*239*
コモンローに基づく外国判決の承認制度
　‥‥‥‥‥‥‥‥‥‥‥‥‥‥‥*514*

【さ行】

サービサー‥‥‥‥‥‥‥‥‥‥‥*762*
在外資産‥‥‥‥‥‥‥‥‥‥‥‥*517*
債権査定手続‥‥‥‥‥‥‥‥‥‥*730*
債権者委員会‥‥‥‥‥*437, 453, 463, 529*
　──の要件‥‥‥‥‥‥‥‥‥‥*464*
債権者異議手続の要否‥‥‥‥‥‥*107*
債権者間の衡平性・公平性‥‥‥‥*176*
債権者集会‥‥‥‥‥‥‥‥‥‥‥*456*
　──の招集申立権‥‥‥‥‥‥‥*464*
債権者説明会‥‥‥‥‥‥‥‥‥‥*456*
債権者による計画案提出‥‥‥‥‥*477*
債権者による申立て‥‥‥‥‥‥‥*438*
債権者の回収極大化‥‥‥‥‥‥‥*399*
債権者の権利行使と情報収集‥‥‥‥*453*

債権者の対抗手段‥‥‥‥‥‥‥‥*446*
債権者の方針類型‥‥‥‥‥‥‥‥*401*
債権者申立事件‥‥‥‥‥‥‥‥‥*18*
債権の Recharacterization‥‥‥‥‥*538*
債権の確定‥‥‥‥‥‥‥‥‥‥‥*540*
債権の組分け‥‥‥‥‥‥‥‥‥‥*540*
債権の調整規定‥‥‥‥‥‥‥‥‥*521*
債権の二次的取得者‥‥‥‥‥‥‥*406*
債権放棄‥‥‥‥‥‥‥‥‥‥‥‥*171*
財産状況説明会‥‥‥‥‥‥‥‥‥*457*
再生系 M&A‥‥‥‥‥‥‥‥‥‥‥*261*
再生計画履行の監督権‥‥‥‥‥‥*464*
再生支援協議会‥‥‥‥‥‥‥‥‥*420*
財団医療法人‥‥‥‥‥‥‥‥‥‥*645*
財務コベナンツ‥‥‥‥‥‥‥‥‥*412*
財務制限条項‥‥‥‥‥‥‥‥‥‥*49*
債務超過‥‥‥‥‥‥‥‥‥‥‥‥*31*
　──解消年数‥‥‥‥‥‥‥‥‥*173*
債務の移転‥‥‥‥‥‥‥‥‥‥‥*96*
債務の承継方法‥‥‥‥‥‥‥‥‥*108*
債務免除益課税‥‥‥‥‥‥‥‥‥*100*
詐害的会社分割‥‥‥‥‥‥‥*112, 727*
差止請求権・無効の訴え‥‥‥‥‥*105*
産業競争力強化法‥‥‥‥‥‥‥‥*101*
残存会社の処理‥‥‥‥‥‥‥‥‥*114*
残存債権者の同意取得をしない事業譲渡や
　会社分割‥‥‥‥‥‥‥‥‥‥‥*113*
残存債権者の取扱い‥‥‥‥‥‥‥*111*
残高プロラタ方式‥‥‥‥‥‥‥‥*168*
暫定リスケ‥‥‥‥‥‥‥‥‥‥‥*5*
363 Sale‥‥‥‥‥‥‥‥‥‥‥‥‥*533*
シェアードサービス‥‥‥‥‥‥‥*311*
時価‥‥‥‥‥‥‥‥‥‥‥‥‥‥*734*
事業継続許可‥‥‥‥‥‥‥‥‥‥*127*
事業継続困難性‥‥‥‥‥‥‥‥‥*293*
事業継続不可欠性要件‥‥‥‥‥‥*203*
事業再生 ADR 手続‥‥‥‥‥‥*186, 420*
　──における概要説明会議‥‥‥*428*
　──における協議会議‥‥‥‥‥*428*
　──における決議会議‥‥‥‥‥*428*
事業再生計画案‥‥‥‥‥‥‥‥‥*428*

事業再生と刑事手続‥‥‥‥‥‥‥392
事業承継‥‥‥‥‥‥‥‥‥‥‥‥806
　遺言による――‥‥‥‥‥‥‥792
　株式譲渡による――‥‥‥‥‥805
　信託による――‥‥‥‥‥‥‥797
　法定相続による――‥‥‥‥‥789
　――の手法‥‥‥‥‥‥‥‥‥783
事業承継税制‥‥‥‥‥‥‥‥‥803
事業譲渡‥‥‥‥‥‥‥‥‥‥‥90
事業譲渡等と会社分割
　会社更生における――‥‥‥‥124
　民事再生における――‥‥‥‥122
事業譲渡の相当性の確認‥‥‥‥470
事業の一部または子会社等の売却‥‥‥43
事業の移転‥‥‥‥‥‥‥‥‥‥121
資金援助方式‥‥‥‥‥608, 611, 613
　一般――‥‥‥‥‥‥‥‥‥‥608
資金決済法‥‥‥‥‥‥‥‥‥‥674
資金効率的観点から行われている取引
　‥‥‥‥‥‥‥‥‥‥‥‥‥‥320
資金策の類型‥‥‥‥‥‥‥‥‥39
自己信託を利用した資金調達スキーム‥52
自主再建型‥‥‥‥‥‥‥‥‥‥178
自主廃業‥‥‥‥‥‥‥‥‥‥‥4
システミック・リスク‥‥‥‥‥635
システム上重要な金融機関‥‥‥626
実質破綻企業‥‥‥‥‥‥‥‥‥414
実質破綻時損失吸収条項‥‥‥‥631
実態債務超過額‥‥‥‥‥‥‥‥173
実態貸借対照表‥‥‥‥‥‥‥‥171
指定替え事由‥‥‥‥‥‥‥‥‥356
私的整理‥‥‥‥‥‥‥‥‥‥‥420
　――における公募社債の取扱い‥‥‥213
　――の株主責任の内容‥‥‥‥257
　――の優位性‥‥‥‥‥‥‥‥417
私的整理ガイドライン手続‥‥‥186
私的整理ガイドラインに基づく私的整理
　‥‥‥‥‥‥‥‥‥‥‥‥‥‥420
私的整理から法的整理に移行する局面にお
　ける商取引債権の保護‥‥‥‥293
私的整理から法的整理への移行における否

認権行使の問題‥‥‥‥‥‥‥‥740
私的整理手続における企業価値の維持
　‥‥‥‥‥‥‥‥‥‥‥‥‥‥418
支配株主‥‥‥‥‥‥‥‥‥‥‥362
支払不能‥‥‥‥‥‥‥‥‥‥‥31
四半期報告書‥‥‥‥‥‥‥‥‥367
　――の提出遅延‥‥‥‥‥‥‥354
四半期レビュー報告書‥‥‥354, 366
資本増強‥‥‥‥‥‥‥‥‥‥‥613
社会医療法人‥‥‥‥‥‥‥‥‥647
社会保険料債権‥‥‥‥‥‥‥‥687
社債権者‥‥‥‥‥‥‥‥‥‥‥154
社債権者集会の決議‥‥‥‥218, 220
社債情報伝達サービス‥‥‥‥‥212
社団医療法人‥‥‥‥‥‥‥‥‥645
収益弁済型‥‥‥‥‥‥‥‥‥‥178
従業員承継‥‥‥‥‥‥‥‥‥‥784
従業員保護‥‥‥‥‥‥‥‥‥‥286
集合債権譲渡担保‥‥‥‥‥51, 736
集合動産譲渡担保‥‥‥‥‥‥‥51
17条決定‥‥‥‥‥‥‥‥‥‥432
出資額限度法人‥‥‥‥‥‥‥‥646
出資契約上の表明保証違反等‥‥253
出資持分譲渡‥‥‥‥‥‥‥‥‥652
主力金融機関‥‥‥‥‥‥‥‥‥409
種類株式‥‥‥‥‥‥‥‥‥‥‥62
　――の勧誘‥‥‥‥‥‥‥‥‥360
准資本型‥‥‥‥‥‥‥‥‥‥‥169
純粋私的整理‥‥‥‥‥‥‥‥‥420
純粋清算型再生手続‥‥‥‥‥‥20
準則型私的整理手続‥‥‥‥‥‥146
少額債権性‥‥‥‥‥‥‥‥‥‥293
少額債権に対する有利な取扱い‥‥238
少額債権のみを有する取引金融機関‥‥150
少額債権弁済許可による商取引債権の保護
　‥‥‥‥‥‥‥‥‥‥‥‥‥‥292
承継金融機関‥‥‥‥‥‥‥‥‥612
証券化・流動化取引における論点‥‥208
少子高齢化‥‥‥‥‥‥‥‥‥‥3
上場会社‥‥‥‥‥‥‥‥‥‥‥366
　――の事業再生‥‥‥‥‥‥‥350

821

事項索引

上場市場に関するルール·················351
上場ステータスの維持·················128
上場の維持, 指定替えの回避···········351
上場廃止事由···············352, 362, 366
商事留置権·························299
譲渡禁止特約付債権···················52
譲渡担保···························207
商取引関係を維持するための方策·······290
商取引関連·························288
商取引債権·························404
　──考慮規定·····················433
　──の処遇·······················419
情報開示···················63, 402, 453
情報共有プロトコル···················525
情報公開····························27
情報収集の必要性と限界···············455
情報の配当·························380
将来債権···························207
処分連動方式···················187, 189
人員削減···························688
新株予約権··························71
新株予約権付社債····················71
シンガポールにおける統合倒産法·······589
真正売買性··························56
新設分割····························91
親族内承継·························783
信託·······························799
信用補完取引·······················328
信用保証協会···················153, 746
信用保証協会制度····················746
診療報酬請求書·····················660
診療報酬制度·······················642
診療報酬の不正・不当請求·············661
診療報酬明細書·····················660
スーパープライオリティ···············533
スキーム・オブ・アレンジメント
　（Schemes of Arrangement〔SOA〕）
　·····················544, 551, 589
スクイーズアウト····················141
スタンドスティル・アグリーメント
　（standstill agreement）··········549, 552

スタンドバイ LC·····················508
ストーキングホース型·················265
スポンサー型·······················178
スポンサー契約·····················282
　──の留意点·····················283
スポンサー選定···········261, 271, 279
清算価値保障（原則）············174, 557
制度保証···························746
制度融資···························749
整理解雇·······················693, 707
　──の4要件·····················688
整理回収機構（RCC）············420, 631
セーフティネット····················632
　──5号保証·····················747
全部取得条項付種類株式···············250
専用実施権·························302
専用使用権·························302
早期経営改善特例型··················168
総合考慮説·························271
増資···························56, 362
相続時精算課税贈与··················803
相続手続との一体的解決···············785
相続放棄···························787
双方未履行双務契約··················295
即時抗告···························463

【た行】

大規模希薄化·······················361
対抗的申立て·······················448
対抗要件具備行為の否認···············725
第三者対抗要件の厳格性···············192
第三者割当増資······················68
　大規模──·······················130
第三者割当てと勧誘··················358
第三者割当てに関する手続·············361
第三者割当てによる支配権の異動·······130
対象債権者の範囲の視点···············148
対象債権の範囲の視点················156
退職勧奨···························692
退職金····························702
　──の減額·······················698

代替許可‥‥‥‥‥‥‥‥‥‥‥‥‥‥‥‥‥‥‥‥‥‥‥‥122, 666
第2会社方式‥‥‥‥‥‥‥‥‥‥‥‥‥‥‥‥‥‥‥99, 112
代表訴訟‥‥‥‥‥‥‥‥‥‥‥‥‥‥‥‥‥‥‥‥‥‥‥‥‥390
単元未満株主‥‥‥‥‥‥‥‥‥‥‥‥‥‥‥‥‥‥‥‥‥253
単純承認‥‥‥‥‥‥‥‥‥‥‥‥‥‥‥‥‥‥‥‥‥‥‥‥‥787
団体交渉における留意点‥‥‥‥‥‥‥‥‥‥‥713
担保権消滅許可の申立て‥‥‥‥‥‥‥‥‥‥202
担保権の実行手続の中止命令‥‥‥‥‥‥195
担保権の設定されていない預金‥‥‥‥191
担保付債務の取扱い‥‥‥‥‥‥‥‥‥‥‥‥182
担保付社債信託法‥‥‥‥‥‥‥‥‥‥‥‥‥‥‥215
地域企業再生ファンド‥‥‥‥‥‥‥‥‥‥‥‥761
地域金融機関の再編・統合‥‥‥‥‥‥‥‥9
地域経済活性化支援機構‥‥‥‥187, 420, 759
知的財産権の処理‥‥‥‥‥‥‥‥‥‥‥‥‥‥‥300
地方中小企業の再生‥‥‥‥‥‥‥‥‥‥‥‥‥744
中国
　　——倒産手続の外国財産に対する対外的
　　効力‥‥‥‥‥‥‥‥‥‥‥‥‥‥‥‥‥‥‥‥‥‥579
　　——における回生手続‥‥‥‥‥‥‥‥‥580
　　——における回生法‥‥‥‥‥‥‥‥‥‥580
　　——における企業破産法‥‥‥‥‥‥‥563
　　——における私的整理手続‥‥‥‥‥563
　　——における重整手続‥‥‥‥‥‥‥‥563
　　——における破産清算手続‥‥‥‥‥563
　　——における否認制度‥‥‥‥‥‥‥‥577
　　——における法的倒産手続‥‥‥‥‥562
　　——における和解手続‥‥‥‥‥‥‥‥563
仲裁合意‥‥‥‥‥‥‥‥‥‥‥‥‥‥‥‥‥‥‥‥‥‥‥737
中小企業再生支援協議会‥‥‥‥‥‥187, 758
中小企業承継事業再生計画‥‥‥‥‥‥‥101
調査命令‥‥‥‥‥‥‥‥‥‥‥‥‥‥‥‥‥‥‥‥‥‥‥444
重複債権‥‥‥‥‥‥‥‥‥‥‥‥‥‥‥‥‥‥‥242, 523
賃金・賞与等‥‥‥‥‥‥‥‥‥‥‥‥‥‥‥‥‥‥‥701
通常実施権‥‥‥‥‥‥‥‥‥‥‥‥‥‥‥‥‥‥‥‥‥302
通常清算‥‥‥‥‥‥‥‥‥‥‥‥‥‥‥‥‥‥‥‥‥‥‥115
ディスカウント・ペイ・オフ（DPO）
　　‥‥‥‥‥‥‥‥‥‥‥‥‥‥‥‥‥‥‥‥‥‥‥‥‥‥217
　　——の手続‥‥‥‥‥‥‥‥‥‥‥‥‥‥‥‥222
適格金融契約‥‥‥‥‥‥‥‥‥‥‥‥‥‥‥‥‥‥‥592
適格浮動担保権者‥‥‥‥‥‥‥‥‥‥‥‥546, 548

適時開示‥‥‥‥‥‥‥‥‥‥‥‥‥‥‥‥‥‥‥‥‥‥‥63
　　——義務‥‥‥‥‥‥‥‥‥‥‥‥‥‥‥‥‥‥351
　　——事由‥‥‥‥‥‥‥‥‥‥‥‥‥‥‥‥‥‥364
手続開始の原因事実‥‥‥‥‥‥‥‥‥‥‥‥442
手続実施者‥‥‥‥‥‥‥‥‥‥‥‥‥‥‥‥‥‥‥‥424
　　——の調査報告書‥‥‥‥‥‥‥‥‥‥422
デット・エクイティ・スワップ（DES）
　　‥‥‥‥‥‥‥‥‥‥‥‥‥‥‥‥‥‥59, 166, 557
デット・デット・スワップ（DDS）
　　‥‥‥‥‥‥‥‥‥‥‥‥‥‥‥‥‥‥‥‥166, 168
デリバティブ取引
　　——等の早期解約条項‥‥‥‥‥‥‥‥632
　　——により生じた損失に係る債権‥‥‥157
同意再生‥‥‥‥‥‥‥‥‥‥‥‥‥‥‥‥‥‥‥‥‥‥‥160
登記留保‥‥‥‥‥‥‥‥‥‥‥‥‥‥‥‥‥‥‥‥‥‥‥185
動産‥‥‥‥‥‥‥‥‥‥‥‥‥‥‥‥‥‥‥‥‥‥‥‥‥‥187
倒産解除条項‥‥‥‥‥‥‥‥‥‥‥‥‥‥‥‥‥‥‥592
倒産解除特約‥‥‥‥‥‥‥‥‥‥‥‥‥‥‥‥‥‥‥296
倒産基本4法‥‥‥‥‥‥‥‥‥‥‥‥‥‥‥‥‥‥‥15
倒産（手続）申立義務‥‥‥‥‥‥‥‥500, 572
動産売買先取特権‥‥‥‥‥‥‥‥‥‥‥‥‥‥298
投資者保護基金制度‥‥‥‥‥‥606, 624, 625
当然対抗制度‥‥‥‥‥‥‥‥‥‥‥‥‥‥‥‥‥‥303
独占交渉権‥‥‥‥‥‥‥‥‥‥‥‥‥‥‥‥‥‥‥‥265
特定医療法人‥‥‥‥‥‥‥‥‥‥‥‥‥‥‥‥‥‥‥647
特定債権買取り‥‥‥‥‥‥‥‥‥‥‥‥‥‥‥‥‥759
特定承継金融機関等‥‥‥‥‥‥‥‥‥‥‥‥631
特定調停‥‥‥‥‥‥‥‥‥‥‥‥‥‥‥‥‥‥‥15, 759
特定認証ADR手続に基づく事業再生手続
　　規則（JATP規則）‥‥‥‥‥‥‥‥‥‥‥423
特定認証紛争解決手続‥‥‥‥‥‥‥‥‥‥353
特定認定‥‥‥‥‥‥‥‥‥‥‥‥‥‥‥‥‥‥‥‥‥‥629
特定引受人‥‥‥‥‥‥‥‥‥‥‥‥‥‥‥‥131, 362
特別監視‥‥‥‥‥‥‥‥‥‥‥‥‥‥‥‥‥‥‥‥‥‥630
特別危機管理‥‥‥‥‥‥‥‥‥‥‥‥‥‥‥‥‥‥‥613
特別公的管理‥‥‥‥‥‥‥‥‥‥‥‥‥‥‥‥‥‥‥607
特別資金援助‥‥‥‥‥‥‥‥‥‥‥‥‥‥‥‥‥‥‥607
特別清算‥‥‥‥‥‥‥‥‥‥‥‥‥‥‥‥‥‥‥‥‥‥‥115
取締役の善管注意義務‥‥‥‥‥‥‥‥‥‥410
取引先からの支払条件変更の要請‥‥‥297
取引所規則‥‥‥‥‥‥‥‥‥‥‥‥‥‥‥‥‥‥‥‥351

823

事項索引

【な行】

内部債権‥‥‥‥‥‥‥‥‥‥‥‥‥‥‥‥345, 519, 732
名寄せ‥‥‥‥‥‥‥‥‥‥‥‥‥‥‥‥‥‥‥‥610
二重の基準説‥‥‥‥‥‥‥‥‥‥‥‥‥‥‥‥271
277 条証明書‥‥‥‥‥‥‥‥‥‥‥‥‥‥‥‥215
入院患者の転院‥‥‥‥‥‥‥‥‥‥‥‥‥‥‥669
入札手続‥‥‥‥‥‥‥‥‥‥‥‥‥‥‥‥‥‥262
任意整理手続‥‥‥‥‥‥‥‥‥‥‥‥‥‥‥‥15
年金
　　──（基金型）‥‥‥‥‥‥‥‥‥‥‥‥703
　　──（規約型）‥‥‥‥‥‥‥‥‥‥‥‥704
　　──の減額‥‥‥‥‥‥‥‥‥‥‥‥‥‥698
　　──（掛金）の扱い‥‥‥‥‥‥703, 704

【は行】

パーレート条項‥‥‥‥‥‥‥‥‥‥‥‥‥‥325
パーレート処理‥‥‥‥‥‥‥‥‥‥‥‥‥‥173
廃業支援‥‥‥‥‥‥‥‥‥‥‥‥‥‥‥‥‥‥773
派生コイン‥‥‥‥‥‥‥‥‥‥‥‥‥‥‥‥‥682
破綻金融機関‥‥‥‥‥‥‥‥‥‥‥‥‥‥‥‥608
破綻懸念先‥‥‥‥‥‥‥‥‥‥‥‥‥‥‥‥‥416
破綻先企業‥‥‥‥‥‥‥‥‥‥‥‥‥‥‥‥‥415
破綻持株会社‥‥‥‥‥‥‥‥‥‥‥‥‥‥‥‥638
84 条報告書‥‥‥‥‥‥‥‥‥‥‥‥‥‥‥‥380
86 条証明書‥‥‥‥‥‥‥‥‥‥‥‥‥‥‥‥221
発行登録制度‥‥‥‥‥‥‥‥‥‥‥‥‥‥‥‥223
反対対象債権者‥‥‥‥‥‥‥‥‥‥‥‥‥‥‥430
非公開重要情報‥‥‥‥‥‥‥‥‥‥‥‥‥‥‥360
ビットコイン配当‥‥‥‥‥‥‥‥‥‥‥‥‥‥683
非典型担保‥‥‥‥‥‥‥‥‥‥‥‥‥‥‥‥‥205
否認権行使‥‥‥‥‥‥‥‥‥‥‥‥‥‥‥‥‥722
　　──の効果‥‥‥‥‥‥‥‥‥‥‥‥‥‥723
　　──の主体‥‥‥‥‥‥‥‥‥‥‥‥‥‥722
　　──のための保全処分‥‥‥‥‥‥‥‥724
非保全債権残高プロラタ方式‥‥‥‥‥‥‥‥168
125 条報告書‥‥‥‥‥‥‥‥‥‥‥‥‥‥‥380
100％増減資‥‥‥‥‥‥‥‥‥‥‥‥‥‥‥138
標準スケジュール‥‥‥‥‥‥‥‥‥‥‥26, 531
表明保証‥‥‥‥‥‥‥‥‥‥‥‥‥‥‥‥‥‥285
ファイナンシャル・アドバイザー‥‥‥‥261

フェア・ディスクロージャー・ルール
　‥‥‥‥‥‥‥‥‥‥‥‥‥‥‥‥‥‥‥‥‥365
普及主義‥‥‥‥‥‥‥‥‥‥‥‥‥‥‥‥‥‥512
複数の計画案‥‥‥‥‥‥‥‥‥‥‥‥‥‥‥‥480
複数の種類の社債‥‥‥‥‥‥‥‥‥‥‥‥‥‥226
付従性‥‥‥‥‥‥‥‥‥‥‥‥‥‥‥‥‥‥‥‥241
不足額責任主義‥‥‥‥‥‥‥‥‥‥‥‥193, 194
普通解雇‥‥‥‥‥‥‥‥‥‥‥‥‥‥‥‥‥‥710
不適正意見‥‥‥‥‥‥‥‥‥‥‥‥‥‥352, 368
不適切な会計処理‥‥‥‥‥‥‥‥‥‥‥‥‥‥755
浮動担保‥‥‥‥‥‥‥‥‥‥‥‥‥‥‥‥‥‥548
付保預金‥‥‥‥‥‥‥‥‥‥‥‥‥‥‥‥‥‥607
プライミング・リーエン‥‥‥‥‥‥‥‥‥‥533
振替債‥‥‥‥‥‥‥‥‥‥‥‥‥‥‥‥‥‥‥‥220
ブリッジ金融機関‥‥‥‥‥‥‥‥‥‥612, 631
フル保全‥‥‥‥‥‥‥‥‥‥‥‥‥‥‥‥‥‥149
プレ DIP ファイナンス‥‥‥‥46, 424, 428
ブレークアップ・フィー‥‥‥‥‥‥‥‥‥‥276
プレネゴシエイテッド型
　‥‥‥‥‥‥‥‥‥‥‥‥‥274, 510, 528, 532
プレパッケージ‥‥‥‥‥‥‥‥‥‥‥268, 557
プレパッケージ型‥‥‥‥‥‥510, 528, 532
　　──SOA‥‥‥‥‥‥‥‥‥‥‥‥‥‥‥593
プロトコル‥‥‥‥‥‥‥‥‥‥‥‥‥‥‥‥‥526
分割弁済‥‥‥‥‥‥‥‥‥‥‥‥‥‥‥‥‥‥231
粉飾決算‥‥‥‥‥‥‥‥‥‥‥‥‥‥‥‥‥‥755
分別管理制度‥‥‥‥‥‥‥‥‥‥‥‥‥‥‥‥624
ペイオフ‥‥‥‥‥‥‥‥‥‥‥‥‥‥‥‥‥‥608
　　──解禁‥‥‥‥‥‥‥‥‥‥‥‥‥‥‥607
並行倒産‥‥‥‥‥‥‥‥‥‥‥‥503, 514, 591
ベイルイン‥‥‥‥‥‥‥‥‥‥‥‥‥‥‥‥‥632
別除権‥‥‥‥‥‥‥‥‥‥‥‥‥‥‥‥‥‥‥‥193
別除権協定‥‥‥‥‥‥‥‥‥‥‥‥‥‥‥‥‥195
弁護士職務基本規程‥‥‥‥‥‥‥‥‥‥‥‥‥730
弁済許可‥‥‥‥‥‥‥‥‥‥‥‥‥‥‥‥‥‥405
弁済禁止の保全処分の例外‥‥‥‥‥‥‥‥‥291
弁済計画‥‥‥‥‥‥‥‥‥‥‥‥‥‥‥‥‥‥230
　　──における法定の期間‥‥‥‥‥‥‥177
変動額方式‥‥‥‥‥‥‥‥‥‥‥‥‥‥232, 233
法定外開示情報‥‥‥‥‥‥‥‥‥‥‥‥‥‥‥459
法的整理手続‥‥‥‥‥‥‥‥‥‥‥‥‥‥‥‥15

824

法的整理の株主責任の内容‥‥‥‥‥‥256
簿外債務の取扱い‥‥‥‥‥‥‥‥‥110
保険管理人‥‥‥‥‥‥‥‥‥‥‥618
保険業法手続‥‥‥‥‥‥‥‥616, 617
保険金支払方式‥‥‥‥‥‥‥‥608, 609
保険契約者保護機構‥‥‥‥‥‥‥616
保険契約者保護制度‥‥‥‥‥‥615, 616
保証債務‥‥‥‥‥‥‥‥‥‥‥‥240
　　──に係る弁済計画‥‥‥‥‥‥245
補償条項‥‥‥‥‥‥‥‥‥‥‥‥285
補助金制度‥‥‥‥‥‥‥‥‥‥‥751
補助金返還請求権‥‥‥‥‥‥‥‥382
保全扱い‥‥‥‥‥‥‥‥‥‥184, 185
保全管理命令‥‥‥‥‥‥‥‥‥‥444
保全強化‥‥‥‥‥‥‥‥‥‥‥‥401
保全処分‥‥‥‥‥‥‥‥‥‥‥‥25
保全の穴開け‥‥‥‥‥‥‥‥‥‥291
ホッチポットルール‥‥‥390, 516, 729
保有資産の売却‥‥‥‥‥‥‥‥‥41

【ま行】

マラソン事件‥‥‥‥‥‥‥‥‥‥21
無限定適正意見‥‥‥‥‥‥‥‥‥366
メイン寄せ‥‥‥‥‥‥‥‥‥‥‥240
モニタリング‥‥‥‥‥‥‥‥‥‥49
モラトリアム‥‥‥‥‥‥‥‥‥‥551
　　──命令‥‥‥‥‥‥‥‥‥‥591

【や行】

役員査定手続‥‥‥‥‥‥‥‥‥‥387
役員責任査定‥‥‥‥‥‥‥‥‥‥729
役員に対する（民事）責任追及‥‥‥387
役員賠償保険‥‥‥‥‥‥‥‥‥‥390
有価証券‥‥‥‥‥‥‥‥‥‥‥‥188
有価証券届出書‥‥‥‥‥‥‥63, 358
　　──の提出‥‥‥‥‥‥‥‥‥360
有価証券報告書‥‥‥‥‥‥‥352, 367
　　──の虚偽記載‥‥‥‥‥‥‥355
　　──の提出期間の延長申請‥‥‥367
　　──の提出遅延‥‥‥‥‥‥‥354
優先権が認められる債権

　　一般の──‥‥‥‥‥‥‥‥‥161
　　手続下において──‥‥‥‥‥160
要償還債務‥‥‥‥‥‥‥‥‥‥‥171
要注意先‥‥‥‥‥‥‥‥‥‥‥‥416
預金取扱金融機関‥‥‥‥‥‥‥‥607
預金保険機構‥‥‥‥‥‥‥‥‥‥608
預金保険制度‥‥‥‥‥‥‥‥‥‥607
予納金‥‥‥‥‥‥‥‥‥‥‥23, 442

【ら行】

ライツ・オファリング‥‥‥‥‥70, 74
　　──コミットメント型‥‥‥‥‥79
　　──ノンコミットメント型‥‥‥79
濫用的事業譲渡‥‥‥‥‥‥‥‥‥112
リース債権者‥‥‥‥‥‥‥‥‥‥151
リース料債権‥‥‥‥‥‥‥‥‥‥737
リスケジュール‥‥‥‥‥‥‥166, 422
リテンション‥‥‥‥‥‥‥‥‥‥697
流動化・証券化取引‥‥‥‥‥‥‥55
臨時報告書‥‥‥‥‥‥‥‥‥‥‥63
暦年課税贈与‥‥‥‥‥‥‥‥‥‥803
レセプト‥‥‥‥‥‥‥‥‥‥‥‥660
劣後化（義務）‥‥‥‥‥‥‥‥‥523
　　親会社債権の──‥‥‥‥‥‥511
　　関係者債権の──‥‥‥‥‥‥522
連鎖倒産‥‥‥‥‥‥‥‥‥‥‥‥289
労働移動支援助成金制度‥‥‥‥‥777
労働組合‥‥‥‥‥‥‥‥‥‥710, 719
労働債権の扱い‥‥‥‥‥‥‥‥‥700
労働者等の手続関与‥‥‥‥‥‥‥711
労働者健康安全機構‥‥‥‥‥‥‥706
労働者健康福祉機構‥‥‥‥‥‥‥775
労働承継‥‥‥‥‥‥‥‥‥‥‥‥118
労働条件の切下げ‥‥‥‥‥‥‥‥695
労働条件の変更‥‥‥‥‥‥‥‥‥706
労働法的秩序‥‥‥‥‥‥‥‥‥‥687

【欧文】

ABL‥‥‥‥‥‥‥‥‥‥‥‥50, 205
Adequate Protection‥‥‥‥‥‥‥535
Administration‥‥‥‥‥‥‥‥544, 552

事項索引

BRRD →銀行再建・破綻処理指令
Chapter 15····································*544*
Chapter 11（アメリカ連邦倒産法 11 章）
····································*19, 527*
——手続におけるスケジュール管理
····································*531*
center of main interes（COMI）
····································*561*
Company Voluntary Arrangements（CVA）
····································*544, 551*
Credit Bid····································*533*
DIP 型更生····································*379, 447*
DIP ファイナンス····································*45, 528*
Equitable Subordination →衡平法上の劣後
化原則
Fast-Track····································*581*
GC 注記→継続企業の前提に関する注記
Good-Bad····································*94*
G-SIBs····································*634*

INSOL8 原則····································*505*
ipso facto clause →倒産解除条項
IT 化····································*11*
Key Attributes····································*627*
Moving Strike-price Convertible Bond
（MSCB）····································*74*
Multiple Point of Entry（MPE）····································*634*
Point of Non-viability 条項（PON 条項）
····································*631*
Prudential Framework for Resolution of
Stressed Assets····································*599*
REVIC →地域経済活性化支援機構
Single Point of Entry（SPE）····································*634*
Substantive Consolidation····································*542*
Total Loss-absorbing Capacity（TLAC）
····································*635*
——適格商品····································*636*
UNCITRAL モデル····································*512, 561*

事業再生大全

2019年12月25日　初　版第1刷発行

編　　者	西村あさひ法律事務所
発行者	小　宮　慶　太

発行所	株式 会社 商 事 法 務

〒103-0025 東京都中央区日本橋茅場町 3-9-10
TEL 03-5614-5643・FAX 03-3664-8844〔営業部〕
TEL 03-5614-5649〔書籍出版部〕
https://www.shojihomu.co.jp/

落丁・乱丁本はお取り替えいたします。　　　印刷／広研印刷㈱
© 2019 西村あさひ法律事務所　　　　　　Printed in Japan
Shojihomu Co., Ltd.
ISBN978-4-7857-2751-2
＊定価はカバーに表示してあります。

[JCOPY] ＜出版者著作権管理機構　委託出版物＞
本書の無断複製は著作権法上での例外を除き禁じられています。
複製される場合は、そのつど事前に、出版者著作権管理機構
（電話 03-5244-5088、FAX 03-5244-5089、e-mail: info@jcopy.or.jp）
の許諾を得てください。